lonely planet

Rome

Duncan Garwood, Alexis Averbuck, Virginia Maxwell

Sommaire

KIEVVICTOR / SHUTTERSTOCK ©

AVERTISSEMENT

Au moment où nous terminions l'édition de ce guide, la pandémie de **Covid-19** impactait fortement le monde du voyage. Les informations que vous trouverezdans cet ouvrage sont donc susceptibles de changements. Renseignez-vous bien avant votre départ car la situation aura probablement évolué quand vous préparerez votre voyage.

(à gauche) **Thermes de Caracalla p. 194** Les ruines d'un gigantesque complexe thermal.

(à droite) **Expresso p. 40** Buvez-le debout au comptoir, à l'italienne !

EKATERINA SMIRNOVA / GETTY IMAGES ©

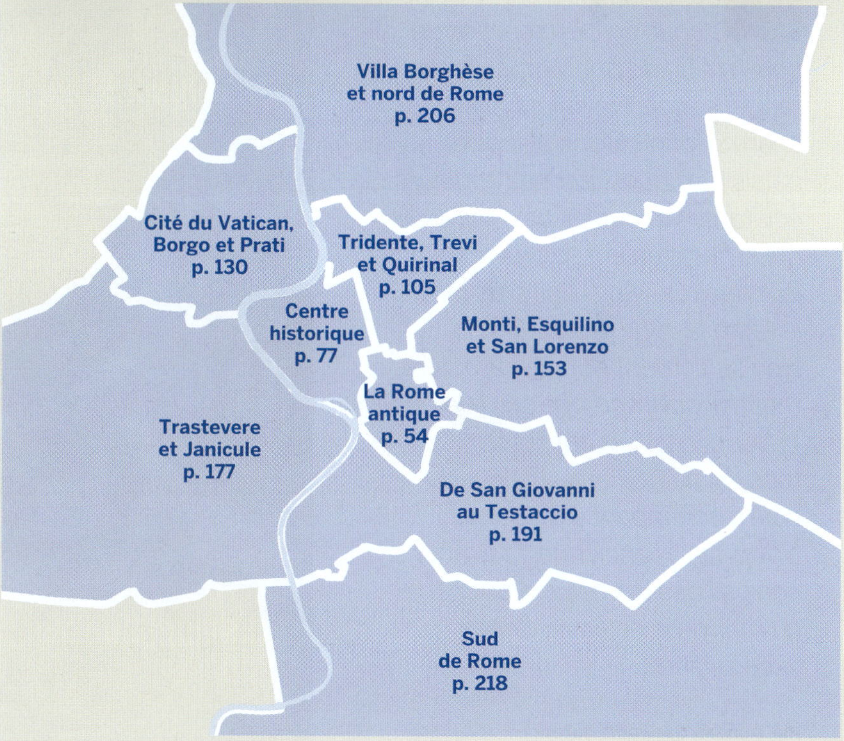

À droite :
Trastevere (p. 177)

BIENVENUE À
Rome

Mon histoire d'amour avec Rome a commencé sous un ciel bleu, par un beau matin de printemps. Je me rappelle avoir été ébloui par le charme infini de ses places et palais baroques, par ses couleurs éclatantes et par les pins parasols qui ombrageaient ses ruines légendaires. Vingt ans plus tard, je reste fasciné par cette ville. Non seulement pour le caractère théâtral qui imprègne ses rues historiques mais aussi pour tous les petits riens : l'odeur du café s'échappant d'un bar, les trattorias à l'ancienne, l'humour corrosif des Romains. Pour rien au monde je ne souhaiterais vivre ailleurs.

Par Duncan Garwood, auteur
Pour en savoir plus sur nos auteurs, voir p. 368

RUGANTINO
...AO...
Se EnTra
DA Qua!!!
So TanTi anni
che Rugantino
Sostiene...
bevi TanTo vino
che Te fa
Bene!!!
Se sTai a DieTa
Perdi solo n'sacco
De Tempo...
meTTeTe a Sede
e magna
vedrai che sTarai
meJo!!!
RUGANTINO
RUGANTINO

Les incontournables de Rome

1 RUINES MONUMENTALES

Des monuments iconiques comme le Colisée et le Panthéon aux vestiges des forums, les impressionnantes ruines de la ville rappellent son statut antique de *caput mundi* (capitale du monde). Plus de deux mille ans plus tard, l'exploration de ces sites reste passionnante : vous marcherez dans les pas des plus grands héros de Rome.

S.BORISOV/SHUTTERSTOCK ©

Forum romain

Pour stimuler l'imagination, rien de tel que l'exploration des ruines du Forum romain (photo à droite), jadis un secteur animé constitué de temples, de basiliques, de rues et de commerces. Non loin, les vestiges des vastes palais impériaux parsèment le mont Palatin. p. 62

RUHEY/GETTY IMAGES ©

TTSTUDIO/SHUTTERSTOCK ©

Colisée

Aucune photographie ne pourra vous préparer à votre première vraie rencontre avec le Colisée (photo ci-dessus et à gauche). Plus que tout autre monument, cet imposant amphithéâtre symbolise le sang et le tumulte de la Rome antique. p. 56

Panthéon

Monument antique le mieux préservé de Rome, le Panthéon (photo ci-dessus) est véritablement extraordinaire. Son portique à colonnades et ses murs épais sont imposants, mais ce n'est qu'une fois à l'intérieur, quand vous verrez la coupole au-dessus de votre tête, que vous prendrez la pleine mesure du lieu. p. 79

2 PÈLERINAGE AU VATICAN

Il n'est pas nécessaire d'être croyant pour être bouleversé par le Vatican. Organisé autour de la basilique Saint-Pierre, le minuscule État souverain est un fantastique coffre à trésor de joyaux artistiques et architecturaux. Dans les musées du Vatican figurent plusieurs chefs-d'œuvre de Michel-Ange, des fresques de l'artiste de la Renaissance Raphaël et un fabuleux ensemble de statues antiques.

Musées du Vatican

Les fresques de l'extraordinaire chapelle Sixtine de Michel-Ange constituent le bouquet final des vastes musées du Vatican (ci-dessous). Aménagée dans le Palazzo Apostolico Vaticano, l'institution sert d'écrin à la riche collection du Vatican : sculptures classiques, tableaux de maître, fresques, art moderne et bien plus encore. p. 137

GRAFALEX/SHUTTERSTOCK ©

Basilique Saint-Pierre

Dans une ville aux innombrables églises, la basilique Saint-Pierre (ci-dessus) sort du lot. Tout dans cet édifice est époustouflant : la place, la façade, l'intérieur et la saisissante coupole de Michel-Ange. p. 132

Jardins du Vatican

Pour compléter votre visite du Vatican, baladez-vous dans les jardins (à droite). La propriété privée du pape est un paisible éden de grottes, de fontaines, de monuments et de fortifications. p. 145

3 ART DIVIN

EVGENII IAROSHEVSKII/SHUTTERSTOCK ©

Peu de villes dans le monde peuvent rivaliser avec Rome en matière de patrimoine artistique. Au fil de son histoire, la cité a attiré la crème des artistes et les a incités à repousser les limites de leur créativité. Le résultat est une ville émaillée de chefs-d'œuvre de l'art européen : sculptures de Michel-Ange, peintures du Caravage, fresques de Raphaël et fontaines du Bernin.

Museo e Galleria Borghese

Éblouissant, le Museo e Galleria Borghese (photo ci-dessus) conserve certaines des œuvres les plus célèbres de Rome, dont une série de sculptures du Bernin et une statue de Canova. p. 208

Musées du Capitole

Sur l'une des plus belles places de Rome, les Musées capitolins abrite une sublime statuaire classique, notamment l'iconique *Lupa Capitolina* (Louve capitoline) et une galerie de peintures des grands noms du baroque. p. 67

Museo Nazionale Romano : Palazzo Massimo alle Terme

De merveilleuses mosaïques murales et fresques romaines sont présentées dans cette annexe du Museo Nazionale, un bijou relativement peu fréquenté, non loin de la gare Termini. p. 155

4 LA DOLCE VITA

Lors d'un voyage à Rome, la dolce vita est un aspect aussi important que l'art et la culture. Explorer les boutiques de créateur, déguster un cappuccino en terrasse, observer les passants sur les jolies places – autant de moments qui feront tout l'intérêt de votre expérience citadine. Imitez les Romains et prenez le temps d'apprécier les petits plaisirs de la vie.

BELENOS/SHUTTERSTOCK ©

ANIBAL TREJO/SHUTTERSTOCK ©

BELENOS/SHUTTERSTOCK ©

Piazza Navona

Avec ses fontaines ornementales, son église tape-à-l'œil et ses *palazzi* baroques, la Piazza Navona (photo ci-dessus à gauche) est l'illustration même des plus élégantes places romaines. Les terrasses de café sur son pourtour et les artistes de rue présents chaque jour ne font que sublimer le spectacle. p. 81

Fontaine de Trevi

Joignez-vous à la foule pour lancer une pièce de monnaie dans la fontaine de Trevi (photo en haut à droite), la fontaine la plus grande et la plus célèbre de Rome. Selon la légende locale, vous serez ainsi assuré de revenir un jour dans la capitale italienne. p. 109

Escalier de la Trinité-des-Monts

Descendez l'escalier de la Trinité-des-Monts (photo en bas à droite) en route vers les boutiques de créateurs et les grandes enseignes de la mode de la Via dei Condotti, haut lieu du shopping à Rome. p. 107

5 BALADE SOUTERRAINE

Dissimulé sous le spectaculaire paysage urbain de Rome, un monde exaltant vous attend : temples païens, catacombes et ruines souterraines. Ce fascinant univers s'est développé au fil des siècles, tandis que les dirigeants successifs reconstruisaient la ville, bâtissant leurs nouveaux palais et églises sur ceux qui existaient déjà. Aujourd'hui, les projets de construction moderne sont l'occasion de découvrir des artefacts archéologiques dans le riche *sottosuolo* (sous-sol) de la ville.

VALERIOMEI/SHUTTERSTOCK ©

TROTALO/SHUTTERSTOCK ©

Catacombes

Les plus célèbres catacombes de Rome (photo en haut à gauche), sous la voie Appienne, furent aménagés par les premiers chrétiens et des milliers de corps y furent inhumés. p. 220

Domus Aurea

Enfoncez-vous sous terre pour découvrir les vestiges du Domus Aurea (photo en bas à gauche), immense palais impérial construit pour Néron. p. 158

Basilica di San Clemente

Sous cette basilique médiévale (photo ci-dessus), on découvre les différentes strates de la ville : vestiges d'une basilique, temple païen et maison du Ier siècle. p. 196

6 OASIS DE VERDURE

VALERIOMEI/GETTY IMAGES ©

PARIS JEFFERSON/GETTY IMAGES ©

DIEGO FIORE/SHUTTERSTOCK ©

Dans le bruit et la chaleur parfois oppressante de la capitale, les parcs et jardins offrent un répit bienvenu. Des gracieuses parcelles paysagères aux petits coins nichés à flanc de colline en passant par les anciennes réserves de chasse, les espaces verts varient en superficie et en style. Certains se targuent de superbes musées et de points de vue romantiques tandis que d'autres offrent simplement de l'oxygène et un peu de silence pour recharger ses batteries.

Villa Borghèse

La Villa Borghèse (à gauche) est le parc le plus connu de la capitale. Très fréquenté, par les touristes comme par les Romains, il se distingue par ses musées exceptionnels, ses allées luxuriantes et ses beaux points de vue sur la colline du Pincio. p. 206

Parco Savello

Pour d'autres panoramas imprenables, gagnez le Parco Savello (appelé par les Romains Giardino degli Aranci ; photo à gauche), un jardin situé au sommet de l'Aventin. Non loin, vous pourrez apprécier un point de vue très différent à travers le trou de la serrure de la Villa del Priorato di Malta. p. 197

Orto Botanico

Parfait pour se détendre, le jardin botanique de Rome (12 ha) couvre les pentes escarpées de la colline du Janicule, que l'on distingue au-dessus du Trastevere. p. 182

7 FESTINS ROMAINS

Les repas font certainement partie des meilleurs moments d'un voyage à Rome : la combinaison entre cadre romantique et mets succulents est l'assurance de moments inoubliables. Pour une cuisine gastronomique contemporaine, les restaurants branchés ne manquent pas, mais, pour une expérience intrinsèquement romaine, tentez plutôt une trattoria ou une pizzeria conviviale.

Cucina romana

Pour des saveurs romaines authentiques, rendez-vous dans le Testaccio. Les trattorias du quartier sont réputées pour leur atmosphère et leur cuisine traditionnelle. p. 199

Une soirée dans le Trastevere

Star d'Instagram, le quartier du Trastevere (photo ci-dessus) est idéal à l'heure du dîner. Ses ruelles médiévales et ses places animées sont bordées d'une multitude de bars, cafés, trattorias et restaurants prisés des Romains comme des visiteurs. p. 186

Cuisine de rue

Les amateurs de cuisine de rue pourront se régaler de *pizza al taglio* (parts de pizza) – essayez Bonci Pizzarium – ainsi que de glaces, *supplì* (boulettes de riz frites) et *trapizzini* (cônes de pâte à pizza remplis d'ingrédients divers). p. 147

À droite : Claudio Torcè, du glacier Torcè (p. 199)

8 POINTS DE VUE IMPRENABLES

Les collines et monuments historiques de Rome offrent des points de vue privilégiés pour admirer les toits, dômes et flèches de la ville. Certains nécessitent de mettre sérieusement les jambes en action, d'autres sont accessibles en ascenseur. Dans tous les cas, vous serez récompensé par des panoramas qui enchantent les visiteurs depuis des siècles.

Vittoriano

Déconseillé aux personnes sujettes au vertige, le sommet du monumental Vittoriano domine tout Rome, offrant une perspective à 360° sur la ville et les collines au loin. p. 72

Janicule

Une montée courte mais raide depuis le Trastevere mène à la cime du Janicule, pour un point de vue classique sur Rome (photo ci-dessus). Repérez la coupole en béton du Panthéon et le dôme de Michel-Ange sur la basilique Saint-Pierre. p. 182

Piazza del Quirinale

Devant le palais présidentiel, cette place offre un cadre majestueux pour contempler le coucher du soleil. p. 113

Quoi de neuf ?

Après plus d'un an de confinements et de rues à demi désertes en raison de la Covid, Rome est de retour sur scène. Ces derniers mois, les Romains, plus résilients que jamais, ont élu un nouveau maire, profité des nombreuses restaurations de monuments historiques et découvert de multiples œuvres de street art.

Pass sanitaire

Au moment de nos recherches, le pass sanitaire numérique était incontournable et un certificat de vaccination anti-Covid exigé pour de nombreux sites et activités – musées, monuments, sites culturels et restaurants (sauf en terrasse). Les visites doivent souvent être préréservées.

Scooters électriques

Les scooters électriques ont envahi les rues de Rome. Les systèmes de location en libre-service sont opérationnels depuis 2020 et rencontrent un franc succès.

Tous les Romains ne sont pas conquis, et les détracteurs soulignent des écueils : transport non autorisé de passagers, conducteurs roulant sur les trottoirs et scooters mal garés bloquant le passage.

Nouveautés antiques

Plusieurs monuments ont ouvert leurs portes aux visiteurs après d'ambitieux travaux de restauration. Dans le Colisée, de vastes parties de l'hypogée (réseau de souterrains) sont désormais accessibles au public grâce à d'importantes rénovations. Ces dernières constituaient la deuxième phase d'un projet en trois étapes pour l'amphithéâtre. La dernière phase, qui devrait s'achever en 2024, est la construction d'un nouveau centre d'accueil des visiteurs.

Sur la Piazza del Quirinale, au sommet de la colline du Quirinal, le mausolée d'Auguste est ouvert aux visiteurs pour la première fois depuis des décennies. Dans l'enceinte du Forum romain, la Casa delle Vestali (maison des Vestales) a rouvert.

100% LOCAL

QUE SE PASSE-T-IL À ROME ?

Duncan Garwood, auteur Lonely Planet

L'Italie a été fortement impactée par la Covid-19. Rome a baissé le rideau en mars 2020, quand l'Italie est devenue le premier pays européen à imposer un confinement à l'ensemble de sa population. Les règles étaient strictes et un silence irréel a enveloppé la capitale. Pour garder le moral, les Romains ont chanté depuis les toits et entonné l'hymne national et *Bella ciao* depuis leurs balcons. Deux ans plus tard, la situation revient petit à petit à la normale – même si certaines restrictions anti-Covid restent en vigueur – mais les rues sont animées, les commerces et les administrations sont ouverts et les discussions ont repris au comptoir des bars. Leur café à la main, les habitués débattent de sujets brûlants comme le problème récurrent du ramassage des ordures et l'état de *degrado* (dégradation) de plus en plus de parcs et de rues. La routine. Ce qui a changé, c'est le petit nombre de touristes. Le tourisme à Rome était florissant avant la pandémie, avec des chiffres en hausse constante : on parlait même de surfréquentation. Désormais, le défi est de faire revenir les visiteurs d'une manière à la fois durable et respectueuse de l'environnement.

Près de la Piazza Navona, les restaurations se poursuivent dans la Chiesa di Sant'Ivo alla Sapienza, œuvre de Borromini, après les dégâts provoqués par un séisme en 2016.

Sangliers en banlieue

Les sangliers sont devenus un sujet sensible à Rome. Récemment, il est de plus en plus fréquent de voir des sangliers se balader en périphérie de la capitale, ce qui a entraîné un conflit entre la maire Virginia Raggi et ses détracteurs.

La querelle s'est intensifiée durant la campagne pour l'élection municipale de 2021, quand Virginia Raggi a poursuivi en justice le gouvernement régional du Lazio, l'accusant de n'avoir pas su contrôler la population de sangliers dans la campagne environnante.

Sur les réseaux sociaux, certains ont suggéré d'installer des *piste cinghiabili* (pistes pour sangliers) le long des *piste ciclabili* (pistes cyclables) !

Pièces de monnaie Le Caravage

En septembre 2021, Rome a célébré le 450e anniversaire de la naissance du Caravage, le grand peintre baroque dont les chefs-d'œuvre sont conservés dans plusieurs musées de Rome.

Pour marquer l'occasion, le Vatican a émis une pièce commémorative de 2 € représentant un détail du *Ragazzo col Canestro di Frutta* (Garçon avec un panier de fruits), dont l'original est visible au Museo e Galleria Borghese.

Street art

Trois des comédiens favoris de Rome ont été immortalisés par l'artiste Lucamaleonte dans un trio de fresques géantes.

Alberto Sordi est représenté sous les traits d'un de ses personnages les plus appréciés, le marquis de Grillo, dans le quartier de Garbatella. Au nord-est, la célèbre Anna Magnani surplombe le district de Tiburtino III, tandis que dans le quartier de Tufello, au nord, Gigi Proietti semble surveiller son ancien fief.

Nouveau maire

Un vent nouveau a soufflé sur l'hôtel de ville après que Virginia Raggi, du Mouvement 5 étoiles (anti-système), a perdu les élections municipales de 2021.

En 2016, Virginia Raggi avait fait les gros titres en devenant la première femme maire de Rome, mais, durant son mandat, elle n'a pas réussi à faire taire les critiques qui dénonçaient son incapacité à nettoyer les rues de la capitale et à améliorer les transports publics.

En octobre 2021, son successeur a été désigné : le candidat de centre-gauche Roberto Gualtieri, qui a battu son adversaire de droite, Enrico Michetti.

ÉCOUTER, REGARDER ET SUIVRE

Pour des idées et des informations actualisées : www.lonelyplanet.fr/recherche/rome.

Wanted in Rome (www.wantedinrome.com). Magazine pour expats : actualités, adresses et suggestions.

Si Rome m'était contée (www.siromemetaitcontee.com/adresses-culinaires-rome). Blog avec des adresses de restaurants, trattorias, glaciers, etc. à Rome.

Katie Parla (www.katieparla.com). La cuisine romaine et les dernières actualités de l'univers culinaire de la ville.

Romeing (www.romeing.it). Infos sur la scène culturelle de la ville .

EN BREF

Tendance culinaire Marchés de producteurs

Obélisques Rome s'enorgueillit de plus d'obélisques antiques que nulle autre ville ; les premiers furent rapportés d'Égypte par l'empereur Auguste.

Football Les festivités qui ont suivi la victoire de l'Italie lors de l'Euro 2020 ont été tellement bruyantes qu'elles ont été enregistrées par des instruments de mesure sismologique.

Population 2,8 millions d'habitants

Population au km²

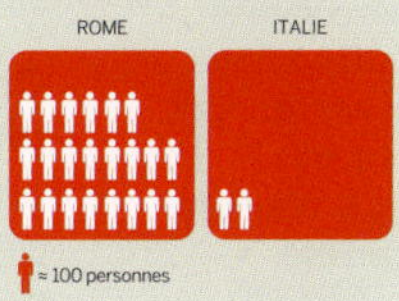

L'essentiel

Pour plus de renseignements, reportez-vous à la section *Rome pratique* (p. 30

Monnaie
Euro (€)

Langue
Italien

Visa
Pour les citoyens de l'UE ou les Suisses, la carte d'identité suffit. Pour les Canadiens, un passeport en cours de validité est nécessaire pour un séjour touristique de moins de 90 jours.

Argent
On trouve partout des distributeurs de billets (DAB ; *bancomat*). Si les règlements par carte bancaire sont largement acceptés, certains petits commerces, trattorias et hôtels font exception à la règle.

Téléphones portables
Pour les voyageurs européens, leur forfait fonctionne à Rome comme dans leur pays d'origine, sans surcoût. Les autres voyageurs doivent se renseigner sur les frais d'itinérance.

Heure locale
Comme la France : GMT + 1 h en hiver, + 2 h en été.

Offices du tourisme
Des comptoirs d'information touristique sont présents dans les aéroports de Fiumicino (hall des arrivées internationales, Terminal 3 ; ⌚8h-20h45) et de Ciampino (hall des arrivées ; ⌚8h30-18h), et en divers points de la ville. Ils fournissent des plans de Rome et vendent le Roma Pass.

Budget quotidien

Petit budget : moins de 110 €
- Lit en dortoir : 15-45 €
- Chambre double dans un hôtel petit budget : 60-130 €
- Pizza avec une bière : 15 €

Catégorie moyenne : 110-250 €
- Chambre double à l'hôtel : 100-200 €
- Repas dans un restaurant local : 25-45 €
- Musées du Vatican : 17 €
- Roma Pass (carte valable 3 jours, comprenant les entrées de musées et les transports en commun) : 38,50 €

Catégorie supérieure : plus de 250 €
- Chambre double dans un quatre ou cinq-étoiles : plus de 200 €
- Dîner dans un grand restaurant : 45-160 €
- Place à l'Opéra : 17-150 €
- Trajet en taxi dans le centre : 10-15 €
- Place de concert à l'Auditorium : 20-90 €

À prévoir

Deux mois avant Réservez l'hébergement en haute saison.

Un mois avant Regardez le programme des concerts sur www.auditorium.com. Réservez pour la visite guidée du Colisée et du palais Farnèse, ainsi que l'entrée au Museo e Galleria Borghese.

Une ou deux semaines avant Réservez des places pour l'audience hebdomadaire du pape à Saint-Pierre.

Quelques jours avant Retenez vos tables dans les restaurants haut de gamme. Achetez vos billets pour les musées du Vatican et le Colisée.

Sites Internet

060608 (www.060608.it). Informations sur les sites, les transports et les événements à venir. Le ☎39 060608 est une ligne gratuite de renseignements téléphoniques (9h-19h).

Coopculture (www.coopculture.it). Renseignements sur les sites et réservation de billets.

Musées du Vatican (www.museivaticani.va). Réservation de billets et de visites guidées pour les musées du Vatican.

Turismo Roma (www.turismoroma.it). Le site officiel du tourisme à Rome : renseignements pratiques et suggestions de visites.

QUAND PARTIR

Le printemps (avril-juin) et l'automne (sept-oct) sont les meilleures périodes : le temps est clément, et il y a beaucoup de festivals et d'événements en plein air.

Rome

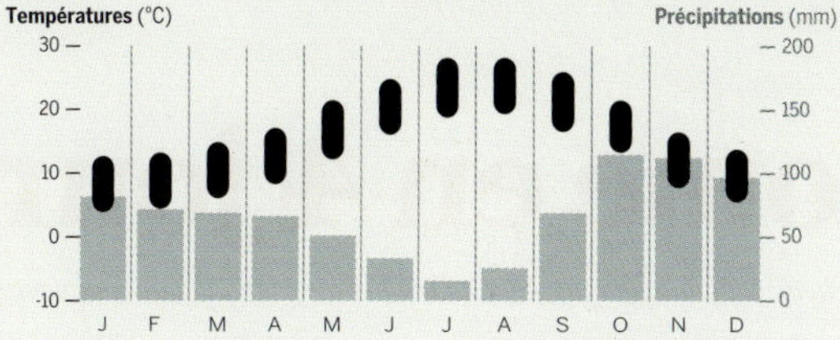

Arriver à Rome

Aéroport Leonardo da Vinci (Fiumicino) Trains directs Leonardo Express pour la Stazione Termini 6h08-23h23, 14 € ; trains FL1 plus lents desservant les gares de Trastevere, Ostiense et Tiburtina 5h57-22h42, 8 € ; bus pour la Stazione Termini 6h05-12h40, 6-6,90 € ; navette aéroport/hôtel à partir de 22 €/pers ; taxi 48 € (prix fixe pour les destinations à l'intérieur du mur d'Aurélien).

Aéroport de Ciampino Bus pour la Stazione Termini 4h-12h15, 6 € ; navette aéroport/hôtel à partir de 25 €/pers ; taxi 30 € (prix fixe pour les destinations à l'intérieur du mur d'Aurélien).

Stazione Termini Les bus et les trains en provenance de l'aéroport, ainsi que les trains internationaux, desservent la gare de Termini. Continuez en bus, en métro ou en taxi.

Pour plus de détails sur votre **arrivée**, voir p. 302

Comment circuler

Bus, trams, métro et trains de banlieue forment l'ensemble des transports en commun. Les principales connexions se font à Stazione Termini. Les billets, sous diverses formes, sont valables pour tous les moyens de transport, qui sont gratuits pour les moins de 10 ans.

➡ **Métro** Il est plus rapide que les transports de surface, mais son réseau est limité. Il compte 2 lignes principales, A (orange) et B (bleue), qui se croisent à Termini. Il fonctionne de 5h30 à 23h30 (5h30-1h30 ven-sam).

➡ **Bus** La plupart des lignes passent par la Stazione Termini. Les bus circulent de 5h30 à minuit environ, et il existe un service nocturne (limité).

➡ **À pied** La marche est le meilleur moyen de parcourir le centre historique.

Pour plus de détails sur les **transports locaux**, voir p. 305

Où se loger

Rome est une ville chère et fréquentée toute l'année : mieux vaut réserver tôt. Les hébergements vont du palace cinq étoiles aux auberges de jeunesse, aux B&B, aux *pensioni* (pensions) et aux chambres privatives. Il existe aussi un nombre croissant de boutique-hôtels composés de suites et d'appartements. Les auberges de jeunesse constituent l'option la moins onéreuse, avec des lits en dortoir ou en chambre privée. La plupart des *pensioni* se classent aussi dans la catégorie économique. B&B et hôtels sont de tous styles et pour tous budgets.

Sites Internet

➡ **Bed & Breakfast Italia** (☎06 8837 3407 ; www.bbitalia.it). Réseau italien de B&B proposant un grand nombre d'adresses à Rome.

➡ **Cross Pollinate** (☎06 9936 9799 ; www.cross-pollinate.com). Chambres et appartements personnellement contrôlés par l'équipe de Beehive (p. 253), une auberge de jeunesse de Rome.

Pour plus de détails sur l'**hébergement**, voir p. 246

Rome en 4 jours

Journée 1

La Rome antique (p. 54)

Commencez par le **Colisée**, l'immense arène où s'affrontaient les gladiateurs – venez tôt pour éviter les interminables files d'attente. Pour contempler d'autres vestiges évocateurs de la grandeur de la Rome antique, grimpez sur le **Palatin** (belle vue sur la ville), puis descendez vers le **Forum romain**.

Déjeuner Goûtez des spécialités régionales au Terre e Domus (p. 75).

La Rome antique (p. 54)

Après le déjeuner, montez **Piazza del Campidoglio** encadrée par les **musées du Capitole**, véritable sanctuaire de la sculpture antique. Puis profitez de la vue depuis le **Vittoriano** avant de gagner le *centro storico* (centre historique), son dédale de rues et ses lieux phares que sont le **Panthéon** et la **Piazza Navona**.

Dîner Dégustez une cuisine italienne moderne à La Ciambella (p. 91).

Centre historique (p. 77)

Le soir, cap sur les bars et la *dolce vita*. Selon vos goûts, sirotez un café en bavardant au **Caffè Sant'Eustachio**, ou offrez-vous un formidable gin-tonic au **Gin Corner**.

Journée 2

Vatican, Borgo et Prati (p. 130)

Direction le Vatican, à commencer par ses fameux **musées**. Au sortir d'une immersion parmi des œuvres majeures, fresques de la chapelle Sixtine et chambres de Raphaël en tête, continuez la visite par la **basilique Saint-Pierre**. S'il vous reste un peu de force, grimpez jusqu'à la coupole dessinée par Michel-Ange, d'où s'ouvre une vue superbe sur la place et le château Saint-Ange. Pour vous remettre de vos émotions artistiques, faites une pause déjeuner.

Déjeuner Savourez les meilleures pizzas à la part de Rome, au Bonci Pizzarium (p. 147).

Tridente, Trevi et Quirinal (p. 105)

Une fois requinqué, sautez dans le métro et retraversez le fleuve pour aller voir la **Piazza di Spagna** et emprunter le célèbre **escalier de la Trinité-des-Monts**, puis rejoignez la **fontaine de Trevi**, où la tradition veut que l'on lance une pièce pour être assuré de revenir à Rome. Enfin, remontez la colline pour contempler le couchant depuis la **Piazza del Quirinale**, face au palais du même nom, siège de la présidence italienne.

Dîner Testez la cuisine inventive de Pianostrada (p. 95), bistrot branché.

Centre historique (p. 77)

Passez la soirée dans les rues animées autour du **Campo de' Fiori**. Testez le **Roscioli Caffè** pour un apéritif, l'**Open Baladin** pour une bière artisanale ou le **Barnum Cafe** pour un cocktail subtil.

Journée 3

Villa Borghèse et nord de Rome (p. 206)

Consacrez cette journée au **Museo e Galleria Borghese** – sans oublier de réserver – pour en admirer les incroyables sculptures baroques et chefs-d'œuvre de la Renaissance. Ensuite, flânez dans la **Villa Borghèse** jusqu'aux **jardins du Pincio** pour jouir d'une vue romantique sur les toits.

Déjeuner Reprenez des forces au buffet végétarien d'Il Margutta (p. 116).

Tridente, Trevi et Quirinal (p. 105)

L'après-midi, explorez la bohème **Via Margutta** avant de gagner la **Piazza del Popolo** et la **Basilica di Santa Maria del Popolo** pour une rencontre avec deux chefs-d'œuvre du Caravage, *Saint Pierre* et *Saint Paul*. La Via del Corso et ses abords vous offriront de quoi musarder entre boutiques de créateurs et les magasins chics.

Dîner Réservez au Dal Cavalier Gino (p. 98) pour un authentique repas de trattoria.

Trastevere et Janicule (p. 177)

Sur la rive droite du Tibre, le **Trastevere**, aux ruelles photogéniques, est un quartier très vivant le soir, lorsque Romains et touristes affluent dans ses nombreux cafés et restaurants. Citons le **Terra Satis**, un tranquille bar à vins de quartier.

Journée 4

Sud de Rome (p. 218)

Filez le long de la **Via Appia Antica** (**voie Appienne**), jalonnée d'entrées de catacombes. L'exploration des galeries souterraines vous ramènera au temps des premiers chrétiens. Revenu à l'air libre, vous découvrirez les vestiges d'un antique champ de courses sur le domaine de la **Villa di Massenzio**.

Déjeuner Sur la via Appia, le Qui Nun se More Mai (p. 228) vous requinquera avec ses bons plats romains.

Monti, Esquilino et San Lorenzo (p. 153)

Après le déjeuner, repartez au nord. Voisin de la Stazione Termini, le magnifique **Museo Nazionale Romano – Palazzo Massimo alle Terme** réunit une foule de sculptures antiques et d'étonnantes mosaïques et fresques. Parcourez ensuite la monumentale **basilique Sainte-Marie-Majeure**, célèbre pour ses mosaïques, avant d'aller contempler le *Moïse* de Michel-Ange à la **basilique Saint-Pierre-aux-Liens**. Ponctué de boutiques de mode, le charmant quartier de **Monti**, voisin, vous invite ensuite à musarder.

Dîner Appréciez un excellent vin en dînant à La Barrique (p. 166).

Monti, Esquilino et San Lorenzo (p. 153)

Monti reste très animé jusque tard dans la nuit. Choisissez un bar à vins ou un café pour terminer la journée. **Ai Tre Scalini** est toujours aussi apprécié.

Mois par mois

LE TOP 5

Natale di Roma, avril

Estate Romana, juin-septembre

Lungo il Tevere, juin-septembre

Festa de' Noantri, juillet

Romaeuropa, septembre-décembre

Janvier

Passé les fêtes de fin d'année, avec le froid qui s'installe, s'ouvre une période tranquille. Les soldes font alors agréablement diversion.

Soldes

De début janvier (généralement le premier samedi du mois) à mi-février, les soldes offrent des rabais de 20 à 50%.

Février

Les célébrations du carnaval et les supporters de rugby du week-end du tournoi des Six-Nations viennent rompre le calme hivernal romain.

Carnevale Romano

Rome s'en donne à cœur joie durant le carnaval. Les enfants se déguisent et jettent des confettis, tandis que des parades costumées ont lieu sur les Piazza del Popolo, Via del Corso, Piazza di Spagna et Piazza Navona.

Avril

La météo plus clémente, les fêtes de Pâques, les azalées sur les marches de la Trinité-des-Monts et l'anniversaire de Rome font d'avril un mois idéal. Tarifs haute saison.

Pâques

Ici plus qu'ailleurs, Pâques est une grande fête. Le Vendredi saint, le pape mène la procession du chemin de croix (Via Crucis) à la lueur des cierges, entre le Vatican et le Colisée, et des défilés plus modestes ont lieu dans la ville. Le dimanche de Pâques, la foule s'amasse sur la place Saint-Pierre pour la bénédiction.

Mostra delle Azalee

De mi-avril à début mai, l'escalier de la Trinité-des-Monts s'orne de centaines de pots d'azalées écarlates.

Natale di Roma

Le 21 avril, Rome célèbre sa "naissance" avec force musique, reconstitutions historiques et feux d'artifice – dans la Via dei Fori Imperiali et au Circo Massimo.

Mai

Mai est la haute saison pour Rome. Le temps est idéal – suffisamment chaud pour déjeuner en terrasse – et la ville, fleurie, est splendide.

Primo Maggio

Pour la fête du Travail le 1er mai, des milliers de spectateurs se rassemblent sur la Piazza di San Giovanni in Laterano pour un concert de rock en plein air (gratuit) qui accueille de grands musiciens italiens et, parfois, des invités étrangers.

Juin

L'été est arrivé, et avec lui la chaleur et les vacances scolaires. La saison des festivals bat son plein avec un grand nombre d'événements en extérieur.

Festa dei Santi Pietro e Paolo

Le 29 juin, Rome célèbre ses deux saints patrons, Pierre et Paul, avec des arrangements floraux sur la place Saint-Pierre et des festivités près de la basilique Saint-Paul-hors-les-Murs.

Lungo il Tevere

Les soirs d'été, la foule converge vers les stands, les clubs, les bars, les restaurants et les pistes de danse qui jalonnent les berges du Tibre lors de cette manifestation très prisée. Voir www.lungoiltevereroma.it.

Roma Incontra il Mondo

De fin juin à août, la Villa Ada (villaada.org) se transforme en un pittoresque village multiethnique pour cet événement annuel. L'ambiance festive et décontractée s'accompagne d'une excellente programmation de concerts (reggae, jazz et musique du monde).

Estate Romana

De juin à septembre, le grand festival d'été de Rome programme concerts, spectacles de danse, salons du livre, nocturnes dans les musées, etc.

Juillet

La chaleur estivale rend la visite plus éprouvante, mais dès qu'arrive la fraîcheur du soir, les rues débordent d'animation.

Festa de' Noantri

Cette fête populaire, qui célèbre les racines du quartier du Trastevere, se déroule durant la dernière quinzaine de juillet. Procession religieuse, prières et danses se succèdent.

Août

Fuyant la canicule, les Romains partent en vacances. De nombreux commerces ferment autour du 15 août, mais les hôteliers proposent des réductions. Multiples manifestations estivales.

Festa della Madonna della Neve

Le 5 août, une pluie de pétales de roses tombe sur les officiants dans la basilique Sainte-Marie-Majeure pour commémorer une chute de neige miraculeuse au IVe siècle.

Septembre

La ville se réveille de sa torpeur aoûtienne. Les enfants retournent à l'école et les adultes au travail, mais le temps reste au beau fixe, prolongeant l'atmosphère décontractée de l'été. Les tarifs de la haute saison s'appliquent toujours.

Romaeuropa

Ce festival de théâtre, de danse et d'opéra réunit aussi bien des artistes internationaux que des figures montantes. De fin septembre à début décembre, spectacles de danse d'avant-garde, shows multimédias et récitals font partie du programme. Voir www.romaeuropa.net.

Octobre

L'automne est une bonne saison pour visiter Rome – le climat est agréable, le festival Romaeuropa met la culture à l'honneur et les touristes se raréfient.

Festa del Cinema di Roma

Organisé fin octobre à l'Auditorium Parco della Musica, le Festival du cinéma de Rome déroule le tapis rouge aux grands de Hollywood et du cinéma italien. Programme sur www.romacinemafest.it.

Décembre

Les préparatifs de Noël créent une ambiance festive. La ville s'illumine, le shopping va bon train et les crèches de Noël (*presepi*) apparaissent un peu partout, la plus spectaculaire sur la place Saint-Pierre.

Marché de Noël de la Piazza Navona

La plus belle place de Rome accueille une foule de stands où sont vendus des santons, des peluches ou encore du *torrone* (nougat). La tradition italienne veut que la *Befana*, représentée comme une vieille femme volant sur son balai, apporte des cadeaux aux enfants le jour de l'Épiphanie (6 janvier).

Rome hors des sentiers battus

Si vous visitez les sites les plus touristiques de Rome, vous risquez d'être confronté à la foule, voire à un risque de surfréquentation, surtout durant la haute saison. Pour éviter les files d'attente et découvrir une autre facette de la capitale, privilégiez des trésors discrets et des quartiers méconnus.

Quartiers alternatifs

Garbatella

Construit dans les années 1920 et 1930 pour servir de cité-jardin aux travailleurs urbains, Garbatella (p. 225) est un quartier coloré qui se distingue par son architecture éclectique, ses cours luxuriantes et ses charmantes fresques.

EUR

En périphérie sud de Rome, l'EUR (p. 230) est un monde à part, avec de grands espaces et une architecture moderne, voire futuriste. Son principal atout est le Palazzo della Civiltà del Lavoro (Palais de la civilisation italienne et du travail), un chef-d'œuvre du rationalisme italien que les habitants surnomment le Colisée carré.

Quartiere Coppedè

Conçu dans les années 1920 et dissimulé au nord-est de la Villa Borghèse, le minuscule quartier de Coppedè (p. 213) est un merveilleux pêle-mêle de villas à tourelles, gargouilles, tours, arcades et gracieux pins parasols.

La beauté sans la foule

Museo Nazionale Etrusco di Villa Giulia

Cet élégant musée (p. 212) offre une introduction aux mystérieuses civilisations préromaines de l'Italie, grâce à sa superbe collection de trésors étrusques.

Centrale Montemartini

Des sculptures antiques cohabitent avec des machines industrielles dans la Centrale Montemartini (p. 225), une centrale électrique désaffectée transformée en musée d'art classique, à Ostiense.

Cimitero Acattolico per gli Stranieri

Dominé par une pyramide antique, le paisible cimetière protestant de Rome (p. 198) est une verdoyante oasis de paix dans le Testaccio. Repérez les tombes des poètes John Keats et Percy Shelley.

Palazzo Spada

Près du Campo de' Fiori, ce palais de style maniériste (p. 86) renferme l'une des plus célèbres folies architecturales de Rome, la Prospettiva del Borromini (Perspective de Borromini).

Églises désertes

Chiesa di Santo Stefano Rotondo

Peu de visiteurs poussent la porte de l'église de Celio (p. 196), mais ceux qui le font sont marqués par l'ensemble de fresques du XVIe siècle représentant les atrocités subies par bon nombre des premiers saints chrétiens.

Basilica di Santa Prassede

De l'extérieur, cette petite basilique (p. 157) que l'on rate facilement ne paie pas de mine, mais l'intérieur révèle l'une des plus fascinantes mosaïques byzantines de Rome.

Chiesa di San Francesco d'Assisi a Ripa Grande

Dans un coin paisible du Trastevere, cette église d'apparence quelconque (p. 181) abrite l'un des plus grands chefs-d'œuvre baroques de Rome : la sculpture sensuelle intitulée *Extase de la bienheureuse Ludovica Albertoni*, par Le Bernin.

Avec des enfants

Même si elle a la réputation de destination éminemment culturelle, Rome a beaucoup à offrir aux enfants. Certes, peu de sites et de curiosités leur sont spécifiquement destinés, mais il suffit de savoir où aller pour contenter petits et grands.

TRAVNIKOVSTUDIO / SHUTTERSTOCK ©

Fontaine de Trevi (p. 109)

Retour vers le passé

Colisée

Avant la visite de ce gigantesque amphithéâtre (p. 56), lisez avec vos enfants un récit sur les jeux du cirque et les combats de gladiateurs ou regardez un film sur l'Antiquité romaine.

La Rome antique en 3D

Grâce aux casques de réalité virtuelle, petits et grands peuvent découvrir les thermes de Caracalla (p. 194) et le Circus Maximus (p. 71) comme au temps de leur splendeur.

Domus Romane di Palazzo Valentini

Les parents et les enfants plus âgés adoreront la visite multimédia des maisons romaines mises au jour sous le Palazzo Valentini (p. 114).

Les musées

Explora

Non loin de la Piazza del Popolo, Explora - Museo dei Bambini di Roma (p. 212) est un musée destiné aux enfants de moins de 12 ans, avec des installations interactives et une aire de jeux gratuite.

Museo delle Cere

Pour un face-à-face avec papes, stars du rock et footballeurs, poussez la porte du très kitsch **musée des Cires** (plan p. 348, D8 ; ☎06 679 64 82 ; www.museodellecereroma.com ; Piazza dei Santissimi Apostoli 68a ; tarif plein/réduit 10/8 € ; ⏰9h-21h l'été, 9h-20h l'hiver ; 👪).

Museo delle Mura

Parcourez un pan du mur d'Aurélien dans ce petit musée (p. 220) aménagé dans l'une des portes antiques de Rome.

Activités pour petites mains

Fontaine de Trevi

Les enfants seront ravis de jeter eux aussi une pièce dans la fontaine de Trevi (p. 109). Apprenez-leur que 3 000 € en moyenne y atterrissent chaque jour...

UN GUIDE RIEN QUE POUR EUX

Si vous voyagez en famille, procurez-vous un exemplaire de *Rome expliqué aux kids*, publié par Lonely Planet. Conçu pour les enfants à partir de 8 ans, ce guide dévoile un univers fascinant de faits historiques, de légendes et d'anecdotes sur la ville et ses personnages célèbres.

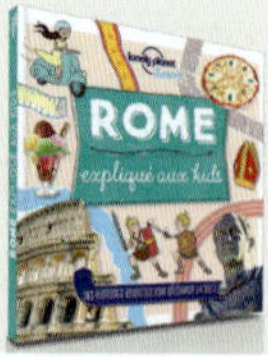

Bocca della Verità

Racontez-leur la légende de la Bouche de la Vérité (p. 75) avant qu'ils y glissent leur main : les menteurs seront mordus !

Pour se faire peur

Catacombes

Impressionnez vos grands enfants (la visite est déconseillée aux moins de 7 ans) avec une expédition dans le dédale des catacombes de la voie Appienne (p. 221).

Convento dei Cappuccini

L'étrange crypte du couvent des Capucins (p. 115), entièrement décorée d'ossements humains, plaira aux plus grands.

Délices pour jeunes palais

Pizza

La *pizza al taglio* (pizza à la part) est une aubaine est une véritable aubaine pour les parents d'enfants fatigués. Peu onéreuse – deux petites parts de *pizza bianca*, avec un peu de sel et de l'huile d'olive, coûtent environ 1 €.

BON À SAVOIR

Circulation Avec une poussette, les rues pavées sont parfois pénibles.

Restaurant Vous pouvez commander une demi-portion (*mezza porzione*) et installer vos tout-petits dans une chaise haute (*seggiolone*).

Tarifs Les musées nationaux sont gratuits pour les moins de 18 ans. Les musées municipaux le sont pour les moins de 6 ans, et le tarif est réduit pour les 6-25 ans. Dans les transports, les moins de 10 ans voyagent gratuitement.

Glaces

Les glaces servies en *coppettes* (pots) ou *coni* se déclinent dans de nombreux parfums – *fragola* (fraise), *cioccolato* (chocolat) et *bacio* (chocolat et noisettes) – qui font toujours le régal des bambins.

Bol d'air dans les parcs

Si vos enfants ont besoin de se dépenser, prenez la direction de la Villa Borghèse (p. 211), le plus central des grands parcs de Rome. On peut y louer des vélos en famille (quelques voitures y circulent). Citons aussi la Villa Celimontana (p. 196) et la Villa Torlonia (p. 214).

Des animaux dans la ville

Sculptures

Encouragez vos enfants à repérer les sculptures d'animaux dans les rues : un éléphant (devant la Basilica di Santa Maria Sopra Minerva ; p. 82), des lions (au pied de l'escalier qui monte à la place du Capitole), des abeilles (sur la fontaine du Bernin), des chevaux, des aigles et, bien sûr, la louve emblématique de Rome dans les musées du Capitole (p. 67).

Chats

Nos amis les chats arpentent les ruines de Rome depuis des siècles. Sur la place du Largo di Torre Argentina, des bénévoles s'occupent d'un refuge pour chats (p. 83).

Zoo

Le **Bioparco** (plan p. 364 ; 06 360 82 11 ; www.bioparco.it ; Viale del Giardino Zoologico 1 ; tarif plein/réduit 16/13 € ; 9h30-18h l'été, 9h30-17h l'hiver ; Bioparco), dans la Villa Borghèse, offrira une diversion bienvenue.

Comme un Romain

Les Romains aiment leur ville. Ils se plaisent à flâner sur les places ou à parcourir les rues en voiture ou à deux-roues. Ils aiment s'habiller et adorent sortir. Conscients de la richesse de leur cadre de vie, ils n'en sont pas pour autant jaloux : le visiteur y est le bienvenu !

Une journée romaine comme les autres

Café

Prendere un caffè (prendre un café) est un rituel à Rome. En règle générale, on va prendre un café dans un bar le matin avant d'aller travailler et un autre après le déjeuner, ce qui ne dépayse pas beaucoup le visiteur français ! En revanche, ne commandez jamais un cappuccino après le déjeuner.

Le Caffè Sant'Eustachio (p. 99), dans le centre historique, et le Sciascia Caffè (p. 151), à Prati, sont des adresses de choix.

Cocktails

Les Romains ont découvert les cocktails artisanaux. Cela se traduit par une floraison de bars "cachés" comme le Keyhole (p. 187), dans le Trastevere, et le Club Derrière (p. 99), en plein centre historique.

Quartiers branchés

Trastevere

Riche en bars, cafés et trattorias, le pittoresque Trastevere (p. 177) est apprécié des visiteurs depuis longtemps, tout autant que des Romains. On y trouve des adresses de qualité.

Ostiense

Avec ses usines désaffectées, ses trattorias authentiques et son campus universitaire, Ostiense (p. 225) comprend des clubs et des bars à la mode, ainsi que plusieurs perles culturelles.

San Lorenzo

Riche en street art, San Lorenzo (p. 153) constitue l'une des destinations nocturnes les plus animées de la capitale. Étudiants, fêtards et gauchistes remplissent ses bars et ses salles de concert en sous-sol.

Testaccio

Au bord du Tibre, l'ancien quartier ouvrier du Testaccio (p. 198) est un haut lieu de la gastronomie locale avec ses étals de marché et ses trattorias populaires.

Passeggiata on Via del Corso

La *passeggiata* (promenade du soir) fait partie du folklore romain. Elle est particulièrement prisée le week-end, quand familles, amis et amoureux paradent dans les rues en regardant les vitrines et en dégustant une bonne glace.

Pour participer au spectacle, rejoignez la Via del Corso vers 18h, ou installez-vous à une terrasse de la Piazza di Spagna (p. 107) pour observer le défilé.

Fous de foot

Le *calcio* est une passion partagée par les Romains, qui se divisent entre les deux équipes locales, l'AS Roma (qui joue en rouge et orange) et la Lazio (bleu ciel et blanc). Toutes deux évoluent au Stadio Olimpico, qui accueille aussi des matchs de rugby et des concerts.

Rome à peu de frais

Rome est une ville plutôt chère, mais un nombre étonnant de sites prestigieux sont gratuits, et se promener le long des rues, sur les places et dans de superbes parcs ne coûte pas un sou.

L'essentiel

Transports Avec le Roma Pass (p. 312), les transports sont gratuits.

Wi-Fi Il est offert dans de nombreux hôtels, auberges, bars et cafés.

Visites Le site www.newromefreetour.com recense, en anglais, les visites gratuites (pourboires bienvenus).

Églises et musées

Églises

Gratuites, les églises romaines recèlent des trésors signés des plus grands maîtres de la Renaissance ou de l'art baroque, tels Michel-Ange, Raphaël, le Bernin et le Caravage. Les basiliques Saint-Pierre (p. 132) et San Pietro in Vincoli (p. 157), l'église Saint-Louis-des-Français (p. 85) et la Basilica di Santa Maria del Popolo (p. 108) renferment des chefs-d'œuvre.

Musées du Vatican

L'entrée des fabuleux musées du Vatican (p. 137), qui comptent la chapelle Sixtine et des kilomètres de galeries et de salles ornées de milliers d'œuvres d'art, est gratuite le dernier dimanche du mois.

Musées municipaux et nationaux

Huit des musées municipaux de Rome sont gratuits, dont le **Museo Carlo Bilotti** (plan p. 364, D6 ; ☎06 06 08 ; www.museocarlobilotti.it ; Viale Fiorello La Guardia ; entrée libre ; 13h-19h mar-ven, 10h-19h sam-dim juin-sept, 10h-16h mar-ven, 10h-19h sam-dim oct-mai ; Via Pinciana) GRATUIT et le **Museo Barracco di Scultura Antica** (plan p. 344, D6 ; www.museobarracco.it ; Corso Vittorio Emanuele II 166 ; entrée libre ; 13h-19h mar-dim juin-sept, 10h-16h mar-dim oct-mai ; Corso Vittorio Emanuele II) GRATUIT, dédié à la sculpture.

Tous les sites archéologiques et musées nationaux (dont les Terme di Diocleziano, le Palazzo Massimo, le Palazzo Altemps et la Crypta Balbi) sont gratuits le premier dimanche du mois, entre octobre et mars.

Monuments

Panthéon

Temple païen converti en église, le Panthéon (p. 79) est une imposante œuvre architecturale surmontée d'une impressionnante coupole ouverte sur le ciel. L'accès est gratuit.

Fontaine de Trevi

Pour admirer la fontaine de Trevi (p. 109), il ne vous en coûtera rien.

Vittoriano

Les vastes terrasses du monument à Victor-Emmanuel II (p. 72) offrent une vue panoramique sur la ville.

Places et parcs

Les meilleurs sites pour flâner et prendre le pouls de la vie romaine sont la Piazza Navona (p. 81), le Campo de' Fiori (p. 86) ainsi que la Piazza del Popolo (p. 111).

Parmi les parcs de la Ville éternelle accessibles gratuitement, le plus célèbre est celui de la Villa Borghèse (p. 211), mais vous apprécierez aussi la colline du Janicule (p. 177), ainsi que le cadre verdoyant de la Villa Torlonia (p. 214), de la Villa Celimontana (p. 196) et de la voie Appienne (p. 220).

Saltimbocca alla Romana : escalope de veau roulée autour de jambon sec et de sauge, parfumée au vin blanc.

Où se restaurer

La bonne chère tient une grande place dans l'âme romaine, et il n'est guère d'événement social sans repas à la clé. Même si la restauration a gagné en sophistication ces dernières décennies, la cuisine maison de certaines trattorias offre souvent une expérience gastronomique mémorable. Et, quelle que soit la table, la priorité donnée aux produits locaux et de saison perpétue une tradition culinaire millénaire.

La cuisine romaine

Comme la plupart des cuisines italiennes, la *cucina romana* est née de son terroir.

Certaines spécialités figurent au menu de presque toutes les tables romaines. Simples en apparence, ces plats réconfortants, riches en glucides lents, sont notoirement difficiles à bien préparer. Parmi les *primi piatti* incontournables, citons les pâtes *alla carbonara* (joue de porc séchée ou pancetta, œuf et *pecorino romano* – et non, point de crème ni de lardons !), *alla gricia* (bajoue de porc et oignons), *amatriciana* (des pâtes *alla gricia* version tomate, une invention d'un cuisinier d'Amatrice), ou encore *cacio e pepe* (*pecorino romano* et poivre noir).

Dans la liste des *secondi* typiques figurent le *baccalà con i ceci* (morue aux pois chiches), la *trippa alla Romana* (tripes à la sauce tomate saupoudrées de pecorino), la *saltimbocca alla Romana* (mini-escalopes de veau roulées sur une tranche de jambon cru et une feuille de sauge, revenues au beurre, puis déglacées au vin blanc) et la *coda alla vaccinara* (queue de bœuf

BON À SAVOIR

Heures d'ouverture

- 12h-15h et 19h30-23h ; un jour de fermeture hebdomadaire (souvent le dimanche ou le lundi).
- Fermeture estivale en août d'une semaine au moins, voire tout le mois. Téléphonez pour vérifier la période de vacances.

Prix

Les indications de prix dans ce guide correspondent au coût moyen d'un repas incluant un *antipasto* or *primo* (entrée), un *secondo* (plat de résistance), un verre de vin, plus la facturation systématique des *pane e coperto* (pain et couvert, 1-5 € par personne).

€ moins de 25 €

€€ 25 à 45 €

€€€ plus de 45 €

Savoir-vivre à table

- Suivez la coutume romaine de s'habiller pour sortir dîner.
- Évitez d'aspirer vos spaghettis, mordez dans ceux qui pendent de la fourchette.
- Excluez toute cuillère pour manger des pâtes. Seule la fourchette convient.
- Manger la pizza avec ses doigts est tout à fait correct.
- La maîtresse de maison appréciera que vous osiez "*fare la scarpetta*" (faire une petite chaussure), à savoir saucer votre assiette avec un bout de pain.
- L'invité apporte souvent une boîte de *dolci* (douceurs) achetée à la *pasticceria*, une bouteille de vin ou un bouquet de fleurs.

Pourboire

Bien que le service soit presque toujours compris, un pourboire est toujours apprécié : 5% dans une pizzeria et 10% dans un établissement plus haut de gamme. Au minimum, arrondissez la facture.

à la tomate, au céleri et petits légumes, cuite avec muscade, cannelle, raisins secs, pignons et une pointe de cacao amer).

SPÉCIALITÉS DE QUARTIERS

Pour goûter à l'authentique cuisine judéo-romaine, direction le Ghetto. La friture, à la base de la cuisine romaine juive, ou *cucina ebraica-romanesca*, date de l'époque où la communauté juive fut confinée dans le Ghetto, entre le XVIe et le XIXe siècle. Pour donner plus de saveur aux rares ingrédients dont ils disposaient, les habitants se mirent à tout frire, de la mozzarella à la morue salée (*baccalà*). Les artichauts de la région sont aplatis pour obtenir la forme d'une fleur, puis frits et salés pour devenir de délicieux *carciofi alla giudia* (artichauts à la juive), tandis que les *carciofi alla romana* (artichauts à la romaine), farcis au persil, à la menthe et à l'ail, sont simplement cuits à l'étouffée avec un peu de vin blanc.

Pour la vraie *cucina romana*, qui fait la part belle aux abats, rendez-vous dans le Testaccio, un quartier populaire situé autour des anciens abattoirs de la ville. Autrefois, on avait coutume de payer en partie les bouchers avec des abats ou des bas morceaux de viande. C'est ainsi que naquit l'art de les préparer : une cuisson très lente qui exalte les arômes et attendrit le morceau. La *coda alla vaccinara* veut ainsi dire "queue de bœuf à la façon du boucher". Fameuses mais réservées aux palais aguerris, les pâtes *alla pajata* sont à base d'entrailles de veau de lait. Le terme *coratella* signale un plat qui comprend poumons, rognons et cœur.

Au fil des saisons

Comme c'est l'usage partout en Italie, les Romains mangent des produits de saison. Les ingrédients, frais et souvent gorgés de soleil, sont la garantie d'une explosion de saveurs et les meilleurs sont *kilometri zero* – à savoir produits localement.

PRINTEMPS

Le printemps est la meilleure période pour déguster de l'agneau, habituellement rôti avec des pommes de terre (*agnello al forno con patate*). On l'appelle parfois *abbacchio* (agneau, en dialecte romain) ou *scottadito* ("chaud à s'en brûler les doigts").

Mars est le mois idéal pour le *carciofo alla giudia*, quand les gros artichauts ronds de Cerveteri (*carciofo romanesco*) apparaissent sur la table (les variétés plus petites viennent de Sardaigne), mais on peut déguster ce plat délicieux jusqu'en juin. Le reste de l'année, d'autres variétés,

Où se restaurer quartier par quartier

toscane ou sicilienne, sont disponibles sur le marché.

Mai et juin sont des mois favorables pour la pêche, donc pour les produits de la mer.

Les *fave* (fèves) se grignotent en fin de repas, idéalement avec un peu de pecorino (fromage de brebis). Le 1er mai, elles font partie intégrante du traditionnel pique-nique à la campagne.

Sur les marchés, les *zucchine romanesche* (courgettes romaines), cannelées et vert clair, sont généralement vendues avec leurs fleurs, succulentes en beignets.

ÉTÉ

Le *tonno* (thon) arrive fraîchement pêché dans les eaux autour de la Sardaigne. Les *linguine ai frutti di mare* et le *risotto alla pescatora* sont d'excellents plats estivaux.

C'est l'époque des *melanzane* (aubergines) : grillées en antipasti ou frites et disposées en couches alternant avec une sauce tomate dans les *melanzane alla parmigiana*. L'été, la verdure est à l'honneur. Rome a même sa propre salade, la *lattuga romana* (la romaine), robuste et parfumée.

Les tomates sont particulièrement goûteuses, et d'appétissants monticules de *pesche* (pêches), d'*albicocche* (abricots), de *fichi* (figues) et de *meloni* (melons) colorent les étals.

AUTOMNE

Les plats *alla cacciatora* (chasseur) font honneur au gibier chassé dans les collines du Latium, tels que le *cinghiale* (sanglier) et la *lepre* (lièvre).

Les produits de la pêche garnissent toujours la table, notamment les poissons frits de Fiumicino, tels la *triglia* (rouget) ou les mélanges de petites fritures comme les *alici* (anchois).

C'est la saison des champignons : *porcini* (cèpes), *galletti* (girolles) ou *ovuli* (oronges). Les marchés des montagnes regorgent de *broccoletti* (brocolis) *et broccolini* (brocolis-raves), d'*uva* (raisin), de *pere* (poires) et de noix diverses.

HIVER

L'hiver est la période par excellence des plats mijotés à base de *ceci* (pois chiches), un minestrone riche en légumes ou de la *porchetta di Ariccia*, porc rôti aux herbes élevé sur la commune d'Ariccia.

Les *puntarelle* (chicorée catalane) un peu amères, que l'on ne trouve que dans le Latium, se préparent habituellement en salade avec une sauce aux anchois.

Sur les marchés s'entassent les *broccoli romaneschi* (choux romanesco), les *arance* (oranges) et les *mandarini* (mandarines).

En février, goûtez aux *frappe*, des beignets de carnaval de forme allongée saupoudrés de sucre.

Manger comme les Romains

Les Romains prennent souvent leur *colazione* (petit-déjeuner) au bar, où ils commandent un cappuccino accompagné d'un *cornetto* (croissant) *semplice* (nature), *integrale* (au blé complet), fourré de *marmellata* (confiture), de *cioccolato* (chocolat) ou de *crema pasticcera* (crème pâtissière).

Le *pranzo* (déjeuner), principal repas de la journée, a lieu vers 13h30. Nombre de commerces ferment l'espace d'une à trois heures l'après-midi, le temps du repas suivi de la sieste. Le dimanche, le *pranzo* est une véritable institution.

De nombreux restaurants romains proposent un brunch le week-end, qui n'a rien du classique croisement entre petit-déjeuner et déjeuner à l'anglo-saxonne. À Rome, le brunch désigne plus simplement un buffet servi entre 12h et 15h.

L'*aperitivo* consiste à accompagner l'apéritif d'un buffet d'en-cas à volonté, généralement entre 18h et 21h et moyennant 10 € environ par boisson.

La *cena* (dîner), qui débute vers 20h30, est souvent plus frugale, mais les habitudes changent, car nombre de Romains n'ont pas le temps de faire un copieux déjeuner.

Le repas complet classique débute par un *antipasto* (hors-d'œuvre), suivi d'un *primo piatto* (entrée), d'un *secondo piatto* (plat de résistance) accompagné d'une *insalata* (salade) ou d'un *contorno* (garniture de légumes). Il se termine par un *dolce* (dessert), un fruit, un café et un *digestivo* (digestif). Mais la réalité quotidienne diffère, peu d'Italiens mangeant tout cela à la fois. Au restaurant, les Romains se jouent de l'ordre et peuvent tout à fait commander un *antipasto*, une *insalata* ou un *contorno* suivis d'un *primo*. Faites comme eux !

Où se restaurer

En fonction de votre envie du moment et de votre budget, choisissez la frénésie d'une pizzeria romaine, l'ambiance chaleureuse et familiale d'une trattoria tenue depuis plusieurs générations par la même famille, ou encore un bar offrant un somptueux *aperitivo*, voire un restaurant gastronomique.

ENOTECHE

Il est rare que les Romains ne grignotent rien en buvant de l'alcool, et l'on peut tout à fait bien manger dans de nombreuses *enoteche*, des bars à vins qui proposent toujours des en-cas : planches de fromage ou de charcuterie, *bruschette* (tartines grillées à la tomate) et *crostini* (toasts garnis), comme des salades ou des plats chauds.

METTRE LA MAIN À LA PASTA

Vous rêvez de faire vos pâtes vous-même et sans machine ? Pino et Julia Ficara, de **Grano & Farina** (carte p. 356 ; ☎06 4554 2396 ; granofarina.wixsite.com/francais ; Vicolo della Penitenza 17 ; 🚇Lungotevere della Farnesina), vous en dévoileront tous les secrets, et en français ! Un cours à la main et au couteau, un autre au rouleau, un troisième pour les colorer au naturel, le suivant pour les variétés farcies et le dernier pour les sauces. Les plus curieux pourront même se lancer dans la confection des pâtes régionales moins connues. Bonus : Pino et Julia ont à cœur de travailler avec les petits producteurs locaux et d'utiliser au maximum les ingrédients bio. Cours de 2 à 4 heures 30 du mardi au samedi pour 6 élèves au maximum : de 85 à 100 € par personne. Autres ateliers sur le pain, la pizza, le chocolat, la pâtisserie, la dégustation d'huile d'olive...

TRATTORIA, OSTERIA OU RESTAURANT ?

En général, les trattorias sont de petits établissements familiaux affichant des menus sans prétention de plats locaux, à des prix très abordables, tandis que les *osterie* servent un plat unique accompagné d'un *vino della casa* (vin maison). Les *ristoranti* présentent un choix plus vaste de plats et accordent plus de soin au service, moyennant des tarifs plus élevés.

PIZZERIAS

La pizza ne fut introduite à Rome qu'après la Seconde Guerre mondiale par des immigrants venus du Sud. Pourtant, on la croirait là depuis toujours. Le repas informel (et bon marché) favori de tout habitant est cette pizza à la pâte merveilleusement fine, dans sa version romaine, garnie d'ingrédients frais et servie brûlante. Les pizzerias sont plutôt ouvertes le soir, car les fours à bois mettent un certain temps à chauffer.

Les Romains font le plus souvent précéder leur pizza d'une entrée à base de *bruschetta* ou de *fritti* (assortiment de beignets de fleurs de courgette, de pommes de terre, de *baccalà*, d'olives...) et accompagnent le tout d'une bière. Les cartes des pizzas se divisent en principe en *pizza rossa* (avec de la sauce tomate, donc "rouge") et *pizza bianca* ("blanche", car sans sauce tomate et traditionnellement assaisonnée de romarin, de sel et d'huile d'olive, mais aujourd'hui déclinée en garnitures diverses). La pizza à pâte plus épaisse, dite napolitaine, est servie à quelques endroits à Rome.

Si l'on souhaite manger sur le pouce, les marchands de *pizza al taglio* (pizza à la coupe) sont imbattables. Proche du Vatican, Bonci Pizzarium (p. 145) se classe en tête du genre, comme le prouve sa seconde enseigne au Mercato Centrale (p. 164), dans la gare de Termini.

RESTAURATION RAPIDE

La restauration rapide est une tradition millénaire à Rome, où les spécialités de rue abondent.

Une *tavola calda* (littéralement "table chaude") est un snack-bar bon marché proposant des plats de pâtes, viande et légumes préparés d'avance, tandis que la *rosticceria* vend principalement des plats carnés.

Les *arancini* (boules de riz farcies de *ragù* ou de jambon et mozzarella) originaires de Sicile font partie des en-cas très populaires à Rome sous le nom de *supplì*.

De nos jours, nombre de tables tendance revisitent la cuisine de rue sur le mode gastronomique sans sacrifier le goût au style.

GLACES

Déguster une glace est un incontournable romain, au même titre que le petit noir matinal au café du coin. La ville compte certains des meilleurs glaciers au monde, qui n'emploient que des produits de saison, venus des plus fins terroirs (pistaches de Bronte, amandes d'Avola...). C'est une tradition ancienne : Néron, déjà, savourait des mélanges de neige, de pulpe de fruit et de miel. Pour juger de la qualité d'une *gelateria*, observez la couleur de la glace à la pistache : vert ocre = bon ; vert vif = à éviter. Au plus fort de l'été, les Romains se régalent de *grattachecca* (littéralement "glace grattée"), glace pilée surmontée de fruits et de sirop vendue dans des stands le long du Tibre de mai à septembre. Une délicieuse manière de se rafraîchir.

La plupart des glaciers ouvrent entre midi et 1h du matin, avec des horaires plus réduits en hiver. Les prix varient de 2,50 à 5,50 € pour un *cono* (cornet) ou une *coppetta* (coupelle ou pot).

ÉPICERIES FINES ET MARCHÉS

Les marchés de produits frais et les bonnes épiceries fines sont caractéristiques du paysage culinaire romain. La majorité des quartiers comptent quelques épiceries fines, ainsi qu'un marché alimentaire quotidien. Les marchés sont ouverts de 7h environ à 13h30, du lundi au samedi. D'excellents marchés fermiers se tiennent généralement le week-end.

Voici les marchés les plus réputés :

Mercato di Campo de' Fiori (p. 95). Le plus pittoresque et le plus cher. Les prix sont revus à la hausse pour les touristes.

Nuovo Mercato Esquilino (p. 175). Peu coûteux et parfait pour s'approvisionner en herbes et épices exotiques.

Mercato di Piazza San Cosimato (p. 185). À la fine pointe en matière de produits frais et locaux, le marché centenaire du Trastevere.

Nuovo Mercato di Testaccio (p. 200). Une halle couverte remplie d'étals alléchants et de stands d'en-cas gourmets à emporter.

CIRCUITS DES SAVEURS

Rex Tours (www.rex-tours.com). En compagnie d'un guide francophone, 3 heures 30 de balade et de dégustations aux alentours du marché du Campo de'Fiori pour découvrir les saveurs romaines (8 personnes au maximum).

Casa Mia (casamiatours.com). Pour les gourmets entre les gourmets, des visites gastronomiques et œnologiques agrémentées de dégustations auprès de négociants, producteurs, chefs et restaurateurs. Circuits sur mesure, tournée des restaurants et réservations.

Local Aromas (www.localaromas.com). Découverte des spécialités culinaires et œnologiques propres à chaque quartier, Trastevere et Campo de' Fiori aux premiers rangs.

GT Food & Travel (www.gtfoodandtravel.com). Petits circuits thématiques : marchés, "*cucina povera* et cuisine romaine" à Monteverde...

A Friend in Rome (www.afriendinrome.it). Balades à pied axées sur la cuisine de rue dans des coins méconnus de Rome par des spécialistes des circuits privés.

Cuisine végétarienne, végétalienne et sans gluten

Les végétariens mangent très bien à Rome, avec un large choix d'antipasti, de pâtes, d'*insalate*, de *contorni* (accompagnements) et de pizzas. Certaines tables haut de gamme ont même une carte végétarienne et, petit à petit, de nouveaux restaurants et cafés uniquement végétariens et/ou végans voient le jour, particulièrement dans les quartiers de Monti et de Tridente.

Prenez garde aux ingrédients non mentionnés sur la carte, notamment pour les aliments farcis (les fleurs de courgette sont souvent relevées avec des anchois), ou vérifiez qu'ils sont préparés *senza carne o pesce* ("sans viande ni poisson"). Pour beaucoup d'Italiens, un végétarien ne mange simplement pas de viande rouge.

Les végétaliens auront davantage de difficultés, car le fromage est omniprésent dans la cuisine romaine ; il faut alors préciser *senza formaggio* ("sans fromage"). Enfin, la *pasta fresca* – les pâtes fraîches (aussi présentes dans certaines soupes) – est faite avec des œufs. Le plus sûr consiste à faire vos courses vous-même ou à essayer un restaurant 100% végétarien où sont toujours prévues quelques options végétaliennes.

En majorité, les restaurants proposent des plats sans gluten, cette intolérance étant bien connue à Rome. L'une des plus grandes tables romaines, Aroma (p. 199), affiche un menu de 4 plats sans gluten (120 €). Dites simplement "*Io sono celiaco*" ou "*senza glutine*", et les serveurs sauront généralement vous conseiller les mets adéquats.

La réglementation européenne préconise de mentionner sur les cartes de restaurant la présence ou non de produits allergènes en regard des plats : céréales contenant du gluten (A), œufs (C), arachides (E), lait (G)...

Cours et ateliers

Véritable phénomène de mode, les cours de cuisine et d'œnologie se multiplient à Rome. Quelques adresses recommandées :

Vino Roma (www.vinoroma.com). Au cœur de Monti, une fort sérieuse école de dégustation.

GT Food & Travel (www.gtfoodandtravel.com). Pour apprendre à cuisiner et dîner chez l'habitant. Également des circuits gourmands.

Eataly (p. 228). Cours culinaires dernier cri, cuisines ouvertes, recettes expliquées et dégustations de vin dans la gigantesque halle gourmande estampillée bio au sud de Rome.

Pasta Chef (www.pastachefroma.it). Mauro et Leopoldo, les rois des pâtes gastronomiques à emporter, transmettent sans manières leur savoir-faire dans leur cuisine de Monti.

Città di Gusto (www.gamberorosso.it). Démonstrations, cours et ateliers au siège de Gambero Rosso, maison d'édition œnogastronomique de référence en Italie, dans le quartier de Monteverde, à l'ouest du Testaccio.

Latteria Studio (www.latteriastudio.com). À l'exploration des marchés succèdent des cours de cuisine dans un studio photo du Trastevere où sont réalisés moult clichés gourmands.

La sélection de Lonely Planet

La Ciambella (p. 91). Cuisine romaine d'aujourd'hui dans une ruelle proche du Panthéon.

Colline Emiliane (p. 120). Une table familiale proposant une belle cuisine d'Émilie-Romagne.

La Tavernaccia (p. 183). Une trattoria sans prétention parmi les plus prisées de Rome.

Flavio al Velavevodetto (p. 200). Authentique *cucina romana* dans une trattoria typique du Testaccio.

Trattoria Da Cesare al Casaletto (p. 186). Sans doute la meilleure trattoria de Rome.

Salumeria Roscioli (p. 96). Un restaurant-traiteur aux charcuteries, fromages et vins de premier ordre.

Le top par budget

€

Bonci Pizzarium (p. 147). *Pizza al taglio* haut de gamme.

Panella (p. 166). Boulangerie historique où savourer viennoiseries et pains tout juste sortis du four.

Supplì (p. 184). Une sublime *tavola calda* du Trastevere qui ne vous ruinera pas.

Sbanco (p. 198). La pizza nouvelle école aux garnitures inventives, *pizza fritta* comprise.

€€

Pianostrada (p. 95). Cuisine moderne inventive et ambiance bistrot tendance.

Piccolo Arancio (p. 118). Une trattoria de Trevi consacrée aux plats de poisson et fruits de mer.

Da Enzo (p. 183). Produits locaux de qualité et l'une des meilleures *pasta cacio e pepe* de la Ville éternelle.

La Buca di Ripetta (p. 116). Cuisine romaine moderne près de l'escalier de la Trinité-des-Monts.

€€€

Enoteca La Torre (p. 149). Étoilée au Michelin, la table glamour de la propriété des sœurs Fendi.

Aroma (p. 199). Sur le toit du Palazzo Manfredi en communion totale avec le Colisée outre sa distinction au Michelin.

Zia Restaurant (p. 186). Un chef qui monte et un menu déjeuner avantageux.

Le top par cuisine

Romaine classique

Flavio al Velavevodetto (p. 200). L'authentique *cucina romana* de cette trattoria du Testaccio régale ses fidèles.

La Tavernaccia (p. 183). Une trattoria familiale ancrée dans la tradition romaine.

Trattoria Da Cesare al Casaletto (p. 186). Une adresse en or, appréciée des Romains et des gourmets en voyage.

Da Enzo (p. 183). Une table du Trastevere immensément appréciée pour ses mets équilibrés et de qualité.

Trattoria Da Teo (p. 184). Gnocchis le jeudi comme il se doit et des préparations savoureuses et saines.

Romaine moderne

L'Arcangelo (p. 150). Versions modernes des classiques romains, dans ce lieu très couru de Prati.

Pianostrada (p. 95). Un bistrot urbain moderne où l'accent est mis sur les légumes.

La Ciambella (p. 91). Sur les ruines des thermes d'Agrippa, mais résolument actuel côté cuisine.

Salumeria Roscioli (p. 96). Des produits du terroir travaillés dans un esprit contemporain par ce restaurant-traiteur.

VyTA Enoteca Regionale del Lazio (p. 117). Les spécialités du Latium avec une touche de sophistication.

Spécialités régionales

Colline Emiliane (p. 120). Un bouquet de saveurs d'Émilie-Romagne.

Seacook (p. 231). Toute la meilleure pêche des côtes du Salento (Pouilles).

Casa Coppelle (p. 91). Les finesses de la gastronomie française sur fond de théâtralité romaine.

Piccolo Arancio (p. 118). Une large gamme de plats marins aux saveurs éminemment méridionales.

Il Chianti (p. 118). Spécialités toscanes et superbe terrasse près de la fontaine de Trevi.

Le top des pizzerias

Sbanco (p. 198). Pizzas inventives et bières artisanales, dans un cadre moderne.

Emma Pizzeria (p. 96). Dans le centre historique, d'excellentes spécialités au feu de bois servies dans un cadre élégant.

Pizzeria Da Remo (p. 201). Toute en mémorable simplicité, l'agitation d'une pizzeria romaine du Testaccio.

Pizzeria Ai Marmi (p. 183). Tables en terrasse et pizzas délicieuses attirent foule à la "morgue" du Trastevere.

Alle Carrette (p. 163). Un *baccalà* de premier ordre et des pizzas goûteuses à pâte ultrafine.

Le top des gelaterie

Fatamorgana (p. 94). Les glaces artisanales les plus raffinées de Rome.

Gelateria del Teatro (p. 94). Quelque 40 parfums, et tout est fabriqué sur place.

Otaleg (p. 188). Des saveurs classiques et expérimentales.

Fior di Luna (p. 184). Un super glacier artisanal du Trastevere.

Gelateria Dei Gracchi (p. 115). Un goût de paradis en plusieurs points de Rome.

Le top de la cuisine de rue

Trapizzino (p. 201). Le haut lieu du *trapizzino*, un cornet de pâte à pizza garni de *polpette al sugo* (boulettes de viande à la sauce tomate) ou autres.

Mercato Centrale (p. 166). Le hall gourmet de la gare de Termini et ses stands de restauration rapide haut de gamme.

Supplì (p. 184). Les fameuses boulettes de riz version gastronomique et d'excellentes pizzas à la coupe.

Re-Bìo (p. 147). Près du Vatican, on se presse ici pour les plats bio à emporter.

Panificio Bonci (p. 147). Pizzas et savoureux sandwichs dans cette boulangerie proche de Saint-Pierre.

Antica Norcineria Iacozzilli (p. 185). La *porchetta* (cochon de lait farci) au romarin garnit ici de succulents panini.

Le top des restaurants de quartier

Da Felice (p. 202). Cuisine traditionnelle du Testaccio, cœur de la gastronomie romaine.

Panella (p. 166). On se presse à l'heure du déjeuner dans cette boulangerie de l'Esquilino faisant *tavola calda*.

Trattoria Da Teo (p. 184). Sa terrasse sur une jolie place du Trastevere en fait un lieu où réserver sans faillir.

Pizzeria Ostiense (p. 229). De remarquables pizzas à pâte fine dans l'ancien quartier industriel, désormais branché, d'Ostiense.

Hostaria Romana (p. 120). Une trattoria fréquentée à quelques pas de la fontaine de Trevi.

Le top des pizzas à la coupe

Bonci Pizzarium (p. 147). De sublimes pizzas à partager.

Forno Roscioli (p. 95). Fine et croustillante, l'une des meilleures *pizze rosse* (à la tomate et à l'origan) de Rome.

La Renella (p. 185). Une boulangerie historique où acheter pizzas à la coupe, pains et biscuits.

Antico Forno Urbani (p. 98). Une boulangerie casher du Ghetto, réputée pour sa *pizza bianca*.

Le top pour végétariens

Verde Pistacchio (p. 229). Des petits plats végétariens etvéganes, plus un avantageux menu au déjeuner.

Il Margutta (p. 116). La carte 100% végétarienne compte des plats végans. Le buffet déjeuner/brunch a du succès.

100% Bio (p. 202). Le buffet déjeuner bio réunit 30 plats végétariens et végans.

Il Pagliaccio (p. 98). La seule table romaine doublement étoilée au Michelin à proposer un menu végétarien.

Le top des épiceries fines

Eataly (p. 228). Temple de la gastronomie avec des produits de toute l'Italie et de multiples restaurants.

Salumeria Roscioli (p. 96). Les senteurs alléchantes des charcuteries et des fromages italiens se mêlent dans cette épicerie fine d'exception.

Antica Caciara Trasteverina (p. 190). Une institution centenaire où se procurer de la ricotta fraîche ou bien *infornata* (cuite au four), divine.

Volpetti (p. 205). Le paradis des gourmets servi par un personnel aux petits soins délivrant une foule de produits.

Confetteria Moriondo & Gariglio (p. 103). Un chocolatier historique aux créations magiques.

Le top des cavistes

La Barrique (p. 165). Choix intéressant de vins de petits producteurs, certains naturels.

Casa Bleve (p. 95). Une table haut de gamme à la carte des vins remarquable.

Salumeria Roscioli (p. 96). Vins extra, au verre ou en bouteille.

Litro (p. 186). Une belle et longue carte de vins naturels et bio dans un bar-bistrot vintage.

Trattoria Da Cesare al Casaletto (p. 186). L'une des meilleures cuvées du patron à Rome.

L'Arcangelo (p. 150). Vins soigneusement choisis pour accompagner une cuisine de bistrot moderne et créative.

Bar du Trastevere (p. 184)

Où prendre un verre et faire la fête

Le meilleur moyen d'apprécier la vie nocturne romaine consiste souvent à se balader de restaurant en bars, en s'égarant dans les charmantes ruelles. Vous profiterez d'autant mieux de la saveur d'un proseco ou d'une bière artisanale sur fond de Forum romain ou de fontaines baroques illuminées.

Rome de nuit

Les Romains dînent souvent tard, puis vont prendre un verre avant de sortir en boîte vers 1h du matin. Les noctambules affectionnent différents quartiers, lesquels changent souvent de visage la nuit venue. Le centre historique et le Trastevere séduisent les Romains comme les touristes. Le *clubbing* a pour pôles favoris Ostiense et le Testaccio, où les oiseaux de nuit se pressent dans la foule de discothèques qui couvrent le Monte Testaccio. La géographie nocturne reflète subtilement les clivages politiques. Les quartiers de San Lorenzo et Pigneto, à l'est de Rome, passent ainsi pour les préférés des gens de gauche et des sympathisants des mouvements alternatifs, tandis que le nord (Ponte Milvio ou Parioli) attirerait une clientèle plus à droite et bourgeoise.

Fare la bella figura ("avoir une allure élégante") est essentiel pour sortir. Le Romain aime flâner avec des amis, histoire de voir et d'être vu, consommant souvent plus de *gelati* que de cocktails. Mais les mœurs évoluent et il n'est pas rare de croiser jeunes éméchés ou touristes pompettes aux alentours du Campo de' Fiori et dans plusieurs coins du Trastevere, entre autres.

BON À SAVOIR

Heures d'ouverture

- Cafés : 7h30-20h
- Bars traditionnels : 7h30-1h ou 2h
- Bars, pubs et *enoteche* (bars à vins) : à l'heure du déjeuner et de 18h à 2h
- Clubs : 22h-4h

Code vestimentaire

Les Romains font volontiers un effort vestimentaire pour sortir. C'est d'autant plus vrai dans les clubs et bars chics du centre historique ou du Testaccio, dont la clientèle se montre à la pointe de la mode. Pigneto, San Lorenzo et les *centri sociali* (centres sociaux) accueillent en revanche un public à la tenue vestimentaire beaucoup plus décontractée.

Sites Internet

- 2night. (2night.it/roma/). Programme de la vie nocturne. En italien seulement.
- Romeing (romeing.it). Webzine sur la vie nocturne romaine et les manifestations culturelles.

Rome selon les saisons

De mi-juin à mi-septembre, nombre de clubs et scènes musicales ferment, certains prenant alors leurs quartiers d'été du côté de l'EUR ou bien des plages de Fregene ou d'Ostie. De début juin à début septembre, les berges du Tibre, en amont et en aval de l'Isola Tiberina, deviennent le grand rendez-vous nocturne de la Ville éternelle : c'est la période du Lungo il Tevere (p. 23), avec son lot de bars éphémères au bord de l'eau (ouverts tous les soirs de 17h à 2h entre le Ponte Palatino et Ponte Mazzini), d'échoppes, d'événements musicaux et autres, sans compter le cinéma en plein air... La proximité de l'eau ferait limiter la consommation d'alcool.

Sachez qu'en hiver, les bars ferment souvent plus tôt le soir, notamment dans les secteurs où l'on aime s'attabler en extérieur. Mais de plus en plus d'établissements disposent de terrasses chauffées l'hiver.

Où boire

ENOTECHE

À l'origine, les *enoteche* (bars à vins) réunissaient une clientèle de quartier venue boire un petit vin local, tiré au tonneau. À présent, ce sont plutôt des bars à vins raffinés, où se dégustent de bons crus italiens ou étrangers accompagnés de fromage et de charcuterie.

BARS ET PUBS

Du café-bar de quartier installé depuis des lustres au lounge chic servant des cocktails sophistiqués, l'offre est multiple. Il reste aussi d'authentiques institutions à l'atmosphère décontractée, comme Freni e Frizioni (p. 188) dans le Trastevere ou Ai Tre Scalini (p. 169) à Monti. Les pubs ont également du succès : ceux à l'irlandaise établis de longue date dans le quartier de l'Esquilin, mais aussi des bars surfant sur l'engouement pour la bière artisanale, en particulier à San Lorenzo.

CLUBS

Rome affiche un bon choix de clubs, principalement à Ostiense et au Testaccio, dont la programmation musicale couvre tous les genres. Les discothèques s'animent après minuit, voire après 2h. Si l'entrée est souvent gratuite, les boissons se révèlent chères (10-20 € le cocktail), hormis dans les clubs d'étudiants de San Lorenzo et de Pigneto ou dans les *centri sociali*.

CENTRI SOCIALI

Rome surprend par sa scène artistique alternative axée autour des *centri sociali*, des centres culturels de gauche, pour certains installés dans des squats, qui programment concerts et expos d'art contemporain. Ils offrent les divertissements nocturnes les plus abordables, alternatifs et singuliers de Rome. Citons notamment le Brancaleone (p. 216) et l'Esc Atelier (p. 174).

Que boire

CAFÉ

Si vous voulez un expresso, demandez *un caffè* ; si vous le voulez avec une noisette de lait chaud/froid, commandez un *caffè macchiato caldo/freddo*. On distingue *caffè lungo* (allongé) et *caffè all'americana* (café filtre). Pour les sensibles à la caféine, l'*orzo*, à base d'orge torréfiée, est la solution.

Bien entendu, il y aussi le cappuccino, servi pas très chaud ; si vous le souhaitez bien chaud (une hérésie !), demandez-le *ben caldo*. Les Italiens n'en consomment que le matin, et jamais après un repas.

L'été, la palme va au *cappuccino freddo* (café au lait glacé, habituellement servi sucré), au *caffè freddo* (expresso frappé) ou à la *granita di caffè* (café avec de la glace pilée, généralement servi avec de la crème).

Le *caffè latte* correspond à un café avec plus de lait et moins de mousse que le cappuccino, le *latte macchiato* à un lait chaud avec un nuage de café. Dans les deux cas, il s'agit surtout de boissons destinées aux enfants. Un *caffè corretto* est un expresso "corrigé" d'une goutte de grappa ou d'un autre alcool.

Vous pouvez boire votre café de deux manières à Rome : soit au comptoir, auquel cas il vous faudra d'abord payer à la caisse, puis vous faire servir en échange du reçu ; soit en salle en le commandant au serveur. Dans ce cas, vous paierez jusqu'au double du prix demandé au bar. Dans un cas comme dans l'autre, on vous servira invariablement un verre d'eau avec votre café – sinon, n'hésitez pas à le demander.

VINS DU LATIUM

Les vins du Latium, qui n'ont pas encore atteint une grande renommée, méritent d'être goûtés. Si les blancs dominent la production – ils représentent 95% des *Denominazione di Origine Controllata* (DOC, équivalent de l'AOC française et au deuxième rang de la classification italienne) –, il existe des rouges intéressants. Pour une dégustation de vins de la région, rendez-vous à la VyTA Enoteca Regionale del Lazio (p. 117) ou chez Terre e Domus (p. 75). Pour des vins naturels et biodynamiques, direction le Litro (p. 186) à Monteverde ou La Barrique (p. 166) à Monti.

BIÈRE ARTISANALE

Depuis quelques années, les bars spécialisés dans la microbrasserie fleurissent à Rome. La plupart servent des marques italiennes et étrangères. Les bières locales illustrent l'importance accordée dans la capitale aux produits de saison, à l'image de la bière hivernale à base de châtaigne.

COCKTAILS, APÉRITIFS ET DIGESTIFS

Les mixologues romains ne cessent d'aiguiser la folie des cocktails. Des bars cachés en sous-sol servent des breuvages savamment concoctés aux côtés de bières artisanales. Il faut parfois être adhérent (5 € en général) pour profiter du lieu confidentiel. Nombre de cafés décontractés, en particulier au Trastevere, se transforment le soir en bars à cocktails.

Les *aperitivi* (apéritifs) les plus appréciés des Romains sont à base de liqueurs amères comme le Campari Soda ou l'Aperol Spritz, mélange d'Aperol et de *prosecco*. Le Crodino est un apéritif sans alcool à base de plantes au goût médicinal. Comme les Italiens, terminez le repas par un digestif. Les meilleurs sont faits maison (*fatto in casa*).

Rome LGBT

L'extrémité de la Via di San Giovanni in Laterano côté Colisée constitue une petite enclave LGBT. Ailleurs, les bars et clubs spécifiquement gays et/ou lesbiens ne se bousculent pas, mais nombre d'endroits accueillent régulièrement des soirées dédiées. Le Circolo Mario Mieli di Cultura Omosessuale (p. 316), qui organises divers débats et rencontres, liste en ligne les événements à venir.

La plupart des lieux gays (bars, clubs et saunas) ne sont accessibles que sur présentation de la carte de membre Arcigay (p. 316). Vendue au siège de l'organisation et dans tous les établissements qui l'exigent, elle coûte 10 €.

De juin à début septembre, le grand événement annuel Gay Village (p. 316) attire dans les cafés, bars et clubs du Testaccio une foule de DJ, de musiciens, d'artistes et de fêtards.

Cafés, bars et clubs par quartier

La sélection de Lonely Planet

Ai Tre Scalini (p. 169). Ambiance étudiante, prix raisonnables et bonne cuisine pour ce pilier de Monti.

Terra Satis (p. 186). Un incontournable du Trastevere, pour son excellent café le jour et ses boissons plus fortes le soir.

Barnum Cafe (p. 100). Cafés et cocktails dans un cadre vintage chic, près du Campo de' Fiori.

Roscioli Caffè (p. 100). Adresse chic du centre historique où déguster son café avec des petits fours délicats.

Sciascia Caffè (p. 151). On y sert un café sans pareil depuis 1919.

Le top des cafés

Sciascia Caffè (p. 151). Élégant rendez-vous pour un expresso onctueux servi dans une tasse tapissée de chocolat.

Caffè Sant'Eustachio (p. 99). Un lieu historique proche du Panthéon et l'un des meilleurs expressos de Rome.

La Bottega del Caffè (p. 169). La qualité du café n'a d'égale que la terrasse, installée été comme hiver sur la plus jolie place de Monti.

Barnum Cafe (p. 100). Un café façon Greenwich Village à NYC et un "jus" vraiment très bon.

Antico Caffè Greco (p. 121). Le patriarche des cafés romains (1760), près de l'escalier de la Trinité-des-Monts.

Terrasses et jardins de rêve

Zuma Bar (p. 121). Sans doute le toit-terrasse le plus incroyable qui soit à Rome.

Stravinskij Bar (p. 120). Ouvert sur une vaste cour-jardin adossée, le bar sélect de l'Hotel de Russie.

Il Palazzetto (p. 121). Une terrasse incomparable sur le spectacle qu'offre l'escalier de la Trinité-des-Monts.

Caffè Ciampini (p. 121). Un café saisonnier très garden-party, à l'ombre de treillages verts et d'orangers.

Necci dal 1924 (p. 172). La terrasse pleine de charme de l'antique *gelateria*.

Les enoteche vedettes

Rimessa Roscioli (p. 100). Plats délicieux et dégustations de vins pour ce gastro-bar à vins.

Wine Concept (p. 203). Une large sélection de crus italiens et européens, par des sommeliers compétents.

Ai Tre Scalini (p. 169). *Enoteca* animée et conviviale.

Cavour 313 (p. 76). Une institution voisine du Colisée, dont la cave comprend des centaines de vins d'Italie.

Le top des aperitivi

Freni e Frizioni (p. 188). Bar tendance avec un somptueux assortiment d'en-cas le soir.

Doppiozeroo (p. 228). Une adresse prisée d'Ostiense au buffet impressionnant.

Momart (p. 216). Étudiants et travailleurs du quartier adorent son vaste choix de pizzas et autres en-cas.

Rec 23 (p. 203). Un bar branché où trouver le meilleur *aperitivo* du Testaccio.

Lettere Caffè (p. 187). Un café original du Trastevere à l'apéritif 100% végétarien.

Les super bars à cocktails

Zuma Bar (p. 121). Quoi de plus chic qu'un cocktail sur le toit-terrasse du Palazzo Fendi ?

Salotto 42 (p. 101). Un lounge raffiné face aux colonnes du temple d'Hadrien.

Co.So (p. 173). Cocktails artisanaux dans le quartier du Pigneto.

Pimm's Good (p. 187). Des mixologues qui connaissent leur métier.

Le top des clubs

Circolo Degli Illuminati (p. 232). Club très apprécié d'Ostiense, avec des DJ internationaux et une ambiance underground.

Vinile (p. 232). Cuisine, musique, danse et fêtes, en limite sud d'Ostiense.

Goa (p. 232). Le club géant de Rome a investi un ancien atelier de réparation de motos dans le quartier industriel d'Ostiense.

Lanificio 159 (p. 216). Une adresse underground, accueillant concerts et soirées clubbing.

Le top des bars LGBT

Coming Out (p. 204). Bar gay sympathique proche du Colisée, ouvert toute la journée. Concerts.

L'Alibi (p. 204). Spectacles et décor kitsch, techno et dance music, clientèle gay et hétéro.

My Bar (p. 204). Clientèle variée le jour, résolument gay le soir. Au pied du Colisée.

POLIFOTO / SHUTTERSTOCK ©

Aldo Caputo à l'Auditorium Parco della Musica (p. 215)

Où sortir

Si le décor grandiose de Rome suffit amplement à ravir les yeux, il serait dommage de négliger la scène artistique, et sportive, locale. Outre des concerts en tout genre, Rome accueille de nombreux et attrayants festivals, surtout en été, des spectacles dans les ruines antiques et des matchs de football au Stadio Olimpico.

Musique et danse

MUSIQUE CLASSIQUE

La musique ne se limite pas à l'Orchestra dell'Accademia Nazionale di Santa Cecilia (www.santacecilia.it), qui se produit à l'Auditorium Parco della Musica (p. 216). Des concerts sont aussi donnés à l'Accademia Filarmonica Romana et au Teatro Olimpico (p. 217). L'Auditorium Conciliazione (p. 151), principale salle pour le classique avant l'ouverture du Parco della Musica, reste très actif, et l'Istituzione Universitaria dei Concerti (p. 174) organise des concerts dans l'Aula Magna de l'université La Sapienza.

Des concerts gratuits de musique classique ont lieu dans les églises (placement libre), en particulier à Pâques et lors des fêtes de fin d'année. Guettez les annonces locales ou renseignez-vous auprès des offices du tourisme. Le 25 janvier, une importante messe chantée est célébrée dans la basilique Saint-Paul-hors-les-Murs (p. 225), et, le 31 décembre, on chante le *Te Deum* à la Chiesa del Gesù (p. 87).

OPÉRA ET DANSE

Le Teatro dell'Opera di Roma (p. 173) est une salle grandiose, rehaussée de dorures et de velours rouge, qui accueille des spectacles de qualité très inégale. Lieu de résidence

BON À SAVOIR

Billets

Les tarifs varient en fonction de la salle et des artistes. Trouver des billets est assez aisé : les hôtels se chargent souvent de les réserver pour leurs clients. Sinon, vous pouvez vous adresser directement à la salle (consultez les rubriques spectacles des journaux pour connaître le détail des réservations) ou passer par une agence :

Vivaticket (www.vivaticket.it)

Orbis Servizi (www.boxofficelazio.it)

Sites Internet

Comune di Roma (www.060608.it)

Romeing (www.romeing.it)

In Rome Now (www.inromenow.com)

Rome Opera Omnia (www.romaoperaomnia.com)

du corps de ballet officiel de Rome, il alterne ballets et opéras. Mieux vaut assister à une représentation en plein air dans le décor spectaculaire des thermes de Caracalla (p. 204), où la troupe se produit en été.

On peut aussi assister à des opéras en plein air en d'autres lieux qui varient d'une année à l'autre : consultez la presse ou les sites Web ou renseignez-vous dans un office du tourisme.

L'Auditorium Parco della Musica (p. 216) accueille des spectacles de danse classique et contemporaine, ainsi que l'Equilibrio Festival della Nuova Danza, en février et mars. L'Auditorium Conciliazione est quant à lui un bel endroit pour assister à des ballets contemporains.

JAZZ, ROCK ET POP

Outre l'Auditorium Parco della Musica, les enceintes sportives de Rome, notamment le Stadio Olimpico (p. 217) et l'Ippodromo Capannelle, le champ de courses de l'Appia Nuova, servent de cadre aux grands concerts.

Les *centri sociali* (centres sociaux), des maisons de la culture alternatives – en particulier Rialtosantambrogio, dans le centre historique, et Brancaleone (p. 216), dans le nord de Rome – programment aussi des musiciens de hip-hop, electro, dubstep, reggae et dancehall.

Théâtre

La scène théâtrale romaine est florissante, avec à la fois des théâtres traditionnels et des salles expérimentales. Dans les théâtres du centre-ville, le répertoire est plutôt classique, et les représentations sont habituellement données en italien.

Rome se distingue par ses festivals d'été qui s'inscrivent à merveille dans son fabuleux décor antique – qui n'a pas son pareil pour les représentations de tragédies classiques. Les pièces sont jouées dans les cadres grandioses qu'offrent la Villa Adriana à Tivoli, le théâtre romain d'Ostia Antica et le Teatro di Marcello (p. 89).

Cinéma en plein air

Les festivals de cinéma en plein air sont nombreux à la belle saison. Citons l'Isola del Cinema (p. 101), lors duquel sont projetés chaque année de mi-juin à septembre des films indépendants dans le cadre romantique de l'Isola Tiberina, en lien avec le festival Lungo il Tevere (p. 23), "le long du fleuve". Consultez leurs sites Internet pour la programmation et la billetterie.

Événements sportifs

FOOTBALL

Les équipes de Rome, l'AS Roma (les *Giallorossi,* en rouge avec un liseré orangé) et la Lazio (les *Biancazzuri,* en blanc et bleu), jouent en *Serie A* (équivalent italien de la Ligue 1). La Roma avait prévu de construire un stade de 55 000 places, structure en verre et acier inspirée du Colisée, à Tor di Valle, au sud de Rome, mais le projet a été suspendu, fragilisé par la crise sanitaire. Les deux clubs ont parmi leurs supporters une minorité d'ultras connus pour provoquer des troubles.

Entre septembre et mai, un match de l'AS Roma ou de la Lazio a lieu presque tous les week-ends. Assister à une rencontre au Stadio Olimpico (p. 217) constitue une expérience mémorable. Les modalités d'achat sont strictes : tickets nominatifs et présentation obligatoire d'une pièce d'identité avec photo à l'entrée du stade. On peut acheter les billets par deux pour les matchs de la *Serie A*, de la Coppa Italia et de la Ligue des champions de l'UEFA. Ils coûtent de 10 à 750 €, et sont vendus sur le site Web de l'AS Roma (www.asroma.com), les magasins des clubs en ville, les enseignes et le site de **TicketOne** (www.ticketone.it ; 892101). Pour rallier le stade, prenez la ligne A du métro jusqu'à Ottaviano-San Pietro, puis le bus n°32.

BASKET

Le basket est un sport populaire, même s'il ne provoque pas la même ferveur que le football. L'équipe romaine, la Virtus Roma (ancien club champion d'Europe), a cependant mit la clé sous la porte en 2020, après 60 ans d'existence.

RUGBY

L'équipe nationale de rugby, les Azzurri (les Bleus), a rejoint le tournoi des Six-Nations en 2000. Elle a gagné la finale de l'Euro 2020 contre l'Angleterre et joue au Stadio Olimpico.

TENNIS

Les Internazionali BNL d'Italia (www.internazionalibnlditalia.com), principal tournoi du pays, sont un événement sportif majeur dans le circuit tennistique européen. Chaque année en mai, les meilleurs joueurs mondiaux se retrouvent sur la terre battue du Foro Italico (p. 212). Les billets sont en vente sur place pendant tout le tournoi, à l'exception des finales pour lesquelles il faut acheter sa place plusieurs semaines à l'avance.

MANIFESTATIONS ÉQUESTRES

Le principal événement équestre romain est le Piazza di Siena (www.piazzadisiena.org), compétition internationale de saut d'obstacles organisée tous les ans en mai dans le superbe cadre de la Villa Borghèse.

MARIANO MONTELLA / SHUTTERSTOCK ©

Concert au Stadio Olimpico (p. 215)

Où sortir quartier par quartier

- **Centre historique** (p. 101). Concerts dans les églises, théâtre (en italien).
- **Trastevere et Janicule** (p. 187). Des salles proposent des concerts de blues et de jazz.
- **Monti, Esquilino et San Lorenzo** (p. 173). Salles de concert et grand opéra de Rome à Monti, bars à musique alternatifs à San Lorenzo.
- **San Giovanni et Testaccio** (p. 204). Concerts réguliers dans les clubs et spectacles d'opéra l'été aux thermes de Caracalla.
- **Sud de Rome** (p. 233). Quelques théâtres et lieux de musique live çà et là.
- **Villa Borghèse et nord de Rome** (p. 216). Auditorium Parco della Musica et grands stades.

ROMA VS LAZIO

Les derbys de Rome sont les matchs de foot les plus suivis de la saison. Une rivalité féroce oppose l'AS Roma à la Lazio, dont les supporters ne s'apprécient guère. Si vous assistez à un match au Stadio Olimpico, ne vous trompez pas : les supporters de l'AS Roma affluent dans la Curva Sud (tribune sud), tandis que ceux de la Lazio s'emparent de la Curva Nord (tribune nord). Si vous voulez rester neutre, choisissez la Tribuna Tevere ou la Tribuna Monte Mario.

Pour plus de détails, visitez les sites www.asroma.it et www.sslazio.it.

La sélection de Lonely Planet

Auditorium Parco della Musica (p. 216). Un lieu incroyable offrant un programme éclectique de musique, d'art et bien plus : incontournable !

Thermes de Caracalla (p. 204). Opéra et ballet dans le cadre grandiose des ruines des thermes de Caracalla.

Teatro dell'Opera di Roma (p. 173). Le principal Opéra de la capitale italienne.

Roma Incontra il Mondo (p. 23). Festival de world music dans le parc de la Villa Ada.

Caffè Letterario (p. 233). Concerts dans un espace postindustriel du sud de Rome.

Nuovo Cinema Palazzo (p. 173). Cinéma alternatif, théâtre, concerts et DJ, dans un vieux cinéma.

Musique classique

Auditorium Parco della Musica (p. 216). Excellente acoustique, grands noms de la musique classique internationale et salles multiples.

Teatro dell'Opera di Roma (p. 173). Musique classique ; opéras et ballets dans un écrin de velours rouge et de dorure.

Thermes de Caracalla (p. 204). Un extraordinaire décor en plein air pour les troupes d'opéra et de ballet durant l'été.

Chiesa di Sant'Agnese in Agone (p. 81). Musique de chambre dans une église baroque sur la Piazza Navona.

Concerts

Nuovo Cinema Palazzo (p. 173). Événements enthousiasmants, dans l'ancien Palace Cinema, à San Lorenzo.

Blackmarket Hall (p. 169). Bar rempli de canapés et fauteuils vintage, intéressant pour ses concerts acoustiques.

Caffè Letterario (p. 233). Concerts dans un espace postindustriel, avec décor de créateurs, galerie, espace de bureaux partagés et bar lounge.

Lanificio 159 (p. 216). Cette ancienne filature de laine accueille des concerts underground et des soirées club.

ConteStaccio (p. 204). Bar-restaurant du Testaccio dont les concerts gratuits débordent dans la rue.

Fonclea (p. 151). Pub de Prati à la programmation variée (jazz, soul, pop, rock, doo-wop...).

Jazz

Alexanderplatz (p. 151). Le plus grand club de jazz de Rome ; musiciens internationaux et italiens.

Auditorium Parco della Musica (p. 216). Accueille notamment le Roma Jazz Festival.

Charity Café (p. 173). Espace intimiste accueillant régulièrement des concerts.

Big Mama (p. 189). Salle pittoresque du Trastevere où se produisent des musiciens de jazz, blues, funk, soul et R&B.

Gregory's Jazz Club (p. 122). Les jazzmen italiens affectionnent cette salle feutrée proche de l'escalier de la Trinité-des-Monts.

Festivals

Natale di Roma (p. 22). Le 21 avril, concerts, reconstitutions historiques et feux d'artifice célèbrent la "naissance" de Rome.

Roma Incontra il Mondo (p. 23). Grands concerts de world music près du lac de la Villa Ada.

Lungo il Tevere (p. 23). Cinéma en plein air et stands le long du Tibre et sur l'Isola Tiberina.

Romaeuropa (p. 23). Fête automnale du théâtre, de l'opéra et de la danse.

Festa de' Noantri (p. 23). Bruyante fête de rue dans le Trastevere en juillet.

Gianicolo in Musica (p. 187). Festival de musique au sommet du Janicule, de juillet à septembre.

Théâtre

Area Archeologica di Ostia Antica (p. 236). Merveilleux théâtre estival dans l'amphithéâtre construit pour Agrippa.

Teatro Argentina (p. 101). L'un des principaux théâtres de Rome, siège du Teatro di Roma.

Silvano Toti Globe Theatre (p. 217). Une reconstitution de théâtre élisabéthain à ciel ouvert où l'on joue des pièces en italien.

Teatro India (p. 234). Deuxième adresse du Teatro di Roma.

Sport

Foro Italico (p. 212). Magnifique complexe sportif de l'époque fasciste.

Stadio Olimpico (p. 217). Ce stade de football de 70 000 places fait partie du Foro Italico.

Piazza di Siena (p. 211). Belle piste équestre au cœur du parc de la Villa Borghese.

PalaLottomatica (p. 230). Stade circulaire près de l'EUR dans le sud de Rome.

Shopping

Rome séduit par sa variété de boutiques indépendantes, de grands magasins historiques et d'ateliers d'artisans – où l'alimentation et la mode tiennent le haut du pavé. Beaucoup restent encore des affaires familiales, parfois depuis des générations. D'autres ont conquis le monde grâce à la créativité et la qualité de leurs produits pour devenir des marques prestigieuses.

Créateurs

Tous les grands noms de la mode ont une enseigne dans le lacis de rue entre la Piazza di Spagna et la Via del Corso dans le Tridente. Aux côtés des célèbres marques italiennes et internationales, des créateurs moins connus proposent également vêtements, chaussures et accessoires haut de gamme. La Via dei Condotti tient le haut du pavé, mais on trouve aussi des maisons de haute couture dans la Via Borgognona, la Via Frattina, la Via della Borghese, la Via della Vite, la Via del Babuino et la Via dei Due Macelli.

Pour découvrir de jeunes stylistes montants, rendez-vous dans la Via dell'Oca et la Via della Penna près de la Piazza del Popolo, ainsi que dans la Via del Boschetto à Monti et la Via del Governo Vecchio dans le centre historique.

Des magasins de prêt-à-porter moyen de gamme bordent la Via del Corso, la Via Nazionale à Monti, la Via dei Giubbonari dans le centre historique et la Via Cola di Rienzo à Prati, avec quelques petites boutiques tentantes au milieu des enseignes de chaîne.

Antiquités

Pour les antiquités, direction la Via dei Coronari, la Via Giulia et la Via dei Banchi Vecchi, dans le centre historique, ou la Via Margutta, dans le Tridente. La qualité élevée a toutefois un prix.

Artisans

Rome possède un nombre étonnant d'artisans qui créent leurs articles sur place, dans des ateliers discrets. Allez faire un tour du côté du Tridente (Via Margutta, Via dell'Oca et Via della Penna) et de Monti (Via del Boschetto et Via Panisperna).

Produits alimentaires

Rome ne manque pas d'épiceries fines, à l'image de Salumeria Roscioli (p. 102) dans le centre historique et de Volpetti (p. 204) dans le Testaccio. Les nombreux marchés (p. 33) de la ville, riches en fromages, charcuteries et autres savoureux produits du cru, méritent le détour. S'y ajoutent désormais divers marchés de producteurs le week-end.

Shopping par quartier

- **Centre historique** (p. 101). Boutiques, éditions limitées, antiquités, articles vintage et bijoux, mais aussi des traiteurs à se pâmer.
- **Tridente, Trevi et Quirinal** (p. 122). Boutiques de luxe sur la Via Condotti, mais aussi magasins de chaînes plus abordables sur la Via del Corso.
- **Monti, Esquilino et San Lorenzo** (p. 174). Marques de mode indépendantes et friperies.
- **Trastevere et Janicule** (p. 189). Cadeaux et articles en éditions limitées dans ce joli quartier.
- **De San Giovanni au Testaccio** (p. 204). Marché alimentaire haut en couleur et épiceries fines.
- **Sud de Rome** (p. 228). C'est là qu'est installée la grande surface gastronomique Eataly.

BON À SAVOIR

- Heures d'ouverture : boutiques du centre-ville 9h-19h30 (ou 10h-20h) lundi-samedi, parfois fermées lundi matin ; petits commerces 9h-13h et 15h30-19h30 (ou 16h-20h) lundi-samedi.
- Les soldes d'hiver ont lieu de début janvier à mi-février et celles d'été de juillet à début septembre.
- Les touristes non ressortissants de l'UE qui effectuent plus de 155 € d'achats dans les boutiques affichant la mention **Tax Free for Tourists** (www.taxrefund.it) peuvent prétendre à un remboursement de la TVA (25,2% au 1er janvier 2020). Pour cela, il faut remplir un formulaire et le faire tamponner par la douane en quittant l'Italie.

La sélection de Lonely Planet

Calzoleria Petrocchi (p. 103). Un bottier historique qui confectionne des chaussures en cuir d'une grande finesse.

Chez Dede (p. 103). Concept store ultra-chic où dénicher accessoires de mode faits main, objets pour la maison et livres.

Confetteria Moriondo e Gariglio (p. 103). Chocolatier historique, qui fabrique ses douceurs artisanales selon des recettes du XIXe siècle.

Marta Ray (p. 102). Chausseur romain spécialisé dans les ballerines.

Mercato di Porta Portese (p. 190). Grand marché aux puces du dimanche.

Mode

Bomba (p. 123). Boutique de mode pour hommes et femmes tenue en famille par deux créateurs.

Chiara Baschieri (p. 122). Les vêtements pour femme élégants et bien coupés d'une jeune styliste romaine.

Gente (p. 123). Grand magasin multimarques prisé des fashionistas de Rome et d'ailleurs.

Tina Sondergaard (p. 174). Robes d'inspiration rétro à Monti et dans le centre historique.

Artisanat

Artisanal Cornucopia (p. 123). Magasin haut de gamme présentant des articles de créateurs italiens.

Federico Buccellati (p. 124). L'un des plus plus prestigieux joailliers italiens (argenterie, bijoux, montres…) depuis trois générations.

Ibiz (p. 101). Dans un atelier familial, un père et sa fille fabriquent sacs, portefeuilles et sandales en cuir ultra-souple.

Il Sellaio (p. 152). Sacs, ceintures et accessoires en cuir, joliment faits.

Perlei (p. 174). Bijoux contemporains créés par Noritamy.

Décoration

Bialetti (p. 217). Le temple des articles de cuisine italiens.

Mercato Monti Urban Market (p. 175). Marché du week-end rempli d'objets de déco vintage.

C.U.C.I.N.A. (p. 125). Gadgets qui simplifieront vos expériences culinaires.

Grandes marques italiennes

Borsalino (p. 123). Chapellerie célèbre pour les feutres mous auxquels elle a donné son nom.

Fendi (p. 124). Vieille maison de mode romaine, particulièrement connue pour ses articles en cuir et en fourrure.

Mandarina Duck (p. 124). Sacs à main, portefeuilles et bagages de style moderne à prix abordables.

Tod's (p. 125). Le roi des mocassins aux semelles à picots en caoutchouc.

Valentino (p. 124). Maison de couture fondée à Rome en 1960.

Chaussures

Calzoleria Petrocchi (p. 103). Modèles en prêt-à-porter et sur mesure depuis 1946.

Fausto Santini (p. 123). La star des chausseurs de Rome, célèbre pour ses créations d'une simplicité séduisante.

Giacomo Santini (p. 175). Fins de série du précédent à prix avantageux.

Marta Ray (p. 102). Des ballerines dans un arc-en-ciel de couleurs et de styles.

Le plafond peint à fresque par Pierre de Cortone au Palazzo Barberini (Gallerie Nazionali, p. 110)

Musées et sites historiques

Trésors de l'Antiquité, chefs-d'œuvre mondiaux de la sculpture comme de la peinture, icônes architecturales de tous les temps classent Rome parmi les sites uniques au monde, donc très convoités par le tourisme en Europe. Ainsi, accéder au Colisée ou parvenir jusqu'à l'entrée des musées du Vatican aux heures de pointe relève de l'épreuve. Pour visiter sereinement les lieux clés de la Ville éternelle, voici quelques conseils.

Limiter l'attente et l'affluence

En haute saison, faire la queue deux à trois heures pour accéder aux grands musées ou aux sites emblématiques de la capitale italienne est monnaie courante. On peut gagner beaucoup de temps en réservant son entrée, voire son heure d'accès aussi. Dès lors, vous sauterez l'étape billetterie et n'aurez plus qu'à patienter pour passer les contrôles de sécurité.

Aux beaux jours, soit d'avril à octobre, les nocturnes (souvent un peu plus chères et saisonnières) offrent une chance unique d'éviter la foule. Autre avantage : on découvre des lieux, souvent séduisants, sous un autre angle et en toute sérénité.

COLISÉE, FORUM ROMAIN ET PALATIN

Venez de bonne heure le matin ou en fin d'après-midi, pour éviter à la fois la chaleur de pleine journée – éreintante en plein été – et les pics d'affluence, notamment celui de 11h à 14h. Chaque premier dimanche du mois entre octobre et mars est à éviter car la gratuité attire une foule considérable.

La réservation s'opère par voie informatique sur le site www.coopculture.it ou bien en contactant le ☎*06 3996 7700*. Le billet combiné classique donne accès aux trois sites : Colisée (p. 56), Forum romain (p. 62) et mont Palatin (p. 58). Outre cette formule "de base", il existe d'autres billets avec guide, audioguide, accès spécifiques... Seul le billet standard adulte peut être imprimé chez soi ; tous les autres tickets sont à récupérer sur place. Il faut prévoir un supplément de 2 € pour la réservation.

Pour 6 € de plus que le billet standard, le billet S.U.P.E.R. (p. 59) donne accès à plusieurs sites archéologiques passionnants du Forum romain et du Palatin. Pour la plupart de ces sites, il faut choisir son jour et son heure de visite lors de l'achat du billet.

Enfin les détenteurs d'un Roma Pass (p. 312) doivent désormais réserver aussi leur jour et heure de visite, mais disposent d'un accès séparé, où il faut néanmoins patienter le temps des contrôles de sécurité.

➡ Comptez environ deux heures pour le Colisée (p. 56). Il vous faudra ensuite deux à trois heures pour le Forum romain (p. 62) et le Palatin (p. 58), couverts par le même billet.

MUSÉES DU VATICAN ET BASILIQUE SAINT-PIERRE

Au Vatican, le lundi rime avec foule car la plupart des autres musées romains sont fermés. L'audience papale du mercredi matin attirant une large assistance, les musées du Vatican (p. 137) sont moins fréquentés cette matinée-là. Le dernier dimanche du mois étant gratuit, les collections du Vatican sont prises d'assaut.

La réservation (4 €) des billets se fait sur le site Internet dédié du Vatican : www.museivaticani.va. Une fois réglée la prévente, on reçoit par courriel un voucher avec code de réservation, à imprimer ou à sauvegarder électroniquement sur une tablette ou un Smartphone que l'on présente à l'entrée.

➡ Comptez bien trois heures pour faire le tour des musées, même sans vous attarder devant les œuvres. Vous éviterez l'attente à la billetterie si vous avez acheté votre billet en ligne.

Pour accéder à Saint-Pierre (p. 132), libre d'accès, l'incontournable file d'attente impressionne au premier regard, mais elle progresse rapidement. Le meilleur moment pour visiter la basilique est le début de matinée (7h-9h) ou la fin d'après-midi, après 16h. Évitez le mercredi matin et le samedi, jours où de nombreux excursionnistes arrivent en ville.

➡ On accède à la basilique par la place Saint-Pierre (p. 145), alors que l'entrée des musées du Vatican (p. 137) se trouve en retrait derrière. Respectez la tenue adéquate à toute entrée dans un lieu saint : on ne transige pas !

MUSEO E GALLERIA BORGHESE

Pour découvrir le Museo e Galleria Borghese (p. 208), il n'existe pas d'autre solution que de réserver un jour et un créneau horaire (2 € de réservation), soit en ligne sur www.tosc.it, soit par téléphone au ☎39 06 32810 (y compris pour les détenteurs du Roma Pass). Récupérez vos billets au musée ou imprimez-les chez vous.

➡ Présentez-vous une quinzaine de minutes avant votre créneau de visite. Vous aurez environ deux heures pour découvrir le musée.

Réductions et forfaits

L'accès aux musées nationaux (dont le Colisée et le château Saint-Ange) est gratuit pour les moins de 18 ans ; les ressortissants de l'UE âgés de 18 à 25 ans bénéficient du tarif réduit. Les musées de la ville de Rome, tels ceux du Capitole, appliquent un tarif réduit pour les jeunes de 6 à 25 ans (gratuité pour les tout-petits et les habitants de Paris en vertu du jumelage entre les deux capitales). Dans tous les cas, vous devrez présenter un document d'identité avec photo pour justifier votre âge.

Le Panthéon, la basilique Saint-Pierre et l'ensemble des églises de la ville sont gratuits.

Deux forfaits principaux permettent de faire quelques économies :

➡ Le **Roma Pass** (p. 312) offre l'accès gratuit à deux musées ou sites pour sa version 72 heures (ou à un musée ou site dans la version 48 heures) et fait bénéficier du tarif réduit sur les autres sites. Attention, il ne couvre pas les musées du Vatican. Pour en tirer le meilleur parti, utilisez les entrées gratuites pour accéder aux sites les plus chers.

➡ L'**Omnia Card** (p. 312) couvre en outre les musées du Vatican et plusieurs sites gérés par le Vatican, le tout sur le même principe que le Roma Pass avec deux accès gratuits puis des tarifs réduits. En outre, elle présente l'avantage d'un accès prioritaire aux musées du Vatican, aux trois sites du Parc archéologique (Colisée, Forum, Palatin), d'un circuit en bus avec montées et descentes. Pour la rentabiliser, il faudra utiliser toutes les options du forfait et faire un usage fréquent des transports publics.

Art antique

Musées du Capitole (p. 67). Richesses archéologiques et sculptures de premier plan.

Museo Nazionale Romano – Palazzo Massimo alle Terme (p. 155). Quelques-unes des plus belles mosaïques et fresques de la Rome antique.

Museo Nazionale Romano – Palazzo Altemps (p. 83). La formidable collection nationale de sculptures antiques dans un palais de la Renaissance.

Museo dell'Ara Pacis (p. 111). Le colossal autel de la paix d'Auguste et ses reliefs étonnamment vivants dans un écrin résolument moderne.

Splendeurs du baroque

Museo e Galleria Borghese (p. 208). Une ode à la sculpture baroque à Rome, entre autres trésors ici réunis.

Gallerie Nazionali – Palazzo Barberini (p. 110). Une architecture magistrale, un plafond signé Cortone, et une collection de tableaux époustouflante.

Basilique Saint-Pierre (p. 132). Le plus vaste sanctuaire chrétien abrite, sous la coupole de Michel-Ange, l'extraordinaire baldaquin en bronze du Bernin.

Église Saint-Louis-des-Français (p. 85). Trois tableaux du jeune Caravage à découvrir derrière la sage façade Renaissance.

Pépites cachées

Galleria Doria Pamphilj (p. 89). Le Caravage, Raphaël, Titien, Vélasquez, maîtres flamands... : l'une des plus riches collections privées à Rome.

Museo Nazionale Etrusco di Villa Giulia (p. 212). L'une des plus foisonnantes collections étrusques d'Italie nichée dans la délicieuse villa du pape Jules III.

Villa dei Quintili (p. 223). Au beau milieu de ses champs verdoyants, une villa romaine du IIe siècle.

Palazzo Farneze (p. 86). Le salon peint par les frères Carrache fait de l'ambassade de France à Rome un haut lieu de l'art.

Lieux impressionnants

Château Saint-Ange (p. 146). Feu le mausolée d'Hadrien, l'imposante forteresse pontificale protège nombre de souvenirs de la Rome médiévale.

Mercati di Traiano – Museo dei Fori Imperiali (p. 71). Ces marchés du IIe siècle dominent le vaste espace des forums impériaux.

Museo Capitolini – Centrale Montemartini (p. 225). Les statues antiques des musées du Capitole dans le décor d'une ancienne centrale électrique.

Catacombe di San Sebastiano (p. 221). Les plus célèbres catacombes creusées sous la Via Appia Antica.

Riches petits musées

Galleria Corsini (p. 182). De grands noms de la peinture cachés dans un palais du Trastevere.

Palazzo Spada (p. 86). La perspective dessinée par Francesco Borromini forme une sublime illusion d'optique.

Villa Farnesina (p. 180). Les fresques de Raphaël et les paysages en trompe-l'œil de Peruzzi.

Museo di Roma (p. 84). On ne sait guère ce qu'on préfère dans ce musée d'histoire : les œuvres, l'architecture du palais ou la vue sur la Piazza Navona.

Cafés de musée

Terrazza Caffarelli (p. 76). Au 2e étage des musées du Capitole, le temps s'arrête sur un rafraîchissement et une plongée magnifique sur Rome.

Château Saint-Ange (p. 146). Le toit du château Saint-Ange dévoile une vue sans pareille le temps d'une rapide pause-café.

Chiostro del Bramante (p. 84). En haut de la galerie du ravissant petit cloître, un pur moment de sérénité.

Art moderne

Museo Nazionale delle Arti del XXI Secolo (p. 211). Le MAXXI, prestigieux musée d'art contemporain de Rome, occupe un vaste complexe architectural signé Zaha Hadid.

La Galleria Nazionale (p. 211). Une plongée parmi les œuvres des géants de l'art moderne et contemporain.

Museo d'Arte Contemporanea di Roma (Macro) (p. 213). Une collection d'art expérimental dans une ancienne brasserie.

Mattatoio (p. 201). L'ancien abattoir de Rome a fait place à un espace d'art contemporain.

Lieux témoins

Museo Ebraico di Roma (p. 88). Dans la synagogue de la ville, l'histoire de la communauté juive de Rome.

Cinecittà (p. 233). Les mythiques studios de cinéma italiens.

Explorer Rome

ROME
LES INCONTOURNABLES

Basilique Saint-Pierre (p. 132)

Les quartiers en un clin d'œil

❶ La Rome antique (p. 54)

Avec le Capitole, les forums, le Palatin et le Colisée comme autant d'emblèmes, la Rome antique impose sa présence au cœur de la ville. Touristique dans la journée, ce quartier est paisible la nuit.

❷ Centre historique (p. 77)

Dense enchevêtrement de petites rues pavées et de places baroques, le *centro storico* est la Rome chérie des touristes. Le Panthéon et la Piazza Navona en sont les hauts lieux, mais le spectacle se déroule au fil des monuments, musées, églises chargées d'œuvres d'art, boutiques, bars, trattorias...

❸ Tridente, Trevi et Quirinal (p. 105)

La fontaine de Trevi et l'escalier de la Trinité-des-Monts sont les lieux phares de ce quartier central et touristique. Boutiques de créateurs et hôtels de luxe jalonnent le labyrinthe du Tridente. Autour de la Piazza Barberini et de la fontaine de Trevi prospèrent les galeries d'art et les restaurants, non loin du palais présidentiel perché sur les hauteurs du Quirinal.

❹ Cité du Vatican, Borgo et Prati (p. 130)

Plus petit État souverain du monde, le Vatican occupe la rive opposée du Tibre sur laquelle règne la basilique Saint-Pierre. Les musées du Vatican y conservent les plus grands chefs-d'œuvre de l'art italien. Tables coûteuses et boutiques de souvenirs en sont la contrepartie aussi. Non loin, le célèbre château Saint-Ange domine le quartier de Borgo, tandis que le chic Prati aligne boutiques et restaurants huppés.

❺ Monti, Esquilino et San Lorenzo (p. 153)

Centré autour de la Stazione Termini, ce vaste quartier animé peut effrayer avec son intense circulation. Mais il recèle de belles églises, un excellent musée d'art antique, aménagé dans le Palazzo Massimo alle Terme. Bars et restaurants branchés abondent dans le secteur à la mode de Monti, dans l'estudiantin San Lorenzo ou dans le voisinage bohème de Pigneto.

❻ Trastevere et Janicule (p. 177)

Fort de ses vénérables ruelles et de son ambiance bobo, le Trastevere est un des quartiers les plus vivants de Rome. Photogéniques et exemptes de voitures, ses ruelles s'éveillent le soir, au moment où l'on se presse dans ses restaurants et ses bars. La colline du Janicule, qui s'élève en arrière-plan, offre autant l'occasion de profiter d'un bon bol d'air frais que d'une vue superbe.

❼ De San Giovanni au Testaccio (p. 191)

Comprenant deux des sept collines de Rome, ce vaste secteur allie des attraits divers, de ses églises médiévales et ses ruines antiques à ses marchés colorés et ses clubs en vogue. Ses hauts lieux sont la basilique Saint-Jean-de-Latran et les thermes de Caracalla. Au bord du Tibre, le Testaccio est un quartier branché, connu pour sa cuisine romaine "du museau à la queue" et sa vie nocturne.

❽ Villa Borghèse et nord de Rome (p. 206)

La Villa Borghèse, le parc le plus célèbre de Rome, y côtoie le Parioli, l'une de ses zones résidentielles les plus cotées. Les amateurs de concerts fréquentent l'Auditorium Parco della Musica, tandis que les férus d'art ont le choix entre les installations contemporaines du MAXXI, l'art étrusque du Museo Nazionale Etrusco di Villa Giulia, et les trésors du Museo e Galleria Borghese.

❾ Sud de Rome (p. 218)

L'immense secteur à la lisière de la périphérie sud de Rome compte une foule de sites touristiques. Vestiges antiques et catacombes jalonnent la Via Appia Antica, tandis que le quartier postindustriel d'Ostiense, Mecque du street art, possède de formidables restaurants et une vie nocturne animée. Enfin, le quartier de l'EUR est le temple de l'architecture moderniste.

La Rome antique

COLISÉE ET PALATIN | FORUM ROMAIN ET ENVIRONS | CAPITOLE | PIAZZA VENEZIA | FORUM BOARIUM ET ENVIRONS

Notre sélection

❶ Chef-d'œuvre d'architecture, l'emblématique arène du **Colisée** (p. 56) fait frissonner les foules depuis son premier combat de gladiateurs il y a 2 000 ans.

❷ Les ruines du **Palatin** (p. 58), berceau de Rome et quartier des élites à l'époque impériale.

❸ Les remarquables collections des **musées du Capitole** (p. 67), l'un des plus anciens au monde ouverts au public.

❹ Le **Forum romain** (p. 62), les basiliques, les temples et les arcs de triomphe de ce qui fut l'épicentre d'un vaste empire.

❺ **Il Vittoriano** (p. 72), colossale fantaisie de marbre, du sommet de laquelle embrasser du regard l'étendue de la ville.

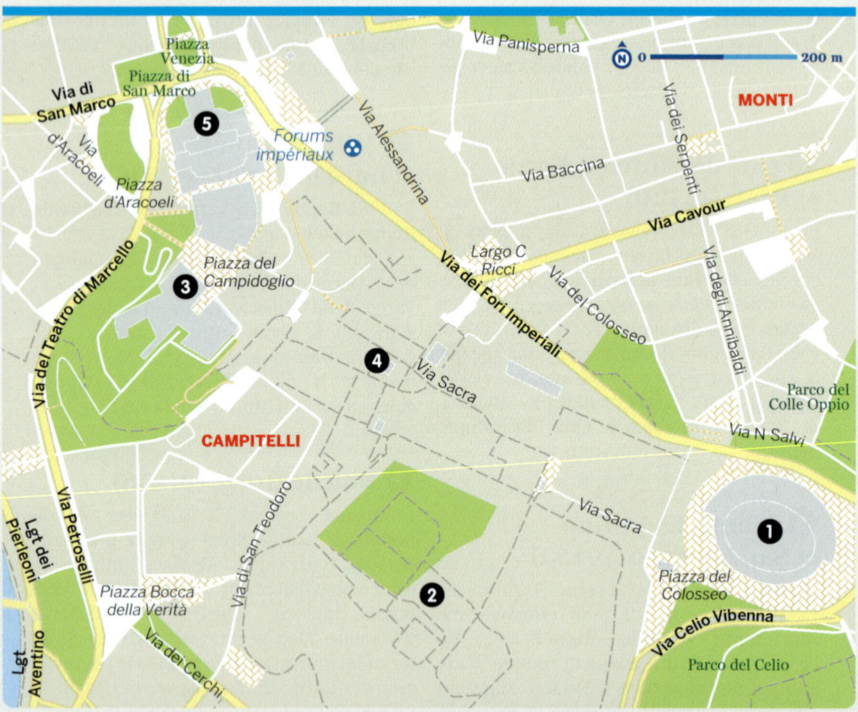

Pour un plan plus détaillé, reportez-vous p. 340

Découvrir la Rome antique

Au sud du centre-ville, ce secteur englobe les vestiges des principaux monuments de l'Antiquité, à une courte distance à pied les uns des autres et que l'on peut facilement visiter en deux jours. L'affluence débute en milieu de matinée et diminue en fin d'après-midi, mais il peut aussi y avoir foule toute la journée en haute saison.

Deux pôles majeurs délimitent le périmètre : le Colisée (p. 56), au sud-est, et le Capitole, au nord-ouest. Entre les deux s'étendent les ruines des forums, de part et d'autre de la Via dei Fori Imperiali : le Forum romain (p. 62), à gauche en venant du Colisée, et les Forums impériaux (p. 70), à droite. Au-dessus du premier se dresse le Palatin (p. 58), derrière lequel se tient le Circus Maximus (p. 71). Au nord-ouest de celui-ci se déploie le Forum Boarium, emplacement de l'ancien marché aux bestiaux, où l'on trouve la Bocca della Verità (p. 75) et quelques-uns des temples romains les plus anciens.

Le plus pratique pour explorer le quartier consiste à partir du Colisée, desservi par la station de métro Colosseo, puis à rallier le Forum romain, à moins de rejoindre d'abord le Palatin, qui offre une perspective splendide sur les forums. Du Palatin, on accède au Forum et on gagne ensuite la Piazza del Campidoglio (p. 72) et ses musées (p. 67). Non loin, l'imposant Vittoriano (monument à Victor-Emmanuel II, p. 72), en marbre blanc, ne passe pas inaperçu.

Comme un Romain

- **Expositions** Si les touristes se précipitent au sommet du Vittoriano, les Romains, eux, préfèrent visiter les salles du Complesso del Vittoriano (p. 72). Cette galerie accueille des expositions temporaires, souvent signées d'artistes modernes de premier plan.
- **Fête** Le Natale di Roma commémore le 21 avril la fondation mythique de la ville. La programmation change tous les ans, mais les événements se déroulent le plus souvent autour de la Via dei Fori Imperiali, du Capitole (p. 67) et du Circus Maximus (p. 71).
- **Via Crucis** Pâques a une grande importance à Rome. Le Vendredi saint, à la nuit tombée, le pape mène la procession du chemin de croix (Via Crucis), retransmise dans le monde entier, qui s'achève au Colisée (p. 56).

Depuis/vers la Rome antique

- **Bus** La Piazza Venezia, dans le nord-ouest du secteur, est un carrefour important. Beaucoup de lignes y ont un arrêt (ou tout près), dont les n^{os}40, 64, 87, 170, 916 et H.
- **Métro** La ligne B compte des arrêts proches du Colisée et du Circus Maximus. En prenant le métro à Termini, empruntez la ligne B, direction Laurentina.

Bons plans Lonely Planet

Les grands sites de cette partie de Rome sont les plus fréquentés. Afin d'éviter la foule, visitez-les de préférence tôt le matin ou en fin d'après-midi, quand il fait plus frais et que la lumière se prête bien mieux à la photo. Mettez des chaussures confortables : les pavés antiques sont redoutables pour les pieds, et on marche beaucoup.

Le top des restaurants

- Terre e Domus (p. 75)
- 47 Circus Roof Garden (p. 76)
- Alimentari Pannella Carmela (p. 75)

Voir détails p. 75.

Le top des bars et cafés

- Terrazza Caffarelli (p. 76)
- 0,75 (p. 76)
- Cavour 313 (p. 76)

Voir détails p. 76.

Le top des points de vue

- Vittoriano (p. 72)
- Orti Farnesiani, Palatin (p. 61)
- Tabularium, musées du Capitole (p. 67)
- Mercati di Traiano, Museo dei Fori Imperiali (p. 71)

Voir détails p. 70.

BELENOS / SHUTTERSTOCK ©

LES INCONTOURNABLES
COLISÉE

De tous les monuments de la Rome antique, le Colisée (Colosseo) reste le plus impressionnant. C'est ici que les gladiateurs s'affrontaient, parfois à mort, et que les condamnés étaient jetés en pâture aux fauves. Quelque 2 000 ans plus tard, c'est l'un des sites les plus touristiques d'Italie – il attire jusqu'à 7 millions de visiteurs par an.

L'empereur Vespasien (69-79) ordonna la construction de cet amphithéâtre en 72, sur le vaste terrain de la Domus Aurea ("maison Dorée") de Néron. Il fut achevé en 80, sous le règne de son fils et successeur Titus (79-81). Pour en marquer l'inauguration, ce dernier organisa des jeux qui durèrent 100 jours et 100 nuits, au cours desquels furent mis à mort 5 000 animaux. Sous le règne de Trajan (98-117) se déroulèrent des jeux encore plus sanglants : ils durèrent 117 jours, au cours desquels 9 000 gladiateurs s'affrontèrent, et coûtèrent la vie à quelque 10 000 bêtes.

Dans cette arène de 50 000 places furent organisés, près de cinq siècles durant, de somptueux spectacles afin de célébrer des anniversaires importants ou des victoires militaires. Les combats entre gladiateurs furent interdits au début du Ve siècle, mais les exhibitions d'animaux sauvages perdurèrent jusqu'au milieu du VIe siècle.

Après la chute de l'Empire romain, le Colisée tomba à l'abandon. Au XIIe siècle, il servit de forteresse à une puissante famille, les Frangipani, puis fut dépouillé de son précieux travertin et de son marbre, lequel a été employé dans la construction d'immenses palais tels que le Palazzo Venezia, le Palazzo Barberini et le Palazzo Cancelleria.

De nos jours, la pollution et les vibrations provoquées par la circulation automobile et le métro ont causé leur lot de dégâts. En réponse, le Colisée a subi une restauration majeure entre 2014 et 2016, la première en 2 000 ans, dans le cadre d'un projet de 25 millions d'euros financé par le chausseur de luxe Tod's.

INFOS PRATIQUES

- Colosseo
- Plan p. 340, G6
- ☎ 06 3996 7700
- parcocolosseo.it
- Piazza del Colosseo
- Billet combiné Colisée/Forum romain/Palatin tarif plein/18-25 ans/-18 ans 16/2 €/gratuit ; billet S.U.P.E.R. tarif plein/18-25 ans 16/2 €
- 🕒 9h à 16h30-19h ; 1 heure avant le coucher du soleil
- Ⓜ Colosseo

Extérieur

Principalement bâtis en travertin, les murs extérieurs du Colisée sont formés de trois niveaux d'arches superposés, ponctués de colonnes aux chapiteaux ioniques à l'étage inférieur, puis doriques et corinthiens. Des statues en marbre ornaient les niches des 2e et 3e niveaux. Le niveau supérieur, ponctué de fenêtres et de fins pilastres de style corinthien, était doté de fixations pour les 240 mâts qui soutenaient le velum (une grande voile) au-dessus de l'arène. Les 80 portes d'entrée, appelées *vomitoria* (vomitoires), permettaient aux spectateurs de prendre place en quelques minutes.

Gradins

La *cavea* était divisée en trois niveaux : les magistrats et les aristocrates occupaient le gradin inférieur, les riches citoyens le rang intermédiaire et le peuple le niveau supérieur. Les femmes (hormis les vestales) étaient reléguées aux moins bonnes places du dernier niveau. Les spectateurs recevaient un ticket qui leur indiquait un siège spécifique dans un secteur délimité. En 2015, les restaurateurs ont découvert des traces de chiffres rouges sur les arcades, ce qui a permis d'expliquer le système de numérotation des différents secteurs. Le *podium*, vaste estrade faisant face aux gradins, était réservé à l'empereur, aux sénateurs et aux personnalités.

Arène

Le stade était doté d'un plancher en bois recouvert de sable – l'*arena* en latin, d'où le mot arène – pour éviter que les combattants ne glissent et pour absorber le sang répandu. Dans le plancher, des trappes donnaient sur l'hypogée, un réseau de souterrains, de cages et d'ascenseurs, au-dessous du niveau du sol.

Hypogée

L'hypogée faisait office de coulisses. C'est là que les décors étaient montés et que les participants étaient rassemblés avant le spectacle. Les gladiateurs entraient par un couloir souterrain partant du Ludus Magnus (centre d'entraînement). Une seconde galerie, le Passaggio di Commodo (passage de Commode), permettait à l'empereur d'accéder au stade en évitant la foule.

Pour faire monter animaux, acteurs et décors dans l'arène, l'hypogée comportait un système sophistiqué de 80 ascenseurs à manivelle, tous contrôlés par un seul système de poulies.

L'hypogée se visite uniquement dans le cadre de circuits guidés. Voir Billets et visites ci-contre.

UNE AFFAIRE DE NOM

L'arène s'appelait à l'origine l'amphithéâtre Flavien (Anfiteatro di Flavio), en l'honneur de la lignée de Vespasien. Elle n'était du reste pas la plus vaste de Rome : le Circus Maximus pouvait accueillir, à son apogée, quelque 250 000 personnes. Le nom de Colisée (Colosseo), introduit au Moyen Âge, fait référence au *Colosso di Nerone*, la statue géante de Néron qui se dressait à proximité.

BILLETS ET VISITES GUIDÉES

- Achetez à l'avance le billet combiné Colisée/Palatin/Forum romain, le Roma Pass ou le billet S.U.P.E.R. (voir p. 59)
- La file d'attente est moins longue à l'entrée du Palatin, Via di San Gregorio 30.
- L'exploration de la zone souterraine (hypogée) et/ou des niveaux supérieurs (Belvédère) se fait obligatoirement dans le cadre d'une visite guidée, au tarif de 12 € chacune en plein tarif (15 € pour les deux), en plus du billet normal du Colisée.

VIACHESLAV LOPATIN / SHUTTERSTOCK ©

LES INCONTOURNABLES
PALATIN

Entre le Forum romain et le Circus Maximus, le Palatin est un secteur plein de charme, ponctué de pins, de ruines et de points de vue mémorables. C'est là que Romulus aurait fondé la ville en 753 av. J.-C. Plus tard, des empereurs romains y vécurent dans un luxe inouï.

La légende dit que Romulus aurait fondé Rome sur le mont Palatin, après avoir tué son frère jumeau Remus dans un accès de colère. Toutefois, des études archéologiques ont daté la création d'un village à cet endroit au début de l'âge du fer (vers 830 av. J.-C.).

De par sa position centrale et sa proximité avec le Forum romain, le Palatin était jadis le lieu de résidence des empereurs. Auguste y vécut sa vie entière, et ses successeurs y firent bâtir des palais luxueux. Après la chute de l'Empire, les monuments se dégradèrent. Au Moyen Âge, des églises et des châteaux furent édifiés sur leurs ruines, puis, à la Renaissance, de riches familles aménagèrent des jardins sur la colline. La plupart des ruines actuelles proviennent d'un vaste ensemble de bâtiments érigés pour Domitien et qui firent office de palais impérial pendant trois siècles. Conçu au Ier siècle, il comportait la Domus Flavia, la Domus Augustana, ainsi qu'un stade.

Sentier sud

Après avoir accédé au Palatin par l'entrée principale située Via di San Gregorio, continuez sur la gauche jusqu'à une porte donnant sur un sentier (ouvert de 9h à 15h). Il contourne le flanc sud de la colline, offrant une belle vue sur les ruines et une bonne chronologie de l'aménagement progressif du site – au fur et à mesure que l'on avance, les vestiges sont de plus en plus anciens.

À NE PAS MANQUER

- Le Stadio
- La Domus Augustana
- Casa di Livia et Casa di Augusto
- Les jardins Farnèse

INFOS PRATIQUES

- Palatino
- Plan p. 340, D7
- ☎ 06 3996 7700
- parcocolosseo.it
- Via di San Gregorio 30, Piazza di Santa Maria Nova
- Billet combiné avec le Forum romain et le Palatin tarif plein/18-25 ans/-18 ans 16/2 €/gratuit ; billet S.U.P.E.R. (voir p. 59)
- 🕒 8h30-1 heure avant le coucher du soleil
- Ⓜ Colosseo

Stadio

De retour sur le site principal, la première construction identifiable qui se présente à vous est le **Stadio** (plan p. 340 ; Via di San Gregorio 30, Palatin ; Ⓜ Colosseo). Conçu pour être accessible depuis le principal palais impérial, ce stade accueillait des jeux privés destinés à l'empereur.

Un chemin sur le côté mène aux vestiges d'un ensemble édifié par Septime Sévère, qui comprend les **Terme di Settimio Severo** (plan p. 340) et un palais, la **Domus Severiana** (plan p. 340). De là, on peut jouir d'une vue sur le Circo Massimo. Si elles sont ouvertes, visitez les **Arcate Severiane** (plan p. 340 ; ⏲8h30-18h45 mar et ven été, horaires limités mar et ven hiver), une série d'arches bâties pour faciliter les constructions ultérieures.

Domus Augustana et Domus Flavia

À côté du Stadio se trouvent les ruines de la **Domus Augustana** (*photo*) (plan p. 340), quartiers privés de l'empereur au sein du palais. Cette résidence comportait deux niveaux, chacun donnant sur un péristyle (galerie de colonnes). On ne peut accéder au niveau inférieur, mais, d'en haut, on voit le bassin d'une grande fontaine carrée et les pièces qui l'entouraient, autrefois pavées de marbre polychrome.

Sur place, notez également l'**Aula Isiaca** (plan p. 340) et la **Loggia Mattei**, deux sites accessibles avec le billet S.U.P.E.R. (tarif plein/18-25 ans 16/2 € ; ⏲mar-dim 9h-12h fin oct-fin mars, 9h-13h30 fin mars-fin oct). Le premier est une salle ornée de fresques provenant d'une luxueuse demeure datant de la République romaine ; le second est une loggia de la Renaissance décorée par Baldassare Peruzzi.

Au nord s'élève la **Domus Flavia** (plan p. 340), partie publique du palais. Elle s'organisait autour d'un majestueux péristyle – l'espace vert comporte le bassin d'une fontaine octogonale – sur lequel donnaient les pièces principales. Au nord se trouvait la salle d'audience de l'empereur (*Aula Regia*) ; à l'ouest, une basilique où l'empereur tranchait les litiges juridiques ; au sud, une grande salle de banquet, le *triclinium*.

Museo Palatino

Le bâtiment blanc à côté de la Domus Augustana abrite le petit **musée du Palatin** (plan p. 340 ; Via di San Gregorio 30, Palatin ; billet S.U.P.E.R. tarif plein/18-25 ans 16/2 € ; ⏲ tlj 9h-15h fin oct-fin mars, 9h-18h15 fin mars-fin sept, 9h-17h45 oct ; Ⓜ Colosseo), qui retrace l'histoire du Palatin au fil de vidéos, de maquettes et de trouvailles archéologiques. Parmi les pièces maîtresses figurent des bustes de membres de la

BILLET S.U.P.E.R.

Depuis mars 2019, le billet S.U.P.E.R. (pour "Seven Unique Places to Experience in Rome") donne accès à sept sites archéologiques du Palatin et du Forum romain : la Casa di Augusto, la Casa di Livia, l'Aula Isiaca, la Loggia Mattei, le Museo Palatino, le Criptoportico Neroniano et l'église Santa Maria Antiqua. Le **billet** (tarif plein/18-25 ans 16/2 €) est valable deux jours, et le nombre de visiteurs étant limité pour chaque site, il faut préciser un jour et une heure de visite pour chaque site lors de l'achat. L'accès à la Casa di Augusto et à la Casa di Livia se fait uniquement sur visite guidée. Le billet s'achète soit au guichet du Colisée, soit en ligne (coopculture.it, frais de réservation 2 €). Si vous êtes déjà en possession d'un billet combiné donnant accès au Colisée, au Forum romain et au Palatin, vous pourrez acheter sur place le billet S.U.P.E.R. pour un supplément de 6 € seulement (tarif réduit 2 €).

Le Palatin offre d'excellents points de vue. L'une des plus belles perspectives est le balcon des jardins Farnèse, qui offre un panorama époustouflant sur le Forum romain.

MONT PALATIN (PALATINO)

famille impériale et, dans une salle consacrée à Auguste, des *Ailes de la victoire* en marbre.

Casa di Livia et Casa di Augusto

Près de la Domus Flavia, la **Casa di Livia** (plan p. 340 ; visite uniquement avec le billet S.U.P.E.R. tarif plein/18-25 ans 16/2 € ; mar-dim 9h-12h fin oct-fin mars, 9h-13h30 fin mars-fin oct) est l'un des bâtiments les mieux conservés du Palatin. La maison de Livie – l'épouse de l'empereur Auguste – était bâtie autour d'un atrium qui menait à des salles de réception ornées de fresques représentant des scènes mythologiques, des paysages, des fruits et des fleurs.

Non loin, la **Casa di Augusto** (plan p. 340 ; visite uniquement avec le billet S.U.P.E.R. ; mêmes horaires que la Casia di Livia) était la demeure d'Auguste, ornée de superbes fresques aux tons rouges, jaunes et bleu vif. Des narrations audio et des projections vidéo éclairent l'architecture de la maison et son impressionnante décoration.

Criptoportico Neroniano

Près des jardins Farnèse, le **cryptoportique** (plan p. 340 ; visite uniquement avec le billet S.U.P.E.R. tarif plein/18-25 ans 16/2 € ; tlj 9h-15h fin oct-fin mars, 9h-18h15 fin mars-fin sept, 9h-17h45 oct) est une galerie semi-enterrée longue de 130 m. Caligula y aurait été assassiné. Néron l'aurait utilisée pour relier sa Domus Aurea au Palatin. Jadis orné de stucs élaborés, l'endroit est plutôt sombre et froid aujourd'hui, malgré la musique d'ambiance et les projections de décors de la Rome antique.

Orti Farnesiani

La zone à l'ouest du cryptoportique, où se dressait autrefois la Domus Tiberiana (palais de Tibère), abrite aujourd'hui les **jardins Farnèse** (plan p. 340), l'un des plus anciens jardins botaniques d'Europe (XVIe siècle). Un balcon à son extrémité nord offre une vue stupéfiante sur le Forum romain.

ROMULUS ET REMUS

Les fondateurs mythiques de Rome auraient été élevés sur le Palatin par le berger Faustulus, après avoir été sauvés de la mort par une louve. Les **Capanne Romulee** (huttes romuléennes), vestiges d'habitats du VIIIe siècle av. J.-C., ont été mises au jour sur l'emplacement légendaire de la maison de Romulus, près de la Casa di Augusto. En 2007, une grotte tapissée de mosaïque a été découverte à 15 m au-dessous de la Domus Augustana. Des spécialistes y voient la Lupercale, grotte mythique où la louve aurait allaité Romulus et Remus.

La Vigna Barberini (vigne Barberini), terrasse panoramique située près des jardins Farnèse, constitue un excellent lieu de pique-nique. Cette étendue d'herbe est ponctuée de nombreux bancs. Elle est signalée par un panneau sur le chemin qui mène au Forum romain. Notez toutefois qu'il est interdit d'apporter de l'alcool ou des récipients en verre sur le site du Palatin.

S.BORISOV / SHUTTERSTOCK ©

LES INCONTOURNABLES

FORUM ROMAIN

Ensemble grandiose de temples et de basiliques et centre de la vie sociale, le Forum romain (Foro Romano) était jadis le cœur de la Rome antique. Ce n'est plus qu'un champ de ruines, impressionnantes et majestueuses.

Aménagé au VIIe siècle av. J.-C. à la place du marécageux cimetière d'origine, ce site se développa au fil du temps pour devenir le centre social, politique et commercial de l'Empire romain. Comme beaucoup des grands ensembles de la Rome antique, le Forum fut laissé à l'abandon au sortir de l'Empire. Au Moyen Âge, on l'appelait *Campo Vaccino* ("champ de vaches"), par allusion au bétail que l'on y emmenait paître, et il fut largement dépouillé de ses pierres et de son marbre. Il fallut attendre les XVIIIe et XIXe siècles pour que soient entreprises des fouilles systématiques, lesquelles se poursuivent de nos jours.

INFOS PRATIQUES

- Foro Romano
- Plan p. 340, D5
- 06 3996 7700
- parcocolosseo.it
- Largo della Salara Vecchia, Piazza di Santa Maria Nova
- Billet combiné avec le Forum romain et le Palatin tarif plein/18-25 ans/-18 ans 16/2 €/gratuit, billet S.U.P.E.R. tarif plein/18-25 ans 16/2 €
- 8h30-1 heure avant le coucher du soleil ; pour les sites accessibles avec le billet S.U.P.E.R., consulter le site Internet
- Via dei Fori Imperiali

Via Sacra et Tempio di Giulio Cesare

En entrant par le Largo della Salara Vecchia (vous pouvez aussi accéder au Forum par le Palatin ou par l'entrée située près de l'arc de Titus), vous verrez, sur votre gauche, le **Tempio di Antonio e Faustina** (temple d'Antonin et Faustine ; plan p. 340). Achevé en 141, cet édifice fut transformé au VIIIe siècle en église, la **Chiesa di San Lorenzo in Miranda** (plan p. 340). Sur votre droite se tiennent les vestiges de la **Basilica Fulvia Aemilia** (basilique Émilienne ; plan p. 340), bâtie en 179 av. J.-C. et longue de 100 m. Sa façade était ornée d'un portique à deux étages. On y traitait les affaires de la cité et rendait la justice.

Au bout du chemin débute la **Via Sacra** (Voie sacrée ; plan p. 340), artère principale du Forum qui a vu défiler tous les cortèges triomphaux. Il reste peu de choses du **Tempio di Giulio Cesare** (temple de Jules César ; plan p. 340), aussi appelé "temple du divin Jules". Érigé par Auguste en 29 av. J.-C., il marque le lieu de la crémation de Jules César après son assassinat en 44 av. J.-C.

Curia et Lapis Niger

Suivez la Via Sacra jusqu'à la **Curie** (plan p. 340), siège du Sénat romain. Le bâtiment d'origine aurait été érigé par Tullus Hostilius, troisième des sept rois de Rome, puis rebâti par Sylla vers 80 av. J.-C. Jules César le fit déplacer jusqu'à son emplacement actuel, où il fut ensuite modifié par Auguste, Domitien et Dioclétien, avant d'être reconverti en église au Moyen Âge. L'actuelle construction en brique, qui date de 1937, est une reconstitution de la Curie telle qu'elle était sous Dioclétien (règne 284-305) – sa façade, alors revêtue de marbre, de stuc et de travertin, était bien plus majestueuse.

Devant la Curie, cachée par des échafaudages, s'étend la **Lapis Niger** (plan p. 340) : cette grande plaque de marbre noir datée du VIe siècle av. J.-C. recouvrait un endroit souterrain censé contenir la tombe de Romulus.

Arco di Settimio Severo et Rostra

À l'extrémité de la voie Sacrée, l'**Arco di Settimio Severo** (arc de triomphe de Septime Sévère ; plan p. 340), haut de 23 m, est dédié à l'empereur éponyme et à ses fils, Caracalla et Geta. Il fut érigé en l'an 203 pour commémorer les victoires romaines sur les Parthes ; les reliefs du panneau central représentent les Parthes qu'on emmène, vaincus et enchaînés.

Non loin se trouvent les vestiges des **Rostra** (Rostres ; plan p. 340), une tribune raffinée d'où les politiciens locaux haranguaient la foule réunie pour le marché – et sur laquelle Shakespeare fit prononcer à Marc Antoine son fameux discours ("Amis, Romains, compatriotes..."). Ce nom fait référence aux éperons en bronze (*rostra* en latin) provenant des navires capturés lors de la bataille d'Antium en 338 av. J.-C. et qui servaient à décorer l'immense tribune.

En face des Rostres, la **Colonna di Foca** (colonne de Phocas ; plan p. 340) domine la **Piazza del Foro** (plan p. 340), jadis place principale du Forum.

Tempio di Saturno et environs

Les huit colonnes de granit qui s'élèvent derrière la colonne de Phocas sont les derniers vestiges du **Tempio di Saturno** (temple de Saturne ; plan p. 340), l'un des principaux sites du Forum. Inauguré en 497 av. J.-C., puis rebâti au Ier siècle av. J.-C., ce temple majeur abritait également le trésor de la cité.

Derrière lui se dressent les ruines du **Tempio della Concordia** (temple de la Concorde ; plan p. 340), un sanctuaire du IVe siècle av. J.-C. reconstruit au Ier siècle, le **Tempio di Vespasiano** (temple de Vespasien ; plan p. 340), du Ier siècle, et le **Portico degli Dei Consenti** (portique des Dieux consentants ; plan p. 340), doté de 12 colonnes, qui faisait partie de l'un des derniers sanctuaires païens de la Rome antique, datant du IVe siècle.

LE FEU SACRÉ DES VESTALES

Si les vestales étaient tenues en très haute estime et jouissaient des plus grands privilèges, ces jeunes femmes étaient aussi soumises à d'importantes obligations. Tous les ans, six fillettes âgées de 6 à 10 ans, au physique parfait et issues de familles patriciennes, étaient choisies pour servir Vesta, déesse du Feu et de la Maison. Elles consacraient alors trente ans de leur vie au service du temple de Vesta. Leur mission la plus importante consistait à y entretenir le feu sacré. Si celui-ci venait à s'éteindre, la vestale responsable était punie, le plus souvent par le fouet. Une vestale qui manquait à son vœu de chasteté était enterrée vivante, tandis que son amant était flagellé à mort.

Artère principale du Forum, la Via Sacra était la voie des triomphes romains. Ces parades, à l'origine accordées par le Sénat aux généraux victorieux puis réservées aux empereurs, étaient de grands spectacles, avec une procession qui partait de la porte Triomphale et traversait le Forum jusqu'au temple de Jupiter capitolin, sur la colline du Capitole.

Forum romain

Dans les villes antiques, les forums cumulaient les fonctions de centres économique, civique et religieux. À Rome, le plus important d'entre eux était le Forum romain, situé entre le quartier huppé du Palatin et le Capitole, et qui formait le cœur battant de la cité. Les sénateurs débattaient des affaires de l'État à la ❶ **Curia**, les citoyens vaquaient à leurs achats dans les rues et sur les places piétonnes, et la foule se rassemblait sous la ❷ **Colonna di Foca** pour écouter les discours des politiciens du haut du ❷ **Rostrum**. Les juristes s'affairaient dans les basiliques (espaces couverts rectangulaires spécialisés à l'origine dans les activités judiciaires et bancaires) comme la ❸ **Basilica di Massenzio**, tandis que les vestales accomplissaient leurs rites sacrés dans la ❹ **Casa delle Vestali**.

Le Forum servait également de cadre à la célébration des grandes fêtes religieuses, notamment dans le ❺ **Tempio di Saturno** et le ❻ **Tempio di Castore e Polluce**. On y commémorait de même les victoires militaires par des défilés spectaculaires le long de la Via Sacra et par l'édification de monuments triomphaux à l'image des ❼ **Arco di Settimio Severo** et ❽ **Arco di Tito**.

Impressionnantes, les ruines actuelles n'en présentent pas moins un aspect confus. La double page ci-contre, qui montre le Forum à son âge d'or, vous aidera à y voir plus clair.

BONS PLANS

- ➡ Sur le Palatin et le Capitole, vous serez aux premières loges pour contempler le Forum.
- ➡ Visitez le Forum de préférence tôt le matin ou en fin d'après-midi ; l'affluence atteint son maximum entre 11h et 14h.
- ➡ En été, prévoyez un chapeau et de l'eau car il fait chaud et le Forum manque d'ombre.

Colonna di Foca et Rostrum
Érigée en 608, la colonne de Phocas (13,5 m) est le monument le plus récent du Forum. Derrière elle, les Rostres servaient de tribune grandiose d'où les orateurs haranguaient la foule.

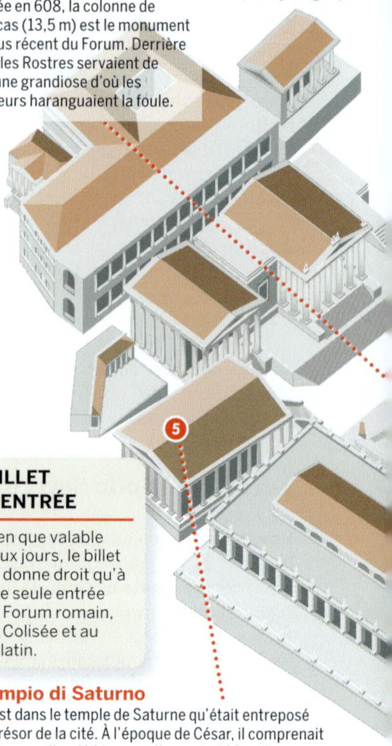

BILLET D'ENTRÉE

Bien que valable deux jours, le billet ne donne droit qu'à une seule entrée au Forum romain, au Colisée et au Palatin.

Tempio di Saturno
C'est dans le temple de Saturne qu'était entreposé le trésor de la cité. À l'époque de César, il comprenait 13 tonnes d'or, 114 tonnes d'argent et 30 millions de sesterces en monnaie d'argent.

IASCIC/SHUTTERSTOCK ©

VIACHESLAV LOPATIN/SHUTTERSTOCK ©

Tempio di Castore e Polluce
Du temple dédié aux Dioscures, les jumeaux divins qui auraient conduit les Romains à la victoire contre la ligue latine en 496 av. J.-C., ne subsistent aujourd'hui que trois colonnes.

Arco di Settimio Severo

Parmi les monuments phares du Forum, cet arc de triomphe imposant célèbre les victoires militaires de Septime Sévère contre les Parthes, représentées sur des bas-reliefs.

Curia

La Curie était le siège du Sénat romain. Elle fut reconstruite à plusieurs reprises. Son pavement intérieur en marbre remonte au règne de Dioclétien (IIIe siècle).

Basilica di Massenzio

Cette basilique du IVe siècle surprend par ses dimensions. Des immenses nefs qui la divisaient à l'origine ne restent que des éléments de la partie nord.

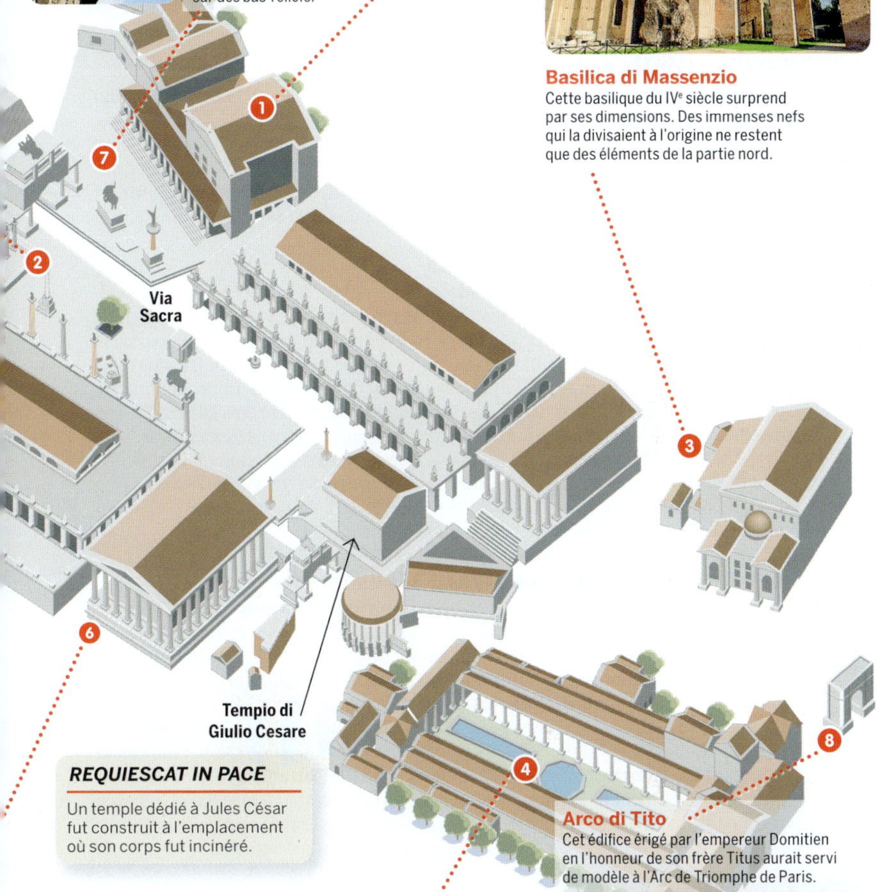

REQUIESCAT IN PACE

Un temple dédié à Jules César fut construit à l'emplacement où son corps fut incinéré.

Arco di Tito

Cet édifice érigé par l'empereur Domitien en l'honneur de son frère Titus aurait servi de modèle à l'Arc de Triomphe de Paris.

Casa delle Vestali

De blanches statues bordent l'atrium verdoyant de l'ancienne maison des Vestales, les vierges vouées au culte de la déesse Vesta, qui jouaient un rôle majeur dans la religion romaine.

UNE PETITE PAUSE ?

Pour une pause café régénératrice, ralliez le Capitole et la Terrazza Caffarelli (p. 76), le café-terrasse avec vue panoramique des musées du Capitole.

Pour quelque chose de plus consistant, rendez-vous à Terre e Domus (p. 75), où l'on sert une excellente cuisine régionale et de bons vins locaux.

Basilica Giulia et Tempio di Castore e Polluce

Sur le flanc sud de la Piazza del Foro, notez les ruines trapues de la **Basilica Giulia** (basilique Julienne ; plan p. 340). Entamée sous Jules César et achevée sous Auguste, cette basilique civile accueillait dans son immense salle principale plusieurs tribunaux que séparaient des cloisons mobiles. Sur son côté, les trois colonnes supportant un fragment d'architrave appartiennent au **temple de Castor et Pollux** (Tempio di Castore e Polluce ; plan p. 340), qui date du Ve siècle av. J.-C.

Chiesa di Santa Maria Antiqua

Tout près, la **Chiesa di Santa Maria Antiqua** (plan p. 340 ; billet S.U.P.E.R. tarif plein/18-25 ans 16/2 € ; ⏲lun-mer-dim 9h-17h mar 24h/24) une église du VIe siècle, est le plus ancien et le plus important site chrétien du Forum. Son intérieur, qui a rouvert en 2016 après une longue restauration, conserve de remarquables fresques des VIe-IXe siècles. Sur le mur est, une fresque particulièrement impressionnante figure le Christ avec les pères fondateurs des églises d'Orient et d'Occident. L'icône suspendue de la Vierge à l'enfant est l'une des plus anciennes existantes. Aux murs, des projections permettent de mieux comprendre l'évolution du bâtiment.

De l'église, on peut accéder à la **Rampa di Domiziano** (rampe de Domitien ; plan p. 340 ; billet S.U.P.E.R. tarif plein/18-25 ans 16/2 € ; ⏲9h-16h, un passage souterrain qui permettait aux empereurs de pénétrer dans le Forum depuis leur palais.

Casa delle Vestali et Basilica di Massenzio

En revenant vers la Via Sacra, voici la **maison des Vestales** (plan p. 340), où résidaient les prêtresses chargées d'entretenir la flamme du **Tempio di Vesta** (temple de Vesta ; plan p. 340) attenant. Au centre, un espace herbeux est jalonné de statues, aujourd'hui presque toutes décapitées, représentant les vestales.

Tout à côté, le **Tempio di Romolo** (temple de Romulus ; plan p. 340 ; billet S.U.P.E.R. tarif plein/18-25 ans 16/2 € ; ⏲9h30-18h30, de forme circulaire, fut élevé par l'empereur Maxence pour célébrer la mort de son fils, Valérius Romulus, vers 309. Plus loin la **Basilica di Massenzio** (basilique de Maxence ; plan p. 340 ; Piazza di Santa Maria Nova) est le plus grand édifice du Forum. Commencée par l'empereur Maxence et achevée par Constantin en 315 (on l'appelle aussi la basilique de Constantin), elle mesurait à l'origine 100 m sur 65 m environ, soit trois fois sa surface actuelle.

Arco di Tito

Marquant l'entrée sud-est du Forum, l'**arc de Titus** (plan p. 340 ; Piazza di Santa Maria Nova) fut érigé en 81 par l'empereur Domitien pour célébrer les victoires de son frère Titus en Judée et la mise à sac de Jérusalem en 70. Par le passé, les juifs romains évitaient de passer sous cet arc, considéré comme le symbole historique du début de la diaspora juive. Remarquez les frises de l'entablement, d'une remarquable finesse d'exécution, et les bas-reliefs de la voûte.

LES INCONTOURNABLES
MUSÉES DU CAPITOLE

Les musées du Capitole (Musei Capitolini), premiers musées au monde qui virent leurs portes ouvertes au public (1734), sont installés dans deux palais situés sur la Piazza del Campidoglio. Ils furent créés en 1471, lorsque le pape Sixte IV légua des statues en bronze à la cité. Ces dons forment le cœur de l'une des collections antiques les plus riches d'Italie. On y trouve aussi une formidable pinacothèque, avec des œuvres de grands artistes italiens.

L'entrée se fait par le **Palazzo dei Conservatori**, qui accueille une collection de sculptures au 1er niveau et la Pinacoteca (pinacothèque) au 2e niveau.

Avant de vous diriger vers la collection de sculptures, prenez le temps d'admirer les fragments d'une statue de Constantin qui parsèment la cour du rez-de-chaussée, notamment la tête, une main et un pied massifs. Cette œuvre du IVe siècle, haute de 12 m, trônait à l'origine dans la basilique de Maxence, au sein du Forum romain.

Palazzo dei Conservatori (palais des Conservateurs)

Parmi les sculptures du 1er étage, la plus célèbre est la *Louve du Capitole* (*Lupa Capitolina*). Installé dans la **Sala della Lupa**, ce bronze figurant la louve allaitant Romulus et Remus est le symbole de Rome. On a longtemps cru qu'il s'agissait d'une œuvre étrusque du Ve siècle av. J.-C., mais des études récentes au carbone 14 ont démontré qu'elle date probablement du XIIIe siècle, tandis que les jumeaux ont été ajoutés en 1471.

La **Sala dei Trionfi** abrite le *Spinario (Tireur d'épine)*, un délicat bronze du Ier siècle av. J.-C. représentant un

NOS CONSEILS

- Ne manquez pas la vue sur le Forum romain depuis le Tabularium.
- La librairie du rez-de-chaussée vend un guide des musées à 15 €.

INFOS PRATIQUES

- Musei Capitolini
- Plan p. 340, B3
- ☎ 06 06 08
- museicapitolini.org
- Piazza del Campidoglio 1
- Tarif plein/réduit 11,50/9,50 €, avec exposition temporaire 22/20 €, billet couplé avec la Centrale Montemartini 13,50 /11,50 €
- 9h30-19h30, dernière entrée 18h30
- Piazza Venezia

TRAITÉ DE ROME

Avec ses fresques réalisées par le Cavalier d'Arpin à la fin du XVIe siècle décrivant des épisodes historiques de la Rome antique, et ses deux statues de papes – l'une d'Urbain VIII, du Bernin, et l'autre d'Innocent X, signée Algardi –, la **Sala degli Orazi e Curiazi** (salle des Horaces et des Curiaces) a servi de cadre à l'un des événements fondateurs de l'Europe moderne. Le 25 mars 1957, les dirigeants de l'Italie, de la France, de l'Allemagne de l'Ouest, de la Belgique, des Pays-Bas et du Luxembourg s'y réunirent pour signer le traité de Rome et fonder la Communauté économique européenne (CEE), précurseur de l'Union européenne.

Il vaut la peine de prendre un café à la Terrazza Caffarelli (p. 76), au 2e niveau du Palazzo dei Conservatori, d'où la vue est superbe.

PALAIS DES CONSERVATEURS

Le nom vient des *Conservatori* (magistrats élus) qui tenaient leurs audiences publiques dans ce *palazzo* au milieu du XVe siècle.

garçon retirant une épine de son pied, qui fut l'une des œuvres les plus admirées et les plus copiées de la Renaissance. Parmi les autres pièces maîtresses figurent deux œuvres du Bernin : le *Buste de Méduse*, dans la **Sala delle Oche**, et une statue du pape Urbain VIII, dans la **Sala degli Orazi e Curiazi** (salle des Horaces et des Curiaces ; voir ci-contre).

Au même étage, dans l'aile moderne baptisée **Esedra di Marco Aurelio**, figure la statue équestre de Marc Aurèle (IIe s) autour de laquelle Michel-Ange ordonna la Piazza del Campidoglio ; victime des intempéries, la sculpture a rejoint le musée du Capitole en 1997 (celle qui trône sur la place est donc une copie). Dans la même aile sont visibles les imposantes fondations du **Tempio di Giove Capitolino** (temple de Jupiter Capitolin), l'un des sanctuaires les plus importants de la cité antique.

Pinacoteca

Au 2e étage, la pinacothèque regroupe des créations de maîtres de la peinture, groupées par région, auteur et genre et organisées chronologiquement.

Si toutes les salles abritent des chefs-d'œuvre, deux d'entre elles sortent du lot : la **Sala Pietro da Cortona**, qui renferme le *Ratto delle Sabine* (*L'Enlèvement des Sabines*, 1630) de Pierre de Cortone, et la **Sala di Santa Petronilla**, qui présente notamment deux œuvres du Caravage : *La Diseuse de bonne aventure* (1595) et *Saint Jean-Baptiste* (1602), une représentation nue et atypique du saint.

Tabularium

Pour rejoindre le Palazzo Nuovo depuis le Palazzo dei Conservatori, de l'autre côté de la place, empruntez la galerie souterraine. Au passage, visitez le **Tabularium**, la salle principale des Archives de la Rome antique située sous le **Palazzo Senatorio**. La galerie est jalonnée de panneaux et d'inscriptions provenant de tombeaux antiques.

Palazzo Nuovo (Palais Neuf)

Le Palazzo Nuovo, construit au XVIIe siècle, recèle des chefs-d'œuvre de la sculpture romaine classique.

De l'entrée, où un **Mars** à la barbe bouclée dévisage férocement les passants, un escalier conduit aux galeries principales qui abritent de nombreux chefs-d'œuvre, avec en premier lieu le *Galata Morente* (*Galate mourant*) de la **Sala del Gladiatore**. La salle suivante, la **Sala del Fauno**, tire son nom de la sculpture d'un faune en marbre rouge.

La *Vénus du Capitole*, à la fois sage et sensuelle, occupe le **Gabinetto della Venere** (cabinet de la Vénus) donnant sur le couloir principal. Les bustes de philosophes, poètes et autres orateurs qui ornent la **Sala dei Filosofi** méritent aussi d'être admirés.

MUSÉES DU CAPITOLE

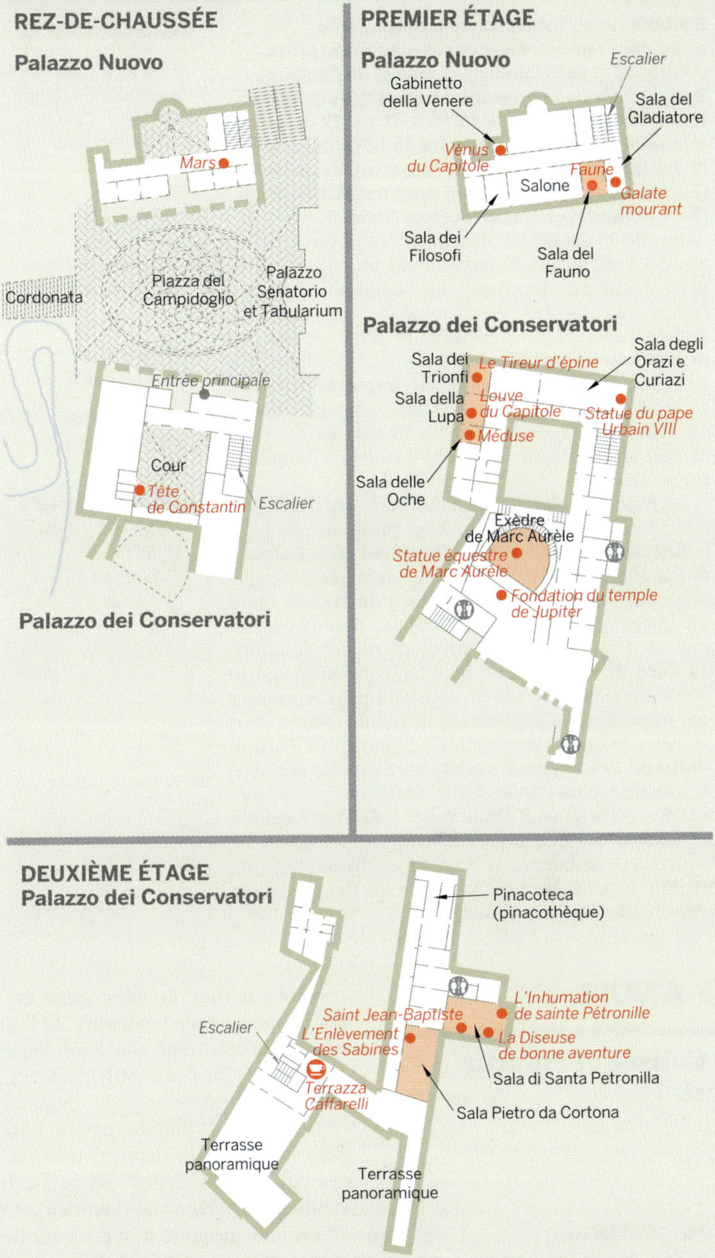

LES INCONTOURNABLES
FORUMS IMPÉRIAUX

Postérieurs au Forum romain, devenu trop exigu pour répondre aux besoins administratifs, politiques et judiciaires de la ville et de l'Empire, les Fori Imperiali regroupent les vestiges des cinq forums construits entre 42 av. J.-C. et 112 de notre ère, sous les règnes successifs de Jules César (Foro di Cesare), Auguste (Foro di Augusto), Vespasien (Foro di Vespasiano ou Foro della Pace), Domitien (Foro di Nerva) et Trajan (Foro di Traiano).

En 1933, ils furent quasiment recouverts par la Via dei Fori Imperiali, large de 30 m, qui fut tracée par Mussolini. Toutefois, les fouilles entreprises depuis ont permis d'en remettre au jour une grande partie. Les sites majeurs sont les **Mercati di Traiano** (marchés de Trajan), accessibles par l'intéressant **Musei dei Fori Imperiali** (p. 71), et l'emblématique Colonna di Traiano (colonne Trajane), du début du IIe siècle, dont la fresque en bas-relief déroule en spirale, sur 200 m, la victoire de l'empereur sur les Daces.

Du **Foro di Traiano** lui-même, il reste peu d'éléments aisément identifiables, si ce n'est quelques piliers de la **Basilica Ulpia** (basilique Ulpienne) et la **Colonna di Traiano**, dont le bas-relief minutieusement détaillé célèbre les campagnes victorieuses de Trajan contre les Daces (qui occupaient l'actuelle Roumanie). Au sud-est, trois colonnes se dressent encore au milieu du **Foro di Augusto**. Le mur haut de 30 m qui se dresse derrière ce forum fut construit pour le protéger des incendies qui se déclaraient régulièrement dans le quartier populaire voisin de Suburre. Le **Foro di Nerva** est désormais en grande partie recouvert, mais des vestiges d'un temple dédié à Minerve sont encore visibles. À l'origine, il devait relier le **Foro di Augusto** au **Foro di Vespasiano**, construit au Ier siècle. De l'autre côté de la rue, trois colonnes dressées sur un podium constituent les principaux vestiges aisément identifiables du **Foro di Cesare**.

NOS CONSEILS

- On jouit d'une belle vue sur les ruines depuis la Via dei Fori Imperiali.
- Guettez les spectacles son et lumière d'avril à novembre (Viaggio nei Fori , viaggioneifori.it).

INFOS PRATIQUES

- Fori Imperiali
- Plan p. 340, D2
- ☎06 06 08
- Piazza Santa Maria di Loreto, Via dei Fori Imperiali
- 🚌Via dei Fori Imperiali

À VOIR

Colisée et Palatin

COLISÉE AMPHITHÉÂTRE

Voir p. 56.

PALATIN VESTIGES

Voir p. 58.

ARCO DI COSTANTINO MONUMENT

Plan p. 340 (Via di San Gregorio ; Ⓜ Colosseo). À l'ouest du Colisée, cet arc de triomphe à trois arcades, érigé en 315 pour commémorer la victoire de l'empereur Constantin sur son rival Maxence à la bataille du Ponte Milvio en 312, est l'un des derniers grands monuments construits sous l'Empire romain. Il incorpore en réalité des éléments prélevés sur des édifices antérieurs : sa partie inférieure date du règne de Domitien (81-96), et les huit médaillons représentant des scènes de chasse datent de l'époque d'Hadrien (117-138).

CIRCUS MAXIMUS — SITE HISTORIQUE

Plan p. 340 (Circo Massimo ; ☎06 06 08 ; Via dei Cerchi ; tarif plein/réduit 5/4 €, visite en réalité virtuelle également ; ⏲site archéologique 10h-16h sam-dim, sur réservation uniquement mar-ven ; Ⓜ Circo Massimo). Aujourd'hui étendue recouverte d'herbe, le Circus Maximus était pourtant au Ier siècle la plus vaste piste de courses de chars de Rome, d'une capacité de 250 000 spectateurs. La piste longue de 600 m comportait en son centre un terre-plein en bois où se dressaient des compte-tours et des obélisques égyptiens.

À son extrémité sud, il reste une petite portion du stade d'origine, ainsi qu'une tour du XIIe siècle appelée Torre della Moletta.

Forums et environs

FORUM ROMAIN — SITE ARCHÉOLOGIQUE

Voir p. 62.

BASILICA DEI SANTI COSMA E DAMIANO — BASILIQUE

Plan p. 340 (☎06 699 08 08 ; cosmadamiano.com ; Via dei Fori Imperiali 1 ; presepio 1 € ; ⏲10h-13h et 15h-18h ; 🚌Via dei Fori Imperiali). Adossée au Forum romain, cette basilique du VIe siècle englobe des parties du **Foro di Vespasiano** (forum de Vespasien) et du **Tempio di Romolo** (temple de Romulus), visibles à l'extrémité de la nef. Son renom tient surtout à la magnifique mosaïque (VIe siècle) de l'abside figurant Pierre et Paul présentant saint Côme, saint Damien, saint Théodore et le pape Félix IV au Christ.

Admirez également la **crèche** (*presepio*) napolitaine du XVIIIe siècle, dans une salle rose saumon donnant sur le cloître du XVIIe siècle.

MERCATI DI TRAIANO – MUSEO DEI FORI IMPERIALI — MUSÉE

Plan p. 340 (☎06 06 08 ; mercatiditraiano.it/fr ; Via IV Novembre 94 ; tarif plein/réduit exposition incluse 16/14 € ; ⏲9h30-19h30 ; 🚌Via IV Novembre). Intégré aux **marchés de Trajan** (IIe siècle), cet étonnant musée constitue une passionnante introduction aux **Forums impériaux** (voir p. 70) grâce à ses présentations multimédias, ses panneaux explicatifs très détaillés et ses quelques pièces archéologiques.

Des sculptures, des frises et quelques bustes sont exposés dans des salles donnant sur ce qui était jadis le grand hall. Toutefois, au-delà des expositions, le véritable temps fort de la visite est l'exploration du vaste complexe.

À l'origine, les historiens croyaient que l'hémicycle à trois niveaux logeait des marchés et des commerces – d'où son nom –, mais des théories plus récentes ont contredit cette affirmation, concluant que l'ensemble servait probablement à abriter l'administration des forums.

La **Torre delle Milizie** (tour des Milices ; plan p. 340), une tour en brique rouge datant du XIIIe siècle, domine les marchés.

CARCERE MAMERTINO — SITE HISTORIQUE

Plan p. 340 (Carcer Tullianum ; ☎06 6992 4652 ; omniavaticanrome.org/it ; Clivo Argentario 1 ; plein/réduit 10/5 € ; ⏲9h-17h ; 🚌Via dei Fori Imperiali). Sous la **Chiesa di San Giuseppe dei Falegnami** (église Saint-Joseph-des-Charpentiers) du XVIe siècle, la prison Mamertine était l'ancien "quartier de haute sécurité" de Rome. L'apôtre Pierre y aurait été détenu et aurait fait jaillir une source miraculeuse pour baptiser ses geôliers.

LA PIÈCE MANQUANTE DE L'ARCHÉOLOGIE ROMAINE

En 2012, la découverte des vestiges de l'**Athenæum**, à 5 m de profondeur sous la Piazza Venezia, a révélé une nouvelle pièce du patrimoine archéologique de Rome. Datant du règne d'Hadrien, cette école où l'on enseignait, sur le modèle grec, la rhétorique et les autres grandes disciplines de l'époque (grammaire, philosophie, droit...), accueillait jusqu'à 900 élèves. Datant du IIe siècle, cet ensemble se composait de trois salles voûtées d'une hauteur de 13 m, où les élèves, assis sur des gradins en marbre, venaient écouter les enseignements des philosophes, orateurs et autres savants. Cette découverte, survenue lors du forage d'une nouvelle ligne de métro de Rome, illustre les difficultés rencontrées par les ingénieurs qui progressent lentement au milieu des trésors du sous-sol romain. Ce site archéologique n'est pas accessible aux visiteurs.

Sur ses murs de pierre nue, on peut deviner des traces de fresques médiévales dépeignant Jésus, la Vierge Marie, saint Pierre et saint Paul.

La visite comprend celle d'un petit musée, au rez-de-chaussée, deux pièces avec des objets découverts sur le site, et des tablettes illustrant en 3D l'extension de l'ensemble à travers les époques.

Du musée, un escalier descend à la prison, bâtie sur deux niveaux : la *carcere* (prison) même, datant du VIIe siècle av. J.-C. avec ses fresques aux murs, et, en dessous, le cachot du Tullianum. C'est dans cette sinistre geôle que l'on jetait, jusqu'à ce qu'ils y meurent, les ennemis de l'État. Vercingétorix y mourut en 46 av. J.-C.

Capitole

Surplombant le Forum romain, le Capitole (Campidoglio) est l'une des sept collines sur lesquelles Rome fut fondée. À son sommet s'élevaient ses deux principaux temples, l'un dédié à Jupiter Capitolin, l'autre – qui abritait l'hôtel de la Monnaie – à la déesse Junon Moneta. De nos jours, les politiciens ont succédé aux dieux et la colline abrite le siège de la mairie (Palazzo Senatorio).

MUSÉES DU CAPITOLE — MUSÉES

Voir p. 67.

PIAZZA DEL CAMPIDOGLIO — PLACE

Plan p. 340 (Piazza Venezia). Dessinée par Michel-Ange en 1538, cette place située au sommet d'une colline est l'une des plus belles de Rome. Il y a plusieurs moyens d'y arriver, mais c'est par la **Cordonata** (plan p. 340), le gracieux escalier qui monte depuis la Piazza d'Aracoeli, que l'approche est la plus spectaculaire.

La place est flanquée du **Palazzo Nuovo** et du **Palazzo dei Conservatori**, qui abritent les musées du Capitole, et du **Palazzo Senatorio**, siège du conseil municipal de Rome. Au centre de la place, la **statue équestre** de Marc Aurèle est une copie. L'original, datant du IIe siècle, est exposé dans les musées du Capitole.

CHIESA DI SANTA MARIA IN ARACOELI — ÉGLISE

Plan p. 340 (06 6976 3839 ; Scala dell'Arce Capitolina ; 9h-18h30 en été, 9h30-17h30 en hiver ; Piazza Venezia). En haut des 124 marches escarpées d'Aracoeli (XIVe siècle), cette église romane du VIe siècle marque le point culminant du Capitole. Derrière la façade de brique, haute et austère, l'intérieur richement décoré recèle plusieurs trésors, dont un plafond en bois doré, un impressionnant sol cosmatesque (un style de pavements à motifs géométriques typique du Moyen Âge à Rome) et une fresque du XVe siècle, réalisée par le Pinturicchio et représentant la vie de saint Bernardin de Sienne.

Toutefois, son joyau le plus célèbre est une statue en bois de l'Enfant Jésus, tenue pour investie d'un pouvoir de guérison. Or, cette statue – dans la Cappella del Santo Bambino, à gauche du maître-autel – est une copie. L'original, dont le bois proviendrait du jardin de Gethsémani, à Jérusalem, a été dérobé en 1994 et n'a jamais été retrouvé.

L'église fut érigée à l'emplacement du temple romain dédié à Junon Moneta où, selon la légende, la sibylle de Tibur aurait annoncé la naissance du Christ à Auguste. L'église connaît aujourd'hui encore une grande animation lors des fêtes de la Nativité.

Piazza Venezia

VITTORIANO — MONUMENT

Plan p. 340 (monument à Victor-Emmanuel II ; vittoriano.beniculturali.it ; Piazza Venezia ; 9h30-19h30, dernière entrée 18h45 ; Piazza Venezia). GRATUIT Impossible d'ignorer le Vittoriano, cet édifice grandiloquent de marbre blanc surplombant la Piazza Venezia, adulé par les uns et décrié par les autres. Érigé au tournant du XXe siècle en l'honneur du premier roi de l'Italie unifiée, Victor-Emmanuel II (règne 1861-1878), immortalisé par une colossale **statue équestre**, il réserve un écrin spectaculaire à l'**Altare della Patria** (autel de la Patrie) et à la **tombe du Soldat inconnu** qui conserve la dépouille d'un soldat de la Première Guerre mondiale. À l'intérieur, le petit **Museo Centrale del Risorgimento** (plan p. 340 ; 06 679 35 98 ; risorgimento.it ; tarif plein/réduit 5/2,50 € ; 9h30-18h30), consacré à l'unité italienne.

Toujours à l'intérieur, le **Complesso del Vittoriano** (plan p. 340 ; 06 871 51 11 ; ilvittoriano.com ; Via di San Pietro in Carcere ; 9h30-19h30 lun-jeu, 9h30-22h ven-sam, 9h30-20h30 dim ; Via dei Fori Imperiali) est une galerie qui accueille régulièrement de grandes expositions d'art (les tarifs varient selon l'exposition en cours). Mais tout aussi

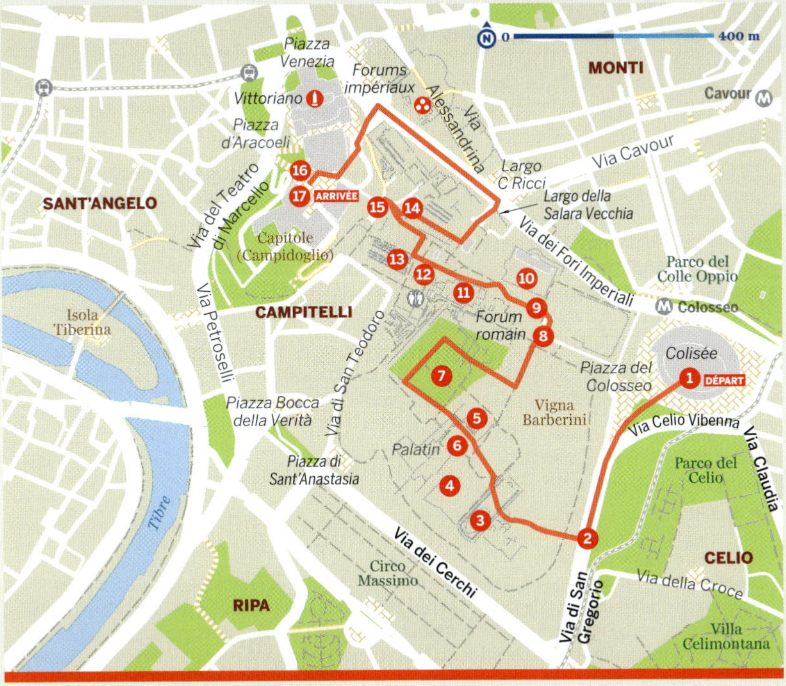

Promenade à pied
Explorer les ruines

DÉPART COLISÉE
ARRIVÉE MUSÉES DU CAPITOLE
DISTANCE 1,5 KM
DURÉE 4 HEURES

Commencez par le 1 **Colisée** (p. 56), la formidable arène des gladiateurs qui résume le caractère spectaculaire de la ville antique mieux que tout autre monument. De là, descendez la Via di San Gregorio jusqu'au 2 **Palatin** (p. 58), où vivaient l'empereur et le patriciat romain (Ier siècle). Bien que confus, les vestiges architecturaux donnent une idée des dimensions gigantesques des résidences impériales.

Derrière le 3 **Stadio** (p. 59), on aperçoit encore des parties de la 4 **Domus Augustana** (p. 59), demeure privée de l'empereur, et de la 5 **Domus Flavia** (p. 59), où se déroulaient ses audiences publiques. Visitez le 6 **Museo Palatino** (p. 59) voisin, avant de rallier les 7 **Orti Farnesiani** (p. 61). Ces jardins du XVIe siècle ne faisaient pas partie de la cité antique mais offrent une vue magistrale sur le Forum romain. En aval, l'entrée du forum jouxte 8 l'**Arco di Tito** (p. 66), l'un des arcs de triomphe de l'ancienne place publique. À 100 m environ, empruntez la 9 **Via Sacra** (p. 62), l'artère principale du Forum, passez l'imposante 10 **Basilica di Massenzio** (p. 66), et marchez quelques centaines de mètres jusqu'à la 11 **Casa delle Vestali** (p. 66), où logeaient les vierges vouées au culte de Vesta. Au-delà des trois colonnes du 12 **Tempio di Castore e Polluce** (p. 66), une aire aplanie jonchée de bases de colonnes et de fragments de maçonnerie en brique marque l'emplacement de la 13 **Basilica Giulia** (p. 66), un tribunal construit par Jules César. De l'autre côté du forum, la 14 **Curie** (p. 63) était le siège du Sénat. Non loin, 15 l'**Arco di Settimio Severo** (p. 63) est le témoin des victoires militaires de cet empereur.

De l'arc, rebroussez chemin pour sortir du Forum par le Largo della Salara Vecchia. Remontez vers la 16 **Piazza del Campidoglio** (p. 72) pour terminer en beauté avec les 17 **musées du Capitole** (p. 72).

EXPLORER LES SITES ANTIQUES

Les sites antiques de Rome sont fascinants, mais ils comportent peu d'explications et il est parfois difficile de savoir où aller et quoi regarder. Voici quelques pistes.

Entrées et sorties

Le Forum romain et le Palatin constituent un seul et unique site. Le même billet permet d'accéder aux deux ensembles (ainsi qu'au Colisée) ; une fois que vous aurez passé l'entrée, vous pourrez évoluer librement entre les deux zones. Il existe trois entrées principales, assorties de trois billetteries :

- Largo della Salara Vecchia pour le Forum romain
- Près de la prison Mamertine pour le Forum romain
- Au 30 de la Via di San Gregorio pour le Palatin
- Sur la Piazza di Santa Maria Nova (près de l'Arco di Tito) – prenez à gauche pour le Palatin ou tout droit pour le Forum. Pour cette entrée, notez que la billetterie se trouve en face du Colisée, sur la Piazza del Colosseo.

Les sorties se font aux endroits suivants :

- Largo della Salara Vecchia
- Via di San Gregorio 30
- Basilica di Massenzio, dans le Forum

Ouvrages spécialisés

Electa publie des guides spécialisés consacrés aux sites archéologiques de Rome et traduits en plusieurs langues, dont le français. Plus faciles d'accès, les petits ouvrages publiés par Vision Past & Present livrent une description claire et concise de plusieurs sites archéologiques romains autour d'un concept séduisant : des calques apposables sur les photographies des sites permettent de visualiser leur reconstitution à l'époque antique. Ces livres sont disponibles, notamment, à la **librairie du Colisée** (plan p. 340 ; Piazza del Colosseo ; 8h30-1 heure avant le coucher du soleil ; Colosseo).

impressionnante que les œuvres d'art exposées est la splendide vue à 360 degrés que l'on peut admirer depuis le sommet du monument. Allez vérifier par vous-même en prenant l'ascenseur panoramique **Roma dal Cielo** (plan p. 340 ; tarif plein/18-25 ans 12/2 €, pas de paiement par carte ; 9h30-19h30, dernière entrée 18h45) jusqu'à la **Terrazza delle Quadrighe**.

INSULA ROMAINE — RUINES

Plan p. 340 (06 06 08 ; Piazza d'Aracoeli ; plein/réduit 4/3 € plus guide ; visite guidée sur réservation uniquement ; Piazza Venezia). Au pied du Capitole, près de l'escalier d'Aracoeli, se dressent les ruines d'un immeuble d'habitation (*insula*) du IIe siècle. On pense que le rez-de-chaussée servait de taverne, les quatre étages étant divisés en logements exigus.

Pour visiter, il faut réserver un circuit guidé (par téléphone). Toutefois, en jetant un coup d'œil depuis la rue, on a déjà une bonne idée des conditions dans lesquelles vivaient nombre de Romains des plus basses catégories de la société à l'époque antique.

BASILICA DI SAN MARCO — BASILIQUE

Plan p. 340 (sanmarcoevangelista.it ; Piazza di San Marco 48 ; 10h-13h et 16h-18h ou 20h mar-dim ; Piazza Venezia). Désormais incorporée au Palazzo Venezia (ci-après), cette église a conservé le plan basilical du premier édifice fondé, en 336, à l'emplacement d'une maison où l'évangéliste saint Marc aurait séjourné. Largement reconstruite au IXe siècle par le pape Grégoire IV, que l'on découvre parmi les saints qui entourent le Christ dans la magnifique mosaïque (IXe siècle) qui orne l'abside, l'église fut plusieurs fois restaurée et remaniée, comme en témoignent le clocher du XIIe siècle, l'élégante façade Renaissance ou les peintures du XVIIIe siècle de la nef centrale.

PALAZZO VENEZIA MUSÉE

Plan p. 340 (☎06 6999 4388 ; vive.beniculturali.it/it/palazzo-venezia ; Piazza di San Marco 49 ; tarif plein/18-25 ans/-18 ans 12/2 €/gratuit ; ⌚9h30-19h30, entrée jusqu'à 18h45 ; 🚌Piazza Venezia). Situé sur le côté ouest de la Piazza Venezia, le premier grand palais Renaissance de Rome fut édifié entre 1455 et 1464. Pendant des siècles, il abrita l'ambassade de la République vénitienne – d'où son nom –, mais son résident le plus célèbre fut Mussolini, qui y installa son bureau en 1929 et prononça plusieurs discours depuis le balcon de la Sala del Mappamondo (salle de la Mappemonde) donnant sur la place. Aujourd'hui, ce palais accueille le **Museo Nazionale del Palazzo Venezi**. De précieuses peintures byzantines et du début de la Renaissance y sont exposées, à côté d'une collection hétéroclite de tableaux, de céramiques, de statuettes en bronze, d'armes et d'armures.

Malgré la qualité des expositions, l'atout maître du lieu reste le *palazzo* en lui-même. Les salles de l'Apartamento Barbo sont particulièrement spectaculaires : noyau originel du palais érigé au XVe siècle pour le cardinal vénitien Pietro Barbo, cet appartement sert aujourd'hui à accueillir des expositions temporaires. Autre élément frappant, un cloître monumental à deux niveaux, à l'extérieur, abrite le musée lapidaire.

Forum Boarium et environs

BOCCA DELLA VERITÀ MONUMENT

Plan p. 340 (Bouche de la Vérité ; Piazza Bocca della Verità 18 ; sur don ; ⌚9h30-18h été, 9h30-17h hiver ; 🚌Piazza Bocca della Verità). Visage barbu sculpté dans un large disque de marbre, la Bocca della Verità est l'une des curiosités les plus populaires de Rome. Selon la légende, quiconque profère un mensonge en plaçant sa main sur la bouche verra celle-ci happée. Ancien élément d'une fontaine ou peut-être plaque d'égout dans l'Antiquité, la bouche se trouve désormais sous le porche de la **Chiesa di Santa Maria in Cosmedin**. Bâtie au VIIIe siècle, celle-ci fut rénovée au XIIIe siècle et agrémentée d'un campanile de sept étages et d'un portique. À la même époque, le sol fut couvert de marbre coloré incrusté dans le style des Cosmati.

FORUM BOARIUM SITE HISTORIQUE

Plan p. 340 (Piazza Bocca della Verità ; 🚌Piazza Bocca della Verità). L'animée Piazza Bocca della Verità occupe l'emplacement du Forum Boarium, l'antique marché au bétail de Rome. De cette période ne subsistent que deux temples minuscules du IIe siècle av. J.-C. : le **Tempio Rotondo**, ou **Tempio di Ercole Vincitore** (temple d'Hercule Victor ; plan p. 340), le plus ancien temple en marbre de Rome, et le **Tempio di Portuno** (plan p. 340), dédié à Portunus, dieu des Rivières et des Ports. Tous deux sont accessibles sur **visite guidée** (☎06 3996 7700 ; coopculture.it ; 5,50 €, réservation nécessaire ; ⌚1er et 3e dim du mois).

OÙ SE RESTAURER

Dans ce secteur hautement touristique, la plupart des restaurants et trattorias visent clairement les hordes de visiteurs affamés. Toutefois, au milieu des pièges à touristes figurent quelques perles bien cachées, notamment un bistrot moderne et décontracté qui donne sur les Forums impériaux, et un restaurant romantique avec toit-terrasse près de la Bocca della Verità.

ALIMENTARI PANNELLA CARMELA SANDWICHS €

Plan p. 340 (Via dei Fienili 61 ; sandwichs 3,50-4,80 € ; ⌚8h-14h30 lun-sam et 17h-20h lun-ven ; 🚌Via Petroselli). Pour un en-cas savoureux au déjeuner, ignorez les restaurants touristiques du secteur et guettez ce petit magasin d'alimentation ordinaire. Caché derrière un rideau de lierre grimpant, ce bastion local fournit les travailleurs gourmands en *panini* (sandwichs froids ou chauds) frais et préparés à la commande, mais aussi en délicieuses parts de pizza et en salades.

TERRE E DOMUS CUISINE DU LATIUM €€

Plan p. 340 (☎06 6994 0273 ; Via Foro Traiano 82-4 ; repas complet 30-40 € ; ⌚7h30-0h30 lun-dim ; 🚌Via dei Fori Imperiali). Ce restaurant moderne et lumineux, où travaillent de jeunes diplômés d'une *scuola alberghiera* (école hôtelière) locale, est la meilleure adresse de la très touristique zone du Forum. Avec son décor minimaliste et de grandes fenêtres qui donnent sur la colonne Trajane, l'Enoteca Provincia Romana est agréable pour déguster des classiques locaux accompagnés d'un verre de vin de la région.

Les prix sont assez élevés pour ce type de cuisine, mais cela tient beaucoup à l'emplacement.

47 CIRCUS ROOF GARDEN MÉDITERRANÉEN €€€

Plan p. 340 (☎348 016 2378 ; 47circusroofgarden.com ; Forty Seven Hotel, Via Luigi Petroselli 47 ; repas complet env. 65 € ; ⏲16h30-minuit lun-ven et 12h-minuit sam-dim ; Via Petroselli). Avec la colline de l'Aventin en toile de fond, le restaurant avec toit-terrasse du Forty Seven Hotel offre un cadre romantique pour un repas de fine cuisine méditerranéenne moderne. Les produits de la mer figurent en force sur la carte de saison, qu'il s'agisse des antipasti inventifs, des pâtes ou des plats principaux.

OÙ PRENDRE UN VERRE ET FAIRE LA FÊTE

La vie nocturne est limitée dans ce secteur de Rome, avec une poignée de cafés et de bars. Cela dit, si l'idée d'un cappuccino sur le Capitole ou d'un cocktail au Circo Massimo vous tente, l'endroit est parfait. Les amateurs de bon vin et de bière artisanale trouveront aussi de quoi se ravir le palais.

TERRAZZA CAFFARELLI CAFÉ

Plan p. 340 (Caffetteria dei Musei Capitolini ; terrazzacaffarelli.it ; Piazzale Caffarelli 4 ; ⏲9h30-19h ; Piazza Venezia). La terrasse du café des musées du Capitole, à la vue mémorable, est parfaite pour se reposer de la visite en buvant un verre. On y sert aussi des en-cas et des repas sommaires, même si c'est surtout le panorama qu'on retient ici. Le billet du musée n'est pas nécessaire pour accéder au café du 2e étage.

0,75 BAR

Plan p. 340 (☎06 687 57 06 ; 075roma.com ; Via dei Cerchi 65 ; ⏲10h30-2h ; ; Via dei Cerchi). Donnant sur le Circus Maximus (p. 71), ce bar est parfait pour s'attarder le soir devant un verre, un *aperitivo* ou un repas (plats 6-20 €). Jolies poutres de bois, ambiance sympathique et bande-son agréable, pour une clientèle internationale.

CAVOUR 313 BAR À VINS

Plan p. 340 (☎06 678 54 96 ; cavour313.it ; Via Cavour 313 ; ⏲12h30-14h45 et 18h-23h30 lun-jeu, 18h-minuit ven-sam, 19h-23h dim, fermé en juillet et en août ; Ⓜ Cavour). Véritable institution, ce bar à vins intime, tout en boiseries, attire aussi bien des comédiens que des politiciens ou des touristes. On y sert une sélection de charcuteries et de fromages, ainsi que des plats du jour. Cela dit, l'atout maître est le vin : avec plus de mille crus italiens au choix, vous trouverez forcément de quoi ravir votre palais.

SHOPPING

MERCATO CAMPAGNA AMICA AL CIRCO MASSIMO MARCHÉ

Plan p. 340 (campagnamica.it ; Via di San Teodoro 74 ; ⏲8h-15h sam-dim ; Via dei Cerchi). Parmi les marchés fermiers les plus appréciés de Rome, ce *mercato* hebdomadaire fournit une vitrine aux producteurs du Latium et du centre de l'Italie. Les étals recèlent toutes sortes de denrées comestibles : fromages, confitures, bocaux de miel, sauces préparées, huiles d'olive et vins.

Centre historique

PANTHÉON ET ENVIRONS | PIAZZA NAVONA ET ENVIRONS | CAMPO DE' FIORI ET ENVIRONS | GHETTO ET ENVIRONS | ISOLA TIBERINA | PIAZZA COLONNA ET ENVIRONS

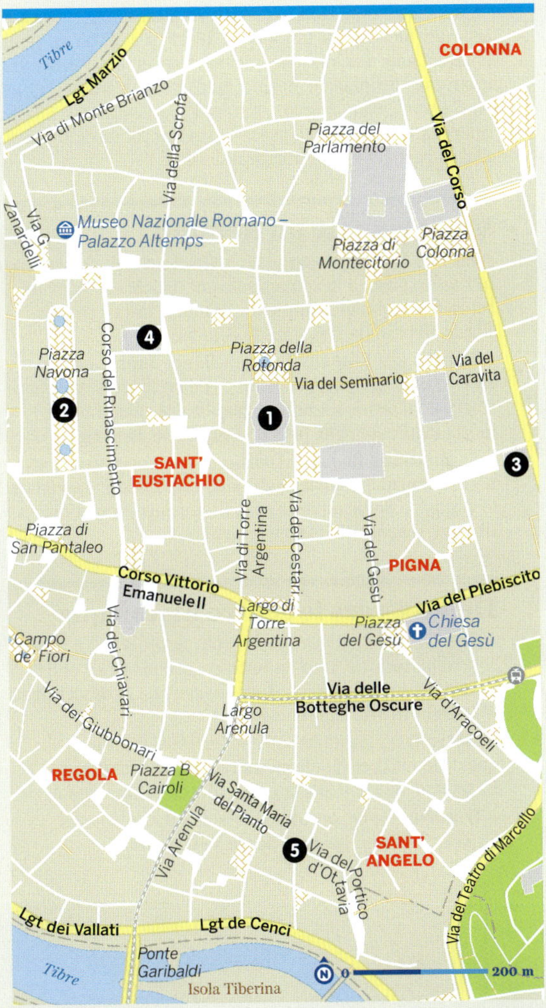

Notre sélection

❶ **Le Panthéon** (p. 79), dont l'architecture est aussi saisissante aujourd'hui qu'il y a 2 000 ans.

❷ **La Piazza Navona** (p. 81), une place baroque mémorable pour ses fontaines, ses façades et son élégante église.

❸ **La Galleria Doria Pamphilj** (p. 89), pour une visite audioguidée par un membre de l'auguste lignée des Doria Pamphilj.

❹ **L'église Saint-Louis-des-Français** (p. 85), l'un des joyaux baroques de Rome, et ses chefs-d'œuvre du Caravage.

❺ **Le rues historiques** (p. 82) où se perdre pour s'imprégner de la vie du quartier et découvrir ses recoins pittoresques.

Pour un plan plus détaillé, reportez-vous p. 344 et p. 346 ➡

Bons plans Lonely Planet

Le centre historique est un quartier onéreux, mais il est possible de l'explorer sans se ruiner. En poussant la porte des églises (entrée libre), vous découvrirez des chefs-d'œuvre de Michel-Ange, Raphaël, le Caravage, le Bernin et Borromini.

Le top des restaurants

- Antico Forno Urbani (p. 98)
- Forno Roscioli (p. 95)
- La Ciambella (p. 91)
- Pianostrada (p. 95)
- Retrobottega (p. 94)
- Salumeria Roscioli (p. 96)

Voir détails p. 91.

Le top des bars et cafés

- Barnum Cafe (p. 100)
- Caffè Sant'Eustachio (p. 99)
- Open Baladin (p. 100)
- Rimessa Roscioli (p. 100)
- Roscioli Caffè (p. 100)

Voir détails p. 99.

Le top des églises

- Église Saint-Louis-des-Français (p. 85)
- Basilica di Santa Maria Sopra Minerva (p. 82)
- Chiesa del Gesù (p. 86)
- Chiesa di Sant'Ignazio di Loyola (p. 90)

Voir détails p. 82.

Découvrir le centre historique

Le *centro storico* se prête à de tranquilles balades à pied. Deux ou trois jours suffisent à en découvrir l'essentiel, mais on pourrait passer des semaines à l'explorer. On y accède aisément en bus en descendant au Largo di Torre Argentina (p. 82), à quelques pas du Panthéon (p. 79) et non loin de la Piazza Colonna (p. 90), centre névralgique de la politique romaine. Tout près, sur Via del Corso, la Galleria Doria Pamphilj (p. 89) abrite l'une des plus belles collections d'art privées de la capitale. À l'ouest du Panthéon, les rues entourant la Piazza Navona (p. 81) attirent une foule de touristes et de Romains branchés avec leurs boutiques bohèmes, leurs bars et leurs pizzerias.

De l'autre côté du Corso Vittorio Emanuele II, toutes les rues mènent au Campo de' Fiori (p. 95), où se tient chaque jour un marché pittoresque et dont les bars assurent l'animation jusque tard dans la nuit. Depuis “il Campo”, vous pourrez rejoindre le Ghetto (p. 88), le quartier juif médiéval, avec ses ruelles romantiques, ses places cachées et ses trattorias casher.

Vivre comme un Romain

- **En-cas** La ville regorge d'échoppes servant de la *pizza al taglio* (pizza à la coupe), souvent délicieuse. Pour un repas sur le pouce comme un Romain, ralliez l'Antico Forno Urbani (p. 98), dans le Ghetto.
- **Achats** Les Romains adorent flâner dans le *centro storico* où sont installés nombre de boutiques et ateliers d'artisanat. Pour les imiter, gagnez des rues comme la Via del Pellegrino, près du Campo de' Fiori (p. 95).
- **Expositions** Bien que l'édifice soit un chef-d'œuvre architectural en soi, les habitants ont tendance à visiter le Chiostro del Bramante (p. 84) pour les expositions d'art qu'il accueille régulièrement.

Depuis/vers le centre historique

- **Bus** C'est le meilleur moyen pour accéder au centre historique. Depuis Termini, les bus n[os]40 et 64 s'arrêtent sur le Largo di Torre Argentina et descendent le Corso Vittorio Emanuele II.
- **Métro** Il n'y a pas de station de métro dans le quartier, mais on peut rejoindre à pied les stations Barberini, Spagna et Flaminio, toutes sur la ligne A.
- **Tramway** Le tramway n°8 relie la Piazza Venezia au Trastevere en passant par la Via Arenula.

LES INCONTOURNABLES
PANTHÉON

Bâti il y a près de 2 000 ans, le Panthéon – ancien temple transformé en église au VIIe siècle – est sans doute le mieux conservé de tous les édifices antiques de la ville. C'est aussi l'un des monuments qui influença des générations d'architectes et d'ingénieurs du monde occidental. Si la façade extérieure, monumentale, en impose, on reste sans voix une fois franchies les imposantes portes en bronze en découvrant la gigantesque coupole ouverte sur le ciel.

NOTRE CONSEIL

- La messe est célébrée à 17h le samedi et 10h30 le dimanche.

INFOS PRATIQUES

- Plan p. 344, F4
- pantheonroma.com
- Piazza della Rotondo
- Entrée libre
- 9h-19h
- Largo di Torre Argentina

Histoire

Un premier temple, fondé en 27 av. J.-C. par Marcus Agrippa, général et homme politique proche d'Octave, fut ravagé par le feu en 80. Reconstruit par Domitien, il fut détruit par la foudre en 110. L'empereur Hadrien fit alors bâtir vers l'an 125 le temple que l'on voit aujourd'hui.

Le terme de "Panthéon" indique que le temple était dédié à tous les dieux – du grec *pan* ("tout") et *theos* ("dieu"). En 608, l'empereur byzantin Phocas en fit don au pape Boniface IV qui le transforma en basilique chrétienne. Il porte aujourd'hui le nom officiel de Basilica di Santa Maria ad Martyres. C'est à cette consécration que le Panthéon doit d'avoir été préservé des déprédations qui touchèrent nombre des monuments antiques de Rome au Moyen Âge. Toutefois, l'édifice n'en ressortit pas totalement indemne – les tuiles de bronze dorées du toit furent retirées et le bronze du portique servit au Bernin pour la réalisation du baldaquin de la basilique Saint-Pierre.

À partir de la Renaissance, le Panthéon, devenu un modèle pour de nombreux architectes (Brunelleschi s'en inspira pour la cathédrale de Florence, et Michel-Ange l'étudia avant de concevoir la coupole de Saint-Pierre), accueillit les sépultures de plusieurs personnalités. On peut y voir aujourd'hui celles du peintre Raphaël et des rois Victor-Emmanuel II et Humbert Ier.

L'INSCRIPTION

L'inscription latine "M.AGRIPPA.L.F.COS. TERTIUM.FECIT", qui figure au-dessus de l'entrée du Panthéon, signifie "Marcus Agrippa, fils de Lucius, consul pour la troisième fois, le construisit". Les historiens crurent donc longtemps que le temple actuel était celui bâti par Marcus Agrippa. Grâce aux fouilles conduites au XIXe siècle, qui révélèrent les vestiges d'un temple antérieur, on sait désormais qu'Hadrien a simplement repris l'inscription d'origine apposée par Agrippa lors de la reconstruction du temple.

Le retrait de tous les bronzes du Panthéon par le pape Urbain VIII, un membre de la famille Barberini, donna naissance à une formule toujours utilisée aujourd'hui : "Ce que les Barbares n'avaient pas fait, les Barberini l'ont fait."

PENTECÔTE AU PANTHÉON

À chaque Pentecôte, des dizaines de milliers de pétales rouges sont lâchés en pluie dans le Panthéon depuis son oculus. Cette tradition séculaire représente le Saint-Esprit descendant sur Terre.

Extérieur

À l'origine, l'entrée du Panthéon se dressait en hauteur, au-dessus de gradins, et donnait sur une place à portiques rectangulaire. Désormais, sa masse gris sombre, enfoncée au-dessous du niveau du sol qui s'est rehaussé au fil des siècles, fait face à la très animée Piazza della Rotonda, bordée de cafés. Sa façade reste néanmoins extrêmement imposante. Le **portique** monumental, soutenu par 16 colonnes corinthiennes de 11,80 m de haut et faites chacune d'un seul bloc de granit égyptien, est surmonté d'un **fronton** triangulaire. Derrière les colonnes, deux portes en bronze de 20 tonnes chacune (des restaurations des portes d'origine datant du XVIe siècle) donnent sur la rotonde centrale.

Il reste peu de chose de l'ancien décor extérieur, mais des trous de fixation et des rivets attestent la présence antérieure de panneaux de marbre.

Intérieur

L'extérieur en impose, mais c'est en entrant dans le Panthéon que l'on en saisit toute la grandeur. La lumière qui pénètre par l'**oculus** (une ouverture de 8,7 m de diamètre au centre de la coupole) accentue les volumes de la rotonde intérieure, recouverte de marbre. Le sol en marbre, légèrement incliné, compte 22 trous presque invisibles qui permettent d'évacuer la pluie pénétrant par l'oculus.

Face à l'entrée se dresse le principal **autel** de l'église, surmonté d'une icône du VIIe siècle représentant une Vierge à l'Enfant. Des colonnes monolithes précèdent les niches, qui accueillaient autrefois des statues des dieux et qui furent aménagées en chapelles. Sur la gauche (en entrant), l'une d'elles abrite le tombeau de Raphaël, surmonté d'une sculpture de la *Madonna del Sasso* (*Madone de la Pierre* ; 1520) de Lorenzetto ; la chapelle suivante accueille les tombeaux du roi Humbert Ier et de Marguerite de Savoie ; du côté opposé de la rotonde se trouve le tombeau du roi Victor-Emmanuel II.

La coupole

Considérée comme la plus importante réalisation architecturale de la Rome antique, la coupole du Panthéon fut la plus grande du monde jusqu'à ce que Brunelleschi réalise la sienne à Florence au XVe siècle. Son harmonie est due à sa symétrie parfaite : son diamètre est égal à la hauteur intérieure de l'édifice, soit 43,4 m. L'oculus, symbole du lien entre le temple et les dieux, remplit aussi une fonction essentielle en absorbant et en redistribuant les formidables forces de tension du dôme.

En dessous de l'oculus s'échelonnent cinq rangées de 28 caissons. Ces panneaux de rectangles concentriques, dont le fond était décoré, visaient surtout à réduire l'énorme poids de la coupole.

LES INCONTOURNABLES
PIAZZA NAVONA

Les fontaines richement sculptées, les élégants palais baroques et les terrasses des cafés font de la Piazza Navona la place incontournable du centre historique. Cœur de la vie locale, elle accueillit durant près de trois siècles le principal marché de la ville. Elle attire aujourd'hui un ballet quotidien d'artistes de rue, de petits vendeurs, de peintres et de touristes.

NOS CONSEILS

- Pour voir la place sous son meilleur jour, venez de bonne heure le matin avant la foule de touristes, ou à la nuit tombée lorsque les fontaines s'illuminent.
- En décembre, la Piazza Navona accueille un vieux marché de Noël qui dure en général jusqu'au 6 janvier.

INFOS PRATIQUES

- Plan p. 344, E4
- Corso del Rinascimento

Stadio di Domiziano

Comme beaucoup d'autres grands sites historiques de Rome, la place repose sur les fondations d'un monument ancien, le **stade de Domitien** (plan p. 344 ; 06 6880 5311 ; stadiodomiziano.com ; Via di Tor Sanguigna 3 ; tarif plein/réduit 8,50/6,50 € ; 10h-19h), qui date du Ier siècle de notre ère. Cette arène de 30 000 places, dont les vestiges souterrains sont accessibles depuis la Via di Tor Sanguigna, accueillait jadis des rencontres sportives – le terme "Navona" est d'ailleurs une déformation du mot grec *agon*, qui signifie "jeux publics". L'endroit ne retrouva son animation qu'au XVe siècle, lorsqu'il fut pavé pour accueillir le marché du centre-ville, transféré ici depuis le Capitole.

Fontaines

Le joyau de la place est la **Fontana dei Quattro Fiumi** (fontaine des Quatre-Fleuves), chef-d'œuvre du Bernin. Achevée en 1651, cette somptueuse fontaine comporte un obélisque égyptien et quatre personnages musculeux symbolisant le Nil, le Gange, le Danube et le Río de la Plata – en hommage aux quatre continents alors connus. Une légende raconte que la figure du Nil se voile les yeux pour ne pas voir la Chiesa di Sant'Agnese in Agone, œuvre de Borromini, rival du Bernin ; en réalité, ce geste indique que la source de ce fleuve n'était pas encore connue.

Giacomo Della Porta dessina la **Fontana del Moro**, au sud de la place, en 1576. Au milieu du XVIIe siècle, le Bernin, chargé de rénover la fontaine, y ajouta la figure centrale du Maure. Les tritons qui l'entourent sont des copies du XIXe siècle.

Au nord de la place, la **Fontana del Nettuno** représente le dieu Neptune entouré de nymphes et affrontant un monstre marin. Elle date également du XIXe siècle.

Chiesa di Sant'Agnese in Agone

Avec sa façade en mouvement et sa coupole intérieure, l'**église Sainte-Agnès-en-Agone** (plan p. 344 ; 06 6819 2134 ; santagneseinagone.org ; 9h-13h et 15h-19h mar-ven, 9h-13h et 15h-20h sam-dim) est typique du style baroque de Francesco Borromini. L'édifice, qui accueille régulièrement des concerts de musique classique, se dresserait à l'emplacement où sainte Agnès fut l'objet d'un miracle avant d'être tuée : dénudée par ses bourreaux, la martyre vit ses cheveux pousser au point de couvrir son corps, préservant ainsi sa pudeur.

Palazzo Pamphilj

Commandé par Giovanni Battista Pamphilj pour fêter son élection à la papauté sous le nom d'Innocent X, cet élégant palais (plan p. 344 ; roma.itamaraty.gov.br/it/palazzo_pamphilj.xml ; gratuit ; 11h sur réservation) baroque fut construit entre 1644 et 1650 par Francesco Borromini et Girolamo Rainaldi. Il renferme d'impressionnantes fresques de Pierre de Cortone. Occupé par l'ambassade du Brésil depuis 1920, il n'est ouvert au public que lors d'une visite guidée (40 minutes en italien ou portugais).

À VOIR

Délimité par le Tibre et la Via del Corso, le centre historique invite à la flânerie. On y découvre, sans même les chercher, quelques-uns des sites majeurs de la capitale : le Panthéon, la Piazza Navona, le Campo de' Fiori, ainsi qu'une kyrielle d'autres monuments, de musées et d'églises. Plus au sud, le Ghetto, quartier animé, accueille une communauté juive depuis le IIe siècle av. J.-C.

Panthéon et environs

PANTHÉON — ÉGLISE

Voir p. 79.

BASILICA DI SANTA MARIA SOPRA MINERVA — BASILIQUE

Plan p. 344 (santamariasopraminerva.it/fr ; Piazza della Minerva 42 ; 9h-12h et 16h-19h lun-dim; messe 11-18h dim ; Largo di Torre Argentina). Érigée à l'emplacement de trois temples païens, dont un dédié à la déesse Minerve, cette basilique dominicaine est la seule église de style gothique à Rome. Toutefois, il ne reste guère de traces de l'édifice initial du XIIIe siècle. L'intérieur, richement ornementé, est l'atout majeur de l'église actuelle avec ses plafonds colorés et ses nombreuses œuvres d'art comprenant une sculpture de Michel-Ange.

À droite de l'autel, dans la **Cappella Carafa** (ou Cappella dell'Annunciazione), de superbes fresques du XVe siècle signées Filippino Lippi illustrent des scènes de la vie de saint Thomas d'Aquin. Sur le mur de droite, on le voit triompher de l'hérésie, tandis qu'au centre, *L'Annonciation* montre le saint présentant le cardinal Oliviero Carafa, commanditaire de l'œuvre, à la Vierge. Dans la même chapelle se trouve le tombeau de Gian Pietro Carafa, qui devint le pape Paul IV.

À gauche du maître-autel figure la statue du *Christ portant la croix* (1520), une des sculptures les moins connues de Michel-Ange, terminée vers 1520. Le voile de bronze fut ajouté postérieurement, après le concile de Trente (1545-1563), pour préserver la pudeur du Christ.

Derrière la statue, sur la gauche, se trouve le tombeau du peintre dominicain Fra Angelico (v. 1395-1455), l'une des nombreuses sommités enterrées dans l'église. Le corps de sainte Catherine repose sous le maître-autel, à l'exception de sa tête qui se trouve à Sienne. Les tombeaux de Léon X et de Clément VII, deux papes de la lignée des Médicis, sont dans l'abside.

BOUCHE-À-OREILLE

PIÈ DI MARMO

Le gigantesque **Piè di Marmo** ("pied de marbre" ; plan p. 344 ; Via di Santo Stefano del Cacco ; Via del Corso) que l'on découvre au détour d'une petite rue voisine du Panthéon – l'un des vestiges favoris des Romains – appartenait à une statue d'un temple du Ier siècle dédié aux divinités égyptiennes Isis et Sérapis. Quelque 1 600 ans plus tard, il fut retrouvé dans la rue qui porte aujourd'hui son nom, la Via del Piè di Marmo. On l'a déplacé à son emplacement actuel sur la Via di Santo Stefano del Cacco en 1878 pour dégager le chemin de la procession funéraire du roi Victor-Emmanuel II jusqu'au Panthéon.

ELEFANTINO — STATUE

Plan p. 344 (Piazza della Minerva ; Largo di Torre Argentina). Surnommé le *pulcino della Minerva* (poussin de la Minerve), l'Elefantino est une curieuse statue très aimée du public, représentant un éléphant à l'air perplexe qui supporte un obélisque égyptien du VIe siècle av. J.-C. Sculpté par Ercole Ferrata sur un dessin du Bernin, ce monument qui symbolise la force et la sagesse fut élevé à la gloire du pape Alexandre VII et inauguré en 1667. L'obélisque se trouvait auparavant dans le cloître de la Basilica di Santa Maria Sopra Minerva.

LARGO DI TORRE ARGENTINA — PLACE

Plan p. 344 (Largo di Torre Argentina). Important carrefour pour les transports, le Largo di Torre Argentina est aménagé autour d'une cuvette, l'**Area Sacra** (Aire sacrée), où ont été mis au jour les vestiges de quatre temples de la Rome républicaine, tous bâtis entre le IIe et le IVe siècle av. J.-C. – comptant ainsi parmi les plus anciennes ruines mises au jour à Rome. C'est dans cette zone que s'élevait la Curie de Pompée, immense complexe d'environ 54 000 m² où Jules César fut assassiné en 44 av. J.-C.

Les ruines sont de nos jours interdites d'accès, mais peuplées de nombreux petits félins errants. Des bénévoles y maintiennent un **refuge pour chats** (plan p. 344 ; ☎06 6880 5611 ; gattidiroma.net ; ⏲12h-17h).

Sur le côté ouest de la place, le Teatro Argentina (p. 101) est le plus important théâtre de Rome.

MUSEO NAZIONALE ROMANO– CRYPTA BALBI — MUSÉE

Plan p. 344 (☎06 697 76 71 ; museonazionaleromano.beniculturali.it ; delle Botteghe Oscure 31 ; billet Crypta Balbi tarif plein/18-25 ans 8/2 €, +3 € en cas d'exposition temporaire, billet donnant accès aux 4 sites du Museo Nazionale tarif plein/18-25 ans 12/8 €, +3 € en cas d'exposition temporaire ; ⏲14h-19h45 mar-ven, 10h30-19h45 sam-dim ; 🚌Via delle Botteghe Oscure). La moins connue des quatre entités du Musée national, la Crypta Balbi, est édifiée sur les ruines de plusieurs structures médiévales, elles-mêmes bâties au-dessus du Teatro di Balbo (13 av. J.-C.). Les fouilles archéologiques permettent de retracer le développement urbain des environs, tandis que les excavations souterraines du musée donnent à voir les différentes étapes de l'histoire de Rome.

Piazza Navona et environs

PIAZZA NAVONA — PLACE

Voir p. 79.

BASILICA DI SANT'AGOSTINO — BASILIQUE

Plan p. 344 (☎06 6880 1962 ; Piazza di Sant'Agostino 80 ; ⏲7h15-12h et 16h-19h30 ; 🚌Corso del Rinascimento). La modeste façade blanche de l'église Saint-Augustin, bâtie au XVe siècle puis remaniée à la fin du XVIIIe, ne laisse rien présager des impressionnants trésors artistiques qu'elle abrite. La première chapelle à gauche abrite la *Madonna*

LES INCONTOURNABLES
MUSEO NAZIONALE ROMANO – PALAZZO ALTEMPS

Au nord de la Piazza Navona, le Palazzo Altemps, datant de la fin du XVe siècle, sert aujourd'hui d'écrin aux plus belles pièces de la remarquable collection de sculptures antiques du Museo Nazionale Romano. La plupart de ces œuvres ont été réunies au XVIIe siècle par le cardinal Ludovico Ludovisi.

Parmi les chefs-d'œuvre de la collection figure le *Trône de Ludovisi*, un bloc de marbre sculpté du Ve siècle découvert à la fin du XIXe siècle dans les sous-sols de la Villa Ludovisi. Il représente Vénus nue surgissant des flots. Dans la salle voisine, l'*Arès Ludovisi* est une représentation du jeune Mars, dieu de la Guerre, datant du IIe siècle av. J.-C. Lors de sa restauration en 1622, le Bernin reconstitua son pied droit.

Le Suicide du Galate (*Galata suicida*), un groupe sculpté représentant un Gaulois se donnant la mort, une femme gisant à ses pieds, impressionne par son réalisme.

Le bâtiment vaut en soi la visite, avec sa grandiose cour centrale et ses salles ornées de fresques. Parmi elles, la **Sala delle Prospettive Dipinte** fut décorées de paysages et de scènes de chasse pour le cardinal Altemps, le riche neveu du pape Pie IV (pape de 1560 à 1565), qui acheta le *palazzo* à la fin du XVIe siècle.

NOS CONSEILS

- D'octobre à mars, l'entrée est gratuite le premier dimanche du mois.
- Frais de réservation en ligne de 2 € pour les expositions temporaires.

INFOS PRATIQUES

- Plan p. 344, E3
- ☎06 68 48 51
- museonazionaleromano.beniculturali.it
- Piazza Sant'Apollinare 46
- Tarif plein/réduit 8/2 €
- ⏲14h-19h45 mar-ven, 10h30-19h45 sam-dim
- 🚌Corso del Rinascimento

dei Pellegrini (*Madone des Pèlerins*), du Caravage, une œuvre qui fit scandale lors de son inauguration en 1604 car la Vierge y est accompagnée de deux pèlerins représentés sous les traits de mendiants dépenaillés.

À gauche de l'entrée, la *Madonna del Parto*, sculptée en 1521 par Jacopo Sansovino, est révérée des femmes enceintes, qui viennent prier à ses côtés pour s'assurer une grossesse heureuse. Une fresque du *Prophète Isaïe*, peinte par Raphaël, est visible sur le troisième pilier à gauche dans la nef.

CHIESA DI SANT'IVO ALLA SAPIENZA — ÉGLISE

Plan p. 344 (Corso del Rinascimento 40 ; 9h-11h dim ; Corso del Rinascimento). Cachée dans la cour du Palazzo della Sapienza, cette église est un chef-d'œuvre d'architecture baroque. Bâtie entre 1642 et 1660 par Francesco Borromini à partir d'un plan géométrique d'une grande complexité, elle associe une alternance de murs convexes et concaves à un intérieur circulaire coiffé d'une flèche en spirale. L'intérieur, pur et lumineux, renferme un autel de Pierre de Cortone.

Siège de l'université de Rome jusqu'en 1935, le Palazzo della Sapienza abrite désormais les archives nationales et accueille fréquemment des expositions temporaires. Au moment de nos recherches, les visites étaient suspendues ; renseignez-vous avant.

MUSEO DI ROMA — MUSÉE

Plan p. 344 (06 06 08 ; museodiroma.it/fr ; Piazza di San Pantaleo 10 et Piazza Navona 2 ; tarif plein/réduit 9,50/7,50 €, supplément pour les expos temporaires ; 10h-19h mar-dim ; Corso Vittorio Emanuele II). Installé dans le Palazzo Braschi, ce musée présente une collection variée de peintures, photos, gravures, costumes et meubles illustrant l'histoire de la ville du Moyen Âge au début du XXe siècle. Le palais, datant du XVIIe siècle, est aussi impressionnant que la collection : avec sa cour, son escalier baroque monumental et ses salles ornées de fresques, il mérite à lui seul la visite.

PASQUINO — STATUE

Plan p. 344 (Piazza Pasquino ; Corso Vittorio Emanuele II). Cette sculpture usée et sans bras est la plus célèbre des six "statues parlantes" de Rome. Au XVIe siècle, un tailleur du Vatican du nom de Pasquino commença à accrocher à la statue des couplets satiriques sur le clergé et l'aristocratie. D'autres citoyens, amusés et en verve, ne tardèrent pas à l'imiter, et les statues parlantes se répandirent à travers la ville.

Les collages sur la sculpture étant interdits, un panneau voisin permet aux gens de laisser leurs récriminations, traditionnellement appelées "pasquinades".

CHIESA DI SANTA MARIA DELLA PACE ET CHIOSTRO DEL BRAMANTE — ÉGLISE

Plan p. 344 (chiostrodelbramante.it ; Via Arco della Pace 5 ; expositions tarif plein/réduit 15-18/10-10 € ; 10h-20h lun-ven, 10h-21h sam-dim ; Corso del Rinascimento). Nichée dans une ruelle derrière la Piazza Navona, cette petite église baroque est dotée d'une façade à colonnade semi-circulaire de Pierre de Cortone et abrite une célèbre fresque de Raphaël (*Sibylle* ; vers 1515). Le **Chiostro del Bramante** (cloître de Bramante) attenant, chef-d'œuvre de l'architecture de la haute Renaissance italienne, faisait partie du même ensemble monastique. Il fut le premier chantier romain de Bramante à son arrivée de Milan en 1499.

Ses proportions parfaites, ainsi que ses lignes sobres et géométriques, offrent un contrepoint saisissant à la façade de l'église, illustrant l'esthétique Renaissance que Bramante s'efforça tant de promouvoir. Il accueille désormais des expositions d'art et des manifestations culturelles et on peut le visiter gratuitement en gagnant le café du 1er étage (p. 93).

VIA DEI CORONARI — RUE HISTORIQUE

Plan p. 344 (Corso del Rinascimento). Cette rue pavée de la Renaissance, bordée de magasins d'antiquités, de boutiques et de bijouteries fantaisie est l'occasion d'une jolie promenade. Elle suit le tracé de l'ancienne route romaine qui reliait la Piazza Colonna au Tibre, mais doit son nom aux *coronari* (vendeurs de rosaires) du Moyen Âge qui proposaient leurs articles aux pèlerins en route pour la basilique Saint-Pierre.

VIA DEL GOVERNO VECCHIO — RUE HISTORIQUE

Plan p. 344 (Corso Vittorio Emanuele II). Jalonnée de boutiques, de restaurants animés et de friperies, cette rue s'ouvre à l'ouest de la Piazza Pasquino. Ancienne portion pavée de l'avenue papale reliant la basilique Saint-Jean-de-Latran à Saint-Pierre, elle acquit son nom actuel (rue de l'Ancien-Gouvernement) lorsque le siège du gouvernement pontifical établi aux XVIIe et XVIIIe siècles fut transféré du Palazzo Nardini (au n°39) au Palazzo Madama.

LES INCONTOURNABLES
ÉGLISE SAINT-LOUIS-DES-FRANÇAIS

La construction de Chiesa di San Luigi dei Francesi, qui débuta en 1518, fut en partie financée par le roi de France Henri II et son épouse Catherine de Médicis, puis par leur fils Henri III. Elle fut consacrée église des Français de Rome lors de son achèvement en 1589, d'où son nom. L'élégante façade Renaissance, qui porte la salamandre de François Ier, est l'œuvre de Giacomo Della Porta.

Dans la **Cappella Contarelli**, à gauche du maître-autel, on peut admirer trois célèbres tableaux du Caravage formant le cycle de saint Matthieu : la *Vocation de saint Matthieu*, le *Martyre de saint Matthieu* et *Saint Matthieu et l'ange*. Ces trois toiles, peintes entre 1600 et 1602, comptent parmi les premières commandes au peintre de sujets religieux, mais sont typiques de son art par leur souci du réalisme et par l'usage parfaitement maîtrisé du clair-obscur (*chiaroscuro*).Le mépris de l'artiste pour les conventions de l'époque et pour la glorification des sujets religieux lui valut quelques ennuis. Sa première version de *Saint Matthieu et l'ange* donnait au saint les traits d'un paysan chauve aux jambes nues ; elle indigna son commanditaire, le cardinal Matteo Contarelli, qui la refusa.

Avant de quitter l'église, prenez le temps de contempler les fresques, aux couleurs légèrement passées, de la **Capella di Santa Cecilia** (2e sur la nef droite). Illustrant la vie de la sainte Cécile, elles ont été réalisées par le Dominiquin au XVIIe siècle (deuxième chapelle sur la droite). La sainte Cécile représentée sur le retable est une copie d'une œuvre de Raphaël par Guido Reni.

NOS CONSEILS

- L'église est en activité et ferme occasionnellement pour des cérémonies religieuses.
- Pour admirer le triptyque du Caravage illuminées, prévoyez une pièce de 1 € pour actionner la minuterie.

INFOS PRATIQUES

- Plan p. 344, E4
- saintlouis-rome.net
- Piazza di San Luigi dei Francesi 5
- 9h30-12h45 et 14h30-18h30 lun-ven, 9h30-12h15 et 14h30-18h45 sam, 11h30-12h45 et 14h30-18h45 dim
- Corso del Rinascimento

CHIESA NUOVA ÉGLISE

Plan p. 344 (Chiesa di Santa Maria in Vallicella ; vallicella.org ; Via del Governo Vecchio 134 ; 6h45-12h et 17h-19h45, ferme 30 min plus tard en été ; Corso Vittorio Emanuele II). Cette imposante église, qui présente une façade raffinée du XVIIe siècle et un grand intérieur baroque, fut édifiée à partir de 1575 en lieu et place d'une église du XIIe siècle afin d'accueillir la congrégation de l'Oratoire du Florentin Philippe Neri. Il s'agissait à l'origine d'une église aussi grande que sobre. Mais Neri, décédé en 1595 (il est enterré dans une chapelle à gauche de l'autel) et canonisé en 1622, inspira les artistes, dont Pierre de Cortone qui réalisa entre 1647 et 1655 sa peinture religieuse la plus remarquable en peignant les fresques de la coupole, de la tribune et de la nef.

Au-dessus du maître-autel, une farandole d'anges et de chérubins peints sur une plaque d'ardoise entourent une Vierge à l'Enfant inscrite dans un médaillon. Cette *Madonne della Vallicella* fut commandée au jeune Rubens pour protéger une fresque miraculeuse plus ancienne. Par un mécanisme ingénieux, la madone de Rubens coulisse pour laisser paraître la fresque d'origine. Les fidèles assistant à la messe du samedi soir ont la possibilité de voir actionner le mécanisme. Deux autres œuvres du peintre flamand sont visibles dans le presbytère.

À côté de l'église se tient l'**Oratorio dei Filippini** (Oratoire des Philippins), réalisé par Borromini. Derrière, la **Torre dell'Orologio** (tour de l'Horloge ; plan p. 344 ; Piazza dell'Orologio) orne l'angle du couvent rattaché à l'église.

…iori

PLACE

…rio Emanuele II). Coloré …fait partie des hauts …ine. En journée, il …chés les plus connus …u, touristes et jeunes fêtards investissent …es nombreux bars et restaurants, débordant jusque sur la place.

Le Campo fut durant des siècles le lieu des exécutions publiques. C'est sur cette place que fut brûlé pour hérésie en 1600 le moine-philosophe Giordano Bruno (il fut le premier à penser l'infini de l'Univers), comme le rappelle l'austère statue d'Ettore Ferrari érigée en 1889.

PALAZZO FARNESE

ÉDIFICE HISTORIQUE

Plan p. 344 (Palazzo Farnese ; visite-palazzofarnese.it ; Piazza Farnese ; 12 € ; ⏲visites guidées 15h, 16h, 17h lun, mer et ven ; 🚌Corso Vittorio Emanuele II). La construction de cet impressionnant palais Renaissance, l'un des plus beaux de Rome, débuta en 1514 sous la direction d'Antonio da Sangallo le Jeune ; elle fut poursuivie par Michel-Ange et achevée par Giacomo Della Porta. Le palais renferme une série de fresques d'Annibal et Agostino Carrache (Carracci), dont certains affirment qu'elles n'ont rien à envier à celles de la chapelle Sixtine. La pièce maîtresse, peinte entre 1597 et 1608, est la monumentale fresque *Amori degli Dei* (*Amours des dieux*), sur le plafond de la Galleria dei Carracci.

BOUCHE-À-OREILLE

UNE COUR CACHÉE

Une image parfaite du pittoresque de Rome se cache à deux pas du Campo de' Fiori. En passant sous l'arcade sombre **Arco degli Acetari** (arche des Vinaigriers ; plan p. 344 ; Via del Pellegrino 19 ; ⏲18h30-23h ; 🚌Corso Vittorio Emanuele II), on débouche sur une minuscule place médiévale entourée de maisons couleur rouille et envahie de plantes cascadantes. De vieux pavés, des bicyclettes et des matous assoupis complètent le tableau, tandis que du linge sèche par-dessus les balcons fleuris.

Siège actuel de l'**ambassade de France**, le palais n'est ouvert au public que dans le cadre de visites commentées de 1 heure (alternativement en français, italien et anglais), pour lesquelles il faut réserver au moins une semaine à l'avance – voir le site Internet pour plus de détails. Une pièce d'identité avec photo est exigée. Les enfants de moins de 10 ans ne sont pas admis.

Les deux immenses vasques de granit des fontaines de la place Farnèse proviennent des thermes de Caracalla.

PALAZZO SPADA

ÉDIFICE HISTORIQUE

Plan p. 346 (Palazzo Capodiferro ; ☎06 683 2409 ; galleriaspada.beniculturali.it ; Piazza Capo di Ferro 13 ; tarif plein/réduit 5/2 € ; ⏲8h30-19h30 mer-lun ; 🚌Corso Vittorio Emanuele II). Avec sa façade ornée de stucs et sa jolie cour, ce palais majestueux est un bel exemple de l'architecture maniériste du XVIe siècle. Au rez-de-chaussée, la fameuse illusion optique de Francesco Borromini, connue sous le nom de *Prospettiva* (perspective), continue de confondre les visiteurs. Au premier regard, on observe un couloir de 25 m jalonné de colonnes, qui s'étire jusqu'à une haie et à une statue grandeur nature. Pourtant, la *Prospettiva* ne fait en vérité que 10 m de long. La sculpture, ajoutée ultérieurement, est à hauteur de hanche et les colonnes semblent plus petites, non pas en raison de la distance (et donc de la perspective), mais parce qu'elles sont effectivement plus courtes. Observez attentivement la haie – Borromini ne pensait pas les jardiniers capables de tailler une véritable haie à la perfection, aussi en façonna-t-il une en pierre.

À l'étage, quatre salles magnifiquement décorées accueillent la **Galleria Spada** où est exposée la collection réunie par le cardinal Spada au XVIIe siècle. On y découvre entre autres des œuvres du Guerchin et de Guido Reni, dont le cardinal fut le protecteur, d'Andrea del Sarto et Titien.

VIA GIULIA

RUE HISTORIQUE

Plan p. 344 (🚌Lungotevere dei Tebaldi). Conçue en 1508 par Bramante dans le cadre d'un programme d'aménagement urbain voulu par le pape Jules II, la Via Giulia est l'une des rues les plus charmantes de Rome. Cette artère élégante et peu fréquentée par les voitures aligne églises, palais Renaissance colorés et discrètes boutiques de mode.

LES INCONTOURNABLES
CHIESA DEL GESÙ

Imposant modèle de l'architecture de la Contre-Réforme, cet édifice remarquable est la plus importante église jésuite de Rome. Consacrée en 1584, elle arbore une harmonieuse façade de Giacomo Della Porta, souvent copiée. C'est toutefois le somptueux intérieur qui marque le plus les esprits. Éxécutée un siècle plus tard, la décoration exubérante où s'exprime avec luxe les marbres, les dorures, les bronze et les stucs, marque l'apogée de l'art baroque.

L'époustouflant *Trionfo del Nome di Gesù* (*Triomphe du nom de Jésus* ; 1679), fresque en trompe-l'œil ornant la voûte, est l'œuvre de Giovanni Battista Gaulli. L'artiste, dit Il Baciccio, est également à l'origine de la majorité des décorations en stuc et des fresques de la coupole.

Dans le transept nord, la **Cappella di Sant'Ignazio** abrite le tombeau de saint Ignace de Loyola, le soldat espagnol qui fonda l'ordre des Jésuites en 1540. Imaginé par le maître baroque Andrea Pozzo, l'autel qui surmonte le tombeau est tout de marbre et de bronze, avec des colonnes incrustées de lapis-lazuli. En haut se déploie une Trinité autour d'un globe terrestre en lapis-lazuli. De part et d'autre de l'autel, deux groupes sculptés font écho à la mission des Jésuites : à gauche, *Fede che vince l'Idolatria* (*La Foi triomphant de l'idolâtrie*) et, à droite, *Religione che flagella l'Eresia* (*La Religion flagellant l'hérésie*).

Saint Ignace de Loyola vécut sur place de 1544 à sa mort en 1556, et l'on peut visiter ses appartements privés (Stanze di Sant'Ignazio) accessible par une petite pote à droite de l'église.

NOS CONSEILS

- Programmez votre visite à 17h30 pour voir la "machine baroque" à l'œuvre. La peinture de l'autel figurant sur le tombeau de saint Ignace s'abaisse alors pour révéler une statue dissimulée dans une niche.
- Pour découvrir d'autres œuvres stupéfiantes, visitez les salles de saint Ignace.

INFOS PRATIQUES

- Plan p. 344, G6
- chiesadelgesu.org
- Piazza del Gesù
- 7h30-12h30 et 16h-19h lun-sam, logis de saint Ignace 16h-18h lun-sam, 10h-12h dim
- Largo di Torre Argentina

BASILICA DI SAN GIOVANNI BATTISTA DEI FIORENTINI
BASILIQUE

Plan p. 344 (Piazza dell'Oro 2 ; 7h-12h et 16h-18h30 lun-sam, 9h-13h30 et 17h-20h dim ; Ponte Vittorio Emanuele II). Dernière demeure de Francesco Borromini et Carlo Maderno, cette belle église du XVIe siècle fut commandée par le pape Léon X pour servir de vitrine au talent artistique et architectural des Florentins. Jacopo Sansovino fut choisi sur concours pour la conception du projet, mis en œuvre en 1519 par Antonio da Sangallo le Jeune et Giacomo Della Porta. Carlo Maderno termina la coupole allongée en 1614 ; la façade en travertin fut ajoutée par Alessandro Galilei au milieu du XVIIIe siècle.

PALAZZO DELLA CANCELLERIA
ÉDIFICE HISTORIQUE

Plan p. 344 (06 69 88 75 66 ; Piazza della Cancelleria ; visite sur rendez-vous 7 € ; Corso Vittorio Emanuele II). Typique de l'architecture Renaissance de Rome, cet imposant palais fut construit pour le cardinal Raffaele Riario entre 1483 et 1513. Racheté par le Vatican, il devint le siège de la chancellerie papale et abrite aujourd'hui divers bureaux de l'Église et la Rota Romana, le tribunal suprême du Saint-Siège.

Le *palazzo* accueille également une **exposition** (tarif plein/réduit 9/7 € ; 9h30-19h) consacrée aux machines conçues par Léonard de Vinci. N'hésitez pas à pénétrer dans la cour pour admirer la superbe double loggia construite par Bramante.

Intégrée dans le palais (mais ouvrant par une autre porte), la **Basilica di San Lorenzo in Damaso** (10h30-12h30 et 16h-19h), fondée au IVe siècle, est l'une des plus anciennes églises de Rome.

CHIESA DI SANT'ANDREA DELLA VALLE — ÉGLISE

Plan p. 344 (06 686 13 39 ; Corso Vittorio Emanuele ; 7h-12h30 et 16h-20h ; Corso Vittorio Emanuele II). Le premier acte de *Tosca*, l'opéra de Puccini, a pour toile de fond cette grandiose église dont la construction a débuté à la fin du XVIe siècle. Son élément le plus remarquable est sa coupole vertigineuse, œuvre de Carlo Maderno, la plus haute de Rome après celle de la basilique Saint-Pierre. Son immense intérieur baroque révèle aussi de merveilleuses fresques de Mattia Preti et du Dominiquin, tandis que le dôme est orné d'une époustouflante représentation de la *Gloria del Paradiso* (*La Gloire du Paradis* ; 1625-1628), de Giovanni Lanfranco.

Ghetto et environs

L'ancien Ghetto juif, qui s'articule autour de l'animée Via del Portico d'Ottavia, est un quartier pittoresque émaillé d'ateliers d'artisans, de petites échoppes, de boulangeries casher et de trattorias animées. L'emblématique coupole carrée de la grande synagogue de Rome domine l'ensemble.

Les premiers juifs s'installèrent à Rome au IIe siècle av. J.-C. comme représentants commerciaux – la communauté juive de la capitale italienne est donc l'une des plus anciennes d'Europe. D'autres arrivèrent comme esclaves après les guerres romaines en Judée et la prise de Jérusalem par Titus en 70. En 1555, un décret du pape Paul IV les confina dans le Ghetto, marquant ainsi le début d'une politique d'intolérance qui se prolongea jusqu'au XXe siècle, de manière plus ou moins marquée. Ironie de l'histoire, ce confinement participa à la préservation de l'identité culturelle et religieuse des juifs romains.

En vous baladant, guettez la série de pavés en cuivre au sol. Il s'agit de plaques commémoratives à la mémoire des victimes romaines de l'Holocauste : chacune porte le nom d'une personne, précisant la date et le lieu de déportation ainsi que celle du décès. Elles ont été déposées à l'extérieur des maisons des victimes.

FONTANA DELLE TARTARUGHE — FONTAINE

Plan p. 346 (Piazza Mattei ; Via Arenula). Très appréciée, cette charmante "fontaine des tortues" représente quatre garçons hissant délicatement des tortues dans une vasque d'eau. Créée par Giacomo Della Porta et Taddeo Landini à la fin du XVIe siècle, il n'aurait fallu, selon la légende locale, qu'une nuit pour la réaliser.

MUSEO EBRAICO DI ROMA — MUSÉE

Plan p. 346 (Musée juif de Rome ; 06 6840 0661 ; museoebraico.roma.it ; Via Catalana ; tarif plein/réduit 11/8 € ; 10h-18h dim-jeu, 9h-16h ven avr-sept, 10h-17h dim-jeu, 9h-14h ven oct-mars ; Lungotevere de' Cenci). Ce petit musée passionnant retrace l'héritage historique, culturel et artistique de la communauté juive de Rome. Aménagée dans une synagogue du début du XXe siècle, la deuxième plus grande d'Europe, la collection comprend parchemins, tissus précieux, sculptures en marbre et objets en argent des XVIIe et XVIIIe siècles. Des documents et des photos témoignent de la vie dans le Ghetto et des épreuves subies par la communauté juive de Rome durant la Seconde Guerre mondiale. Le billet donne droit à une visite guidée de la synagogue principale, dont l'emblématique coupole carrée domine le quartier.

Pour en savoir plus sur le Ghetto, réservez une visite guidée du quartier à la billetterie du musée. Elles sont organisées deux fois par jour, une fois en anglais, une fois en italien (tarif plein/réduit 8/5 € ; environ 45 minutes).

PORTICO D'OTTAVIA — RUINES

Plan p. 346 (Via del Portica d'Ottavia 29 ; 9h-19h été, 9h-18h hiver ; Lungotevere de' Cenci). Le portique d'Octavie est le plus vieux *quadriporto* (portique à quatre côtés) de Rome. Les colonnes, les arches et les fragments de fronton faisaient jadis partie d'un vaste portique rectangulaire de 132 m sur 119 m, supporté par 300 colonnes. Ce que l'on voit aujourd'hui est pour l'essentiel le Portico Augustus, bâti en 23 av. J.-C. à la place du Portico di Metella (érigé en 146 av. J.-C.) et restauré au IIIe siècle. Baptisé en l'honneur d'Octavie, la sœur de l'empereur, il abrita le marché aux poissons de Rome du Moyen Âge au XIXe siècle.

Derrière le portique se dresse la Chiesa di Sant'Angelo, du VIIIe siècle.

TEATRO DI MARCELLO SITE ANTIQUE

Plan p. 346 (Via del Teatro di Marcello 44 ; ⏲9h-19h printemps-été, 9h-18h automne-hiver ; 🚌Via del Teatro di Marcello). Évoquant un mini-Colisée, cette arène est le principal intérêt de la poussiéreuse **Area Archeologica del Teatro di Marcello e del Portico di Ottavia**, un petit site contenant une poignée de ruines antiques. Imaginé par César, ce théâtre de 20 000 places fut inauguré par Auguste en 11 av. J.-C. et dédié à son neveu favori, Marcellus. Le site fut abandonné, puis transformé en forteresse au Moyen Âge avant qu'un palais y soit érigé au XVIe siècle – quelques Romains privilégiés en occupent encore des appartements.

BASILICA DI SAN NICOLA IN CARCERE BASILIQUE

Plan p. 346 (☎06 688 927 81 ; Via del Teatro di Marcello 46 ; fouilles 3 € ; ⏲basilique 7h-12h30 et 16h-19h, fouilles 10h-17h jeu-mar ; 🚌Via del Teatro di Marcello). Cette discrète basilique du XIe siècle, masquée par des échafaudages lors de notre dernière visite, recèle de fascinantes ruines souterraines. Sous l'église principale, flânez parmi les vestiges de trois temples datant de la République romaine et de diverses cellules qui servirent jadis de bureaux de change. Les temples, qui furent utilisés comme prison au Moyen Âge – d'où le nom de *carcere* ("prison") –, furent intégrés à la structure de l'église, comme en témoignent les colonnes de marbre du côté de la basilique.

LES INCONTOURNABLES
GALLERIA DORIA PAMPHILJ

Derrière la façade grise du Palazzo Doria Pamphilj, cette galerie abrite l'une des plus vastes collections privées de la capitale italienne, avec des œuvres de Raphaël, le Tintoret, Bruegel l'Ancien, Titien, le Caravage, le Bernin et Vélasquez, ainsi que plusieurs toiles de maîtres flamands.

S'il date du milieu du XVe siècle, le palais doit son aspect actuel à la famille Doria Pamphilj, qui en est propriétaire depuis le XVIIIe siècle. Les Pamphilj connurent leur apogée grâce à l'accession d'un des leurs à la dignité papale sous le nom d'Innocent X (1644-1655).

Parmi les chefs-d'œuvre figurent le saisissant *Salomé tenant la tête de saint Jean-Baptiste* de Titien, et deux des premières peintures du Caravage, le *Repos pendant la fuite en Égypte* et la *Madeleine repentie*. Notez aussi le buste de Donna Olimpia par Alessandro Algardi et la *Bataille navale dans le golfe de Naples*, un des rares tableaux de Pieter Bruegel l'Ancien à Rome.

Le clou de la collection reste néanmoins le celèbre *Portrait d'Innocent X* par Vélasquez, où le caractère intransigeant et l'autorité naturelle du modèle irradient de la toile – le pape reprocha d'ailleurs au peintre son réalisme. Une œuvre à comparer avec un buste d'Innocent X réalisé par le Bernin et exposé dans la même salle (Gabinetto di Velázquez).

NOS CONSEILS

- Procurez-vous l'audioguide gratuit en français, avec une narration de Jonathan Pamphilj, qui pimente la visite d'anecdotes familiales et d'informations contextuelles.
- Admirez les plafonds tapissés de fresques et la décoration raffinée du XVIIIe siècle.

INFOS PRATIQUES

- Plan p. 344, H5
- ☎06 679 73 23
- doriapamphilj.it
- Via del Corso 305
- Tarif plein/-12 ans 14/gratuit
- ⏲10h-19h lun-jeu, dernière entrée 17h30 ; jusqu'à 20h ven, sam et dim
- 🚌Via del Corso

Isola Tiberina

ISOLA TIBERINA ÎLE

Plan p. 346 (Lungotevere de' Cenci). En forme de bateau, l'île Tibérine est l'une des plus petites îles habitées du monde. Depuis le IIIe siècle av. J.-C., époque à laquelle les Romains y construisirent un temple dédié au dieu de la Médecine Esculape (Asclépios en grec), le lieu est associé à l'art de la guérison. Aujourd'hui encore, de nombreuses personnes viennent se faire soigner à l'hôpital de l'île, l'**Ospedale Fatebenefratelli** (06 6 83 71 ; fatebenefratelli-isolatiberina.it ; Piazza Fatebenefratelli).

L'île est reliée au continent par le **Ponte Fabricio** (62 av. J.-C.), le plus vieux pont de Rome, qui rejoint le Ghetto juif, et par le **Ponte Cestio**, qui mène quant à lui au Trastevere.

Au sud de l'île, on distingue les vestiges du Pons Aemilius ou **Ponte Rotto** (Pont brisé ; p. 346), le premier pont de pierre de la Rome antique (IIIe ou IIe siècle av. J.-C.). Une crue exceptionnelle en a emporté la majeure partie en 1598.

CHIESA DI SAN BARTOLOMEO ÉGLISE

Plan p. 346 (06 687 79 73 ; sanbartolomeo.org ; Piazza di San Bartolomeo all'Isola 22, Isola Tiberina ; 9h30-13h30 et 15h30-17h30 lun-sam, 9h30-13h et 15h30-17h30 dim ; Lungotevere de' Cenci). Érigée sur l'Isola Tiberina au Xe siècle, au-dessus des ruines du temple romain dédié à Esculape, l'église est consacrée à saint Barthélemy depuis que ses reliques y furent apportées en 1180. Elle présente un étonnant mélange architectural de styles avec ses 28 colonnes antiques, son campanile roman (XIIe siècle) et sa façade baroque.

Piazza Colonna et environs

PIAZZA COLONNA PLACE

Plan p. 344 (Via del Corso). Avec la Piazza di Montecitorio voisine, cette belle place romaine forme le cœur de la vie politique italienne. Dominant son côté nord, le **Palazzo Chigi** (plan p. 344 ; Piazza Colonna 370 ; visites guidées 9h-12h sam, 2 fois par mois sept-juil, réservation obligatoire) GRATUIT est la résidence officielle du président du Conseil italien depuis 1961.

Au centre s'élève la **Colonna di Marco Aurelio** (plan p. 344), haute de quelque 30 m et érigée en 193 pour célébrer les victoires militaires de l'empereur. Les bas-reliefs de cette colonne de Marc Aurèle, très expressifs, illustrent les campagnes contre les tribus germaniques (169-173) et, dans la partie inférieure, contre les Sarmates (174-176). Depuis 1589, une statue de bronze de saint Paul est placée au sommet de la colonne, à l'endroit où se trouvait autrefois une statue de Marc Aurèle.

PALAZZO DI MONTECITORIO ÉDIFICE HISTORIQUE

Plan p. 344 (800 01 29 55 ; www.camera.it ; Piazza di Montecitorio ; visites guidées 10h30-15h30, 1er dim du mois ; Via del Corso). GRATUIT Siège de la Chambre des députés, ce palais baroque fut construit par le Bernin en 1653, achevé par Carlo Fontana à la fin du XVIIe siècle, puis décoré dans le style “floréal” ou Liberty (noms donnés à l'Art nouveau italien) en 1918. La visite du palais fait traverser les luxueuses salles de réception et la grande salle où se réunissent les 630 députés pour débattre sous ce superbe décor.

L'**obélisque** (plan p. 344) provient d'Héliopolis en Égypte, d'où il fut rapporté par l'*imperator* Auguste pour célébrer sa victoire sur Cléopâtre et Marc-Antoine en 30 av. J.-C. Il servit pour un temps d'aiguille au monumental cadran solaire de l'Ara Pacis.

PIAZZA DI PIETRA PLACE

Plan p. 344 (Via del Corso). Entourée de bars et de cafés populaires, cette adorable place est dominée par les 11 gigantesques colonnes corinthiennes du **Tempio di Adriano** (plan p. 344). Les vestiges de ce temple du IIe siècle, qui abritèrent la Bourse de Rome de 1802 à 1997, forment aujourd'hui la façade d'un centre de conférences et d'affaires.

CHIESA DI SANT'IGNAZIO DI LOYOLA ÉGLISE

Plan p. 344 (06 679 44 06 ; santignazio.gesuiti.it ; Piazza di Sant'Ignazio ; 9h-20h lun-sam, 9h-20h dim, 20h-minuit ven-sam-dim ; Via del Corso). Sur une ravissante place rococo, cette importante église jésuite s'enorgueillit d'une façade réalisée par Carlo Maderno et de deux fabuleuses fresques en trompe-l'œil d'Andrea Pozzo (1642-1709). L'une figure habilement une fausse coupole, tandis que l'autre, sur le plafond de la nef, représente saint Ignace de Loyola accueilli au paradis par le Christ et la Madone.

Pour profiter pleinement des incroyables effets de perspective des fresques de la voûte centrale et du trompe-l'œil de la fausse coupole, placez-vous sur le cercle jaune marqué au sol et levez les yeux. Sinon, utilisez le miroir astucieusement disposé. Grâce à l'utilisation virtuose de la perspective par Pozzo, une foule de personnages, conduite par saint Ignace, semble s'élever vers le ciel en s'écartant d'une série de colonnes et d'arches.

Un second disque de marbre marque l'emplacement idéal pour admirer la fausse coupole, peinte en réalité à plat par Pozzo en 1685.

L'église, dessinée par l'architecte jésuite Orazio Grassi en 1626, se dresse sur la **Piazza di Sant'Ignazio Loyola** (plan p. 344), conçue vers 1727 par Filippo Raguzzini comme une scène de théâtre : remarquez, côté nord, les minuscules ruelles, percées comme des coulisses, entre les "ailes" des bâtiments dont les courbes ondulantes créent l'illusion d'un espace plus vaste.

OÙ SE RESTAURER

Autour de la Piazza Navona, du Campo de' Fiori et du Panthéon, vous trouverez toutes sortes de restaurants, parmi lesquels certaines des meilleures tables de la capitale (modernes et traditionnelles), plusieurs excellents glaciers et quelques échoppes de cuisine de rue très prisées. Faut-il préciser qu'il existe aussi des centaines de pièges à touristes aux prix exorbitants ? L'évocateur quartier du Ghetto est idéal pour savourer une cuisine judéo-romaine.

Panthéon et environs

♥ LA CIAMBELLA — ITALIEN €€

Plan p. 344 (☎06 683 29 30 ; la-ciambella.it/fr ; Via dell'Arco della Ciambella 20 ; repas complet 35-45 € ; ⏲12h-23h lun-jeu et 17h-23h mer ; 🚌Largo di Torre Argentina). Largement ignoré des hordes de touristes malgré sa proximité du Panthéon, ce restaurant accueillant surpasse la plupart de ses concurrents du quartier. Sa charmante salle baignée de lumière domine les ruines des Terme di Agrippa, visibles à travers des panneaux vitrés au sol, formant un joli cadre pour la cuisine inventive.

ARMANDO AL PANTHEON — ROMAIN €€

Plan p. 344 (☎06 6880 3034 ; armandoalpantheon.it ; Salita dei Crescenzi 31 ; plat 14-25 € ; ⏲12h30-15h et 19h-23h lun-sam ; 🚌Largo di Torre Argentina). Caractérisé par un douillet intérieur lambrissé et une fidélité indéfectible à la cuisine romaine à l'ancienne, ce restaurant familial est presque aussi connu que le Panthéon voisin. Son succès auprès des habitants et des visiteurs ne se dément pas depuis plus de 50 ans. Réservation indispensable.

GINGER — BRASSERIE €€

Plan p. 344 (☎06 6830 8559 ; gingersaporiesalute.com ; Piazza Sant'Eustachio 54 ; plat 16-20h€ ; ⏲8h-23h ; 🚌Corso del Rinascimento). Affichant un intérieur blanc décontracté et une terrasse donnant sur une place sans prétention, cette brasserie ouverte toute la journée joue les touche-à-tout : outre les cafés, jus de fruits, burgers et paninis gourmands, elle propose une vraie carte avec des plats tels que le *polpo e quinoa* (poulpe et quinoa bio) et les tacos de *calamari*.

OSTERIA DEL SOSTEGNO — TRATTORIA €€

Plan p. 344 (☎06 679 38 42 ; ilsostegno.it ; Via delle Colonnelle 5 ; repas complet 35-40 € ; ⏲12h30-15h lun-dim, 12h30-15h et 19h30-23h30 mar-sam ; 🚌Via del Corso). Suivez le fléchage en néon vert jusqu'au bout d'une étroite ruelle pour trouver cette trattoria intimiste. L'adresse est prisée de longue date des hommes et femmes d'affaires et des politiciens qui s'y régalent de classiques à l'ancienne comme la *pasta e lenticchie* (pâtes et lentilles) et l'*abbacchio al forno* (rôti d'agneau). Réservation conseillée.

CASA COPPELLE — RESTAURANT €€€

Plan p. 344 (☎06 6889 1707 ; casacoppelle.com ; Piazza delle Coppelle 49 ; repas complet à partir de 80 €, menu dégustation déj/dîner 100/220 € ; ⏲18h-minuit mar-dim et 18h-2h jeu ; 🚌Corso del Rinascimento). Fort de son bel emplacement, proche du Panthéon, cet établissement allie velours, laque et moulures pour composer un écrin luxueux et romantique à sa grande cuisine franco-italienne. Des classiques français, tels que le foie gras et la crème vichyssoise, y côtoient des standards

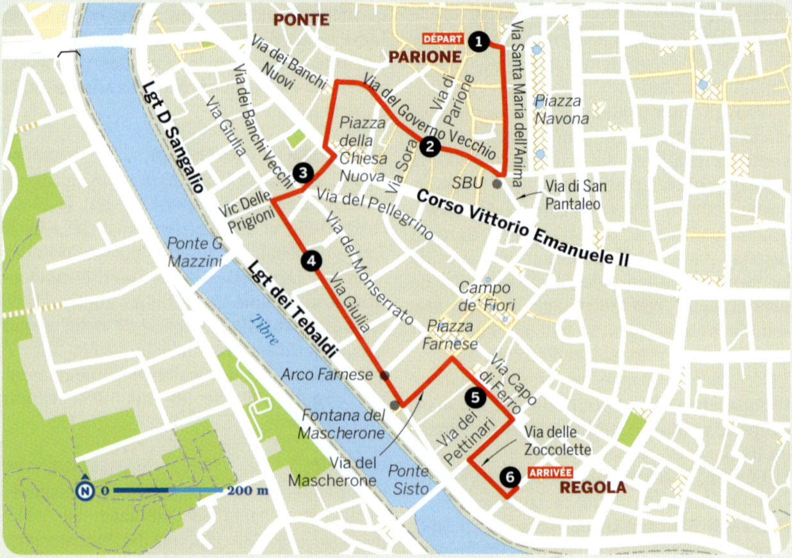

Vivre comme un Romain
Une journée dans le centro storico

Le centre historique de Rome dégage un charme extraordinaire, mais les visiteurs ne sont pas les seuls à être ensorcelés par ses places romantiques, ses ruelles évocatrices et ses cafés d'angle. Les habitants adorent y venir, à l'écart des hauts lieux touristiques, pour faire leurs achats, se délasser autour d'un verre, assister à une exposition ou simplement se balader entre amis.

❶ Une exposition au Chiostro del Bramante

Niché dans les rues secondaires près de la Piazza Navona, le Chiostro del Bramante (p. 84) est un chef-d'œuvre architectural de la haute Renaissance qui offre un cadre stupéfiant à ses expositions d'art moderne. Après la visite, grimpez à l'étage pour prendre un café, un déjeuner léger ou un verre au café du cloître.

❷ Une sortie shopping dans la Via del Governo Vecchio

Charmante rue jalonnée de boutiques indépendantes, la Via del Governo Vecchio (p. 84) est proche de la Piazza Pasquino, siège d'une célèbre "statue parlante" (sur laquelle les Romains collaient jadis des messages raillant les autorités). L'endroit est touristique mais cela n'empêche pas les habitants d'adorer l'ambiance du secteur qui compte de formidables magasins, dont la très tendance boutique de jeans SBU (p. 102).

❸ Restauration de rue au Supplizio

La mode de la cuisine de rue a donné naissance à plusieurs adresses de qualité aux quatre coins de la capitale. Au Supplizio (p. 95), les *supplì* (croquettes de riz), en-cas préférés des Romains, sont revisités de façon gourmande pour un résultat logiquement délicieux.

❹ Une promenade dans la Via Giulia

Jalonnée de palais Renaissance *et de* discrètes échoppes de mode, la Via Giulia (p. 88) est l'occasion d'une flânerie idyllique. À son extrémité sud, la **Fontana del Mascherone** (plan p. 346 ; Via Giulia ; 🚌Lungotevere dei Tebaldi) représente un personnage du XVIIe siècle qui semble estomaqué de voir de l'eau lui sortir de

DIEGO FIORE / SHUTTERSTOCK ©

Via Giulia (p. 84)

la bouche. Non loin, l'**Arco Farnese** (plan p. 344 ; Via Giulia ; 🚌Via Giulia), une arche enjambant la rue, faisait partie d'un projet ambitieux et inachevé, qui visait à relier deux palais de la maison Farnèse.

5 Illusion d'optique au Palazzo Spada

Largement ignoré des hordes de touristes, le Palazzo Spada (p. 86) recèle pourtant une fameuse illusion d'optique – la Prospettiva (Perspective) –, signée du grand architecte baroque Francesco Borromini. Le couloir jalonné de colonnes, qui paraît s'étendre sur 25 m de long et se conclure par une haie et une statue à dimension humaine, ne fait en vérité que 10 m, tandis que la sculpture, ajoutée ultérieurement, est tout juste à hauteur de hanche.

6 Une dégustation à la Rimessa Roscioli

Merveilleuse nouveauté parmi les bars de Rome, la Rimessa Roscioli (p. 100) est un petit paradis pour les amateurs de vin. D'exquis dîners avec dégustation de vin offrent la possibilité de marier des crus spectaculaires et une cuisine merveilleuse (33-65 € pour un menu accompagné de 3 à 7 vins).

romains revisités comme le *cacio e pepe* (pecorino et poivre noir), recréé ici sous la forme d'un risotto de crevettes sautées au fromage et au poivre. Réservation conseillée.

Piazza Navona et environs

BAGUETTERIA DEL FICO SANDWICHS €

Plan p. 344 (☎06 9604 5541 ; baguetteriadelfico.net ; Via della Fossa 12 ; sandwichs 6-9 € ; ⏲12h-23h lun-dim et 12h-2h ven-sam ; 🚌Corso del Risorgimento). Ce bar à sandwichs haut de gamme est idéal pour un en-cas à midi ou en fin de soirée. Choisissez votre pain, puis sélectionnez l'une des nombreuses garnitures – jambons vieillis, fromages âcres, légumes marinés, salades et sauces maison. Sinon, optez pour une planche de dégustation, notamment de saumon fumé ou de thon finement tranché.

CAFFETTERIA CHIOSTRO DEL BRAMANTE CAFÉ €

Plan p. 344 (☎06 6880 9036 ; chiostrodelbramante.it ; Via Arco della Pace 5 ; repas complet 15-25 € ; ⏲9h30-20h lun-ven, 9h30-21h sam-dim ; 📶 ; 🚌Corso del Rinascimento). Peu de cafés possèdent un cadre aussi sublime que celui-ci, au 1er étage d'un élégant cloître Renaissance signé de Bramante. Les tables dominent la cour centrale et les canapés de la salle rétro ont vue sur les fresques de Raphaël dans la Chiesa di Santa Maria della Pace. L'endroit sert de tout, entre gâteaux, café, sandwichs, risottos et hors-d'œuvre à l'avocat.

ALFREDO E ADA TRATTORIA €€

Plan p. 344 (☎06 397 377 41 ; Via dei Banchi Nuovi 14 ; repas complet 25-30 € ; ⏲12h30-14h30 et 19h-22h mar-sam ; 🚌Corso Vittorio Emanuele II). Pour tester une authentique trattoria, dirigez-vous vers ce restaurant de quartier installé de longue date. L'endroit est sans prétention, avec ses petites tables de bois, son menu simple et sa pagaille chaleureuse, mais l'ambiance est sympathique et la cuisine romaine traditionnelle aussi copieuse que savoureuse.

COROMANDEL BRUNCH €€

Plan p. 344 (☎06 6880 2461 ; coromandel.it ; Via di Monte Giordano 60/61 ; petit-déj 3-13 €, plat 7-16€ ; ⏲9h-15h lun-ven, 9h-16h sam-dim ; 🚌Corso del Rinascimento). Le petit-déjeuner romain consiste rarement en autre chose qu'un café et un *cornetto* (croissant). Celui de Coromandel fait exception. L'endroit est réputé pour sa *prima colazione* et ses brunchs – assiettes de pain perdu, gaufres, pancakes et omelettes. Le thé (ou le café) est servi dans de délicates tasses en porcelaine, ajoutant à l'ambiance raffinée évoquant un salon de thé. Réservation conseillée.

EST ARTIGIANI DEL GUSTO

ITALIEN €€

Plan p. 344 (☎06 6880 3332 ; estartigianidelgusto.it ; Vicolo della Cancelleria 11 ; repas complet 30 € ; h6h30-22h15 lun-sam ; 🚌Corso Vittorio Emanuele II). Ce douillet bistrot est une précieuse trouvaille au milieu des pièges à touristes proches de la Via del Governo Vecchio. Ouvert toute la journée, il propose des petits-déjeuners cuisinés, ainsi qu'une cuisine de saison romaine et italienne à une clientèle mêlant touristes et employés de bureau. L'endroit se remplit vite, surtout à midi : mieux vaut réserver.

VIVI BISTROT

BISTROT €€

Plan p. 344 (☎06 683 3779 ; vivibistrot.com ; Palazzo Braschi, Piazza Navona 2 ; repas complet à partir de 30 € ; ⏲10h-23h mar-dim ; 🖉; 🚌Corso del Rinascimento). Ce joli bistrot, aménagé au rez-de-chaussée du Palazzo Braschi, marie avec brio décor rustique et élégance baroque. Avec ses tables en bois rappelant la campagne, ses fleurs séchées et sa carte affichant bruschettas, burgers, currys ou encore salades véganes, l'endroit est un véritable refuge au milieu du tumulte extérieur.

LA CAMPANA

ROMAIN €€

Plan p. 344 (☎06 687 52 73 ; ristorantelacampana.com ; Vicolo della Campana 18 ; repas complet 35-40 € ; ⏲12h30-15h et 19h30-23h mar-dim ; 🚌Via di Monte Brianzo). Le Caravage, Goethe et Federico Fellini font partie des noms illustres ayant fréquenté cette trattoria fondée vers 1518, possiblement la plus ancienne de la ville toujours en activité. Aujourd'hui, habitants et visiteurs profitent de son intérieur sobrement décoré pour savourer du poisson frais et des spécialités romaines dans une ambiance chaleureuse et décontractée. La réservation est conseillée.

RETROBOTTEGA

RESTAURANT €€€

Plan p. 344 (☎06 6813 6310 ; retro-bottega.com ; Via della Stelletta 4 ; repas complet 45 €, menu dégustation 110 € ; ⏲19h30-minuit mar-dim ; 🚌Corso del Rinascimento). Dans ce restaurant branché au décor contemporain, on déguste avec plaisir et décontraction une cuisine subtilement raffinée. Installez-vous sur un tabouret autour d'une haute table collective ou bavardez un peu avec le chef au comptoir au moment du service. La nourriture aux notes italiennes servie ici est originale et inventive.

PAUSE GLACÉE

Gelateria del Teatro (plan p. 344 ; ☎06 4547 4880 ; www.gelateriadelteatro.it ; Via dei Coronari 65/66 ; glace à partir de 3 € ; ⏲12h-21h ; 🚌Via Zanardelli). Toutes les glaces de cette excellente *gelateria* sont faites sur place : regardez par la fenêtre pour assister à leur préparation. Il existe de nombreux parfums, tous élaborés à partir d'excellents ingrédients de saison, allant des classiques comme la pistache et la noisette jusqu'aux créations inventives comme le romarin, le miel et le citron.

Fatamorgana (plan p. 344 ; ☎06 8881 8437 ; Via dei Chiavari 37 ; cônes et pots 2,50-5 € ; ⏲12h-23h ; 🚌Corso Vittorio Emanuele II). Une adresse fiable pour une glace artisanale élaborée avec de formidables ingrédients de saison. On y trouve un bon choix de parfums allant des standards aux créations plus expérimentales, telle que la *crema zenzero miele di castagno e limone* (crème de gingembre au miel de châtaignier et citron).

Venchi (plan p. 344 ; ☎06 6992 5423 ; it.venchi.com ; Via degli Orfani 87 ; glace 3,20-5 € ; ⏲10h-23h ; 🚌Via del Corso). Oubliez les saveurs originales et les expérimentations, Venchi est entièrement dévolu au plaisir du chocolat. Les étagères et les comptoirs débordent de douceurs superbement emballées, entre pralines, barres chocolatées au piment et succulent assortiment de glaces au chocolat. En haute saison, attendez-vous à faire la queue.

CASA BLEVE RESTAURANT €€€

Plan p. 344 (☎06 686 59 70 ; casableve.it ; Via del Teatro Valle 48-49 ; repas complet à partir de 50€ ; ⏲12h30-15h et 19h-22h30 lun-jeu 12h30-15h et 19h-23h ven-sam ; 🚌Largo di Torre Argentina). Parfait pour une occasion spéciale, ce somptueux restaurant et bar à vins se distingue par sa salle à manger à arcade et sa verrière. La carte des vins, l'une des meilleures de la capitale, accompagne un choix raffiné de hors-d'œuvre classiques, de pâtes de saison et de plats fantastiques, tel que le bœuf mijoté au Nebbiolo (vin rouge).

Campo De' Fiori et environs

♥FORNO ROSCIOLI BOULANGERIE €

Plan p. 344 (☎06 686 40 45 ; anticofornoroscioli.it ; Via dei Chiavari 34 ; part de pizza à partir de 2,50 €, en-cas 2 € ; ⏲7h-19h30 lun-sam, 8h30-18h dim ; 🚋Via Arenula). Les Romains, qui tiennent cette boulangerie pour une des meilleures de la ville, s'y pressent pour ses parts de pizzas généreuses, ses pâtisseries ou ses *supplì* (croquettes de risotto) roboratives. La pizza Margherita est délicieuse (attention aux taches !), et on peut aussi choisir au comptoir pâtes fumantes et accompagnements de légumes.

TIRAMISÙ ZUM DESSERTS €

Plan p. 344 (☎06 6830 7836 ; zumroma.it ; Piazza del Teatro di Pompeo 20 ; tiramisu 4,50-6,50 € ; ⏲11h-23h lun-dim, 11h-1h ven-sam ; 🚌Corso Vittorio Emanuele II). Idéal pour reprendre des forces en milieu d'après-midi, ce bar à desserts a pour spécialité le tiramisu, mariage sublime de mascarpone et de biscuits à la cuiller imbibés de liqueur. Optez pour la version classique, saupoudrée de cacao, ou pour l'une des alléchantes variantes au rhum, aux fruits des bois ou aux pistaches de Sicile.

I DOLCI DI NONNA VINCENZA PÂTISSERIE €

Plan p. 346 (☎06 9259 4322 ; dolcinonnavincenza.it ; Via Arco del Monte 98a ; pâtisseries à partir de 3€ ; ⏲7h30-19h mer-lun ; 🚋Via Arenula). Cette pâtisserie irrésistible fait voyager les saveurs siciliennes jusqu'à Rome. Admirez les gâteaux traditionnels et les alléchants *dolci* dans les vitrines en bois vintage, avant d'investir le café attenant pour dévorer des douceurs crémeuses, feuilletées, dodues ou des *cannoli* farcis à la ricotta.

SUPPLIZIO RESTAURATION RAPIDE €

Plan p. 344 (☎06 8987 1920 ; supplizioroma.it ; Via dei Banchi Vecchi 143 ; supplì 3-8 € ; ⏲11h30-16h et 17h-21h30 lun-ven, 11h30-16h et 17h-22h sam ; 🚌Corso Vittorio Emanuele II). Parmi le en-cas favoris des Romains, les *supplì* (croquettes de riz) sont revus ici à la mode gastronomique. Installez-vous sur le canapé en cuir vintage et dégustez ce classique de la cuisine de rue, ou tentez une variante comme les *supplì* au poisson farcis d'anchois et de beurre.

FORNO DI CAMPO DE' FIORI BOULANGERIE €

Plan p. 344 (☎06 6880 6662 ; www.fornocampodefiori.com ; Campo de' Fiori 22 ; part de pizza env. 3 € ; ⏲8h-14h30 et 16h30-19h30 lun-ven, 8h-14h30 sam ; 🚌Corso Vittorio Emanuele II). L'effervescence règne dans cette boulangerie du Campo de' Fiori, répartie entre deux magasins adjacents et spécialisée dans les paninis et la délicieuse *pizza al taglio* (à la coupe) tout juste sortie du four. Les habitués ne jurent que par la *pizza bianca* (pizza "blanche", avec huile d'olive, romarin et sel), servie seule ou en sandwich avec de la mortadelle artisanale.

MERCATO DI CAMPO DE' FIORI MARCHÉ €

Plan p. 344 (Campo de' Fiori ; ⏲8h-14h lun-sam ; 🚌Corso Vittorio Emanuele II). Chaque matin en semaine, les habitants se mêlent aux touristes et aux visiteurs parmi les étals colorés de fruits dressés sur cette place historique accueillant le plus ancien et le plus pittoresque – mais aussi le plus cher – des marchés de quartier de Rome. Outre les fruits et légumes de saison, on peut s'y ravitailler en pâtes, fromage, huile d'olive, vinaigre balsamique, jus de fruits et quantité d'autres choses.

♥PIANOSTRADA RESTAURANT €€

Plan p. 346 (☎06 8957 2296 ; facebook.com/pianostrada ; Via delle Zoccolette 22 ; plats 17-27€ ; ⏲12h30-16h et 18h30-23h mar-dim ; 🚋Via Arenula). Ce bistrot ultra-tendance, installé dans un espace blanc doté de meubles vintage et d'une splendide cour estivale, est incontournable. Réservez, ou contentez-vous d'un tabouret au bar et profitez de la vue sur la cuisine en pleine activité. Les plats sont inventifs, composés de produits de saison et de légumes, que ce soient les tartines gourmandes, la délicieuse *focaccia* maison ou les plats complets.

BOUCHE-À-OREILLE

ROME EN VERSION CASHER

Pour déguster une cuisine judéo-romaine, rendez-vous Via del Portico d'Ottavia, l'artère principale de l'ancien ghetto juif (p. 88). Jalonnée de restaurants spécialisés, cette rue est très animée, notamment durant les chaudes soirées d'été, qui voient ses nombreuses tables sur les trottoirs prises d'assaut.

Testez le **Ba'Ghetto** (plan p. 346 ; ☎06 6880 5605 ; baghetto.com ; Via del Portico d'Ottavia 1/C ; repas complet à partir de 30 € ; ⏲12h-15h, 18h-23h lun-mar-mer-jeu, 12h-15h ven, 20h30-23h sam, 12h-23h dim ; 🚊Via Arenula), une institution du quartier qui sert une cuisine casher et des classiques romains comme les *carciofi alla giudia* (artichauts frits). Un peu plus loin et sans enseigne, la **Cremeria Romana** (plan p. 346 ; ☎06 349.512.9486 ; Via del Portico d'Ottavia 1b ; glace à partir de 2,50 € ; ⏲11h-23h lun-mar-mer-jeu-dim, 10h-16h ven, 21h-minuit sam ; 🚊Via Arenula) propose une petite sélection de savoureuses glaces casher.

EMMA PIZZERIA
PIZZA €€

Plan p. 344 (☎06 6476 0475 ; emmapizzeria.com ; Via del Monte della Farina 28/29 ; pizzas 8-20 €, plats 12-21 € ; ⏲12h30-15h30 et 19h-23h30 lun-ven, 12h30-23h30 sam-sim ; 🚊Via Arenula). Niché derrière la Chiesa di San Carlo ai Catinari, ce lieu élégant dispose de tables en terrasse, ainsi que d'une salle spacieuse et ornée de jolies œuvres d'art. Emma Pizzeria est spécialisée dans les pizzas au feu de bois, allant de l'indémodable Margherita à des options plus inventives garnies d'excellents ingrédients (jambon *pata negra* espagnol, anchois de Cantabrie, etc.). Sinon, optez tout simplement pour un classique plat de pâtes à la romaine.

RENATO E LUISA
ROMAIN €€

Plan p. 344 (☎06 686 96 60 ; renatoeluisa.it ; Via dei Barbieri 25 ; repas complet 35-45 € ; ⏲20h30-0h30 mar-dim ; 🚌Largo di Torre Argentina). Très appréciée des habitants, cette petite trattoria cachée dans une rue secondaire est souvent bondée. La carte du chef Renato comprend des classiques romains revisités, modernes et de saison, mais au caractère local intact. Sa spécialité : le *cacio e pepe e fiori di zucca* (pâtes au pecorino, poivre noir et fleurs de courgette). Réservation conseillée.

GRAPPOLO D'ORO
TRATTORIA €€

Plan p. 344 (☎06 689 70 80 ; hosteriagrappolodoro.it ; Piazza della Cancelleria 80 ; plats 12-18,50€ ; ⏲12h30-15h et 19h-23h, fermé mer midi ; 🚌Corso Vittorio Emanuele II). Cette accueillante trattoria moderne se démarque des nombreuses adresses médiocres autour du Campo de' Fiori. Elle met l'accent sur une cuisine régionale revisitée, alors guettez les plats comme les pâtes aux anchois, pecorino et tomates cerises, ainsi que les riches desserts comme le *zabaglione* arrosé de marsala.

DITIRAMBO
TRATTORIA €€

Plan p. 344 (☎06 687 16 26 ; ristoranteditirambo.it ; Piazza della Cancelleria 74 ; repas complet à partir de 40 € ; ⏲12h-15h30 et 18h-23h lun-jeu, 12h-15h30 et 18h-23h30 ven, 12h-16h et 18h-23h30 sam, 12h-16h et 18h-23h dim ; 🌿 ; 🚌Corso Vittorio Emanuele II). Cette trattoria séduit les convives grâce à son emplacement central, son ambiance décontractée et sa cuisine bio de saison. La carte est alléchante et va des pâtes traditionnelles à la romaine aux délicats plats végétariens, en passant par des créations régionales comme l'agneau sarde servi avec des endives ou des pommes de terre. La réservation est conseillée en haute saison.

♥ SALUMERIA ROSCIOLI
GASTRONOMIQUE €€€

Plan p. 346 (☎06 687 52 87 ; salumeriaroscioli.com ; Via dei Giubbonari 21/22 ; repas complet à partir de 50 € ; ⏲12h30-16h et 19h-00h ; 🚊Via Arenula). Le nom Roscioli est depuis longtemps synonyme de haute gastronomie à Rome, et ce luxueux restaurant-traiteur est l'endroit idéal pour en faire l'expérience. Les tables sont disposées le long d'un comptoir garni de mets délicats, italiens ou non, ainsi que derrière lui, dans un petit espace encombré de bouteilles. La cuisine, qui inclut des recettes traditionnelles de pâtes à la romaine, est de premier ordre et certains vins sont vraiment stupéfiants. Réservation impérative.

Promenade à pied
Le centre historique de place en place

DÉPART PIAZZA COLONNA
ARRIVÉE PIAZZA FARNESE
DISTANCE 1,5 KM
DURÉE 2 HEURES 30-3 HEURES

Partez de la 1 **Piazza Colonna** (p. 90), dominée par la colonne de Marc Aurèle, haute de 30 m, et bordée par le Palazzo Chigi, résidence officielle du président du Conseil italien. Juste à côté, sur la 2 **Piazza di Montecitorio**, se dresse le tout aussi imposant Palazzo di Montecitorio, siège de la Chambre des députés. Quittez la Piazza Colonna par la Via dei Bergamaschi pour rejoindre la 3 **Piazza di Pietra** (p. 90), élégante place rectangulaire donnant sur la façade à colonnes du temple d'Hadrien (Tempio di Adriano, IIe siècle). Continuez tout droit par la Via de' Burro, qui débouche sur la 4 **Piazza di Sant'Ignazio**, petite place rococo dont l'église abrite quelques magnifiques fresques en trompe-l'œil sur le plafond. De là, une courte marche sur la Via del Seminario mène à la 5 **Piazza della Rotonda** où trône le Panthéon.

Quittez le Panthéon par la Salita dei Crescenzi, puis tournez à gauche Via Sant'Eustachio vers la 6 **Piazza Sant'Eustachio**. Sur cette petite place se tient le Caffè Sant'Eustachio, qui sert le meilleur expresso de la ville. Suivez ensuite la Via degli Staderari vers le Corso del Rinascimento. À gauche, puis à droite, et vous voici sur la 7 **Piazza Navona** (p. 81). Là, vous pourrez comparer les œuvres des deux grands génies du baroque romain : la Fontana dei Quattro Fiumi, du Bernin, et la Chiesa di Sant'Agnese in Agone, de Borromini.

Quittez la place par la Via del Governo Vecchio. À son extrémité, tournez à gauche dans la Via dei Filippini vers le Corso Vittorio Emanuele II, la grande avenue qui coupe le centre historique. Traversez et suivez la Via dei Cartari puis, à gauche, la Via del Pellegrino. Continuez jusqu'à l'animé 8 **Campo de' Fiori** (p. 86), et, au-delà, jusqu'à la plus sobre 9 **Piazza Farnese**, que domine le palais éponyme abritant l'ambassade de France. Pour terminer, revenez vers le **Grappolo d'Oro** (p. 96), une trattoria idéale pour reprendre des forces.

IL PAGLIACCIO GASTRONOMIQUE €€€

Plan p. 344 (☎06 6880 9595 ; ristoranteilpagliaccio.com ; Via dei Banchi Vecchi 129a ; repas complet 85 €, menu dégustation déj/dîner 100/150-190 € ; ⏲12h30-14h jeu-sam, 19h30-22h mar-sam ; 📶✍ ; 🚌Corso Vittorio Emanuele II). Seul restaurant de Rome doublement étoilé au Michelin, ce lieu offre une cuisine italienne raffinée de haut vol. Le chef Anthony Genovese – qui est né en France de parents italiens et a fait ses armes en Asie – tire son inspiration de son parcours éclectique en élaborant des plats comme le homard aux fruits de la Passion, *stracchino* (fromage à pâte molle), huîtres et granita à la pomme verte, ou encore un curry vert mémorable.

Ghetto et environs

ANTICO FORNO URBANI BOULANGERIE €

Plan p. 346 (☎06 689 32 35 ; Piazza Costaguti 31 ; part de pizza à partir de 1,50 € ; ⏲7h45-14h30 et 16h-19h lun-jeu, 7h45-14h30 ven, 9h-13h30 dim ; 🚋Via Arenula). Cette boulangerie casher du Ghetto sert l'une des meilleures *pizzas al taglio* (à la coupe) de la ville. L'endroit a beau être souvent noir de monde, il est impossible de ne pas y marquer une pause lorsqu'on en hume le fumet. Tout est bon, notamment la fabuleuse *pizza con patate* (pizza surmontée de fines tranches de pomme de terre).

BEPPE E I SUOI FORMAGGI FROMAGES €€

Plan p. 346 (☎06 6819 2210 ; beppeeisuoiformaggi.it ; Via Santa Maria del Pianto 9A/11 ; repas complet 30-40 € ; ⏲9h-23h lun-sam ; 🚋Via Arenula). Tout est dit dans le nom : Beppe et ses fromages. Associé à un traiteur bien approvisionné en *formaggi* en tout genre, ce restaurant sert du fromage tout au long de la journée : un eldorado pour les amateurs entre petit-déjeuner à la ricotta et au miel, *robiola* le midi, et somptueuse fondue pour deux au dîner. Excellentes planches de charcuterie également.

PIPERNO ROMAIN €€€

Plan p. 346 (☎06 6880 6629 ; ristorantepiperno.it ; Via Monte de' Cenci 9 ; repas complet à partir de 45 € ; ⏲12h45-14h30 et 19h45-22h30 mar-sam, 12h45-14h30 dim ; 🚋Via Arenula). Ce restaurant historique du Ghetto au cadre suranné et à l'ambiance plutôt guindée n'en reste pas moins une excellente adresse pour découvrir la cuisine judéo-romaine traditionnelle. Parmi les spécialités de la maison, mentionnons les *filetti di baccalà* (filets de morue) frits et les *animelle di agnello con carciofi* (ris d'agneau aux artichauts). Réservation conseillée.

Isola Tiberina

SORA LELLA ROMAIN €€€

Plan p. 346 (☎06 686 16 01 ; trattoriasoralella.com ; Via Ponte Quattro Capi 16 ; repas complet à partir de 50 €, menu dégustation 50-65 € ; ⏲12h30-14h45 et 19h30-22h45 lun-sam ; ✍ ; 🚌Lungotevere dei Cenci). Logée dans une tour, cette institution tenue en famille jouit d'un cadre mémorable dans une tour de la minuscule île Tibérine. Tirant son nom de la *nonna* (grand-mère) de l'actuelle propriétaire, une actrice très populaire, elle propose un menu romain classique, rehaussé de quelques plats de poisson. Vous pourrez y déguster aussi des desserts maison et il y a également plusieurs menus dégustation, dont un pour les végétariens, fait rare à Rome.

Piazza Colonna et environs

DAL CAVALIER GINO TRATTORIA €€

Plan p. 344 (Dal Gino al Parlamento ; ☎06 687 34 34 ; ristoranteparlamento.roma.it Vicolo Rosini 4 ; repas complet 30-35 € ; ⏲13h-15h et 20h-23h ; 🚌Via del Corso). Cette trattoria nichée dans une petite rue proche du Parlement connaît une belle affluence de journalistes, de politiciens, d'habitants du quartier et de touristes. Attablé dans une salle ornée de peintures murales, on y mange des classiques bien exécutés tels les *tagliolini alla gricia* (spaghettis aux lardons) ou le *coniglio al vino bianco* (lapin au vin blanc). Réservation recommandée, pas de paiement par carte.

MATRICIANELLA ROMAIN €€

Plan p. 344 (☎06 683 21 00 ; matricianella.it ; Via del Leone 4 ; repas complet à partir de 50 € ; ⏲12h30-15h et 19h30-23h lun-sam ; 🚌Via del Corso). Fresques tape-à-l'œil et affiches vieillottes : voici une trattoria typique servant une excellente cuisine romaine traditionnelle. Sa fidèle clientèle locale y vient pour les indémodables artichauts frits *alla giudia* (à la mode juive) et les *cotolette di abbacchio fritte e dorate* (côtelettes d'agneau panées). Réservation recommandée, en particulier le samedi soir.

OSTERIA DELL'INGEGNO ITALIEN €€

Plan p. 344 (06 678 06 62 ; osteriadellingegno.com ; Piazza di Pietra 45 ; repas complet 35-45 € ; 12h-minuit mar-dim ; Via del Corso). Ce restaurant-bar à vins à l'atmosphère décontractée jouit d'un bel intérieur agrémenté d'œuvres d'art colorées, sur une place charmante et centrale. En cuisine, c'est un parcours sans faute, avec pâtes de saison, plats créatifs et desserts maison. La carte annonce près de 200 vins, dont d'intéressantes cuvées italiennes.

ENOTECA AL PARLAMENTO ACHILLI GASTRONOMIQUE €€€

Plan p. 344 (06 6873 446 ; achilli.restaurant ; Via dei Prefetti 15 ; plats 14-21€, menus dégustation 65-100 € ; 12h30-15h et 19h-22h30 mar-sam ; Via del Corso). Occupant une *enoteca* historique de la capitale, l'établissement du chef Massimo Viglietti, étoilé au Michelin, allie un décor classique et lambrissé à une cuisine expérimentale fondée surtout sur des classiques romains revisités de manière extrê. Sans surprise, la carte des vins est excellente. Réservation conseillée.

OÙ PRENDRE UN VERRE ET FAIRE LA FÊTE

L'animation bat son plein dans le *centre historique*, avec ses cafés, bars à vins, pubs à bières artisanales et adresses "clandestines". La vie nocturne se concentre dans deux secteurs principaux : les ruelles autour de la Piazza Navona et le quartier plus tumultueux autour du Campo de' Fiori, où la foule est jeune et souvent éméchée. On boit du très bon café dans les parages du Panthéon où se trouvent deux des plus célèbres cafés de Rome.

Panthéon et environs

CAFFÈ SANT'EUSTACHIO CAFÉ

Plan p. 344 (06 6880 2048 ; caffesanteustachio.com ; Piazza Sant'Eustachio 82 ; 7h30-1h dim-jeu, 7h30-1h30 ven, 7h30-2h sam ; Corso del Rinascimento). Toujours animé, ce café ordinaire près du Panthéon sert ce que certains jugent être le meilleur café de la ville. Les barmans battent les premières gouttes d'un *espresso* avec plusieurs cuillers de sucre pour obtenir une pâte mousseuse sur laquelle est versé le reste du café. Le résultat est d'une onctuosité sublime.

CLUB DERRIÈRE BAR À COCKTAILS

Plan p. 344 (39 329.045.2505 ; facebook.com/clubderriereroma ; Vicolo delle Coppelle 59 ; 22h-4h ; ; Corso del Rinascimento). Installé au fond d'une trattoria sans prétention (Osteria delle Coppelle), cet énigmatique bar "clandestin" utilise une armure comme videur. Des barmans en cravate et gilet préparent des cocktails (12 €) raffinés souvent inspirés de figures culturelles, comme le puissant Edgar Allan Poe, mélange de sherry, whisky Knob Creek, chocolat et liqueur Angostura.

LA CASA DEL CAFFÈ TAZZA D'ORO CAFÉ

Plan p. 344 (06 678 97 92 ; tazzadorocoffeeshop.com ; Via degli Orfani 84 ; 7h-19h lun-sam, 10h-19h dim ; Via del Corso). Ce bar très animé portant la patine dorée des années 1940 sert un excellent *espresso* et toute une gamme de délices au café tels que la rafraîchissante *granita di caffè* (glace pilée au café surmontée d'une généreuse dose de crème). Sa proximité avec le Panthéon rend l'endroit très touristique, mais n'enlève rien à sa qualité.

L'établissement comprend également une petite boutique et un distributeur automatique de café à l'extérieur pour les besoins urgents de caféine hors des heures d'ouverture.

Piazza Navona et environs

ETABLÌ BAR

Plan p. 344 (06 9761 6694 ; etabli.it ; Vicolo delle Vacche 9a ; 7h-1h lun-mer, 7h-2h jeu-sam, 9h-1h dim ; ; Corso del Rinascimento). Aménagé dans un vaste *palazzo* du XVIe siècle, Etablì est un restaurant-bar-lounge rustico-chic, où l'on peut siroter un café le matin, avaler un déjeuner léger, discuter autour d'un *aperitivo* ou faire un dîner complet (40-45 €). Le cadre est à la fois soigné et décontracté, avec un style campagnard d'inspiration provençale : fauteuils en cuir, vieilles tables en bois et feu crépitant dans la cheminée. Également une boulangerie sur place.

GIN CORNER
BAR À COCKTAILS

Plan p. 344 (06 6880 2452 ; thegincorner.com ; Hotel Adriano, Via Pallacorda 2 ; 18h-minuit ; Via di Monte Brianzo). Oubliez les vins raffinés et les bières artisanales : l'élégant bar de l'Hotel Adriano ne jure que par le gin. Ici, la préparation d'un simple gin tonic atteint des sommets, les barmans experts disposant de plus de 100 variétés de gin au choix et de tonics de qualité. Les cocktails sont également excellents.

EX-CIRCUS
BAR

Plan p. 344 (06 9761 9258 ; ex-circus.business.site ; Via della Vetrina 15 ; 10h-21h lun-jeu, 10h-minuit ven-sam, 10h-21h dim ; ; Corso del Rinascimento). Ce formidable petit bar niché à l'angle de la Piazza Navona est décontracté (sofas, déco bohème) et prisé d'une clientèle jeune et cosmopolite qui s'y retrouve pour travailler (le Wi-Fi est rapide et gratuit) ou pour se détendre autour d'un verre. L'ambiance monte d'un cran le week-end, avec des concerts fréquents.

Campo de' Fiori et environs

RIMESSA ROSCIOLI
BAR À VINS

Plan p. 346 (06 6880 3914 ; rimessaroscioli.com ; Via del Conservatorio 58 ; 17h-23h lun-ven, 12h-23h sam-dim ; ; Lungotevere dei Tebaldi). Rejeton du populaire empire Roscioli, la Rimessa est faite pour les amoureux du vin : des crus provenant de toute l'Italie et d'ailleurs garnissent les étagères, tandis que les exquis dîners avec dégustation de vin (65 €) sont disponibles en anglais et italien. Une option dégustation au comptoir est également possible, avec un sommelier proposant une sélection adaptée à votre budget et vos préférences.

OPEN BALADIN
BIÈRE ARTISANALE

Plan p. 346 (06 683 89 89 ; openbaladinroma.it ; Via degli Specchi 6 ; 12h-15h et 18h-00h lun-jeu, 12h-15h et 18h-1h ven, 12h-1h sam-dim ; ; Via Arenula). Ce pub moderne, proche du Campo de' Fiori, est à l'avant-garde des bars à bières romains, avec plus de 40 bières à la pression et près de 100 variétés en bouteille, pour beaucoup issues de microbrasseries artisanales italiennes. Attendez-vous à une bière excellente, mais aussi à une ambiance jeune, détendue et cosmopolite.

BARNUM CAFE
CAFÉ

Plan p. 344 (06 6476 0483 ; barnumroma.com ; Via del Pellegrino 87 ; 8h-16h lun-sam ; ; Corso Vittorio Emanuele II). Ce café décontracté ne va pas sans rappeler le fameux Central Perk de la série *Friends*, et l'on y prendrait vite ses habitudes. Entre mobilier de brocante chic et murs de brique nue, c'est un agréable endroit pour un capuccino matinal, un déjeuner léger ou un verre en fin d'après-midi. Le soir venu, une clientèle élégante vient y siroter d'excellents cocktails.

ROSCIOLI CAFFÈ
CAFÉ

Plan p. 346 (06 8916 5330 ; rosciolicaffe.com ; Piazza Benedetto Cairoli 16 ; 7h-23h lun-sam, 8h-18h dim, fermé mi-août ; Via Arenula). Le nom de Roscioli est, à Rome, garant de qualité : la famille tient aussi un des traiteurs les plus connus de la ville (p. 102) et une boulangerie réputée (p. 95). Ici, le café est délicieusement riche, et les pâtisseries, petits fours ou paninis sont aussi bons qu'ils en ont l'air.

Derrière l'étroite salle où l'on mange debout au bar, l'espace du fond est doté d'une table commune où l'on peut s'asseoir pour commander un plat du jour ou siroter un cocktail.

ARGOT
BAR À COCKTAILS

Plan p. 344 (06 4555 1966 ; Via dei Cappellari 93 ; 22h-4h ; Corso Vittorio Emanuele II). Poursuivez votre soirée autour d'un cocktail artisanal dans ce bar "clandestin" intimiste. Les sofas en cuir vintage, la lumière tamisée et l'ambiance accueillante créent une belle atmosphère underground, renforcée par un style rétro des années 1920 et de fréquents concerts le week-end. Il faut s'acquitter de 10 € de frais d'adhésion lors de la première visite.

JERRY THOMAS PROJECT
BAR À COCKTAILS

Plan p. 344 (370 114.6287 ; thejerrythomasproject.it ; Vicolo Cellini 30 ; 21h-3h30 mar-jeu, 21h-4h30 ven-sam, 21h-2h30 dim ; Corso Vittorio Emanuele II). Comme au temps de la prohibition, un mot de passe est requis (ainsi que 5 € de frais d'adhésion) pour entrer dans ce bar décoré dans le style des années 1920 (consultez le site Internet et appelez pour réserver). L'établissement aurait lancé la vogue des cocktails à Rome, et ses maîtres mixologues connaissent bien leur affaire.

L'ANGOLO DIVINO BAR À VINS

Plan p. 344 (06 686 44 13 ; angolodivino.it ; Via dei Balestrari 12/14 ; 17h-1h tlj ; Corso Vittorio Emanuele II). Ce chaleureux bar à vins au plafond de bois est un havre de paix dans ce secteur proche du Campo de' Fiori. Belle carte des vins (pour la plupart italiens, avec quelques crus naturels et bio), planches de fromages régionaux et de charcuteries, et petit menu quotidien de plats chauds et froids.

Piazza Colonna et environs

SALOTTO 42 BAR

Plan p. 344 (06 678 58 04 ; salotto42.it ; Piazza di Pietra 42 ; 10h30-2h ; Via del Corso). Incarnation du bar lounge glamour et de la *dolce vita* à la romaine, le Salotto 42 est installé sur une place charmante en face de colonnes antiques. Sa façade tapissée de bougainvilliers dissimule un intérieur intimiste, avec fauteuils vintage des années 1950, lampes en verre de Murano et épais livres d'art. Idéal pour paresser en belle compagnie autour d'un apéritif ou d'un délicieux cocktail.

OÙ SORTIR

ISOLA DEL CINEMA CINÉMA EN PLEIN AIR

Plan p. 346 (isoladelcinema.com ; Piazza San Bartolomeo all'Isola, Isola Tiberina ; tarif plein/réduit 6/5 € ; mi-juin à sept). De mi-juin à septembre, l'île Tibérine accueille une saison de cinéma en plein air, avec la diffusion de films italiens ou internationaux, parfois en version originale, des rencontres avec des acteurs et réalisateurs, des master class et diverses manifestations en lien avec le cinéma.

TEATRO ARGENTINA THÉÂTRE

Plan p. 344 (billetterie 06 684 00 03 14 ; teatrodiroma.net ; Largo di Torre Argentina 52 ; places 12-40 € ; Largo di Torre Argentina). Fondé en 1732, le plus important théâtre de Rome fait partie des trois salles gérées par le Teatro di Roma, les deux autres étant le Teatro India (p. 234) et le Teatro di Villa Torlonia. La première du *Barbier de Séville* de Rossini eut lieu ici en 1816 et le théâtre propose aujourd'hui une vaste programmation de pièces classiques et modernes (essentiellement en italien), de spectacles de danse et de concerts de musique classique.

SHOPPING

Le quartier à l'ouest de Piazza Navona est jalonné de petites boutiques indépendantes où l'on trouve de tout, entre vêtements vintage ou de créateurs, accessoires faits main ou objets de collection anciens. Visitez en priorité Via del Governo Vecchio et, au nord, Via dei Coronari. Près du Campo de' Fiori, vous trouverez d'autres boutiques originales sur Via del Pellegrino et Via Monserrato et des magasins de vêtements de moyenne gamme sur Via dei Giubbonari.

Panthéon et environs

NAMASTÈY THÉ

Plan p. 344 (06 6813 5660 ; namastey.it ; Via della Palombella 26 ; 10h30-19h30 lun-sam et 15h-19h30 dim, fermé août ; Largo di Torre Argentina). Vous n'oublierez pas de sitôt ce magasin de thé ! Dans un décor d'apothicaire, tout en étagères et rangées de bocaux, vous y trouverez des mélanges du monde entier, ainsi que tout le nécessaire pour les faire infuser : théières, tasses, boules à thé et filtres.

ALBERTA GLOVES ACCESSOIRES

Plan p. 344 (347 019 0617 ; Corso Vittorio Emanuele II 18A ; 10h-19h lun-sam ; Largo di Torre Argentina). Gants en soie montant jusqu'aux coudes ou mitaines brunes adaptées à la conduite : cette minuscule boutique familiale propose une large gamme de gants fabriqués à la main, pour tout type d'occasion. Également des foulards en soie et des chapeaux en laine. Comptez environ 45 € pour une paire de gants en cuir classique.

LIBRAIRIA STENDHAL LIBRAIRIE

(plan p. 344 ; 06 683 07 598 ; libreriastendhal.com ; Piazza San Luigi dei Francesi 23 ; 10h-19h lun-sam ; mCavour). L'ancienne Librairie française de Rome, créée en 1955 dans le quartier du Panthéon, est devenue la Libreria Stendhal depuis fin 2016. On y trouve toujours une sélection pointue d'ouvrages en français – littératures, beaux livres, guides de voyages, livres pour enfants, etc. Le personnel francophone saura vous conseiller, quelle que soit votre requête. Des manifestations diverses et des rencontres avec des auteurs français sont organisées tout au long de l'année.

Piazza Navona et environs

MARTA RAY CHAUSSURES

Plan p. 344 (06 6880 2641 ; martaray.it ; Via dei Coronari 121 ; 11h-19h mer-lun ; Via Zanardelli). Cette marque qui monte doit une part de son succès à ses ballerines pour femmes et à ses sacs, de toutes les couleurs et en cuir ultra-souple.

Deux autres magasins se trouvent Via della Reginella 4, dans le Ghetto, et Via del Moro 6, dans le Trastevere.

SBU MODE

Plan p. 344 (06 6880 2547 ; sbu.it ; Via di San Pantaleo 68-69 ; 10h-19h30 lun-sam, 12h-19h dim ; Corso Vittorio Emanuele II). La boutique emblématique de SBU (Strategic Business Unit), une marque de jeans tendance, occupe un atelier du XIXe siècle, avec colonnes en fonte et présentoirs en bois. Hormis les jeans parfaitement taillés dans une toile japonaise haut de gamme, on peut également faire son choix parmi chemises, vestes, chapeaux, pulls et T-shirts.

OFFICINA PROFUMO FARMACEUTICA DI SANTA MARIA NOVELLA BEAUTÉ

Plan p. 344 (06 687 96 08 ; smnovella.it ; Corso del Rinascimento 47 ; 10h-19h30 lun-sam, 11h-19h30 dim ; Corso del Rinascimento). Ce lieu envoûtant est la succursale d'une des plus anciennes pharmacies italiennes. Parfums et cosmétiques naturels, tisanes et pots-pourris sont soigneusement rangés dans des vitrines en bois sous un superbe lustre en verre de Murano. La pharmacie originelle fut fondée à Florence en 1612 par les dominicains de Santa Maria Novella : plusieurs cosmétiques et onguents sont encore fabriqués d'après des recettes originales du XVIIe siècle.

LUNA & L'ALTRA MODE ET ACCESSOIRES

Plan p. 344 (06 6880 4995 ; facebook.com/Luna-laltra-159035367606825 ; Piazza Pasquino 76 ; 15h30-19h30 lun, 10h30-19h30 mar-sam ; Corso Vittorio Emanuele II). Cette enseigne fait partie des nombreuses boutiques indépendantes de la Via del Governo Vecchio et des alentours. Dans son intérieur minimaliste, blanc comme une galerie, les vêtements des créateurs Comme des Garçons, Issey Miyake, Yohji Yamamoto et consorts sont présentés avec révérence.

ALDO FEFÈ ARTISANAT

Plan p. 344 (06 6880 3585 ; Via della Stelletta 20b ; 8h-19h30 lun-sam ; Corso del Rinascimento). Dans son petit atelier, le maître artisan Aldo Fefè continue de relier des livres et de faire de jolis carnets, albums, boîtes et albums photo, peints à la main (à partir de 15 €). Vous pourrez aussi acheter du papier cadeau florentin et des stylos de calligraphie.

CASALI ESTAMPES

Plan p. 344 (06 687 37 05 ; Via dei Coronari 115 ; 10h-13h et 15h-19h lun-ven, 10h-13h sam ; Via Zanardelli). Ouvert dans la charmante Via dei Coronari, réputée pour ses magasins d'antiquités, Casali est spécialisé dans les estampes (originales et copies), dont beaucoup sont délicatement colorées à la main. Malgré sa petite taille, la boutique renferme un vaste choix allant des manuscrits de botanique du XVIe siècle aux plans de Rome du XVIIIe siècle, en passant par des cartes postales.

PATRIZIA CORVAGLIA GIOIELLI BIJOUX

Plan p. 344 (06 4555 1441 ; patriziacorvaglia.it ; Via dei Banchi Nuovi 45 ; 11h-19h30 lun-sam ; Corso Vittorio Emanuele II). Dans sa boutique, aménagée dans l'atelier d'un orfèvre de la Renaissance, Benvenuto Cellini, Patrizia Corvaglia dessine et fabrique sa propre ligne de bijoux. Ses créations, tantôt abstraites, tantôt plus chargées, allient or, argent et gemmes brutes, affichant souvent des dessins géométriques ou des motifs inspirés par la nature.

Campo De' Fiori et environs

SALUMERIA ROSCIOLI ALIMENTATION

Plan p. 346 (06 687 5287 ; salumeriaroscioli.com ; Via dei Giubbonari 21 ; 12h-21h ; Via Arenula). La plus célèbre épicerie fine de Rome abrite un large éventail de produits raffinés, viandes séchées, fromages, fruits en conserve, pâtes, huile d'olive, vinaigre balsamique vieilli et autres vins. Outre les produits phares d'Italie, vous y trouverez un large choix de délices internationaux, comme du fromage français, du jambon espagnol et du saumon écossais.

IBIZ ACCESSOIRES EN CUIR

Plan p. 344 (06 6830 7297 ; ibizroma.it ; Via dei Chiavari 39 ; 10h-19h30 lun-sam ; Corso Vittorio Emanuele II). Dans ce minuscule atelier familial, Elisa Nepi et son équipe confectionnent de splendides articles en cuir tels que portefeuilles, sacs, ceintures, porte-clés et autres sandales aux motifs élégants et dans une myriade de couleurs. Comptez entre 35 € pour une ceinture et 145 € pour un sac.

CHEZ DEDE CONCEPT STORE

Plan p. 344 (06 8377 2934 ; chezdede.com ; Via di Monserrato 35 ; 11h-13h et 14h30-19h30 lun-sam, 11h-19h30 mar-ven ; Lungotevere dei Tebaldi). Cette boutique ultra-chic offre un beau choix d'accessoires faits main, de vêtements, d'articles pour la maison et de livres. Outre les emblématiques tote bags en toile et en cuir, très recherchés, vous trouverez des œuvres d'art originales, des céramiques peintes à la main et des parfums en édition limitée, joliment présentés dans un intérieur Belle Époque.

CALZOLERIA PETROCCHI CHAUSSURES

Plan p. 344 (06 687 6289 ; calzoleriapetrocchi.it ; Vicolo delle Ceste 29 ; 9h30-19h lun-sam, sur rdv sem-dim ; Corso Vittorio Emanuele II). Depuis 1946, ce chausseur historique confectionne à la main des chaussures en cuir pour les Romains aisés et les vedettes de cinéma. Audrey Hepburn ou Robert De Niro y ont notamment fait leurs achats. Choisissez une paire dans la collection de prêt-à-porter ou faites façonner un modèle rien que pour vous : le chef d'atelier Marco Cecchi prend lui-même les mesures et personnalise les chaussures en fonction de sa gamme de cuirs et de styles.

RACHELE VÊTEMENTS POUR ENFANTS

Plan p. 344 (329 6481004 ; rachele-handmade-kidswear.myshopify.com ; Vicolo del Bollo 6 ; 11h-14h30 et 15h30-19h30 mar-sam ; Corso Vittorio Emanuele II). En retrait de la Via del Pellegrino, cette délicieuse boutique habille les enfants (moins de 12 ans) de pied en cap avec des vêtements aux couleurs pimpantes, tous faits à la main, allant des bonnets et des gants aux barboteuses et aux vestes. Un style de magasin en voie de disparition ! La plupart des articles coûtent de 40 à 60 €.

I COLORI DI DENTRO ART

Plan p. 344 (347 803 1344 ; facebook.com/mgluffarelli/?ref=bookmarks ; Via dei Banchi Vecchi 29 ; 11h-19h ; Corso Vittorio Emanuele II). Ramenez un peu de lumière méditerranéenne à la maison : les peintures de l'artiste Maria Grazia Luffarelli mettent à l'honneur les couleurs italiennes, avec des paysages ensoleillés, des fleurs épanouies, des scènes de vie romaine et des chats paresseux. Vous pourrez acheter des aquarelles originales ou des reproductions, ainsi que des cartes postales, des T-shirts, des carnets et des calendriers.

Ghetto et environs

IL MUSEO DEL LOUVRE ART

Plan p. 346 (06 68 80 77.25 ; ilmuseodellouvre.com ; Via della Reginella 8a ; 11h-14h et 14h30-19h lun-sam). Dans cette fascinante librairie-galerie, vous pourrez découvrir la collection d'art de Giuseppe Casetti, comprenant photos rétro en noir et blanc, reproductions, volumes reliés en cuir, catalogues d'exposition et affiches. Tout est à vendre, mais même si vous n'avez aucune intention d'acheter, la flânerie parmi les articles, tous en lien avec le design et la culture du XXe siècle, est magique.

Piazza Colonna et environs

CONFETTERIA MORIONDO & GARIGLIO CHOCOLAT

Plan p. 344 (06 699 08 56 ; moriondoegariglio.com/it ; Via del Piè di Marmo 21-22 ; 9h-19h30 lun-sam, 12h-19h30 dim ; Via del Corso). Le poète romain Trilussa (Carlo Alberto Salustri, 1871-1950) était si épris de cette chocolaterie – fondée par les fournisseurs turinois de la maison royale de Savoie – qu'il la cita dans ses vers, et on comprend pourquoi : c'est un vrai bijou. Décoré à la manière d'un salon de thé raffiné, l'endroit est spécialisé dans les chocolats artisanaux et les confiseries telles que les marrons glacés, dont beaucoup sont élaborées selon des recettes originales du XIXe siècle.

BARTOLUCCI JOUETS

Plan p. 344 (☎06 6919 0894 ; bartolucci.com ; Via dei Pastini 98 ; ⌚11h30-18h lun-ven, 12h-19h sam-dim ; 🚌Via del Corso). On ne résiste pas à l'envie d'entrer dans ce magasin de jouets féerique où tout est fait en bois. Près de l'entrée, un Pinocchio pédale mécaniquement sur son vélo, rêvant peut-être à la moto grandeur nature garée tout près. À l'intérieur, on trouve toutes sortes de coucous, de chevaux à bascule, d'avions et plus de Pinocchio que vous n'en verrez de toute votre vie.

MONOCLE MODE ET ACCESSOIRES

Plan p. 344 (☎06 683 36 68 ; monocle.it ; Via di Campo Marzio 13 ; ⌚10h30-19h30 lun-sam, 11h-19h dim ; 📶 ; 🚌Via del Corso). Cette boutique d'optique de luxe ne manque pas d'atouts : les designs audacieux et inattendus de créateurs indépendants comme Chrome Hearts, Katsura et Oliver Goldsmith sont privilégiés par rapport aux marques industrielles. Monocle y vend également sa propre ligne de parfums et d'eaux de Cologne.

LE TARTARUGHE MODE

Plan p. 344 (☎06 679 22 40 ; letartarughe.eu ; Via del Piè di Marmo 17 ; ⌚16h-19h30 lun, 10h30-19h30 mar-sam ; 🚌Via del Corso). Branchés, éclectiques et élégants, les modèles de Susanna Liso sont présentés au gré des saisons dans le cadre décontracté de sa boutique aux murs blancs. Ses vêtements en soie sauvage, cachemire et laine de mérinos, sont des versions modernisées et colorées de styles plus classiques. Une belle ligne d'accessoires originaux vient compléter l'ensemble.

Tridente, Trevi et Quirinal

PIAZZA DEL POPOLO ET ENVIRONS | PIAZZA DI SPAGNA ET ENVIRONS | FONTAINE DE TREVI | QUIRINAL ET ENVIRONS | PIAZZA BARBERINI ET ENVIRONS | PIAZZA DI TREVI, COLLINE DU QUIRINAL ET ENVIRONS

Notre sélection

❶ **L'escalier de la Trinité-des-Monts** (p. 107), emblématique point d'observation de la vie romaine.

❷ La **Basilica di Santa Maria del Popolo** (p. 108), joyau artistique méconnu dont la chapelle Cerasi abrite deux chefs-d'œuvre du Caravage.

❸ La visite guidée de la **Villa Médicis** (p. 112), ses appartements Renaissance, ses magnifiques jardins et sa vue sur Rome.

❹ Le **palais Barberini** (p. 110), merveille d'architecture baroque construite pour le pape Urbain VIII, orné de fresques de Pierre de Cortone et de toiles de maîtres, tels que Raphaël et le Caravage.

❺ **Le shopping** (p. 122) dans et autour de la Via dei Condotti, pour du prêt-à-porter de luxe, des parfums artisanaux, de l'argenterie de qualité et bien d'autres beaux objets.

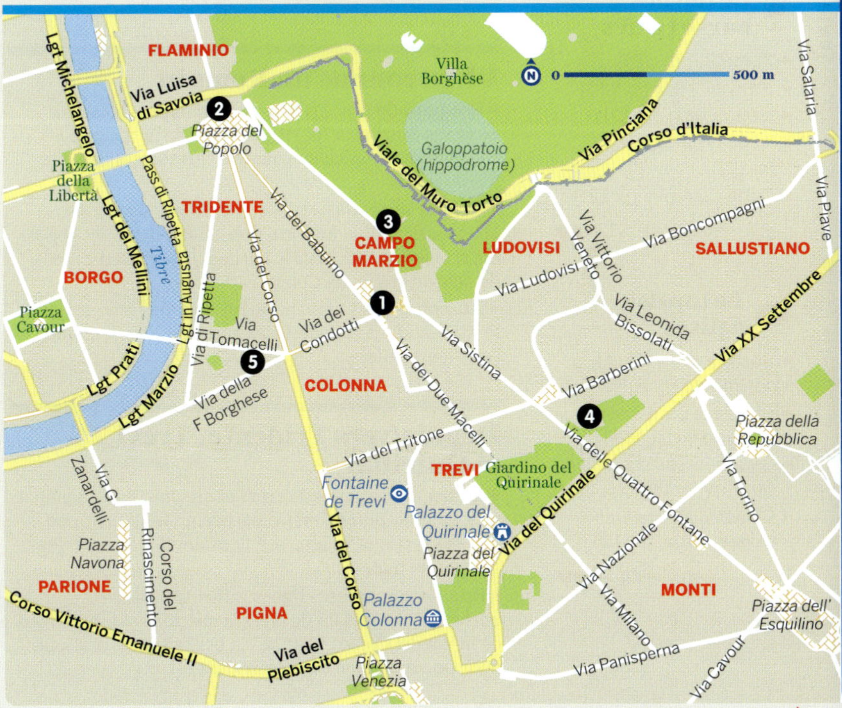

Pour un plan plus détaillé, reportez-vous p. 348

Bon plan Lonely Planet

Organisez vos visites en tenant compte des horaires d'ouverture : la Galleria Colonna n'ouvre que le samedi matin ; le palais Barberini ferme le lundi, nombre d'églises au moment du déjeuner : vous devrez réserver pour le Palazzo del Quirinale.

Le top des restaurants

- Colline Emiliane (p. 120)
- Hostaria Romana (p. 120)
- Il Margutta (p. 116)
- Fatamorgana Corso (p. 115)
- Il Chianti (p. 118)

Voir détails p. 115.

Le top des bars et cafés

- Zuma Bar (p. 121)
- Stravinkij Bar (p. 120)
- Il Palazzetto (p. 121)
- Antico Caffè Greco (p. 121)
- Caffè Ciampini (p. 121)

Voir détails p. 120.

Le top des églises

- Basilica di Santa Maria del Popolo (p. 108)
- Chiesa di Sant'Andrea al Quirinale (p. 113)
- Chiesa di San Carlo alle Quattro Fontane (p. 114)
- Chiesa di Santa Maria della Vittoria (p. 115)

Voir détails p. 111.

Découvrir Tridente, Trevi et Quirinal

Quartier le plus chic de Rome, le Trident ne se résume pas à ses boutiques de grandes marques, ses bars à la mode et ses hôtels de luxe. Le secteur mérite qu'on lui consacre une journée entière et se visite facilement à pied – desservi par les stations de métro Spagna et Flaminio, il se situe à une courte distance du centre historique et de la Piazza Venezia. Commencez par prendre un café accoudé au bar du vieux Antico Caffè Greco (p. 121) puis découvrez les fleurons de l'architecture néoclassique que sont l'escalier de la Trinité-des-Monts (p. 107) et la Piazza del Popolo (p. 111) ainsi que quelques sites moins connus comme le Museo dell'Ara Pacis (p. 111), la Casa di Goethe (p. 112) et la Keats-Shelley House (p. 112). Gardez un peu de temps pour du lèche-vitrines et déjeunez sans vous presser : côté restauration, vous aurez l'embarras du choix.

Prévoyez au moins un jour supplémentaire pour explorer la colline du Quirinal et le secteur de Trevi. Vous y trouverez la fameuse fontaine de Trevi (p. 109), le palais Barberini (p. 110) et la Chiesa di San Carlo alle Quattro Fontane (p. 114), à voir en priorité, mais aussi d'autres églises et palais, des musées d'art et des sites antiques. De bonnes tables se cachent parmi les pièges à touristes qui émaillent les abords de la fontaine. Animé en journée, le quartier s'assoupit à la nuit tombée.

Vivre comme un Romain

- **Promenade** Jouez à *Vacances romaines* le long de la Via Margutta (p. 111) couverte de lierre, une rue piétonne bordée de galeries d'art et de magasins d'antiquités.
- **Achats** Vous trouverez votre bonheur parmi les artisans de la Via dell'Oca, près de la Piazza del Popolo, ou, si votre bourse vous le permet, dans les enseignes de luxe de la Via dei Condotti.
- **Brunch** Il Margutta (p. 116) et Babette (uniquement le week-end ; p. 116) sont très appréciés des Romains pour leurs buffets.

Depuis/vers Tridente, Trevi et Quirinal

- **Métro** Les secteurs de Trevi et du Quirinal s'étendent près de la station de métro Barberini, le Trident non loin des stations Spagna et Flaminio. Ces trois arrêts sont sur la ligne A.
- **Bus** De nombreuses lignes rallient la Piazza Barberini ; beaucoup de bus s'arrêtent à l'extrémité sud de la Via del Corso et sur la Via del Tritone – pratique pour une incursion dans le Trident.

LES INCONTOURNABLES
PIAZZA DI SPAGNA ET ESCALIER DE LA TRINITÉ-DES-MONTS

S'élevant majestueusement de la Piazza di Spagna, l'escalier de la Trinité-des-Monts, surnommé l'Escalier espagnol, est l'un des monuments emblématiques de Rome et un point de rendez-vous prisé.

La Piazza di Spagna doit son nom à sa proximité avec l'ambassade d'Espagne auprès du Saint-Siège. Pourtant, l'escalier de la Trinité-des-Monts (Scala della Trinità dei Monti) qui en part, dessiné par l'Italien Francesco De Sanctis, fut construit en 1725 grâce à des fonds français. Ses 135 marches montent jusqu'à l'église de la Trinité-des-Monts (Chiesa della Trinità dei Monti, p. 112). L'escalier a rouvert en septembre 2016 après une restauration d'envergure financée par le joaillier Bulgari. Au sud se tient la Keats-Shelley House (p. 110) où le poète romantique John Keats mourut en 1821.

Au pied de l'escalier, la **Barcaccia** (1627) (photo ci-dessus), une fontaine figurant une barque en train de prendre l'eau, est attribuée à Pietro Bernini, père du Bernin. Elle est alimentée par l'aqueduc antique d'Aqua Virgo (Acqua Vergine en italien), comme les fontaines de la Piazza del Popolo et de Trevi. La pression hydraulique étant faible à cet endroit, elle a été ingénieusement surbaissée. Les abeilles et les soleils décorant ce monument sont des emblèmes de la famille Barberini, commanditaire de la fontaine.

Jouxtant la Piazza di Spagna sur la droite, la Piazza Mignanelli est dominée par la Colonna dell'Immacolata, érigée en 1857 pour commémorer la proclamation par le pape Pie IX du dogme de l'Immaculée Conception. Le souverain pontife vient désormais y déposer un bouquet tous les 8 décembre.

NOS CONSEILS

- Évitez une lourde amende (jusqu'à 400 €) ! Il est désormais interdit de s'asseoir, boire, manger ou faire rouler valises ou poussettes sur les marches.
- Faites un tour dans le quartier pour la Mostra delle Azalee, fin mars/début avril, lorsque des centaines de pots d'azalées embellissent l'escalier.

INFOS PRATIQUES

- Plan p. 348, D4
- Ⓜ Spagna

LES INCONTOURNABLES
BASILICA DI SANTA MARIA DEL POPOLO

Superbe écrin d'art, c'est l'une des plus anciennes et des plus riches églises Renaissance de Rome, dont certaines parties furent conçues par Bramante et le Bernin. De grandes familles romaines confièrent au Caravage, au Bernin et à Caracci, pour ne citer qu'eux, la décoration des chapelles.

Histoire

Une chapelle fut bâtie ici en 1099 au nom du *popolo romano* (peuple romain), à l'emplacement des tombes de la famille Domiti, pour éloigner l'esprit de Néron, secrètement enseveli à cet endroit et qui, selon la croyance, hantait les lieux. Parmi les modifications ultérieures, les plus importantes furent réalisées à partir de 1472 à l'initiative de Sixte IV – notamment le remaniement du chœur par Bramante, la conception de la chapelle Chigi par Raphaël et l'ajout de fresques par le Pinturicchio entre la fin du XVe siècle et le début du XVIe siècle. À noter aussi dans l'abside, les premiers vitraux de Rome, réalisés par le Français Guillaume de Marcillat à la même époque. Les deux œuvres magistrales du Caravage intégrèrent les lieux en 1601. Enfin, le Bernin remodela à nouveau l'église au XVIIe siècle.

NOTRE CONSEIL

- Emportez des pièces de 1 € pour activer l'éclairage des chefs-d'œuvre du Caravage pendant quelques minutes et écouter les explications sur la chapelle Della Rovere.

INFOS PRATIQUES

- Plan p. 348, A1
- ☎392 3612243
- smariadelpopolo.com
- Piazza del Popolo 12
- 7h30-12h30 et 16h-19h lun-sam, 7h30-13h30 et 16h30-19h dim
- Ⓜ Flaminio

Chapelle Cerasi

Point phare de l'église, la chapelle à gauche du maître-autel abrite deux toiles du Caravage de 1601, *La Crucifixion de saint Pierre* et *La Conversion de saint Paul sur le chemin de Damas*, placées en vis-à-vis. Il s'agit pour cette dernière d'une seconde version, la première ayant été refusée par son commanditaire. *La Crucifixion de saint Pierre* frappe par son réalisme : l'artiste utilise la perspective pour accentuer la sensation du poids de la croix, tandis que le visage du saint exprime une humanité poignante. Entre ces tableaux trône *L'Assomption* (vers 1660) d'Annibal Carrache.

Chapelle Chigi

Raphaël dessina pour son mécène, le richissime banquier Agostino Chigi, la deuxième chapelle à gauche en entrant dans l'église. Il mourut hélas avant son achèvement, dont le Bernin se chargea plus d'un siècle plus tard, ajoutant les statues de Daniel et d'Habacuc de part et d'autre de l'autel conçu par Sebastiano del Piombo. Du projet initial ne subsistent que les mosaïques du pavement, en particulier le squelette ailé à genoux sur la tombe du commanditaire, rappelant aux mortels le destin qui les attend.

Chapelle Della Rovere

Peintes par Pinturicchio à la fin du XVe siècle, les fresques des lunettes retraçant la vie de saint Jérôme, à qui la chapelle est dédiée, et la *Nativité* au-dessus de l'autel brillent de couleurs chatoyantes.

CATARINA BELOVA / SHUTTERSTOCK ©

LES INCONTOURNABLES
FONTAINE DE TREVI

La plus célèbre fontaine de Rome est une exubérante création baroque en marbre blanc qui occupe quasiment toute la place qui l'accueille. Cet ouvrage de 20 m de large sur 26 m de haut, dessiné par Nicola Salvi en 1732, représente le char de Neptune tiré par des tritons et des chevaux marins – l'un sauvage, l'autre docile – symbolisant les humeurs de l'océan. C'est au milieu de son bassin qu'Anita Ekberg se baigna en robe de soirée pour une scène culte de *La Dolce Vita* (1960) de Federico Fellini.

Provenant des sources de Salone, à 19 km, l'eau de la fontaine est acheminée par l'Aqua Virgo, un aqueduc souterrain de plus de 2 000 ans. Le nom de Trevi fait référence aux *tre vie* (trois rues) qui convergent vers la fontaine.

Sur la partie est du monument se dresse une imposante urne en pierre. Selon la légende, Salvi aurait été harcelé durant la construction par un barbier très critique de son travail et dont l'échoppe se trouvait à l'est de la fontaine. Le sculpteur aurait fait poser cette urne pour gêner sa vue.

Une tradition bien connue depuis la sortie du film *La Fontaine des amours* (1954) consiste à jeter une pièce dans le bassin par-dessus l'épaule, pour être assuré de revenir un jour à Rome. Les quelque 3 000 € qui échouent chaque jour dans le bassin sont collectés quotidiennement et reversés à l'ONG catholique Caritas. Ce montant a augmenté de manière significative depuis que des mesures drastiques ont été prises à l'encontre des particuliers qui récupéraient l'argent pour leur compte.

La maison de couture Fendi a investi 2,18 millions d'euros dans la restauration de la fontaine avant d'y organiser un défilé de mode pour célébrer son 90e anniversaire en 2016.

NOS CONSEILS

- Jetez votre pièce de monnaie dans la fontaine comme le veut l'usage, de la main droite par-dessus l'épaule gauche.
- Il est strictement interdit de patauger dans l'eau, ainsi que de manger ou de boire sur les marches. Les contrevenants encourent jusqu'à 400 € d'amende.
- Venez le soir pour admirer la fontaine illuminée.

INFOS PRATIQUES

- Fontana di Trevi
- Plan p. 348, D6
- Piazza di Trevi
- Ⓜ Barberini

LES INCONTOURNABLES
GALLERIA D'ARTE ANTICA – PALAZZO BARBERINI

L'impressionnant Palazzo Barberini renferme une collection d'art éclectique comprenant des chefs-d'œuvre de Raphaël, le Caravage, Giovanni Bellini et Filippo Lippi. Il est orné d'un escalier monumental et d'une salle de réception extraordinaire dont les fresques ont été peintes par Pierre de Cortone.

Le palais

Ce somptueux édifice baroque fut commandé par le Florentin Maffeo Barberini (1568-1644) pour célébrer son accession au trône pontifical en 1623 sous le nom d'Urbain VIII. Les plus grands architectes du XVIIe siècle, dont les rivaux de toujours, le Bernin et Borromini, travaillèrent à sa réalisation – le premier conçut un escalier de forme carré, le second un escalier hélicoïdal – de même que Carlo Maderno. La famille Barberini vécut dans le palais jusqu'en 1955.

Rez-de-chaussée

Les salles 1 à 6 présentent des tableaux de la période médiévale et du début de la Renaissance provenant de Toscane, d'Ombrie et des Marches. Remarquez en particulier, dans la salle 3, la lumineuse *Annonciation* (1440-1445) de Filippo Lippi, avec en fond l'*hortus conclusus* (jardin clos) symbolisant la pureté virginale. De l'autre côté du couloir, les salles 7 à 9 contiennent des œuvres de Lombardie, d'Émilie-Romagne et de Vénétie, ainsi que la *Sala delle Colonne* décorée par Pierre de Cortone.

NOTRE CONSEIL

- Valable pendant 20 jours, le billet d'entrée donne également accès à la Galleria Corsini (p. 180), autre superbe musée d'art dans le Trastevere.

INFOS PRATIQUES

- Galleria Nazionale d'Arte Antica
- Plan p. 348, F5
- ☎ 06 481 45 91
- barberinicorsini.org
- Via delle Quattro Fontane 13
- Tarif plein/18-25 ans 12/2 €
- ⏲ 10h-18h mar-dim
- Ⓜ Barberini

Premier étage

Au premier étage, consacré à l'art des XVe et XVIe siècles, vous pourrez admirer dans la salle 10 des tableaux de Piero di Cosimo et d'Andrea del Sarto. La salle 12 abrite la célèbre *Fornarina* (vers 1520) de Raphaël, portrait supposé de Margherita Luti, fille d'un boulanger du Trastevere et maîtresse du peintre. Citons également des œuvres majeures du Greco, du Pérugin, de Bronzino et de Guido Reni. Le *Portrait de Beatrice Cenci* (1599), réalisé par ce dernier, représente une jeune fille noble décapitée en 1599 pour le meurtre de son père violent. Le Caravage, dont les toiles *Saint François en méditation* (1606), *Narcisse* (1597-598) et *Judith et Holopherne* (vers 1598-599) sont exposées dans la salle 20, aurait assisté à son exécution. La foule soutenait alors largement Beatrice.

Salone Pietro da Cortona

L'immense salon de réception du premier étage arbore au plafond la fresque du *Triomphe de la divine Providence*, peinte par Pierre de Cortone et ses élèves entre 1632 et 1639 pour célébrer le pouvoir spirituel et politique de la famille Barberini.

À VOIR

Le quartier regroupe nombre de monuments phares : l'escalier de la Trinité-des-Monts, la fontaine de Trevi, la Basilica di Santa Maria del Popolo et le Palazzo Barberini, pour n'en citer que quelques-uns. Si la foule des touristes vous pèse, dirigez-vous vers les belles villas, églises et autres sites moins connus et riches en art.

Piazza del Popolo et environs

BASILICA DI SANTA MARIA DEL POPOLO — BASILIQUE

Voir p. 108.

VIA MARGUTTA — RUE

Plan p. 348 (MSpagna). Petits magasins d'antiquités, galeries et boutiques d'art abondent dans la Via Margutta, l'une des plus belles rues piétonnes pavées de Rome, parsemée de *palazzi*. La rue porte le nom d'une famille de barbiers du XVIe siècle mais est depuis longtemps associée à l'art et aux artistes : Picasso travailla dans une galerie au n° 54, et les futuristes italiens y tinrent leur première réunion en 1917.

MUSEO DELL'ARA PACIS — MUSÉE

Plan p. 348 (☎06 06 08 ; arapacis.it ; Lungotevere in Augusta ; tarif plein/réduit 10,50/8,50 €, 13/11 $ incl exposition temporaire ; ⏲9h30-19h30 ; MFlaminio). Premier édifice moderne construit dans le centre historique de Rome après la Seconde Guerre mondiale, ce pavillon de Richard Meier en marbre et en verre abrite l'*Ara Pacis Augustae* (autel de la paix d'Auguste), achevé en 13 av. J.-C. en l'honneur de la paix ramenée par l'empereur dans le monde romain. Il s'élevait à l'origine sur le Champ de Mars.

L'imposante construction de marbre (11,6 m sur 10,6 m et 3,6 m de haut),

LES INCONTOURNABLES PIAZZA DEL POPOLO

Aménagée en 1538 pour marquer de façon grandiose la principale entrée nord de Rome, d'où la Via Flaminia reliait la ville à l'Italie septentrionale, cette place fut remaniée à plusieurs reprises. Giuseppe Valadier la dota notamment d'une ellipse monumentale en 1823. La place servit également de scène aux exécutions publiques jusqu'en 1826.

Au centre se dresse l'**obélisque** (36 m) (plan p. 348) rapporté par Auguste d'Héliopolis (delta du Nil). À l'origine, il était installé dans le Circus Maximus. À l'est, les **jardins du Pincio** (plan p. 348) surplombent la place. Le Pincio ne fait pas partie des sept collines originelles de Rome, car il se trouvait alors en dehors des limites de la cité – il y fut intégré au IIIe siècle lors de la construction du mur d'Aurélien.

Au sud de la place s'élèvent la **Chiesa di Santa Maria dei Miracoli** (plan p. 348 ; ☎06 361 02 50 ; Via del Corso 528 ; ⏲7h-12h30 et 16h-19h30) et la **Chiesa di Santa Maria in Montesanto** (Chiesa degli Artisti ; plan p. 348 ; chiesadegliartisti.it ; Piazza del Popolo 18 ; ⏲10h-12h et 17h-20h lun-ven, 10h-12h sam, 11h-13h30 dim), églises baroques jumelles conçues par Carlo Rainaldi au XVIIe siècle.

Au nord, la magnifique **Basilica di Santa Maria del Popolo** (p. 108) riche en œuvres d'art, s'élève à côté de la **Porta del Popolo** (plan p. 348), créée par le Bernin en 1655 pour célébrer la venue à Rome de Christine de Suède, nouvellement convertie au catholicisme.

NOS CONSEILS

- La montée abrupte jusqu'aux jardins du Pincio dévoile de jolies vues sur Saint-Pierre et la colline du Janicule.
- Venez plutôt en fin de journée, quand le soleil couchant enveloppe la place d'une lumière dorée, pour savourer le spectacle à la terrasse d'un café.

INFOS PRATIQUES

- Plan p. 348, A1
- MFlaminio

entièrement décorée de bas-reliefs et percée de deux portes, correspond à l'enceinte à ciel ouvert qui protège l'autel sacrificiel, accessible par des volées de marches. D'une grande finesse de réalisation, les frises extérieures sacralisent le pouvoir d'Auguste et l'inscrivent dans l'histoire de Rome. Au moment de nos recherches, la visite en réalité augmentée, l'Ara com'era, permettant de découvrir l'Ara Pacis avec ses couleurs d'origine (les fresques étaient en effet intégralement peintes) n'était plus proposée.

CASA DI GOETHE — MUSÉE

Plan p. 348 (☎06 326 50 412 ; casadigoethe.it ; 1er niv., Via del Corso 18 ; tarif plein/réduit 6/5 € ; ⌚10h-18h mar-dim ; Ⓜ Flaminio). Ancien lieu de rencontre des intellectuels allemands, l'appartement de la Via del Corso accueillit Goethe de 1786 à 1788. Il a depuis été transformé en un petit musée soigneusement entretenu où l'on peut notamment voir de fascinantes gravures de Piranèse représentant Rome au XVIIIe siècle, des esquisses et lettres de Goethe, plus quelques charmants croquis du poète réalisés par son ami peintre Tischbein. À condition d'en avoir fait la demande à l'avance, il est possible d'accéder à la bibliothèque dans laquelle sont conservées un grand nombre d'éditions originales.

Piazza di Spagna et environs

PIAZZA DI SPAGNA ET ESCALIER DE LA TRINITÉ-DES-MONTS — PLACE

Voir p. 105.

ÉGLISE DE LA TRINITÉ-DES-MONTS — ÉGLISE

Plan p. 348 (☎06 679 41 79 ; trinitadeimonti.net/it/la-chiesa ; Piazza Trinità dei Monti 3 ; ⌚10h-20h lun-mar-jeu-ven-sam, 12h-20h mer, 9h-20h dim ; Ⓜ Spagna). Fameuse pour le panorama qu'elle offre sur Rome, la grandiose Chiesa della Trinità dei Monti surplombe l'escalier de la Trinité-des-Monts (p. 107). Consacrée en 1585, elle fut commandée par le roi de France Louis XII, au moment des guerres d'Italie. L'église, le couvent et diverses institutions associées sont la propriété des Pieux Établissements de la France à Rome et à Lorette. L'intérieur est orné de superbes fresques de Daniele da Volterra, dont une *Descente de Croix* (2e chapelle sur la gauche) considérée comme un fleuron de la peinture maniériste romaine.

VILLA MÉDICIS — PALAIS, JARDINS, EXPOSITIONS

Plan p. 348 (Villa Medici ; ☎06 676 13 11 ; villamedici.it/fr ; Viale Trinità dei Monti 1 ; visite guidée tarif plein/réduit 12/9 €, 14/11 $ incl exposition temporaire ; ⌚11h-19h mer-lun ; Ⓜ Spagna). Construite pour le cardinal Ricci di Montepulciano en 1540, cette somptueuse demeure Renaissance fut achetée par Ferdinand de Médicis en 1576. Napoléon l'acquit en 1803 et en fit don à l'Académie de France à Rome, fondée en 1666 par Louis XIV. Elle accueille depuis des artistes et écrivains français en résidence, lauréats du prix de Rome. Des visites guidées (1 heure 30) en plusieurs langues permettent d'admirer ses merveilleux jardins paysagers remplis de sculptures, sa pergola peuplée d'oiseaux peinte en trompe-l'œil par Jacopo Zucchi (1577) et les appartements privés du cardinal. Remarquez les fragments de reliefs antiques provenant de l'Ara Pacis incrustés dans les murs de la villa.

KEATS-SHELLEY HOUSE — MUSÉE

Plan p. 348 (☎06 678 42 35 ; ksh.roma.it ; Piazza di Spagna 26 ; tarif plein/réduit 6/5 € ; ⌚10h-13h et 14h-18h lun-sam ; Ⓜ Spagna). C'est dans cette maison, près de l'escalier de la Trinité-des-Monts, que le poète romantique anglais John Keats mourut de la tuberculose en février 1821, à l'âge de 25 ans. Il était arrivé à Rome en 1820, pensant que le climat italien lui serait salutaire, et louait deux pièces au 3e étage avec son compagnon de voyage, le peintre Joseph Severn (1793-1879). Quasiment inchangé depuis sa transformation en musée en 1909, l'appartement aux murs couverts de livres témoigne de la vie frugale des deux hommes et abrite une exposition sur les poètes romantiques.

VIA DEI CONDOTTI — RUE COMMERÇANTE

Plan p. 348 (Ⓜ Spagna). La rue commerçante la plus chic de la ville est un paradis pour les amateurs de shopping haut de gamme et de lèche-vitrines. À son extrémité est, du côté de la Piazza di Spagna, se trouve l'Antico Caffè Greco, lieu de rendez-vous favori des écrivains aux XVIIIe et XIXe siècles. Parmi les autres grandes rues commerçantes du quartier, citons la Via Frattina, la Via della Croce, la Via delle Carrozze et la Via del Babuino.

LES INCONTOURNABLES
PALAZZO DEL QUIRINALE

L'impressionnant palais présidentiel qui trône au sommet du Quirinal, l'une des sept collines de Rome, servit de résidence d'été aux papes pendant trois siècles, avant de devenir la résidence royale en 1870, puis celle du chef de l'État italien en 1948.

Les plus grands architectes – dont Borromini, le Bernin, Domenico Fontana et Carlo Maderno – œuvrèrent pendant 150 ans sur ce site choisi initialement par le pape Grégoire XIII (1572-585).

Des visites guidées en italien permettent de découvrir les lieux : le plus petit parcours comprend les somptueuses salles de réception ; le parcours long inclut en plus les jardins et la collection de carrosses. Parmi les chefs-d'œuvres des lieux figurent une galerie décorée par Pietro Da Cortona, des fresques du XVIe siècle et la chapelle Pauline dont la belle voûte est décorée de stucs et de dorures. La relève de la garde a lieu devant le palais le dimanche à 18h en été, à 16h le reste de l'année.

De l'autre côté de la place, les anciennes écuries du palais, les **Scuderie al Quirinale** (plan p. 348 ; ☎06 8110 02 56 ; www.scuderiequirinale.it ; Via XXIV Maggio 16 ; tarif plein/réduit 15/13 € ; ⏲10h-20h dim-jeu, 10h-21h30 ven-sam) ont été transformées en un lieu magnifique qui accueille d'excellentes expositions d'art : on a pu y admirer récemment des rétrospectives consacrées à Matisse, Frida Kahlo ou Picasso.

NOS CONSEILS

- Seule façon de voir le palais, les visites guidées (uniquement en italien) sont à réserver au moins 5 jours à l'avance par téléphone ou en ligne.
- Elles passent par l'entrée de service, dans la Via del Quirinale ; arrivez 15 minutes avant votre créneau horaire, muni d'une pièce d'identité.

INFOS PRATIQUES

- Plan p. 348, E7
- palazzo.quirinale.it
- Piazza del Quirinale
- 06 46 991
- ⏲9h30-13h ven-sam-dim, fermé août
- 🚌Via Nazionale, Ⓜ Repubblica

Piazza di Trevi, colline du Quirinal et environs

FONTAINE DE TREVI — FONTAINE

Voir p. 109.

PIAZZA DEL QUIRINALE — PLACE

Plan p. 348 (🚌Via Nazionale, Ⓜ Repubblica). Merveilleux endroit pour apprécier un coucher de soleil romain, cette place dominée par l'imposant palais présidentiel, le Palazzo del Quirinale (p. 113), marque le sommet de la colline du Quirinal. L'obélisque central, transféré ici depuis le **mausolée d'Auguste** (plan p. 348 ; mausoleodiaugusto.it ; Piazza Augusto Imperatore ; 🚌Piazza Augusto Imperatore) en 1786, est flanqué de deux statues de 5,5 m de haut : elles représentent Castor et Pollux tenant par la bride de fougueux chevaux. Assistez à la relève hebdomadaire de la garde le dimanche à 18h en été et à 16h le reste de l'année.

CHIESA DI SANT'ANDREA AL QUIRINALE — ÉGLISE

Plan p. 348 (Chiesa di Sant'Andrea al Quirinale ; ☎06 481 93 99 ; santandrea.gesuiti.it ; Via del Quirinale 29 ; ⏲9h-12h et 15h-18h mar-dim ; Ⓜ Repubblica). Construite entre 1658 et 1678, l'église Saint-André-du-Quirinal est considérée comme l'un des chefs-d'œuvre du Bernin qui, dit-on, aimait venir profiter de son calme à la fin de sa vie. Malgré un espace très réduit, il parvint à créer un effet grandiose en adoptant un plan en ellipse ouvrant sur une série de chapelles latérales. Cherchez les chérubins qui observent les fidèles du haut de la lanterne et du maître-autel.

CHIESA DI SAN CARLO ALLE QUATRO FONTANE — ÉGLISE

Plan p. 348 (06 48 90 77 29 ; Via del Quirinale 23 ; sancarlino.eu ; cloître 1 € ; 10h-13h lun-sam ; M Repubblica). Fleuron du baroque romain, la petite église Saint-Charles-aux-Quatre-Fontaines, aussi appelée San Carlino et construite à partir de 1638, fut la première dessinée par Francesco Borromini – qui n'en acheva toutefois la façade qu'en 1667. Son espace exigu, habilement exploité par un plan complexe, est un lieu de lumière et de beauté, notamment grâce au jeu des surfaces convexes et concaves et à la coupole éclairée par des fenêtres dissimulées. Son nom vient des quatre fontaines de la fin du XVIe siècle, allégories du Tibre, de l'Arno, de Junon (la Force) et de Diane (la Fidélité), qui ornent le carrefour où elle se dresse.

DOMUS ROMANE DI PALAZZO VALENTINI — SITE ARCHÉOLOGIQUE

Plan p. 348 (06 2276 1280 ; palazzovalentini.it ; Via Foro Traiano 85 ; tarif plein/réduit 12/8 €, frais de réservation 1,50 $; 10h-18h ven-dim ; ; M Barberini). Sous le palais qui héberge l'administration de la province de Rome (aujourd'hui ville métropolitaine de Rome Capitale) depuis 1873, des archéologues ont mis au jour les vestiges de plusieurs maisons antiques cossues. Le site propose un intéressant parcours multimédia à ce sujet et des visites sont programmées toutes les 30 minutes, alternant différentes langues dont le français. Réservez sur Internet ou par téléphone (frais de réservation 1,50 €), surtout pendant les périodes de vacances.

BASILICA DEI SANTI APOSTOLI — BASILIQUE

Plan p. 348 (Piazza dei Santissimi Apostoli 51 ; 7h-12h et 16h-19h ; M Repubblica). Datant du VIe siècle mais profondément remaniée, la basilique des Saints-Apôtres fut édifiée pour abriter les reliques des apôtres Jacques le Mineur et Philippe, conservées dans la crypte. Sa façade composite inclut un portique à arcades Renaissance et 13 imposantes statues. L'intérieur, résolument baroque, fut achevé en 1714 par Carlo et Francesco Fontana. Remarquez sur la voûte les fresques représentant *Le Triomphe de*

LES INCONTOURNABLES
PALAZZO COLONNA

Plus grand palais privé de Rome, la demeure historique de la famille Colonna renferme une riche collection d'art. Le samedi, d'intéressantes visites guidées permettent d'admirer la collection, les salles de réception et les jardins à la française. Tout au long du parcours, les guides partagent des anecdotes sur la famille, notamment sur Marcantoni II Colonna, héros de la bataille de Lépante (1571).

La Galleria Colonna fut spécialement commandée à Antonio Del Grande en 1654 pour accueillir la collection. Les plafonds de ses six salles arborent de remarquables fresques dédiées à Marcantonio II. Parmi le bel ensemble de peintures du XVIe au XVIIIe siècle figurent le fameux *Mangeur de fèves* (1580-1590) d'Annibal Carrache et *Vénus, Cupidon et un satyre* (1553-1555) de Bronzino – aux côtés d'œuvres de Tintoret, le Guerchin, Guido Reni et Veronèse, pour ne citer qu'eux. Le **Grand Salon** servit de décor aux dernières scènes du film *Vacances romaines* (1953) de William Wyler. Remarquez le boulet de canon qui s'est logé dans les marches en marbre de la galerie lors du siège de Rome en 1849.

Des billets combinés incluent les jardins et les somptueux appartements de la princesse Isabelle (née Sursock), une fille de riches banquiers libanais qui épousa Marcantonio VII Colonna en 1909.

NOS CONSEILS

- La galerie n'ouvre que le samedi.
- Des visites guidées, incluses dans le billet d'entrée, ont lieu chaque vendredi (en français à 10h30, en anglais à 10h, en italien à 9h30, 10h et à 10h30).

INFOS PRATIQUES

- Plan p. 348, D8
- 06 678 43 50
- galleriacolonna.it/fr
- Via della Pilotta 17
- Visite complète/réduite 25/15 €
- 9h30-13h sam, fermé août
- M Colosseo

l'ordre des Franciscains (1706), peinte par le Baciccia et le grandiose tombeau du pape Clément XIV réalisé par Antonio Canova en 1787.

Piazza Barberini et Via Veneto

PIAZZA BARBERINI — PLACE

Plan p. 348 (M Barberini). Cette place envahie par la circulation ne retient pas longtemps les promeneurs contemplatifs. Baptisée du nom d'une des grandes familles de Rome, elle comporte deux fontaines du Bernin : la **Fontana del Tritone** (fontaine du Triton), au centre, et la **Fontana delle Api** (fontaine des Abeilles), à l'angle nord-est.

CONVENTO DEI CAPPUCCINI — MUSÉE

Plan p. 348 (06 4464 211 ; fraticappuccini.it/new_site ; Piazzale San Lorenzo 3 ; tarif plein/réduit 8,50/5 € ; 9h-18h30 ; M Barberini). Cet ensemble composé d'une église et d'un couvent est peut-être le site le plus étrange de Rome. De 1732 à 1775, les moines capucins ont utilisé les ossements de 3 700 de leurs frères défunts pour créer un macabre *memento mori* – une allée de 30 m de long desservant six cryptes, où tout, des torchères jusqu'aux cadres des tableaux, est fait d'ossements humains. Chaque crypte porte le nom du type d'os utilisé pour la décoration (crâne, tibias, pelvis, etc.). On y voit une arche érigée à partir de centaines de crânes, des fleurs de lis constituées de vertèbres et des lanternes en fémurs. Particulièrement macabres, certains squelettes vêtus de leur robe de bure sont disposés dans des postures monacales.

Le musée multimédia retraçant l'histoire de l'ordre des Capucins abrite une œuvre attribuée au Caravage, *Saint François en méditation* (vers 1603). Ne manquez pas la **Chiesa dei Cappuccini** (1626) attenante, accessible par l'escalier extérieur. Audioguide disponible (italien, anglais ou espagnol ; 5 €).

CHIESA DI SANTA MARIA DELLA VITTORIA — ÉGLISE

Plan p. 360 (06 4274 0571 ; turismoroma.it/en/places/church-santa-maria-della-vittoria ; Via XX Settembre 17 ; 7h-12h et 15h30-19h15 ; M Repubblica). Conçue par Carlo Maderno, cette église à la sobre façade abrite l'un des plus grands chefs-d'œuvre du baroque : l'*Extase de sainte Thérèse*, du Bernin. Mise en scène dans la chapelle Cornaro (la 4e chapelle du côté nord), cette sculpture représente Thérèse d'Avila (1515-1582, canonisée en 1622) en plein ravissement, à demi allongée sur un nuage et noyée sous les plis de son vêtement flottant. Un ange perce à plusieurs reprises son cœur d'une flèche d'or.

GAGOSIAN GALLERY — GALERIE D'ART

Plan p. 348 (06 420 86 498 ; gagosian.com ; Via Francesco Crispi 16 ; 10h30-19h mar-sam ; M Barberini). GRATUIT Ouverte en 2007, la galerie romaine de Larry Gagosian, l'un des plus grands marchands d'art contemporain, a accueilli les noms les plus illustres, de Cy Twombly à Damien Hirst ou Lawrence Weiner. Aménagée dans une ancienne banque des années 1920, elle a été conçue par l'architecte romain Firouz Galdo et par l'Anglais Caruso St John.

OÙ SE RESTAURER

Dans ce royaume de l'opulence, les restaurants chics côtoient les boutiques de mode et couvrent tout l'éventail culinaire disponible à Rome. Autour du Quirinal et de la fontaine de Trevi, évitez les établissements pour touristes avec menus en anglais, serveurs postés dans la rue à l'affût du client, ou pire, assiettes en plastique disposées sur les tables. Optez plutôt pour l'une des perles du quartier, notamment près du palais présidentiel et du Parlement.

Piazza del Popolo et environs

FATAMORGANA CORSO — GLACIER €

Plan p. 348 (06 3265 2238 ; gelateriafatamorgana.com ; Via Laurina 10 ; cône et pot 2,50-5 € ; 12h-23h ; M Flaminio). Les *gelati* entièrement naturelles et sans gluten de Fatamorgana sont probablement les meilleures glaces artisanales de Rome. Les parfums, originaux ou classiques mais toujours divins, sont faits à partir d'excellents produits de saison. Plusieurs autres adresses en ville.

GELATERIA DEI GRACCHI — GLACIER €

Plan p. 348 (06 322 47 27 ; gelateriadeigracchi.it ; Via di Ripetta 261 ; cône et pot 2,50-5,50 € ; 12h-21h mar-jeu, 12h-23h ven ; M Flaminio). Située entre la Piazza del Popolo et l'escalier de la Trinité-des-Monts, cette enseigne de

100% LOCAL

CURIOSITÉS CACHÉES

Quand la foule de touristes se fait trop pressante devant la fontaine de Trevi, allez vous réfugier en face, dans la **Chiesa dei Santi Vincenzo e Anastasio** (plan p. 348 ; diocesidiroma.it ; Vicolo dei Modelli 72 ; 9h-13h et 16h-20h ; M Barberini). Longtemps connue comme la "paroisse pontificale" en raison de sa proximité avec la résidence des papes sur la colline du Quirinal, cette église du XVIIe siècle abrite des urnes renfermant les *precordi* (cœurs et organes internes) de dizaines de papes, dans une petite chapelle fermée à droite de l'abside. Cette pratique débuta sous le pape Sixte Quint (1585-1590) et se poursuivit jusqu'à ce que le pape Pie X (vers 1903-1914) y mette fin au XXe siècle.

Pour découvrir un autre trésor caché à l'écart de la foule, dirigez-vous vers l'ouest depuis la fontaine de Trevi en empruntant la rue piétonne Via delle Muratte, puis tournez à gauche et rejoignez la **Galleria Sciarra** (plan p. 348 ; Via Marco Minghetti 9-10 ; M Barberini). Ce beau passage couvert d'une verrière Art nouveau est décoré de fresques représentant la noble Romaine du XIXe siècle sous toutes ses coutures : épouse, mère, musicienne, etc. Repérez le seul homme présent : l'écrivain romantique Gabriele D'Annunzio. La verrière et les fresques datent de 1890, lorsque la riche famille Sciarra rénova la galerie. On y accède par le Palazzo Sciarra Colonna di Carbognano (XVIe siècle). Les travaux de restauration qui rendaient la cour inaccessible lors de notre passage devaient s'achever fin 2019.

la vénérable Gelataria dei Gracchi proche du Vatican est réputée pour ses glaces aux parfums classiques fabriquées avec des ingrédients de choix. Ouvert jusqu'à minuit du jeudi au dimanche en été.

♥ IL MARGUTTA — VÉGÉTARIEN €€

Plan p. 348 (06 3265 0577 ; ilmargutta.bio ; Via Margutta 118 ; buffet déj semaine/week-end 15/25 €, repas complet à partir de 50 € ; 10h30-23h30 mar-sam, 10h30-17h dim ; ; M Spagna, Flaminio). Au déjeuner, cette galerie d'art-bar-restaurant est pleine de Romains venus savourer son buffet à volonté d'un bon rapport qualité/prix. Tout est bio et la carte du soir, à base de légumes frais et secs, s'avère particulièrement créative. Les menus dégustation comprennent une option végane.

LA BUCA DI RIPETTA — ITALIEN €€

Plan p. 348 (06 321 93 91 ; Via di Ripetta 36 ; plats 15-18€ ; 12h-15h30 et 19h-23h ; M Flaminio). Appréciée des locaux, qui savent reconnaître une bonne adresse, cette trattoria prépare des plats traditionnels exécutés avec brio, sans lourdeur ni excès de calories. Le cadre attrayant et le service sympathique contribuent à l'attrait du lieu.

AL GRAN SASSO — TRATTORIA €€

Plan p. 348 (06 321 48 83 ; algransasso.com ; Via di Ripetta 32 ; repas complet 35 € ; 12h-15h et 19h-23h dim-ven sept-juil ; ; M Flaminio). Idéale pour le déjeuner, cette trattoria classique met à l'honneur la cuisine campagnarde d'autrefois dans une ambiance accueillante. Viandes et poissons d'un bon rapport qualité/prix, excellentes fritures. Les plats du jour sont inscrits à la craie sur un tableau à l'extérieur. Espèces uniquement.

EDY RISTORANTE — TRATTORIA €€

Plan p. 348 (06 3600 1738 ; facebook.com/edyristorante ; Vicolo del Babuino 4 ; repas complet 42 € ; 12h-15h30 et 18h30-23h lun-sam, 12h-16h dim ; M Spagna). Malgré son emplacement touristique, cet élégant restaurant de quartier s'adresse essentiellement à une clientèle italienne. La salle haute de plafond, décorée de peintures, ne manque pas d'allure et la cuisine s'avère délicieuse. Quelques tables sont disposées dans la rue pavée par beau temps.

BABETTE — ITALIEN €€€

Plan p. 348 (06 321 15 59 ; babetteristorante.it ; Via Margutta 1d-3 ; repas complet à partir de 65 € ; 12h30-15h et 19h-23h mar-dim ; ; M Spagna). Ce charmant bistrot est tenu par deux sœurs, anciennes éditrices d'un magazine de mode, ce qui explique son intérieur chic. On y concocte une cuisine italienne revisitée : risotto croustillant à la poêle, soupe au lait de coco, plats assaisonnés d'herbes fraîches… Goûtez aussi au pain maison.

L'avantageux buffet déjeuner du week-end (28 € ; 13h-15h), qui inclut eau, pain, dessert et café, et le petit-déjeuner (plats 1-15 €) attire du monde.

DAL BOLOGNESE ITALIEN €€€

Plan p. 348 (06 322 27 99 ; dalbolognese.it ; Piazza del Popolo 1 ; repas complet à partir de 90 € ; 12h45-15h et 20h15-23h mar-dim, fermé août ; M Flaminio). Dans ce restaurant chic, prisé des mannequins et des célébrités, vous dînerez dans un intérieur de boiseries et de fleurs exotiques ou en terrasse avec vue sur la Piazza del Popolo (p. 111). Comme le suggère le nom, les plats sont des spécialités d'Émilie-Romagne. Tout est délicieux, en particulier la soupe de tortellinis, les *tagliatelle al ragù* (sauce bolognaise) et le filet de bœuf.

OSTERIA MARGUTTA OSTERIA €€€

Plan p. 348 (06 323 10 25 ; osteriamargutta.it ; Via Margutta 82 ; plats 11-20 € ; 12h30-15h et 19h30-23h mar-sam, 12h30-15h dim ; M Spagna). Cette *osteria* (taverne) à l'ancienne, ouverte depuis 1965, respire le théâtre : le riche intérieur est éclairé de lampes dont les abat-jour à franges alternent entre bleu et rouge vif, tandis que la terrasse sur rue, ornée de fleurs et de lierre, est l'une des plus charmantes de Rome en été. Les petites plaques en cuivre sur le dossier des chaises portent les noms de célèbres comédiens venus manger ici. Excellente carte des vins et jazz live à l'occasion.

Au moment de nos recherches, l'*osteria* était temporairement fermée ; renseignez-vous au préalable pour savoir si elle a rouvert.

Piazza di Spagna et environs

POMPI DESSERTS €

Plan p. 348 (06 6994 17 52 ; barpompi.it ; Via della Croce 88 ; tiramisu 5 € ; 11h-21h lun-ven, 10h-21h sam-dim ; M Spagna). Désormais une chaîne, ce célèbre fabricant de tiramisu (littéralement "tire-moi vers le haut") vend ce dessert riche et léger à la fois dans sa forme classique ou dans ses variantes pistache, fraise et banane-chocolat. Vous pouvez consommer sur place (debout) ou emporter des portions surgelées qui résisteront quelques heures.

VENCHI GLACIER €

Plan p. 348 (06 6979 7790 ; venchi.com ; Via della Croce 25-26 ; cône à partir de 3,50 € ; 11h-22h dim-ven, 11h-23h sam ; M Spagna). Cette illustre maison turinoise fabrique avec fierté des chocolats et des glaces depuis 1878. Une cascade de chocolat – 350 kg mélangés à un peu d'huile d'olive – ruisselle sur le mur du fond de sa somptueuse boutique blanc et or. Mention spéciale pour le divin cornet de glace au chocolat, surmonté de crème chantilly et/ou de noisettes.

PASTIFICIO GUERRA RESTAURATION RAPIDE €

Plan p. 348 (06 679 31 02 ; Via della Croce 8 ; pâtes 4 € ; 13h-21h lun-ven, 13h-21h30 sam-dim ; M Spagna). Excellente adresse pour les petits budgets, ce restaurant de pâtes à l'ancienne (1918) propose deux choix de pâtes fraîchement cuisinées (si vous arrivez au bon moment), avec vin et eau inclus. À déguster debout, à côté des étagères remplies de paquets de pâtes sèches, ou à emporter – de la vraie restauration rapide à l'italienne !

VYTA ENOTECA REGIONALE DEL LAZIO ITALIEN €€

Plan p. 348 (06 9818 45 07 ; vytaenotecalazio.it ; Via Frattina 94 ; cicchetti à partir de 3 €, planches 18 €, plats 14-25€ ; 8h-minuit ; M Spagna). Dédiée à la cuisine et aux vins du Latium, cette *enoteca* sélecte doit son décor design à la célèbre architecte romaine Daniela Colli et sa carte moderne au chef Dino De Bellis. On peut grignoter des paninis, *cicchetti* (en-cas) et *taglieri* (planches de fromage et de charcuterie), prendre l'apéritif ou se diriger vers le restaurant chic à l'étage.

FIASCHETTERIA BELTRAMME TRATTORIA €€

Plan p. 348 (06 6979 7200 ; Via della Croce 39 ; repas complet 45 € ; 12h-minuit; M Spagna). Cette *fiaschetteria* ("débit de vin") du XIXe siècle semble figée dans le temps et propose une carte réduite. Au déjeuner, sa clientèle d'habitués vient y dévorer des pâtes typiquement romaines (carbonara, *cacio e pepe*...) et autres plats simples dont les recettes n'ont pas changé depuis les années 1930. Le soir, les touristes investissent les lieux et l'atmosphère perd en authenticité. Vous devrez peut-être dîner à une table commune.

BABINGTON'S TEA ROOMS SALON DE THÉ €€

Plan p. 348 (☎06 678 60 27 ; babingtons.com ; Piazza di Spagna 23 ; menus thé 30-36 € ; ⌚12h-19h mer-lun ; Ⓜ Spagna). Fondé en 1893 par deux Anglaises, ce salon de thé fut un succès immédiat auprès des nombreux touristes britanniques qui visitaient alors la Ville Éternelle. Thés (de Chine, Inde et Ceylan), infusions, *cream teas*, mini-sandwichs et autres gourmandises d'outre-Manche y sont toujours à l'honneur dans le même cadre qu'autrefois.

Les formules *high-tea* (goûter dînatoire) ne sont pas données, mais peuvent aisément être partagées à deux.

IMÀGO ITALIEN €€€

Plan p. 348 (☎06 6993 4726 ; imagorestaurant.com ; Roma Hassler, piazza della Trinità dei Monti 6 ; menus dégustation 140-170 € ; ⌚19h-22h30 mar-sam,fév-déc ; Ⓜ Spagna). Dans une ville pourtant riche en vues splendides, le panorama qui s'offre depuis ce restaurant romantique, étoilé au Michelin et situé sur le toit de l'Hotel Hassler, est exceptionnel (demandez une table à l'angle de la terrasse) : il s'étend par-dessus un océan de toitures jusqu'au dôme de la basilique Saint-Pierre. Les créations culinaires sont à la hauteur de la vue.

NINO TOSCAN €€€

Plan p. 348 (☎06 679 5676 ; ristorantenino.it ; Via Borgognona 11 ; repas complet 60 € ; ⌚12h30-15h et 19h30-23h lun-sam, fermé en août ; Ⓜ Spagna). Avec ses lustres en fer forgé, ses boiseries foncées et ses nappes blanches, cet établissement ouvert en 1934 a conservé son aspect d'origine et reste prisé des Romains fortunés. Les serveurs peuvent se montrer brusques envers ceux qui n'appartiennent pas à ce cercle, mais on y mange des plats toscans savoureux et roboratifs, dont de savoureux steaks et une inoubliable soupe aux haricots.

Piazza di Trevi, colline du Quirinal et environs

♥ PICCOLO ARANCIO TRATTORIA €€

Plan p. 348 (☎06 678 61 39 ; piccoloarancio.it ; Vicolo Scanderbeg 112 ; repas complet à partir de 35 € ; ⌚12h-15h30 et 18h30-minuit mar-dim ; Ⓜ Barberini). Cette trattoria installée dans une maison rose saumon près du grandiose Palazzo Scanderberg se démarque des attrape-touristes du quartier. La cuisine mêle traditions romaines et modernité, avec un très beau choix de plats à base de produits de la mer comme les formidables *linguini alla pescatora* (pâtes maison aux coquillages et tomates cerises). La qualité de la nourriture fait oublier le service parfois un peu précipité. La réservation est indispensable.

L'été, des tables sont installées sur les pavés de la ruelle pittoresque.

IL CHIANTI TOSCAN €€

Plan p. 348 (☎06 679 24 70 ; vineriailchianti.com ; Via del Lavatore 81-82a ; pizzas 8-12 €, planches 14 €, plats 14-28 € ; ⌚12h-1h ; Ⓜ Barberini). Avec un nom pareil, ce joli bar à vins tapissé de lierre ne peut être que toscan. Installez-vous dans la salle remplie de bouteilles alignées ou sur la terrasse en bord de rue pour savourer *crostini* (toasts garnis), *taglieri* de fromages et de charcuterie, soupes roboratives, pâtes maison, bifteck à la Florentine ou pizzas gourmandes.

NANÀ VINI E CUCINA TRATTORIA €€

Plan p. 348 (☎06 6919 0750 ; nanaviniecucina.it ; Via della Panettaria 37 ; repas complet 45 € ; ⌚12h30-23h mar-dim, mar-oct, 12h30-15h et 19h-23h mar-dim, nov-fev ; Ⓜ Barberini). La carte riche en poissons et fruits de mer fleure bon l'Italie du Sud – goûtez le *polpo rosticciato con crema di patate* (poulpe rôti à la crème de pomme de terre) ou les *scialatielli ai frutti di mare* (longues pâtes fraîches napolitaines aux coques, moules et tomates cerises). La salle donne sur la cuisine ouverte et la terrasse sur la petite place.

LE TAMERICI PRODUITS DE LA MER €€€

Plan p. 348 (☎06 6920 0700 ; letamerici.com ; Vicolo Scavolino 79 ; plats 14 € ; ⌚12h30-15h lun-ven, 19h-23h lun-sam, fermé en août ; Ⓜ Barberini). Vin et fruits de mer exceptionnels forment un duo épicurien gagnant aux Tamerici, élégant refuge aux tons crème à l'écart de l'agitation de la fontaine de Trevi. Dissimulé dans une allée, l'établissement dispose de deux salles intimistes au plafond blanc avec poutres apparentes. Impressionnants choix de digestifs, carte des vins et pâtes maison ultralégères accompagnées de fruits de mer. Nous vous conseillons les menus dégustation (50-90 €) avec des vins assortis (20 €).

Promenade à pied
Itinéraire littéraire

DÉPART JARDINS DU PINCIO
ARRIVÉE KEATS-SHELLEY HOUSE
DISTANCE 1 KM
DURÉE 2 HEURES 30

Ce circuit explore les hauts lieux de la littérature, réels ou fictifs, qui émaillent les rues autour de l'escalier de la Trinité-des-Monts.

Le parcours débute dans les 1 **jardins du Pincio** (p. 119), où se promenait la belle Américaine Daisy Miller, personnage de la nouvelle éponyme de Henry James. Il descend ensuite jusqu'à la Piazza del Popolo, dont l'église 2 **Santa Maria del Popolo** (p. 108) est l'une des scènes de l'intrigue alambiquée d'*Anges et démons* de Dan Brown.

À quelques pas de là se dresse l' 3 **Hotel de Russie** (p. 252), fréquenté par l'avant-garde artistique du début du XXe siècle. L'écrivain et réalisateur français Jean Cocteau, qui y résida avec Pablo Picasso, écrivit une lettre dans laquelle il raconte avoir cueilli des oranges par la fenêtre.

Parallèle à la Via del Babuino, la 4 **Via Margutta** (p. 111) reste associée au monde de l'art et du cinéma. C'est dans cette rue pavée que Truman Capote écrivit la nouvelle *Lola*. Fellini, Picasso, Stravinsky et Puccini y vécurent également à un moment de leur vie tandis que le personnage joué par Gregory Peck dans *Vacances romaines* (1953) habitait au n°51.

Ralliez ensuite la Via del Corso pour voir la 5 **Casa di Goethe** (p. 112), où le poète allemand habita de 1786 à 1788. Plus loin le long de l'artère, prenez à gauche dans la Via dei Condotti, où William Thackeray séjourna en 1854, et faites une pause à l' 6 **Antico Caffè Greco** (p. 121), ancien repaire de Casanova, Goethe, Keats, Byron et Shelley. Vous voilà presque arrivé à l' 7 **escalier de la Trinité-des-Monts** (p. 107), que Charles Dickens décrivit dans *Images d'Italie* (1846). Byron séjourna au n°66 de la Piazza di Spagna en 1817. Surplombant l'escalier au sud, la 8 **Keats-Shelley House** (p. 112), où mourut le poète Keats à l'âge de 25 ans, est désormais un musée consacré aux poètes romantiques.

AL MORO ITALIEN €€€

Plan p. 348 (☎06 678 34 95 ; ristorantealmororoma.com ; Vicolo delle Bollette 13 ; plats 16-50€ ; ⌚12h30-15h30 et 19h30-23h30 lun-sam, 12h30-15h30 dim ; Ⓜ Barberini). Deux oliviers en pot marquent l'entrée de cet ancien repaire de Fellini qui vous entraîne dans un voyage dans le temps avec ses salles ornées de tableaux, ses appliques murales Liberty, ses serveurs impassibles en gilet et ses habitués de longue date. Le menu du jour se compose de classiques réconfortants comme la *trippa alla romana* (tripes en sauce tomate saupoudrées de pecorino) ou la *scaloppina di vitella con i carciofi* (escalope de veau aux artichauts).

Piazza Barberini et environs

CRISPY CUISINE SAINE €

Plan p. 348 (☎06 4201 4040 ; facebook.com/crispyroma ; Via Francesco Crispi 80 ; plats 9-22 € ; ⌚9h30-16h lun, 9h30-16h et 19h-23h30 mar-sam ; 📶🌶 ; Ⓜ Barberini). Les soupes, les quiches, les wraps, les salades, les cookies et les gâteaux maison à base de produits naturels font un savoureux déjeuner dans ce marché-bistrot bio, tenu par la talentueuse boulangère Flaminia et son partenaire Matthew. Jus de fruits et légumes créatifs (6,50 €), à déguster sur place, sur un tabouret autour de tables hautes, entre les étagères de tisanes, de céréales et de légumineuses, ou à emporter.

♥ **HOSTARIA ROMANA** TRATTORIA €€

Plan p. 348 (☎06 474 52 84 ; hostariaromana.it ; Via del Boccaccio 1 ; repas complet à partir de 30 € ; ⌚12h30-15h et 19h15-23h lun-sam ; Ⓜ Barberini). Cette trattoria animée de Trevi a autant la cote auprès des habitants que des touristes. Commencez par un *antipasto* ou des pâtes (excellentes), suivies de spécialités romaines (*saltimbocca*, tripes...) ou de grillades.

♥ **COLLINE EMILIANE** ITALIEN €€

Plan p. 348 (☎06 481 75 38 ; collineemiliane.com ; Via degli Avignonesi 22 ; plats 15-23 € ; ⌚12h45-14h45 et 19h30-22h45 mar-sam, 12h45-16h dim ; Ⓜ Barberini). La famille Latini tient depuis 1931 cette table consacrée à la cuisine d'Émilie-Romagne, la région d'Italie qui a offert au monde le parmesan, le vinaigre balsamique, la sauce bolognaise et le jambon de Parme. C'est aujourd'hui Paola (reine des desserts) et sa sœur Anna (que l'on peut voir confectionner les pâtes fraîches le matin derrière la devanture) qui président à sa destinée. Si la carte varie selon les produits de saison – truffes blanches en hiver, cèpes au printemps –, on s'y régale invariablement. Nous vous suggérons les *antipasti della casa* (29 € pour 2 personnes), puis des pâtes, mais quoi qu'il arrive, gardez une place pour le dessert. Le service un peu inégal est, de notre expérience, plus accueillant au déjeuner.

OÙ PRENDRE UN VERRE ET FAIRE LA FÊTE

À la nuit tombée, le distingué quartier commerçant de Rome offre une atmosphère plutôt calme et feutrée. Les fashionistas y sirotent des cocktails sur les toits des bars sélects ou des expressos à la terrasse des cafés historiques de la Piazza del Popolo. C'est dans les rues autour de l'escalier de la Trinité-des-Monts que l'ambiance est la plus animée, toutes proportions gardées.

Piazza del Popolo et environs

♥ **STRAVINSKIJ BAR** BAR

Plan p. 348 (☎06 3288 88 74 ; roccofortehotels.com/hotels-and-resorts/hotel-de-russie ; Via del Babuino 9, Hotel de Russie ; ⌚10h-1h ; Ⓜ Flaminio). À défaut de descendre à l'Hotel de Russie (p. 252) comme les célébrités de passage à Rome, allez prendre un verre au Stravinskij Bar. Les canapés à l'intérieur de ce bar irrésistible sont particulièrement tentants, mais rien ne vaut une place aux tables ombragées de la cour, au pied des jardins en terrasses du Pincio.

CAFFÈ RIPETTA CAFÉ

Plan p. 348 (☎06 321 05 24 ; Via di Ripetta 72 ; ⌚6h-20h30 lun-sam ; Ⓜ Flaminio). Fréquenté par une clientèle romaine plutôt jeune et toujours joyeuse, ce café d'angle est un lieu décontracté pour déguster un cappuccino à la mousse ornée d'un cœur, que ce soit à l'intérieur, accoudé au bar tout blanc, ou sur l'élégante terrasse installée sur le trottoir, chauffée en hiver. Pizza (8,50-11 €) et panini (4,50-12 €).

LOCARNO BAR — BAR

Plan p. 348 (06 361 08 41 ; hotellocarno.com ; Via della Penna 22, Hotel Locarno ; 7h-1h ; M Flaminio). Fashionistas et gourous de la mode se retrouvent à 19h dans l'élégant bar lounge de l'Hotel Locarno (p. 251) pour prendre l'*aperitivo* tout près de la Piazza del Popolo. Avec sa terrasse ombragée, ses détails élégants et son chic rétro, c'est l'endroit rêvé pour un verre au coucher du soleil.

ROSATI — CAFÉ

Plan p. 348 (06 322 58 59 ; barrosati.com ; Piazza del Popolo 5A ; 7h30-23h30 ; M Flaminio). Donnant sur la vaste Piazza del Popolo, ce café historique de 1922 fut jadis un repaire d'intellectuels de gauche. Italo Calvino et Alberto Moravia venaient boire ici, tandis que leurs homologues de droite fréquentaient le Canova, de l'autre côté de la place. Aujourd'hui, les touristes forment l'essentiel de la clientèle, mais la vue est toujours aussi belle.

Piazza di Spagna et environs

♥ ZUMA BAR — BAR À COCKTAILS

Plan p. 348 (06 9926 6622 ; zumarestaurant.com ; Palazzo Fendi, Via della Fontanella di Borghese 48 ; 18h-1h dim-jeu, 18h-2h ven-sam ; ; M Spagna). Mettez vos plus beaux atours si vous comptez prendre un verre sur le toit-terrasse du Palazzo Fendi, car le bar à cocktails de la célèbre maison de mode italienne est des plus tendance. Superbe vue sur les toits de la ville et cocktails aux saveurs intéressantes comme shiso et baies de genièvre ou fleur de sureau et *prosecco*.

Si vous avez un petit creux, le restaurant Zuma sur place sert une cuisine d'*izakaya* (bistrot japonais) conçue pour être partagée par toute la tablée. Réservation conseillée.

♥ ANTICO CAFFÈ GRECO — CAFÉ

Plan p. 348 (06 679 17 00 ; anticocaffegreco.eu ; Via dei Condotti 86 ; 9h-21h ; M Spagna). Ouvert depuis 1760, le vétéran des cafés romains n'a rien perdu de son raffinement, avec ses serveurs en queue-de-pie noire et nœud papillon, ses serveuses en tablier blanc, ses murs tapissés de velours rouge et ses miroirs dorés patinés par le temps.

Casanova, Goethe, Wagner, Keats, Byron, Stendhal, Berlioz et Baudelaire fréquentèrent autrefois les lieux, et l'on peut même s'asseoir dans le canapé rouille de Hans Christian Andersen – de l'entrée sur la Via dei Condotti, traversez les huit salles jusqu'au salon doté d'un piano à queue. Ce fabuleux passé se ressent dans les prix : 9 € le cappuccino servi à table (ou 2,50 € debout au bar avec les habitants du quartier), 12 € la tasse de thé, 21 € le cocktail.

♥ IL PALAZZETTO — BAR À COCKTAILS

Plan p. 348 (06 6993 4560 ; Vicolo del Bottino 8 ; 16h-22h lun-ven, 13h-22h sam-dim ; M Spagna). L'endroit idéal pour profiter d'une vue sur les escaliers de la Trinité-des-Monts en sirotant un cocktail. On y accède par l'ascenseur de l'hôtel Il Palazzetto (p. 251), en empruntant sa discrète entrée sur l'étroite Viccolo del Bottino ou en descendant quelques marches depuis le haut de l'escalier de la Trinité-des-Monts. Étant en plein air, le bar n'ouvre qu'aux beaux jours.

CAFFÈ CIAMPINI — CAFÉ

Plan p. 348 (06 678 56 78 ; Viale Trinità dei Monti ; 8h-23h mars-oct ; M Spagna). Dissimulé non loin du haut de l'escalier de la Trinité-des-Monts, en direction des jardins du Pincio (p. 119), cet adorable café saisonnier exhale un charme bucolique avec ses treillages verts et ses orangers encadrant des tables nappées de blanc. Sa vue sur les petites rues derrière la Piazza di Spagna est ravissante et ses glaces sont réputées – en particulier la *tartufo al cioccolato* à la truffe de chocolat. Sert aussi à manger.

BAR FRATTINA — CAFÉ

Plan p. 348 (06 679 26 93 ; facebook.com/barfrattina ; Via Frattina 142 ; 7h-22h ; M Spagna). Très apprécié des habitants et travailleurs du coin, ce café en activité depuis les années 1950 possède une terrasse qui n'a rien à envier à l'escalier de la Trinité-des-Monts voisin pour observer les passants. Venez y prendre un verre, mais pas y manger.

CANOVA TADOLINI — CAFÉ

Plan p. 348 (06 3211 0702 ; canovatadolini.com ; Via del Babuino 150a ; 8h-23h ; M Spagna). En 1818, le sculpteur Antonio Canova protégea cet atelier en signant un contrat stipulant que les lieux seraient à jamais consacrés à la sculpture. Le café est toujours rempli de statues, et il est fascinant de s'asseoir au milieu des plâtres pour boire un cappuccino, une bière ou un verre de vin accompagné d'un en-cas, d'un gâteau, d'un panini ou d'un repas. Payez à la caisse, puis rejoignez le bar à gauche.

Piazza di Trevi, colline du Quirinal et les environs

FARO – LUMINARI DEL CAFFÈ CAFÉ

Plan p. 364 (06 4281 5714 ; farorome.com ; Via Piave 55 ; 8h-16h lun-ven, 9h-17h sam-dim ; ; Calabria). Les vrais amateurs de café apprécieront pas cet établissement, dont le percolateur Marzocco produit des expressos à partir de grains 100% arabica, cueillis manuellement à maturité parfaite. Le personnel passionné aide patiemment les clients hésitants à choisir leur breuvage et déconseille d'ajouter du sucre dans le cappuccino (parfait tel quel).

Piazza Barberini et les environs

UP SUNSET BAR BAR À COCKTAILS

Plan p. 348 (06 8791 6652 ; upsunsetbar.com ; Via del Tritone 61 ; 10h-23h ; M Barberini). Perché aux deux derniers étages du grand magasin La Rinascente, ce bar glamour promet du champagne et des plats conçus par le chef Riccardo Di Giacinto, étoilé au Michelin. Vous pouvez aussi profiter de la vue imprenable sur Rome autour d'un petit-déjeuner.

OÙ SORTIR

GREGORY'S JAZZ CLUB JAZZ

Plan p. 348 (351 6457 888 ; gregorysjazz.com ; Via Gregoriana 54/a ; consommation obligatoire 15-20 € ; 19h-2h mar-dim ; M Barberini). Détendez-vous d'abord au bar avec un whisky avant d'aller tester les canapés moelleux de l'étage. Vous y profiterez des rythmes ondoyants du jazz et du swing interprétés par des musiciens locaux de talent qui aiment se retrouver ici.

SHOPPING

Le Trident est le paradis du shopping haut de gamme à Rome. L'artère principale, la Via del Corso, et les rues adjacentes sont bordées de boutiques vendant toutes sortes d'articles haut de gamme tels que vêtements streetwear et haute couture, papeterie et bijoux artisanaux, parfum, ustensiles pour la maison et produits alimentaires. La pittoresque Via Margutta est surtout connue pour les antiquités, la Via dei Condotti pour les grands couturiers et la Via della Pugna pour les petites boutiques indépendantes.

Piazza del Popolo et environs

♥ CHIARA BASCHIERI VÊTEMENTS

Plan p. 348 (333 6364851 ; chiarabaschieri.it ; Via Margutta, angle Vicolo Orto di Napoli ; 10h30-19h30 mar-sam ; M Spagna). L'une des stylistes romaines indépendantes les plus talentueuses produit des vêtements

POUR SE FAIRE DORLOTER

Kami Spa (plan p. 348 ; 06 4201 0039 ; kamispa.com ; Via Vittorio Emanuele Orlando 3 ; massage 120-280 € ; 10h-22h ; M Barberini). Luxueux spa non loin de la fontaine de Trevi, cet endroit apaisant permet de recharger ses batteries, avec massages aux pierres chaudes, balinais, à l'huile de pétales de rose marocaine, enveloppements au curcuma et au bois de santal, et masques corporels au thé vert.

Hotel De Russie Spa (plan p. 348 ; 06 32 88 81 ; roccofortehotels.com/fr ; Via del Babuino 9, Hotel De Russie ; 8h-20h ; M Flaminio). Dans l'un des meilleurs hôtels (p. 250) de Rome, ce spa glamour possède une piscine d'eau salée, un hammam, un sauna et une salle de sport bien équipée. Large choix de traitements (pour hommes et femmes), notamment massages shiatsu et tissus profonds ; comptez 110 € au minimum pour un massage de 50 minutes.

classiques à la coupe méticuleuse dont le style rappelle celui de Givenchy dans les années 1960. Comptez entre 230 et 300 € pour une pièce.

BOMBA VÊTEMENTS

Plan p. 348 (06 361 28 81 ; cristinabomba.com ; Via dell'Oca 39 ; 11h-19h30 mar-sam, 15h30-19h30 lun ; Flaminia). La boutique ouverte par la créatrice Cristina Bomba il y a plus de 40 ans est désormais gérée par ses enfants, Caterina (vêtements pour femmes) et Michele (vêtements pour hommes), eux-mêmes stylistes. Cousues avec des tissus de grande qualité, les pièces sont fabriquées dans l'atelier à côté (jetez un œil par la fenêtre) et les lainages dans une usine en périphérie de Rome. Bien sûr, la qualité a un prix... élevé.

ARTISANAL CORNUCOPIA DESIGN

Plan p. 348 (342 8714597 ; artisanalcornucopia.com ; Via dell'Oca 38a ; 10h-19h lun-sam ; Flaminio). Parmi les boutiques indépendantes branchées qui jalonnent la Via dell'Oca, celle-ci propose des pièces exclusives de créateurs italiens réalisées à la main. Les délicats colliers en or et autres bijoux signés Giulia Barela se démarquent au milieu des sacs, chaussures, bougies, articles pour la maison et objets divers.

BORSALINO CHAPEAUX

Plan p. 348 (06 323 33 53 ; borsalino.com ; Piazza del Popolo 20, 10h-14h-15h-19h mar-sam ; Flaminia). Humphrey Bogart, Ingrid Bergman, Marcello Mastroianni et Jean-Paul Belmondo ont tous porté les fameux chapeaux mous qui ont fait la réputation de cette chapellerie pour hommes et femmes, en activité depuis 1857. Outre les modèles classiques en feutre ou en paille, le magasin vend toutes sortes de couvre-chefs.

PATRIZIA FABRI CHAPEAUX

Plan p. 348 (06.3972.5679 ; Via degli Scipioni 46 ; 9h-19h lun-sam ; Flaminio). Profitez de votre séjour à Rome pour acheter l'un des beaux chapeaux confectionnés à la main par Patrizia Fabri. Turban, bonnet, capeline, casquette ou panama, vous ne serez pas déçu. La minuscule boutique de la modiste est proche de la Piazza del Popolo et les chapeaux sont fabriqués dans un atelier des années 1930 non loin du Vatican.

LA BOTTEGA DEL MARMORARO ART

Plan p. 348 (06 320 76 60 ; Via Margutta 53b ; 9h-19h lun-sam ; Flaminio). Observez le *marmoraro* (marbrier) Sandro Fiorentini graver sur l'une des plaques qui remplissent son atelier des phrases telles que *la dolce vita* (la douce vie), *la vita è bella* (la vie est belle) ou celle que vous souhaitez. À partir de 10 €, et 15 € au minimum pour une plaque en marbre personnalisée.

FABRIANO ART ET ARTISANAT

Plan p. 348 (06 3260 0361 ; fabrianoboutique.com ; Via del Babuino 173 ; 10h-19h30 ; Flaminio). Fabriano rend la papeterie glamour avec ses séduisants agendas reliés en cuir, cahiers tendance et articles gaufrés arborant des plans de Rome. Également porte-clés en cuir et bijoux en papier originaux réalisés par des créateurs locaux. L'adresse idéale pour faire un cadeau unique.

Piazza di Spagna et environs

GENTE MODE ET ACCESSOIRES

Plan p. 348 (06 320 76 71 ; genteroma.com ; Via del Babuino 77/81 ; 10h30-19h30 lun-sam, 11h30-14h et 14h30-19h30 dim ; Spagna). Ce vaste magasin, qui fut le premier à Rome à réunir tous les grands créateurs – italiens, français et autres – sous un même toit, demeure une étape incontournable pour toute fashionista qui se respecte. Les marques actuellement représentées incluent Dolce & Gabbana, Prada, Alexander McQueen, Sergio Rossi et Missoni.

La boutique pour hommes se tient de l'autre côté de la rue (Via Babuino 185). Un second magasin pour femmes est spécialisé dans les **accessoires** (plan p. 348 ; 06 678 91 32 ; Via Frattina 92 ; Via del Corso).

FAUSTO SANTINI CHAUSSURES

Plan p. 348 (06 678 41 14 ; faustosantini.com ; Via Frattina 120 ; 10h-19h30 lun-sam, 11h-19h dim ; Spagna). Chausseur le plus réputé de Rome, Fausto Santini est connu pour ses créations aux lignes épurées et à la qualité irréprochable, de magnifiques bottes et chaussures taillées dans un cuir souple exceptionnel, aux couleurs originales et harmonieuses.

CATELLO D'AURIA MODE ET ACCESSOIRES

Plan p. 348 (06 679 33 64 ; catellodauria.it ; Via dei Due Macelli 55 ; 9h30-19h30 mar-sam,

FEUILLES DE PIERRE

À Rome, ville réputée pour son histoire marquée par les arts, les installations contemporaines dans l'espace public se faisaient rares… jusqu'à l'arrivée de *Foglie di pietra* (*Feuilles de pierre*, 2016). Offerte à la ville par la maison Fendi et dévoilée au printemps 2017, cette sculpture a pris place devant le palais de la marque, dans le très chic Largo Carlo Goldoni. Commandée à l'artiste italien Giuseppe Penone, elle se compose de deux arbres en bronze grandeur nature soutenant un bloc de marbre de 11 tonnes sur leurs branches entremêlées. Mesurant 18 m et 9 m de hauteur, les arbres sont une bouffée d'air frais contemporain sur la scène artistique romaine.

11h-19h dim, 11h-19h30 lun ; Ⓜ Spagna). Cette ganterie établie depuis 1894 a conservé ses meubles à tiroir d'origine, remplis de gants en cuir pour hommes et femmes doublés de soie, mérinos ou cachemire (de 55 à 110 €). On y trouve aussi des chaussettes et des bonnets en laine.

FLUMEN PROFUMI — PARFUM

Plan p. 348 (☎06 6830 7635 ; flumenprofumi.com ; Via della Fontanella di Borghese 41 ; ⏲11h-14h et 15h30-19h30 lun-sam, 11h-14h et 15h30-19h30 dim ; 🚌Via del Corso). Vous recherchez un parfum “made in Rome” ? Direction cette parfumerie artisanale. Ses créations naturelles (à partir de 160 € les 100 ml) sont composées de quatre à huit notes de bases visant à réveiller émotions et sensations.

MANDARINA DUCK — MODE ET ACCESSOIRES

Plan p. 348 (☎06 678 64 14 ; mandarinaduck.com ; Via dei Due Macelli 59 F/G ; ⏲10h-19h30 lun-sam, 10h30-19h30 dim ; Ⓜ Spagna). Cette marque italienne de sacs à main, portefeuilles et bagages au look moderne est maintenant présente dans le monde entier. Prix très raisonnables au vu de la qualité.

FEDERICO BUCCELLATI — BIJOUX

Plan p. 348 (☎06 679 03 29 ; buccellati.com ; Via dei Condotti 31 ; ⏲10h30-19h lun-sam ; Ⓜ Spagna). Cette boutique historique ouverte en 1926 est aujourd'hui tenue par la troisième génération de joailliers parmi les plus prestigieux d'Italie. Toutes les pièces sont faites à la main et souvent délicatement gravées de fleurs, de feuilles et d'autres motifs inspirés de la nature. Au salon du premier étage sont présentés des pièces d'argenterie et des bijoux du grand-père Mario.

FENDI — MODE ET ACCESSOIRES

Plan p. 348 (☎06 3345 0896 ; fendi.com ; Palazzo Fendi, Largo Carlo Goldoni 420 ; ⏲10h30-19h30 ; Ⓜ Spagna). Murs en travertin, art contemporain et vaste escalier en marbre rouge, le magasin principal de l'emblématique maison de couture romaine, installé dans le Palazzo Fendi (XVIIIe siècle), est éblouissant. Fondé à Rome en 1925 comme un atelier de cuir et de fourrure sur la Via del Plebiscito, ce luxueux temple de la mode propose aussi du prêt-à-porter pour hommes et femmes. Karl Lagerfeld en a été le directeur artistique de 1965 à sa mort en 2019.

VALENTINO — VÊTEMENTS

Plan p. 348 (☎06 9451 57 10 ; valentino.com ; Piazza di Spagna 38 ; ⏲10h-19h30 lun-sam, 10h-19h dim ; Ⓜ Spagna). Le plus célèbre couturier de Rome, Valentino Garavani, inaugura sa première enseigne en 1960 dans la Via dei Condotti. Ses créations sont désormais vendues sur la Piazza di Spagna voisine.

BALENCIAGA — MODE ET ACCESSOIRES

Plan p. 348 (☎06 8750 2260 ; balenciaga.com ; Piazza di Spagna 67/68/69 ; ⏲10h-19h ; Ⓜ Spagna). Les amateurs de déco adoreront la boutique romaine de la maison de couture Balenciaga, aménagée dans un *palazzo* du XIXe siècle au mobilier ancien et à l'atmosphère aristocratique. Le sol en marqueterie et l'armée de spots mise en ordre de bataille par la designer et architecte Gae Aulenti (1927-2012) contribuent à l'ambiance théâtrale.

LAURA BIAGIOTTI — MODE ET ACCESSOIRES

Plan p. 348 (☎06 679 12 05 ; laurabiagiotti.it ; Via Belsiana 57 ; ⏲11h-19h mar-sam, 12h-18h dim, 15h-19h lun ; Ⓜ Spagna). À deux pas de l'escalier de la Trinité-des-Monts, la boutique de cette styliste romaine se déploie sur trois niveaux. À l'intérieur, tissus aux imprimés ethniques, pièces en cachemire et en soie attirent les fashionistas à l'affût de la dernière création originale de l'une des marques italiennes les plus en vue.

ANGLO AMERICAN BOOKSHOP

LIVRES

Plan p. 348 (☎06 679 52 22 ; aab.it ; Via della Vite 102 ; ⏲11h-19h lun-sam Ⓜ Spagna). Une librairie anglo-saxonne renommée et bien fournie, notamment en ouvrages universitaires de référence. Excellent choix d'œuvres littéraires, guides de voyage, livres pour enfants et cartes.

TOD'S

CHAUSSURES

Plan p. 348 (☎06 6821 0066 ; tods.com ; Via della Fontanella di Borghese 56a-57 ; ⏲10h30-19h30 lun-sam, 10h-14h et 15h-19h30 dim ; 🚌Via del Corso). Emblème de cette luxueuse marque italienne – connue pour avoir généreusement financé le nettoyage des côtés nord et sud du Colisée –, les mocassins aux semelles à picots en caoutchouc sont parfaits pour un week-end de détente à la campagne. Autre enseigne sur Via Condotti 53a.

C.U.C.I.N.A.

ARTICLES POUR LA MAISON

Plan p. 348 (☎06 88 79 77 74 ; cucinastore.com ; Via Mario de' Fiori 65 ; ⏲11h30-19h30 lun-dim, 10h-19h30 mar-ven, 10h30-19h30 sam ; Ⓜ Spagna). Relookez votre cuisine grâce aux produits design de cette célèbre boutique proposant des articles allant des classiques *caffettiere* (cafetières italiennes) aux couverts, en passant par de multiples ustensiles que vous jugerez indispensables.

Piazza di Trevi, Quirinal et environs

GALLERIA ALBERTO SORDI

GALERIE MARCHANDE

Plan p. 348 (☎06 6919 0769 ; galleriaalbertosordi.it ; Galleria di Piazza Colonna, Piazza Colonna ; ⏲9h-20h ; 🚌Via del Corso). Cette élégante galerie marchande agrémentée de vitraux apparaît dans le film d'Alberto Sordi, *Poussière d'étoiles* (1973), et a été rebaptisée en son honneur. Elle abrite des magasins de chaînes comme Zara et Feltrinelli.

GUJA

CHAUSSURES

Plan p. 348 (facebook.com/GujaOfficial ; Via Capo le Case 22 ; ☎11h-19h30 ; 🚌Spagna). La qualité et l'originalité sont au rendez-vous dans ce magasin appartenant à une petite chaîne multimarque de chaussures pour femmes. Escarpins, nu-pieds fantaisie, derbies, etc. Les prix varient en fonction des marques, mais restent abordables. Autre adresse dans Prati (Via di Cola di Rienzo 36).

1

JOHN HARPER / GETTY IMAGES ©

1. Piazza del Campidoglio (p. 72) **2.** Piazza Navona (p. 81) **3.** Piazza del Popolo (p. 111) **4.** Escalier de la Trinité-des-Monts et fontaine Barcaccia, Piazza di Spagna (p. 107)

3

NICOLA FORENZA / GETTY IMAGES ©

Le spectacle des places romaines

Splendeur baroque de la Piazza Navona, animation du Campo de' Fiori et majesté de la place Saint-Pierre : les places de Rome, chargées d'histoire, incarnent la beauté et la théâtralité de la Ville éternelle.

Piazza Navona

Au cœur du centre historique, la **Piazza Navona** (p. 81) est la place romaine par excellence. Ses élégants palais baroques, ses fontaines aux sculptures exubérantes, ses terrasses bondées et ses artistes de rue s'offrent aux regards des visiteurs qui s'y pressent chaque jour.

Place Saint-Pierre

Voie d'accès grandiose à la basilique Saint-Pierre, la **place Saint-Pierre** (p. 145), chef-d'œuvre d'urbanisme du XVIIe siècle conçu par le Bernin, se déploie entre deux colonnades en demi-cercle autour d'un obélisque central.

Piazza del Popolo

Ancienne entrée nord de Rome, la vaste **Piazza del Popolo** (p. 111), de style néoclassique, était jadis le lieu des exécutions capitales. Elle accueille désormais des rassemblements politiques, des concerts et des flâneurs.

Piazza del Campidoglio

Fleuron de la colline du Capitole (Campidoglio), cette **place** (p. 72) dessinée par Michel-Ange est l'une des plus belles de la ville. Encadrée de palais, elle accueille aussi les musées du Capitole.

Campo de' Fiori

Accueillant l'un des marchés historiques de Rome ainsi que de nombreux bars, le **Campo de' Fiori** (p. 86) est en effervescence de jour comme de nuit.

Piazza di Spagna

Au cœur du quartier commerçant chic de Rome, la **Piazza di Spagna** (p. 107) est depuis le XVIIIe siècle un incontournable pour les voyageurs, qui adorent emprunter l'emblématique escalier de la Trinité-des-Monts (p. 107).

1. Bocca della Verità, Chiesa di Santa Maria in Cosmedin (p. 75) **2.** Le *Moïse* de Michel-Ange, Basilica di San Pietro in Vincoli (p. 157) **3.** Basilica di Santa Maria in Trastevere (p. 179) **4.** Basilique Saint-Pierre (p. 132)

Églises romaines

Que l'on soit croyant ou non, les églises de Rome suscitent l'émerveillement par leur diversité, de la simplicité austère de la Basilica di Santa Sabina (p. 197) à la perfection du Tempietto di Bramante (p. 182) en passant par la splendeur de la basilique Saint-Pierre (p. 132) et de la chapelle Sixtine (p. 140). Les basiliques San Lorenzo Fuori le Mura (p. 162), Santa Maria Maggiore (p. 156), Saint-Jean-de-Latran (p. 193) et la Chiesa di Santa Croce in Gerusalemme (p. 158) sont d'autres lieux de pèlerinage célèbres.

Architecture ancienne

Qu'elles datent du Moyen Âge, de la Renaissance ou de l'époque baroque, de nombreuses églises intègrent des éléments de vestiges architecturaux de la Rome impériale. Ainsi voit-on des colonnes antiques dans la Basilica di Santa Maria in Trastevere (p. 181), et la célèbre Bocca della Verità (la "Bouche de la Vérité") dans la belle Chiesa di Santa Maria in Cosmedin (p. 75), édifiée au Moyen Âge. Archétype de ce mélange des styles, le Panthéon (p. 79) est un temple romain converti en église au VIIe siècle.

Art sacré

Omniprésentes – on en dénombre plus de 400 ! –, les églises romaines sont autant de galeries d'art ouvertes à tous : elles sont d'une richesse ornementale exceptionnelle et recèlent d'innombrables chefs-d'œuvre. Pour magnifier le pouvoir du pape et de l'Église, le clergé pontifical fit appel des siècles durant aux meilleurs artistes, architectes et artisans de son temps. Aujourd'hui, on peut librement entrer dans la plupart des églises de la Ville éternelle et admirer ces trésors, parmi lesquels des œuvres de Michel-Ange, du Caravage et du Bernin.

Basiliques majeures

Rome compte quatre basilique majeures, propriétés du Vatican : Saint-Jean-de-Latran, "mère des églises" et siège du trône papal (p. 193), la basilique Saint-Pierre, Saint-Paul-hors-les-Murs (p. 225) et Sainte-Marie-Majeure (p. 156).

Cité du Vatican, Borgo et Prati

CITÉ DU VATICAN | BORGO ET ENVIRONS | PRATI

Notre sélection

❶ Les chefs-d'œuvre que sont le plafond de la **chapelle Sixtine** (p. 140) et le *Jugement dernier*, peint sur son mur ouest, correspondent à deux périodes bien distinctes de la vie de Michel-Ange.

❷ Colossal fanal du catholicisme, la **basilique Saint-Pierre** (p. 132) laisse sans voix qui la découvre ou la retrouve.

❸ Il est bel et bien possible de voir alignées les colonnes de la **place Saint-Pierre** (p. 137).

❹ La vue est merveilleuse depuis le toit de l'imposant **château Saint-Ange** (p. 146) au bord du Tibre.

❺ Au nombre des fresques à découvrir dans les **chambres de Raphaël** (p. 139), *L'École d'Athènes* est l'un des plus mémorables travaux du maître.

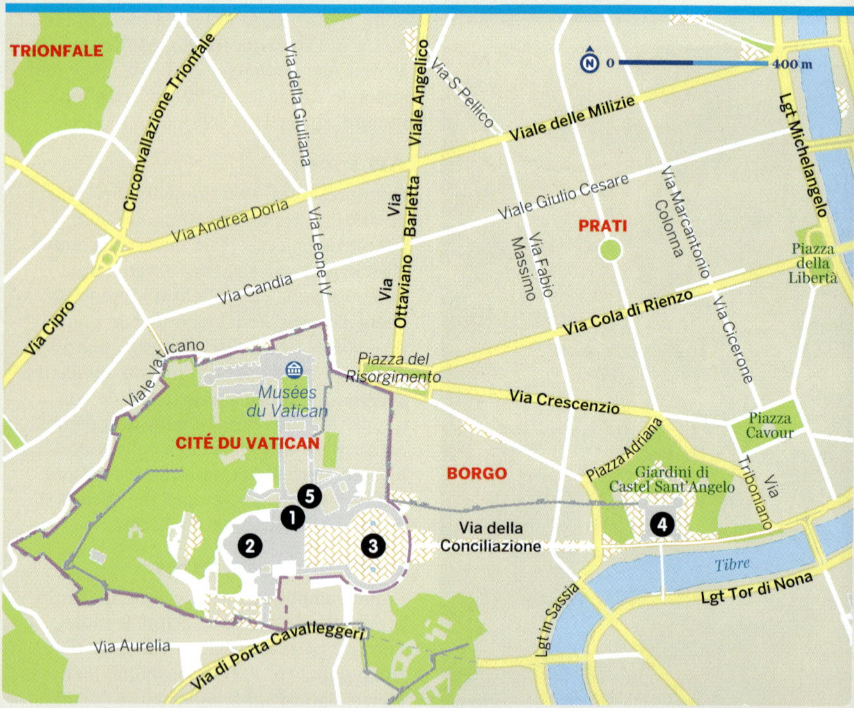

Pour un plan plus détaillé, reportez-vous p. 352

Découvrir le Vatican, Borgo et Prati

Le Vatican s'étend sur la colline du même nom, à l'ouest du Tibre. Ses 44 ha sont occupés en grande partie par ses jardins et l'immense Palazzo Apostolico qui inclut la résidence du pape et les musées du Vatican.

Il faut au minimum une matinée pour visiter ces musées (p. 137), avec les fresques de la chapelle Sixtine (p. 140) en point d'orgue. Si vous suivez une visite guidée, vous passerez directement de la chapelle Sixtine à la basilique Saint-Pierre (p. 132). Autrement, vous devrez faire un grand tour à pied pour accéder à la basilique par la place Saint-Pierre (p. 137). Le Vatican offre quelques bonnes options de restauration, mais préférez le quartier de Prati, tout proche, pour ses nombreux restaurants, trattorias et snacks.

Borgo s'étire entre le Vatican et le fleuve. Peu de choses subsistent du quartier médiéval d'origine, largement détruit par Mussolini en 1936 pour aménager la Via della Conciliazione, route monumentale allant de la place Saint-Pierre au château Saint-Ange (p. 146).

Vivre comme un Romain

- **Sur le pouce** On trouve à Prati d'excellentes options de restauration à emporter : *pizza al taglio* au Panificio Bonci (p. 147), panini chez Re-Bìo (p. 147) ou glaces à la Gelateria dei Gracchi (p. 147).
- **Shopping** La Via Cola di Rienzo est bordée de grands magasins et de boutiques de vêtements pour tous les budgets.
- **Sortie** Suivez les Romains à l'Alexanderplatz (p. 151), la plus célèbre boîte de jazz de Rome. Autre bonne salle, le Fonclea (p. 151) affiche chaque soir une programmation éclectique de concerts.

Depuis/vers le Vatican, Borgo et Prati

- **Bus** Depuis Termini, le bus n°40 est le plus rapide pour le Vatican – il vous déposera près du château Saint-Ange. Le n°64 suit un itinéraire similaire mais s'arrête plus souvent. Le n°81 rallie la Piazza del Risorgimento, via la Piazza Barberini et le centre historique.
- **Métro** Prenez la ligne A et sortez à Ottaviano-San Pietro. Des panneaux indiquent le chemin depuis la station jusqu'à Saint-Pierre ou aux musées du Vatican.
- **Tramway** Le n°19 en direction de la Piazza del Risorgimento dessert San Lorenzo, le Viale Regina Margherita et la Villa Borghèse.

Bon plan Lonely Planet

Le site Web des musées du Vatican propose différents forfaits permettant de visiter les musées et d'autres sites du Vatican. Méfiez-vous des rabatteurs qui proposent des visites des musées du Vatican en coupe-file aux abords de la station Ottaviano. Ils sont payés pour attirer le chaland et pourraient vous coûter plus cher que les visites officielles.

Le top des restaurants

- Bonci Pizzarium (p. 147)
- Enoteca La Torre (p. 149)
- L'Arcangelo (p. 150)
- Gelateria dei Gracchi (p. 147)

Voir détails p. 145.

Le top des bars et cafés

- Sciascia Caffè (p. 151)
- L'Osteria di Birra del Borgo Roma (p. 150)
- Passaguai (p. 151)
- Be.Re (p. 150)

Voir détails p. 150.

À voir sur et sous terre

- La coupole de la basilique Saint-Pierre (p. 136)
- La terrasse du château Saint-Ange (p. 146)
- Le tombeau de saint Pierre (p. 136)
- Les grottes du Vatican (p. 136)
- La nécropole de Via Triumphalis (p. 146)

Voir détails p. 145.

IHSAN GERCELMAN / SHUTTERSTOCK ©

LES INCONTOURNABLES
BASILIQUE SAINT-PIERRE

À Rome, les églises d'exception abondent, mais aucune n'égale Saint-Pierre, la basilique la plus grande et la plus opulente d'Italie. Fruit de siècles de génie artistique, elle compte des œuvres de premier plan, dont trois des plus célèbres du pays : la *Pietà* de Michel-Ange, l'immense dôme conçu par ce dernier et le baldaquin en bronze haut de 29 m signé le Bernin, qui surmonte l'autel papal.

Histoire

La basilique originelle, ensevelie sous l'édifice actuel, fut bâtie sur ordre de l'empereur Constantin en 324, là où saint Pierre aurait été enterré entre 64 et 67. Quelque mille ans plus tard, l'édifice s'était sérieusement détérioré. Au milieu du XVe siècle, le pape Nicolas V voulut le faire reconstruire, mais il fallut attendre 1506 et la commande passée à Bramante par Jules II pour que les travaux commencent.

Bramante proposa un audacieux plan en croix grecque (quatre bras égaux) surmonté d'un immense dôme central. Il fit démolir la quasi-totalité de l'ancienne basilique, détruisant ainsi nombre de ses mosaïques byzantines et de ses fresques, ce qui lui valut féroces critiques et le surnom de "Il Ruinante". Après sa mort en 1514, les travaux s'enlisèrent lorsque différents architectes, dont Raphaël et Antonio da Sangallo, cherchèrent à modifier les plans d'origine. Ils reprirent seulement en 1547, date à laquelle Michel-Ange, alors âgé de 72 ans, en prit la direction. Celui-ci simplifia les plans de Bramante et conçut son plus grandiose projet d'architecture : la coupole. Il mourut toutefois avant de l'avoir vue réalisée, et ce furent Giacomo Della Porta et Domenico Fontana qui l'achevèrent en 1590.

NOS CONSEILS

- Portez une tenue vestimentaire appropriée – pas de short, de minijupe ou d'épaules dénudées.
- Des queues se forment i aux contrôles de sécurité, mais elles avancent vite.
- Les files d'attente sont plus courtes à l'heure du déjeuner et en fin d'après-midi.

INFOS PRATIQUES

- Basilica di San Pietro
- Plan p. 352, C5
- 06 6988 3731
- vatican.va
- Piazza San Pietro
- Entrée libre
- 7h-19h avr-sept, 7h-18h30 oct-mars
- Piazza del Risorgimento, M Ottaviano-San Pietro

Carlo Maderno, qui hérita du projet en 1605, prolongea la nef en direction de la place et érigea la façade monumentale.

La basilique fut enfin consacrée en 1626.

Façade

Édifiée entre 1608 et 1612, l'immense façade de Maderno mesure 48 m de haut sur 115 m de large. Huit colonnes de 27 m de haut supportent l'attique que surmontent treize statues représentant le Christ rédempteur, saint Jean-Baptiste et les onze apôtres. Le balcon central est la **Loggia della Benedizione** d'où le pape donne sa bénédiction urbi et orbi ("à la ville et au monde") à Noël et à Pâques.

L'inscription du fronton, en latin, se traduit par : "En l'honneur du prince des apôtres, Paul V Borghèse, pontife romain, en 1612, septième année de son pontificat".

Dans le grand atrium, la **Porta Santa** (Porte Sainte) n'est ouverte que les années de jubilé.

Intérieur – nef centrale, chœur et abside

Culminant au centre de l'église, à 29 m de hauteur, l'extraordinaire **baldaquin** baroque du Bernin repose sur quatre colonnes torsadées. Réalisé avec le bronze du toit du portique du Panthéon, il s'élève au-dessus de l'**autel papal** (ou autel de la Confession). En face, la **Confessione** de Carlo Maderno se dresse à l'endroit où saint Pierre fut initialement inhumé.

Au-dessus du baldaquin, la **coupole** de Michel-Ange culmine à 119 m. Inspirée par le *duomo* de Brunelleschi à Florence, elle repose sur quatre énormes **piliers** en pierre portant chacun le nom des saints dont les statues ornent les niches conçues par le Bernin. Ces saints ont été représentés en raison des reliques majeures que la basilique abrite : la lance avec laquelle **saint Longin** transperça le flanc du Christ, le voile à l'aide duquel **sainte Véronique** essuya le visage de Jésus, un fragment de la Croix recueilli par **sainte Hélène** et la tête de **saint André**.

Jouxtant le **pilier de saint Longin** se tient la **statue de saint Pierre**, un bronze du XIIIe siècle attribué à Arnolfo di Cambio ; son pied droit est usé par des siècles de caresses des fidèles.

Sur la tribune derrière l'autel du Bernin se dresse l'extraordinaire **chaire de saint Pierre** (Cattedra di San Pietro), du Bernin également. Cet immense trône en bronze doré soutenu par quatre statues de saints hautes de 5 m comporte en son centre un siège en bois longtemps tenu pour celui de saint Pierre. Il date en réalité du IXe siècle. Au-dessus, la lumière pénètre à travers un vitrail doré, encadré par un groupe d'anges et décoré d'une colombe représentant le Saint-Esprit.

VISITES GUIDÉES

Des séminaristes du Pontifical North American College (pnac.org) conduisent des visites gratuites de la basilique en anglais. D'une durée de 2 heures, elles partent habituellement les lundi, jeudi et vendredi à 14h15 de la statue de Saint-Pierre. Pas besoin de billets, mais consultez le site Web pour vérifier les dates.

Pour manger un morceau, fuyez les pièges à touristes autour de la basilique et rejoignez plutôt le quartier voisin de Prati. Re-Bìo (p. 147) vend de savoureux sandwichs et salades bio à emporter tandis qu'Il Sorpasso (p. 149) sert des repas plus substantiels à la clientèle branchée du coin.

MESSES

Trésors artistiques mis à part, Saint-Pierre est une église en fonctionnement où sont célébrées chaque jour plusieurs messes (en italien ou en latin) dans les chapelles de la basilique. Pour les horaires (en italien), rendez-vous sur vatican.va/various/basiliche/san_pietro/it/vita_liturgica/orari.htm.

BASILIQUE SAINT-PIERRE

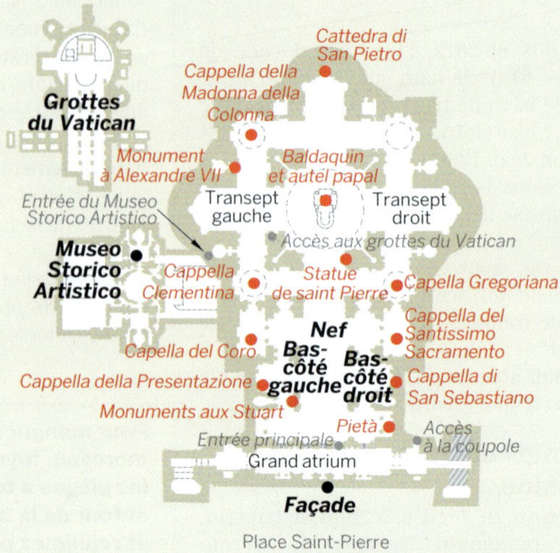

À la droite du trône, le **monument à Urbain VIII** du Bernin représente le pape accompagné par les allégories de la Charité et de la Justice.

Intérieur – bas-côté gauche

Dans le transept gauche, la **Cappella della Madonna della Colonna** doit son nom à la Vierge qui figure sur l'autel de marbre de Giacomo Della Porta. À sa droite, au-dessus du **tombeau de saint Léon le Grand**, se tient un beau bas-relief sculpté par Alessandro Algardi. À côté, le **monument à Alexandre VII** est la dernière œuvre réalisée par le Bernin pour la basilique.

À mi-chemin, la **Cappella Clementina** doit son nom au pape Clément VIII, qui la fit décorer par Giacomo Della Porta pour le jubilé de 1600. Sous l'autel se trouve le **tombeau de saint Grégoire le Grand** et, à gauche de l'autel, le **monument au pape Pie VII** réalisé par Thorvaldsen.

L'arche suivante abrite le **monument à Léon XI**, exécuté par Alessandro Algardi au XVIe siècle. Derrière, la riche décoration tout en dorures de la **Cappella del Coro** fut réalisée par Giovanni Battista Ricci sur des dessins de Giacomo Della Porta. Sous l'arche qui suit, le **monument à Innocent VIII** est une œuvre d'Antonio del Pollaiolo, reproduction d'un monument de l'ancienne basilique.

Plus loin, la **Cappella della Presentazione** renferme deux des œuvres les plus modernes de Saint-Pierre, à droite de l'autel, un **monument à Jean XXIII** (1967), bas-relief noir d'Emilio Greco, et un **monument à Benoît XV** (1928) de Pietro Canonica.

Sous la voûte suivante se trouvent les **monuments aux Stuarts**. Sur la droite se tient le monument à Marie-Clémentine Sobieski, femme de Jacques Stuart, par Filippo Barigioni, et, sur la gauche, le monument de Canova aux trois derniers Stuarts, prétendants au trône d'Angleterre, morts en exil à Rome.

La *Pietà* de Michel-Ange

Intérieur – bas-côté droit

Au début du bas-côté droit se trouve l'envoûtante **Pietà** de Michel-Ange. Sculptée par l'artiste alors âgé de 25 ans (en 1499), c'est la seule de ses œuvres à porter sa signature (sur l'écharpe qui ceint la poitrine de la Vierge).

À proximité, un **disque rouge** sur le sol marque l'endroit où Charlemagne et, plus tard, certains empereurs romains germaniques furent couronnés par le pape.

Contre un pilier, après la *Pietà*, le **monument à la reine Christine de Suède** de Carlo Fontana, en bronze doré, rend hommage à cette souveraine qui vint s'établir à Rome quelque temps après avoir abdiqué son trône et se convertit au catholicisme en 1655.

Plus loin, on découvre la **chapelle Saint-Sébastien** (Capella di San Sebastiano), qui abrite la tombe de Jean-Paul II, et la **chapelle du Saint-Sacrement** (Capella del Santissimo Sacramento), de style baroque, somptueusement décorée avec des œuvres de Borromini, le Bernin et Pierre de Cortone.

Après la chapelle, le grandiose **monument à Gregoire XIII** se dresse près de la **chapelle grégorienne** (Cappella Gregoriana), construite par Grégoire XIII sur un dessin de Michel-Ange.

Même si une grande partie du transept droit est interdite aux visiteurs, on peut y distinguer le **monument à Clément XIII**, une des œuvres les plus célèbres d'Antonio Canova.

LA FEMME DU BALDAQUIN

La frise qui orne le baldaquin du Bernin se lit comme un récit qui commence sur le pilier de gauche lorsque l'on tourne le dos à l'entrée. Le visage féminin gravé sur chaque pilier évoque la douleur de l'enfantement, dont l'intensité croît au fur et à mesure que l'on fait le tour du baldaquin dans le sens des aiguilles d'une montre. Sur le dernier pilier, le visage souriant d'un nouveau-né remplace celui de la parturiente. Celle-ci n'était autre que la nièce du pape Urbain VIII, qui donna naissance à un enfant alors que le Bernin travaillait à ce chef-d'œuvre de l'art baroque.

Même si la basilique Saint-Pierre n'est pas la plus grande église du monde – la basilique Notre-Dame-de-la-Paix à Yamoussoukro, en Côte d'Ivoire, est plus vaste –, ses dimensions n'en sont pas moins spectaculaires : elle fait 187 m de long et couvre plus de 15 000 m^2. Sur le sol de la nef, des plaques de bronze indiquent les tailles respectives des quatorze plus grandes églises de la planète.

LA REINE CHRISTINE DE SUÈDE

Cette reine, qui fut incarnée à l'écran par Greta Garbo dans le film de Rouben Mamoulian *La Reine Christine* (1933), est l'une des trois femmes enterrées dans la basilique Saint-Pierre – aux côtés de Charlotte de Lusignan, souveraine de Chypre au XVe siècle, et Agnesina Colonna, aristocrate italienne du XVIe siècle. Christine abdiqua du trône de Suède pour se convertir au catholicisme en 1655. Elle passa une grande partie de la fin de sa vie à Rome, où elle acquit une brillante réputation de mécène. Sa vie privée fit toutefois l'objet de rumeurs nettement plus équivoques, car on lui prêtait de multiples liaisons avec des courtisans.

Coupole

L'accès à la **coupole** (avec/sans ascenseur 10/8 € ; ⌚8h-18h avr-sept, 8h-17h oct-mars) se fait à droite du portique principal de la basilique, là où se tient la billetterie. On peut gravir les 551 marches conduisant au sommet ou prendre un petit ascenseur qui dispense d'une partie de la montée et terminer à pied (320 marches). Dans les deux cas, il s'agit d'une longue ascension déconseillée aux claustrophobes et aux personnes souffrant du vertige. Vous serez récompensé de vos efforts par une vue panoramique depuis le sommet, à 120 m au-dessus de la place Saint-Pierre.

Museo Storico Artistico

On accède par le bas-côté gauche au **Museo Storico Artistico** (Tesoro ; ☎06 6988 1840 ; 5 € avec audioguide ; ⌚9h-18h10 avr-sept, 9h-17h10 oct-mars, dernière entrée 30 min avant fermeture), où sont exposés de très anciens objets de dévotion. On peut notamment y voir un ciboire de Donatello, la Colonna Santa (une colonne byzantine du IVe siècle provenant de l'ancienne basilique) et la Crux Vaticana (croix vaticane), un crucifix incrusté de joyaux datant du VIe siècle, cadeau de l'empereur Justinien II à la basilique d'origine.

Grottes du Vatican

Situées sous la basilique, les **grottes du Vatican** (⌚8h-17h avr-sept, 8h-16h oct-mars) GRATUIT abritent les tombes et sarcophages de nombreux papes, ainsi que plusieurs colonnes de la basilique initiale du IVe siècle. L'entrée se trouve sous la statue de saint André.

Tombeau de saint Pierre

En 1942, les ossements d'un homme âgé et solidement bâti ont été découverts dans un coffre caché derrière un mur recouvert de graffitis laissés par les pèlerins. Si le Vatican n'a jamais officiellement annoncé tenir ces restes pour ceux de saint Pierre, le pape Paul VI n'en a pas moins déclaré en 1968 qu'ils avaient été identifiés d'une manière que le Vatican jugeait "convaincante". Les reliques ont été exhibées publiquement pour la première fois en 2013 par le pape François.

Il n'est possible de voir ces fouilles que dans le cadre d'une visite guidée (d'une durée de 1 heure 30 et accessible aux visiteurs de plus de 15 ans), à réserver bien à l'avance. Pour vous renseigner et prendre votre place, consultez le site Internet de l'**Ufficio Scavi** (bureau des fouilles ; Fabbrica di San Pietro ; plan p. 352 ; ☎06 6988 5318 ; scavi.va ; 13 € ; ⌚9h-18h lun-ven, 9h-17h sam).

KIEVVICTOR / SHUTTERSTOCK ©

LES INCONTOURNABLES
MUSÉES DU VATICAN

La visite des musées du Vatican est inoubliable. Avec quelque 7 km d'expositions, cet immense ensemble muséographique abrite l'une des plus importantes collections d'art au monde. Ses points forts comprennent une collection spectaculaire de statues antiques dans le Museo Pio-Clementino, une enfilade de fresques peintes par Raphaël et la chapelle Sixtine, sublimée par Michel-Ange.

Fondés par le pape Jules II au début du XVIe siècle, ces musées occupent les salles et galeries richement décorées du Palazzo Apostolico Vaticano. Cet ensemble de 5,5 ha se compose de deux palais, le palais original du Vatican (plus proche de Saint-Pierre) et le Palazzetto di Belvedere datant du XVe siècle, reliés par deux longues galeries. Trois cours sont ménagées à l'intérieur : le Cortile della Pigna, le Cortile della Biblioteca et, au sud, le Cortile del Belvedere. Soyez sélectif, car il est impossible de tout visiter en une journée.

Les œuvres exposées sont légendées de manière succincte – un audioguide (8 €) ou le *Guide des Musées et de la Cité du Vatican* (14 €, Edizioni Musei Vaticani) vous en apprendra davantage.

Pinacoteca

Souvent ignorée des visiteurs, repus de chefs-d'œuvre, la Pinacothèque pontificale recèle quelque 460 toiles datant du XIe au XIXe siècle. Dans le bâtiment, construit à la demande de Pie XI et achevé en 1932, on découvre au gré de 18 salles des œuvres de Giotto, Fra Angelico, Filippo Lippi, le Pérugin, Titien, Guido Reni, le Guerchin, Pierre de Cortone, le Caravage et Léonard de Vinci, accrochées par ordre chronologique et selon les écoles.

NOS CONSEILS

- Les musées sont gratuits (et bondés) le dernier dimanche du mois.
- Consultez le site Web pour participer aux excellentes visites guidées.

INFOS PRATIQUES

- Musei Vaticani
- Plan p. 352, C4
- 06 6988 4676
- museivaticani.va
- Viale Vaticano
- Tarif plein/réduit 17/8 €
- 9h-18h lun-sam, 9h-14h dernier dim du mois, dernière entrée 2 heures avant la fermeture
- Piazza del Risorgimento, M Ottaviano-San Pietro

COUPE-FILE

Pour vous épargner les files d'attente interminables, achetez vos billets en ligne jusqu'à 60 jours avant la date choisie (biglietteriamusei.vatican.va/musei/tickets/do ; frais de réservation 4 €) ou à l'Ufficio Pellegrini e Turisti (p. 317). Choisissez bien le moment de votre visite : les mardi et jeudi sont les jours les plus calmes, de même que le mercredi matin. De manière générale, préférez les après-midi et évitez les jours pluvieux ainsi que le lundi, lorsque nombre d'autres musées sont fermés.

VISITEURS HANDICAPÉS

Des visites guidées gratuites, à réserver à l'avance, sont proposées aux personnes non voyantes (parcours sensoriel) et malentendantes (commentaires en langue des signes italienne). Des fauteuils roulants sont disponibles au bureau "Permessi Speciali" situé dans le hall d'entrée. Les personnes handicapées peuvent sauter la file d'attente de la billetterie. Consultez la section "Services pour les visiteurs" du site Web pour plus de détails.

Admirez les trois toiles de Raphaël dans la salle VIII : la *Madone de Foligno*, le *Couronnement de la Vierge* et *La Transfiguration*, terminée par ses élèves après sa mort en 1520. Les autres œuvres phares comprennent le *Couronnement de la Vierge, anges saints et donateurs* de Filippo Lippi, l'envoûtant *Saint Jérôme* inachevé de Léonard de Vinci et la *Mise au tombeau* du Caravage.

Museo Chiaramonti et Braccio Nuovo

Ce musée occupe une longue galerie au premier étage de l'aile est du Palazzetto di Belvedere. Contre ses murs s'alignent près d'un millier de statues et de bustes de divinités, de chérubins joueurs et de patriciens à la mine sévère.

Non loin de son extrémité, sur la droite, le Braccio Nuovo (Nouvelle Aile) abrite une célèbre statue couchée du dieu Nil sur lequel batifolent seize bambins (Ier siècle).

Museo Pio-Clementino

Installé dans le palais du Belvédère, le formidable Museo Pio-Clementino (photo p. 137) rassemble des statues antiques parmi les plus admirables des musées du Vatican, notamment l'inégalable *Apollon du Belvédère* et le *Laocoon*, une œuvre du Ier siècle. Ces dernières sont exposées dans le **Cortile Ottagono** (Cour octogonale).

Avant d'entrer dans la cour, prenez le temps d'admirer l'*Apoxyomène* du Ier siècle, l'une des plus anciennes sculptures connues représentant un homme le bras levé.

Sur la gauche en entrant, l'*Apollon du Belvédère* est une reproduction en marbre du IIe siècle d'un bronze grec du IVe siècle av. J.-C. Représentation magnifiquement proportionnée du dieu du Soleil, on le considère comme l'un des chefs-d'œuvre de la statuaire grecque classique. À côté, le groupe du *Laocoon* illustre la mort du prêtre troyen qui voulut dissuader ses concitoyens d'accepter le cheval de bois laissé par les Grecs.

À l'intérieur, la **salle des Animaux** (Sala degli Animali) renferme des statues d'animaux et de magnifiques mosaïques du IVe siècle. Ensuite, dans la **salle des Muses** (Sala delle Muse), trône le *Torse du Belvédère*, une sculpture grecque du Ier siècle av. J.-C. qui fut découverte sur le Campo de' Fiori. Michel-Ange s'en servit comme modèle pour ses *Ignudi* (nus masculins) dans la chapelle Sixtine.

La salle suivante, la **Salle ronde** (Sala Rotonda), contient plusieurs statues colossales, notamment l'*Hercule*, un bronze doré. L'énorme vasque au centre de la pièce, composée d'un seul bloc de porphyre rouge, fut trouvée dans la Domus Aurea de Néron.

Museo Gregoriano Egizio

Grégoire XVI fonda ce musée égyptien en 1839 pour y exposer les pièces rapportées d'Égypte sous l'Empire romain. Le fonds comprend des œuvres splendides, dont la partie d'une statue représentant le pharaon Ramsès II sur son trône, des sarcophages en bois aux couleurs vives datés d'environ 1 000 ans av. J.-C., et une momie.

Museo Gregoriano Etrusco

Au sommet de l'escalier Simonetti, datant du XVIIIe siècle, ce musée passionnant renferme des objets retrouvés dans les tombeaux étrusques du nord du Latium, ainsi qu'une superbe collection de vases et d'antiquités romaines. Contemplez le *Mars de Todi*, un guerrier en bronze noir de la fin du Ve siècle av. J.-C., dans la salle III.

Galleria dei Candelabri et Galleria degli Arazzi

Autrefois loggia ouverte, la **galerie des Candélabres** (Galleria dei Candelabri) foisonne de statuaire classique et tient son nom de ses candélabres en marbre sculpté. La **galerie des Tapisseries** (Galleria degli Arazzi), qui lui fait suite, expose d'immenses tapisseries. Celles sur la gauche furent tissées à Bruxelles au XVIe siècle.

Galleria delle Carte Geografiche et Sala Sobieski

Trésor méconnu, la galerie des Cartes, longue de 120 m, est tapissée de quarante cartes topographiques, toutes réalisées entre 1580 et 1583 pour Grégoire XIII d'après les relevés d'Ignazio Danti, l'un des grands cartographes de son temps. Après la galerie, la **Sala Sobieski** est ornée d'un immense tableau du XIXe siècle représentant la victoire du roi de Pologne, Jean III Sobieski, sur les Turcs en 1683.

Stanze di Rafaello (chambres de Raphaël)

Actuellement en restauration partielle, ces quatre chambres décorées de fresques furent autrefois les appartements privés du pape Jules II. Raphaël en personne peignit la **Stanza della Segnatura** (1508-1511) et la **Stanza d'Eliodoro** (1512-1514), tandis que la **Stanza dell'Incendio di Borgo** (1514-1517) et la **Sala di Costantino** (1517-1524) furent décorées par des élèves selon les dessins du maître.

Première dans l'ordre de visite, la **Sala di Costantino**, à l'origine une salle de réception pour les cérémonies, est dominée par la *Bataille de Constantin contre Maxence*, montrant la victoire de Constantin, premier empereur chrétien de Rome, sur son rival Maxence au pont Milvius.

À la sortie de cette salle, la **Cappella di Niccolina V** (souvent fermée au public), chapelle privée du pape Nicolas V, abrite un superbe cycle de fresques de Fra Angelico.

La **Stanza d'Eliodoro**, utilisée pour les audiences privées du pape, tire son nom de la *Cacciata d'Eliodoro* (*Héliodore chassé du temple*), une œuvre allégorique évoquant la capacité du pape Jules à chasser les puissances étrangères des terres ecclésiastiques. À droite, *La Messe de Bolsène* représente Jules II commémorant un miracle survenu dans la petite ville lacustre de Bolsène au XIIIe siècle. Admirez à côté la *Rencontre de Léon le Grand et d'Attila*. Sur le quatrième mur, la formidable *Délivrance de saint Pierre*, allusion à l'emprisonnement du pape Léon après la bataille de Ravenne, illustre la façon magistrale dont le peintre savait rendre la lumière.

Bureau et bibliothèque de Jules II, la **Stanza della Segnatura** fut la première pièce à être peinte par Raphaël. Elle abrite son chef-d'œuvre, *L'École d'Athènes*, représentant des philosophes et des érudits rassemblés autour de Platon et d'Aristote. Le personnage solitaire assis devant l'escalier serait Michel-Ange, tandis que Platon (pointant le ciel) aurait le visage de Léonard de Vinci. En bas à droite, Euclide (l'homme dégarni qui se penche) est un portrait de Bramante. Enfin, Raphaël s'est représenté lui-même en bas à droite de la fresque (le deuxième personnage à partir de la droite, portant un chapeau noir). Sur le mur d'en face figure *La Dispute du Saint-Sacrement*, de Raphaël également.

L'œuvre la plus célèbre de la **Stanza dell'Incendio di Borgo**, ancienne salle de la haute cour du Saint-Siège, devenue plus tard salle à manger, est *L'Incendie du Borgo*. Elle représente Léon IV réussissant à éteindre le feu en traçant le signe de la croix. Le plafond de cette chambre fut peint par le Pérugin, le maître de Raphaël.

Des chambres de Raphaël, un escalier mène vers l'**Appartamento Borgia** et la collection d'art religieux moderne du Vatican.

Chapelle Sixtine (Cappella Sistina)

Joyau du Vatican, la **chapelle Sixtine** abrite deux des plus célèbres œuvres d'art au monde : les fresques de la voûte et le *Jugement dernier* (*Giudizio Universale*), réalisés par Michel-Ange.

(suite du texte en p. 142)

Visite
Musées du Vatican

DURÉE 3 HEURES

Suivez ce circuit pour voir les plus belles œuvres des musées, avec en point d'orgue la chapelle Sixtine.

Après l'entrée, grimpez la rampe d'accès moderne (ou l'escalator) jusqu'au 1 **Cortile delle Corazze**, point de départ de tous les itinéraires dans les musées. Prenez le temps d'aller faire un tour sur la terrasse pour admirer le dôme de Saint-Pierre et les jardins du Vatican. Rejoignez ensuite le 2 **Cortile della Pigna**, qui doit son nom à l'énorme pomme de pin en bronze, d'époque augustéenne, placée dans une niche monumentale. Traversez la cour et entrez dans le long corridor qu'est le 3 **Museo Chiaramonti**. Continuez et prenez, à gauche, l'escalier conduisant au Museo Pio-Clementino, qui renferme les plus belles sculptures antiques du Vatican. Suivez la marée humaine jusqu'au 4 **Cortile Ottagono**, où sont installés le *Laocoon* et l'*Apollon du Belvédère*.

Traversez ensuite une série de salles, la 5 **Sala degli Animali**, la 6 **Sala delle Muse**, où est exposé le célèbre *Torse du Belvédère*, et la 7 **Sala Rotonda**, où trône une grande vasque rouge. Depuis la 8 **Sala Croce Greca** voisine, l'escalier Simonetti rejoint la 9 **Galleria dei Candelabri**, première de trois galeries installées dans un long corridor. La foule se densifie à l'approche de la 10 **Galleria degli Arazzi** (galerie des Tapisseries) et dans la 11 **Galleria delle Carte Geografiche** (galerie des Cartes), un couloir long de 120 m contenant d'immenses cartes topographiques.

Au bout du corridor, traversez la 12 **Sala Sobieski** pour rejoindre la 13 **Sala di Costantino**, première des quatre chambres de Raphaël (Stanze di Raffaello) – les autres étant la 14 **Stanza d'Eliodoro**, la 15 **Stanza della Segnatura** – ornée de la sublime *École d'Athènes*, et la 16 **Stanza dell'Incendio di Borgo**. (Notez que les gardiens obligent parfois à visiter les salles dans un ordre différent.) Curiosités à part entière, ces fresques magnifiques ne sont ici que les prémices du grand final qu'est la 17 **chapelle Sixtine** (voir la "Visite" p. 143).

MUSÉES DU VATICAN

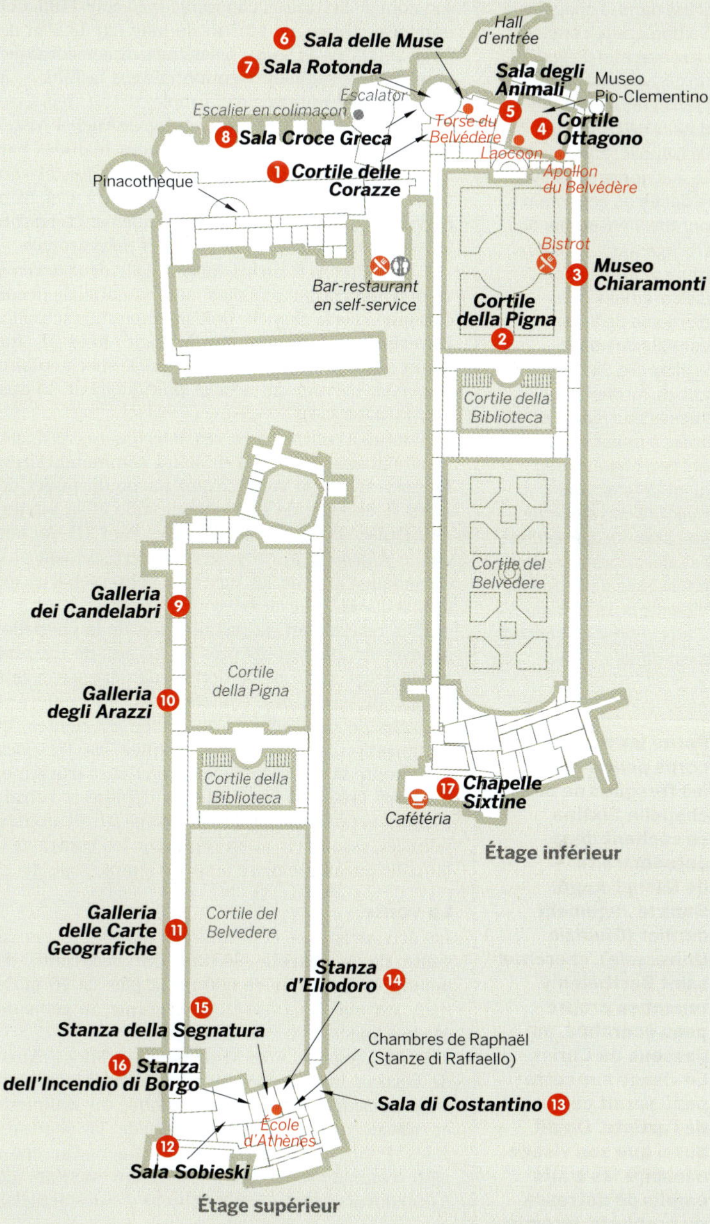

HABEMUS PAPAM

C'est dans la chapelle Sixtine que le conclave se réunit afin d'élire un nouveau pape. Les règles du scrutin datent de 1274 pour l'essentiel : dans les 15 à 20 jours qui suivent le décès du souverain pontife, l'ensemble du Collège des cardinaux (qui comprend tous les cardinaux âgés de moins de 80 ans) est enfermé dans la chapelle Sixtine afin de lui choisir un successeur. Quatre votes à bulletin secret ont lieu chaque jour jusqu'à ce qu'une majorité des deux tiers soit atteinte. Le résultat est alors communiqué par le biais d'une fumée blanche qui s'échappe d'une cheminée conçue à cet effet.

Parmi les nombreux corps peints dans les fresques de la chapelle Sixtine se cachent deux autoportraits de Michel-Ange. Dans le *Jugement dernier* (*Giudizio Universale*), cherchez saint Barthélemy, tenant sa propre peau écorchée, au-dessous du Christ. Le visage sur cette peau serait celui de l'artiste. On dit aussi que son visage a inspiré les traits emplis de détresse du prophète Jérémie, au plafond.

Histoire

La chapelle fut construite pour le pape Sixte IV, d'où son nom de Sixtine, et consacrée le 15 août 1483. Cet immense édifice, de 40,2 m de long sur 13,4 m de large et 20,7 m de haut – les mêmes dimensions que le temple de Salomon mentionné dans la Bible –, à l'architecture relativement simple, devait déjà être impressionnant avant l'intervention de Michel-Ange. Ses murs étaient couverts de fresques réalisées par les plus grands artistes de la Renaissance, et son plafond voûté était peint à l'image d'un ciel bleu parsemé d'étoiles. Le sol était pratiquement tel qu'on le voit aujourd'hui, pavé de marbres polychromes.

C'est toutefois à Michel-Ange et à ses deux œuvres incomparables, qui remplacèrent l'essentiel du décor d'origine, que la chapelle doit sa renommée actuelle. La voûte, commandée par le pape Jules II, fut peinte entre 1508 et 1512 tandis que le spectaculaire *Jugement dernier* fut achevé pratiquement 30 ans plus tard, en 1541.

Sujettes à controverses, ces deux œuvres reflètent les ambitions politiques de leurs commanditaires. La peinture de la voûte faisait partie du projet de Jules II de faire de Rome la capitale et la vitrine de l'Église. De son côté, le pape Paul III voulait que le *Jugement dernier* serve d'avertissement aux catholiques afin de les inciter à conserver leur foi tandis que la Réforme balayait l'Europe.

Plus récemment, la restauration de la chapelle, achevée en 1999 après près de 20 ans de travaux et plusieurs millions de dollars de dépense, a fait l'objet de certaines controverses. En enlevant 450 ans de poussière et de fumée de cierges, la restauration a permis de ranimer les fresques dans toute la richesse de leurs couleurs d'origine. Certains critiques ont toutefois déploré le retrait d'une couche finale que Michel-Ange aurait ajoutée pour les assombrir et en renforcer les contrastes, laquelle aurait été prise pour un simple repeint.

La voûte

Le défi artistique et technique représenté par la voûte de la chapelle Sixtine, qui nécessitait de peindre une fresque de 800 m², à plus de 20 m de haut, est une démonstration éclatante du génie de Michel-Ange.

Quand le pape Jules II demanda à Michel-Ange de décorer la chapelle, l'artiste hésita à accepter. Il se considérait avant tout comme un sculpteur et n'avait que peu d'expérience de la peinture. Jules II réussit cependant à le convaincre d'accepter cette commande en 1508, contre un montant de 3 000 ducats (entre 1,5 et 2 millions d'euros actuels).

(suite du texte en p. 144

VOÛTE DE LA CHAPELLE SIXTINE

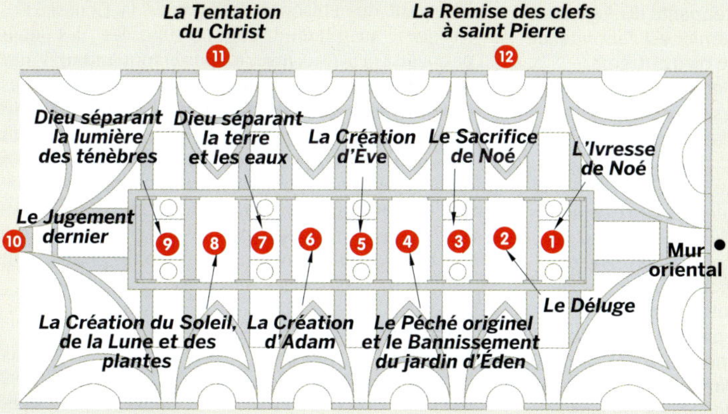

Visite
La chapelle Sixtine

DURÉE 30 MINUTES

En pénétrant dans la chapelle, dirigez-vous vers l'entrée principale, au fond (mur est), pour avoir une vue optimale sur le plafond.

La fresque, qui demanda quatre années de travail à Michel-Ange, couvre la totalité des 800 m² de la voûte. Figurant des motifs architecturaux peints et une série de personnages bibliques colorés, elle s'articule autour de neuf panneaux décrivant les épisodes de la Genèse.

Depuis le mur oriental, on aperçoit d'abord l' 1 **Ivresse de Noé**, suivie du 2 **Déluge** et du 3 **Sacrifice de Noé**. Ensuite vient la fameuse scène 4 **Le Péché originel et le bannissement du jardin d'Éden**, où Adam et Ève s'enfuient après avoir accepté le fruit défendu proposé par le diable, symbolisé par un serpent au corps de femme enroulé autour d'un arbre. Puis l'on découvre la 5 **Création d'Ève** et la 6 **Création d'Adam** – cette dernière est l'une des images les plus connues de l'art occidental : Dieu pointe le doigt vers Adam pour lui donner la vie. Enfin, observez 7 **Dieu séparant la terre de l'eau**, la 8 **Création du soleil, de la lune et des plantes** et 9 **Dieu séparant la lumière des ténèbres**, qui figure un impressionnant Créateur tendant les bras vers le soleil.

Face à vous, sur le mur occidental, s'étend le 10 **Jugement dernier** (*Giudizio Universale*), de Michel-Ange. On y voit le Christ – au centre, en haut – prononcer la peine des défunts arrachés à leurs tombes. Les élus (en haut à droite) s'élèvent vers le Ciel, tandis que les damnés sont précipités vers l'Enfer et les démons (en bas à droite).

Les murs latéraux de la chapelle arborent des fresques Renaissance, représentant des épisodes de la vie de Moïse (à gauche) et du Christ (à droite). Ne manquez pas la 11 **Tentation du Christ** de Botticelli, et le chef-d'œuvre 12 **La Remise des clés à saint Pierre** du Pérugin.

UN BLEU CÉLESTE

L'un des traits les plus frappants du *Jugement dernier* est l'abondance du bleu outremer – en contraste avec les fresques du plafond d'où cette couleur est absente. Au XVIe siècle, à moins que la facture ne fût réglée par quelqu'un d'autre, les peintres rechignaient à utiliser cette teinte obtenue à partir du lapis-lazuli, une pierre très chère. Dans le cas du *Giudizio Universale*, le pape finança l'ensemble des fournitures de Michel-Ange, mais pour le plafond, l'artiste dut prendre les dépenses à sa charge ; il recourut donc à des pigments moins coûteux.

Vous trouverez un bon bistrot dans le Cortile della Pigna (plats 6-22 €) et un ensemble de cafétérias en self-service (repas 12,50 €), ainsi qu'un café (en-cas 5 €) avec terrasse extérieure près de la Pinacothèque.

NOCTURNES

De mi-avril à octobre, les musées du Vatican ouvrent en nocturne (19h-23h) le vendredi. Réservation en ligne obligatoire.

Jules II souhaitait que Michel-Ange peigne les douze apôtres et une série d'éléments architecturaux décoratifs. L'artiste préféra un projet plus ambitieux illustrant des épisodes du livre de la Genèse. Les fresques au plafond sont composées des neuf panneaux centraux avec, disposés tout autour, vingt nus d'hommes athlétiques, les fameux *Ignudi*. Ces derniers provoquèrent un scandale quand ils furent dévoilés et, encore aujourd'hui, les historiens restent divisés sur leur symbolique : certains y voient des anges, d'autres une représentation néoplatonicienne de l'homme idéal vu par Michel-Ange. Cinq sibylles et sept prophètes figurent sur la voûte. On pense que ces figures païennes et chrétiennes symbolisent l'attente perpétuelle de rédemption de l'humanité.

Les fresques murales

Les superbes fresques ornant les murs latéraux de la chapelle Sixtine furent peintes en 1481-1482 par d'illustres artistes de la Renaissance, dont Botticelli, Ghirlandaio, le Pinturicchio, le Pérugin et Signorelli. Elles représentent des épisodes de la vie de Moïse (à gauche lorsqu'on regarde le *Jugement dernier*) et du Christ (à droite). Parmi les plus remarquables figurent la *Tentation du Christ* de Botticelli (deuxième fresque sur la droite) et *Le Christ remettant les clés à saint Pierre* du Pérugin (cinquième fresque sur la droite).

Le Jugement dernier (Giudizio Universale)

Michel-Ange revint à la chapelle Sixtine entre 1535 et 1541 pour y peindre le *Jugement dernier*, une fresque de 200 m² centrée sur la figure du Christ qui recouvre le mur surmontant l'autel.

Commandé par le pape Clément VII et repris par son successeur Paul III, ce projet suscita d'emblée la controverse. Deux fresques du Pérugin furent détruites pour préparer le mur, lequel fut entièrement replâtré afin d'être incliné vers l'intérieur pour le protéger de la poussière. Lorsqu'elle fut dévoilée en 1541, cinq ans après que Michel-Ange eut commencé à peindre, cette œuvre à la composition dramatique et mouvementée de 391 corps entremêlés, et pour la plupart nus, provoqua un scandale. Les autorités de l'Église, réunies en 1564 au concile de Trente, ordonnèrent de couvrir les nus. La tâche incomba à Daniele da Volterra, l'un des élèves de Michel-Ange, qui rajouta feuilles de vigne et autres effets de drapé sur 41 nus, gagnant ainsi le surnom d'*il Braghettone* ("le Culottier").

Pour sa part, Michel-Ange rejeta les critiques. Il prit même sa revanche sur l'un de ses plus virulents détracteurs, Biagio da Cesena, maître des cérémonies papales en le représentant en Minos, juge des Enfers, affublé d'oreilles d'âne et d'un serpent enroulé autour du corps.

À VOIR

Le Vatican recèle d'innombrables et inestimables trésors, parmi les plus visités de Rome. Ses musées et la basilique Saint-Pierre sont parmi les sites les plus courus de Rome. Proche du Vatican et dominant la rive droite du Tibre, l'emblématique château Saint-Ange mérite également une visite.

Cité du Vatican

MUSÉES DU VATICAN — MUSÉES

Voir p. 137.

BASILIQUE SAINT-PIERRE — BASILIQUE

Voir p. 132.

PLACE SAINT-PIERRE — PLACE

Plan p. 352 (Piazza San Pietro ; Piazza del Risorgimento, M Ottaviano-San Pietro). Figurant parmi les plus vastes places publiques du monde et surplombée par la basilique, la place Saint-Pierre fut réalisée par le Bernin entre 1656 et 1667 pour le pape Alexandre VII. Vue d'en haut, elle forme une immense ellipse délimitée par deux colonnades en demi-cercle, composées chacune de quatre rangées de colonnes doriques. Tout est fait pour donner accès de façon théâtrale à la basilique, dans un effet de mise en scène cher à l'esprit baroque : pour le Bernin, les colonnades se resserrant en direction de la basilique représentaient les "bras maternels de l'Église".

Les proportions de la place sont impressionnantes : longue de 320 m, elle atteint 240 m dans sa plus grande largeur. Elle est ceinturée par 284 colonnes surmontées par 140 statues de saints. L'**obélisque** de 25 m de haut qui se dresse au centre de la place fut rapporté d'Héliopolis en Égypte par Caligula. Néron s'en servit comme repère pour les courses de chars dans son cirque. Une relique de la Sainte Croix est conservée à son sommet. Deux **fontaines jumelles**, attribuées à Carlo Maderno et au Bernin, se dressent de part et d'autre de l'obélisque, renforçant la symétrie de l'ensemble.

La **Via della Conciliazione**, avenue monumentale débouchant sur la place, fut commandée par Mussolini et construite entre 1936 et 1950.

♥ JARDINS DU VATICAN — PARC PAYSAGER

Plan p. 352 (museivaticani.va ; tarif plein/réduit 33/24 € musées du Vatican inclus, bus à impériale 37/23 € ; sur réservation uniquement ; Piazza del Risorgimento, M Ottaviano-San Pietro). Agrémentés de fortifications, de grottes, de monuments et de fontaines, et accueillant aussi le minuscule héliport et la gare de l'État, les Giardini Vaticani, parfaitement entretenus, occupent près d'un tiers du Vatican. Ils se découvrent exclusivement à la faveur de visites guidées, à pied (2 heures) ou à bord d'un bus ouvert (45 minutes), que vous devrez réserver au moins une semaine à l'avance. Vous pourrez ensuite parcourir à votre guise les musées du Vatican, dont l'entrée est incluse dans le billet.

AUDIENCES ET MESSES PONTIFICALES

Les audiences pontificales ont lieu le mercredi à 10h, normalement sur la place Saint-Pierre, mais parfois dans la salle Paul VI voisine. Accès gratuit sur réservation.

Il faut aussi réserver son billet pour assister à la messe pontificale. Les places partent vite, surtout pour les offices de Pâques et de Noël.

- Pour plus de renseignements, consultez le site Web du Vatican (vatican.va/content/vatican/it.html).
- Le **Centre d'accueil des touristes et pèlerins à Rome – Saint-Louis-des-Français** (plan p. 344 ; 06 6819 2464 ; centreaccueilrome.com ; Via di Santa Giovanna d'Arco 10 ; 10h-12h30 et 14h30-17h lun-jeu, 10h-12h30 ven sept-juin, 10h-12h30 et 16h-18h30 lun-ven juil-août ; Barberini) permet aussi de réserver des billets et délivre, sur son site Internet comme sur place, des informations précieuses (en français).
- Sinon, les gardes suisses distribuent parfois des billets le matin de l'audience dans leur station à gauche de l'entrée de la basilique ou dans leur bureau à la Porta Sant'Anna. Mieux vaut toutefois ne pas trop compter dessus.

Aucun billet n'est requis pour assister à la bénédiction du pape le dimanche à midi sur la place Saint-Pierre.

LA PETITE HISTOIRE DU VATICAN

Établi en vertu du traité du Latran en 1929, l'**État de la Cité du Vatican** (vaticanstate.va) est le vestige moderne des États pontificaux, ce fief papal qui gouverna Rome et une grande partie de l'Italie du centre jusqu'à l'unité italienne de 1861. En tant que nation indépendante – ce micro-État européen est la plus petite nation au monde avec ses 44 ha, dont un tiers est constitué de jardins ! –, il compte un chef d'État (le pape) et un gouvernement, ainsi que son propre service postal et son armée, les gardes suisses. L'État compte environ 600 citoyens, dont 240 seulement résidant intra-muros.

La colline du Vatican, important site archéologique du monde romain, est déjà mentionnée sous la République romaine. Les liens entre le quartier du Vatican et la chrétienté remontent au Ier siècle, quand saint Pierre fut crucifié la tête en bas dans le stade de Néron (approximativement là où s'étend la place Saint-Pierre aujourd'hui). Au IVe siècle, l'empereur Constantin fit bâtir une basilique à l'endroit où le saint aurait été inhumé.

Pendant des siècles, la basilique Saint-Pierre se dressa au cœur d'un quartier très peuplé, et ce n'est qu'au XIIe siècle que le palais du Vatican fut édifié. Ces monuments tombèrent en ruine durant l'exil du pape en Avignon (1305-1378) et lors du Grand Schisme (1378-1417) qui vit des papes rivaux gouverner à Rome et en Avignon.

Aux XVe et XVIe siècles, sous l'influence d'une série de souverains pontifes ambitieux, la basilique fut rénovée et le palais du Vatican modernisé. L'édifice baroque du XVIIe siècle connut des aménagements ultérieurs, en particulier avec la création de la place Saint-Pierre.

L'État de la Cité du Vatican est dirigé par le Pontife romain et évêque de Rome, le pape François, élu le 13 mars 2013, à la suite de la renonciation de Benoît XVI, le 28 février de la même année. Le pape y exerce souverainement le triple pouvoir exécutif, législatif et judiciaire.

NECROPOLI VIA TRIUMPHALIS
SITE ARCHÉOLOGIQUE

Plan p. 352 (museivaticani.va ; tarif plein/réduit avec musées du Vatican 17/8 €, avec musées et jardins du Vatican 38/29 € ; sur réservation uniquement ; Ⓜ Ottaviano-San Pietro). Cet ancien cimetière romain, à ne pas confondre avec le tombeau de saint Pierre, est situé sous la colline du Vatican. Les visites guidées (1 heure 30) comprennent les tombes et les chambres funéraires qui s'étendaient le long de la route antique appelée Via Triumphalis.

Borgo et environs

♥ CHÂTEAU SAINT-ANGE
MUSÉE, CHÂTEAU

Plan p. 352 (06 681 91 11 ; castelsantangelo.beniculturali.it ; Lungotevere Castello 50 ; tarif plein/18-25 ans 12/2 € ; 9h-19h30 mar-dim, billetterie 9h30-18h ; Piazza Pia). La silhouette de cet imposant monument circulaire – à l'origine, un mausolée pour l'empereur Hadrien – est immédiatement reconnaissable. Édifié entre 135 et 139, le Castel Sant'Angelo fut converti en forteresse pontificale au VIe siècle et doit son nom au pape Grégoire le Grand, qui eut la vision d'un ange en 590. Il abrite aujourd'hui le **Museo Nazionale di Castel Sant'Angelo** et sa collection de peintures, sculptures, souvenirs de guerre et armes à feu médiévales.

Nombre des armes exposées furent utilisées par des soldats qui gardaient le château. Au XIIIe siècle, on relia la forteresse au palais du Vatican par un **passage secret** (Passetto di Borgo), que les papes empruntaient pour fuir en cas de danger. Clément VI s'y réfugia d'ailleurs en 1527, au cours du sac de Rome par le connétable de Bourbon.

Les niveaux supérieurs du château se composent d'intérieurs Renaissance, dont la luxueuse **Sala Paolina**, ornée de fresques évoquant des épisodes de la vie d'Alexandre le Grand. Deux étages plus haut, la **terrasse** immortalisée par Puccini dans son opéra *Tosca* dévoile une vue inoubliable sur Rome et dispose d'un petit café très fréquenté (en-cas 2,50-5 €).

Le circuit Il Castello Segreto (5 € ; en anglais 2 fois par jour) inclut le *Passetto di Borgo*, les prisons, les huileries, la cour de Léon X et la salle de bains de Clément VII décorée de fresques de l'école de Raphaël. Le circuit était fermé pendant la pandémie, renseignez-vous au préalable.

Le prix des tickets peut être majoré en cas d'exposition temporaire.

PONT SAINT-ANGE — PONT

Plan p. 352 (Piazza Pia). En 136, l'empereur Hadrien fit construire le Ponte Sant'Angelo afin de ménager un accès à son mausolée, mais c'est le Bernin qui lui donna vie en 1668 avec dix statues d'anges. Les trois arches du milieu sont d'origine, tandis que celles latérales ont été restaurées et agrandies en 1892-1894 lors de l'aménagement des *lungotevere* (berges).

BOUCHE-À-OREILLE

MÉMORABLE PIZZA

Bonci Pizzarium (plan p. 352 ; 06 3974 5416 ; bonci.it ; Via della Meloria 43 ; part de pizza 5 € ; 11h-22h mar-sam, 11h15h et 17h-22h dim ; M Cipro), le stand à emporter de Gabriele Bonci, vend sans aucun doute la meilleure pizza à la coupe de la ville. Les carrés de pâte moelleuse, découpés aux ciseaux, ont des garnitures originales à base de produits de saison et sont servis pour être dégustés immédiatement. Le stand vend aussi de bons *supplì* (boulettes de riz farcies et frites), mais ne dispose que de quelques comptoirs et tabourets, souvent pris d'assaut par les touristes : asseyez-vous en face, sur la place autour de la station de métro.

OÙ SE RESTAURER

Même affamé, évitez de vous attabler dans l'un des innombrables restaurants médiocres aux tarifs surévalués qui entourent le Vatican et Saint-Pierre. Il vaut bien mieux manger dans le quartier voisin de Prati, où on trouve de tout, des en-cas gourmands à emporter aux glaces artisanales en passant par les trattorias traditionnelles et les cafés-restaurants. Beaucoup de ces établissements s'adressent aux légions de juristes et de salariés des médias qui travaillent dans le secteur.

Borgo et environs

COTTO CRUDO — SANDWICHS €

Plan p. 352 (06 6476 0954 ; Borgo Pio 46 ; sandwichs/plats à partir de 4,50/7 € ; 10h-16h30 et 18h30-21h lun-mer, 10h-22h jeu-sam, 10h-20h dim ; ; Piazza del Risorgimento, M Ottaviano-San Pietro). Au milieu des pièges à touristes de Borgo Pio, la rue principale de ce qui reste du Borgo médiéval, cette petite sandwicherie est une aubaine. Elle propose des paninis aux garnitures délicieuses telles que jambon de Parme, mortadelle ou culatella (un type de salami), fromages et légumes. Attention, au moment de nos recherches, elle devait peut-être fermer.

Prati

GELATERIA DEI GRACCHI — GLACES

Plan p. 352 (06 321 66 68 ; gelateriadeigracchi.it ; Via dei Gracchi 272 ; glaces à partir de 2,50 € ; 11h-minuit dim-jeu, 11h-0h30 ven-sam ; Piazza Cola Di Rienzo). Dans cette enseigne d'origine de la petite chaîne de glaciers qui a pris Rome d'assaut, on n'utilise que des fruits frais de saison, d'où une gamme de parfums qui change régulièrement. Goûtez l'une des barres glacées recouvertes de chocolat.

PANIFICIO BONCI — BOULANGERIE €

Plan p. 352 (06 3973 4457 ; bonci.it ; Via Trionfale 36 ; en-cas 2-6 € ; 8h30-15h et 17h-20h30 lun-jeu, 8h30-20h30 ven-sam ; ; Largo Trionfale). Propriété de Gabriele Bonci, du fameux Bonci Pizzarium, cette boulangerie-traiteur décline un large choix d'en-cas à emporter : parts de pizza fines et croustillantes, son plat phare, mais aussi sandwichs à la *porchetta* (cochon de lait farci) ou au gorgonzola, pains complets et pâtisseries. Pas de places assises.

RE-BÌO — SANDWICHS €

Plan p. 352 (www.rebio.it ; Via Germanico 59 ; sandwich à partir de 6 € ; 7h30-18h lun-mer, 7h30-23h jeu, ven et sam, ouvert les derniers dimanches du mois ; Piazza del Risorgimento, M Ottaviano-San Pietro). Sandwichs, wraps, salades et jus de fruits et de légumes frais sont préparés avec célérité, dans cet excellent bistro. Tous est à base de produits bio dans cette adresse très fréquentée. Romains, guides du Vatican et touristes avertis viennent y chercher un déjeuner ou un en-cas rapides. Quelques places à l'intérieur et tabourets sur le trottoir.

FORNO FELIZIANI — ITALIEN €

Plan p. 352 (☎06 3973 7362 ; Via Candia 61 ; plats 7-13 €, part de pizza 1,50 € ; ⏲7h30-20h30 lun-sam ; 📶✍; Ⓜ Cipro). Laissez tomber les attrape-touristes autour des musées du Vatican au profit de cette *tavola calda*, version italienne du snack-bar. Il suffit de choisir parmi les plats déjà prêts – pâtes, légumes grillés, parts de pizza et pâtisseries maison – que les serveurs apportent de la cuisine vitrée jusqu'au comptoir.

PANINO DIVINO — SANDWICHS, TRAITEUR €

Plan p. 352 (☎06 3973 7803 ; paninodivino.it ; Via dei Gracchi 11a ; en-cas à partir de 5 € ; ⏲10h-17h lun-mar, 10h-21h jeu-ven-sam ; 📶✍👪 ; Ⓜ Ottaviano). Après la visite intéressante mais épuisante des musées du Vatican, cette sandwicherie gastronomique tombe à pic avec ses paninis pleins de bonnes choses – *porchetta* (cochon de lait farci), gorgonzola, légumes marinés, confiture de tomates relevées –, à déguster sur le trottoir autour de vieux tonneaux.

MO'S CIOCCOLATERIA — GLACES €

Plan p. 352 (☎06 687 43 57 ; Via Cola di Rienzo 174 ; glaces 2,50-6 € ; ⏲8h-19h30 ; 🚌 Piazza del Risorgimento). Les inconditionnels du chocolat rejoindront la queue devant cette petite *gelateria* artisanale nichée entre deux boutiques. Le choix de parfums est limité, mais le goût est au rendez-vous. Le chocolat noir, la banane et la pistache sont particulièrement bons.

CACIO E PEPE — ROMAIN €

Plan p. 354 (☎06 321 72 68 ; trattoriacacioepepeprati.com ; Via Giuseppe Avezzana 11 ; repas complet à partir de 20 € ; ⏲12h30-15h30 et 21h30-23h30 lun-sam ; 🚌 Piazza delle Cinque Giornate, 🚋 Piazza delle Cinque Giornate). Véritable institution locale, cette adresse reste brute de décoffrage avec son ardoise de spécialités romaines, son intérieur spartiate et son service sans fioritures. Attablez-vous sur le trottoir pour dévorer les emblématiques pâtes *cacio e pepe* (au pecorino et poivre noir), suivies de *polpette* (boulettes de viande en sauce tomate).

DOLCE MANIERA — BOULANGERIE €

Plan p. 352 (☎06 370 05 70 ; dolcemaniera.eu Via Barletta 27 ; en-cas 0,50-2 € ; ⏲24h/24 ; Ⓜ Ottaviano-San Pietro). Pour un en-cas nocturne, rien ne vaut cette boulangerie historique ouverte à toute heure. On vient y faire le plein de *cornetti,* parts de pizza, sandwichs, pâtisseries, gâteaux ou biscuits, à prix très doux. Laissez-vous guider par les effluves sucrés !

MONDO ARANCINA — RESTAURATION RAPIDE €

Plan p. 352 (☎06 9761 9213 ; mondoarancina.it ; Via Marcantonio Colonna 38 ; plats 5-10 € ; ⏲10h-22 lun-ven, 10h-23h ven-sam ; Ⓜ Lepanto). Une céramique jaune soleil, une ambiance conviviale et d'appétissants en-cas : cette boutique de vente à emporter est un petit coin de Sicile dans Rome. En vedette : les traditionnels *arancini,* des boulettes de riz frites grosses comme le poing. Le choix de farces va du classique *ragù*, au plus gourmand comme la *zucca* (citrouille) et le gorgonzola.

GELARMONY — GLACES €

Plan p. 352 (☎06 320 23 95 ; instagram.com/gelarmony/?hl=fr; Via Marcantonio Colonna 34 ; glaces 2,50-4 € ; ⏲6h-minuit ; Ⓜ Lepanto). Le véritable attrait de ce glacier sicilien très prisé réside dans son café-bar animé. Parmi le large éventail de sorbets et de crèmes glacées, les parfums pistache et cassate évoquent la Sicile. Essayez aussi la très tentante brioche *con panna* (avec de la crème fouettée).

OLD BRIDGE — GLACES €

Plan p. 352 (☎06 45 59 99.61 ; gelateriaoldbridge.com ; Viale dei Bastioni di Michelangelo 5 ; glace 2-6 € ; ⏲10h-2h lun-sam, 14h30-2h dim ; 🚌 Piazza del Risorgimento). 🍃 Depuis plus de 25 ans, cette minuscule boutique attire en masse les touristes grâce à ses énormes glaces onctueuses aux parfums classiques (à base de crème bio), ses sorbets et ses yaourts. Les touristes épuisés la plébiscitent largement, d'autant qu'elle ne lésine pas sur les portions.

HOSTARIA-PIZZERIA GIACOMELLI — PIZZA €

Plan p. 352 (☎06 372 59 10 ; pizzeriagiacomelli.it Via Emilio Faà di Bruno 25 ; pizzas 4-12 € ; ⏲12h30-14h45 et 19h-23h45 mar-dim ; Ⓜ Ottaviano-San Pietro). Une pizzeria de quartier à l'ancienne, comme on aime, qui prépare des pizzas romaines fines et croustillantes depuis aussi longtemps que les habitants du coin s'en souviennent. La vieille salle carrelée présente un décor spartiate, le service est un peu bougon et la carte est immuable avec ses bruschettas, ses antipasti frits, ses pizzas aux garnitures classiques et ses desserts glacés : rien ne semble avoir changé au fil du temps. Tables sur le trottoir.

IL SORPASSO ITALIEN €€

Plan p. 352 (06 8902 4554 ; sorpasso.info ; Via Properzio 31-33 ; plats 20-35 € ; 7h30-1h lun-ven, 9h-1h sam ; ; Piazza del Risorgimento). Mi-bar, mi-restaurant au sympathique look vintage – plafonds voûtés, murs en briques apparentes, tables en bois rustiques et terrasse l'été –, Il Sorpasso fait partie des chouchous de Prati. Ouvert en continu, il séduit une clientèle branchée et sert de tout : salades, pâtes, *trappizini* (cornets de pâte à pizza garnis), charcuterie, cocktails, etc.

SINATRA ITALIEN €€

Plan p. 352 (06 321 96 57 ; Via Fabio Massimo 68 ; repas complet 40 € ; 12h-15h et 18h-minuit mar-dim ; ; Lepanto). Le Sinatra mélange harmonieusement classiques indémodables de la cuisine italienne et plats créatifs, en privilégiant les ingrédients de saison : jambon de Parme, joue de veau, Sinatra Burger, Vegan Burger, carbonara à la truffe, tiramisu, etc. Le buffet du midi est une bonne affaire. Petit plus, le bar en sous-sol, élégant et plein de charme, sert d'excellents cocktails. Des concerts de jazz y ont lieu les vendredis et samedis à partir de 22h. Terrasse extérieure. Rien à redire sur la musique d'ambiance, évidemment !

VELAVEVODETTO AI QUIRITI ROMAIN €€

Plan p. 352 (06 3600 0009 ; ristorantevelavevodetto.it ; Piazza dei Quiriti 4 ; plats 13-16€ ; 12h30-14h30 et 19h30-22h30 ; Lepanto). Ce restaurant accueillant séduit toujours la clientèle par sa cuisine roborative et sans prétention, et par ses prix raisonnables. La carte est un véritable annuaire des spécialités romaines ; les plats phares sont les *fettuccine con asparagi, guanciale e pecorino* (*fettucine* aux asperges, à la bajoue de porc et au pecorino) et les *polpette di bollito* (croquettes de viande). Les tables sur le trottoir donnent sur la Piazza dei Quiriti.

OSTERIA DELL'ANGELO TRATTORIA €€

Plan p. 352 (06 372 94 70 ; Via Giovanni Bettolo 24 ; repas complet à partir de 40 € ; 12h30-14h30 et 19h30-23h lun-sam ; Ottaviano-San Pietro). Décoration sur le thème du rugby et tables en bois basiques : venez ici pour goûter l'atmosphère d'une authentique trattoria de quartier. Le menu comprend un assortiment d'antipasti, un solide plat de pâtes à la romaine et un choix de plats de résistance roboratifs. Une bouteille de vin de la maison (10 €) arrosera agréablement le tout. Pour finir, vous aurez droit à des biscuits accompagnés de vin doux. Réservation recommandée et paiement en espèces.

SUIVEZ LES ÉTOILES

Pour un repas fin à l'ombre du Vatican, rien de mieux que ces deux restaurants étoilés au Michelin :

Tordomatto (plan p. 352 ; 06 6935 2895 ; tordomattoroma.com ; Via Pietro Giannone 24 ; plats 62-125 € ; 13h-14h30 ven-dim, 19h30-22h45 jeu-mar ; Trionfale/Telesio). À l'angle de rues cossues, cet établissement d'une sobre élégance fait clairement primer le contenu de l'assiette, d'exquises spécialités romaines, revues et réalisées avec maestria, sur le décorum. Il est possible d'observer les chefs à l'œuvre en réservant la table de la cuisine bien à l'avance.

Enoteca La Torre (plan p. 364 ; 06 4566 8304 ; enotecalatorreroma.com ; Villa Laetitia, Lungotevere delle Armi 22 ; menu midi 60 €, menu dégustation 110-135 € ; 12h30-14h et 19h30-22h mer-dim ; Lungotevere delle Armi). La Villa Laetitia (p. 251), de style Art nouveau, forme le cadre romantique de ce restaurant raffiné. Depuis son ouverture en 2013, La Torre s'est taillé une belle réputation parmi les tables gastronomiques de Rome, au point d'afficher complet des semaines à l'avance. Au programme, des plats de saison aussi sophistiqués qu'esthétiquement présentés, une carte des vins exceptionnelle et un service parfait. Beaucoup viennent cependant manger ici dans le seul but d'admirer les magnifiques fenêtres.

DEL FRATE

ITALIEN €€

Plan p. 352 (☎06 323 64 37 ; ristorante.enotecadelfrate.it ; Via degli Scipioni 118 ; plats 12-18€ ; ⏲12h30-15h et 18h-minuit lun-sam ; Ⓜ Ottaviano-San Pietro). Les Romains apprécient cette *enoteca* (bar à vins) haut de gamme, avec ses tables en bois toutes simples et ses voûtes de brique. Les plats sont conçus pour accompagner la longue carte des vins, d'où un formidable choix de fromages (de la ricotta sicilienne à la *robiola* piémontaise) et d'amuse-bouche, sans compter les entrées, salades, pâtes fraîches et plats principaux (dîner à partir de 20h).

DAL TOSCANO

TOSCAN €€

Plan p. 352 (☎06 3972 5717 ; ristorantedaltoscano.it ; Via Germanico 58-60 ; repas complet 35-50 € ; ⏲12h30-15h et 20h-23h15 mar-dim ; Ⓜ Ottaviano-San Pietro). Ce vieux *ristorante* propose une immersion dans les saveurs toscanes. L'offre carnée tient la vedette, avec du jambon et du saucisson en entrée, suivis de viandes grillées. L'énorme *bistecca alla Fiorentina* (bifteck à la florentine) et le *ribollito,* une épaisse soupe paysanne, font partie des incontournables du menu. Tables extérieures dans une rue tranquille. Réservation conseillée.

HOSTARIA DINO E TONI

ROMAIN €€

Plan p. 352 (☎06 3973 3284 ; facebook.com/h.dinoetony ; Via Leone IV 60 ; repas complet 25-30 € ; ⏲12h30-15h et 19h30-23h lun-sam, fermé en août ; Ⓜ Ottaviano-San Pietro). Cette vivante trattoria à l'ancienne propose une cuisine romaine sans artifices. Commencez avec l'*antipasto* de la maison, composé de *supplì*, d'olives et de pizza, avant de faire un sort à sa spécialité de pâtes, les *rigatoni all'amatriciana* (pâtes au *guanciale*, piments et sauce tomate). Tables recouvertes de nappes à carreaux le long de la rue passante.

AMALFI

PIZZA €€

Plan p. 352 (☎06 3973 3165 ; amalfiristoranti.com ; Via dei Gracchi 12 ; pizzas 6,50-11 €, repas complet à partir de 30 € ; ⏲11h-0h30 ; 🚌 Piazza del Risorgimento, Ⓜ Ottaviano-San Pietro). Dans une petite rue calme juste en retrait de l'axe principal entre la station de métro Ottaviano-San Pietro et Saint-Pierre, ce restaurant-pizzeria pourvu de nombreuses tables extérieures a surtout la faveur des touristes. Il propose une honnête cuisine d'inspiration napolitaine : mozzarella au lait de bufflonne en entrée, pizzas à pâte épaisse et moelleuse, pâtes aux fruits de mer, salades et viandes grillées.

L'ARCANGELO

ROMAIN €€€

Plan p. 352 (☎06 321 09 92 ; larcangelo.com ; Via Giuseppe Gioachino Belli 59 ; repas complet à partir de 45 €, menu déjeuner 30 € ; ⏲13h-14h30 et 20h-23h lun-ven, 20h-23h sam ; 🚌 Piazza Cavour). Décoré comme un bistrot informel, avec lambris, banquettes en cuir et tables simplement dressées (les petites voitures qui y sont disposées apportent une note de fantaisie), ce restaurant jouit d'une excellente réputation locale. Plats modernes et inventifs au caractère romain affirmé, à base de produits traditionnels tels que ris d'agneau ou *baccalà* (morue). La carte des vins soignée est un autre atout du lieu.

BARS À BIÈRES ARTISANALES

L'Osteria di Birra del Borgo Roma (plan p. 352 ; ☎06 8376 2316 ; osteria.birradelborgo.it ; Via Silla 26 ; ⏲12h-15h et 18h-0h30 dim-jeu, 12h-1h ven-sam ; Ⓜ Ottaviano-San Pietro). Grâce au travail d'une génération de microbrasseurs, Italie ne rime plus seulement avec vin ; des bières artisanales de qualité vous attendent sous les hauts plafonds de ce bar chic et design aux rangées de robinets étincelants. Petite carte de savoureux antipasti en journée et de classiques italiens le soir.

Be.Re. (plan p. 352 ; ☎06 9442 1854 ; facebook.com/BeRe-541249312736140 ; Piazza del Risorgimento, angle Via Vespasiano ; ⏲10h-2h ; 🚌 Piazza del Risorgimento). Avec ses murs en brique apparente, son plafond voûté et ses tables sur le trottoir étroit, ce gastro-pub offre un cadre plaisant pour découvrir les bières transalpines. En cas de fringale, l'enseigne de vente à emporter Trapizzino juste à côté livre les clients de Be.Re. à leur table tandis que le Pergamino attenant sert des cafés au lait de soja, parfait pour les intolérants au lactose.

OÙ PRENDRE UN VERRE ET FAIRE LA FÊTE

Une fois les touristes du Vatican partis et l'armée des employés de bureau de Prati rentrés chez eux, le quartier se fait calme même s'il on y trouve des bars et des cafés. La vie nocturne se concentre dans quelques salles de concert et de théâtre.

SCIASCIA CAFFÈ — CAFÉ

Plan p. 352 (06 321 15 80 ; sciasciacaffe1919.it ; Via Fabio Massimo 80/a ; 7h-21h ; M Ottaviano-San Pietro). Plusieurs lieux sont dans la course pour le titre de meilleur café de Rome, mais selon nous, rien ne vaut celui de cet établissement à l'ancienne : un expresso onctueux servi dans une tasse fine tapissée de chocolat. Une excellence qui dure depuis 1919.

ANGELICO BOX BISTRO — BAR À JUS

Plan p. 352 (06 6830 0466 ; angelicoboxbistro.com ; Via del Falco 37-38 ; jus 4 € ; 10h-18h lun-mer, 10h-16h et 19h-21h jeu-sam ; ; M Ottaviano-San Pietro). Jus de fruits frais et plats végétariens ou végétaliens sont à l'ordre du jour dans ce bar moderne. Choisissez parmi des produits de saison, italiens pour la plupart, et le personnel vous concoctera un breuvage sur mesure.

PASSAGUAI — BAR À VINS

Plan p. 352 (06 8745 1358 ; passaguai.it ; Via Pomponio Leto 1 ; 10h-2h lun-ven, 18h-2h sam-dim ; ; Piazza del Risorgimento). Ce bar douillet aux murs en pierre, agréablement peu fréquenté, est installé dans une petite rue tranquille. Une excellente adresse pour déguster un cocktail ou un verre de vin (beau choix dans l'un et l'autre cas) accompagné de fromage ou d'une assiette de charcuterie, voire d'un vrai repas à choisir sur la petite carte.

MAKASAR BISTROT — BAR À VINS

Plan p. 352 (06 687 46 02 ; makasar.it ; Via Plauto 33 ; 12h-minuit lun-jeu, 12h-2h ven-sam, 17h-minuit dim ; ; Piazza del Risorgimento). Rechargez vos batteries au calme dans ce bistrot studieux aux tons ocre et à l'éclairage tamisé. Choisissez un des 250 thés proposés ou un vin italien et savourez. Court menu de salades, bruschettas, baguettes et plats chauds.

COURS DE MOSAÏQUE

Les mosaïstes experts de l'**Art Studio Lab** (plan p. 352 ; 06 68 30 70 17 ; vaticanticketstours.com/en/cat/mosaic-art ; Savelli Arte e Tradizione, Via Paolo VI 27-29 ; 10h-14h, boutique 9h30-18h ; Lungotevere in Sassia), dans la boutique Savelli Arte e Tradizione près de la place Saint-Pierre, proposent cours et stages personnalisés, dont un atelier d'initiation de 3 heures où vous apprendrez à couper le marbre et les émaux pour fabriquer des cadres, des miroirs ou des carreaux. Comptez 75/65 € (tarif plein/tarif réduit) par personne, déjeuner compris, en comptant 4 à 10 participants.

OÙ SORTIR

ALEXANDERPLATZ — JAZZ

Plan p. 352 (06 86 78 12 96 ; alexanderplatzjazz.com ; Via Ostia 9 ; billets 15-20 € ; 20h-1h ; M Ottaviano-San Pietro). Intime, underground et difficile à trouver – repérez la discrète porte noire près de l'angle –, le club de jazz le plus connu de Rome invite les meilleurs artistes italiens et internationaux à se produire devant une clientèle attentive et cosmopolite. Réservez une table pour mieux voir la scène et éventuellement dîner en gardant à l'esprit qu'ici la vedette est la musique. Les concerts débutent à 22h.

FONCLEA — CONCERTS

Plan p. 352 (06 689 63 02 ; fonclea.it ; Via Crescenzio 82a ; entrée 10 € après 20h ; 18h-2h, concert 21h30 ; ; Piazza del Risorgimento). Cet excellent pub organise des concerts de jazz, soul, pop, rock ou doo-wop. Arrivez à l'happy hour (tlj 18h-20h30) pour vous mettre dans l'ambiance.

AUDITORIUM CONCILIAZIONE — CONCERTS ET SPECTACLES

Plan p. 352 (06 68.43.91 ; auditoriumconciliazione.it ; Via della Conciliazione 4 ; billetterie 9h-20h lun-sam, 9h-17h dim ; Piazza Pia). Sur la principale artère menant à la basilique Saint-Pierre, ce grand auditorium accueille toutes sortes d'événements : concerts de musique classique et actuelle, numéros de cabaret, spectacles de danse, pièces de théâtre, projections de films, expositions et conférences.

SHOPPING

À moins que vous ne cherchiez chapelets et souvenirs religieux, il y a peu d'achats à faire au Vatican. À l'inverse, les boutiques de Prati invitent au lèche-vitrines. La Via Cola di Rienzo, artère principale du quartier, regroupe des grands magasins et des enseignes de prêt-à-porter moyen de gamme, tandis que les petites rues dissimulent des boutiques et ateliers plus créatifs.

♥ PACIOTTI SALUMERIA — ALIMENTATION

Plan p. 352 (06 3973 3646 ; paciottisalumeria.it ; Via Marcantonio Bragadin 51/53 ; 8h-20h lun-sam ; M Cipro). Cette épicerie fine familiale est une véritable caverne d'Ali Baba de la gastronomie italienne. Sous les jambons de Parme suspendus, fromages, huiles d'olive, pâtes sèches, vinaigres balsamiques, vins et pâtés truffés remplissent les étagères. Antonio Paciotti, le patriarche, et ses trois fils affables conseillent volontiers la clientèle en italien ou en anglais. Les produits peuvent être emballés sous vide.

♥ IL SELLAIO — MODE ET ACCESSOIRES

Plan p. 352 (06 321 17 19 ; serafinipelletteria.it ; Via Caio Mario 14 ; 9h30-13h30 et 15h-19h30 lun-sam ; M Ottaviano-San Pietro). Dans les années 1960, Ferruccio Serafini était un des artisans les plus demandés de Rome, fabriquant à la main des chaussures et des sacs en cuir pour Liz Taylor ou Marlon Brando. Aujourd'hui, sa fille Francesca tient la boutique familiale, où vous trouverez de beaux sacs cousus main, des ceintures et des accessoires à des prix abordables. On peut aussi y faire réaliser des articles sur mesure ou remettre à neuf sacs et valises.

ANTICA MANIFATTURA CAPPELLI — CHAPEAUX

Plan p. 352 (06 3972 5679 ; patriziafabrihats.com ; Via degli Scipioni 46 ; 9h-19h lun-sam ; M Ottaviano-San Pietro). Rappel d'un passé élégant où l'on ne sortait pas sans couvre-chef, l'atelier-boutique de la modiste Patrizia Fabri décline un large éventail de chapeaux faits main (panamas, cloches, bérets en feutre, casquettes à la Sherlock Holmes...), en prêt-à-porter ou sur mesure. Les prix vont de 70 à 300 €. Les articles commandés peuvent être livrés dans la journée.

LA TRADIZIONE — ALIMENTATION

Plan p. 352 (06 3972 0349 ; latradizione.it ; Via Cipro 8 ; 8h-14h et 16h30-20h30 lun-sam ; M Cipro). Les truffes fraîches dans la vitrine de ce commerce, véritable ode à la tradition, annoncent d'emblée la présence de produits italiens de premier ordre. Vous trouverez en effet ici d'excellents fromages, charcuterie, aliments préparés ou chocolats.

ENOTECA COSTANTINI — VIN

Plan p. 352 (06 320 35 75 ; enotecacostantinipiero.it ; Piazza Cavour 16 ; 9h-13h mar-sam, 16h-20h lun-sam ; Piazza Cavour). Si vous cherchez une grappa rare ou un cru particulier, l'*enoteca* de Piero Costantini est incontournable avec sa cave de 800 m² remplie d'une quantité impressionnante de vins italiens et étrangers, dont des champagnes, et de plus d'un millier de spiritueux. Notez les belles vignes en fer forgé qui ornent les entrées.

Monti, Esquilino et San Lorenzo

MONTI | ESQUILINO | PIAZZA DELLA REPUBBLICA ET ENVIRONS | SAN LORENZO ET AU-DELÀ

Notre sélection

❶ **Palazzo Massimo alle Terme** (p. 153). Une plongée dans le passé devant les exquises fresques des villas romaines impériales, exposées dans l'un des plus beaux musées de la ville.

❷ **Monti** (p. 155). Une flânerie dans le quartier bohème-chic de Rome, avec ses bars à vins au charme d'antan, ses terrasses pavées où boire un café et ses boutiques artisanales invitant au lèche-vitrines.

❸ **Pigneto** (p. 167). Une soirée festive en compagnie de la jeunesse romaine dans les nombreux bars de cet emblématique quartier ouvrier, jadis immortalisé par le réalisateur Pier Paolo Pasolini.

❹ **Basilica Santa Maria Maggiore** (p. 154). Les fascinantes splendeurs byzantines et baroques de l'une des quatre basiliques majeures de Rome.

❺ **Domus Aurea** (p. 156). L'exploration des vestiges souterrains de l'imposante "maison dorée" de Néron, logée sous la colline de l'Oppius.

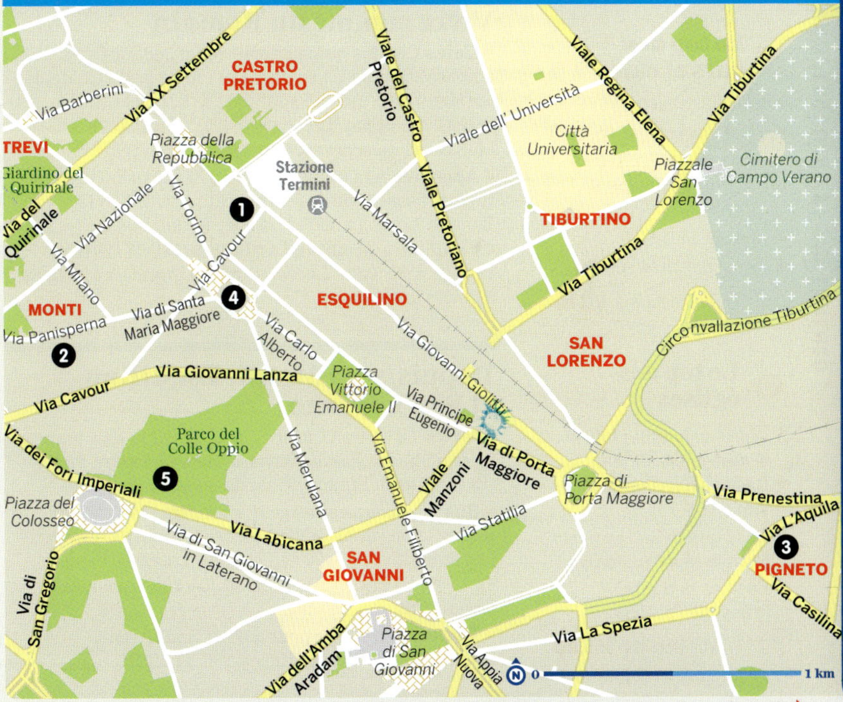

Pour un plan plus détaillé, reportez-vous p. 359 et p. 360

Bon plan Lonely Planet

Après avoir visité la Basilica di Santa Maria Maggiore (basilique Sainte-Marie-Majeure), allez admirer les mosaïques byzantines toutes proches à la **Basilica di Santa Prassede** (p. 155), une minuscule église à la beauté paisible que les touristes visitent rarement.

Le top des restaurants

- Alle Carrette (p. 161)
- La Barrique (p. 163)
- Panella (p. 164)
- Said (p. 166)
- Pasticceria Regoli (p. 165)
- Trattoria Da Danilo (p. 165)

Voir détails p. 161.

Le top des bars et cafés

- Ai Tre Scalini (p. 167)
- Blackmarket Hall (p. 167)
- Gatsby Café (p. 170)
- La Bottega del Caffè (p. 167)
- Artisan (p. 171)
- Necci dal 1924 (p. 170)

Voir détails p. 167.

Le top des églises

- Basilica di Santa Maria Maggiore (p. 154)
- Basilica San Pietro in Vincoli (p. 155)
- Basilique di San Lorenzo Fuori le Mura (p. 160)
- Basilica di Santa Prassede (p. 155)

Voir détails p. 155.

Découvrir Monti, Esquilino et San Lorenzo

Comptez une journée pour explorer Esquilino, qui doit son nom à l'une des sept collines de Rome et englobe les zones populaires de la Stazione Termini et de la grande Piazza Vittorio Emanuele II. On y trouve la Basilica Santa Maria Maggiore (p. 154), ainsi que le Museo Nazionale Romano – Palazzo Massimo alle Terme (p. 153), qui recèle d'époustouflantes œuvres d'art classiques. Préférez un autre quartier pour la soirée car Esquilino n'est pas toujours sûr à la nuit tombée.

Au pied de l'Esquilin, Monti occupe l'emplacement de l'ancien Suburre, un bas-fond mal-famé de la Rome antique où naquit Jules César. De nos jours, le quartier ne manque pas de charme avec ses cafés, ses bistrots, ses boutiques et ses *enoteche* (bars à vins). Consacrez-y au moins une journée et dînez-y au moins une fois.

À l'est de la gare, le quartier étudiant de San Lorenzo s'anime à la nuit tombée. Envisagez d'y visiter la Basilica San Lorenzo Fuori le Mura (p. 160) en fin d'après-midi et profitez de l'heure de l'*aperitivo* dans l'un des nombreux bars.

À quelques minutes de tram de Termini, Pigneto (p. 167) est réputé pour ses bars, mais la restauration s'y avère décevante.

Vivre comme un Romain

- **Cafés** Chaque quartier peut se targuer de cafés emblématiques : La Bottega del Caffè (p. 167) à Monti ; le Dagnino (p. 170) à Esquilino ; le Bar Celestino (p. 171) et le Gente di San Lorenzo (p. 172) à San Lorenzo ; et le Necci dal 1924 (p. 170) à Pigneto.
- **Aperitivo** À la sortie du travail, les lieux où prendre l'apéritif sont légion : Ai Tre Scalini (p. 167) ou le Barzilai Bistro (p. 167) à Monti ; le Gatsby Café (p. 170) à Esquilino ; ou encore l'Artisan (p. 171) et l'Officina Beat (p. 171), à San Lorenzo, qui plairont aux amateurs de bière artisanale.

Depuis/vers Monti, Esquilino et San Lorenzo

- **Métro** La station Cavour (ligne B) est la plus pratique pour rejoindre Monti. Termini (A et B), Castro Pretorio (B) et Vittorio Emanuele (A) desservent Esquilino.
- **Bus** Beaucoup convergent à Termini. Pour Monti, prenez le bus dans la Via Nazionale ou la Via Cavour. Les lignes n^os^71 et 492 rallient San Lorenzo. Pigneto est desservi par les n^os^81, 810 et 105 ainsi que le bus de nuit n°12.
- **Tramway** Pratique pour gagner San Lorenzo (ligne n°3) ou Pigneto (lignes n^os^5, 14 ou 19).

LES INCONTOURNABLES

MUSEO NAZIONALE ROMANO – PALAZZO MASSIMO ALLE TERME

Cette annexe souvent déserte du Museo Nazionale est remplie d'œuvres d'art antique spectaculaires. Débutez la visite par le 2e étage afin de découvrir ses merveilles avant que la fatigue ne se fasse sentir – les fresques et mosaïques y donnent un bel aperçu de l'intérieur des majestueuses villas de la Rome antique.

Les fresques de la Villa di Livia, l'attraction vedette du 2e étage, vous attendent dans la salle 2. Elles proviennent de l'une des résidences de Livia Drusilla, épouse d'Auguste, où elles ornaient un triclinium d'été, une vaste salle à manger semi-enterrée pour se protéger de la chaleur. Elles représentent un luxuriant jardin rempli de plantes fleuries et d'arbres fruitiers, sous un ciel d'un bleu profond et peuplé d'oiseaux.

Les fresques et les sols sophistiqués en mosaïque mis au jour en 1879 sous la Villa Farnesina (p. 178), dans le Trastevere, sont exposés dans les salles 3 à 5. On y trouve des frises de caryatides portant des guirlandes, des fresques de natures mortes, et des chambres ornées d'images des déesses Artémis et Aphrodite. Une présentation multimédia donne une excellente idée de l'aspect de cette villa à l'époque d'Auguste.

Le rez-de-chaussée et le 1er étage sont dévolus à la sculpture. Au 1er étage, ne manquez pas la *Vierge d'Anzio*, une statue de marbre du milieu du IIIe siècle av. J.-C. qui représente une jeune fille participant à un rituel dionysien (salle 6). Au de-chaussée, les pièces maîtresses sont *Le Pugiliste* et *Le Prince* (salle 7), des bronzes grecs du IIe siècle av. J.-C., ainsi que la *Niobide mourante*, une statue de marbre du IVe siècle av. J.-C. (salle 6).

Au sous-sol, la collection numismatique raconte l'histoire de l'Empire romain à travers sa monnaie. On peut aussi admirer des bijoux vieux de plusieurs millénaires, en parfait état.

NOS CONSEILS

- Louez un audioguide à la billetterie principale (5 €).
- Achetez un billet combiné, valable 3 jours, qui couvre les Terme di Diocleziano, le Palazzo Altemps et la Crypta Balbi (tarif plein/réduit 12/8 €).

INFOS PRATIQUES

- Plan p. 360, E3
- 06 3996 7700
- coopculture.it/it/poi/palazzo-massimo
- Largo di Villa Peretti 1
- Tarif plein/réduit 10/2 €
- 14h-19h45 mar-ven, 10h30-19h45 sam-dim
- M Termini

FELIX LIPOV / SHUTTERSTOCK ©

LES INCONTOURNABLES
BASILICA DI SANTA MARIA MAGGIORE

La monumentale basilique Sainte-Marie-Majeure, l'une des quatre basiliques majeures de Rome, se dresse en haut de l'Esquilin, à l'endroit où, dit-on, la neige tomba durant l'été 358. Tous les 5 août, à l'occasion de La Madonna della Neve, la tempête de neige est recréée par un spectacle son et lumière sur la Piazza Santa Maria Maggiore.

Avant d'entrer, levez le nez pour admirer les splendides mosaïques du XIIIe siècle à l'intérieur de la loggia que conçut au XVIIIe siècle Ferdinando Fuga. Le campanile de 75 m, du XIVe siècle, est le plus haut de Rome.

Le vaste intérieur a conservé sa structure du Ve siècle ainsi que plusieurs mosaïques de l'arc triomphal et de la nef, datant de la même époque. Dans l'abside, la mosaïque centrale (XIIIe siècle) représente le couronnement de la Vierge tandis que le pavement de la nef est caractéristique du travail des Cosmati. Le baldaquin au-dessus du maître-autel croule sous les chérubins en or. L'autel lui-même est un sarcophage en porphyre, qui contiendrait des reliques de saint Matthias et d'autres martyrs. Une plaque incrustée dans le sol à droite de l'autel marque le lieu où reposent Gian Lorenzo Bernini (le Bernin) et son père Pietro. Des marches mènent à la *confessio*, où se trouve une statue du pape Pie IX agenouillé devant un reliquaire contenant un fragment de la crèche où fut couché l'Enfant Jésus.

L'une des nombreuses chapelles secondaires, la gracieuse Cappella Sforza, fit partie des dernières réalisations architecturales de Michel-Ange.

La visite guidée de la Loggia delle Benedizioni (30 minutes) permet d'admirer les mosaïques dorées de Filippo Rusuti et un escalier hélicoïdal conçu par le Bernin.

NOS CONSEILS

- Sur place, réservez une visite guidée de la loggia ; elles sont programmées toutes les heures environ.
- Souvent ignorés des visiteurs, les souterrains de la basilique révèlent des vestiges d'habitats romains datés du Ier au IVe siècle, qu'il est possible de découvrir lors de visites guidées.

INFOS PRATIQUES

- Plan p. 360, E5
- ☎ 06 6988 6800
- Piazza Santa Maria Maggiore
- Basilique gratuit ; musée tarif plein/réduit 3/2 €, loggia 5 € 9h30-18h30, souterrain 5 €
- 🕒 7h-18h45
- M Termini ou Cavour

À VOIR

De grands bâtiments du XIXe siècle bordent les rues d'Esquilino, le quartier qui entoure la Stazione Termini, la gare centrale de Rome. À défaut d'être le plus beau de la Ville éternelle — certaines rues sont peu sûres le soir –, ce secteur recèle de remarquables églises, musées et sites archéologiques, notamment Santa Maria Maggiore (p. 154), San Pietro in Vincoli (p. 155, qui abrite le *Moïse* de Michel-Ange), la Domus Aurea (p. 156) de Néron et deux bastions du Museo Nazionale Romano (p. 153 et p. 157). Au sud-est, San Lorenzo abrite la Basilica di San Lorenzo Fuori le Mura (p. 160), l'une des quatre basiliques majeures de Rome.

Monti

BASILICA DI SAN PIETRO IN VINCOLI — BASILIQUE

Plan p. 360 (06 9784 4950 ; Piazza di San Pietro in Vincoli 4a ; 8h-12h30 et 15h-19h l'été, 8h-12h30 et 15h-18h l'hiver ; M Cavour). Pèlerins et amateurs d'art affluent dans la basilique Saint-Pierre-aux-Liens pour deux raisons : admirer le *Moïse* de Michel-Ange (1505) et voir les chaînes qui auraient entravé saint Pierre dans la prison Mamertine (près du Forum romain). L'accès à l'église se fait par une abrupte volée de marches partant de la Via Cavour et passant sous une arcade basse.

L'église fut érigée spécialement pour conserver les chaînes de saint Pierre, envoyées à Constantinople à la mort de l'apôtre et retournées à Rome en qualité de reliques. Selon la légende, elles seraient arrivées en deux morceaux qui se seraient miraculeusement réunis. On peut les voir sous l'autel.

À droite de l'autel, le *Moïse* de Michel-Ange est la sculpture centrale du tombeau inachevé du pape Jules II. Le prophète affiche une pose virile, avec des biceps bien dessinés, une magnifique barbe descendant jusqu'à la taille et deux petites cornes sur la tête. Celles-ci auraient été inspirées à l'artiste par une erreur dans la traduction de l'*Exode*, le mot hébreu *karan* (rayons) ayant été confondu avec *keren* (cornes). Entourant Moïse, les statues de Léa et Rachel furent probablement achevées par des disciples du maître. Une statue de Jules II se prélasse avec une sorte d'insolence au centre, au-dessus de Moïse.

Le projet prévoyait la réalisation d'une quarantaine d'autres personnages, mais Michel-Ange, engagé sur le chantier de la chapelle Sixtine, n'eut jamais le temps de le terminer. Le pape Jules II fut finalement inhumé à Saint-Pierre.

Esquilino

BASILICA SANTA MARIA MAGGIORE (BASILIQUE SAINTE-MARIE-MAJEURE) — BASILIQUE

Voir p. 154.

BASILICA DI SANTA PRASSEDE — ÉGLISE

Plan p. 360 (Via Santa Prassede 9a ; 10h-12h et 16h-18h lun-sam, 10h-11h et 16h-18h dim ; M Cavour). Réputée pour ses somptueuses mosaïques byzantines, conservées dans leur état d'origine, cette petite église du IXe siècle est dédiée à sainte Praxède, qui cacha des chrétiens persécutés et enterra ceux qu'elle ne put sauver dans un puits. Un cercle en marbre sur le sol de la nef indique l'emplacement du puits, alors situé sur les terres de son père.

Les mosaïques couvrent entièrement les murs et la voûte. Elles furent réalisées par des artistes que le pape Pascal Ier fit venir spécialement de Byzance, mais l'influence carolingienne s'exprime déjà dans la puissance des couleurs. Les mosaïques de l'abside représentent le Christ entouré de saint Pierre, sainte Pudentienne et saint Zénon, à droite, et de saint Paul, sainte Praxède et Pascal Ier à gauche. Tous les personnages sont auréolés d'or, à l'exception de Pascal Ier, dont le nimbe bleu indique qu'il était encore vivant au moment de la réalisation de l'œuvre.

D'autres trésors vous attendent dans la **Cappella di San Zenone**, richement ornée de mosaïques. On peut notamment y voir (dans une vitrine sur la droite) un fragment de la colonne à laquelle le Christ aurait été attaché lors de la flagellation, rapporté de Jérusalem.

CHIESA DI SAN MARTINO AI MONTI — ÉGLISE

Plan p. 360 (Viale del Monte Oppio 28 ; 8h30-18h30 lun-ven, 8h30-11h30 et 18h30-19h30 sam-dim ; M Cavour). Au IIIe siècle, les chrétiens se réunissaient pour prier dans ce qui était alors la demeure du Romain Equitius. Au IVe siècle, après la reconnaissance officielle du christianisme par l'empereur

Constantin, on édifia sur le site une église qui fut modifiée aux VIe et IXe siècles avant d'être totalement remaniée par Filippo Gagliardi dans les années 1650. Les colonnes corinthiennes en marbre, qui séparent la nef des bas-côtés, datent du Ve siècle.

Remarquez les intéressantes fresques de Gagliardi représentant la basilique Saint-Jean-de-Latran avant sa reconstruction au milieu du XVIIe siècle et la basilique Saint-Pierre avant les interventions de Bramante, Raphaël, Michel-Ange et Maderno.

DOMUS AUREA

SITE ARCHÉOLOGIQUE

Plan p. 360 (Maison dorée ; ☎06 3996 7700 ; coopculture.it/it/poi/domus-aurea ; Viale della Domus Aurea, Parco del Colle Oppio ; tarif plein/réduit 14-10 €; 9h15-17h15 lun-jeu, 9h45-17h ven-dim ; Ⓜ Colosseo). Néron fit construire sa Maison dorée après l'incendie de 64 (qu'il aurait lui-même allumé selon une rumeur pour nettoyer le secteur). Cet immense palais, dont la façade et l'intérieur étaient soulignés d'or, couvrait un tiers de la ville. Tirant bien parti des vidéos et de la réalité virtuelle, les visites guidées des vestiges, menées par des archéologues (durée 1 heure 15 ; en français à 12h45, en anglais et italien toutes les 30 minutes à 1 heure), permettent d'imaginer ce qu'ils étaient à leur zénith.

La Domus Aurea était truffée d'innovations architecturales, mais les successeurs de Néron tentèrent d'effacer le souvenir de ses rêves de grandeur. Vespasien assécha le lac artificiel du palais pour y élever le Colisée, en un geste hautement symbolique. Domitien bâtit un nouveau palais sur le Palatin, et Trajan saccagea le premier étage puis recouvrit le rez-de-chaussée afin d'en faire les fondations de ses thermes publics, abandonnés au VIe siècle. Cet ensevelissement de la Maison dorée la préserva, la partie mise au jour se trouvant ainsi en dessous de la colline de l'Oppius.

Prévoyez des vêtements chauds : le palais se trouve sous terre, et l'atmosphère y est humide. Il est à noter que l'humidité a contribué à la protection des fresques dans les chambres, mais on ne peut s'en rendre compte que dans un petit espace – le reste n'ayant pas encore été restauré.

Pendant la Renaissance, des artistes, dont Raphaël et le Pinturicchio, descendirent eux-mêmes dans les ruines, escaladant le haut des vestiges des constructions de Trajan pour examiner les grottes couvertes de fresques ; Raphaël en reproduisit certaines au Vatican.

100% LOCAL

JARDIN DE LA VILLA ALDOBRANDINI

Si vous avez besoin d'air pur près de la Via Nazionale ou si vous cherchez un lieu où pique-niquer, quittez la rue principale et suivez la Via Mazzarino, puis gravissez un escalier. Après avoir passé des ruines du IIe siècle, vous découvrirez un élégant jardin parsemé de sculptures (plan p. 360 ; Via Mazzarino ; lever-coucher du soleil ; Via Nazionale), avec des sentiers couverts de gravier et des bancs installés sous d'odorants orangers, des palmiers et des camélias.

PALAZZO MERULANA

MUSÉE

Plan p. 355 (☎06 3996 7800 ; palazzomerulana.it ; Via Merulana 121 ; tarif plein/réduit 10/8 € ; 12h-20h mer-dim ; Ⓜ Manzoni). Logé au sein du Palazzo Merulana, magnifiquement restauré, ce musée impressionnant qui a ouvert ses portes en mai 2018 renferme des œuvres d'art issues de la fondation Elena et Claudio Cerasi. La plupart des pièces exposées sont signées de peintres romains et italiens en activité durant la première moitié du XXe siècle, tels que Chirico, Pirandello et Capogrossi. La spacieuse terrasse extérieure, l'élégant café et l'excellente boutique de souvenirs ajoutent à l'attrait du lieu. L'audioguide coûte 5 €.

MUSEO STORICO DELLA LIBERAZIONE

MUSÉE

Plan p. 359 (☎06 700 38 66 ; museoliberazione.it ; Via Tasso 145 ; sur don ; 9h-13h15 et 14h15-20h, fermé en août ; Ⓜ Manzoni). Quartier général de la Waffen-SS durant l'occupation de Rome par les nazis (1943-1944), l'immeuble situé au n°145 de la Via Tasso renferme aujourd'hui un petit musée qui rappelle la terreur qui régnait alors sur la ville. Des membres de la Résistance y furent soumis à interrogatoire, torturés et emprisonnés. On peut encore voir les graffitis laissés sur les murs de leurs cellules par les prisonniers condamnés. Photos, documents et objets

LE CULTE D'ANNA PERENNA

Le Museo Nazionale Romano – Terme di Diocleziano, l'un des grands musées romains les moins visités, abrite une passionnante exposition consacrée au rôle de la magie dans la Rome antique. L'accent est mis sur les objets découverts lors des fouilles de la **Fontana di Anna Perenna** (fontaine d'Anna Perenna), un lieu sacré où cette nymphe de l'Antiquité fit l'objet d'un culte du Ve siècle av. J.-C. au Ve siècle de notre ère.

Découverte en 1999 lors de la construction d'un parking souterrain à Parioli, cette fontaine est considérée comme l'un des plus importants sites "magiques" jamais mis au jour. Lors des fouilles, les archéologues ont notamment découvert 523 pièces de monnaie, 75 lampes votives, des amulettes, des récipients pour les sorts, un grand pot en cuivre servant à concocter des potions, et de multiples malédictions gravées sur des tablettes (elles visaient des individus, des voleurs et même des équipages de chars).

Une présentation vidéo en italien et en anglais recrée la fête endiablée organisée en l'honneur d'Anna Perenna le 15 mars de chaque année et narrée dans les *Fastes* d'Ovide.

témoignent de l'occupation. Audioguides disponibles en anglais et italien.

Pour entrer, sonnez à l'appartement 2.

CHIESA DI SANTA CROCE IN GERUSALEMME — ÉGLISE

Plan p. 359 (☎06 7061 30 53 ; santacroceroma.it ; Piazza di Santa Croce in Gerusalemme 12 ; 🕗7h-12h45 et 15h30-19h30 lun-sam, à partir de 7h30 dim ; Ⓜ San Giovanni). L'église Sainte-Croix-de-Jérusalem, l'une des étapes du pèlerinage des sept églises de Rome, fut fondée en 320 par sainte Hélène, mère de l'empereur Constantin, sur le domaine de son palais. L'église doit son nom aux reliques que sainte Hélène aurait rapportées de Jérusalem, notamment un fragment de la croix sur laquelle Jésus périt et un clou provenant de la crucifixion. Elles sont conservées dans une chapelle à gauche de l'autel.

MUSEO NAZIONALE DEGLI STRUMENTI — MUSÉE

Plan p. 359 (☎06 702 41 53 ; museostrumentimusicali.beniculturali.it ; Piazza di Santa Croce in Gerusalemme 9A ; tarif plein/réduit 5/2 € ; 🕗9h30-19h30 mar-dim ; 🚌Piazza di Porta Maggiore). Derrière l'église de Santa Croce, le musée des Instruments de musique se tient à l'emplacement de l'ancienne résidence de sainte Hélène. Il est très peu visité, au grand bénéfice de qui s'y aventure et aspire au calme. Une collection de plus de 3 000 sublimes instruments de l'Antiquité au XXe siècle y est conservée, dont des pianos de rue napolitains magnifiquement peints (XVIIIe siècle) et l'un des plus vieux pianos du monde (1722).

Piazza della Repubblica et environs

MUSEO NAZIONALE ROMANO – PALAZZO MASSIMO ALLE TERME — MUSÉE

Voir p. 153.

MUSEO NAZIONALE ROMANO – TERME DI DIOCLEZIANO — MUSÉE

Plan p. 360 (☎06 3996 7700 ; coopculture.it/it/poi/terme-di-dioclezian ; Viale Enrico de Nicola 78 ; tarif plein/réduit 10/2 € ; 🕗14h-19h45 mar-ven, 10h30-19h45 sam-dim ; Ⓜ Termini). Les thermes de Dioclétien, qui pouvaient accueillir quelque 3 000 personnes, étaient les plus vastes de la Rome antique. Devenu un musée épigraphique, le site offre une plongée fascinante dans la vie des Romains de l'Antiquité, avec pour temps fort l'exposition consacrée aux cultes à l'étage. Notez aussi la zone d'exposition temporaire dans l'imposante salle des bains et le cloître du XVIe siècle, bâti pour la chartreuse de Santa Maria degli Angeli e dei Martiri.

Inspiré de dessins de Michel-Ange, le cloître abrite des sarcophages, des autels funéraires sculptés et d'énormes têtes d'animaux en pierre qui proviendraient du forum de Trajan.

En flânant, vous aurez çà et là un aperçu des thermes d'origine, une construction achevée au début du IVe siècle. C'était alors un ensemble de bains, de bibliothèques, de théâtres et de jardins à la pointe du progrès. L'Aula Ottagona et la Basilica di Santa Maria degli Angeli faisaient également partie de ce vaste domaine, qui fut laissé à l'abandon

Dans les rues de Rome

Lorsque le temps se fait clément, une grande partie de la vie romaine se déroule dans la rue. Le matin, la ville s'éveille lentement : les rideaux des boutiques s'ouvrent en grinçant, les éboueurs sillonnent les rues, et les restaurateurs installent des tables et des chaises en terrasse – la Ville éternelle se prépare pour une belle journée de plus.

Jour et nuit

Le matin, les marchés de fruits et légumes de chaque *rione* (quartier) accueillent une foule dense, dominée par les *mamme* qui tirent leur Caddie et ignorent superbement les files d'attente.

Toute la journée, des passants vont et viennent sur les places et les espaces publics. Au Campo de' Fiori (p. 86) se tient un marché d'alimentation animé ; l'ambiance change en soirée, quand les bars se remplissent dans tous les coins de la place.

La Via del Pigneto, une rue piétonnière de l'est de la ville, suit le même mouvement : marché le matin, bars et cafés à l'atmosphère festive le soir. Dans le centre historique, Romains et touristes arpentent l'escalier de la Trinité-des-Monts (p. 107) et font une pause Piazza di Spagna (p. 107), désertée à la nuit tombée.

Dans la journée comme en soirée, l'immense Piazza Navona (p. 81) ne désemplit pas et offre un spectacle permanent, avec des marchands ambulants, des caricaturistes et parfois des artistes de rue.

JUFARO / SHUTTERSTOCK ©

DIEGO FIORE / SHUTTERSTOCK ©

1. Via del Corso (p. 82)
2. Campo de' Fiori (p. 86)
3. Via dei Condotti (p. 112)

LUIS SANTOS / SHUTTERSTOCK ©

La passeggiata

En début de soirée, la *passeggiata* (promenade) est un élément important de la vie romaine, comme ailleurs en Italie. Les habitants se mettent sur leur trente et un avant de sortir. Comme d'autres moments du quotidien, telle la dégustation d'un café, les Italiens font de ce rituel un événement spécial.

Les Romains se promènent habituellement dans le quartier le plus pratique pour eux. Le Trastevere (p. 177) est plus fréquenté par les touristes et les jeunes. La Villa Borghèse (p. 211) et les jardins du Pincio (p. 119), plus tranquilles, attirent les familles. La Via del Corso est prisée des jeunes amateurs de lèche-vitrines, tandis que des gens de tous les âges arpentent la Via dei Condotti (p. 112), l'artère commerçante la plus chic de la capitale. En été, le festival Lungo il Tevere (p. 24) se tient sur l'Isola Tiberina, et les stands en bord de fleuve constituent une nouvelle destination pour les promeneurs en début de soirée.

Au lieu de débourser 6 € ou plus pour s'asseoir et consommer dans un bar, nombre de Romains préfèrent acheter une glace et la déguster en marchant. En été, ils apprécient la *grattachecca* – granité aromatisé – qu'ils savourent sur les berges du Tibre.

La *bella figura* (littéralement "belle figure") a beaucoup d'importance, et la *passeggiata* consiste tout autant à observer les autres qu'à profiter de l'ambiance. Elle atteint son pic en été, vers 18h, quand la chaleur commence à se dissiper.

après la destruction par les Goths de l'aqueduc qui alimentait les thermes (538).

Notez que les thermes sont l'un des quatre sites occupés par le Museo Nazionale Romano. Le billet combiné (12/8 €), valable 3 jours, donne aussi accès aux trois autres : le Palazzo Massimo alle Terme (p. 153), le Palazzo Altemps (p. 81) et la Crypta Balbi (p. 81).

BASILICA DI SANTA MARIA DEGLI ANGELI E DEI MARTIRI — BASILIQUE

Plan p. 360 (☎06 488 08 12 ; santamariadegliangeliroma.it ; Piazza della Repubblica ; 🕐7h-19h30 ; Ⓜ Repubblica). L'imposante basilique Sainte-Marie-des-Anges-et-des-Martyrs occupe ce qui était autrefois la salle centrale des thermes de Dioclétien. Elle fut édifiée à la demande de Pie IV qui chargea Michel-Ange, alors âgé de 86 ans, d'en concevoir les plans. La construction s'étira bien après la mort des deux hommes et seul le grand plafond voûté subsiste des plans d'origine. Un récital d'orgue y a souvent lieu le samedi à 18h.

PIAZZA DELLA REPUBBLICA — PLACE

Plan p. 360 (Ⓜ Repubblica). Dominée par de grandes arcades néoclassiques du XIXe siècle, cette place fut créée durant les travaux de remaniement entrepris à Rome après l'unification de l'Italie. Elle épouse les contours semi-circulaires de l'exèdre (portique garni de bancs) des thermes de Dioclétien, d'où son ancien nom de Piazza Esedra. L'élégante **Fontana delle Naiadi** (fontaine des Naïades ; plan p. 360) est logée au centre de la place.

PALAZZO DELLE ESPOSIZIONI — CENTRE CULTUREL

Plan p. 360 (☎06 3996 7500 ; palazzoesposizioni.it ; Via Nazionale 194 ; 🕐10h-20h mar-jeu-mer et dim, 10h-22h30 ven-sam ; 🚌Via Nazionale). Cet imposant palais néoclassique de 1882 a servi tour à tour de centre des expositions, de siège au Parti communiste italien, de bureau de vote et même de toilettes publiques. C'est désormais un splendide espace culturel aux salles immenses, accueillant des expositions d'envergure et des "laboratoires artistiques". Un restaurant haut de gamme (p. 166) sert le dîner sous un étincelant plafond vitré ainsi qu'un déjeuner bon marché en semaine ou un buffet-brunch le week-end.

⊙ San Lorenzo et au-delà

BASILICA DI SAN LORENZO FUORI LE MURA — BASILIQUE

Plan p. 359 (Piazzale San Lorenzo ; basilicadisanlorenzo.com 🕐7h-12h et 16h-19h ; 🚌Piazzale del Verano). La basilique Saint-Laurent-hors-les-Murs, l'une des quatre basiliques majeures de Rome, possède un intérieur d'une sobriété inhabituelle. Seule grande église romaine à avoir souffert des bombardements de la Seconde Guerre mondiale, l'édifice actuel résulte de multiples reconstructions et rénovations. Malgré cela, l'endroit vaut le détour pour son magnifique pavement des Cosmati et son portique sous lequel se déploie une fresque relatant la vie de saint Laurent, l'un des martyrs de Rome, mort supplicié sur des braises ardentes.

La basilique primitive fut érigée au IVe siècle par Constantin au-dessus de la sépulture de saint Laurent, mort en 258, avant d'être reconstruite en 579. Plus tard, on y incorpora une église voisine du Ve siècle dédiée à la Vierge. Au XIIIe siècle furent ajoutés la nef et le portique, surmonté d'une frise en mosaïque et d'une corniche délicatement sculptée. Après le bombardement de 1943, celui-ci fut reconstruit à l'identique avec des éléments anciens.

Les reliques de saint Laurent reposent dans une crypte sous le maître-autel, à côté de celles de saint Étienne. Le joli cloître avec voûte en berceau, du XIIe siècle, comporte des inscriptions et des sarcophages et conduit aux catacombes de Santa Ciriaca, où saint Laurent fut d'abord enterré.

CIMITERO DI CAMPO VERANO — CIMETIÈRE

Plan p. 359 (www.cimitericapitolini.it ; Piazzale del Verano ; 🕐7h30-17h ; 🚌Piazzale del Verano, 🚋Piazzale del Verano). Attenant à San Lorenzo, le plus grand cimetière de la ville date de l'occupation napoléonienne (1804-1814), période où fut promulgué un édit prohibant l'inhumation des morts dans l'enceinte de la ville. Monuments funéraires, mausolées et une profusion de sculptures en font un véritable musée à ciel ouvert, où repose la quasi-totalité des catholiques ayant vécu à Rome entre les années 1830 et les années 1980, à l'exception des papes, des cardinaux et des membres de la famille royale. On y trouve aussi un cimetière juif et le monument aux morts de la Première Guerre mondiale.

Le jour de la fête des Morts (2 novembre), des milliers de Romains affluent vers le cimetière pour fleurir les tombes de leurs proches.

Des visites guidées thématiques sont régulièrement proposées par l'**AMA** (visite. cimitericapitolini.it ; reservation 06 4923 6331 8h30-15h lun-jeu, 8h30-13h ven), qui propose aussi sur son site d'intéressants parcours thématiques avec carte interactive.

FONDAZIONE PASTIFICIO CERERE — GALERIE

Plan p. 359 (06 4542 2960 ; pastificiocerere.com ; Via degli Ausoni 7 ; 15h-19h mar-sam oct-mai, 15h-19h lun-ven juin-sept ; Reti). Logé dans une ancienne fabrique de pâtes qui a fermé en 1960 après 55 ans d'activité, ce centre d'art contemporain accueille régulièrement des expositions dans les galeries et la cour du bâtiment. Il s'est fait connaître dans les années 1980 comme siège de la Nuova Scuola Romana (nouvelle école romaine). Ce groupe de six artistes expose à présent aux côtés d'une nouvelle génération comprenant Maurizio Savini, célèbre pour ses sculptures en chewing-gum rose.

OÙ SE RESTAURER

Monti est l'un des quartiers romains dont l'offre de restauration est la plus intéressante, avec ses cafés, bars à vins et trattorias décontractés, sa cuisine du monde et ses multiples options de restauration rapide. Moins engageant, Esquilino compte quelques pizzerias, trattorias et boulangeries prisées – pour la plupart bon marché.
Plus à l'est, dans le secteur estudiantin animé de San Lorenzo, on trouve pizzerias, restaurants à burgers et quelques trattorias traditionnelles, généralement à petits prix.

Monti

ALLE CARRETTE — PIZZERIA €

Plan p. 360 (06 679 27 70 ; facebook.com/allecarrette ; Via della Madonna dei Monti 95 ; pizza 5,50-9 € ; 12h-15h30 et 19h-23h ; ; Cavour). Depuis plusieurs décennies, cette pizzeria romaine traditionnelle sert d'honnêtes pizzas, fines et cuites au feu de bois dans une des plus belles rues piétonnes de Monti. Les Romains s'y pressent le week-end pour une bonne raison : le lieu est à la fois bon marché, accueillant et délicieux. On y trouve toutes les garnitures classiques, ainsi que des options gourmandes, comme les anchois et les fleurs de courgette.

Commencez votre festin avec quelques *supplì* (boulettes de riz frites) ou beignets de *baccalà* (morue) et si vous commandez la pizza Amnesty (tomate, mozzarella, ricotta et aubergine), 1 € sera reversé à l'ONG Amnesty International. La terrasse dans la ruelle à l'arrière est prisée en été.

ZIA ROSETTA — SANDWICHS €

Plan p. 360 (06 3105 2516 ; ziarosetta.com ; Via Urbana 54 ; salades 6-8 €, mini-paninis 2-3,50 €, normaux 4,50-7 € ; 11h-21h ; Cavour). Asseyez-vous à une table en marbre et préparez-vous à un choix cornélien parmi quelque 25 délicieux sandwichs différents et une dizaine de spécialités du mois, tous à base de combinaisons inattendues aux noms amusants tels qu'Amber Queen, Strawberry Hill ou Lady Godiva. Si vous n'arrivez pas à choisir, prenez un trio de mini-paninis. Jus de fruits frais (3,5 €) également. Chic et sans gluten.

AROMATICUS — CUISINE DIÉTÉTIQUE €

Plan p. 360 (06 488 13 55 ; Via Urbana 134 ; plats 7-12 € ; 11h30-21h30 mar-dim ; ; Cavour). Peu d'adresses respirent à ce point la fraîcheur. Logé dans une boutique qui vend des plantes aromatiques et des fleurs comestibles, ce petit café inventif est l'endroit idéal pour satisfaire ses envies de verdure et de cuisine toute simple. La carte, renouvelée chaque jour, propose salades originales, soupes, plats végétaliens et options sans gluten, à accompagner d'un jus de fruits ou d'un smoothie spécial détox.

Commandez au comptoir, dressez vous-même votre table et récupérez vos plats quand ils sont prêts.

GREZZO — PÂTISSERIES €

Plan p. 360 (06 48 34 43 ; grezzoitalia.it ; Via Urbana 130 ; desserts 5,50-7 € ; 12h-13h et 13h30-20h lun-ven, 12h-23h sam, 12h-20h dim ; ; Cavour). La puissante odeur de chocolat qu'exhale cette boutique élégante est presque ensorcelante. Choisissez un exquis tiramisu miniature, une tarte, un cheesecake, une glace ou des pralines – tout est cru, bio et sans gluten. Commandez à emporter ou asseyez-vous sur un tabouret autour d'une table basse. Bon chocolat chaud.

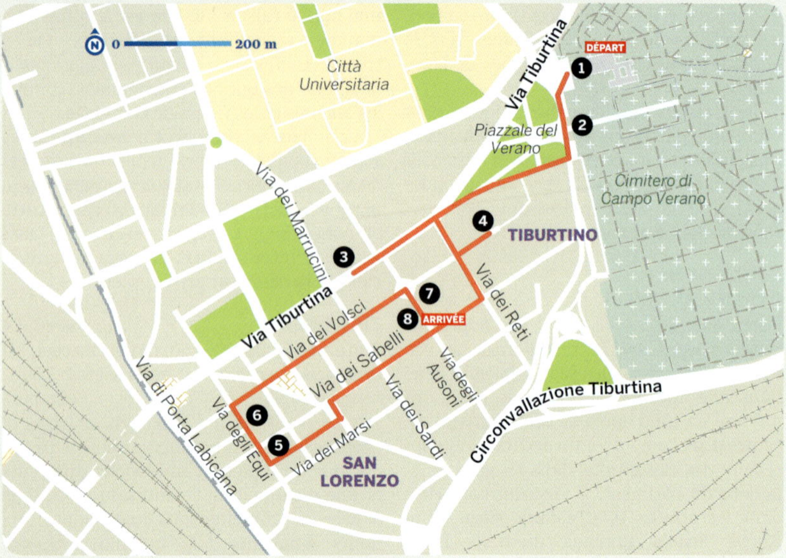

Vivre comme un Romain
Flâner à San Lorenzo

La présence de l'immense université romaine de la Sapienza, fondée en 1303, donne vie à ce secteur situé au sud-est de la Stazione Termini, avec ses bars, ses clubs et ses restaurants abordables ciblant les étudiants. L'endroit est également prisé d'une population bohème qui fréquente ses galeries d'art, ses centres culturels et ses salles de spectacle, qu'on trouve presque à chaque coin des rues tapissées de graffitis.

1 Basilique di San Lorenzo Fuori le Mura

Érigée à l'emplacement de la sépulture de saint Laurent, la basilique Saint-Laurent-hors-les-Murs (p. 160) est prisée pour les mariages et les baptêmes. Touchée par les bombardements de la Seconde Guerre mondiale, elle a néanmoins conservé son stupéfiant pavement cosmatesque et son portique orné de fresques du XIIIe siècle.

2 Le cimetière de Campo Verano

Juste à côté de la basilique, le Cimitero di Campo Verano (p. 160) est un lieu émouvant. Des allées de tombes grandioses quadrillent ce cimetière, le plus grand de Rome, qui date de l'occupation de la ville par les armées napoléoniennes (1804-1814).

3 Pause chocolatée

Lorsque les visites sont terminées, il est temps de profiter des bars et de la scène artistique qui font la renommée de San Lorenzo. Commencez par l'élégant Said (p. 166), un café-bar-restaurant logé dans une fabrique des années 1920 joliment rénovée : commandez-y un chocolat chaud, un Martini au chocolat ou tout autre délice chocolaté.

4 Esc Atelier

Venez saluer les artistes et les résidents locaux qui gèrent ce lieu hybride, entre centre artistique et maison de quartier (p. 172). Vous y trouverez forcément quelqu'un pour vous présenter la scène artistique, littéraire et politique locale.

5 Bière artisanale

Les charmants employés de l'Artisan (p. 171), un bar branché, vous conseilleront volontiers l'une de leurs nombreuses bières artisanales venues du monde entier.

Cimetière de Campo Verano (p. 160)

❻ Officina Beat

Les murs jalonnés de livres et les meubles rétro de l'Officina Beat (p. 171) fournissent un cadre parfaitement bohème pour un verre (mention spéciale aux bières artisanales et aux cocktails) ou à un repas sans prétention.

❼ Nuovo Cinema Palazzo

Une fois repu, ralliez ce palais de la culture alternative (p. 172) pour profiter de l'une des activités originales au programme – qu'il s'agisse d'une projection de film, d'une pièce de théâtre, d'un concert de jazz ou d'un cours de hip-hop. La place située juste devant est prisée des artistes de rue.

❽ Un dernier verre

Concluez votre journée d'exploration au Bar Celestino (p. 171), qui a ouvert ses portes en 1904. Si vous parvenez à vous frayer un passage à travers la foule et à trouver une place assise, bravo à vous. Dans le cas contraire, joignez-vous aux habitués décontractés qui se désaltèrent sur le trottoir.

GREEN & GO — CUISINE DIÉTÉTIQUE €

Plan p. 360 (greenandgo.it ; Via del Boschetto 20 ; plats 5-7€ ; 11h-16h lun-ven, 12h-15h sam ; M Cavour). Si vous êtes pris d'une envie pressante de légumes, gagnez ce minuscule bar à salades bio pour ses soupes maison, son gaspacho, ses salades à composer soi-même et ses desserts végétaliens. Jus de fruits frais et smoothies également, à savourer sur les tabourets de bar ou à emporter.

FORNO DA MILVIO — PIZZA €

Plan p. 360 (06 4893 0145 ; Via dei Serpenti 7 ; part de pizza à partir de 3,50 € ; 9h-22h ; M Cavour). Ce petit établissement spécialisé dans la *pizza al taglio* (pizza à la part) propose un choix savoureux de pizzas légères et croustillantes, servies au poids (15 € le kilo), ainsi que des *supplì* (croquettes de riz), des fleurs de courgette, de la *baccalà* (morue) et d'autres classiques de la "restauration rapide" à la romaine. Prenez place sur un tabouret de bar avec la radio à plein volume, ou commandez à emporter. Sandwichs également disponibles.

FATAMORGANA MONTI — GLACIER €

Plan p. 360 (gelateriafatamorgana.com ; Piazza degli Zingari 5 ; glace 2,50-5 € ; 13h30-21h dim-jeu, 13h30-22h ven-sam ; M Cavour). Fatamorgana, l'un des meilleurs glaciers artisanaux de Rome, prépare de délicieuses glaces sans gluten dans une gamme de parfums fabuleux – agrumes et ricotta, cacahuète, citrouille, etc. Installez-vous sur la jolie place pavée en face pour savourer votre glace, ou restez debout face à la grande photo derrière le comptoir (tirée du film *La Banda degli Onesti*, avec le mythique Totò, tourné au coin de la rue).

CIURI CIURI — PÂTISSERIES €

Plan p. 360 (06 4543 8900 ; Via Leonina 18/20 ; en-cas 4 € env. ; 7h-minuit dim-jeu, 7h-2h ven-sam ; M Cavour). Comment ne pas craquer chez ce glacier-pâtissier sicilien ? Essayez les spécialités maison comme les *cannoli* fourrés à la ricotta, la *cassata* (génoise, crème, pâte d'amandes, chocolat et fruits confits) ou les *pasticini di mandorla* (pâtisseries aux amandes). Et il n'y a pas que du sucré : on y vend aussi d'excellents *arancini* (boulettes de riz) et d'autres en-cas. À emporter ou sur place.

GALERIE GOURMANDE

Oasis gourmande pour les voyageurs affamés de la Stazione Termini (p. 305), le **Mercato centrale** (plan p. 360 ; mercatocentrale.it/roma ; Stazione Termini, Via Giolitti 36 ; en-cas/repas complet à partir de 3/10 € ; ⏲8h-22h30 ; 📶 ; Ⓜ Termini) est un espace de restauration abritant des étals de produits frais et de restauration rapide de qualité sous un plafond voûté des années 1930. Optez pour un *panino* (sandwich) garni du fromage artisanal de Beppe Giovali, une tranche de *focaccia* ou de pizza de Gabriele Bonci, ou encore un burger au bœuf chianina d'Enrico Lagorio. Une *birreria* (bar à bières) propose de la bière artisanale.

Achetez un en-cas à l'un des stands du rez-de-chaussée et dirigez-vous vers les tables installées dans les passages.

♥ LA BARRIQUE — ITALIEN €€

Plan p. 360 (☎06 4782 5953 ; facebook.com/la.barrique.94 ; Via del Boschetto 41b ; repas complet à partir de 30 € ; ⏲12h45-14h30 et 19h30-22h30 lun-ven, 19h30-22h30 sam ; Ⓜ Cavour). Cette *enoteca* traditionnelle est un endroit à la fois élégant et décontracté pour se restaurer. La riche carte des vins est essentiellement composée de petites productions, avec un large choix de vins naturels, à accompagner de quelques plats de pâtes et autres options inventives. Réservation conseillée : c'est l'une des meilleures tables de Monti.

LA TAVERNA DEI FORI IMPERIALI — TRATTORIA €€

Plan p. 360 (☎06 679 86 43 ; latavernadeiforiimperiali.com ; Via della Madonna dei Monti 9 ; plats 13-22 € ; ⏲12h30-15h et 19h30-22h30 mer-lun ; ❄ ; Ⓜ Cavour). Exclure un restaurant parce qu'il est "trop touristique" n'est pas toujours pertinent. Certes, cette trattoria tenue en famille est prisée des touristes étrangers et les clients romains y sont rares. Cela dit, le personnel est chaleureux et polyglotte, la cuisine est savoureuse et le cadre plaisant évoque la Rome d'antan. Un bon choix, donc.

TEMAKINHO — SUSHIS €€

Plan p. 360 (☎06 4201 6656 ; temakinho.com ; Via dei Serpenti 16 ; plats 6-15 € ; ⏲12h-15h30 et 19h-minuit lun-sam, 12h-16h et 19h-minuit dim ; 📶; Ⓜ Cavour). Dans une ville où la (délicieuse) cuisine reste résolument italienne, cette succursale d'une chaîne de restauration nippo-brésilienne fait une alternative rafraîchissante. Outre les sushis et le ceviche, on y sert de délicieuses et puissantes *caïpirinhas* ainsi que des *sakehinhas* à base de saké. L'adresse est prisée : réservation recommandée.

DA VALENTINO — TRATTORIA €€

Plan p. 360 (☎06 488 06 43 ; Via del Boschetto 37 ; repas complet à partir de 35 € ; ⏲12h30-15h et 19h-23h lun-sam ; Ⓜ Repubblica). Comme l'indique le panneau "Birra Peroni" en devanture, cette trattoria à l'intérieur évocateur semble avoir peu changé depuis les années 1930. Commandez-y bruschettas, viandes grillées et *scamorza*, un fromage italien grillé et fondu avec divers ingrédients : tomate, roquette, artichauts, *lardo di colonnata* (lard blanc) de Toscane et cèpes. Réservation conseillée.

URBANA 47 — ITALIEN €€

Plan p. 360 (☎06 4788 4006 ; urbana47.com ; Via Urbana 47 ; pizzas-focaccia 4-10 €, repas complet à partir de 53 € ; ⏲9h30-13h et 12h-22h mer-lun ; 📶✍; Ⓜ Cavour). 🍃 Le cadre raffiné et l'accent mis sur les produits diététiques attirent une clientèle de jeunes Romains élégants, mais ce lieu ne tient pas toutes ses promesses. Nous adorons sa politique du "kilomètre zéro" (autant que possible), qui implique que la plupart des ingrédients proviennent du Latium. En revanche, la cuisine en elle-même peut s'avérer décevante.

✕ Esquilino

♥ PANELLA — BOULANGERIE €

Plan p. 360 (☎06 487 24 35 ; panellaroma.com ; Via Merulana 54 ; repas complet à partir de 7 € ; ⏲7h-22h lun-sam et dim, 7h-21h dim ; Ⓜ Vittorio Emanuele). Pâtisseries à peine sorties du four, tartelettes aux fruits, *pizze al taglio* et *focaccias* garnissent les présentoirs de cette célèbre boulangerie – sans oublier un choix de plats chauds déjà prêts. Commandez au comptoir et dégustez sur un tabouret de bar parmi les étagères de produits fins, ou faites-vous servir en terrasse.

PALAZZO DEL FREDDO DI GIOVANNI FASSI GLACIER €

Plan p. 359 (☎06 446 47 40 ; palazzodelfreddo.it ; Via Principe Eugenio 65 ; glace à partir de 1,60 € ; ⏲12h-22h lun-jeu, 12h-minuit ven-sam, 10h-22h dim ; Ⓜ Vittorio Emanuele). Créé en 1880, ce vaste temple du *gelato* est aujourd'hui tenu par Andrea Fassi, arrière-petit-fils de son fondateur. Choisissez parmi les multiples parfums, ou optez pour un dessert glacé – *tronchetto* (gâteau à la glace), cassate, *Sanpietrino* (entremets de *zabaglione*, café, noisettes et chocolat) et *tramezzini* ("sandwichs" de gaufre fourrés de *Sanpietro*) méritent une mention spéciale.

VECCHIA ROMA PIZZA €

Plan p. 360 (☎06 446 71 43 ; vecchiaromatrattoria.it; Via Ferruccio 12/b/c ; pizzas 7-9 €, plats 8,50-12 € ; ⏲12h30-15h et 19h-23h lun-sam ; 📶; Ⓜ Vittorio Emanuele). Il n'est pas rare de voir des groupes de Romains faire la queue devant ce bastion centenaire – l'endroit est souvent plein à craquer en raison de ses prix très bas, son ambiance conviviale et sa cuisine savoureuse. Les pizzas sont bonnes, mais les plats vedettes sont les pâtes flambées – optez pour les *spaghetti alla parmigiana* ou les *bucatini all'amatriciana*. Espèces uniquement.

PASTICCERIA REGOLI BOULANGERIE €

Plan p. 360 (☎06 487 28 12 ; pasticceriaregoli.com ; Via dello Statuto 60 ; gâteaux 6 € ; ⏲6h30-19h30 mer-lun ; Ⓜ Vittorio Emanuele). Chaque week-end, une file d'attente signale l'entrée de cette élégante *pasticceria*, illuminée de lustres et plébiscitée depuis 1916. Ses *crostate* (tartes à la confiture) sont réputées, tout comme ses *crostatine con fragoline di bosco* (tartelettes aux fruits des bois). Prenez un ticket au distributeur près de la caisse, commandez quand on appelle votre numéro et payez.

Les *maritozzi con panna* (petits pains débordant de crème fouettée) sont la spécialité incontournable à commander dans le café voisin, qui sert aussi un bon expresso.

FORNO ROSCIOLI PIETRO BOULANGERIE €

Plan p. 360 (☎06 446 71 46 ; panificioroscioli.it ; Via Buonarroti 46-48 ; part de pizza 3,50 € ; ⏲7h-20h lun-sam ; Ⓜ Vittorio Emanuele). Cette annexe peu connue de l'une des meilleures boulangeries de Rome sert de délicieuses *pizze al taglio,* des plats de pâtes et d'autres délices – l'adresse idéale pour un déjeuner rapide ou un pique-nique. Dans une rue qui part de la Piazza Vittorio Emanuele II.

TRATTORIA DA DANILO TRATTORIA €€

Plan p. 360 (☎06 7720 0111 ; trattoriadadanilo.com ; Via Petrarca 13 ; plats 14-30€ ; ⏲20h-23h lun, 13h-15h et 20h-23h mar-sam ; Ⓜ Vittorio Emanuele, Manzoni). Cette trattoria sert des spécialités romaines bien préparées dans un cadre rustique pittoresque. L'endroit est réputé pour sa *pasta cacio e pepe* (pâtes au fromage *caciocavallo* et au poivre), présentée avec emphase dans un énorme fromage. Les carbonara sont tout aussi excellentes. Lors de la réservation (essentielle), demandez une table à l'étage et non au sous-sol. Service parfois rugueux.

TRATTORIA MONTI TRATTORIA €€

Plan p. 360 (☎06 446 65 73 ; Via di San Vito 13 ; repas complet à partir de 45 € ; ⏲13h-14h45 et 20h-22h45 mar-sam, 13h-14h45 dim ; Ⓜ Vittorio Emanuele). Tenue par la famille Camerucci et dotée de voûte en briques, cette élégante trattoria sert une cuisine traditionnelle raffinée de la région des Marches : excellents *fritti* (beignets), délicates pâtes faites à la main et divers *secondi,* tels que gibier et *porchetta* (cochon de lait). Attention, le chef adore saler ! Formidable personnel polyglotte ; réservation conseillée.

LA GALLINA BIANCA PIZZA €

Plan p. 360 (☎06 474 37 77 ; lagallinabiancaroma.it ; Via A Rosmini 5-12 ; pizzas 7-12 € ; ⏲12h-22h30 ; Ⓜ Termini). La "poule blanche" se distingue de la foule de restaurants médiocres que l'on trouve autour de Termini. Vaste et aéré, cet endroit accueillant propose pizzas napolitaines à pâte épaisse avec longue levée, bruschettas et divers antipasti.

Piazza della Repubblica et environs

AMODEI BANCO E BOTTEGA ITALIEN €

Plan p. 360 (☎06 482 31 38 ; facebook.com/amodeiroma ; Via Principe Amedeo 7/B ; repas complet à partir de 22,50€ ; ⏲10h-23h30 ; 📶; Ⓜ Termini). Évitez les pièges à touristes autour de la Stazione Termini et venez déjeuner ou dîner dans cette chaleureuse épicerie fine. Belles planches de viande et de fromage, cuisine roborative (boulettes de viande et lasagnes) et croûtons au cochon de lait sont au menu. Vous pourrez aussi vous y approvisionner en souvenirs comestibles tels que *biscotti*, vin, fromage et pâtés.

ANTONELLO COLONNA OPEN BISTRÒ GASTRONOMIE €€€

Plan p. 360 (☎06 480 70 684 ; antonellocolonna.it ; Via Giolitti 4 – Binario 24 stazione Termini ; déj/brunch 16/30 €, repas complet 80-100 € ; ⏲11h30-16h et 17h-21h ; ❄ ; Ⓜ Termini). Dans une grande salle au décor contemporain épuré, le restaurant du chef Antonello Colonna, s'étend sous une belle hauteur de plafond. La cuisine, qui revisite les plats traditionnels romains et de la région environnante, est pleine d'esprit et de finesse. À deux pas de la station Roma Termini.

San Lorenzo et au-delà

♥ SAID DESSERTS €

Plan p. 359 (☎06 446 92 04 ; it.said1923.com ; Via Tiburtina 135 ; assortiment de pralines 8 €, desserts 8-10 € ; ⏲10h-0h30 mar-jeu, 10h-1h30 ven-sam, 11h-minuit dim; 📶 ; 🚊Reti). Logé dans une ancienne chocolaterie des années 1920, ce café-bar-restaurant-boutique est l'adresse tendance de San Lorenzo. Savourer un café, un dessert ou un repas dans la salle de style urbain-chic permet d'observer la clientèle à loisir – l'endroit est pris d'assaut le soir, en particulier le week-end. Le chocolat raffiné est à déguster sur place ou à emporter. Faites-vous plaisir en commandant un cocktail au chocolat (10 €) ou un chocolat chaud (4-6 €).

VITAMINAS 24 VÉGÉTARIEN €

Plan p. 359 (☎06 702 2441 ; facebook.com/vitaminas24/ ; Via Giovanni de Agostini 41-45 ; repas complet à partir de 20 € ; ⏲11h30-14h30 et 19h-22h ; 📶 ; Ⓜ Pigneto, 🚊Prenestina/Officine Atac). Des produits cultivés aux alentours de Rome composent les délicieux smoothies, soupes, wraps, salades, burgers et autres plats végétariens ou végan et 100% bio de ce bistrot élégant. Les origines brésiliennes de Giuliana, la propriétaire inventive, apportent une petite touche tropicale au lieu et ses *vellutate* (veloutés) de légume font fureur dans le quartier.

MOZZICO INTERNATIONAL €

Plan p. 359 (☎06 9453 2800 ; Via dei Volsci 80 ; panini 11-12 €, repas complet 30 € ; ⏲18h30-minuit ; 🚌Via Tiburtina). Poussez la porte de cet humble bistrot et *birreria* (bar à bières) et un air de jazz envahira la rue. L'élégant intérieur vintage est organisé autour d'une cuisine ouverte, où l'on prépare bruschettas, paninis, burgers et pâtes, à accompagner d'une bière artisanale ou d'un cocktail.

PIZZERIA FORMULA 1 PIZZA €

Plan p. 359 (☎06 445 38 66 ; facebook.com/pizzeriaformula1roma/ ; Via degli Equi 13 ; pizzas 4,50-7,50 € ; ⏲18h30-0h30 lun-sam ; 🚊Reti). Cette simple pizzeria de San Lorenzo est aussi vrombissante que son nom le suggère : les serveurs filent à toute allure sous les ventilateurs, distribuant bruschettas débordant de tomate, fleurs de courgette frites, *supplì* et pizzas à pâte fine à une clientèle d'étudiants en fête et d'habitants économes. Espèces uniquement.

PIGNETO QUARANTUNO RESTAURANT €€

Plan p. 359 (☎06 7039 9483 ; facebook.com/PignetoQuarantuno ; Via del Pigneto 41 ; repas complet à partir de 34 € ; ⏲18h-2h ; 🚊Prenestina/Officine Atac). Dans ce petit bistrot élégant de Pigneto, des plats traditionnels tels que pâtes carbonara et tripes à la romaine côtoient *primi* et *secondi* plus inventifs. La carte des vins est abordable et intéressante, avec des options au verre ou à la bouteille.

Également ouvert le dimanche midi de mi-septembre à mi-juin.

TRAM TRAM TRATTORIA €€

Plan p. 359 (☎06 49 04 16 ; tramtram.it ; Via dei Reti 46 ; repas complet à partir de 35 € ; ⏲12h30-15h et 19h30-23h mar-dim ; 🚊Reti). Tirant son nom des tramways brinquebalants qui circulent à l'extérieur, cette trattoria à l'ancienne est un bastion de la Slow Food. Tenu en famille, l'endroit mêle classiques romains et plats de la mer des Pouilles. La délicieuse *tiella riso, patate e cozze* (plat au four à base de riz, pommes de terre et moules) est incontournable. Réservation recommandée.

EX PASTIFICIO INTERNATIONAL €€€

Plan p. 359 (☎06 50 42 669 ; pastificiosanlorenzo.com ; Via Tiburtina 196 ; repas complet à partir de 35 € ; ⏲12h30-2h ; 📶 ; 🚊Reti). Spécialisé dans la viande au barbecue et servant Black Angus australien, Wagyu japonais ou steak d'aloyau toscan, ce restaurant-bar à cocktails proche de la Fondazione Pastificio Cerere (p. 161) ne ressemble pas aux autres tables de San Lorenzo. Avec son cadre chic, ses lumières tamisées et sa musique jazz, il rappelle New York, Londres ou Sydney.

OÙ PRENDRE UN VERRE ET FAIRE LA FÊTE

Peu de quartiers sont aussi animés à la nuit tombée que Monti, où abondent les cafés élégants, les *enoteche* (bars à vins) à l'ancienne et les bars contemporains – à noter que nombre de ces établissements servent une cuisine correcte.

Les lieux de concert, les brasseries artisanales et les clubs d'avant-garde sont concentrés dans le quartier étudiant de San Lorenzo ou, plus à l'est, dans celui de Pigneto, un secteur bohème et sans fioritures, réputé pour sa vie nocturne alternative.

Monti

♥ BLACKMARKET HALL — BAR À COCKTAILS

Plan p. 360 (☎339 7351926 ; facebook.com/blackmarkethall ; Via de Ciancaleoni 31 ; ⏲18h-2h lun-sam, 17h-1h dim ; Ⓜ Cavour). Parmi les meilleures adresses de Monti, ce vaste "bar clandestin" logé dans un ancien monastère affiche une déco éclectique de style rétro avec quantité de recoins conviviaux. Cuisine ouverte jusqu'à minuit (burgers 12-15 €) et concerts – souvent de jazz – le week-end. Succursale non loin au n°101 de Via Panisperna.

♥ AI TRE SCALINI — BAR À VINS

Plan p. 360 (☎06 4890 7495 ; facebook.com/aitrescalini ; Via Panisperna 251 ; ⏲12h-1h ; Ⓜ Cavour). Adoré des habitants du quartier depuis 1895, le bar "aux trois marches" est toujours bondé, sa jeune clientèle débordant jusque dans la rue. L'endroit est parfait pour prendre un verre l'après-midi, mais aussi pour déguster fromages, saucissons et plats comme les *polpette al sugo* (boulettes de viande en sauce), à accompagner d'un fabuleux choix de vins et de bières.

♥ LA BOTTEGA DEL CAFFÈ — CAFÉ

Plan p. 360 (☎06 474 15 78 ; Piazza Madonna dei Monti 5 ; ⏲8h-2h ; 📶 ; Ⓜ Cavour). Sur l'une des plus belles places de Rome, ce café (qui tire son nom d'une comédie de Carlo Goldoni) est le plus couru du quartier. On s'y attarde devant un café, un verre, un en-cas ou un repas. Un chauffage d'appoint permet de profiter de l'extérieur toute l'année.

BLACKMARKET 101 — BAR

Plan p. 360 (☎349 199 5295 ; blackmarkethall.com ; Via de Ciancaleoni 31 ; ⏲18h-2h lun-sam, 17h-1h dim ; Ⓜ Cavour). Garni de canapés et de fauteuils vintage, ce bar plutôt branché propose bière artisanale et cocktails dans une ambiance de salon ; concerts acoustiques dans l'intime salle du fond (entrée 10 €).

BARZILAI BISTRO — BAR

Plan p. 360 (☎06 487 49 79 ; Via Panisperna 44 ; ⏲8h-1h lun-sam, 19h-1h dim ; Ⓜ Cavour). Ce bistrot bohème accueille les personnes qui n'ont pas trouvé de place au très populaire Ai Tre Scalini, juste en face, mais cherchent un endroit aussi décontracté où prendre un verre et se restaurer. Installez-vous à l'une des tables sous l'énorme lustre ou restez debout au comptoir ; quand l'endroit est plein, le personnel n'hésite pas à servir les boissons par la fenêtre.

LA CASETTA A MONTI — CAFÉ

Plan p. 360 (☎06 482 77 56 ; facebook.com/lacasettadeimonti ; Via della Madonna dei Monti 62 ; ⏲18h-2h ; 📶 ; Ⓜ Cavour). Pratiquement aussi grand qu'une maison de poupées avec ses 16 places assises dans un intérieur exigu, ce café situé dans le cœur pavé de Monti sert d'honorables cafés, paninis, pâtisseries et bols de fruits et yaourt. Dans une maison basse ("casetta" signifie maisonnette) aux grandes fenêtres, couverte de feuillages.

AL VINO AL VINO — BAR À VINS

Plan p. 360 (☎06 48 58 03 ; Via dei Serpenti 19 ; ⏲10h-14h et 18h-minuit ; Ⓜ Cavour). Tables de bistrot à plateau en céramique, murs couverts de bouteilles et de quelques tableaux contemporains : cette *enoteca* rustique est un bel endroit pour s'attarder devant une longue carte de vins, dont plusieurs *passiti* (vins de dessert). Également spécialiste de *distillati* (grappa, whisky, etc.).

LIBRERIA CAFFÈ BOHEMIEN — BAR

Plan p. 360 (☎339 722 46 22 ; caffebohemien.it ; Via degli Zingari 36 ; ⏲17h30-1h30 dim-lun et mer-jeu, 18h-2h ven-sam ; Ⓜ Cavour). Derrière sa porte à la peinture écaillée se cache un lieu à mi-chemin entre le bar à vins, le salon de thé et la librairie ; on pourrait se croire sur la rive gauche parisienne. Le lieu est petit, avec un mobilier hétéroclite et une clientèle éclectique venue boire du vin au verre, un apéritif, du thé ou du café.

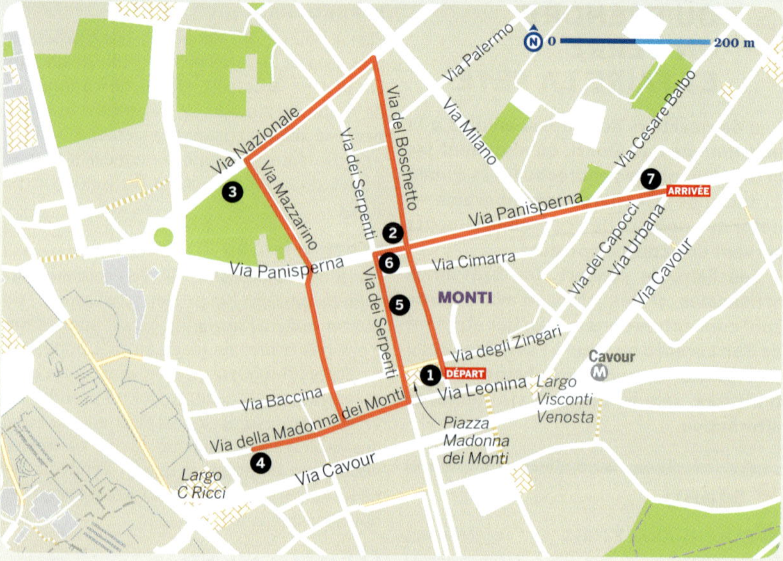

Vivre comme un Romain
Bars et boutiques de Monti

Premier *rione* (district) résidentiel fondé au-delà des murs de la cité impériale, Monti était autrefois un secteur ouvrier connu pour ses maisons closes, ses sordides tavernes à vins et son ambiance de débauche généralisée. De nos jours, les maisons closes ont cédé la place aux boutiques d'artisans, les tavernes se sont muées en bars bohèmes et l'ambiance est artistique et sans prétention.

❶ Café matinal

Logé sur le flanc est de la minuscule Piazza della Madonna dei Monti, avec sa jolie Fontana dei Catecumeni (fontaine des Catéchumènes), La Bottega del Caffè (p. 167) sert le meilleur café de Monti et possède la plus belle terrasse. Investissez une table et observez l'animation locale.

❷ Via del Boschetto

Une flânerie dans cette rue confirme la réputation parfaitement justifiée de Monti en matière de mode alternative. Quelques boutiques de vêtements telles que Tina Sondergaard (p. 173) ont ouvert la voie, suivies par des échoppes vintage, des magasins de bijoux et d'autres adresses séduisantes.

❸ Jardin de la Villa Aldobrandini

Monti est parfois pris d'assaut en haute saison, aussi est-on soulagé de connaître l'existence de ce refuge tout près de la Via Nazionale asphyxiée par la circulation. Ce jardin ponctué de sculptures (p. 156), planté devant une villa du XVIe siècle, offre une poignée de bancs sous d'odorants orangers, où l'on peut enfin reprendre son souffle.

❹ Arrêt pizza

Tout quartier a besoin d'une pizzeria accueillante. Par chance, Monti possède l'une des meilleures de la ville. Alle Carrette (p. 161) sert des pizzas fines et brûlantes à un flot constant d'habitants et de touristes, aussi bien le midi que le soir. Prenez place à l'intérieur en hiver ou dans la ruelle à l'arrière aux beaux jours.

❺ Via dei Serpenti

Autre excellente rue commerçante, la Via dei Serpenti a vue sur le Colisée depuis son extrémité sud et accueille

PEIZAIS / SHUTTERSTOCK ©

Via del Boschetto (page ci-contre)

plusieurs boutiques séduisantes dans sa partie nord, notamment Pifebo (p. 173), l'une des meilleures échoppes de vêtements vintage de la ville.

6 Ai Tre Scalini

Plébiscité depuis 1895, Ai Tre Scalini (p. 167) est toujours rempli de jeunes Romains – dont beaucoup de Monti – qui s'y retrouvent entre amis autour d'une bière, d'un verre de vin et de belles planches de fromage et de *salumi*. Ceux qui ne parviennent pas à entrer migrent souvent vers le Barzilai Bistro (p. 167), juste en face.

7 Prolonger la soirée

Monti possède son lot de bars, chacun avec sa propre personnalité. Doté de plusieurs salles, le Blackmarket Hall (p. 167) est prisé des habitants qui préfèrent prendre un verre et discuter tranquillement plutôt que de fréquenter l'un des bruyants bars à vins locaux. Le volume monte néanmoins le week-end à l'occasion de concerts.

ICE CLUB BAR

Plan p. 360 (☎06 9784 5581 ; facebook.com/iceclubroma ; Via della Madonna dei Monti 18/19 ; ⌚17h-1h ven-mer, 17h-2h jeu ; Ⓜ Cavour). Payez 15 € (cocktail à la vodka inclus, servi dans un verre en glace), enfilez un manteau chaud et des mitaines et découvrez ce bar tout en glace (température à –5°C). En général, on ne reste pas longtemps à l'intérieur. Horaires prolongés en été.

FAFIUCHÉ BAR À VINS

Plan p. 360 (☎06 699 09 68 ; facebook.com/fafiuchemonti ; Via della Madonna dei Monti 28 ; ⌚17h30-minui lun-jeu, 17h30-1h ven-sam ; Ⓜ Cavour). Cet étroit bar jalonné de bouteilles est à la hauteur de son nom – Fafiuché se traduit par "enjoué" ou "inhabituel" en dialecte piémontais. On y vient pour *liberare la gola* (littéralement "libérer la gorge", mais plus exactement libérer ses papilles) à grands coups de vin raffiné, de bières artisanales et de plats de toute l'Italie. Un lieu prisé pour son vin et ses *merende* (goûters).

Esquilino

GATSBY CAFÉ BAR

Plan p. 360 (☎06 6933 9626 ; gatsby.cafe ; Piazza Vittorio Emanuele II 106 ; ⌚8h-minuit ; Ⓜ Vittorio Emanuele). Si le personnel sympathique du bar porte casquettes, chapeaux mous ornés de plumes et autres couvre-chefs masculins, c'est que ce lieu génial, au décor des années 1950 avec son mobilier de récupération et son papier peint géométrique original, était autrefois une boutique de chapelier, la Galleria Venturini. Délicieux spritz, cocktails artisanaux, paninis et *taglieri* (assiettes de fromage et de charcuterie) gourmands en font un endroit idéal pour l'*aperitivo*.

Ne manquez pas le lounge intimiste au 2e étage, où ont parfois lieu des concerts de jazz, et la collection de chapeaux rétro dans les vitrines au 1er étage.

YELLOW BAR BAR

Plan p. 360 (☎06 4470 2868 ; facebook.com/theyellowbar ; Via Palestro 40 ; ⌚8h-3h ; 📶 ; Ⓜ Castro Pretorio). Intelligemment conçu pour ressembler à un bar à l'ancienne, ce lieu ouvert 24 h/24 est toujours rempli de jeunes voyageurs internationaux. Des DJ animent les soirées, des groupes jouent le week-end et les clients pratiquent le "bière-pong" ou font bon usage du karaoké (heureusement, pas en même temps). Burgers, tacos et quesadillas au menu (4-8,50 €).

ZEST BAR BAR

Plan p. 360 (Radisson Blu es. Hotel ; ☎06 44 48 41 ; Via Filippo Turati 171 ; 🕗6h30-22h30 lun-ven, 6h30-23h sam-dim ; 📶 ; ⓂVittorio Emanuele). Pour siroter un cocktail dans le quartier de Termini, rien de tel que le bar au 7e étage du **Radisson Blu Es.** (plan p. 360 ; ☎06 44 48 41 ; radissonblu.com/eshotel-rome ; Via Filippo Turati 171 ; ch 225-250 € ; ❄ @ 🏊 ; ⓂVittorio Emanuele II), un bel hôtel design. Fauteuils signés Jasper Morrison, baie vitrée panoramique et piscine séduisante sur le toit-terrasse (ouverte mai-septembre).

TRIMANI BAR À VINS

Plan p. 360 (☎06 446 96 30 ; trimani.com ; Via Cernaia 37b ; 🕗12h-15h et 18h-23h lun-sam ; plats 12-24 € ; ⓂTermini). Cette *enoteca* sans prétention mais très sérieuse, avec un personnel polyglotte compétent, fait partie de l'empire du vin de la famille Trimani (leur grande *enoteca* toute proche, Via Goito, propose près de 4 000 crus italiens et internationaux). La carte des vins comprend quantité de crus italiens au verre et à la bouteille, tandis que le menu propose pâtes, antipasti et plateaux de fromage (plats 9-19 €).

RACE CLUB SPEAKEASY BAR À COCKTAILS

Plan p. 355 (☎06 9604 4048 ; theraceclubspeakeasyroma.com ; Via Labicana 52 ; 🕗22h-3h ; 📶 ; ⓂColosseo). Comme tout bon "bar clandestin", ce lieu est installé en sous-sol et les visiteurs doivent sonner à la porte pour entrer ; en outre, une carte de membre est obligatoire (5 €). Le cadre est un mélange chaotique de miroirs, de clichés en noir et blanc et d'illuminations de Noël. Espèces uniquement et réservation de table conseillée.

Piazza della Repubblica et environs

DAGNINO CAFÉ

Plan p. 360 (☎06 481 86 60 ; Via Vittorio Emanuele Orlando 75 ; 🕗7h-23h ; ⓂRepubblica). Caché dans l'Esedra Arcade, une galerie près de la Piazza della Repubblica, ce café a conservé sa décoration des années 1960, notamment ses fresques murales, ce qui donne l'impression de remonter le temps quand on vient y savourer un café ou l'un des délices siciliens (*cannoli*, cassates, etc.) affichés dans le long présentoir. Bonne glace également.

CAFFÈ E PASTICCERIA U. GIULIANI CAFÉ

Plan p. 360 (Via Volturno 58 ; 🕗7h-minuit ; ⓂTermini). Nous vous recommandons ce café de 1897 avec quelques réserves : il est préférable de ne pas payer pour le service à table et de se borner aux pâtisseries siciliennes qui font la réputation du lieu. Payez directement à la caisse pour un (bon) café et une pâtisserie (encore meilleure), puis savourez le tout au comptoir, et ce sera parfait.

San Lorenzo et au-delà

♥ NECCI DAL 1924 CAFÉ

(☎06 9760 1552 ; necci1924.com ; Via Fanfulla da Lodi 68 ; 🕗8h-1h dim-jeu, 8h-2h ven-sam ; 📶👪 ; 🚌Prenestina/Officine Atac). Cette adresse emblématique de Pigneto a ouvert en tant que glacier en 1924, avant de devenir l'un des bars préférés du réalisateur Pier Paolo Pasolini. De nos jours, l'endroit affiche une ambiance décontractée, un intérieur rétro et une cuisine servie en continu à une clientèle branchée et joyeuse. La terrasse estivale est parfaite pour les familles.

ARTISAN BIÈRE ARTISANALE

Plan p. 359 (☎06.9357 1339 ; facebook.com/art.isan.90 ; Via degli Arunci 9 ; 🕗18h-1h dim-jeu, 18h-2h ven-sam ; 🚌Reti). Paradis de la bière artisanale, ce bar tendance propose des variétés du monde entier, à accompagner d'une cuisine internationale simple mais savoureuse.

OFFICINA BEAT BAR À COCKTAILS

Plan p. 359 (☎06 9521 87 79 ; officinebeat.it ; Via degli Equi 29 ; 🕗18h-1h lun-jeu, 18h-2h ven-sam ; 📶 ; 🚌Reti). Nous aimons le style de cette taverne chaleureuse associant sol carrelé, mobilier rétro et murs jalonnés de livres. L'endroit sert des bières artisanales de qualité et des cocktails savamment préparés, ainsi qu'une bonne cuisine – une raison en soi d'aller à San Lorenzo !

CARGO BAR

Plan p. 359 (☎349 7404620 ; facebook.com/cargoalpigneto ; Via del Pigneto 20 ; 🕗18h-2h ; 📶 ; 🚌Prenestina/Officine Atac). Cette adresse est appréciée pour ses cocktails et ses planches d'antipasti. Si vous arrivez suffisamment tôt, vous pourrez peut-être vous asseoir sur la banquette en peau de zèbre.

BAR CELESTINO
BAR

Plan p. 359 (☎06 5272 6438 ; facebook.com/bar-celestino ; Via degli Ausoni 62-64 ; ⏲7h-2h lun-sam ; 🚊Reti). Peu d'endroits incarnent aussi bien l'ambiance estudiantine de San Lorenzo que ce bar négligé proche de la Piazza dei Sanniti. Symbole vivace de cet ancien quartier ouvrier, Celestino a ouvert en 1904 et se porte toujours bien grâce à son ambiance simple et sans prétention. Asseyez-vous ou restez debout sur le trottoir, sinon gagnez l'intérieur. Pour le programme des soirées, rendez-vous sur la page Facebook.

CO.SO
BAR À COCKTAILS

(☎393 133 4348 ; cosoroma.business.site ; Via Braccio da Montone 80 ; ⏲18h-2h ; 🚊Via Prenestina/Officine Atac). Le minuscule Co.So ("Cocktails & Social"), fondé par Massimo D'Addezio – ancien mixologue en titre à l'Hotel de Russie –, est branché jusqu'au bout : cocktails *Carbonara Sour* (avec de la vodka infusée au lard), sous-verres en plastique-bulle ou encore pop-corn servi avec les boissons.

IL TIASO
BAR

Plan p. 359 (☎349 5891498 ; facebook.com/ilTiasoalPigneto ; Via Ascoli Piceno 25 ; ⏲18h-2h ; 📶 ; 🚊Prenestina/Officine Atac). Imaginez un salon alliant chaises aux motifs zébrés, murs couverts d'œuvres d'art indépendant et biographies de Lou Reed coincées entre des bouteilles de vin, tandis que le propriétaire Gabriele fait écouter son album préféré des New York Dolls à des clientes néo-hippy, des professeurs vêtus de velours côtelé et un chien du quartier égaré. Le vin est abordable, l'atmosphère intime et décontractée, avec des concerts réguliers et une jolie terrasse.

IL SORÌ
BAR À VINS

Plan p. 359 (☎393 4318681 ; ilsori.it ; Via dei Volsci 51 ; ⏲16h30-20h lun-mar, 10h30-13h30 et 16h30-20h mer-sam ; 🚊Reti). L'ambiance du lieu est détendue et le cadre évocateur. Faites-y étape pour l'un des verres de vin à l'ardoise ; si vous êtes perdu dans les cépages italiens, le personnel sera ravi de vous aider.

BIRRA PIÙ
BAR

Plan p. 359 (☎06 7061 3106 ; facebook.com/birra.piu ; Via del Pigneto 105 ; ⏲17h-1h lun-jeu, 17h-2h ven-sam, 18h-1h dim ; 🚊Prenestina/Officine Atac). Ce petit bar tranquille attire une clientèle décontractée sur ses tabourets et tables en bois blanc. Nombreuses bières artisanales, à la pression ou en bouteille.

GENTE DI SAN LORENZO
BAR

Plan p. 359 (☎06 445 44 25 ; facebook.com/pages/category/Restaurant/Gente-di-San-Lorenzo-230221323683500 ; Via degli Aurunci 42 ; ⏲7h30-2h lun-sam ; 📶 ; 🚌Via dei Reti). Bar de quartier, l'endroit est décontracté et peuplé d'étudiants venus prendre un verre, un en-cas ou un repas. L'intérieur est spacieux avec son plancher de bois chaleureux, ses arcades en brique et ses canapés, mais l'essentiel se passe sur la terrasse, d'où l'on observe les passants de la Piazza dell'Immacolata et les étudiants s'attardant sous les orangers les nuits d'été.

☆ OÙ SORTIR

NUOVO CINEMA PALAZZO
CENTRE D'ART

Plan p. 359 (nuovocinemapalazzo.it ; Piazza dei Sanniti 9a ; ⏲horaires variables ; 🚌Via Tiburtina). Étudiants, artistes et militants ont redonné vie à l'ancien Palace Cinema de San Lorenzo où sont programmés projections, pièces de théâtre, DJ sets, concerts, cours de breakdance et autres événements artistiques. Quand il fait bon, l'action se passe même en terrasse. Consultez la page Facebook pour le calendrier des événements. Au moment de la rédaction de ce guide, l'établissement était temporairement fermé, mais devait rouvrir dans le courant de l'année 2022.

TEATRO DELL'OPERA DI ROMA
OPÉRA

Plan p. 360 (☎06 48 16 01 ; operaroma.it ; Piazza Beniamino Gigli 1 ; ⏲billetterie 10h-18h lun-sam, 9h-13h30 dim ; Ⓜ Repubblica). Le principal Opéra de Rome est doté d'un somptueux intérieur rouge et or, d'une façade de style fasciste des années 1920 et d'une histoire impressionnante : c'est ici qu'eut lieu la première de la *Tosca* de Puccini et de la *Cavalleria rusticana* de Mascagni. Opéras et ballets de novembre à juin.

CHARITY CAFÉ
CONCERTS

Plan p. 360 (☎06 4782 5881 ; charitycafe.it ; Via Panisperna 68 ; ⏲18h-2h mar-sam, 18h-1h dim ; Ⓜ Cavour). Espace étroit, tables fragiles, éclairage tamisé et ambiance décontractée : un endroit idéal pour se détendre en écoutant un bon concert de jazz ou de blues. Raffiné et peu fréquenté par les touristes, cet établissement incarne tout l'esprit de

Monti. Les concerts ont généralement lieu à partir de 22h, l'*aperitivo* de 18h à 21h. Consultez le site Internet pour savoir qui joue. Fermé le dimanche en été.

WISHLIST CONCERTS

Plan p. 359 (☎349 749 4659 ; facebook.com/wishlistclub ; Via dei Volsci 126b ; ⏲21h30-2h jeu, 21h30-4h ven-sam, 21h-2h dim ; 🚊Via dei Reti). Une porte noire indique l'entrée de ce club toujours très populaire, dans un bâtiment bas d'une des rues les plus délabrées de San Lorenzo. Consultez la page Facebook pour le détail des concerts.

ESC ATELIER CONCERTS

Plan p. 359 (facebook.com/Esc-Atelier-128163457265392 ; Via dei Volsci 159 ; ⏲15h-23h mar-sam ; 🚊Reti). Niché dans une rue de San Lorenzo sans fioriture, ce centre des arts alternatif accueille festivals, concerts, soirées club, DJ passant de l'electronica, débats, expositions, rassemblements politiques, etc. Programme sur la page Facebook. Au moment de nos recherches, une pétition était en cours pour éviter la fermeture de l'établissement.

TEATRO AMBRA JOVINELLI THÉÂTRE

Plan p. 359 (☎06 8308 2884 ; ambrajovinelli.org ; Via G Pepe 43 ; Ⓜ Vittorio Emanuele). Repaire de nombreux comiques alternatifs et acteurs italiens, l'Ambra Jovinelli est une scène historique. Aujourd'hui, le programme va du stand-up à la comédie musicale, en passant par le théâtre classique et les œuvres contemporaines.

ISTITUZIONE UNIVERSITARIA DEI CONCERTI CONCERTS

Plan p. 359 (IUC ; ☎06 361 00 51 ; concertiiuc.it ; Piazzale Aldo Moro 5 ; 🚊Verano). L'IUC organise une saison de concerts dans l'Aula Magna de l'université La Sapienza, avec de nombreux artistes internationaux et orchestres. Les genres sont variés : musique baroque, classique, contemporaine ou jazz.

SPACE CINEMA MODERNO CINÉMA

Plan p. 360 (☎06 892 111 ; thespacecinema.it ; Piazza della Repubblica 43/45 ; Ⓜ Repubblica). Ce multiplex qui accueille de nombreuses premières projette blockbusters hollywoodiens (en anglais et italien) et grandes productions italiennes.

SHOPPING

Bien que peu réputé en matière de shopping, ce secteur de la ville vaut le détour pour les boutiques de vêtements et de bijoux artisanaux de Monti, ainsi que pour son nombre croissant de magasins vintage.

Monti

♥ PERLEI BIJOUX

Plan p. 360 (☎06 4891 3862 ; perlei.com ; Via del Boschetto 35 ; ⏲10h30-19h30 lun-sam, 11h-19h dim ; Ⓜ Cavour). La vitrine de ce minuscule joaillier artisanal, installé dans la principale artère commerçante de Monti, attire l'œil pour ses bijoux pour le corps. À l'intérieur, les pièces faites à la main par Tammar Edelman et Elinor Avni raviront les amateurs de modernisme – leurs arcs gracieux, leurs enchaînements sinueux et leurs arrangements architecturaux sont aussi élégants et novateurs que séduisants.

♥ TINA SONDERGAARD MODE

Plan p. 360 (☎06 8365 57 61 ; facebook.com/Tina.Sondergaard.Rome ; Via del Boschetto 1 ; ⏲10h30-19h30 lun-mer, 10h30-21h jeu-ven-sam, 11h-13h30 et 14h-19h dim ; Ⓜ Cavour). Coupes sublimes et espièglerie rétro pour ces vêtements faits main qui remportent un vif succès chez les fashionistas averties. Les pièces changent chaque semaine plutôt que chaque saison, la féminité est le leitmotiv de la maison et les retouches sont incluses. Prix très abordables compte tenu de la qualité des tissus et du travail.

CENTOVENTISETTE VÊTEMENTS

Plan p. 360 (Via del Boschetto 127 ; ⏲10h30-19h30 ; Ⓜ Cavour). Les rues de Monti abritent de nombreux ateliers de confection, dont l'un des meilleurs est le "127". Les pièces vendues ici sont d'une simplicité élégante et abordable.

FLAMINGO VINTAGE VÊTEMENTS

Plan p. 360 (☎06 4890 67 33 ; flamingovintageshop.com Via del Boschetto 123 ; ⏲11h30-19h30 lun-sam ; Ⓜ Cavour). Carlotta, la propriétaire de cette adorable boutique, a un excellent œil et sait se fournir en pièces rétro des années 1940 et des décennies suivantes.

LE NOU
VÊTEMENTS

Plan p. 360 (☎340 709 6811 ; facebook.com/Le-NoU-210998585605889 ; Via del Boschetto 111 ; ⏲10h-20h lun-sam ; 📶 ; Ⓜ Cavour). Ce magasin de vêtements de Monti est tenu par la talentueuse Eugenia Barbati, qui a ouvert son échoppe juste après avoir terminé l'école de mode. Achetez ses créations branchées exposées sur les portants, ou bien choisissez les tissus et le style – elle vous façonnera un article sur mesure en deux temps, trois mouvements.

FBO
VINTAGE

Plan p. 360 (☎06 9765 8916 ; pifebo.com ; Via dei Serpenti 135/136 ; ⏲11h-20h lun-sam, 12h-20h dim ; 📶 ; Ⓜ Cavour). Traquez une perle d'occasion au Pifebo, la meilleure boutique vintage de la ville. Les étagères et portants débordent de lunettes de soleil, bottes, habits, sacs, et impressionnants maillots de sport, le tout datant des années 1970, 1980 et 1990. L'endroit est spécialisé dans la réhabilitation des articles de cuir, qui retrouvent ainsi leur splendeur passée.

PODERE VECCIANO
ALIMENTATION

Plan p. 360 (☎06 4891 3812 ; poderevecciano-toscana.it ; Via dei Serpenti 33 ; ⏲10h-20h lun-dim ; Ⓜ Cavour). Cette boutique, qui vend des produits issus d'une ferme toscane, est idéale pour se fournir en produits régionaux : choix varié de pestos, miels et confitures, vins, produits cosmétiques à base d'huile d'olive et belles planches à découper en bois d'olivier. Un olivier pousse d'ailleurs au milieu du magasin.

LE GALLINELLE ABITO
MODE ET ACCESSOIRES

Plan p. 360 (☎06 4890 3495; facebook.com/ABITO61 ; Via Panisperna 59 ; ⏲11h-minuit lun-jeu, 11h-2h ven-sam, 12h-minuit dim ; Ⓜ Cavour). Wilma Silvestre, fondatrice de la marque Le Gallinelle, dessine des vêtements élégants et originaux. Ici, dans sa boutique de Monti, vous pourrez découvrir son style, chic et décontracté, et acheter ses créations. Le Gallinelle, boutique de la même créatrice, est installé de l'autre côté de la rue.

Esquilino

ROMA LIUTERIA DI MATHIAS MENANTEAU
INSTRUMENTS DE MUSIQUE

Plan p. 360 (☎339 3517677 ; romaliuteria.it ; Via di Santa Maria Maggiore 150 ; ⏲10h-13h et 15h-19h lun-sam ; Ⓜ Cavour, Termini). Un imposant poêle en faïence réchauffe cet atelier d'artisan à l'ancienne où le luthier français Mathias Menanteau fabrique et restaure violons et violoncelles.

GIACOMO SANTINI
CHAUSSURES

Plan p. 360 (☎06 488 09 34 ; Via Cavour 106 ; ⏲15h30-19h30 lun, 10h30-13h30 et 15h30-19h30 mar-ven, 10h30-14h et 15h20-19h30 sam ; Ⓜ Cavour). Cette succursale de la marque d'accessoires romaine Fausto Santini, qui porte le nom du père du créateur, vend bottes, chaussures et sacs Fausto Santini des saisons précédentes à prix cassés. Pour une paire d'exquises créations en cuir souple, vous paierez probablement une fraction du prix d'origine (choix de tailles parfois limitées). Cherchez le panneau “Calzaturo” au-dessus de la boutique.

Piazza della Repubblica et environs

FELTRINELLI INTERNATIONAL
LIBRAIRIE

Plan p. 360 (☎06 482 78 78 ; www.lafeltrinelli.it ; Via VE Orlando 84-86 ; ⏲9h-20h lun-sam, 10h30-13h30 et 16h-20h dim ; Ⓜ Repubblica). La branche internationale de cette librairie omniprésente en Italie vend une excellente

MARCHÉS

Nuovo Mercato Esquilino (plan p. 359 ; Via Principe Amedeo 184 ; ⏲5h-15h lun, mer-jeu, 5h-17h mar, ven-sam ; Ⓜ Vittorio Emanuele). Savourez la Rome authentique dans ce marché alimentaire couvert où les Romains économes et les étudiants viennent acheter fruits et légumes frais, herbes exotiques, épices et bien d'autres produits.

Mercato Monti Urban Market (plan p. 360 ; mercatomonti.com ; Via Leonina 46/48 ; ⏲10h-20h sam-dim, fermé en août ; Ⓜ Cavour). Vêtements vintage, accessoires et pièces uniques de créateurs locaux : ce marché installé dans le quartier tendance de Monti mérite une petite exploration si vous êtes là pendant le week-end.

sélection de livres en français, anglais, espagnol, allemand et portugais. On y trouve absolument tout : best-sellers récents, dictionnaires, guides de voyage, DVD et grand choix de cartes géographiques.

San Lorenzo et au-delà

TRANSMISSION MUSIQUE

Plan p. 359 (06 4470 4370 ; www.transmissionroma.com ; Via Salentini 27 ; 10h-14h et 15h-20h lun-sam ; Via Tiburtina). Cette boutique de San Lorenzo, qui s'adresse aux collectionneurs de disques de Rome, compte une clientèle fidèle. Sa sélection éclectique de vinyles en 33 ou 45 tours, de CD, de DVD et de Blu-ray couvre tout, de la musique classique aux standards des années 1950, en passant par le jazz, le reggae, le punk, la new wave et la *dance* actuelle.

ACTIVITÉS

DIVULGAZIONE LINGUA ITALIANA LANGUES

Plan p. 360 (06 446 25 93 ; www.dilit.it ; Via Marghera 22 ; 8h30-19h lun-ven). Cette école propose cours de langues et programmes culturels. Consultez le site Internet pour les dates et les tarifs.

Trastevere et Janicule

EST DE VIALE DI TRASTEVERE | OUEST DE VIALE DI TRASTEVERE | JANICULE ET ENVIRONS

Notre sélection

❶ La **Basilica di Santa Maria in Trastevere** (p. 179), parée de mosaïques au-dedans comme au-dehors, et sa jolie place.

❷ Un **dîner dans une trattoria** (p. 183) sur une placette pavée pour savourer ces classiques romains que sont pâtes à la carbonara ou *cacio e pepe* et artichauts à la juive.

❸ La **Villa Farnesina** (p. 180), élégante demeure Renaissance aux délicates fresques signées par Raphaël et ses disciples.

❹ Les **nuits du Trastevere** (p. 186) aux côtés des branchés, habitués des bars à cocktails "clandestins" et des *enoteche*.

❺ Le **Janicule** (p. 188), la "huitième colline de Rome" et son superbe panorama sur la Ville éternelle.

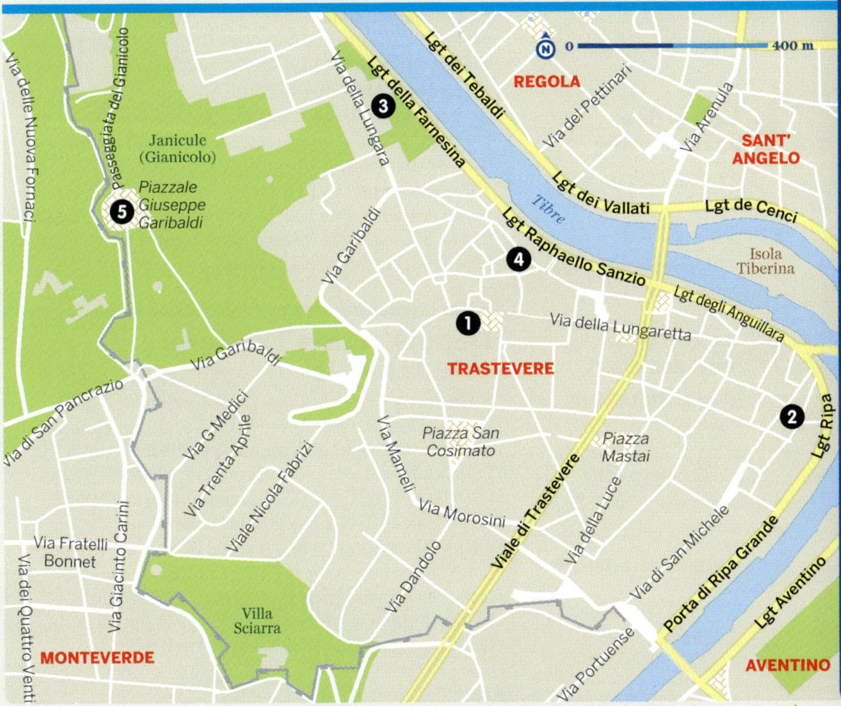

Pour un plan plus détaillé, reportez-vous p. 356 ➡

Bon plan Lonely Planet

Avec ses biscuiteries et boulangeries séculaires, ses trattorias familiales, ses marchés en plein air et ses commerces regorgeant de produits fermiers locaux soigneusement sélectionnésa, le Trastevere a la faveur des amateurs de bonne chère. On peut même y mettre la main à la pâte grâce à **Grano & Farina** (p. 32), **Casa Mia** (p. 34) ou **GT Food & Travel** (p. 34).

Le top des restaurants

- Trattoria Da Cesare al Casaletto (p. 186)
- La Tavernaccia (p. 183)
- Da Enzo (p. 183)
- Fior di Luna (p. 184)
- Supplì (p. 184)

Voir détails p. 183.

Le top des bars et cafés

- Bar San Calisto (p. 187)
- Terra Satis (p. 186)
- Keyhole (p. 187)

Voir détails p. 186.

Le top des œuvres d'art

- Basilica di Santa Maria in Trastevere (p. 179)
- Basilica di Santa Cecilia in Trastevere (p. 181)
- Villa Farnesina (p. 180)
- Galleria Corsini (p. 182)

Voir détails p. 181.

Découvrir le Trastevere et le Janicule

Le Trastevere – littéralement "au-delà du Tibre" – est lové sur la rive droite du fleuve. À l'écart du centre antique, il a accueilli plusieurs des premières églises chrétiennes et conserve des traces importantes du Moyen Âge romain.

Il se parcourt agréablement à pied et il faut compter au moins une journée de visite pour faire le tour de ses joyaux : la Basilica di Santa Maria in Trastevere (p. 179), la Villa Farnesina (p. 180) et ses fresques délicates, et la Galleria Corsini (p. 182), écrin d'une riche collection d'œuvres d'art souvent ignorée. Terminez par une bouffée d'oxygène dans le jardin botanique ou, pour les plus courageux, au sommet du Janicule (p. 188) – en jetant en chemin un coup d'œil au Tempietto (p. 182) de Bramante.

Le soir venu, les bars exhibent d'alléchants buffets d'en-cas pour le sacro-saint *aperitivo*. Les établissements sont légion dans les rues autour de la Piazza Trilussa et la Via Benedetta.

Vivre comme un Romain

- **Cafés** Aucune terrasse n'est aussi animée et détendue que celle du vénérable San Calisto (p. 187), célèbre pour servir la bière la moins chère de Rome.
- **Cuisine familiale** Mêlez-vous aux Romains attendant patiemment leur tour à l'Antica Caciara Trasteverina (p. 190), le meilleur traiteur du quartier.
- **Soirées d'été** Entre le Ponte Mazzini et le Ponte Cestio, les berges du Trastevere se couvrent l'été d'une foule de bars éphémères, faisant du fleuve le lieu branché par excellence.
- **Rendez-vous** Les Romains se retrouvent sur le petit escalier qui mène à la fontaine, **Piazza Trilussa** (plan p. 356 ; Piazza Trilussa), plus nombreux encore l'été venu, et un verre à la main.

Depuis/vers le Trastevere et le Janicule

- **Tramway** Partant du Largo di Torre Argentina, rive gauche, le n°8 traverse le fleuve, suit le Viale di Trastevere pour aboutir à la Villa Doria Pamphilj. Le n°3 fait halte à l'extrémité sud du Viale di Trastevere, le reliant au Testaccio (Via Marmorata), au Colisée, à San Giovanni et à la Villa Borghèse.
- **Bus** De Termini, le bus H rallie le Viale di Trastevere ; le n°780 part de la Piazza Venezia. Pour rejoindre le Janicule sans gravir les marches raides depuis la Via G Mameli, prenez le n°870 sur la Piazza della Rovere ou le n°115 sur le Viale di Trastevere.

LES INCONTOURNABLES
BASILICA DI SANTA MARIA IN TRASTEVERE

Cette basilique à la façade et au chœur étincelants serait le plus ancien sanctuaire romain voué au culte marial. Fondée au début du IIIe siècle sur le site d'un miraculeux jaillissement – une source d'huile –, l'église a conservé sa structure romane du XIIe siècle, époque du grand remaniement voulu par le pape Innocent II.

Sur la façade de l'église, une splendide mosaïque du XIIIe siècle représente Marie allaitant Jésus, flanquée de dix femmes. Deux d'entre elles sont voilées et portent une lampe éteinte symbolisant leur veuvage, tandis que les lampes allumées des huit autres illustrent leur virginité. Le porche dessiné par Carlo Fontana, avec sa balustrade surmontée des statues de trois papes et d'un saint, fut accolé en 1702 à la façade initiale. Témoins des réemplois de matériaux antiques, morceaux de bas-reliefs et inscriptions romaines encadrent l'entrée.

L'intérieur, qui a conservé le plan basilical du XIIe siècle, renferme de nombreuses mosaïques sur fond d'or du XIIe siècle. Dans l'abside, remarquez la splendide représentation du Christ et de la Vierge entourés de plusieurs saints et, à l'extrême gauche, le pape Innocent II tenant une maquette de l'église. Au-dessous, six mosaïques (photo ci-dessus) de Pietro Cavallini (vers 1291) illustrent la vie de la Vierge.

La nef est soutenue par 24 colonnes antiques, certaines provenant des thermes de Caracalla. Le plafond à caissons a été dessiné en 1617 par le Dominiquin et, à droite de l'autel, un candélabre torsadé marque l'endroit où aurait jailli la source d'huile. La Cappella Avila mérite aussi le coup d'œil pour son étonnante coupole du XVIIe siècle. Le pavement à motifs géométriques est une reproduction des années 1870 d'après l'original du XIIIe siècle dû à l'atelier des marbriers Cosmati, créateurs du style cosmatesque.

NOS CONSEILS

- Prenez le temps de vous attarder sur la place devant la basilique, épicentre du Trastevere où se croisent toutes sortes de gens.
- Profitez de la lumière du matin ou de fin de journée pour admirer les mosaïques ornant la façade.

INFOS PRATIQUES

- Plan p. 346
- ☎ 06 581 48 02
- Piazza Santa Maria in Trastevere
- ⏲ 7h30-20h30, à partir de 9h ven, 7h30-13h et 15h30-20h août
- Viale di Trastevere, Belli

LES INCONTOURNABLES
VILLA FARNESINA

Édifiée au XVIe siècle, la Villa Farnesina se distingue par une façade aux proportions harmonieuses et symétriques, et un intérieur décoré de fresques extraordinaires.

Elle fut construite pour Agostino Chigi, le richissime banquier du pape Jules II. Sa fortune était telle que, lors des banquets, il invitait ses hôtes à jeter, en fin de repas, leurs assiettes en or par les fenêtres (peu d'entre eux savaient que des domestiques se tenaient sous les fenêtres pour les rattraper dans des filets). La maison doit son nom au cardinal Alexandre Farnèse, qui l'acheta en 1577.

L'architecte de la villa fut Baldassare Peruzzi, ancien assistant de Bramante ; il en réalisa également bon nombre des fresques. Au rez-de-chaussée, le décor de la **loggia de Galatée** (*photo*) est attribué à Raphaël et représente une Néréide (nymphe marine) ; la fresque du plafond voûté est due à Peruzzi et les scènes mythologiques à Sebastiano del Piombo. Raphaël peignit également les personnages nus et les éphèbes musculeux de la **loggia de Cupidon et Psyché**, à côté.

Au 1er étage, dans le **Salone delle Prospettive**, les fresques de Peruzzi constituent un superbe trompe-l'œil panoramique de la Rome du XVIe siècle, tandis que la chambre à coucher de Chigi est agrémentée de chérubins facétieux, de dieux et de déesses.

NOS CONSEILS

- Hormis le 2e dimanche du mois et les périodes d'exposition, la villa n'ouvre que jusqu'à 14h.
- Tarif réduit sur présentation du billet des musées du Vatican (valable 7 jours)
- Visites guidées sur réservation (4 €) les samedi et dimanche : 10h30 en anglais.

INFOS PRATIQUES

- Plan p. 344
- ✆06 6802 7268
- villafarnesina.it
- Via della Lungara 230
- Tarif plein réduit 10/9 €
- 9h-14h mar-sam juil-fév, 10h-19h mar-dim mars-juin
- Lungotevere della Farnesina

À VOIR

Quelque peu excentré, le Trastevere est semé de superbes églises, palais et villas Renaissance dont les richesses artistiques restent moins connues que celles de la rive gauche ou du Vatican. Mais son charme réside avant tout dans ses étroites ruelles à l'ombre de façades ocre orangé où la lessive sèche aux fenêtres. Les pentes du Janicule au nord en marquent la limite. À la vue de cette verte colline apaisante, de son jardin botanique pentu, de ses monuments et ambassades tranquilles, qui croirait aujourd'hui qu'elle fut en 1849 le théâtre d'un combat féroce et sanglant contre les troupes françaises envoyées restaurer l'autorité pontificale.

Est du Viale di Trastevere

BASILICA DI SANTA CECILIA IN TRASTEVERE — BASILIQUE

Plan p. 354 (06 4549 2739 ; benedettine-santacecilia.it ; Piazza di Santa Cecilia 22 ; fresque et crypte 2,50 € chacune ; basilique et crypte 10h-12h30 et 16h-18h lun-sam, fresque 10h-12h30 lun-sam ; Viale de Trastevere, Belli). L'église primitive aurait été construite à l'emplacement de la demeure de sainte Cécile, patronne des musiciens. Sous l'autel de l'édifice actuel, sa statue a été réalisée par Stefano Maderno selon le souvenir qu'il avait de la relique de la sainte, retrouvée dans les catacombes de San Callisto au IXe siècle et de nouveau exhumée en 1599. Depuis le jardin devant l'édifice, on accède, dans le couvent adjacent, à l'ancien chœur des religieuses, d'où elles suivaient la messe à l'abri de claustras. Là se trouve la remarquable fresque du *Jugement dernier*, vestige d'un cycle peint par Pietro Cavallini au XIIIe siècle. On peut aussi visiter la crypte, qui cache les fondations de maisons romaines. Une fontaine ornée d'un grand vase en marbre et entourée de rosiers se tient devant l'édifice.

CHIESA DI SAN FRANCESCO D'ASSISI A RIPA GRANDE — ÉGLISE

Plan p. 356 (06 581 9020 ; sanfrancescoaripa.it/san-francesco ; Piazza di San Francesco d'Assisi 88 ; 7h15-12h45 et 15h45-19h45 ; Viale di Trastevere, Trastevere/Mastai). Saint François d'Assise aurait séjourné ici en 1219, et l'on peut voir le rocher qui lui servait d'oreiller, ainsi que son crucifix. Reconstruite à plusieurs reprises, l'église actuelle date de la fin du XVIIe siècle. Elle abrite un chef-d'œuvre du Bernin, dans la chapelle Paluzzi-Albertoni, qui retient toute l'attention, *La Bienheureuse Louise Albertoni* (1674), empreinte d'une sensualité manifeste. Notez les plis du vêtement taillé dans le marbre, d'un réalisme étonnant.

Ouest du Viale di Trastevere

BASILICA DI SANTA MARIA IN TRASTEVERE — BASILIQUE

Voir p. 179.

VILLA FARNESINA — ÉDIFICE HISTORIQUE

Voir p. 180.

LES PAVÉS DE LA MÉMOIRE

Regardez bien où vous posez les pieds quand vous flânez dans les pittoresques rues et ruelles du Trastevere. Au milieu des pavés carrés inégaux et usés (très glissants par temps de pluie), vous trébucherez parfois sur des *pietre d'inciampo* (littéralement : "pierres d'achoppement") luisant au soleil. De même forme que les traditionnels pavés romains, ces pavés en bronze poli sont gravés du nom d'habitants juifs du quartier et marquent l'endroit où ceux-ci furent arrêtés par les soldats nazis durant la Seconde Guerre mondiale avant d'être déportés. La plupart sont incrustés dans les trottoirs devant des maisons particulières et forment des groupes, chaque pavé représentant un membre de la famille arrêtée.

Ces *pietre* font partie d'un mémorial à l'échelle européenne initié par l'artiste allemand Gunter Demnig. Il en existe actuellement 200 dans les vieilles rues de Rome, surtout dans le Trastevere – par exemple, au **114 Viale Trastevere** (plan p. 346 ; Trastevere/Bernardino Da Feltre) – et dans l'ancien Ghetto juif, sur l'autre rive.

LE CANON DU JANICULE

Si vous vous baladez dans le Trastevere, ou même au-delà, et que vous entendez une forte détonation, pas de panique : il s'agit simplement du salut du canon de la mi-journée, tonnant depuis le sommet du Janicule. En 1847, le pape Pie IX ordonna qu'un coup de canon fût tiré à blanc à midi pour servir d'étalon à toutes les horloges de la ville. Depuis 1904, le coup est tiré depuis le Janicule, de façon à causer le moins de dérangement possible, mais on peut tout de même l'entendre à travers toute la ville. Suspendu pendant les guerres mondiales, le rituel reprit en 1959.

GALLERIA CORSINI — MUSÉE D'ART

Plan p. 356 (Palazzo Corsini ; ☎06 6880 2323 ; barberinicorsini.org ; Via della Lungara 10 ; tarif plein/réduit avec le Palazzo Barberini 12/2 € ; 10h-18h mar-dim ; Lungotevere della Farnesina). Ancienne résidence de la reine Christine de Suède, dont la chambre richement ornée de fresques vit défiler maints visiteurs, le Palazzo Corsini fut imaginé au XVIe siècle par Ferdinando Fuga, tel un petit Versailles avant l'heure. Il abrite désormais une partie de la collection d'art nationale. Parmi les plus belles pièces figurent le *Saint Jean-Baptiste* du Caravage, *Salomé portant la tête de saint Jean-Baptiste* de Guido Reni et le *Triptyque du Jugement dernier* de Fra Angelico, ainsi que des œuvres de Rubens, Poussin et Van Dyck.

TRIUMPHS AND LAMENTS — ART EN PLEIN AIR

Plan p. 356 (Lungotevere della Farnesina ; Lungotevere dei Tebaldi). Ornant les quais du Tibre entre le Ponte Sisto et le Ponte Mazzini, cette grande frise de l'artiste sud-africain William Kentridge déploie sur 550 m plus de 80 personnages, certains hauts de 12 m, illustrant les grands épisodes de l'histoire romaine. Cherchez les portraits de Marc Aurèle, de Mussolini ou de Marcello Mastroianni embrassant Anita Ekberg dans la fontaine de Trevi (*La Dolce Vita* de Fellini).

Janicule (Gianicolo) et environs

TEMPIETTO DI BRAMANTE ET CHIESA DI SAN PIETRO IN MONTORIO — ÉGLISE

Plan p. 356 (☎06 581 3940 ; sanpietroinmontorio.it ; Piazza San Pietro in Montorio 2 ; église 9h-12h et 15h-16h, tempietto 10h-18h mar-dim ; Via Garibaldi). Premier édifice d'envergure de la première Renaissance, le sublime Tempietto (1508) de Bramante s'élève dans la cour de la Chiesa di San Pietro in Montorio, à l'endroit où saint Pierre aurait été crucifié. De forme parfaite, l'édifice en forme de sanctuaire antique classique adopte les proportions idéales caractéristiques de l'esprit de la Renaissance.

VUE SUR ROME — POINT DE VUE

(Passeggiata del Gianicolo ; Ospedale pediatrico Bambin Gesù). Si les fameux points de vue du Janicule sont souvent masqués par les arbres, celui moins connu à l'extrémité nord dévoile un ample panorama sur la Ville éternelle. Outre un modeste café et une échoppe de petits jouets (pour les jeunes patients de l'hôpital pédiatrique voisin), quelques bancs invitent au repos et à la contemplation.

ORTO BOTANICO — JARDIN BOTANIQUE

Plan p. 356 (☎06 4991 7107 ; web.uniroma1.it/ortobotanico ; Largo Cristina di Svezia 23/A ; tarif plein/réduit 13/10 € ; 9h-18h30 été, 10h-17h30 hiver ; Lungotevere della Farnesina, Piazza Trilussa). Jadis parc privé du Palazzo Corsini, le jardin botanique de Rome est un joyau méconnu de 12 ha. Légèrement négligé, il s'étend sur les pentes escarpées du Janicule et invite à la détente sous les arbres. Des plantes y sont cultivées depuis la fin du XIIIe siècle, mais le jardin a pris son aspect actuel en 1883, quand le domaine du palais fut concédé à l'université de Rome. Il contient aujourd'hui plus de 8 000 espèces, dont certaines parmi les plus rares d'Europe.

FONTANA DELL'ACQUA PAOLA — FONTAINE

Plan p. 356 (Via Garibaldi ; Via Garibaldi). La monumentale fontaine blanche (1612) – sur laquelle s'ouvre le film oscarisé de Paolo Sorrentino *La Grande Bellezza* (2013) – est un hymne à l'eau apportée à la ville par l'aqueduc romain construit au IIe siècle et toujours en activité. Elle fut construite pour en célébrer la restauration. Quatre des six colonnes en pierre rose de la fontaine proviennent de la façade de l'ancienne basilique Saint-Pierre, et une grosse partie du marbre fut pillée au Forum romain. C'est toujours l'eau du lac de Bracciano, à 35 km au nord de Rome, qui alimente la capitale italienne.

VILLA DORIA PAMPHILJ PARC

Plan p. 356 (aube-crépuscule ; Via di San Pancrazio). Retraite chérie des Romains pour échapper un moment à l'agitation, ce grand domaine du XVIIe siècle sur lequel règne la Villa Doria Pamphilj constitue le plus grand parc paysager de la capitale. Aménagé vers 1650 par Alessandro Algardi pour le prince Camillo Pamphilj, un neveu du pape Innocent X, il resta longtemps dans le domaine privé avant de devenir public. Cette vaste étendue vallonnée est baignée de l'ombre des célèbres pins parasols de Rome. Au cœur d'un jardin planté d'agrumes, la résidence d'été du prince, le Casino del Bel Respiro, sert désormais au gouvernement italien.

OÙ SE RESTAURER

Le quartier pauvre et ouvrier que fut le Trastevere s'est aujourd'hui embourgeoisé. Restaurants, trattorias, cafés et pizzerias y abondent. Les meilleurs se nichent dans le dédale des petites rues. Si beaucoup ne sont que des pièges à touristes, les Romains viennent volontiers dîner ici, surtout dans les coins verdoyants plus excentrés. Prenez donc le temps d'arrêter votre choix.

Est du Viale di Trastevere

C'È PASTA... E PASTA! ITALIEN €

Plan p. 366 (06 5832 0125 ; cepastaepasta.it Via Ettore Rolli 29/35 ; plats 5-15 € ; 8h30-15h et 17h-20h30 lun-jeu, 8h30-15h ven et dim, repas à partir de 12h ; Stazione Trastevere). Des pâtes fraîches à emporter chez soi, telles quelles ou déjà préparées, ou bien à consommer sur place sur des tables sans fioritures. Tout est délicieux (et casher), en particulier les raviolis à l'artichaut et les lasagnes à la romaine. À vous de composer un repas d'un bon rapport qualité/prix avec les plats appétissants exposés dans le comptoir vitré.

PIZZERIA AI MARMI PIZZERIA €

Plan p. 356 (Panattoni ; 06 580 09 19 ; m.facebook.com/aimarmi ; Viale di Trastevere 53-59 ; plats 10-35 € ; 18h30-2h jeu-mar ; Viale di Trastevere, Trastevere/Mastai). Aussi appelée *l'obitorio* (la morgue) à cause de ses comptoirs en marbre, c'est la pizzeria la plus fréquentée du Trastevere. Pizzas extrafines, cliquètement des couverts, serveurs grincheux, immense terrasse sur la rue et entrées frites fantastiques. Les *supplì* (croquettes de riz à la romaine), le *baccalà* (morue) et les fleurs de courgette enchantent le palais, mais oubliez les pâtes. Le sérieux est ici de mise : toute garniture comportant un ingrédient surgelé est signalée sur la carte.

SEU PIZZA ILLUMINATI PIZZERIA €

Plan p. 366 (06 588 33 84 ; seu-pizza-illuminati.business.site ; Via Angelo Bargoni 10-18 ; plats 10-35 € ; 19h-minuit dim-ven, 12h-15h30 et 19h-minuit sam ; Ippolito Nievo). "*La pizza est notre credo*", telle est la devise de l'établissement dirigé par Pier Daniele Seu. Elles ont ici une pâte épaisse à la napolitaine et des combinaisons inspirées du type burrata, tartare de thon, pistache et zeste de citron vert ou *guanciale* (joue de bœuf en salaison), crème de pecorino, oignon rouge et café. Mais que les puristes se rassurent, il y a aussi des classiques comme la Margherita.

LA TAVERNACCIA TRATTORIA €€

Plan p. 366 (06 581 27 92 ; latavernacciaroma.com ; Via Giovanni da Castel Bolognese 63 ; repas complet à partir de 30 € ; 12h45-15h et 19h30-23h jeu-mar ; Stazione Trastevere). Il faut impérativement réserver pour obtenir l'une de ses tables tant convoitées de cette affaire familiale, qui bourdonne comme une ruche du matin au soir. Le cadre ne saurait être plus simple, mais les classiques de la cuisine romaine ont droit à un traitement royal. La carte comprend du jambon de montagne et des fromages du Latium, des pâtes et de nombreuses viandes rôties. Personnel aimable et enjoué.

DA ENZO TRATTORIA €€

Plan p. 356 (06 581 22 60 ; daenzoal29.com Via dei Vascellari 29 ; repas complet à partir de 30€ ; 12h15-15h et 19h-23h lun-sam ; Lungotevere Ripa, Belli). Murs ocre vintage, nappes à carreaux jaunes et carte affichant toutes les grandes spécialités romaines :

BOUCHE-À-OREILLE

SENSATION GIVRÉE

Les chaudes soirées d'été, les Romains n'aiment rien tant que se régaler d'une *grattachecca* (glace râpée recouverte de fruits et de sirop) sur les berges du Tibre jalonnées de kiosques, comme le **Sora Mirella Caffè** (plan p. 356 ; Lungotevere degli Anguillara ; glaces 3-6 € ; 9h-2h; Lungotevere degli Anguillara), à côté du Ponte Cestio. Votre gobelet en main, aventurez-vous le long du fleuve en direction du nord jusqu'au **Ponte Sisto** et ses mouettes en goguette.

c'est la sélection rigoureuse de produits du terroir de qualité, venus souvent des fermes voisines du Latium, qui rend cette trattoria résolument exceptionnelle. Les artichauts frits à la juive (en saison) et les pâtes *cacio e pepe*, notamment, frisent la perfection.

SPIRITO DIVINO ITALIEN €€

Plan p. 356 (06 589 66 89 ; ristorantespiritodivino.com ; Via dei Genovesi 31a/b ; repas complet à partir de 35 € ; 19h-23h30 lun-sam ; Belli). Membre du mouvement Slow Food, la chef Eliana Catalani achète ses ingrédients directement chez des producteurs locaux. Elle a pour spécialité le *maiale alla mazio*, de l'épaule de porc mijotée au vin rouge avec du miel et des épices, qui aurait été l'un des plats préférés de Jules César. Les clients peuvent visiter la cave à vins qui date de 80 av. J.-C. Remarquez au passage les colonnes antiques gravées d'inscriptions en hébreu sur la façade latérale.

TRATTORIA DA TEO TRATTORIA €€

Plan p. 356 (06 581 83 55 ; trattoriadateo.com ; Piazza dei Ponziani 7a ; repas complet à partir de 38 € ; 12h30-15h30 et 19h30-23h30 ven-mar, 12h30-3h30 mer-jeu ; Viale di Trastevere, Belli). Nombre de Romains viennent déguster dans cette trattoria traditionnelle des assiettes fumantes de classiques locaux comme les pâtes à la carbonara ou *cacio e pepe* et, en saison, les meilleurs artichauts à la juive (frits) ou à la romaine (farcis au persil et à l'ail, puis cuits au bouillon). Selon la plus pure tradition, les gnocchis maison de Teo ne sont servis que le jeudi. Réservation impérative.

LA GENSOLA SICILIEN €€€

Plan p. 356 (06 581 63 12 ; osterialagensola.it ; Piazza della Gensola 15 ; repas complet à partir de 45 € ; 12h30-15h et 19h45-23h30, fermé dim été ; Viale di Trastevere, Belli). Une trattoria haut de gamme axée sur la cuisine traditionnelle de la mer. Commencez par une demi-douzaine d'huîtres ou un carpaccio de thon, de sériole ou de bar, suivi de *spaghellini* aux coques ou d'anchois saisis aux endives. Sinon, les carnivores pourront toujours opter pour la romanissime *coda alla vaccinara* (queue de bœuf en ragoût) ou la *trippa*.

Ouest du Viale di Trastevere

FIOR DI LUNA GLACIER €

Plan p. 356 (06 645 61314 ; fiordiluna.com ; Via della Lungaretta 96 ; glaces à partir de 2,50 € ; 14h-20h mar-dim ; Belli, Viale di Trastevere). Pour beaucoup de Romains, cette échoppe concocte les meilleures glaces artisanales du monde, produites en petites quantités à partir de produits de saison. Les plus demandées : pomme-banane, yaourt aux myrtilles, fraise et pistaches (broyées à la main). On peut aussi prendre une tasse de café bio (1 €). Pas de franchise.

SUPPLI ITALIEN €

Plan p. 356 (06 589 71 10 ; suppliroma.it ; Via di San Francesco a Ripa 137; pizzas et en-cas frits 2,50-6 € ; 10h-21h lun-sam ; Viale di Trastevere). Si cette *tavola calda* familiale du Trastevere passe facilement inaperçue, elle élève pourtant la cuisine romaine de rue au rang d'art. Les habitants font la queue pour ses *supplì* farcis de *ragù* (sauce tomate à la viande) et de mozzarella, ainsi que ses pizzas à la coupe. Côté plats du jour, l'offre inclut des gnocchis le jeudi, du poisson grillé et des calamars les jeudi et vendredi.

GISELDA ITALIEN €

Plan p. 356 (06 4566 5090 ; giseldafornoroma.com ; Viale di Trastevere 52/58 ; repas complet à partir de 9 € ; 7h-23h ;). Le café de cette adresse claire et spacieuse ne désemplit pas de la journée. Attablez-vous dans la salle chic de style industriel pour déjeuner d'un plat du jour (6 €), des standards italiens cuisinés avec soin et passion à partir de produits extra. La boulangerie vend des parts de pizza garnies d'une mortadelle fondante. Bonnes pâtisseries et desserts également.

ANTICA NORCINERIA IACOZZILLI
TRAITEUR €

Plan p. 356 (☎06 581 27 34 ; Via Natale del Grande 15 ; sandwich 4,50 € ; 9h-13h et 16h30-17h lun, 9h-13h et 16h30-20h30 mar-sam ; ; Trastevere/Mastai). Trois générations de Iacozzilli travaillent dans cette charcuterie-épicerie fine à l'ancienne de 1924, réputée pour sa *porchetta* (cochon de lait farci et rôti) au romarin, croustillante en surface et juteuse à l'intérieur. Demandez un *porchetta panino* à emporter et posez-vous sur le premier bout de mur venu pour savourer ce petit délice.

LA RENELLA
BOULANGERIE €

Plan p. 356 (☎06 581 72 65 ; Via del Moro 15 ; parts de pizza à partir de 2,50 € ; 7h-21h dim-mer, 7h-2h jeu-sam ; Piazza Trilussa). Observez les maîtres *pizzaioli* à l'œuvre devant les fours à bois de cette boulangerie historique du Trastevere fondée en 1870. C'est d'autant plus aisé qu'on peut prendre place sur les tabourets de bar. Les effluves de pizzas, de pains (dont la croustillante *casareccia*) et de biscuits mettent l'eau à la bouche. Les garnitures généreuses diffèrent selon la saison, attirant aussi bien les punks à gros chiens que les vieilles dames à petits toutous.

LE LEVAIN
BOULANGERIE €

Plan p. 356 (☎06 4754 3834 ; lelevainroma.it ; Via Luigi Santini 22-23 ; en-cas à partir de 3 € ; 8h-20h30 lun-sam, 9h-20h dim ; ; Via Mameli, Trastevere/Mastai). Beaucoup d'étrangers installés à Rome ne jurent que par cette pâtisserie française qui propose d'authentiques croissants, pains au chocolat et autres douceurs irrésistibles, comme les macarons, les mille-feuilles ou les tartelettes Tatin. À déguster sur place ou à emporter.

PROSCIUTTERIA – CANTINA DEI PAPI
TOSCAN €

Plan p. 356 (☎06 6456 2839 ; Via della Scala 71 ; en-cas à partir de 5 € ; 11h30-23h30 ; Via della Scala). Pour goûter aux saveurs toscanes à Rome, allez déjeuner ou prendre un *aperitivo* dans ce lieu où se marient convivialité et gastronomie. Les *taglieri* (planches) croulent sous les charcuteries, fromages, fruits et légumes, à savourer avec un verre de Brunello di Montalcino ou de Chianti Classico. Des dizaines de jambons et saucissons pendent du plafond au-dessus des quelques tabourets.

MERCATO DI PIAZZA SAN COSIMATO
MARCHÉ

Plan p. 356 (Piazza San Cosimato ; mercatidiroma.com 6h-13h30 lun-sam ; Viale di Trastevere, Trastevere/Mastai). Le marché en plein air du Trastevere, idéal pour faire provision d'artichauts verts ou violets, choux romanesco, feuilles de pissenlit et autres produits de saison, existe depuis des siècles. Apportez votre sac ou votre panier. Vous y trouverez aussi des en-cas à grignoter dans le petit square voisin, doté d'une aire de jeux.

OSTERIA DA ZI UMBERTO
LATIUM €

Plan p. 356 (☎06 581 66 46 ; Piazza di San Giovanni della Malva 14 ; repas complet à partir de 20 € ; 12h30-15h et 19h30-23h30 mar-dim ; Piazza Trilussa). Si vous connaissez une blague en italien, racontez-la au personnel théâtralement bourru pour briser la glace. Si les touristes dépassent souvent les autochtones en nombre, cette trattoria sans prétention n'en reste pas moins authentique et ses spécialités romaines, comme les pâtes *cacio e pepe*, excellentes. Tables sur la placette en été.

RUMI BOTTEGA ORGANICA
BIO €

Plan p. 356 (☎339 487 8393 ; rumibottegaorganica.it ; Via di San Francesco a Ripa 133 ; repas complet à partir de 16,50 € ; 8h-19h30 lun-sam ; Viale di Trastevere, Trastevere/Mastai). Ce traiteur bio, rustique et sans prétention, a un charme à part. Les connaisseurs viennent y chercher des salades d'épeautre, des sandwichs confectionnés avec du pain au levain naturel et autres plats sains. Bières artisanales et vins bio accompagnent naturellement le tout. Pratique pour acheter de quoi pique-niquer.

DAR POETA
PIZZERIA €€

Plan p. 356 (☎06 588 05 16 ; darpoeta.com ; Vicolo del Bologna 45 ; plats 10-36 € ; 12h-minuit ; Piazza Trilussa). L'endroit plaît aux visiteurs pour ses pizzas consistantes cuites au four à bois, à mi-chemin entre les versions romaine et napolitaine, son fameux calzone à la ricotta et au Nutella, et son atmosphère animée. Tables couvertes de nappes à carreaux en salle et dans la rue tranquille.

VAUT LE DÉTOUR

DÎNER À MONTEVERDE

Le quartier verdoyant de Monteverde, au sud-ouest du Trastevere, compte des tables de qualité à l'écart du flot touristique.

Trattoria Da Cesare al Casaletto (☎06 53 60 15 ; trattoriadacesare.it ; Via del Casaletto 45 ; repas complet à partir de 25 € ; ⏲12h45-15h et 19h45h-23h dim-mar ; 🚋Casaletto). Considérée par beaucoup comme la meilleure de Rome, cette trattoria sert de remarquables spécialités locales préparées dans les règles de l'art. Le cadre est la simplicité même : des dizaines de tables dans une salle dépouillée et, en été, une vaste terrasse tapissée de végétation. Service efficace et détendu.

Litro (plan p. 356 ; ☎06 4544 7639 ; facebook.com/litrovineria ; Via Fratelli Bonnet 5 ; repas complet 30-35 € ; ⏲18h-minuit lun-dim ; 📶 ; 🚌Via Fratelli Bonnet). Dans ce bar-bistrot vintage méconnu de Monteverde, le pain bis croustillant est servi dans un sac en papier et les trente-six pendules de style années 1950 aux murs donnent chacune une heure différente. Cuisine romaine à base d'ingrédients majoritairement bio, provenant de petits producteurs du cru, et choix de vins bio et naturels particulièrement fourni.

ZIA RESTAURANT
FUSION €€€

Plan p. 356 (☎06 2348 8093 ; ziarestaurant.com ; Via Goffredo Mameli 45 ; plats 28-45€ ; ⏲19h30-21h30 mar-jeu, 12h30-14h30 et 19h30-21h30 ven-sam ; 📶🍷 ; 🚋Trastevere/Min P Istruzione). Après avoir fait ses armes auprès de grands noms de la cuisine, dont Georges Blanc et Gordon Ramsay, le chef italien montant Antonio Ziantoni a lancé sa propre affaire dans un cadre à la fois zen et raffiné. Sa carte marie de manière exquise les saveurs italiennes et françaises : pâtes farcies au bleu dans un oignon, bouillon au clou de girofle et macarons au foie gras, dorade au cidre, câpres et réglisse...

GLASS HOSTARIA
ITALIEN €€€

Plan p. 356 (☎06 5833 5903 ; glasshostaria.it ; Vicolo del Cinque 58 ; menus 100-120 €, plats 38€ ; ⏲19h30-23h mar-dim ; 🍷 ; 🚌Piazza Trilussa). Étoilée au Michelin, cette table propose une cuisine novatrice dans un espace contemporain, sophistiqué, doté d'une mezzanine. Diplômée en droit et devenue chef, Cristina Bowerman crée des plats délicats à base de produits de saison qui mêlent tradition et modernité pour ravir les papilles des convives. À découvrir avec ses savoureux menus dégustation. Le restaurant affiche aussi une carte végétarienne et une carte des vins très intéressante. Laissez le personnel vous conseiller quelque chose de spécial.

OÙ PRENDRE UN VERRE ET FAIRE LA FÊTE

Le Trastevere est l'un des quartiers les plus courus par les touristes étrangers, mais aussi par les Romains. Histoire de flâner, prendre un verre et décider de la suite de la soirée. L'été, les rues grouillent de monde et les jolies terrasses des bars empiètent sur les trottoirs, avec leur lot de libations bruyantes (et pas toujours appréciées des riverains qui réclament une réglementation plus stricte de la vie nocturne). Mais au-delà des établissements qui annoncent des parties de bière-pong et des shots pas chers subsistent des adresses incarnant l'art de vivre local.

Est du Viale di Trastevere

♥TERRA SATIS
CAFÉ, BAR À VINS

Plan p. 356 (☎06 9893 6909 ; Piazza dei Ponziani 1 ; ⏲7h-2h lun-sam ; 📶 ; 🚌Viale di Trastevere, 🚋Belli). On trouve de tout dans ce café-bar à vins branché du quartier : journaux, très bons en-cas, excellent café servi par un personnel charmant, sans parler du mobilier vintage, dont un buffet vert menthe des années 1950 et des banquettes confortables avec des coussins rayés ou à pois. Quand il fait beau, l'animation tranquille déborde sur l'adorable terrasse recouverte de végétation qui occupe la place pavée. Bon choix de vins et de bières.

Ouest du Viale di Trastevere

BAR SAN CALISTO CAFÉ

Plan p. 356 (Piazza San Calisto 3-5 ; 5h30-2h30 ; Viale di Trastevere, Viale di Trastevere). Les habitués viennent au "Sanca" pour son atmosphère sans prétention, ses prix doux, sa vaste terrasse et son chocolat, savouré chaud avec de la crème en hiver, sous forme de glace en été. On y croise toutes sortes de gens, des intellectuels aux oisifs en passant par les étudiants étrangers.

KEYHOLE BAR À COCKTAILS

Plan p. 356 (Via dell'Arco di San Calisto 17 ; 0h30-4h30 dim-jeu, 0h30-5h30 ven-sam ; Viale di Trastevere, Belli). Ce lieu a tous les attributs du bar "clandestin", sans nom visible de l'extérieur ni devanture, actuellement en vogue à Rome. Derrière une porte noire couverte de serrures se déploie un décor style prohibition, avec des canapés Chesterfield, un éclairage tamisé et une carte des cocktails alléchante. Vous ne savez pas quoi choisir ? Demandez aux talentueux mixologues de vous faire un cocktail personnalisé (autour de 10 €). Aucun mot de passe n'est demandé à l'entrée, mais il faut remplir un formulaire pour devenir membre (5 €). Pas de numéro de téléphone.

PIMM'S GOOD BAR

Plan p. 356 (06 9727 7979 ; pimmsgood.com ; Via di Santa Dorotea 8 ; 10h-2h ; ; Piazza Trilussa). "Un Pimm's, ça vous dit ?", voici le slogan de ce bar toujours à la mode qui sert effectivement le célèbre apéritif britannique à base de gin, seul ou inclus dans divers cocktails. Les joyeux drilles qui officient au bar sont de savants et sérieux mixologues. Cherchez la terrasse à l'angle de la rue.

MA CHE SIETE VENUTI A FÀ PUB

Plan p. 356 (06 4291 8213 ; football-pub.com ; Via Benedetta 25 ; 11h-2h ; Piazza Trilussa). "Qu'êtes-vous venus faire ici ?" chantent les supporters de foot. C'est le nom adopté par ce minuscule pub du Trastevere, paradis des amateurs de houblon. On y propose pas moins de 15 bières à la pression artisanales de différents pays et bien davantage en bouteille, dont les étiquettes recouvrent toutes les surfaces. Atmosphère authentique en dépit des apparences.

CAFFÈ LUNGARA 1940 CAFÉ

Plan p. 356 (06 687 56 26 ; lungara1940.com ; Via della Lungara 14 ; 6h30-22h lun-ven, 7h-22h sam ; ; Piazza Trilussa). Tenu fièrement avec passion et inventivité par la famille Nardecchia depuis presque quatre-vingts ans, ce café est apprécié par une clientèle allant des étudiants aux couples plus âgés amateurs d'art. Venez-y avant ou après la visite du jardin botanique voisin, de la Galleria Corsini ou de la Villa Farnesina, pour prendre un cappuccino, un Aperol Spritz ou un vrai repas dans son élégant et lumineux décor blanc.

MECCANISMO BAR

Plan p. 356 (06 581 61 11 ; meccanismoroma.com ; Piazza Trilussa 34 ; 7h30-2h lun-dim ; ; Piazza Trilussa). Un bar généraliste accueillant où l'on peut s'installer confortablement (prenez un fauteuil si possible) le temps d'un petit-déjeuner, d'un déjeuner, d'un thé, d'une bière artisanale ou d'un *aperitivo* – avec de quoi grignoter – le soir jusqu'à 21h. Burgers, salades et quelques plats végétariens calmeront les fringales, et la terrasse se prête à l'observation du spectacle permanent qu'offrent les passants sur la Piazza Trilussa. Concerts chaque lundi soir.

OÙ SORTIR

LETTERE CAFFÈ CONCERTS

Plan p. 356 (340 0044154 ; facebook.com/pg/lettere.caffe ; Via di San Francesco a Ripa 100/101 ; 17h-2h, fermé mi-août à mi-sept ;

LE JANICULE EN MUSIQUE

Inauguré en 2017, le festival **Gianicolo in Musica** (331 7098854 ; ilgianicolo.it ; Piazza Giuseppe Garibaldi ; événements souvent gratuits ; juil-sept ; Piazza Giuseppe Garibaldi) au sommet du Janicule a connu un succès immédiat qu'on souhaite voir se renouveler chaque année. À cette occasion, des artistes connus de jazz, blues, funk, tango, swing et autres genres musicaux se produisent sur une scène en plein air autour du Bar Dei Mille.

Vivre comme un Romain
Sortie nocturne au Trastevere et au Janicule

Avec ses ruelles pittoresques, ses places vivantes et son ambiance festive, le Trastevere fait partie des lieux de sortie nocturnes préférés des touristes comme des Romains. Les soirs d'été, des vendeurs ambulants y installent leurs étals et les bars débordent sur la voie publique.

❶ Panorama depuis le Janicule

Tôt dans la soirée, le moment est rêvé pour contempler la Ville à vos pieds, vue du **Janicule** (Gianicolo ; plan p. 356 ; 🚌115, 870), la plus haute colline de Rome. Vous trouverez de quoi vous désaltérer au Bar Stuzzichini ou à un autre débit de boissons du Piazzale Giuseppe Garibaldi.

❷ Apéritif au Freni e Frizioni

De retour dans la mêlée, direction **Freni e Frizioni** (plan p. 356 ; ☎06 4549 7499 ; freniefrizioni.com ; Via del Politeama 4-6 ; ⏲18h-2h ; 🚌Piazza Trilussa) pour l'*aperitivo*. Ce bar sympa a la faveur des jeunes qui investissent la petite place à l'extérieur pour siroter spritz et autres cocktails (à partir de 10 €) en profitant du buffet (19h-22h).

❸ Dîner chez Da Augusto

Sur l'une des plus jolies places du Trastevere, **Da Augusto** (plan p. 356 ; ☎06 580 37 98 ; Piazza de' Renzi 15 ; repas complet 25-35 € ; ⏲12h30-15h et 20h-23h ; 🚌Via della Scala, 🚋Belli) décline tous les classiques de la cuisine romaine familiale. La qualité des plats fait oublier la file d'attente, les tables un peu bancales sur les pavés et les toilettes sommaires.

❹ Piazza di Santa Maria in Trastevere

Poste stratégique pour observer la vie du *rione* (quartier), la **Piazza di Santa Maria in Trastevere** (plan p. 356 ; 🚌Viale di Trastevere, 🚋Belli) est la grand-place du Trastevere. Habitants enjoués et touristes nés en l'air s'y côtoient le jour, laissant place le soir aux fêtards, étudiants étrangers, Romains en maraude ou voyageurs chahuteurs.

❺ Pause chez Otaleg

Inversez le sens du mot *gelato* et vous obtiendrez **Otaleg** (plan p. 356 ; ☎338 6515450 ; www.otaleg.com ; Via di San

BOGGY22 / GETTY IMAGES ©

Piazza di Santa Maria in Trastevere

Cosimato 14a ; glaces à partir de 2 € ; ⏲12h-minuit ; ; Trastevere/Mastai). Aux côtés des classiques pistache, citron, chocolat noir... le glacier Marco Radicioni compose des surprises saisonnières – figue de Barbarie et miel d'acacia, par exemple – aux saveurs raffinées.

❻ Blues au Big Mama

Pour une douce soirée blues dans la Ville éternelle, il n'y a que le **Big Mama** (plan p. 356 ; ☎06 581 25 51 ; www.bigmama.it ; Vicolo di San Francesco a Ripa 18 ; ⏲21h-1h30, concerts 22h30, fermé en été ; Viale di Trastevere, Trastevere/Mastai), tout petit club en sous-sol du Trastevere. La programmation comprend des prestations hebdomadaires de musiciens italiens reconnus, ainsi que de fréquents concerts de blues, jazz, funk, soul et R&B d'artistes internationaux.

Viale di Trastevere, Trastevere/Mastai). Vous aimez la littérature ? La poésie ? Le blues et le jazz ? Alors vous adorerez cet endroit, encombré de tabourets de bar et de livres, où sont régulièrement proposés des concerts, du slam, des soirées humour, des soirées gays. Le DJ mixe musique électro, indie et new wave. L'*aperitivo,* avec un buffet végétarien alléchant, est servi de 19h à 21h. Profitez d'une des formules cocktail bon marché sous les ventilateurs qui tournent au plafond.

NUOVO SACHER CINÉMA

Plan p. 356 (☎06 581 81 16 ; sacherfilm.eu ; Largo Ascianghi 1 ; Viale di Trastevere, Trastevere/Mastai). Propriété du réalisateur Nanni Moretti, ce petit cinéma d'art et d'essai aux traditionnels fauteuils en velours rouge projette des films indépendants du monde entier, le plus souvent en VO avec sous-titres en italien.

SHOPPING

La Via della Lungaretta, antique voie romaine, perdure comme axe principal du quartier, jalonné de boutiques et de petits commerces familiaux. Autrement, le lacis de ruelles du Trastevere réserve, au prix de perdre souvent son chemin, de belles découvertes : ateliers artisanaux, épiceries fines, boulangeries-pâtisseries centenaires, magasins tendance et marchés en plein air.

Est du Viale di Trastevere

♥ BISCOTTIFICIO INNOCENTI ALIMENTATION

Plan p. 356 (☎06 580 39 26 ; facebook.com/biscottificioInnocenti ; Via della Luce 21 ; ⏲8h-19h30 lun-sam, 9h30-14h dim ; Viale di Trastevere, Belli). Biscuits maison, meringues, tartelettes aux fruits : il n'est pas meilleure adresse à Rome que ce vénérable *biscottificio,* avec son intérieur carrelé, sa moustiquaire à l'entrée et ses balances à l'ancienne sur le comptoir pour peser les biscuits (17-25 €/kg). La boutique est tenue avec amour et enthousiasme depuis plusieurs décennies par Stefania.

MERCATO DI PORTA PORTESE MARCHÉ

Plan p. 356 (Piazza Porta Portese ; 7h-14h dim ; Viale di Trastevere, Trastevere/Min Istruzione). Les chineurs ne manqueront pas cet immense marché aux puces joyeusement animé où l'on vend de tout, des livres rares aux vélos tombés du camion en passant par les châles péruviens et les lecteurs MP3. Préparez-vous à marchander et garder un œil sur vos affaires.

Ouest du Viale di Trastevere

ANTICA CACIARA TRASTEVERINA ALIMENTATION

Plan p. 356 (06 581 28 15 ; facebook.com/anticacaciaratrasteverina ; Via di San Francesco a Ripa 140 ; 7h30-20h lun-sam ; Viale di Trastevere, Trastevere/Mastai). La ricotta fraîche est l'un des trésors de ce traiteur centenaire, dont le stock est épuisé en général vers midi. Si vous arrivez trop tard, consolez-vous avec la délicieuse ricotta *infornata* (cuite au four), les meules du célèbre *pecorino romano* à croûte noire et les guirlandes de *guanciale* (joue de porc) indispensable à une parfaite carbonara. Service fort gracieux et prêt à expliquer.

LES VIGNERONS VIN

Plan p. 356 (06 6477 1439 ; lesvignerons.it ; Via Goffredo Mameli 61/62 ; 16h-21h lun, 11h-21h mar-jeu, 11h-21h30 ven-sam ; Viale di Trastevere, Trastevere/Min P Istruzione). Si vous cherchez des crus intéressants, faites un tour dans cette jolie boutique. Elle présente un excellent choix de crus issus de petites exploitations italiennes et françaises, ainsi qu'une belle sélection de spiritueux et de bières artisanales. Personnel pointu.

ALMOST CORNER BOOKSHOP LIBRAIRIE

Plan p. 356 (06 583 69 42 ; facebook.com/almostcornerbookshop ; Via del Moro 45 ; 10h-18h ; Piazza Trilussa). Littérature, ouvrages non romanesques, livres pour enfants et guides de voyage (en anglais).

ACID DROP MODE ET ACCESSOIRES

Plan p. 356 (06 8595 8799 ; acidrop.com ; Via di Parione 19 ; 11h-20h mar-dim ; Piazza Trilussa). Dans leur boutique décalée, Ileana Ottini et sa fille Eleonora démontrent que la créativité peut être héréditaire. Parmi leurs modèles originaux figurent des T-shirts sérigraphiés, des accessoires steampunk, des sacs peints à la main et des bijoux inspirés du *Petit Prince*, de Frida Kahlo ou des phases de la lune. Le tout fabriqué par elles de A à Z.

ARTIGIANINO TRASTEVERE MODE ET ACCESSOIRES

Plan p. 356 (06 8917 1689 ; www.artigianino.com ; Vicolo del Cinque 49 ; 11h-13h et 16h-21h lun-ven, 11h-23h sam, 15h30-21h dim ; Piazza Trilussa). L'adresse des initiés pour acheter des articles en cuir extra-souple à prix raisonnables : sacs fourre-tout de couleurs vives, portefeuilles et porte-documents classiques, ceintures, porte-clés et accessoires pour hommes.

De San Giovanni au Testaccio

SAN GIOVANNI ET CELIO | AVENTINO ET ENVIRONS | TESTACCIO | AVENTINO ET ENVIRONS

Notre sélection

❶ La splendeur, tant intérieure qu'extérieure, de la **basilique Saint-Jean-de-Latran** (p. 193), plus ancienne basilique de la chrétienté et officielle cathédrale de Rome.

❷ Les ruines impressionnantes des gigantesques **thermes de Caracalla** (p. 194).

❸ La vue magique sur Saint-Pierre et sa coupole à travers un trou de serrure, celui de la **Villa del Priorato di Malta** (p. 197).

❹ Une plongée dans les tréfonds de la **Basilica di San Clemente** (p. 196), après avoir admiré les mosaïques de son abside (XIIe siècle).

❺ Un repas au Testaccio, dans l'une de ses **trattorias traditionnelles** (p. 198), pour un moment on ne peut plus romain.

Pour un plan plus détaillé, reportez-vous p. 354 et p. 355.

Bons plans Lonely Planet

Passionnés d'opéra et de danse classique, vous consulterez le site operaroma.it pour les spectacles organisés en été dans les **thermes de Caracalla** (p. 194). Si vous êtes amateur d'art contemporain dans un environnement urbain sans fioritures, découvrez les expositions et installations du **Mattatoio** (p. 201), une galerie aménagée dans les anciens abattoirs de Rome.

Le top des restaurants

- Flavio al Velavevodetto (p. 200)
- Sbanco (p. 198)
- Aroma (p. 199)
- Trapizzino (p. 199)
- Marco Martini Restaurant (p. 199)

Voir détails p. 198.

Le top des bars et cafés

- Wine Concept (p. 203)
- Blind Pig (p. 203)
- Barnaba (p. 201)
- Rec 23 (p. 203)
- L'Oasi della Birra (p. 203)

Voir détails p. 202.

Le top des joyaux méconnus

- Villa del Priorato di Malta (p. 197)
- Cimitero Acattolico per gli Stranieri (p. 198)
- Chiesa di Santo Stefano Rotondo (p. 196)
- Basilica dei Santi Quattro Coronati (p. 195)

Voir détails p. 195.

Découvrir le quartier de San Giovanni au Testaccio

La zone qui s'étend du quartier de San Giovanni à celui du Testaccio se déploie au sud du centre-ville. Pour la découvrir, on peut opérer en couvrant deux secteurs : San Giovanni et le Celio vers l'est, l'Aventin et le Testaccio vers l'ouest, du côté du Tibre. Une journée dans chacun suffit pour en effleurer les principaux sites.

Commencez par la grandiose basilique Saint-Jean-de-Latran (p. 193), au cœur du quartier résidentiel de San Giovanni. Descendez ensuite la Via di San Giovanni in Laterano vers le Colisée. En chemin, les strates historiques conservées à la basilique Saint-Clément (p. 196) vous feront remonter le temps jusqu'à l'époque de César. De là, vous pourrez grimper sur le Celio, la colline verdoyante, au sud du Colisée, où se niche le joli parc de la Villa Celimontana (p. 196), parfait pour échapper à la foule. Plus au sud, les gigantesques thermes de Caracalla (p. 194) nous restituent le quotidien romain dans toute sa splendeur à l'époque impériale.

À l'ouest, sur la rive gauche du Tibre, le quartier du Testaccio reste un bastion de la cuisine latine avec ses trattorias immuables. L'Aventin, qui le surplombe, abrite de superbes églises médiévales.

Vivre comme un Romain

- **Romantisme** Le Parco Savello (p. 197), sur l'Aventin, est un rendez-vous classique des amoureux à l'heure du coucher du soleil.
- **Abats** Le Testaccio est aux sources de la triperie romaine. Tout le monde n'aime certes pas, mais les amateurs avisés trouvent leur bonheur dans des trattorias comme Da Felice (p. 202).
- **Marché** Le marché du Testaccio (p. 200) est l'une des pierres angulaires de la vie du quartier et l'on se presse vers ses stands de rue au déjeuner.

Depuis/vers le quartier de San Giovanni au Testaccio

- **Bus** Parmi les lignes pratiques, citons les n^os^85 et 87, qui s'arrêtent à San Giovanni, et la n°714, qui dessert San Giovanni et les thermes de Caracalla.
- **Métro** San Giovanni est accessible par les lignes A et C. Pour le Testaccio, prenez la ligne B jusqu'à Piramide. De là, on peut grimper à pied sur l'Aventin, également accessible depuis la station Circo Massimo (ligne B).
- **Tramway** De San Giovanni, la ligne 3 passe derrière le Colisée, puis bifurque vers l'ouest le long du Viale Aventino en direction du Testaccio pour rejoindre ensuite le Trastevere.

LES INCONTOURNABLES
BASILIQUE SAINT-JEAN-DE-LATRAN

Édifiée au IVe siècle, la monumentale Basilica di San Giovanni in Laterano est la plus ancienne des quatre basiliques majeures de Rome. *Omnium urbis et orbis ecclesiarum mater et caput* ("mère et tête de toutes les églises de la ville et du monde"), elle reste officiellement la cathédrale de la Ville éternelle et le siège de l'évêque de Rome, à savoir le pape.

Voulue par l'empereur Constantin après l'édit de tolérance religieuse (édit de Milan, 313) et consacrée par le pape Sylvestre Ier en 324, la première basilique construite à Rome demeura la principale église pontificale jusqu'en 1309, date du transfert de la papauté en Avignon. Le palais du Latran voisin était alors la résidence officielle du pape. Au retour du pontife en Italie, en 1377, Grégoire XI et la cour pontificale s'installèrent au Vatican. Du sanctuaire initial, peu d'éléments ont survécu, et nombreuses furent les restaurations. Sous son apparence actuelle, Saint-Jean-de-Latran est le fruit du grand remaniement opéré vers la moitié du XVIIe siècle par l'une des trois grandes figures de l'architecture baroque, Francesco Borromini.

NOTRE CONSEIL

- Ne restez pas le nez en l'air... Le pavement en marbres polychromes est une œuvre d'art à part entière.

INFOS PRATIQUES

- Plan p. 355, D2
- ☎ 06 6988 6493
- Piazza di San Giovanni in Laterano 4
- Entrée libre ; cloître 5 € avec Museo del Tesoro
- 7h-18h30, cloître 9h-18h
- M San Giovanni

La façade

Surmontée de 15 statues de 7 m de haut – le Christ, saint Jean-Baptiste, saint Jean l'Évangéliste et les 12 apôtres –, la façade d'Alessandro Galilei, de style baroque tardif, fut ajoutée en 1735. Derrière les colonnes colossales, le portique donne accès à la basilique par cinq portes. Depuis 1656, les **vantaux en bronze** équipant celle du centre sont ceux de la Curie du Forum romain. La dernière entrée à droite n'ouvre que les années de jubilé : c'est la **porte Sainte**.

L'intérieur

Tout habillé de marbre, le haut vaisseau à cinq nefs dessiné par Borromini pour le jubilé de 1650 laisse pantois. Coiffée d'un **plafond doré** et pavée de **marbres polychromes** (XVe siècle) de style cosmatesque, la large **nef centrale** est rythmée par douze niches magistrales abritant les imposantes (4,60 m de haut) statues des apôtres sculptées au XVIIIe siècle par des disciples du Bernin. Sous la croisée du transept, l'autel du pape est surmonté d'un fin **baldaquin** gothique (XIVe siècle) qui protège les reliques des crânes de saint Pierre et de saint Paul. Au pied de l'autel, un escalier à double volée donne accès à la **confessio** où repose le pape Martin V dans son tombeau Renaissance, à côté d'un saint Jean-Baptiste sculpté en bois. Derrière l'autel, l'imposante **abside** aux mosaïques étincelantes a conservé une petite partie de celles créées dès l'origine au IVe siècle. Mais la plus grande partie date du remaniement du XIXe siècle. À droite, une modeste boutique de cadeaux mène au **Museo del Tesoro** et à sa petite collection d'art sacré et de vêtements sacerdotaux. À l'autre extrémité de la basilique, vous découvrirez une **fresque** inachevée de Giotto sur le premier pilier de l'aile droite.

Le cloître

À gauche de l'autel, le cloître du XIIIe siècle est un lieu charmant et paisible, aux galeries délimitées par un double rang de gracieuses colonnes en partie torsadées et jadis incrustées de mosaïques de marbre. Le long des murs des galeries, ont été accrochés divers morceaux de marbre provenant de l'église primitive, dont des vestiges d'un trône papal du Ve siècle et des inscriptions de deux bulles pontificales.

LES INCONTOURNABLES

THERMES DE CARACALLA

La taille et la hauteur des vestiges de cet ensemble thermal donnent une idée du caractère monumental de la ville antique. Couvrant 11 ha, les *thermae* inaugurés par l'empereur Caracalla en 216 comprenaient des bains, des gymnases, des bibliothèques, des échoppes et des jardins. Jusqu'à 8 000 Romains y venaient chaque jour, pendant que des centaines d'esclaves trimaient dans le réseau souterrain long de 9,5 km.

Les thermes fonctionnèrent jusqu'en 537, année du siège de Rome par les Goths qui coupèrent les aqueducs en sorte de faire plier la ville. Au fil des siècles qui suivirent, les thermes de Caracalla devinrent une gigantesque carrière où l'on extrayait divers matériaux pour les réemployer ailleurs. Des fouilles furent menées dès le XVIe siècle à la demande du cardinal Farnèse, et nombre de sculptures antiques furent mises au jour – constituant en grande partie la collection de la famille Farnèse (aujourd'hui visible au Musée archéologique national de Naples). Découvert au début du XXe siècle en même temps qu'un réseau de galeries souterraines, le **mithraeum**, sanctuaire voué au culte du dieu perse Mithra, ne se visite pas.

Les ruines correspondent pour la plupart au bâtiment central des bains : un gigantesque édifice rectangulaire, flanqué de deux **palestres** (gymnases) et centré sur le **frigidarium** (salle froide), où les baigneurs s'arrêtaient après une halte dans le **tepidarium** (salle tiède) et avant de rejoindre la **caldaria** (salle chaude), coiffée d'une coupole. Les vestiges visibles du côté opposé sont ceux de l'une des deux **bibliothèques** qui s'élevaient à chaque extrémité du mur sud-ouest, de part et d'autre d'un vaste **hémicycle** en gradins derrière lequel se trouvaient les réservoirs d'eau.

NOS CONSEILS

- Le parcours Caracalla IV Dimensione (7 €) permet de découvrir, à l'aide de lunettes de réalité virtuelle, les thermes tels qu'ils étaient au IIIe siècle.
- En été, des concerts et des ballets sont programmés ici par le Teatro dell'Opera di Roma (p. 174).

INFOS PRATIQUES

- Plan p. 355, A4
- ☎ 06 399 67 700
- coopculture.it
- Viale delle Terme di Caracalla 52
- Tarif plein/18-25 ans 8/2 €
- 🕘 9h-19h mar-dim, horaires réduits en hiver.
- 🚌 Viale delle Terme di Caracalla

À VOIR

Outre la basilique Saint-Jean-de-Latran, cette partie de Rome réunit quelques-unes des plus belles églises de la capitale, telle la Basilica di San Giovanni (qui a donné son nom au quartier homonyme) ou de plus austères sanctuaires médiévaux sur le Celio et l'Aventin. Sous terre, il est d'autres trésors, sans compter les imposants vestiges de ruines antiques et des parcs délicieux comme la Villa Celimontana ou le romantique Parco Savello, réputé pour ses orangers et sa vue plongeante sur la ville.

San Giovanni et le Celio

BASILIQUE SAINT-JEAN-DE-LATRAN — BASILIQUE

Voir p. 193.

THERMES DE CARACALLA — RUINES

Voir p. 194.

SANTUARIO DELLA SCALA SANTA ET SANCTA SANCTORUM — CHAPELLE

Plan p. 355 (scala-santa.com ; Piazza di San Giovanni in Laterano 14 ; Scala gratuit, Sancta 3,50 € ; Scala 6h-13h30 et 15h-18h30, Sancta Sanctorum 9h30-12h40 et 15h-17h10 lun-sam ; M San Giovanni). La Scala Sancta, qui serait l'escalier que Jésus gravit dans le palais de Ponce Pilate à Jérusalem, fut rapportée par sainte Hélène à Rome au IVe siècle. Les pèlerins montent à genoux les 28 marches de marbre (protégées depuis 1723 d'un manteau de bois, récemment restauré) de cet escalier sacré, en récitant une prière à chaque degré gravi. Au sommet, derrière une grille de fer, le **Sancta Sanctorum** (Saint des Saints), richement décoré, était jadis la chapelle privée des papes.

Derrière le sanctuaire, une façade en brique ornée d'une mosaïque d'abside dorée attire le regard. Il s'agit du **Triclinium Leoninum**, une reconstruction du XVIIIe siècle d'un mur du palais du Latran d'origine.

PALAZZO LATERANO — ÉDIFICE HISTORIQUE

Plan p. 355 (Piazza di San Giovanni à Laterano ; M San Giovanni). Jouxtant la basilique Saint-Jean-de-Latran (p. 193), le palais du Latran fut la résidence officielle des papes jusqu'à leur installation au Vatican en 1377. Propriété du Vatican, il abrite désormais les bureaux du diocèse de Rome. L'édifice a beaucoup souffert au fil des siècles et doit son apparence actuelle à une rénovation menée au XVIe siècle par Domenico Fontana. Il n'est pas ouvert au public.

OBÉLISQUE — MONUMENT

Plan p. 355 (Piazza di San Giovanni in Laterano). Dressé sur la place du Latran, cet obélisque de granit rose approche les 46 m de haut. Initialement érigé devant le temple d'Amon à Thèbes au XVe siècle av. J.-C., c'est le plus ancien de ceux rapportés à Rome et le plus haut. Fils de Constantin, Constance II le fit expédier d'Égypte et dresser au Circus Maximus. C'est en 1588 que le géant égyptien a pris place face à la basilique chrétienne.

BASILICA DEI SANTI QUATTRO CORONATI — BASILIQUE

Plan p. 355 (06 70 47 54 27 ; monacheagostinianesantiquattrocoronati.it ; Via dei Santissimi Quattro Coronati 20 ; cloître 2 €, Oratorio di San Silvestro 1 € ; basilique, cloître et oratoire 10h-11h45 et 16h-17h45 lun-sam ; Via di San Giovanni in Laterano). La basilique des Quatre-Saints-Couronnés rappelle le martyre des quatre sculpteurs chrétiens (Sévère, Severianus, Carpophore et Victorien) condamnés par Dioclétien pour avoir refusé de sculpter un dieu païen. Elle appartient à un complexe monastique fortifié qui, une fois l'austère porte franchie, offre un rare exemple d'architecture monastique médiévale à Rome. Il est occupé depuis le XVIe siècle par des sœurs augustines.

La basilique même date du VIe siècle, mais revêtit son aspect actuel au XIIe siècle, après le sac de Rome par les Normands en 1084. Le ravissant cloître dissimulé dans l'aile gauche fut ajouté au XIIIe siècle, époque à laquelle le cardinal Stefano Conti fit édifier un somptueux palais fortifié – celui-ci devait assurer la protection du pape qui résidait alors au Latran – et dont témoigne entre autres la **Torre Maggiore**, rare exemple d'architecture gothique à Rome. Elle accueille au rez-de-chaussée l'**Oratorio di San Silvestro** (pour y accéder, sonnez dans la deuxième cour), qui abrite un somptueux cycle de fresques où se lit l'influence byzantine : elles décrivent l'histoire du pape Sylvestre Ier (314-335) et la fameuse donation de Constantin (p. 267) – le plus fameux faux de l'histoire médiévale, utilisé à la fin du premier millénaire par les papes pour asseoir leur autorité sur l'Empire romain d'Occident. Au premier

LE CULTE DE MITHRA

Le mithraïsme était un culte extrêmement populaire dans le cercle militaire de la Rome antique. Selon la mythologie, Mithra, un jeune et beau dieu, se vit ordonner par le Soleil de sacrifier un taureau sauvage. En mourant, ce dernier donna la vie, son sang fertilisant le blé et d'autres plantes. Les temples dédiés à Mithra, appelés *mithraea*, étaient presque toujours installés sous terre ou dans des grottes, qui symbolisaient le cosmos. Dans les *mithraea*, les dévots suivaient des rites d'initiation complexes, puis consommaient du pain et de l'eau, représentations du corps et du sang du taureau. Les premiers chrétiens s'opposèrent fermement à ce culte.

étage de la tour, l'**Aula Gotica** (salle gothique) faisait office de salle de réception du cardinal. On y a découvert en 1996 des fresques remarquablement conservées, visibles uniquement deux fois par mois sur réservation (10 €).

♥ BASILICA DI SAN CLEMENTE BASILIQUE

Plan p. 355 (☎06 774 00 21 ; basilicasanclemente.com ; Piazza di San Clemente ; basilique gratuite, fouilles tarif plein/réduit 10/5 € ; 🕑7h-8h30 et 10h-12h30 lun-sam, 8h-17h30 dim ; 🚌Via Labicana). Aucun autre site n'illustre aussi bien que la basilique Saint-Clément les différentes périodes de l'histoire romaine : une basilique construite au XIIe siècle sur une église du IVe siècle, qui se dresse sur un temple païen du IIe siècle et une maison romaine du Ier siècle. Le tout repose sur des fondations qui dateraient de la République romaine.

Le rez-de-chaussée de la *basilica superiore* conserve une abside couverte d'une splendide mosaïque à fond d'or du XIIe siècle, le *Trionfo della Croce* (*Triomphe de la Croix*), et les fresques de Masolino (XVe siècle) dans la **Cappella di Santa Caterina** décrivent une crucifixion et des épisodes de la vie de la sainte.

Des marches descendent à la *basilica inferiore* du IVe siècle, presque intégralement détruite lors de l'invasion normande de 1084 ; quelques fresques fanées du XIe siècle y retracent la vie de saint Clément, évêque du Ier siècle devenu le quatrième pape en 88. On découvre la tombe de saint Cyrille, évangélisateur de l'Europe de l'Est au IXe siècle et inventeur, avec son frère Méthode, de l'alphabet cyrillique. Au niveau inférieur, une allée antique conduit à une maison romaine du Ier siècle et à un temple de Mithra (*mithraeum*) du IIe siècle, dont l'autel représente le dieu sacrifiant un taureau. Sous vos pieds, vous entendrez le bruit d'une rivière souterraine, qui coule dans une canalisation de l'époque de la République romaine.

CHIESA DI SANTO STEFANO ROTONDO ÉGLISE

Plan p. 355 (06.42.119.9 cgu.it/it/santo-stefano-rotondo ; Via di Santo Stefano Rotondo 7 ; 🕑10h-13h et 14h-17h mar-dim ; 🚌Via Claudia). Entourée de son paisible jardin privé et dotée d'une façade à portique, cette église, aussi connue sous le nom de Santo Stefano al Monte Celio, a conservé en grande partie son plan circulaire de la fin du IVe siècle inspiré de celui du Saint-Sépulcre de Jérusalem. Des trois nefs concentriques d'origine séparées par des colonnes, seules les deux premières furent conservées après les travaux de restauration menés au XVe siècle. Les murs sont décorées de 34 fresques du XVIe siècle qui décrivent les multiples tortures infligées aux premiers chrétiens – “tableau d'horreur et de boucherie qu'aucun homme ne pourrait imaginer dans son sommeil, eût-il avalé un porc entier, cru, au souper”, écrivit à leur sujet Dickens en 1846.

VILLA CELIMONTANA PARC

Plan p. 355 (Via della Navicella 12 ; 🕑7h-crépuscule ; 🚌Via della Navicella). Avec ses pelouses et ses parterres de fleurs, ce parc clos est un endroit idéal pour oublier la foule et pique-niquer. Au centre, une villa du XVIe siècle abrite aujourd'hui la Société italienne de géographie avec, au sud, un obélisque égyptien de plus de 12 m de haut.

BASILICA DEI SANTI GIOVANNI E PAOLO AL CELIO BASILIQUE

Plan p. 355 (☎06 700 57 45 ; basilicassgiovanniepaolo.it Piazza dei Santi Giovanni e Paolo ; 🕑8h-12h et 15h-17h30 mar-dim ; 🚌Via Claudia). Les Romains rêvent d'être unis dans cette belle église médiévale. Bâtie au IVe siècle sur l'emplacement des *case romane* (ci-après) dont les vestiges sont visibles au sous-sol, elle a été amplement remaniée depuis.

CASE ROMANE DEL CELIO SITE CHRÉTIEN

Plan p. 355 (☎06 06 06 06 ; Clivo di Scauro ; tarif plein/réduit 8/6 € ; 10h-18h jeu-lun, 10h-14h mar-mer ; Via Claudia). La légende veut que les martyrs Giovanni et Paolo (à ne pas confondre avec les apôtres du même nom) aient vécu dans ces maisons souterraines, avant d'être décapités par l'empereur Julien l'Apostat. Cet ancien complexe résidentiel, qui compte plus de 20 pièces décorées de fresques et disposées sur plusieurs niveaux, a incontestablement caché les assemblées des premiers chrétiens. Au moment de nos recherches, le site était fermé temporairement en raison de la crise sanitaie.

CHIESA DI SAN GREGORIO AL CELIO ÉGLISE

Plan p. 355 (☎église 06 700 09 87, oratoire 06 700 8227 ; monasterosangregorio.it ; Piazza di San Gregorio 1 ; 9h-12h et 16h-18h ; Ⓜ Colosseo, Circo Massimo). Sonnez pour accéder à ce sanctuaire édifié sur le site où, en 596, le pape Grégoire le Grand aurait chargé saint Augustin de partir convertir les Britanniques. C'était le lieu de résidence de la famille du pape qui avait été converti en monastère en 575. Rebâtie au XVIIe siècle, l'église a fait un siècle plus tard l'objet d'un remaniement baroque.

À l'intérieur, la **Cappella Salviati** (XVIe siècle) de Carlo Maderno conserve une fresque ancienne représentant une *Vierge à l'Enfant* qui, selon la tradition, aurait parlé à saint Grégoire.

Aventino et environs

BASILICA DI SANTA SABINA BASILIQUE

Plan p. 354 (☎06 57 94 01 ; Piazza Pietro d'Illiria 1 ; 8h15-12h30 et 15h30-18h ; Lungotevere Aventino). Empreinte de spiritualité, la basilique Sainte-Sabine fut fondée par Pierre d'Illyrie vers 422. C'est l'une des plus belles églises médiévales de Rome. Elle fut agrandie au IXe siècle, puis à nouveau en 1216, juste avant de devenir l'église conventuelle des Dominicains, ordre nouvellement créé dont le maître général Muño de Zamora (1237-1300) repose sous une pierre tombale de la nef – il fut à l'origine de la règle des laïcs dominicains, jusque-là indépendants de l'ordre prêcheur.

Domenico Fontana a profondément remanié l'édifice religieux en 1587. Mais une profonde restauration au XXe siècle a permis de retirer les ajouts postérieurs et de rétablir la basilique mineure dans son esprit paléochrétien. Parmi les rares éléments subsistant du IVe siècle figurent les portes en bois de cyprès. Elles comportent 18 panneaux sculptés illustrant des événements bibliques, dont une des plus anciennes scènes de la Crucifixion (en haut à gauche) où Jésus figure entre les deux larrons, mais bizarrement sans croix pour les trois.

À l'intérieur, 24 colonnes supportent une arcade décorée d'une frise aux tons rouges et verts délavés. La lumière pénètre par de hautes fenêtres ajourées qui furent ajoutées au IXe siècle, de même que le chœur sculpté, le pupitre et le trône de l'évêque.

Derrière l'église se tiennent un jardin et un cloître paisible du XIIIe siècle.

PARCO SAVELLO PARC

Plan p. 354 (Via di Santa Sabina ; 7h-21h été, 7h-18h hiver ; Via del Circo Massimo). Plus connu des Romains sous le nom de *Giardino degli Aranci* (jardin des Orangers), ce petit parc au pied de l'église Sainte-Sabine (ci-dessus) est un havre romantique. Descendez l'allée centrale, bordée de hauts pins parasols et de pelouses plantées d'orangers, pour profiter d'un coucher de soleil divin, ainsi que de la vue sur le dôme de Saint-Pierre et les toits de la ville.

VILLA DEL PRIORATO DI MALTA ÉDIFICE HISTORIQUE

Plan p. 354 (Villa Magistrale ; Piazza dei Cavalieri di Malta ; Lungotevere Aventino). Surplombant une place ombragée de cyprès dessinée par le célèbre graveur Piranèse (c'est l'une des seules œuvres architecturales), le siège romain de l'Ordre souverain de Malte (*Cavalieri di Malta*) bénéficie d'un des points de vue les plus célèbres de Rome : regardez par le trou de la serrure du portail de la villa, et vous verrez apparaître le dôme de la basilique Saint-Pierre.

ROSETO COMUNALE JARDINS

Plan p. 354 (roseraie municipale ; ☎06 574 68 10 ; Via di Valle Murcia 6 ; 8h30-19h30 mi-avr à mi-juin ; Ⓜ Circo Massimo). GRATUIT Sur ces pentes fleuries de l'Aventin, une équipe d'experts en horticulture est aux petits soins pour plus de 1 100 types de rosiers rares en vue de leur floraison printanière. L'antique Circus Maximus (p. 71), en toile de fond, en fait un ravissant lieu de promenade.

Testaccio

CIMITERO ACATTOLICO PER GLI STRANIERI — CIMETIÈRE

Plan p. 354 (06 5741 9000 ; cemeteryrome.it ; Via Caio Cestio 6 ; don 5 € ; 9h-17h lun-sam, 9h-13h dim ; M Piramide). Ce cimetière "non catholique pour les étrangers" est une verdoyante oasis de calme. Une ambiance romantique de Grand Tour flotte entre ces quelque 4 000 tombes. Les poètes Keats et Shelley y sont enterrés, tout comme le penseur politique italien Antonio Gramsci (1891-1937). Repérez l'*Angelo del Dolore* (*Ange de la Douleur*), une sculpture de 1894 souvent copiée, que l'artiste américain William Wetmore Story créa pour la sépulture de son épouse.

PIRAMIDE DI CAIO CESTIO — TOMBEAU

Plan p. 354 (06 3996 7709 ; coopculture.it ; visite 5,50 €, réservation requise ; visite guidée 11h 2e, 3e et 4e sam et dim du mois, fermé août ; M Piramide). Cette pyramide d'allure égyptienne domine un carrefour animé. Inspiré par la mode égyptienne qui prévalait à Rome après la conquête du royaume de Cléopâtre, ce haut tombeau (36 m) de maçonnerie revêtue de plaques de marbre fut construit pour Caius Cestius, magistrat préteur du Ier siècle av. J.-C. Deux siècles plus tard, il fut incorporé dans la muraille construite sous l'empereur Aurélien près de la Porta San Paolo. Le quartier alentour a adopté le nom de Piramide, tout comme la station de métro et le grand carrefour.

À l'intérieur de la pyramide romaine, une chambre funéraire qui a conservé des fragments de fresques fait l'objet de visites guidées (1 heure, en italien).

OÙ SE RESTAURER

Le Testaccio est l'un des temples gourmands de Rome. Ses trattorias délicieusement désuètes perpétuent les recettes romaines traditionnelles. Spécialités à emporter et étals de marché drainent aussi une foule de bons vivants, travaillant alentour comme venus d'ailleurs. Sinon, on trouvera quelques excellents restaurants au sud-est du Colisée, et plusieurs nouvelles adresses intéressantes à San Giovanni.

San Giovanni et Celio

SBANCO — PIZZERIA €

Plan p. 366 (06 78 93 18 ; sbanco.eatbu.com ; Via Siria 1 ; pizzas 6,50-13 € ; 19h-23h mar-dim ; Piazza Zama). À l'abri d'un entrepôt informel où règne une joyeuse ambiance, le Sbanco est l'une des meilleures pizzerias modernes de Rome. Depuis son ouverture en 2016, elle s'est fait un nom avec ses somptueuses fritures en entrée et ses pizzas originales cuites au feu de bois, dont la *cacio e pepe* (pecorino et poivre noir). Délicieuses bières artisanales.

CAFÉ CAFÉ — BISTROT €

Plan p. 355 (06 7045 1303 ; cafecafebistrot.it ; Via dei Santi Quattro 44 ; menu 14 € ; 9h-17h ; Via di San Giovanni in Laterano). Chaleureux et accueillant, ce café-bistrot est à mille lieues des sempiternels restaurants sans cachet du quartier du Colisée. Avec ses petites tables de bois, ses murs mouchetés d'orangé et ses bouteilles de vin au mur, voici un endroit charmant pour savourer une crêpe au petit-déjeuner, une salade au déjeuner comme un thé accompagné d'un gâteau. Si vous prévoyez de pique-niquer, on vous préparera un sandwich (5 € avec une bouteille d'eau).

LI RIONI — PIZZERIA €

Plan p. 355 (06 7045 0605 ; lirioni.it ; Via dei Santi Quattro 24 ; repas complet à partir de 15 € ; 19h-minuit mer-lun ; Via di San Giovanni in Laterano). La meilleure pizzeria du secteur du Colisée ne désemplit pas. Dans un décor de rue, balcons et lampadaires à l'appui, habitants et touristes s'attablent au coude à coude pour savourer de croustillantes fritures en entrée et de croquantes pizzas à pâte fine dorée au feu de bois.

CHARLOTTE PASTICCERIA — DESSERTS €

Plan p. 366 (06 2539 9727 ; charlotteroma.it ; Via Vercelli 12-14 ; pâtisseries à partir de 2,50 €, desserts 5 € ; 10h-13h30 et 14h30-19h30 mer-dim ; M Re di Roma). Dans cette pâtisserie d'inspiration française, qui doit son nom au très cher épagneul de la propriétaire, on cuit, caramélise et empile les délices comestibles. Le gâteau au chocolat

Valrhona, avec base de biscuit et garniture à la fraise, la mousse à la vanille avec un cœur de cerise trempé dans du chocolat blanc, et le cheesecake au *robiola* coiffé d'une cascade de baies rappellent qu'il faut toujours garder une petite place pour le dessert.

BARRED GASTRONOMIQUE €€

Plan p. 366 (06 9727 3382 ; barred.it ; Via Cesena 30 ; plats 15-60 € ; 19h30-22h30 mar-sam, 12h30-14h30 dim ; ; Re di Roma). Tenu par Tiziano et Mirko Palucci, deux frères officiant en tant que sommelier et chef, ce lieu impressionne par son ambiance détendue et sa cuisine inventive. Carte de tapas et entrées audacieuses (brioche au citron avec sardines marinées et glace aux câpres), plus une carte des cocktails à base de gin et une foule de bières artisanales et de vins italiens.

IL BOCCONCINO ROMAIN €€

Plan p. 355 (06 7707 9175 ; ilbocconcino.com ; Via Ostilia 23 ; plats 20-30 € ; 12h30-15h30 et 19h30-23h30 jeu-mar ; Via Labicana). L'une des meilleures options dans le secteur touristique proche du Colisée, cette trattoria décontractée se distingue par sa cuisine régionale authentique. Les plats du jour sont annoncés sur les tableaux noirs, et la carte affiche des pâtes classiques, des viandes grillées et des desserts créatifs.

DIVIN OSTILIA BAR À VINS, ITALIEN €€

Plan p. 355 (06 7049 6526 ; Via Ostilia 4 ; repas complet 30-35 € ; 12h-23h30 mar-dim, bar à vins 12h-1h ; Via Labicana). Non loin du Colisée, ce bar à vins couru est un modèle du genre : étagères couvertes de bouteilles, petites tables de bois sous un haut plafond en brique, intérieur douillet. À l'heure des repas, les clients s'y pressent pour se régaler de fromages et de viandes fumées, de pâtes et de steaks grillés.

AROMA GASTRONOMIQUE €€€

Plan p. 355 (06 9761 5109 ; aromarestaurant.it ; Via Labicana 125 ; menus dégustation 110-290 € ; 19h-23h lun-mer, 12h30-15h et 19h-23h jeu-dim ; Via Labicana). Idéale pour un dîner romantique, cette table élégante sur le toit du Palazzo Manfredi plaît autant par sa vue fabuleuse sur le Colisée que par sa carte étoilée. Le chef Giuseppe Di Iorio règne aux fourneaux, et ses menus de saison reflètent sa passion pour une cuisine méditerranéenne riche et innovante.

Aventino et environs

TORCÈ GLACIER €

Plan p. 354 (06 574 68 76 ; Viale Aventino 59 ; glaces 2,70-6 € ; 12h-20h ; Viale Aventino). Voici le bastion local du roi romain de la glace, Claudio Torcè. Ses créations crémeuses sont à base de produits de saison, saines – le fructose y remplace le sucre blanc – et souvent complètement givrées. Qui veut une glace à la mortadelle ou au gorgonzola ?!

MARCO MARTINI RESTAURANT GASTRONOMIQUE €€€

Plan p. 354 (06 4559 7350 ; marcomartinichef.com ; Viale Aventino 121 ; plats 29-30 €, menus dégustation à partir de 100 €, 160 $ avec vins inclus ; 12h-15h et 19h-0h30 lun-ven, 19h-0h30 sam ; ; Viale Aventino, Viale Aventino). Un luxuriant pavillon arboré au sein de la Corner Townhouse constitue le cadre délicieux de ce restaurant à la fois raffiné et décontracté. L'homme qui signe la carte, l'un des plus jeunes chefs étoilés de Rome, crée des plats inventifs s'appuyant souvent sur les traditions culinaires italiennes. Commandez à la carte ou optez pour l'un des nombreux menus dégustation, dont un pour les végétariens.

Testaccio

ROMEO CHEF & BAKER ITALIEN €

Plan p. 354 (06 4522 9022 ; romeo.roma.it ; Piazza dell'Emporio 28 ; plats 7-13 € ; 19h30-23h30 ; Via Marmorata). Le Romeo Chef & Baker est à la fois une épicerie fine, un bar à cocktails et un restaurant design, qui sert une cuisine italienne et internationale moderne.

TRAPIZZINO RESTAURATION RAPIDE €

Plan p. 354 (06 4341 9624 ; trapizzino.it ; Via Giovanni Branca 88 ; trapizzini à partir de 3,50 € ; 12h-minuit ; Via Marmorata). Premier établissement d'une chaîne désormais nationale, ce minuscule établissement est le berceau du *trapizzino*, sorte de sandwich composé d'un cône de pâte à pizza garni d'ingrédients comme les *polpette al sugo* (boulettes de viande en sauce tomate) ou le *pollo alla cacciatora* (ragoût de poulet). Pas évident à manger, mais succulent.

Vivre comme un Romain
Le Testaccio, un quartier à déguster

Berceau de la cuisine romaine traditionnelle et quartier aux racines ouvrières, le Testaccio dévoile une autre Rome, moins touristique. Bien sûr, le lieu est connu, mais il a conservé un accent de quartier prononcé. Son marché est une institution, ses trattorias, des rendez-vous appréciés des Romains. Si l'on y fait bombance, le Testaccio cache aussi des richesses moins terrestres, un musée d'Art contemporain et une colline herbeuse recouvrant des milliers d'amphores !

❶ Petit-déjeuner chez Barberini

Démarrez la journée par un *caffè* (ou un cappuccino) et un *cornetto* (croissant fourré à la confiture ou à la crème) au comptoir de la **Pasticceria Barberini** (☎06 5725 0431 ; pasticceriabarberini.it ; Via Marmorata 41 ; en-cas 2 € ; ⏱6h-21h ; 📶✍ ; Ⓜ Piramide).

❷ Un saut au marché

Le marché du quartier, le **Nuovo Mercato di Testaccio** (entrée par Via Beniamino Franklin, Via Volta, Via Manuzio et Via Ghiberti ; ⏱7h-14h30 lun-ven, 7h-15h30 sam ; 🚌Via Marmorata), vaut autant pour le spectacle que pour les emplettes. Toute la matinée, les marchands s'interpellent d'un étal à l'autre, tandis que les chalands fouillent les piles de produits et les étalages de chaussures, chapeaux et habits. À l'heure du déjeuner, travailleurs du coin comme visiteurs se pressent aux stands de restauration fort appréciés.

❸ Monte Testaccio

Plongez au cœur du **Monte Testaccio** (☎06 06 08 ; Via Nicolo Zabaglia 24, angle Via Galvani ; tarif plein/réduit 4/3 €, plus prix de la visite ; ⏱visites de groupe uniquement, réservation nécessaire ; 🚌Via Marmorata). Cette butte herbeuse de plus de 30 m de hauteur et 280 m de longueur est totalement artificielle : elle a été constituée durant l'Antiquité par l'empilement méthodique de brisures d'amphores à huile (*testae* en latin) qui provenait du port fluvial, alors voisin.

❹ Carbonara dans une trattoria

Les trattorias du Testaccio sont une tradition ancrée. C'est l'endroit rêvé pour apprécier ces petites tables simples et familiales. Au **Flavio al Velavevodetto** (☎06 574 41 94 ; ristorantevelavevodetto.it ; Via di Monte Testaccio 97-99 ; repas complet à partir de 30 € ; ⏱12h30-15h et 19h45-23h ; 🚌Via Galvani), qui ne craint guère la concurrence en matière de

Grappes de condiments vendues au Nuovo Mercato di Testaccio

cucina romana, essayez donc les *carciofi alla giudia* (artichauts à la juive, frits), suivis de sublimes *rigatoni alla carbonara* (pâtes agrémentées de morceaux de joue de porc fumé dans une sauce à l'œuf).

5 Art moderne au Mattatoio

L'après-midi, cap sur l'ancien abattoir (le principal de Rome jusqu'en 1975) devenu l'un des hauts lieux de l'art contemporain à Rome. Bel exemple de reconversion d'une architecture industrielle du XIXe siècle, le **Mattatoio** (06 3996 7500 ; mattatoioroma.it ; Piazza Orazio Giustiniani 4 ; tarif plein/réduit 6/5 € ; 11h-20h mar-dim ; Via Marmorata) accueille désormais expositions et spectacles.

6 Un verre de vin au Barnaba

Concluez la journée par un verre au **Barnaba** (06 2348 4415 ; barnabawinebarecucina.it ; Via della Piramide Cestia 45-47 ; repas complet à partir de 40 € ; 18h30-0h30 lun-ven, 12h30-0h30 sam-dim ; M Piramide), rendez-vous prisé du Testaccio nocturne. Ce bar à vins branché affiche une belle sélection de crus naturels et indépendants d'Italie, mais aussi des champagnes et une vingtaine de vins au verre.

MORDI E VAI CUISINE DE RUE €

Plan p. 354 (339 1343344 ; mordievai.it ; Box 15, Nuovo Mercato di Testaccio ; panini 4-5 € ; 8h-15h lun-sam ; Via Galvani). Au déjeuner, il faut jouer des coudes pour se frayer un chemin jusqu'au réputé stand de marché de Sergio Esposito. Sa cuisine de rue romaine traditionnelle fait merveille et l'on s'y arrache son emblématique *panino con l'allesso di scottona* (sandwich garni de bœuf tendrement mijoté).

PIZZERIA DA REMO PIZZERIA €

Plan p. 354 (06 574 62 70 ; Piazza Santa Maria Liberatrice 44 ; plats 15 € ; 19h-1h lun-sam ; Via Marmorata). Pour une expérience romaine authentique en diable, joignez-vous à une foule bruyante dans ce qui est l'une des pizzerias les plus populaires de la capitale. Le cadre est spartiate, mais les croustillantes pizzas à pâte fine, légèrement brunies et copieusement garnies, sont la norme ici, dans une ambiance aussi joyeuse que tapageuse. Préparez-vous à faire la queue après 20h30.

100% BIO VÉGÉTARIEN €

Plan p. 354 (06 574 77 78 ; centopercento.bio ; Piazza di Porta San Paolo 6a ; buffet au poids, panini 8,50 € ; 8h-21h lun-mer, 8h-23h jeu-ven-sam, 8h-16h dim ; ; M Piramide). Les plats végétariens occupent la scène dans ce bistrot douillet à quelques pas de la Piramide di Caio Cestio (p. 196). Tous les plats sont végans ou végétariens, avec pléthore de légumineuses, graines et légumes. Le buffet-déjeuner réunit plus de 30 plats faits maison : on fait son choix puis on paye au poids. Les ingrédients sont certifiés 100% bio, et le cappuccino peut se commander en version soja, riz ou lait d'amande. Copieux buffet *aperitivo* proposé en soirée. Également des plats à emporter.

FOODIE FRESH MARKET VÉGÉTARIEN €

Plan p. 354 (06 8953 7350 ; Piazza Testaccio 35 ; plats 4,50-6 € ; 8h-20h lun-sam ; ; Via Marmorata). Au cœur du bastion de la cuisine carnée de Rome, voici une oasis végétarienne : une accueillante boutique de fruits et légumes doublée d'un bar à salades et à jus. Outre les jus fraîchement pressés et les milk-shakes aux fruits, on y sert des quiches et des salades, à déguster sur place ou à emporter, ainsi qu'un choix de burgers et de wraps végétariens.

BOUCHE-À-OREILLE

LA PASSION DES ABATS

La marque de fabrique d'une authentique carte romaine est la présence des abats. La passion des Romains pour la restauration "du museau à la queue" est née dans le Testaccio, aux abords de l'abattoir municipal, et nombre de ses trattorias de quartier servent des spécialités traditionnelles à base d'abats. Que vous souhaitiez les goûter ou les éviter, soyez donc à l'affût de la *pajata* (intestins de veau), de la *trippa* (tripes), de la *coratella* (cœur, poumon et foie), des *animelle* (ris de veau), ou encore de la *coda alla vaccinara* (queue de bœuf), de la *testarella* (tête), de la *lingua* (langue) et des *zampe* (pieds de cochon).

DA FELICE ROMAIN €€

Plan p. 354 (06 574 68 00 ; feliceatestaccio.it ; Via Mastro Giorgio 29 ; repas complet à partir de 56 € ; 12h-16h et 19h-minuit ; Via Marmorata). Cette trattoria historique, fréquentée par habitants et touristes, est réputée pour son respect inconditionnel des traditions culinaires romaines. Contrastant avec la décoration moderne, la carte n'affiche que des classiques à l'ancienne tels les *tonnarelli a cacio e pepe* (épais spaghettis au fromage de brebis et poivre noir moulu). Réservation impérative.

LA VILLETTA ROMAIN €€

Plan p. 354 (06 575 05 97 ; lavillettadal1940.com ; Viale della Piramide Cestia 53 ; repas complet à partir de 30 € ; 12h30-15h et 19h30-minuit ; Piramide). Depuis 1940, cette douillette trattoria du Testaccio a largement conquis les habitants. Sa *cucina romana* (cuisine romaine) est superbe, tout comme ses généreuses planches de charcuterie et de fromage. Des saveurs très simples qui attirent nombre de célébrités italiennes, tel le légendaire footballeur romain Francesco Totti, venu dîner ici après son dernier match avec l'AS Roma.

LA TORRICELLA RESTAURANT €€

Plan p. 354 (06 574 63 11 ; la-torricella.com ; Via Torricelli 2-12 ; plats 24-30 € ; 12h30-15h et 19h-22h30 mar-dim ; Lungotevere Testaccio). Nappes amidonnées et carte parfaitement équilibrée font de La Torricella le parfait restaurant de quartier depuis des lustres. Les classiques romains sont tous là, tout comme les pizzas et les steaks. Mais ce qui attire les habitués ici, ce sont les saveurs marines comme les *moscardini* (poulpes) frits ou la brème aux pommes de terre rôties.

TAVERNA VOLPETTI ITALIEN €€

Plan p. 354 (349 718 6894 ; tavernavolpetti.it ; Via Volta 8 ; repas complet à partir de 45 € ; 12h-15h et 19h-22h mar-sam, 12h-15h dim ; Via Marmorata). Au coin de la rue par rapport au fameux traiteur Volpetti (p. 203), cette table sans façons affiche une carte cosmopolite de plats de pâtes romains et d'inventives recettes modernes. Toutefois, son point fort reste les plateaux de charcuterie fumée et de fromage, avec délicat jambon de Parme, fromages des Alpes et raffiné *jamón* espagnol.

CHECCHINO DAL 1887 ROMAIN €€€

Plan p. 354 (06 574 38 16 ; checchino-dal-1887.com ; Via di Monte Testaccio 30 ; plats 12-25 €, menus dégustation 40-65 € ; 12h30-15h et 19h30-23h mer-dim ; Via Galvani). Tout près de l'ancien abattoir municipal, ce restaurant à l'ancienne est un spécialiste du *quinto quarto* (le cinquième quartier, à savoir les entrailles de l'animal). Parmi les plats emblématiques, citons la *coda all vaccinara* (queue de bœuf) et les *rigatoni alla pajata* (pâtes aux intestins de veau et à la tomate).

OÙ PRENDRE UN VERRE ET FAIRE LA FÊTE

Clubs dynamiques, bars à vins suaves et cafés de vieux habitués offrent toute la gamme des réjouissances. Il existe deux bastions nocturnes principaux : le Testaccio, qui réunit divers bars et clubs visant les amateurs de cocktails, les fans de bière artisanale et les fêtards du week-end ; et le secteur autour de la Via di San Giovanni in Laterano, dont la scène plus calme s'articule autour de bars à vins et de quelques lieux gays prisés.

San Giovanni et Celio

WINE CONCEPT BAR À VINS

Plan p. 355 (06 7720 6673 ; wineconcept.it ; Via Capo d'Africa 21 ; 12h-minuit lun-ven, 18h-minuit sam ; Via Labicana). Les œnophiles curieux feront un saut dans cette *enoteca* (bar à vins). Des sommeliers experts réjouissent le palais d'une litanie de vins italiens et de crus européens. On peut boire au verre ou acheter la bouteille. Menu du jour.

BLIND PIG BAR À COCKTAILS

(06 8775 07 14 ; facebook.com/blindpigroma Via La Spezia 72 ; 18h30-2h ; Lodi). Les bars à cocktails ont beau faire fureur à Rome depuis un petit bout de temps, l'engouement demeure et de nouvelles adresses ne cessent d'ouvrir. Ce nouveau "cochon aveugle" (*blind pig*, disait-on au temps de la prohibition pour désigner un bar clandestin) a tout pour plaire : éclairage tamisé, cadre vert et noir et des breuvages concoctés avec professionnalisme. Et ne parlons pas de sa délicieuse *focaccia*...

ANTICAFÉ ROMA CAFÉ

Plan p. 366 (06 7049 4442 ; Via Veio 4B ; 9h-19h30 lun-ven, 10h-19h30 sam ; ; San Giovanni). Si vous avez du temps, ce café décontracté est fait pour vous. Ici, on ne facture pas les boissons, mais le temps passé sur place : 4 € la première heure, puis 3 € l'heure. On s'y attarde donc à loisir, pour profiter du Wi-Fi, jouer à des jeux de plateau, lire, discuter ou simplement boire. On peut y apporter sa bouteille, mais un bar sert en-cas et boissons (cafés et jus de fruits) gratuits.

Aventino et alentour

CASA MANFREDI CAFÉ

Plan p. 354 (06 9760 5892 ; casamanfredi.it Viale Aventino 91-93 ; 7h-21h lun-ven, 8h-21h sam, 8h-20h dim ; Viale Aventino, Viale Aventino). Un séduisant café-pâtisserie dans le quartier aisé de l'Aventin. On peut y prendre un café dans la salle, toute en verreries et lustres, déjeuner en extérieur ou s'offrir, à l'orée du soir, un *aperitivo* chic. Y sont également vendues de bonnes glaces artisanales.

Testaccio

REC 23 BAR

Plan p. 354 (06 8746 2147 ; rec23.com ; Piazza dell'Emporio 1/2 ; 17h-23h mar-ven, 12h-23h sam-dim ; Via Marmorata). Tout en brique apparente et mobilier dépareillé, ce vaste bar de style new-yorkais plaît à tous tant pour un apéritif (boisson et buffet 10 €) qu'un repas ou un brunch le week-end (18 €). Expérimentez avec le "Testaccio mule", l'un des cocktails originaux, ou faites plus simple avec un *prosecco* italien, un whisky écossais ou un rhum d'Amérique latine.

L'OASI DELLA BIRRA BAR

Plan p. 354 (06 574 61 22 ; Piazza Testaccio 39 ; 8h-13h30 et 16h30-1h lun-ven, 8h-1h sam, 12h-1h dim ; Via Marmorata). Installé dans l'Enoteca Palombi, ce bar mérite amplement son nom d'"oasis de la bière". Avec des centaines de marques – allemandes, britanniques ou belges –, mais aussi des vins, des fromages et de la charcuterie, c'est un lieu idéal pour lever le coude, soit dans la petite cave, soit en terrasse, sur la *piazza*. En outre : bon buffet *aperitivo* (10 €).

TRAM DEPOT BAR

Plan p. 354 (380 645 5154 facebook.com/TramDepotOfficial ; Via Marmorata 13 ; 8h-2h mar-dim ; Piramide). Quand les températures grimpent dans la capitale, ce charmant petit bar s'anime, servant café et cocktails (5 €) jusque tard dans la nuit. Sa terrasse extérieure, ses balancelles rétro, ses bougies scintillantes et sa verdoyante étendue herbeuse bordée d'arbres offrent une ambiance de garden-party en plein cœur de la ville.

LINARI CAFÉ

Plan p. 354 (06 578 23 58 ; pasticcerialinari.com Via Nicola Zabaglia 9 ; 6h30-21h mer-lun, 6h30-13h30 mar ; Via Marmorata). Ce café-*pasticceria* fait partie du paysage local avec ses excellentes pâtisseries, sa belle atmosphère de café et ses plaisanteries de comptoir. Les quelques tables en terrasse sont idéales pour un déjeuner bon marché (pâtes et plats 5,50 €), mais il faut se montrer plus vif que les habitués du quartier pour en décrocher une.

L'ALIBI CLUB

Plan p. 354 (☎333 290 2844 ; Via di Monte Testaccio 44 ; ⏲23h30-5h jeu-sam ; 🚌Via Galvani). Tourné vers la clientèle gay, L'Alibi est l'un des clubs les plus connus de Rome. Il organise régulièrement des soirées et sert un mélange de house, de hip-hop, de musique latino, de pop et de dance à une clientèle jeune et mélangée. L'endroit peut s'avérer suffocant, en particulier le week-end, mais on peut toujours aller prendre l'air sur la spacieuse terrasse d'été.

☆ OÙ SORTIR

THERMES DE CARACALLA OPÉRA

Plan p. 355 (operaroma.it/luoghi-terme-di-caracalla ; Viale delle Terme di Caracalla 52 ; billets à partir de 30 € ; ⏲juin-juil ; 🚌Viale delle Terme di Caracalla). Les immenses ruines de ce vaste ensemble thermal du IIIe siècle (p. 194) forment le mémorable décor de la saison d'été du Teatro dell'Opera. Musique, ballets et concerts avec une distribution à l'égal du lieu : de grands noms de la scène italienne comme internationale.

CONTESTACCIO CONCERTS

Plan p. 354 (Via di Monte Testaccio 65 ; ⏲19h-4h mer-sam ; 🚌Via Galvani). Bastion de la scène musicale de Rome, le Contestaccio est l'une des adresses les plus cotées du Testaccio. L'endroit est réputé pour ses concerts gratuits, qui présentent aussi bien des groupes émergents que des artistes confirmés, dans toute une gamme de styles musicaux : indie, pop, rock, acoustique, reggae et new wave.

VILLAGGIO GLOBALE CONCERTS

Plan p. 354 (facebook.com/villaggiooooglobale ; Lungotevere Testaccio 1 ; ⏲concerts 22h-tard ; 🚌Via Marmorata). Pour une saveur underground, gagnez ce *centro sociale* historique (un ancien squat transformé en centre culturel) au cœur de l'ancien abattoir municipal tapissé de graffitis. Y sont programmés des concerts – de la techno au ska –, ainsi que des soirées DJ, des ateliers et des manifestations culturelles.

BOUCHE-À-OREILLE

LA RUE GAY

Le bas de la Via di San Giovanni in Laterano, la rue qui descend de la basilique Saint-Jean-de-Latran jusqu'aux abords du Colisée, est un repaire prisé de la clientèle gay locale – surtout en soirée quand s'animent des bars comme le **Coming Out** (plan p. 355 ; ☎06 700 98 71 ; comingout.it ; Via di San Giovanni in Laterano 8 ; ⏲8h-2h ; 🚌Via Labicana) et le **My Bar** (plan p. 355 ; ☎06 700 44 25 ; Via di San Giovanni in Laterano 12 ; ⏲8h-3h ; 🚌Via Labicana), essentiellement fréquentés par des gays.

🛍 SHOPPING

Entre la grande halle alimentaire ouverte tous les jours, les traiteurs et les épiceries fines les plus fournies, les amateurs de bons produits ne sont pas à la peine pour leurs emplettes au Testaccio. San Giovanni est plus le lieu des bonnes affaires en matière d'habillement neuf ou d'occasion. Les discophiles y fouinent aussi depuis des lustres le vinyle qui leur manque chez les plus vieux disquaires de la capitale.

VOLPETTI TRAITEUR

Plan p. 354 (☎375 5130 898 ; volpetti.com ; Via Marmorata 47 ; ⏲10h-14h lun, 10h-14h et 16h-20h mar-ven, 9h-20h sam ; 🚌Via Marmorata). Cette épicerie fine est une caverne d'Ali Baba gastronomique. Les serveurs affables aident la clientèle à choisir parmi la vaste sélection de fromages italiens, de pâtes maison, d'huiles d'olive, de vinaigres, de charcuteries, de vins et d'alcools. Également d'excellentes mais onéreuses pizzas prédécoupées.

PIFEBO VINTAGE

Plan p. 355 (☎06 9818 5845 ; pifebo.com ; Via dei Valeri 10 ; ⏲12h-20h lun-sam ; 🚌Via dell'Ambra Aradam). L'une des boutiques de vêtements d'occasion et rétro les mieux achalandées de Rome. L'endroit possède un parfum résolument rock, avec ses interminables portants de vestes en cuir, de jeans et de shorts en jean, ainsi que ses bottes de cow-boy. Poussez votre quête dans les pièces peintes en rouge et vous découvrirez quantité d'autres choses pour rehausser votre garde-robe.

SOUL FOOD

MUSIQUE

Plan p. 355 (haterecords.com ; Via di San Giovanni in Laterano 194 ; ⏲10h30-13h30 et 15h30-19h30 mar-sam ; 🚌Via di San Giovanni in Laterano). Gérée par Hate Records, Soul Food est une boutique de disques décontractée, proposant une collection éclectique de vinyles dans tous les styles musicaux : garage et rockabilly des années 1960, punk, rock indé, new wave, folk, funk et soul. Vous y trouverez aussi des T-shirts rétro, des affiches, des fanzines et même des jouets vintage.

ETEL

CHAUSSURES

Plan p. 354 (☎06 575 84 15 ; www.facebook.com/ETeLRomaTestaccio ; Piazza Testaccio 44 ; ⏲10h-19h30 lun-sam ; 🚌Via Marmorata). Vraie trouvaille pour les obsédées de *scarpe* (chaussures en italien), Etel sélectionne avec soin une belle gamme de souliers pour femmes branchées, avec une majorité de marques italiennes. Bottines richement colorées, élégantes sandales à talons, bottes chics et sneakers à la pointe de la tendance : le paradis de la chaussure !

Villa Borghèse et nord de Rome

VILLA BORGHÈSE ET ENVIRONS | FLAMINIO | SALARIO | NOMENTANO | PARIOLI

Notre sélection

❶ Les remarquables sculptures du Bernin, mais aussi des œuvres de Raphaël, le Titien et le Caravage au **Museo e Galleria Borghese** (p. 209).

❷ Une promenade dans les vertes allées de la **Villa Borghèse** (p. 211), le plus célèbre parc de Rome, pour échapper à la foule.

❸ Le plus vaste ensemble de trésors étrusques d'Italie, au **Museo Nazionale Etrusco di Villa Giulia** (p. 212).

❹ Les grands noms de l'art moderne à découvrir dans les salles de **La Galleria Nazionale** (p. 211), un palais de la Belle Époque.

❺ Les concerts de réputation internationale de l'**Auditorium Parco della Musica** (p. 217), centre culturel à l'architecture avant-gardiste signée Renzo Piano.

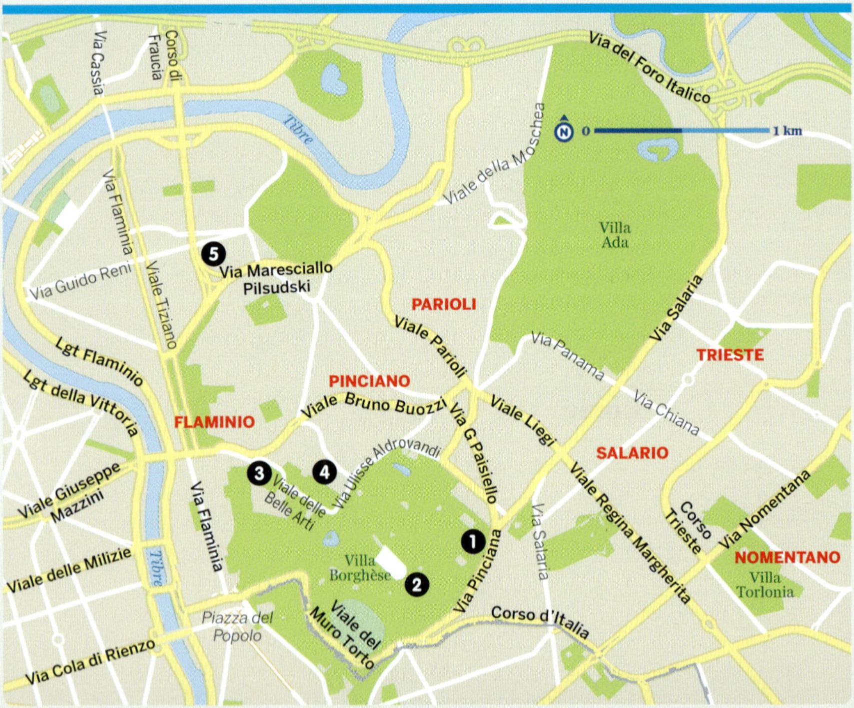

Pour un plan plus détaillé, reportez-vous p. 364 ➡

Découvrir la Villa Borghèse et le nord de Rome

Le nord de Rome, très étendu et moins riche en sites touristiques que les autres quartiers, mérite tout de même d'être exploré. Point de départ évident, la Villa Borghèse (p. 211), superbe parc public, abrite le plus grand musée d'Art moderne de Rome, le fascinant Musée étrusque et l'incontournable Museo e Galleria Borghese (p. 209).

Du Piazzale Flaminio, un tramway remonte la Via Flaminia jusqu'à deux importants bâtiments modernes : l'Auditorium Parco della Musica (p. 217), centre culturel réalisé par Renzo Piano, et le musée d'art contemporain MAXXI (p. 211), de Zaha Hadid. Sur l'autre rive, le Piazzale di Ponte Milvio, bordé de cafés et de restaurants, est le lieu de rendez-vous des habitants aisés du secteur.

À l'est de la Villa Borghèse, la Via Salaria, l'ancienne route romaine du sel, traverse un élégant quartier résidentiel et commerçant. Au nord s'étend la Villa Ada, tandis que la Via Nomentana, au sud-est, file sur des kilomètres pour sortir de la ville. Le long de cette rue, découvrez la Villa Torlonia, un superbe parc, et la Basilica di Sant'Agnese Fuori le Mura (p. 213), qui contient la plus ancienne mosaïque chrétienne de Rome.

Vivre comme un Romain

- **Concerts et événements** Les Romains gardent un œil sur la programmation de l'Auditorium Parco della Musica (p. 216). Renseignez-vous aussi sur les événements à l'affiche des musées d'art MAXXI (p. 211) et MACRO (p. 213).
- **Parcs** Si les touristes privilégient la Villa Borghèse (p. 211), les Romains vont à la Villa Torlonia (p. 214) ou à la Villa Ada (p. 213).
- **Football** Le dimanche est jour de match. Les ardents supporters romains se pressent au Stadio Olimpico (p. 217) pour encourager leur équipe (Roma ou Lazio).

Depuis/vers la Villa Borghèse et le nord de Rome

- **Bus** Les n^os^53 et 160 rejoignent la Villa Borghèse depuis la Via Vittorio Veneto, près du métro Barberini. Des bus circulent dans la Via Nomentana et la Via Salaria.
- **Métro** La Villa Borghèse est accessible depuis les stations Flaminio et Spagna (ligne A).
- **Tramway** Le n°2 suit la Via Flaminia et le Viale Tiziano depuis le Piazzale Flaminio ; le n°3 relie la Villa Borghèse à San Lorenzo, au Testaccio et au Trastevere ; le n°19 relie le Vatican à la Villa Borghèse.

Bons plans Lonely Planet

Évitez le lundi pour explorer la Villa Borghèse. Certes, on peut se promener dans le parc, mais tous les musées et les galeries sont fermés (ils ouvrent du mardi au dimanche). Pensez aussi à réserver vos billets pour le **Museo e Galleria Borghese** (p. 209), car il est impossible d'entrer sans réservation. Il est facile de le faire soit en ligne (tosc.it ; + 2 € de frais), soit en téléphonant directement au musée.

Le top des restaurants

- All'Oro (p. 215)
- Osteria Flaminio (p. 215)
- Pro Loco Pinciano (p. 216)
- Neve di Latte (p. 215)

Voir détails p. 212.

Le top des bars et cafés

- Momart (p. 216)
- Lanificio 159 (p. 216)
- Enoteca Mostó (p. 216)
- Chioschetto di Ponte Milvio (p. 217)

Voir détails p. 216.

Le top des musées

- Museo e Galleria Borghese (p. 208)
- Museo Nazionale Etrusco di Villa Giulia (p. 212)
- La Galleria Nazionale (p. 211)
- MAXXI (p. 211)
- MACRO (p. 213)

Voir détails p. 211.

LES INCONTOURNABLES

MUSEO E GALLERIA BORGHESE

Si vous ne devez visiter qu'un musée d'art à Rome, choisissez la Villa Borghèse. Elle rassemble ce qu'on appelle la "reine des collections privées", dont certains des plus beaux trésors artistiques de la ville, notamment une série de remarquables sculptures du Bernin et de grandes toiles d'artistes tels que le Caravage, Titien, Raphaël et Rubens.

Le Casino Borghese

Réunie par le cardinal Scipion Borghèse (1577-1633), le plus averti des collectionneurs d'art de son temps, la collection était installée à l'origine dans son palais, non loin de Saint-Pierre. Dans les années 1620, elle fut transférée dans sa nouvelle résidence d'été, juste après la Porta Pinciana : c'est là, dans le Casino Borghese, qu'on peut l'admirer aujourd'hui.

Au fil des siècles, la construction subit plusieurs transformations, notamment à la fin des années 1700, lorsque le prince Marc-Antoine Borghèse l'enrichit d'éléments néoclassiques luxuriants. En 1807, Camille Borghèse, l'héritier de la famille, fut contraint par son beau-frère Napoléon Ier de céder une partie des œuvres, aujourd'hui exposées au Louvre. D'autres pièces furent vendues au fil des ans. L'État italien racheta la villa et la collection en 1902, mais celle-ci n'est accessible au public que depuis 1997.

Le bâtiment se divise en deux parties : le musée, au rez-de-chaussée, avec de superbes sculptures, des mosaïques de pavement antiques et de splendides fresques en trompe-l'œil ; et la pinacothèque, à l'étage.

À NE PAS MANQUER

- *Le Rapt de Proserpine*
- *La Vénus victorieuse*
- *Le Garçon à la corbeille de fruits*
- *La Déposition de Croix*
- *L'Amour sacré et l'Amour profane*

INFOS PRATIQUES

- Plan p. 364, F6
- 06 841 3979
- galleriaborghese.beniculturali.it
- Piazzale Scipione Borghese 5
- Tarif plein/réduit/-18 ans 13/2 €/gratuit + 2 € par billet à la réservation (obligatoire)
- 9h-19h mar-dim
- Via Pinciana

Le musée (rez-de-chaussée)

Les salles s'organisent autour du somptueux **salon d'honneur**, orné notamment d'œuvres antiques : une mosaïque de pavement du IVe siècle représentant des gladiateurs, et une statue de *Satyre combattant* du IIe siècle. Face à l'entrée, semblant tomber dans le vide, le groupe de *Marco Curzio a Cavallo* est composé d'une statue antique de cheval et d'un cavalier sculpté par Pietro Bernini. Non loin, une sculpture allégorique, *La Vérité dévoilée par le Temps*, est une œuvre inachevée de son célèbre fils, Gian Lorenzo Bernini (le Bernin ; 1598-1680).

La **Sala I** met à l'honneur Antonio Canova (1757-1822), avec sa célèbre *Vénus Victrix* (1805-1808), voluptueuse sculpture représentant la sœur de Napoléon, Pauline, allongée, seins nus. On ne peut qu'admirer la délicatesse de la pose, suggestive, et la virtuosité technique de cette œuvre.

Les salles suivantes abritent les chefs-d'œuvre du Bernin, avec, dès la **Sala II**, le *David* (1623-1624), tout en torsion et mouvement. Dans la **Sala III**, avec *Apollon et Daphné* (1622-1625), il saisit le moment exact où la nymphe, touchée par le dieu, se métamorphose en laurier. La **Sala IV** est dominée par *Le Rapt de Proserpine* (1621-1622), sculpture flamboyante et virtuose.

Le Caravage est la vedette de la **Sala VIII**. Vous y verrez le *Jeune Bacchus malade* (1592-1595), au regard espiègle, la *Madone des palefreniers* (1605-1606), à la beauté étrange, *Saint Jean-Baptiste* (1609-1610), probablement la dernière œuvre du maître, le bien connu *Garçon à la corbeille de fruits* (1593-1595) et le tragique *David tenant la tête de Goliath* (1609-1610) ; l'artiste se serait représenté sous les traits de Goliath.

La pinacothèque (étage)

La galerie du premier étage offre le meilleur de la peinture de la Renaissance. Dans la **Sala IX**, ne manquez pas l'extraordinaire *Déposition du Christ* (1507) et la *Dame à la licorne* (1506) de Raphaël. Remarquez aussi l'*Adoration de l'Enfant* (1495) de Fra Bartolomeo et la *Vierge à l'Enfant* du Pérugin (premier quart du XVIe siècle). Dans la **Sala X**, dotée d'un plafond splendide, la troublante *Danaé* (1530-1531) du Corrège partage l'espace avec la frêle Vénus de Cranach, représentée dans *Vénus et l'Amour voleur de miel* (1531). La **Sala XIV** contient deux autoportraits du Bernin tandis que la **Sala XVIII** abrite *Susanne et les deux vieillards* (1605-1607) de Rubens. Pour terminer en beauté, la **Sala XX** expose l'une des pièces maîtresses de la collection et le premier chef-d'œuvre de Titien, *L'Amour sacré et l'Amour profane* (1514).

RÉSERVER SA VISITE

Pour limiter le nombre de visiteurs, les entrées se font toutes les 2 heures. Il faut donc prendre son billet à l'avance, avec un horaire d'entrée fixe. Réservez en appelant directement le musée ou achetez vos tickets sur tosc.it ou romapass@tosc.it (avec 2 € de frais en plus). Si vous avez un Roma Pass, vous ne pourrez réserver que par téléphone. Retirez votre billet au guichet 30 minutes avant votre horaire de visite en vous munissant d'une pièce d'identité.

Le cardinal Scipion Caffarelli-Borghèse (1577-1633) compta parmi les figures les plus influentes du monde de l'art baroque à Rome. Neveu du pape Paul V, il parraina les plus grands artistes de l'époque, dont le Caravage, le Bernin, le Dominiquin, Rubens et Guido Reni. Le mécène n'hésitait pas à employer la coercition pour mettre la main sur les œuvres qu'il convoitait. Il fit ainsi jeter en prison le Cavalier d'Arpin afin de confisquer ses tableaux, et arrêter le Dominiquin pour l'obliger à lui céder *La Chasse de Diane*.

MUSEO E GALLERIA BORGHESE

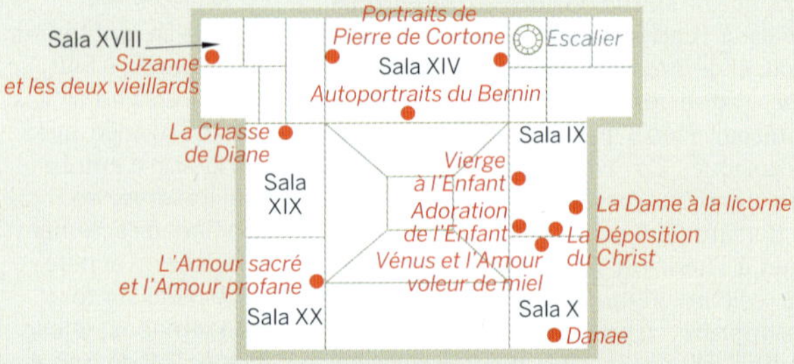

Premier étage (pinacothèque)

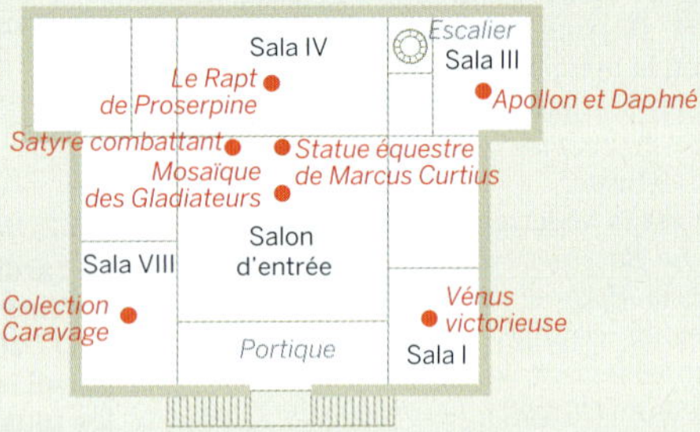

Rez-de-chaussée

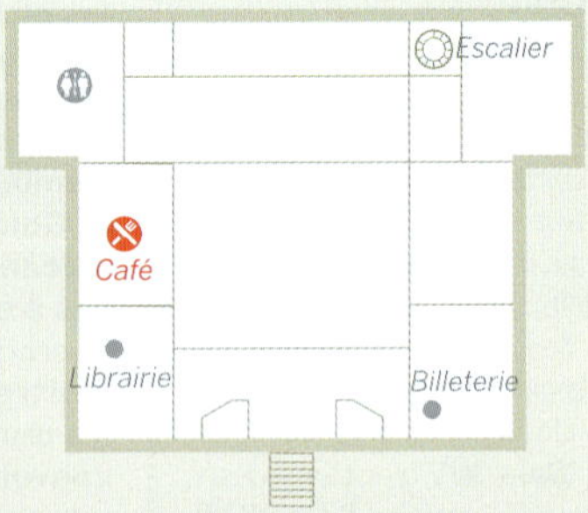

Accueil et services (sous-sol)

À VOIR

S'étendant au nord du centre-ville de Rome, le paisible parc de la Villa Borghèse, émaillé de musées exceptionnels, forme le cœur naturel de ce vaste quartier. On trouve également dans le secteur d'autres sites de premier plan, dont le principal centre culturel de la ville et deux musées d'art contemporain.

Villa Borghèse et environs

MUSEO E GALLERIA BORGHESE — MUSÉE

Voir p. 208.

MUSEO NAZIONALE ETRUSCO DI VILLA GIULIA — MUSÉE

Voir p. 212.

VILLA BORGHÈSE — PARC

Plan p. 364 (entrées Piazzale San Paolo del Brasile, Piazzale Flaminio, Via Pinciana, Via Raimondo, Largo Pablo Picasso ; aube-crépuscule ; Via Pinciana). Riverains, amoureux, touristes et joggeurs, nul ne résiste à l'attrait du parc le plus célèbre de Rome. Domaine du cardinal Scipion Borghèse au XVIIe siècle, il couvre quelque 80 ha de bois et de clairières, de jardins et de berges herbeuses. Il compte plusieurs excellents musées, le jardin paysager **Giardino del Lago**, la **Piazza di Siena**, une arène poussiéreuse qui accueille en mai la plus importante manifestation équestre de Rome, et une terrasse panoramique sur la colline du Pincio (p. 111).

Les cinéphiles mettront le cap sur les abords de l'entrée côté Piazzale San Paolo del Brasile, où la **Casa del Cinema** (plan p. 364 ; 06 06 08 ; casadelcinema.it) organise des projections et des événements autour du cinéma. Le **Cinema dei Piccoli** (plan p. 364 ; 06 855 34 85 ; cinemadeipiccoli.it ; Viale delle Pineta 15 ; billets 6,50 € lun-ven, 7 € sam, jours fériés et jour de la première) est l'un des plus petits cinémas du monde.

On peut **louer des vélos**, notamment au kiosque **Bici Pincio** (angle Viale dell'Orolorgio et Viale Medici ; 4/12 € heure/jour, vélo électrique pour 4 pers 20 €/heure) dans la partie sud du parc ou chez **Villa Borghese Bike Rental** (Largo Pablo Picasso). Des stands permettent aussi la location de voitures à pédales, de Segway, et l'on peut louer des **barques** (adulte/enfant 3/1,50 €/20 min) pour une balade sur le plan d'eau (Laghetto) au milieu duquel s'élève le petit temple d'Esculape.

LA GALLERIA NAZIONALE — MUSÉE

Plan p. 364 (Galleria Nazionale d'Arte Moderna e Contemporanea ; 06 3229 8221 ; lagallerianazionale.com ; Viale delle Belle Arti 131, accès handicapés Via Gramsci 73 ; tarif plein/réduit 10/5 € ; 9h-19h mar-dim ; Piazza Thorvaldsen). Souvent négligé, ce musée d'art moderne, connu sous le nom de GNAM, occupe un vaste palais Belle Époque et mérite une visite. Sa collection couvre un large éventail d'œuvres, de la sculpture néoclassique à l'expressionnisme abstrait, avec des pièces d'artistes majeurs des XIXe et XXe siècles.

Vous verrez ainsi plusieurs sculptures d'Antonio Canova, des toiles des *macchiaioli* (littéralement "tachistes", les impressionnistes italiens), des peintres futuristes Umberto Boccioni et Giacomo Balla, de même que des œuvres majeures de Modigliani, De Chirico et Guttuso. Sont également représentés des artistes internationaux tels que Vincent Van Gogh, Paul Cézanne, Claude Monet, Gustav Klimt, Vassily Kandinsky, Piet Mondrian et Man Ray.

Flaminio

MUSEO NAZIONALE DELLE ARTI DEL XXI SECOLO (MAXXI) — MUSÉE

Plan p. 364 (MAXXI ; 06 320 19 54 ; maxxi.art ; Via Guido Reni 4a ; tarif plein/réduit 12/9 € ; 11h-19h mar-ven, 10h-19h sam-dim ; Viale Tiziano). Le premier musée d'Art contemporain de Rome mérite le détour autant pour l'architecture de son bâtiment, installé sur le site d'une ancienne caserne, que pour son contenu. Aussi impressionnante à l'extérieur qu'au-dedans, cette structure en béton aux lignes incurvées, conçue par Zaha Hadid, présente une façade géométrique à plusieurs niveaux et un gigantesque espace intérieur lumineux que traversent des passages sinueux et des escaliers suspendus.

Une partie de la collection permanente d'œuvres des XXe et XXIe siècles est présentée gratuitement dans la galerie 1, mais les expositions internationales sont encore plus intéressantes.

AUDITORIUM PARCO DELLA MUSICA — CENTRE CULTUREL

Plan p. 364 (06 802 41 281 ; auditorium.com ; Viale Pietro de Coubertin 30 ; visite guidée tarif

LES INCONTOURNABLES
MUSEO NAZIONALE ETRUSCO DI VILLA GIULIA

Située à l'extrémité nord du parc de la Villa Borghèse, la ravissante villa que le pape Jules III se fit édifier au XVIe siècle renferme la plus belle collection de trésors étrusques et préromains d'Italie. Les pièces exposées, dont un grand nombre provient de tombes du Latium, comprennent des figurines en bronze et de la vaisselle noire en *bucchero*, ainsi que des décorations de temples, des vases en terre cuite et des bijoux étincelants.

À ne pas manquer : une statue d'Apollon polychrome en terre cuite venant de la cité étrusque de Véies (Veio), au nord de Rome, et les *Lamelles de Pyrgi,* trois feuilles d'or découvertes durant les fouilles de Pyrgi, l'ancien port maritime de Cerveteri. Datant de la fin du VIe siècle av. J.-C., elles sont gravées de textes en étrusque et en phénicien. Toutefois, la pièce maîtresse du musée reste sans doute le *Sarcophage des époux* (VIe siècle av. J.-C), une étonnante urne funéraire figurant un couple allongé sur une couchette de banquet, découverte dans une tombe à Cerveteri et renfermant les cendres des deux époux.

D'autres trouvailles archéologiques relatives aux peuples ombrien et latin sont conservées dans la **Villa Poniatowski** (plan p. 364 ; inclus dans le billet du Museo Nazionale Etrusco di Villa Giulia ; 15h-18h ven-sam avr-oct, 10h-13h ven-sam nov-mars) voisine.

NOTRE CONSEIL

- Gardez du temps pour une promenade dans le beau parc de la Villa Borghèse.

INFOS PRATIQUES

- Plan p. 364, D5
- 06 322 65 71
- villagiulia.beniculturali.it
- Piazzale di Villa Giulia 9
- Tarif plein/réduit 10/2 €
- 8h30-19h30 mar-dim hiv, 9h-20h mar-dim été, dernière entrée 1h avant ferm
- M Flaminio, Museo Etrusco Villa Giulia

plein/réduit 9/5-7 € ; 11h-20h lun-sam, 10h-20h dim avr-oct, 11h-18h lun-sam, 10h-18h dim oct-mars ; Viale Tiziano). Imaginé par le célèbre architecte Renzo Piano et inauguré en 2002, l'emblématique centre culturel de Rome, à l'architecture audacieuse, se compose de trois salles de concert en forme de nacelles grises, disposées autour d'un amphithéâtre de 3 000 places. Il comporte aussi un café plaisant sur l'esplanade centrale, une aire de jeux pour les enfants et une formidable boutique de livres et de musique.

Lors de sa construction, des fouilles ont mis au jour les vestiges d'une villa romaine, aujourd'hui exposés dans le petit **Museo Archeologico** (10h-20h avr-oct, 11h-18h lun-sam, 10h-18h dim oct-mars ; Viale Tiziano) GRATUIT.

PONTE MILVIO — PONT

Plan p. 364 (Lungotevere Maresciallo Diaz). Charmant ouvrage piétonnier pavé, le pont Milvius fut le théâtre d'une importante bataille en 312. Bâti en 109 av. J.-C. afin de prolonger la Via Flaminia au-delà du Tibre, il fut préservé jusqu'en 1849, année où les troupes de Garibaldi le firent sauter pour arrêter l'avancée des soldats français. Le pape Pie IX le fit reconstruire en 1850.

FORO ITALICO — ARCHITECTURE

Plan p. 364 (Viale del Foro Italico ; Lungotevere Maresciallo Cadorna). Au pied du très boisé **Monte Mario**, le Foro Italico est un imposant complexe sportif de l'époque fasciste, où s'élève le Stadio Olimpico (p. 217), le stade de foot (et de rugby) de Rome. Si l'architecture fasciste vous intéresse, l'ensemble mérite le coup d'œil.

EXPLORA – MUSEO DEI BAMBINI DI ROMA — MUSÉE

Plan p. 364 (06 361 37 76 ; mdbr.it ; Via Flaminia 80-86 ; 9 €, enfant 1-3 ans 6 €, moins de 1 an gratuit ; entrée à 10h (sauf en août), 12h, 15h et 17h sam-dim, 15h-17h jeu-ven ; ; M Flaminio). Seul musée de Rome dédié aux enfants, l'Explora s'adresse aux moins de 12 ans. Divisé en sections thématiques, il comprend toutes sortes d'installations, des jeux aquatiques au camion de pompiers en passant par la cabine du conducteur de train ; une expérience interactive qui enchante immanquablement les petits. À l'extérieur, une aire de jeux est ouverte à tous. Réservation recommandée en semaine, obligatoire le week-end.

Salario

MUSEO DI ARTE CONTEMPORANEA DI ROMA (MACRO) — MUSÉE D'ART

Plan p. 364 (MACRO ; 06 69 62 71 ; museomacro.it ; Via Nizza 138, angle Via Cagliari ; 12h-19h mar-ven, 10h-19h sam-dim ; Via Nizza). GRATUIT Avec le MAXXI (p. 211), le MACRO forme le fleuron des musées d'art contemporain de Rome. Œuvre de l'architecte française Odile Decq, il a conservé la majeure partie de sa structure d'origine (une ancienne brasserie Peroni), rehaussée de finitions sophistiquées en verre et en acier. Dans l'élégant intérieur noir et rouge sont exposées des œuvres de grands artistes italiens réalisées à partir des années 1960 enrichies d'expositions temporaires et de performances artistiques.

CATACOMBE DI PRISCILLA — SITE CHRÉTIEN

Plan p. 364 (06 4542 8493 ; catacombepriscilla.com ; Via Salaria 430 ; visite guidée tarif plein/réduit 8,50/5,50 € ; 9h-12h et 14h-17h ven-dim ; Via Salaria). Creusé entre le IIe et le Ve siècle, ce réseau de galeries lugubres était surnommé la "reine des catacombes". Ce fut une importante nécropole chrétienne, et de nombreux martyrs et papes furent inhumés dans les 40 000 tombes et chambres qui bordent les 13 km de tunnels.

La visite guidée de 35 minutes (tout au long de la journée alternativement en italien et en anglais, parfois en français) permet de découvrir une chapelle grecque du IIIe siècle décorée de scènes bibliques et une fresque endommagée de la Vierge à l'Enfant. Datant de 230 environ, cette dernière est considérée comme la plus ancienne représentation de la Madone.

VILLA ADA — PARC

Plan p. 364 (entrées Via Salaria, Via Ponte Salario, Via di Monte Antenne, Via Panama ; 7h-20h ; Via Salaria). Jadis propriété privée du roi Victor-Emmanuel III, la Villa Ada est un vaste parc doté de chemins ombragés, de lacs, de pelouses et de bois. Les Romains aiment s'y promener, et l'endroit est particulièrement animé en été, lors des concerts en plein air du festival Roma Incontra il Mondo (villaada.org).

Nomentano

BASILICA DI SANT'AGNESE FUORI LE MURA ET MAUSOLEO DI SANTA COSTANZA — BASILIQUE

(santagnese.net ; entrées Via Nomentana 349 et Via di Sant Agnese 3 ; basilique et mausolée gratuits, visite guidée catacombes tarif plein/réduit 8/5 € ; basilique 9h-12h et 15h-19h lun-sam, 15h-19h dim, mausolée 9h-12h et 15h-18h tlj, catacombes 9h-12h et 15h-18h jeu-ven, 9h-12h et 15h-19h sam, 15h-19h dim ; Via Nomentana). Rejoindre ce site religieux implique un peu de marche, mais il vaut le détour. Bâti sur les **catacombes** où fut enterrée sainte Agnès, il comprend la **Basilica di Sant'Agnese Fuori le Mura** et sa superbe mosaïque byzantine, ainsi que le **Mausoleo di Santa Costanza**, du IVe siècle, orné de certaines des plus anciennes mosaïques de la chrétienté.

La basilique d'origine, dont on peut voir les vestiges sur un terrain voisin, fut bâtie au IVe siècle pour Constance (Constantina), fille de l'empereur Constantin Ier. Abandonnée au VIIe siècle, elle fut remplacée par la basilique actuelle, maintes fois remaniée au cours des siècles. Son joyau est la mosaïque de l'abside (VIIe siècle), un des plus beaux exemples d'art byzantin à Rome. Elle

DU CÔTÉ DE COPPEDÈ

Le petit **Quartiere Coppedè** (plan p. 364 ; Viale Regina Margherita), organisé autour de la magnifique Piazza Mincio, est l'un des plus incroyables de Rome. Conçu et bâti par un architecte florentin peu connu, Gino Coppedè, entre 1913 et 1926, il présente un mélange onirique de tourelles toscanes, de sculptures Art déco, d'arches mauresques, de gargouilles gothiques, de façades ornées de fresques et de jardins frangés de palmiers.

Au centre de la place s'élève la **Fontana delle Rane** (fontaine des Grenouilles), version moderne de la fameuse Fontana delle Tartarughe du Ghetto juif.

représente sainte Agnès, flanquée des papes Honorius et Symmaque, debout sur les symboles de son martyre : l'épée et la flamme. Selon la légende, Agnès, âgée de 13 ans, fut condamnée au bûcher, mais les flammes l'épargnèrent, et elle fut décapitée sur la Piazza Navona, puis enterrée sous l'église.

En surplomb de la basilique principale se tient le mausolée de sainte Constance. Ce bâtiment circulaire massif arbore une coupole portée par douze paires de colonnes en granit et un déambulatoire voûté, orné de splendides mosaïques du IVe siècle. Prévoyez une pièce de 0,50 € pour actionner son éclairage.

VILLA TORLONIA — PARC

Plan p. 364 (Via Nomentana 70 ; 9h-19h mar-dim ; Via Nomentana). Agrémenté de hauts pins et de palmiers, parsemé de villas, ce parc splendide, quoique souvent mal entretenu, appartenait au prince Giovanni Torlonia (1754-1829), puissant banquier et propriétaire foncier. Sa vaste demeure de style néoclassique, le Casino Nobile, devint la résidence privée de la famille Mussolini de 1925 à 1943, puis le quartier général des Alliés à la fin de la Seconde Guerre mondiale, entre 1944 et 1947. Il fait partie aujourd'hui des Musei di Villa Torlonia (voir ci-dessous).

MUSEI DI VILLA TORLONIA — MUSÉES

Plan p. 364 (06 06 08 ; museivillatorlonia.it ; Via Nomentana 70 ; tarif plein/réduit Casino Nobile 7,50/6,50 € ; Casina delle Civette 6/5 € ; billet combiné 9,50/7,50 € ; 9h-19h mar-dim ; Via Nomentana). Installé dans trois bâtiments, cet ensemble de musées renferme une éclectique collection de sculptures, peintures, meubles et vitraux. La billetterie principale se situe à l'entrée de la Villa Torlonia, côté Via Nomentana.

Avec son immense façade néoclassique, conçue par l'architecte Giovanni Battista Caretti pour embellir une rénovation précédente de Giuseppe Valadier, le **Casino Nobile** impressionne. Son intérieur richement décoré contient la superbe collection de sculptures d'inspiration classique de la famille Torlonia et des peintures de la Scuola Romana datant du début du XXe siècle.

Au nord-est, la **Casina delle Civette**, bien plus petite, est un singulier mélange de chalet suisse, de château gothique et de ferme, décoré dans le style Art nouveau. Édifiée entre 1840 et 1930, elle abrite un musée consacré aux vitraux.

Le **Casino dei Principi**, qui conserve les archives du mouvement Scuola Romana, accueille parfois des expositions temporaires.

BUNKER DE LA VILLA TORLONIA — SITE HISTORIQUE

Plan p. 364 (bunkertorlonia.it ; Villa Torlonia, Via Nomentana 70 ; tarif plein/-de 10 ans 10 €/gratuit ; sur réservation ; Via Nomentana). Sous la verdure de la Villa Torlonia se cachent les vestiges d'un chapitre sombre de l'histoire de Rome. Entre 1940 et 1943, Mussolini disposait de deux abris antiaériens et d'un bunker sous ce qui était à l'époque son domaine familial. Les visites guidées (1 heure 30) vous mènent dans ces salles souterraines austères, dotées de portes antigaz et de systèmes de filtration d'air. Le bunker, dont les murs épais de 4 m se trouvent à 6 m sous le Casino Nobile (ci-contre), était encore en construction lors de l'arrestation du Duce le 25 juillet 1943.

PORTA PIA — PORTE

Plan p. 364 (Piazzale Porta Pia ; Via XX Settembre). Dernière construction de Michel-Ange, cette structure crénelée bâtie entre 1561 et 1564 fut commandée par le pape Pie IV pour remplacer la Porta Nomentana, l'une des portes d'origine de la muraille d'Aurélien.

Des combats de rue s'y déroulèrent en 1870, lorsque les troupes italiennes percèrent des brèches dans les murs adjacents le 20 septembre pour arracher la ville aux forces pontificales et l'incorporer à l'Italie unifiée.

OÙ SE RESTAURER

Vente à emporter, trattorias de quartier, cafés chics, glaciers artisanaux et grandes tables acclamées par la critique, il y a de tout et pour toutes les bourses. Le secteur cossu du Parioli abrite des restaurants gastronomiques, dont certains étoilés au Michelin tandis que le Piazzale di Ponte Milvio compte bon nombre d'adresses populaires et décontractées. Si la Villa Borghèse est une sorte de no man's land culinaire, on trouve quelques établissements de choix dans le quartier à l'est du parc.

BOUCHE-À-OREILLE

GELATI D'INITIÉS

Ce secteur de Rome abrite des glaciers exceptionnels mais plutôt difficiles à débusquer. **Neve di Latte** (plan p. 364 ; ☎06 320 84 85 ; facebook.com/NevedilatteRomaFlaminio ; Via Luigi Poletti 6 ; glaces 2,50-5 € ; ⏲12h-23h dim-jeu, 12h-minuit ven-sam ; 🚊Viale Tiziano), un lieu d'aspect banal près du MAXXI, confectionne parmi les meilleures *gelate* traditionnelles de la ville. La **Gelateria dei Gracchi** (plan p. 364 ; ☎06 8535 3508 ; gelateriadeigracchi.it ; Viale Regina Margherita 212 ; petites glaces 2,50 € ; ⏲13h-20h mar-dim) et, sur l'autre rive, **Al Settimo Gelo** (carte p. 364 ; ☎06 3725 567 ; alsettimogelo.it ; Via Vodice 21a ; glaces 2-5 € ; ⏲11h-minuit mar-sam, 11h-14h et 15h30-minuit dim l'été, 10h-20h30 mar-sam, 11h-14h et 15h30-20h30 dim l'hiver ; 🚊Piazza Giuseppe Mazzini) sont réputés pour leurs parfums originaux à base d'ingrédients naturels.

Villa Borghese et environs

DOLCE — PÂTISSERIE €

Plan p. 364 (☎06 841 62 79 ; officinadolce.it ; Via Savoia 52 ; pâtisseries à partir de 1,50 € ; ⏲8h30-20h lun-sam, 8h30-14h dim ; 🚊Fiume). Une charmante pâtisserie où se procurer muffins, gâteaux aux fruits de saison et autres douceurs. Quelques tables vintage permettent de déguster les produits sur place avec une tasse de thé.

CAFFÈ DELLE ARTI — ITALIEN €€

Plan p. 364 (☎06 3265 1236 ; Via Antonio Gramsci 73 ; repas complet 40-45 € ; ⏲8h-20h mar-dim ; 🚊Piazza Thorvaldsen). Le café-restaurant de La Galleria Nazionale (p. 209) bénéficie d'un splendide cadre néoclassique dans un coin tranquille de la Villa Borghèse. Cette adresse élégante est très agréable en été quand, assis en terrasse, on profite du cadre romantique devant une salade au déjeuner, un cocktail ou un dîner composé de classiques de la cuisine italienne.

OSTERIA FLAMINIO — INTERNATIONAL €

Plan p. 364 (☎06 92 59 58 54 ; Via Flaminia 297 ; buffet déj 9-12 €, repas complet à partir de 36 € ; ⏲12h30-15h et 18h-23h mar-sam, 12h30-16h dim ; 🚊Via Flaminia). Ce restaurant sympathique permet de faire un bon déjeuner après une visite du musée MAXXI (p. 211). Ambiance décontractée dans un décor moderne qui mêle plancher sombre, grandes fenêtres et tons gris et blanc. Outre un déjeuner-buffet très apprécié (végétarien le lundi, poisson le vendredi), il propose des plats italiens et internationaux.

♥ALL'ORO — GASTRONOMIQUE €€€

Plan p. 364 (☎06 9799 6907 ; ristorantealloro.it ; Via Giuseppe Pisanelli 23-25 ; menus dégustation 98-180 € ; ⏲19h-23h tlj ; Ⓜ Flaminio). Étoilé au Michelin, ce restaurant installé dans un hôtel cinq étoiles, The H'All Tailor Suite, est l'un des meilleurs de Rome. Le chef Riccardo Di Giacinto concocte une cuisine présentée avec art, moderne et inventive, mais toujours ancrée dans la tradition italienne. Ambiance feutrée dans la salle décorée de bois sombre, de lampes en laiton et d'une cheminée.

Flaminio

ANTICA PIZZERIA DA MICHELE — PIZZA €

Plan p. 364 (☎06 3260 0432 ; damichele.net ; Via Flaminia 82 ; pizza 9 € ; ⏲12h-15h et 19h-minuit ; 📶🍴 ; Ⓜ Flaminio). Dans le musée Explora (p. 212), cet avatar de la plus célèbre pizzeria de Naples reprend la formule de l'original : pas de réservation, deux variétés de pizzas à pâte épaisse (Margherita ou Marinara) plus grandes que l'assiette et des calzones copieusement garnis.

Salario

PASTICCERIA GRUÈ — PÂTISSERIE, CAFÉ €

Plan p. 364 (☎06 841 22 20 ; gruepasticceria.it ; Viale Regina Margherita 95/99 ; pâtisseries à partir de 1,50 € ; ⏲7h30-21h mar-dim ; 🚊Viale Regina Margherita). Cette élégante *pasticceria*-café a le vent en poupe : les employés de bureau élégamment vêtus y déjeunent de paninis raffinés ou de pâtes et sont remplacés le soir par les amateurs d'*aperitivo*. Les superbes pâtisseries et chocolats restent néanmoins le véritable atout du lieu.

PRO LOCO PINCIANO ROMAIN €€

Plan p. 364 (06 841 41 36 ; prolocopinciano.it ; Via Bergamo 18 ; repas complet à partir de 25 € ; 12h30-15h et 19h30-23h mar-dim ; Via Salaria). Comme beaucoup de nouveaux venus à Rome, ce restaurant sert de tout. Viandes séchées et fromages de la région sont vendus au comptoir bien garni, mais délicieuses pizzas au feu de bois, salades de saison, pâtes et autres plats figurent aussi à la carte, le tout dans un bel intérieur en brique nue au mobilier dépareillé.

Nomentano

PIZZERIA ITALIA DAL 1987 PIZZA €

Plan p. 364 (06 4424 9771 ; Corso d'Italia 103 ; part à partir de 2 € ; 9h-21h lun-sam ; Porta Pia). Les travailleurs du quartier se pressent à l'heure du déjeuner dans ce mouchoir de poche qui sert de délicieuses pizzas rustiques à la coupe. Les garnitures varient quotidiennement.

Parioli

MOLTO ITALIEN €€€

Plan p. 364 (06 808 29 00 ; moltoristorante.it ; Viale Parioli 122 ; repas complet à partir de 60 € ; 12h-16h et 19h-23h30 ; Viale Parioli). Tendance et glamour, le Molto fait partie des favoris de Parioli. L'entrée discrète donne sur une élégante salle moderne et une terrasse en plein air. La carte est vaste, allant des entrées de charcuterie et de fromage aux succulentes viandes rôties en passant par les pâtes romaines classiques. Burgers le samedi, et brunch le dimanche (60 €).

OÙ PRENDRE UN VERRE ET FAIRE LA FÊTE

Beaucoup de musées du secteur disposent d'un café tandis que les bars se concentrent sur le Piazzale di Ponte Milvio, lieu de rendez-vous de la jeunesse dorée du nord de Rome. Pour faire la fête, dirigez-vous vers les grands établissements en périphérie de la ville, qui programment concerts et soirées clubbing.

ENOTECA MOSTÓ BAR À VINS

Plan p. 364 (392 2579616 ; facebook.com/enotecamosto ; Viale Pinturicchio 32 ; 17h30-minuit lun-sam ; Pinturicchio). Cette petite *enoteca* moderne et animée plaît pour ses vins haut de gamme, ses assiettes de type tapas et son personnel compétent.

MOMART BAR

(06 8639 1656 ; momartcafe.it ; Viale XXI Aprile 19 ; 12h-2h ; Via XXI Aprile). Ce café-restaurant à la mode dans le quartier de l'université, près de la Via Nomentana, propose une copieuse *apericena* (repas du soir informel, avec *aperitivi* et nourriture de style tapas). Une foule hétéroclite d'étudiants et d'employés s'y presse pour profiter du buffet (12 €) et siroter un cocktail sur la terrasse.

LANIFICIO 159 CLUB

(06 4178 0081 ; lanificio159.com ; Via Pietralata 159a ; soirée discothèque 23h-4h30 ven-sam sept-mai ; Via Pietralata). Dans une ancienne filature de laine des faubourgs nord-est de Rome, cette salle underground accueille des concerts et des soirées discothèque, avec de grands groupes romains et des DJ internationaux. L'ensemble dont elle fait partie organise aussi des marchés le dimanche, des expositions et des *aperitivi*.

BRANCALEONE CLUB

(339 5074012 ; facebook.com/BrancaleoneRoma ; Via Levanna 11 ; 19h-1h mar-dim ; Via Nomentana). Cet ancien *centro sociale* contestataire dans le quartier périphérique de Montesacro propose des soirées clubbing avec des DJ de talent ainsi que des concerts. Rap, hip-hop, drum and bass, reggae et techno dominent la programmation, pour des événements réguliers ou uniques.

OÙ SORTIR

AUDITORIUM PARCO DELLA MUSICA SALLE DE CONCERT

Plan p. 364 (06 8024 1281 ; auditorium.com ; Viale Pietro de Coubertin 30 ; Viale Tiziano). Principale salle de concert et acteur majeur de la scène culturelle florissante de Rome avec trois salles à l'excellente acoustique et un auditorium en plein air de 3 000 places. Ce dernier accueille toutes sortes d'événements, des concerts de musique classique et de jazz aux conférences en passant par des projections de films.

Le lieu est aussi le foyer de l'Orchestra dell'Accademia Nazionale di Santa Cecilia (www.santacecilia.it).

STADIO OLIMPICO STADE

Plan p. 364 (☎06 36 851 ; Viale dei Gladiatori 2, Foro Italico ; Lungotevere Maresciallo Cadorna). Cet impressionnant stade (capacité : 70 000 spectateurs) offre une plongée inoubliable dans le cœur sportif de Rome. Durant la saison de foot (fin août à mai), il accueille un match presque chaque dimanche, avec une des deux équipes de *Serie A* de la ville (Roma et Lazio). C'est aussi là que joue l'équipe de rugby d'Italie lors des matchs du tournoi des Six-Nations (fév-mars).

SILVANO TOTI GLOBE THEATRE THÉÂTRE

Plan p. 364 (☎338 910 4467 ; globetheatreroma.com ; Largo Aqua Felix, Villa Borghese ; billets 10-30 € ; Piazzale Brasile). Inspiré du Globe de Londres, le théâtre élisabéthain à ciel ouvert de la Villa Borghèse joue des pièces de Shakespeare (la plupart en italien) de fin juin à début octobre.

TEATRO OLIMPICO THÉÂTRE

Plan p. 364 (☎06 326 59 91 ; teatroolimpico.it ; Piazza Gentile da Fabriano 17 ; Piazza Mancini, Piazza Mancini). Le Teatro Olimpico accueille opéras, spectacles de danse, one-man-show et comédies musicales, ainsi que des concerts classiques de l'Accademia Filarmonica Romana.

BOUCHE-À-OREILLE

UN VERRE AU KIOSQUE ?

Les kiosques verts caractéristiques de Rome sont occupés le plus souvent par des vendeurs de journaux, de magazines et de billets de transports en commun, mais certains abritent aussi des bars bien établis et appréciés. Près du fleuve, le **Chioschetto di Ponte Milvio** (plan p. 364 ; ☎06 8308 9916 ; facebook.com/ilchioschettodipontemilvio ; Piazzale di Ponte Milvio ; 18h-2h l'été, 17h-2h jeu-sam, 8h-22h30 dim l'hiver ; Ponte Milvio), point de rendez-vous animé du quartier les soirs d'été, en est un bon exemple. Quant au **Lemoncocco** (plan p. 364 ; ☎335 1618376 ; Piazza Buenos Aires ; 10h-2h ; Viale Regina Margherita), célèbre pour sa boisson au citron et à la noix de coco, c'est une institution locale.

SHOPPING

BIALETTI ARTICLES DE MAISON

Plan p. 364 (☎06 8777 3678 ; bialetti.com/fr_fr ; Via Salaria 52-54 ; 10h-19h30 lun-sam, 16h-19h30 dim ; Via Salaria). En 1933, Alfonso Bialetti a révolutionné la façon de faire du café chez soi avec sa célèbre *caffettiera moka*. L'objet est désormais présent dans tous les foyers italiens, à l'instar de la bouilloire en Angleterre. Dans ce magasin scintillant, vous en trouverez une gamme étendue ainsi que toutes sortes d'articles de cuisine.

ENOTECA BULZONI VINS ET ÉPICERIE FINE

Plan p. 364 (☎06 807 04 94 ; enotecabulzoni.it ; Viale dei Parioli 34-36 ; 10h-13h30 et 16h30-23h lun-sam ; Viale Parioli). Cette vieille institution du Parioli fournit les œnophiles depuis 1929. Elle offre un remarquable choix de vins italiens, mais aussi d'autres pays d'Europe et du Nouveau Monde, de même que des champagnes, liqueurs, bières artisanales, huiles d'olive et produits gastronomiques soigneusement sélectionnés.

Sud de Rome

VIA APPIA ANTICA | OSTIENSE ET SAN PAOLO | GARBATELLA | VIA APPIA ANTICA ET ENVIRONS | OSTIENSE ET SAN PAOLO

Notre sélection

❶ La **voie Appienne** (Via Appia Antica, p. 220), fameuse voie romaine devenue "sentier" de pleine ville, à arpenter à pied ou à vélo le long de prestigieux vestiges antiques.

❷ Les **catacombes de Saint-Sébastien** (p. 221), aux sources souterraines du christianisme primitif.

❸ **L'art urbain** (p. 229) d'Ostiense, ancien quartier industriel devenu alternatif et avant-gardiste.

❹ La rencontre de la sculpture classique antique et de l'archéologie industrielle à la **Centrale Montemartini** (p. 225), annexe des musées du Capitole.

❺ La **basilique Saint-Paul-hors-les-Murs** (p. 225), deuxième plus grande église de Rome après Saint-Pierre.

Pour un plan plus détaillé, reportez-vous p. 366

Découvrir le sud de Rome

Le sud de Rome est un vaste secteur englobant quatre quartiers distincts, tous dignes d'intérêt : la voie Appienne (p. 220), fameuse pour ses ruines romaines, ses catacombes et son petit air de campagne ; Ostiense, postindustriel et branché, avec son art urbain (p. 229) et une vie nocturne à l'avant-garde ; le pittoresque Garbatella (p. 225) ; et l'EUR (p. 230), quartier futuriste voulu par Mussolini. Un bon réseau de transports publics dessert l'ensemble.

Comptez au moins une journée pour parcourir à pied ou à vélo les principaux sites de la voie Appienne, le meilleur moyen d'échapper à l'animation urbaine. Des prés encadrent cette voie antique aux pavés disjoints, une des plus anciennes au monde et désormais une des adresses en vue de Rome. Construite en 312 av. J.-C., elle reliait jadis Rome à Brindisi, soit un parcours de 212 km qui prenait cinq jours.

À l'ouest, la Via Ostiense offre un tableau totalement différent. Le jour, on chemine entre les œuvres d'art urbain, la statuaire antique des Musei Capitolini nichée entre moteurs et chaudières de l'ex-centrale électrique Montemartini (p. 225) et les richesses de la basilique Saint-Paul-hors-les-Murs (p. 225). Le soir, des usines et des ateliers, naguère désaffectés et désormais livrés aux fêtards, résonnent du son des meilleurs clubs de la ville.

Vivre comme un Romain

- **Clubbing** Quelques-uns des clubs vedettes de Rome – tels Vinile (p. 232), Neo Club (p. 232), Circolo degli Illuminati (p. 232), Goa (p. 232) – sont regroupés près de la Via Libetta, dans la partie méridionale de la Via Ostiense.
- **Brunch du week-end** Les familles se pressent à Porto Fluviale (p. 231) pour le brunch dominical, tandis que les étudiants annexent tous les coins et recoins du Vinile (p. 232) au buffet-brunch bien plus abordable pour leur bourse.
- **À bicyclette** Oubliez le tohu-bohu du centre-ville le long de la bucolique voie Appienne (p. 220).
- **Tout pour la cuisine** Il n'est guère d'endroit plus adéquat qu'Eataly (p. 228) pour voir réunis les meilleurs produits comestibles du pays ou s'en régaler sur place.

Depuis/vers le sud de Rome

- **Métro** Les stations Piramide, Garbatella, Basilica San Paolo, EUR Palasport et EUR Fermi sont sur la ligne B.
- **Bus** Des bus rallient la Porta San Sebastiano (n^os^77, 118 et 218), la Via Ostiense (n^os^23 et 769) et la Via Appia Antica (n^os^118, 660).

Bon plan Lonely Planet

Pavé à l'origine d'énormes *basoli* (pavés de basalte) et assez large pour que deux chars s'y croisent, le début de la voie Appienne est aujourd'hui une route bordée de murs où la circulation peut être dangereuse pour les piétons – allez-y de préférence le dimanche, quand ce tronçon est fermé aux voitures.

Le top des restaurants

- Trattoria Pennestri (p. 231)
- Doppiozeroo (p. 228)
- Al Ristoro degli Angeli (p. 231)
- Verde Pistacchio (p. 229)
- Pizzeria Ostiense (p. 229)

Voir détails p. 228.

Le top des bars et cafés

- Circolo Degli Illuminati (p. 232)
- Goa (p. 232)
- Vinile (p. 232)
- Neo Club (p. 232)

Voir détails p. 232.

Le top des ruines romaines

- Villa dei Quintili (p. 223)
- Circo di Massenzio (p. 222)
- Villa di Massenzio (p. 222)
- Mausoleo di Cecilia Metella (p. 222)

Voir détails p. 220.

FRANCISCO JAVIER DIAZ / SHUTTERSTOCK ©

LES INCONTOURNABLES
VOIE APPIENNE

Pour les Romains, la Via Appia Antica était la Regina Viarum, la "reine des routes". Le consul romain Appius Claudius Caecus en fit réaliser le premier tronçon (90 km) en 312 av. J.-C., lorsqu'il n'était encore que censeur. Puis en 190 av. J.-C, la voie Appienne fut prolongée jusqu'à Brindisi, sur la côte adriatique. Aujourd'hui, cette superbe voie pavée, bordée de multiples ruines romaines et de hauts pins, marque un des secteurs chics de Rome.

Partie nord

Porta San Sebastiano et Museo delle Mura

La voie Appienne commence à la **Porta San Sebastiano** (plan p. 366 ; ☎06 06 08 ; museodellemuraroma.it ; Via di Porta San Sebastiano 18 ; ⌚musée 9h-14h mar-dim ; 🚌Porta San Sebastiano) GRATUIT, la plus grande des portes percées dans le mur d'Aurélien au Ve siècle. Pendant la Seconde Guerre mondiale, le secrétaire du parti fasciste, Ettore Muti, vécut ici. Aujourd'hui, c'est le lieu du **Museo delle Mura**, qui retrace l'histoire des fortifications et permet de parcourir 50 m au sommet du mur.

Chiesa del Domine Quo Vadis

Cette petite **église** (☎06 512 04 41 ; Via Appia Antica 51 ; ⌚8h-20h été, 8h-19h hiver) à l'extrémité nord de la voie Appienne marque l'endroit où saint Pierre fuyant Rome eut une vision du Christ. *"Domine, quo vadis ?"* ("Seigneur, où vas-tu ?") aurait-il demandé ; et Jésus aurait répondu : *"Venio Romam iterum crucifigi."* ("Je vais à Rome pour me faire crucifier de nouveau.") Se joignant à lui, l'apôtre regagna la ville, où il fut arrêté et exécuté. Un premier

NOS CONSEILS

- Plus on s'éloigne vers le sud, plus la voie Appienne devient tranquille et évocatrice.
- Les dimanches et jours fériés, la totalité de la Via Appia Antica est fermée à la circulation automobile.
- Les catacombes se découvrent uniquement dans le cadre de visites guidées. Prévoyez de bonnes chaussures et une petite laine.

INFOS PRATIQUES

- Voie Appienne
- Plan p. 366, E3
- parcoappiaantica.it
- ⌚voie ouverte 24h/24, horaires différents selon les sites
- 🚌Via Appia Antica

sanctuaire fut élevé au IXe siècle, avant d'être reconstruit aux XVIe et XVIIe siècles. La façade date de 1637.

Catacombe di San Callisto

Les **catacombes de saint Callixte** (☎06 513 01 51 ; catacombe.roma.it ; Via Appia Antica 110-126 ; tarif plein/réduit 8/5 € ; ⌚9h-12h et 14h-17h jeu-mar), les plus vastes et les plus visitées de Rome, renferment les tombes de 16 papes, de dizaines de martyrs et quelque 500 000 chrétiens. Des escaliers creusés dans la roche descendent vers un dédale souterrain dépassant les 20 km, dont seules quelques galeries éclairées sont ouvertes au public. Des visites de 45 minutes, proposées en plusieurs langues, partent régulièrement. Les guides délivrent quantité d'informations intéressantes sur la vie des premiers chrétiens et les sépultures importantes. Une route d'accès agréable permet d'éviter un tronçon de la voie Appienne où passent beaucoup de voitures.

Catacombe di Santa Domitilla

Ces **catacombes de sainte Domitille** (plan p. 366 ; ☎06 511 03 42 ; domitilla.info ; Via delle Sette Chiese 282 ; tarif plein/réduit 8/5 € ; ⌚9h-12h et 14h-17h mer-lun) couvrent près de 17 km de galeries répartis sur quatre niveaux. Situées quelque 500 m à l'ouest des Catacombe di San Callisto, à l'écart du principal tronçon de la voie Appienne, elles furent creusées sous le lieu de sépulture de Flavia Domitilla, nièce de l'empereur Domitien et membre de la riche famille des Flaviens, et accueillirent jusqu'à 150 000 sépultures. La **Basilica dei Santi Nereo e Achilleo** (fin du IVe siècle), dédiée à deux légionnaires romains martyrisés sous Dioclétien, est un bel édifice semi-souterrain à trois nefs.

Mausoleo delle Fosse Ardeatine

Environ 500 m au sud-est des Catacombe di Santa Domitilla, ce **mausolée** (plan p. 366 ; ☎06 513 67 42 ; mausoleofosseardeatine.it ; Via Ardeatina 174 ; ⌚8h15-15h30 lun-ven, 8h15-16h30 sam-dim ; 🚌Fosse Ardeatine) GRATUIT rend hommage aux 335 habitants de Rome sommairement exécutés par les nazis le 24 mars 1944 dans les fosses Ardéatines en représailles d'une attaque des partisans italiens. On peut voir sur le site la grotte du massacre, le mausolée où reposent les victimes, des sculptures et un musée.

Basilica e Catacombe di San Sebastiano

Édifiée par l'empereur Constantin au IVe siècle, la **basilique** (plan p. 366 ; ☎06 78 87 035 ; sansebastianofuorilemura.org ; Via Appia Antica 136 ; ⌚7h-18h30 mars-oct, 8h-17h30 nov-fév) fut presque entièrement détruite par des raids sarrasins au IXe siècle. L'église actuelle, du XVIIe siècle, est dédiée à saint Sébastien, qui fut martyrisé et enterré sur le

RENSEIGNEMENTS TOURISTIQUES

Centro Servizi Appia Antica (plan p. 366 ; ☎06 513 53 16 ; parcoappiaantica.it ; Via Appia Antica 58-60 ; ⌚9h30-13h et 14h-17h30 lun-ven, 9h30-17h30 sam-dim nov-fév, 9h30-13h et 14h-18h30 lun-ven, 9h30-19h30 sam-dim mars-oct ; 🚌Via Appia Antica). Au point de départ nord de la voie Appienne, ce bureau constitue une bonne source d'informations sur la *via* et le Parco regionale Appia Antica. On peut y acheter un utile plan (1,50 €), réserver un circuit guidé à pied, à vélo ou en voiturette de golf électrique, ou y louer un **vélo** (standard 4/16 € heure/jour, électrique 6/30 €) pour adulte comme pour enfant, siège bébé compris.

Paisible aujourd'hui, la voie Appienne est chargée d'histoire : en 71 av. J.-C., Spartacus et 6 000 esclaves rebelles y furent crucifiés. Sous la voie romaine, 300 km de galeries souterraines creusées dans le tuf servirent de nécropoles aux premiers chrétiens. Enveloppés d'un simple linceul blanc, les corps étaient déposés dans des niches (*loculi*) taillées dans les parois, puis fermées par une dalle.

ACCÈS À LA VOIE APPIENNE

- **Du nord** Prenez la ligne B du métro jusqu'à la station Circo Massimo, puis le bus n°118 jusqu'à la Via Appia Antica, où vous pourrez entamer votre marche vers le sud, essentiellement en montée.
- **À mi-course** Empruntez la ligne A du métro jusqu'à la station Colli-Albani, puis le bus n°660 jusqu'au terminus à hauteur de l'Appia Antica Caffè. De là, en longeant la Via Appia vers le nord vous découvrirez les sites majeurs qui la jalonnent tout en profitant de belles perspectives sur Rome à l'horizon. Sinon, vous pouvez louer un vélo au café et suivre le tronçon sud, beaucoup moins fréquenté.
- **Par la Villa dei Quintili** Ce circuit pédestre ambitieux couvre presque tous les sites d'intérêt. À la station de métro Arco di Travertino (ligne A), prenez le bus n°663 ou 664 jusqu'à l'arrêt Villa dei Quintili, sur la Via Appia Nuova. Pénétrez dans la villa par l'entrée est et ressortez par l'entrée principale pour parcourir une jolie portion paisible de la voie Appienne. 7 km vous séparent alors de son accès nord.

Attention ! ne vous fiez pas aux plans du réseau de transport, sur lesquels le bus n°789 semble traverser la Via Appia Antica au niveau de la Villa dei Quintili. En réalité, l'arrêt le plus proche se trouve 1 km au-delà, le long d'une route vraiment peu recommandable aux piétons.

site à la fin du IIIe siècle. En 826, sa dépouille fut transférée à Saint-Pierre, puis de nouveau inhumée dans la basilique au XIIe siècle. La **Capella delle Reliquie** conserve l'une des flèches dont les archers romains le percèrent, ainsi qu'un fragment de la colonne à laquelle il était attaché. Dans l'église, une plaque de marbre porterait les empreintes des pieds du Christ.

Les **catacombes de saint Sébastien** (☎06 785 03 50 ; catacombe.org ; tarif plein/réduit 8,50/5,50 € ; ⊙10h-17h lun-sam) s'étendent sous la basilique et au-delà. Ces sépultures souterraines furent les premières à porter la dénomination "catacombe" (du grec *kata*, "en bas", et du latin *tumba*, "tombe"). Le site était aussi connu sous le nom de Memoria Apostolorum, car on y vénérait les apôtres Pierre et Paul. Elles s'étendent sur plus de 12 km et abritaient jadis plus de 65 000 tombes réparties sur trois niveaux. On peut y voir trois superbes **mausolées** décorés de stucs dans un état de conservation remarquable. Chacune des façades monumentales présente une porte, surmontée de symboles et des noms des occupants.

Villa di Massenzio

L'élément le plus intéressant de la **villa de Maxence** (villadimassenzio.it) GRATUIT, bâtie au IVe siècle, est le **Circo di Massenzio** (☎06 06 08 ; Via Appia Antica 153 ; ⊙10h-16h mar-dim ; 🚌Via Appia Antica) GRATUIT, le mieux conservé des cirques de Rome. La construction de cette arène de 10 000 places commença vers 309, mais l'empereur mourut avant son achèvement (en 312, à la bataille du pont Milvius contre Constantin). Au-dessus du cirque se trouvent les ruines de la résidence impériale proprement dite (actuellement fermée au public pour cause de fouilles archéologiques). Près de l'arène, le **Mausoleo di Romolo** (Tombo di Romolo) GRATUIT fut construit par Maxence pour son fils de 17 ans, Romulus.

Mausoleo di Cecilia Metella

Datant du Ier siècle av. J.-C., ce **mausolée** (☎06 477 88 1 ; parcoarcheologicoappiaantica.it/luoghi ; Via Appia Antica 161 ; tarif plein/réduit 10/2 €, Villa dei Quintili incluse ; ⊙9h-18h30 oct, 9h-16h30 nov-fév, 9h-18h30 mars, 9h-19h15 avr-sept mar-dim, plus de détails sur le site Web) cylindrique renferme une chambre funéraire abritant la sépulture de l'épouse de

Licinius Crassus, fils du Crassus qui participa au triumvirat avec Pompée et César (60 av. J.-C.). Au XIVe siècle, le mausolée fut hérissé de créneaux et intégré au **Castrum Caetani**, forteresse érigée par la famille Caetani, apparentée au pape Boniface VIII, qui installa ici un péage. Une partie des anciennes pièces d'habitation accueille un musée conservant des objets trouvés sur la Via Appia.

Partie sud

Capo di Bove

Le site englobe les vestiges d'une **villa romaine** (☎06 7806 686 ; parcoarcheologicoappiaantica.it/luoghi ; Via Appia Antica 222 ; ⏲9h-18h-30 oct, 9h-16h30 nov-fév, 9h-18h30 mars, 9h-19h15 avr-sept) GRATUIT aux mosaïques élaborées. À l'arrière, un bureau vend un bon guide consacré à la voie Appienne. Non loin, un bâtiment abrite une exposition montrant l'évolution de la route au cours des deux derniers siècles, notamment à travers des photos aériennes grand format, et les efforts déployés pour la préserver des assauts du monde moderne.

Tombes et monuments

Le paisible tronçon de la voie Appienne qui part au sud de Capo di Bove est bordé de sépultures et monuments en pierre plus ou moins bien conservés. La plupart empruntent à l'architecture grecque et comportent parfois de petits autels destinés aux offrandes.

Villa dei Quintili

Édifiée au IIe siècle, cette **villa** (photo p. 219 ; ☎06 47 78 81 ; parcoarcheologicoappiaantica.it ; entrée principale : Via Appia Antica 251, entrée est : Via Appia Nuova 1092 ; tarif plein/réduit 10/2 € ; ⏲9h-18h-30 oct, 9h-16h30 nov-fév, 9h-18h30 mars, 9h-19h15 avr-sept ; 🚌Via Appia Nuova) fait partie des splendeurs méconnues de Rome. Il s'agissait de la demeure de deux consuls, les frères Quintili, dont le faste précipita la chute. L'empereur Commode les fit assassiner et s'attribua leur propriété, à laquelle il apporta sa touche. Les ruines laissent imaginer l'opulence passée du lieu. Les thermes, qui comprennent une piscine, un *caldarium* (salle chaude) et un *frigidarium* (salle froide), constituent le plus bel élément. Un petit musée remet les choses en contexte.

Casal Rotondo

À plus de 8 km du début de la voie Appienne s'élèvent les **ruines** GRATUIT hétéroclites d'un imposant mausolée du Ier siècle av. J.-C, transformé successivement en tour de guet puis ferme, entre autres bâtiments. C'est généralement là que les touristes achèvent leur balade à pied ou à vélo le long de la voie Appienne.

UNE PETITE FAIM ?

À l'ombre des arbres, le jardin de l'Appia Antica Caffè (p. 232) permet de souffler un peu le temps d'un café ou d'une bière. On peut y faire emplette de quelques en-cas ou se faire préparer un panier pique-nique. Pour déjeuner, rien de mieux que les tables sous les orangers du Giardino di Giulia e Fratelli (p. 228), presque en face du mausolée de Cecilia Metella.

Le pittoresque tronçon de l'Appia Antica au sud de Capo di Bove conserve beaucoup de son aspect d'origine. Les grandes dalles grises du pavage, en place depuis plus de 2 000 ans, ont conservé trace des larges ornières creusées par le passage des innombrables chariots antiques. Les cyclistes auront peut-être un peu de mal à négocier les cahots, mieux vaut pour eux emprunter les sentiers qui longent la voie.

Promenade à pied
Via Appia Antica

DURÉE 4 HEURES
(6 HEURES AVEC LE CIRCUIT À VÉLO)

Ce circuit pédestre couvre l'essentiel de la voie Appienne en vous réservant de belles échappées sur Rome. Partez de l' 1 **Appia Antica Caffè** (p. 232), accessible de la station Colli-Albani (ligne A du métro) par le bus n°660 jusqu'à son terminus.

En louant un vélo, vous pourrez parcourir vers le sud un tronçon moins visité de la voie, avant de repartir vers le nord. Jalonnée de dizaines de tombes antiques, cette partie conserve les ornières laissées par les chariots passés il y a plus de 2 000 ans. Elle permet aussi d'explorer la 2 **Villa dei Quintili** (p. 223).

Que vous fassiez ou non le crochet au sud, une première halte s'impose à la villa 3 **Capo di Bove** (p. 223), notamment pour ses mosaïques. Au passage, on peut acheter au bureau un excellent guide avec carte consacré à la voie Appienne.

En suivant la Via Appia vers le nord, vous reconnaîtrez l'imposant 4 **Mausoleo di Cecilia Metella** (p. 222) à sa forme cylindrique, avant d'atteindre la 5 **Villa di Massenzio** (p. 222) dont le domaine englobe le **Circo di Massenzio** (p. 222).

Arrêtez-vous ensuite à la 6 **Basilica di San Sebastiano** (p. 221), église reconstruite à l'époque baroque autour de la dépouille du martyr. Au-dessous du sanctuaire se côtoient mausolées païens et sépultures paléochrétiennes dans les **Catacombe di San Sebastiano**.

Immédiatement au nord, un embranchement conduit aux 7 **Catacombe di San Callisto** (p. 221) par une paisble route (1,5 km) verdoyante et ombragée. En suivant la route d'accès de San Callisto jusqu'à son extrémité nord, vous tomberez sur la petite 8 **Chiesa del Domine Quo Vadis** (p. 220), d'où le bus n°118 ou 218 vous ramènera au centre de Rome.

À VOIR

Quatre secteurs distincts offrent un intérêt dans cette partie sud de la Ville éternelle. La très évocatrice voie Appienne, qui file au sud à travers la campagne et les ruines romaines, couvre nombre de catacombes. À l'ouest, l'ancien quartier industriel d'Ostiense, au sud de la Stazione Roma-Ostia, fait une large part à l'art urbain le long de la Via del Porto Fluviale et ses abords, et sa centrale électrique est devenue le troisième des musées du Capitole. Juste à l'est, à l'extrémité sud de la Via Ostiense, se déploient Garbatella et l'EUR. Quartier d'affaires pour l'essentiel, et des centres de congrès, l'EUR est le cœur de l'architecture rationaliste développée sous Mussolini.

Via Appia Antica

VOIE APPIENNE SITE HISTORIQUE

Voir p. 220.

Ostiense et San Paolo

BASILIQUE SAINT-PAUL-HORS-LES-MURS BASILIQUE

Plan p. 366 (☎06 6988 0803 ; basilicasanpaolo.org ; Piazzale San Paolo 1 ; cloître tarif plein/réduit 4/3 € ; basilique 7h-19h, cloître 9h-17h30 ; Ⓜ Basilica San Paolo). Plus vaste église de Rome après Saint-Pierre (et troisième plus grande au monde), cet immense sanctuaire où peut officier le pape – l'une des quatre basiliques majeures de Rome – se tient sur le site où saint Paul fut enterré après sa décapitation en 67. Édifiée par Constantin au IVe siècle, elle fut largement détruite par un incendie en 1823. La majeure partie de ce que l'on voit aujourd'hui est une reconstruction du XIXe siècle.

De nombreux trésors ont cependant survécu aux flammes, dont un **arc triomphal** du Ve siècle, orné de mosaïques amplement restaurées, et un **baldaquin** gothique en marbre au-dessus du maître-autel, dessiné en 1285 par Arnolfo di Cambio avec l'aide probable de Pietro Cavallini. À droite de l'autel trône le candélabre pascal en marbre sculpté de créatures à têtes d'animaux, dessiné par Nicola d'Angelo et Pietro Vassalletto.

Le tombeau de saint Paul se trouve dans la **confessio**, située sous le maître-autel. Une ouverture pratiquée sous l'autel permet de voir le sarcophage.

Levez les yeux pour observer les portraits des papes sous les fenêtres de la nef. Tous les papes depuis saint Pierre y figurent. Selon la légende, la fin du monde adviendra quand il n'y aura plus de place pour un nouveau portrait. Notez qu'il ne reste que six médaillons vides après celui de François.

Dans le **cloître** de l'abbaye bénédictine attenante, les splendides mosaïques et colonnes cosmatesques du XIIIe siècle ont également survécu à l'incendie de 1823 et méritent le coup d'œil.

CENTRALE MONTEMARTINI MUSÉE

Plan p. 366 (☎06 06 08 ; centralemontemartini.org ; au niveau de Via Ostiense 106 ; tarif plein/réduit 7,50/6,50 €, avec les musées du Capitole (hors expos) 13,50/11,50 €, valable 7 jours ; 9h-19h mar-dim ; Via Ostiense). Aménagée dans une ancienne centrale électrique, cette fabuleuse annexe des musées du Capitole expose, comme en rupture, des sculptures classiques devant des moteurs Diesel et de gigantesques chaudières. Les plus belles pièces de la collection sont dans la Sala Caldaie, où des statues antiques entourent un énorme fourneau. Parmi les merveilles, citons la *Fanciulla Seduta* (*Jeune Fille assise*), la *Musa Polimnia* (*Muse Polymnie*), ainsi que de ravissantes mosaïques représentant des sujets classiques (scènes de chasse et nourriture).

Garbatella

GARBATELLA QUARTIER

Plan p. 366 (Ⓜ Garbatella). Lieu de tournage prisé des cinéastes, ce secteur fut conçu à l'origine comme un quartier résidentiel pour les ouvriers. Le projet fut dévoyé par les fascistes dans les années 1920, qui y relogèrent les habitants du centre-ville déplacés par les travaux. Ceux-ci furent installés dans des *alberghi suburbani* (hôtels de banlieue), de grands immeubles dessinés par Innocenzo Sabbatini, architecte chef de file de la Scuola Romana. Le plus célèbre, l'**Albergo Rosso** (plan p. 366 ; Piazza Michele da Carbonara ; Ⓜ Garbatella), est un parfait exemple du genre. Non loin se dresse le Teatro Palladium (p. 233), autre édifice emblématique.

1

Les catacombes romaines

Dans la Rome antique, la loi interdisait d'inhumer les morts intra-muros, par souci d'hygiène. Ne disposant pas de cimetière, les communautés juive et chrétienne persécutées commencèrent au IIe siècle à construire un réseau de nécropoles souterraines en dehors de la cité.

Construction

Les tombes furent creusées par des fossoyeurs spécialisés, qui percèrent les galeries. Les corps étaient enveloppés dans des linceuls, puis placés dans des niches individuelles appelées *loculi,* ou dans de grands caveaux familiaux. Nombre de tombes comportent des décorations élaborées, des fresques aux stucs, remarquablement conservées. Elles portent souvent de touchantes inscriptions, telles que : "Apuleia Crysopolis, qui vécut 7 ans et 2 mois ; (ses) parents ont fait faire (ceci) pour leur fille bien-aimée".

Symbolisme

Une langue de symboles quasi secrète s'était développée afin de représenter des éléments de la foi chrétienne. Les premiers chrétiens ne sachant souvent ni lire ni écrire, ces symboles servaient de code et de moyen de communication. Le symbole le plus courant est le poisson, *ichthys* en grec, mot composé des initiales des mots *Iesous Christos, Theou Yios, Soter* (Jésus-Christ, fils de Dieu, Sauveur). L'ancre, qui apparaît aussi régulièrement, symbolise la croyance dans le Christ comme un refuge, une pensée réconfortante durant les persécutions. Ce pourrait être un autre jeu sur des mots en grec, *ankura* ressemblant à *en kurios* qui signifie "dans le Seigneur".

1. Catacombe di Priscilla (p. 213)
2. Catacombe di Santa Domitilla (p. 221)
3. Fresque, Catacombe di San Callisto (p. 221)

Une colombe avec un rameau d'olivier dans le bec fait référence à la colombe biblique, symbole du salut.

Abandon

L'abandon des catacombes commença en 313, quand l'empereur Constantin promulgua l'édit de Milan, qui instaurait la liberté de culte. Les chrétiens purent alors enterrer leurs morts dans les cimetières des églises. Vers 800, après de fréquentes incursions d'envahisseurs, les corps des martyrs et des premiers évêques de Rome furent transférés dans les basiliques de la cité pour les protéger. Les catacombes furent abandonnées et, au Moyen Âge, la plupart avaient été oubliées. Depuis le XIXe siècle, plus de 30 catacombes ont été découvertes dans le secteur. Le dédale de tunnels est fascinant à explorer, et certaines sections de trois catacombes sont accessibles en visite guidée.

LES CATACOMBES EN 5 LIVRES

- *Les Catacombes chrétiennes de Rome. Origine, développement, décor, inscriptions*, de Fabrizio Bisconti, Vincenzo Fiocchi Nicolai et Danilo Mazzoleni (Brepols Publishers, 2000)
- *Le Premier Art chrétien (200-395)*, d'André Grabar (Gallimard, 1966)
- *La Via Appia à l'époque romaine et de nos jours. Histoire et description*, de Giuseppe Ripostelli et Orazio Marucchi (1908 ; Kessinger Publishing, 2010)
- *Bleu catacombes*, de Gilda Piersanti (Le Passage, 2007 ou Pocket, 2009)
- *Le Serment des catacombes*, d'Odile Weulersse (Le Livre de Poche Jeunesse, 2014)

OÙ SE RESTAURER

Les anciens quartiers populaires d'Ostiense et de Garbatella ont désormais une population plus aisée et d'excellents restaurants de quartier. Il existe ainsi une charmante table végétarienne près de la basilique Saint-Paul-hors-les-Murs et le mouvement Slow Food rayonne à travers le complexe Eataly. Le long de la voie Appienne se tiennent quelques trattorias aux jardins fleuris et l'on peut pique-niquer dans un cadre rural.

Voie Appienne

IL GIARDINO DI GIULIA E FRATELLI — ITALIEN €

Plan p. 366 (347 5092772 ; Via Appia Antica 176 ; plats 13-22 € ; 9h30-23h mar-dim ; ; Via Appia Antica). Juste au nord du mausolée de Cecilia Metella, ce restaurant avec jardin offre un cadre bucolique. Attablé sous les orangers, on s'y régale de classiques italiens comme de paninis face à la verdure. Tables bien espacées, aire de jeux pour les enfants et élégant rendez-vous dominical prisé (réservez !)

QUI NUN SE MORE MAI — CUISINE DU LATIUM €€

Plan p. 366 (06 780 3922 ; facebook.com/qvinunsemoremai ; Via Appia Antica 198 ; repas complet à partir de 35 € ; 12h30-23h45 mar-sam, 12h30-15h dim ; Via Appia Antica). À l'abri d'une vieille maison en pierre, cette petite table rustique a bien du charme avec sa cheminée pour les grillades et sa terrasse. On s'y revigore de robustes spécialités romaines telles que pâtes *all'amatriciana*, à la carbonara, *alla gricia* ou *cacio e pepe*. Parfait avant de continuer d'arpenter la voie Appienne.

TRATTORIA PRISCILLA — TRATTORIA €€

Plan p. 366 (339 8584 089 ; trattoriapriscilla.it ; Via Appia Antica 68 ; repas complet à partir de 27 € ; 12h30-15h et 20h-23h lun-dim midi ; Via Appia Antica). L'ancienne étable du XVIe siècle réaménagée accueille depuis plus d'un siècle les voyageurs affamés de la voie Appienne. Dans un cadre tout simple, la famille qui tient cette trattoria vous revigore d'une *cucina romana* goûteuse : pâtes à la carbonara, *all'amatriciana*, *cacio e pepe*... et d'un délicieux tiramisu.

RISTORANTE CECILIA METELLA — ITALIEN €€

Plan p. 366 (06 512 67 69 ; ceciliametella.it ; Via Appia Antica 125/127/129 ; menus 30-50 €, plats 10-24 € ; 12h-15h et 19h-22h30 mar-dim ; Via Appia Antica). À proximité des catacombes de San Callisto, ce restaurant juché sur une légère hauteur offre une vue plongeante sur les prés alentour. La cuisine y est tout à fait honnête, avec mention particulière aux grillades, et plusieurs menus dont un totalement marin. Prenez place sous la pergola drapée de végétation ou bien dans la salle plus formelle façon salle de restaurant des années 1960.

L'ARCHEOLOGIA RISTORANTE — ITALIEN €€€

Plan p. 366 (06 788 04 94 ; larcheologia.it ; Via Appia Antica 139 ; repas complet à partir de 53 € ; 19h30-23h lun-ven, 12h-15h et 19h30-23h sam-dim, fermé le mardi ; ; Via Appia Antica). Aménagée dans un ancien relais de poste de la voie Appienne, cette auberge du XIXe siècle déborde de charme. On y dîne en grand style, avec nappe blanche, sous les poutres ou devant la cheminée. L'été venu, on s'attable dehors, dans les effluves d'une glycine de trois siècles d'âge. Cuisine romaine traditionnelle ; excellente carte des vins. Réservation recommandée.

Ostiense et San Paolo

♥ DOPPIOZEROO — ITALIEN €

Plan p. 366 (06 5730 1961 ; doppiozeroo.com ; Via Ostiense 68 ; repas complet à partir de 17 € ; 7h-2h ; Via Ostiense, M Piramide). De son passé boulanger, ce lieu moderne et stylé type cantine chic a conservé le souvenir à travers son nom qui sent bon la farine : la mouture italienne 00 (double zéro) équivaut à notre T45. Une clientèle tendance s'y presse midi et soir, pour quelque part de pizza, un bon plat, pour l'*aperitivo* avec petit buffet (18h-21h) ou encore pour le copieux brunch du week-end (12h30-15h30). Après 21h, c'est uniquement un bar à vins. Tables sur le trottoir.

EATALY — ITALIEN €

Plan p. 366 (06 9027 9201 ; eataly.net ; repas complet à partir de 10 € ; 9h-23h. ; ; M Piramide, Ostiense). L'ancien terminal des trains desservant l'aéroport a fait place à cette gigantesque halle gourmande vouée à la célébration des produits typiquement italiens, y compris frais. Ses quatre étages alternent boutiques, comptoirs de

ART URBAIN DES FAUBOURGS

Le street art qui émaille les faubourgs sud de Rome offre une délicieuse respiration avant-gardiste loin des sites historiques bondés du centre. Des plans disponibles aux kiosques d'information touristique indiquent les réalisations majeures et le site officiel turismoroma.it détaille 15 itinéraires pour les découvrir.

Le quartier alternatif d'Ostiense, ex-zone industrielle, forme un attrayant musée à ciel ouvert totalisant une trentaine d'œuvres, plus ou moins éphémères. Les plus belles fresques sont celles de la **Caserma dell'Aeronautica** (plan p. 366 ; Via del Porto Fluviale ; Ⓜ Piramide), un ancien entrepôt militaire que l'artiste bolonais **Blu** (blublu.org) a recouvert, en 2014, de visages multicolores dont les yeux sont les 48 fenêtres. Sur le côté du bâtiment, une fresque fantastique représente un bateau surmonté de grues et de robots.

Artistes de rue reconnus, les Italiens **Sten & Lex** (stenlex.com) ont laissé de fortes empreintes à Ostiense, entre leur fresque en noir et blanc représentant un étudiant anonyme au 14 Via delle Conce (à côté du gangster chauve menaçant du Français **MTO** qui garde l'entrée du défunt club Rising Love au n°12) et l'immense **Paessagio Urbano XVIII** (2016) dont ils ont recouvert l'entrée piétonnière de la Stazione Roma-Ostiense sur le Piazzale XII Octobre. Non loin, dans la Via dei Magazzini Generali, la série de portraits géants de Sten & Lex compose un public qui semble admirer le célèbre *Wall of Fame* du Romain **JBRock** (jbrock.it).

Deux musées expérimentaux témoignent du crédit accordé au street art dans la Ville éternelle. À l'est de la voie Appienne, dans le quartier de Quadraro, le **MURo** (Museo di Urban Art di Roma ; muromuseum.blogspot.it ; Via dei Lentuli, Quadraro ; visite à pied/vélo 10/20 € ; Ⓜ Quadraro-Porta Furba) propose une découverte guidée, à pied ou à vélo, des nombreuses peintures murales qui égaient les rues du secteur. À Ostiense, une ancienne savonnerie en ruine du XIXe siècle accueille l'**Ex Mira Lanza Museum** (plan p. 366 ; ☎ 351 0317563 ; 999contemporary.com/exmiralanza ; Via Amedeo Avogadro ; ⏲ 24h/24 ; Ⓜ Stazione Trastevere) GRATUIT, fruit d'un projet d'art en plein air qui a invité le peintre français **Seth** (seth.fr) à faire revivre le site au moyen d'installations et de fresques grand format. On peut réserver à l'avance des visites conduites par le conservateur Stefan Antonelli. Détails sur le site Web.

restauration et restaurants proprement dits : cuisine de rue au Scottadito, délices chocolatés à La Cioccolateria Venchi, plats ombriens au Bosco Umbro. Les boissons ne sont pas en reste : La Birreria sert des bières artisanales et l'on peut aussi déguster des cafés de diverses provenance. Cours de cuisine, recettes expliquées et dégustations de vins complètent l'offre.

VERDE PISTACCHIO — VÉGÉTARIEN, VÉGAN €

Plan p. 366 (☎ 06 4547 5965 ; facebook.com/verdepistacchioroma ; Via Ostiense 181 ; repas complet à partir de 12 € ; ⏲ 12h-14h30 lun, 12h-14h30 et 17h30-minuit mar-jeu, 12h-14h30 et 17h30-1h ven, 12h30-1h sam, 12h30-18h-30 dim ; 📶 ✍ ; 🚌 Via Ostiense, Ⓜ Garbatella). Trois amis, Camilla, Raffaele et Francesco, tiennent cet élégant bistrot végétarien/végan au décor vintage minimaliste avec des tables sur le trottoir de cette artère bordée de cafés et de restaurants. La cuisine est très réussie et le menu déjeuner, une véritable affaire. Parfait pour se sustenter avant ou après la visite de Saint-Paul-hors-les-Murs, juste en face.

PIZZERIA OSTIENSE — PIZZERIA €E

Plan p. 366 (☎ 06 5730 5081 ; pizzeriaostiense.it ; Via Ostiense 56 ; repas complet à partir de 10 € ; ⏲ 18h30-1h, tlj sauf mardi hiver ; Ⓜ Piramide). Tenue par l'équipe qui dirigeait auparavant l'excellente Pizzeria da Remo du Testaccio, la Pizzeria Ostiense propose ces mêmes pizzas à la pâte ultrafine et croustillante, garnies d'ingrédients frais, ainsi que de délicieuses fritures. Cadre sans prétention et atmosphère conviviale.

ANDREOTTI — PÂTISSERIE €

Plan p. 366 (☎ 06 575 07 73 ; andreottiroma.it ; Via Ostiense 54/56 ; pâtisserie à partir de 1,50 € ; ⏲ 7h-21h30 ; 📶 ; 🚌 Via Ostiense, Ⓜ Piramide). Les *crostate* (tartes), les *sfogliatelle*

VAUT LE DÉTOUR

DÉCOUVERTE DU QUARTIER DE L'EUR

L'un des rares développements planifiés de la capitale, l'**EUR** (M EUR Palasport) fut construit pour l'Exposition universelle de 1942. On y trouve quelques musées, mais son intérêt réside dans sa spectaculaire architecture rationaliste, incarnée dans plusieurs *palazzi*, notamment l'emblématique **Palazzo della Civiltà Italiana** (Palais de la civilisation italienne ; 06 06 08 ; www.fendi.com ; Quadrato della Concordia ; selon les expositions ; M EUR Magliana) GRATUIT. Surnommé le "Colisée carré", ce bâtiment de 50 m de haut, construit entre 1938 et 1943, est habillé de travertin d'un blanc éclatant. Derrière ses six rangées de neuf fenêtres en arc de cercle se trouve désormais le siège de la maison de mode Fendi. Autres exemples d'architecture monumentale : la **Chiesa Santi Pietro e Paolo** (santipietroepaoloroma.it ; Piazzale Santi Pietro e Paolo ; 7h-12h et 16h-19h ; M EUR Palasport), la **PalaLottomatica** (Petit Palais des sports ; 06 54 09 01 ; palazzodellosportroma.it ; Piazzale dello Sport 1 ; M EUR Palasport) et le **Palazzo dei Congressi** (Palais des congrès ; Piazza JF Kennedy 1 ; M EUR Fermi).

On doit l'avant-gardiste **Roma Convention Centre** (06 5451 3710 ; romaconventiongroup.it ; Viale Asia, entrée angle Via Cristoforo Colombo ; M EUR Fermi), plus grand édifice construit à Rome en 50 ans, à Massimiliano et Doriana Fuksas. Inauguré en 2016, cet étonnant bâtiment ressemble à une boîte transparente de verre et d'acier appelée la *Teca* (la vitrine), dans laquelle semble flotter un auditorium de 1 850 places en forme de nuage (*Nuvola*).

L'EUR héberge aussi la plus grande piscine publique de Rome, la **Piscina delle Rose** (06 542 20 333 ; piscinadellerose.it ; Viale America 20 ; tarif plein/réduit 16/10 €, pass 1 heure 30 lun-ven 10 €, gratuit – 10 ans ; 9h-21h lun-ven, 9h-19h sam-dim été ; M EUR Palasport). Arrivez tôt pour obtenir un transat, car on s'y bouscule.

En construction depuis les années, le **Sea Life Roma** (045 644 97 77 ; visitsealife.com ; Piazza Umberto Elia Terracini) comptera à terme 30 aquariums géants contenant plus de 5 000 créatures marines et un tunnel vitré à 360° pour observer requins et raies.

Pour prendre un repas, un petit en-cas ou savourer un cocktail, il n'est guère de meilleure option dans le quartier que le très animé **Caffè Palombini** (06 591 17 00 ; palombini.com ; Piazzale Konrad Adenauer 12 ; plats 8-10 € ; 7h-22h). Vous pourrez ensuite succomber aux glaces divinement crémeuses du légendaire **Giolitti** (06 592 45 07 ; giolittieur.it ; Viale Oceania 90 ; glaces à partir de 2 € ; 7h-minuit ; wifi).

Enfin, sachez que la voiture règne dans le secteur et qu'on n'y croise guère de promeneurs à pied.

romane (feuilletés sucrés fourrés de ricotta) dorées et autres gourmandises sucrées de cette *pasticceria* fondée en 1934 mettent vraiment l'eau à la bouche. Sinon, Andreotti sert aussi des plats simples (pâtes autour de 6 €) à manger en terrasse dès qu'il fait un peu beau. L'idéal pour une pause-café.

ANGELINA — ITALIEN €

Plan p. 366 (06 4368 8415 ; ristoranteangelina.com ; Via Porto Fluviale 5 ; plats 12-20 € ; 11h30-2h ; M Piramide). Chacun trouve son compte dans ce bar-lounge-bistrot-café à l'atmosphère détendue et à la nourriture réconfortante. Les viennoiseries du matin cèdent la place à des plats italiens chauds et froids servis jusqu'après minuit. À toute heure, un choix de bières, de vins et de cocktails désaltère les clients.

GELATERIA ROMANA — GLACIER

Plan p. 366 (06 5728 8114 ; gelateriaromana.com ; Via Ostiense 48 ; cornet 3 boules 2,70 € ; 13h-minuit ; M Piramide). Cette enseigne de grande chaîne brillamment éclairée n'a certes pas le charme d'un glacier artisanal, mais on aime ses parfums pannacotta (avec pignons grillés et caramel), orange sanguine de Sicile, forêt-noire et ricotta aux figues caramélisées.

♥ TRATTORIA PENNESTRI
CUISINE DU LATIUM €€

Plan p. 366 (☎06 574 24 18 ; facebook.com/TrattoriaPennestri ; Via Giovanni da Empoli 5 ; repas complet à partir de 35 € ; ⏲19h-23h mar-jeu, 12h-15h et 19h-23h ven-dim ; ; Ⓜ Piramide). Outre un bel hommage aux bons vieux classiques romains (carbonara, tripes...), le chef italo-danois Tommaso Pennestri se distingue par une audacieuse cuisine de trattoria. Les traditionnels gnocchis se parent ici de crevettes et de *stracciatella* (le cœur crémeux de la *burrata)*, le cochon de lait glacé au genièvre est accompagné d'un chutney de pommes, et la mousse au chocolat a un parfum de romarin.

PORTO FLUVIALE
PIZZERIA, TRATTORIA €€

Plan p. 366 (☎06 574 31 99 ; portofluviale.com ; Via del Porto Fluviale 22 ; plats 9,50-14,50 € ; ⏲10h30-2h ; ; Ⓜ Piramide). Branché et animé, ce bar-restaurant industriel-chic attire une clientèle diverse, dont beaucoup de familles, dans son grand espace semblable à un loft. Sa cuisine, d'un bon rapport qualité/prix, affiche un peu de tout : pizzas, pâtes, *cicchetti* (tapas version vénitienne), burgers, salades géantes – le tout également proposé en portions réduites. En dehors des repas, on peut se caler dans un canapé en cuir pour décompresser devant un café, un *aperitivo* ou un verre le soir sur fond de jazz.

TRATTORIA ZAMPAGNA
TRATTORIA €€

Plan p. 366 (☎06 574 23 06 ; trattoriaromana.it/da/zampagna ; Via Ostiense 179 ; repas complet à partir de 30 € ; ⏲12h-15h dim-lun, 12h-15h30 et 19h-23h mar-sam ; Via Ostiense, Ⓜ Garbatella). Parmi les adorables petites tables en terrasse qui regardent l'imposante basilique Saint-Paul-hors-les-Murs, cette humble trattoria mitonne depuis 80 ans une saine cuisine familiale. Comme le veut la tradition romaine, le jeudi est le jour des gnocchis, le vendredi celui du *baccalà* (morue) et le samedi celui des tripes. Le tiramisu maison est exceptionnel. Tables également au jardin à l'arrière.

ESTROBAR
ITALIEN €€

Plan p. 366 (☎06 5728 9141 ; estrobar.it ; Via Pellegrino Matteucci 20 ; menu 36 €, repas complet à partir de 40 € ; ⏲19h-minuit ; Ⓜ Piramide, Via Ostiense). Les créatifs du coin viennent volontiers parler culture devant une bouteille de brut ou l'un des divins cocktails (à base de fruits ou de légumes) du bar-restaurant-galerie de l'Hotel Abitart (p. 256), repaire couru du Testaccio. On y apprécie la cuisine fusion signée Francesco Bonanni, la carte de quelque 200 vins, la bande-son façon DJ comme les concerts.

SEACOOK
PRODUITS DE LA MER €€€

Plan p. 366 (☎06 5730 1512 ; cuochiepescatori.it; Via del Porto Fluviale 7D/7E ; repas complet à partir de 40 € ; ⏲12h-15h30 et 18h30-minuit ; ; Ⓜ Piramide). Pour un repas de la mer dans un cadre aquatique très classe, direction Ostiense et ce restaurant blanc de style nordique avec tabourets de bar, plantes en pot et luminaires en bambou. La filière *Cuochi e Pescatori* ("chefs et pêcheurs") tient la une, et le poisson vient tout droit du Salento (Pouilles). Nombreux plats du jour en fonction des produits du marché.

Garbatella

NERO VANIGLIA
PÂTISSERIE €

(☎06 578 03 06 ; facebook.com/nerovanigliagiorgiagrillo ; Circonvallazione Ostiense 201 ; pâtisseries 2,50 € ; ⏲7h-20h ; ; Ⓜ Garbatella). Une pâtisserie cosy de Garbatella où succomber devant l'étalage de *cornetti* (croissants) fourrés de crème pâtissière, *bignè* (choux à la crème), mini-tiramisu, pannacotta et autres délices. On salive devant le laboratoire vitré en observant les étapes de fabrication.

AL RISTORO DEGLI ANGELI
CUISINE DU LATIUM €€

Plan p. 366 (☎06 5143 6020 ; ristorodegliangeli.it ; Via Luigi Orlando 2 ; repas complet à partir de 32 € ; ⏲12h30-15h sam, 19h-23h30 lun-sam ; Ⓜ Garbatella). Sous les arcades d'un bâtiment notable de Garbatella, cette trattoria raffinée régale une clientèle avisée de gourmets locaux qui apprécient sa remarquable interprétation des spécialités romaines. Toutes les pâtes sont des valeurs sûres, mais il y a aussi des fruits de mer et des légumes de saison bien accommodés. Réservez une table en terrasse.

ayant appartenu au parrain de la *banda del Magliana,* un gang mafieux local, a été transformée par la municipalité en un complexe de jazz sur trois niveaux avec un auditorium de 150 places, des salles de répétition, un café et un restaurant. Des pointures s'y produisent à l'occasion. Le prix d'entrée varie en fonction des concerts, mais certains sont gratuits.

TEATRO INDIA THÉÂTRE

Plan p. 366 (☎06 8775 2210 ; teatrodiroma.net ; Lungotevere Vittorio Gassman 1 ; Stazione Trastevere). Inauguré en 1999 dans un ancien bâtiment industriel, le petit frère du Teatro Argentina monte des pièces pointues, italiennes ou étrangères, en adéquation avec son cadre d'une modernité austère.

Excursions

Ostia Antica p. 236

Flânez le long des rues du port de la Rome antique, entre maisons, temple et boutiques, et grimpez au sommet des gradins du théâtre. Ostia Antica rappelle Pompéi.

Tivoli p. 237

Cette petite ville perchée sur la colline réunit deux sites classés au patrimoine mondial : l'antique Villa Adriana, gigantesque villa de campagne de l'empereur Hadrien, et le domaine Renaissance de la Villa d'Este, avec ses jardins paysagers et ses somptueuses fontaines.

Castelli Romani p. 238

Au sud de la Ville éternelle, le charme des Coli Albani (monts Albains) a depuis longtemps conquis les Romains, qui, depuis des temps reculés, ont fait de leurs treize bourgades leur lieu de villégiature privilégié.

Cerveteri p. 240

Les tombes et trésors archéologiques de cette cité étrusque de premier plan offrent un aperçu exceptionnel de cette civilisation qui continue à nous intriguer.

Orvieto p. 242

Au sommet d'une colline, cette ville d'Ombrie à la cathédrale gothique exceptionnelle entre toutes se trouve à mi-chemin entre Florence et Rome. Prévoyez la journée.

Ostia Antica

Facile d'accès en train depuis Rome, Ostia Antica est l'un des sites archéologiques d'Italie les plus évocateurs. Fondée au IVe siècle av. J.-C., la cité fut d'abord un camp militaire fortifié qui protégeait l'embouchure du Tibre – comme l'indique son nom tiré du mot latin *ostium,* signifiant "ouverture". Elle se développa rapidement, jusqu'à devenir, au IIe siècle de notre ère, un port florissant où vivaient quelque 50 000 habitants.

Après la chute de l'Empire romain, la ville connut le déclin et, au IXe siècle, elle ne comptait plus grand monde suite aux incursions barbares et aux épidémies de paludisme. Au fil des siècles suivants, tout le marbre et les matériaux exploitables furent pillés, et les alluvions du Tibre recouvrirent lentement ses ruines, d'où leur excellent état de conservation actuel.

Le meilleur

➡ **Site** Terme di Nettuno

Notre conseil

Prévoyez un pique-nique ou déjeunez avant ou après votre visite, car la cafétéria du site est souvent bondée.

Depuis/vers Ostia Antica

➡ **Train** Prenez la ligne Roma-Lido à la Stazione Porta San Paolo (près du métro Piramide) et descendez à Ostia Antica (4 trains/heure). Le trajet, couvert par un billet ordinaire de transports publics romains, dure 25 minutes.

➡ **Voiture** Empruntez la Via del Mare, parallèle à la Via Ostiense, et suivez les panneaux indiquant *scavi* (fouilles).

Renseignements

➡ **Situation** 25 km au sud-ouest de Rome

À VOIR

AREA ARCHEOLOGICA DI OSTIA ANTICA SITE ARCHÉOLOGIQUE

(site archéologique d'Ostie ; ☎06 5635 8099 ; ostiaantica.beniculturali.it ; Viale dei Romagnoli 717 ; tarif plein/réduit 12/2 € ; ⏲8h30-16h30 mar-dim oct-fév, 8h30-17h15 mar-dim mars, 8h30-19h mar-dim avr-sept, 8h30-18h30 mar-dim oct). Comptant parmi les plus beaux sites du Latium, les ruines d'Ostie, le port antique de Rome, merveilleusement conservées, sont comme une version réduite de Pompéi. Parmi les éléments les plus dignes d'intérêt figurent les thermes de Neptune, le théâtre profondément encaissé, des mosaïques d'une fraîcheur inouïe et un estaminet antique, où l'on devine au mur les caractères peints du menu de l'époque.

L'ampleur du site invite à lui consacrer plusieurs heures. Très fréquenté le week-end, il est beaucoup plus calme en semaine.

Pour faciliter la navigation, mieux vaut s'armer d'un plan du site (vendu 2 € à la billetterie) ou d'un audioguide (5 €).

Passé la billetterie, la **Porta Romana** donne accès au **Decumanus Maximus**, grand axe est-ouest de la cité romaine, qui s'étire sur 1 km jusqu'à la **Porta Marina**, accès initial à la cité en venant de la mer. (Néanmoins, à notre passage, l'artère était barrée aux deux tiers du parcours, au niveau du Tempio dei Fabri Navales.)

Sur le Decumanus, les **Terme di Nettuno** (thermes de Neptune), monument majeur, datent du IIe siècle. Ce complexe de bains, l'un des vingt que comptait la cité, conserve de magnifiques mosaïques, dont celle de Neptune conduisant son attelage de chevaux marins. Au centre de l'ensemble se trouvait la **Palestra** (gymnase) dont on devine les vestiges de la colonnade qui la délimitait.

Les thermes jouxtent le **Teatro**, hémicycle initialement construit par Agrippa à la fin du Ier siècle av. J.-C. et dont on multiplia par la suite les gradins pour accueillir 4 000 personnes.

Dans la zone herbeuse derrière l'excavation, le **Piazzale delle Corporazioni** (forum des Corporations) formait une sorte de bourse du commerce avec différents bureaux d'armateurs étrangers et de marchands d'Ostie ou d'autres villes portuaires de l'Empire romain. Les mosaïques bordant la place pourraient symboliser les différents négoces implantés ici : les navires et les dauphins pour les agences maritimes, l'éléphant pour le commerce de l'ivoire.

Plus loin le long du Decumanus, le **Forum**, la place principale d'Ostie, est dominé par ce qui reste d'un temple érigé sous Hadrien, le **Capitolium** dédié à Jupiter, Junon et Minerve.

Non loin se trouve un autre site phare : le **Thermopolium**, un café antique doté d'un comptoir – remarquez au mur les traces peintes du menu – et d'une petite cour où les clients se détendaient autour d'une fontaine. Juste au nord se trouvent deux **maisons décorées**, dont vous ne pourrez contempler les fresques que lors d'une visite guidée à 10h30 chaque dimanche (détails de réservation sur le site Internet).

De l'autre côté du Decumanus se dressent les ruines des **Terme del Foro** (thermes du Forum), édifiés au IIe siècle. Dans les *forica* (latrines) de ce complexe de bains – le plus grand de la cité à l'époque –, découvrez vingt sièges d'aisances bien préservés, aménagés sans souci d'intimité sur un banc en pierre.

Dans un registre plus prosaïque et moderne, le site abrite un bar-cafétéria et une boutique de souvenirs, vers le nord du Decumanus (direction Via dei Molini). On y trouve aussi un petit **musée** où sont exposés les statues et les sarcophages mis au jour sur le site.

OÙ SE RESTAURER

RISTORANTE MONUMENTO ITALIEN €€

(06 565 00 21 ; ristorantemonumento.it ; Piazza Umberto I 8 ; repas complet à partir de 30 € ; 12h30-15h30 et 20h-22h30). Dans le bourg médiéval d'Ostie, ce restaurant déjà en activité au XIXe siècle accueillait les ouvriers chargés de l'assèchement des marais. Aujourd'hui, il prospère en régalant les visiteurs des vestiges voisins. Les plats de fruits de mer sont particulièrement bons, tels les *spaghetti alle vongole* (spaghettis aux palourdes). Réservation conseillée, surtout le week-end.

Tivoli

Perchée sur une colline, la ville de Tivoli, retraite estivale pour les riches Romains de l'Antiquité et de la Renaissance, a toujours été réputée pour ses eaux thermales. Aujourd'hui, sa renommée tient toujours à ses villas, deux sites classés par l'Unesco : la Villa Adriana, vaste propriété de l'empereur Hadrien, et la Villa d'Este, résidence du XVIe siècle, célèbre pour ses jardins paysagers et ses jeux d'eau.

Le meilleur

➡ **Site** Le *Canopo* de la Villa Adriana, longiligne bassin bordé de statues et de colonnades

Notre conseil

Pour couvrir les deux principaux sites de Tivoli en une journée, commencez par visiter la Villa d'Este, puis déjeunez dans le centre, avant de gagner la Villa Adriana par le bus CAT n°4 ou le n°4X (1,30 €, 10 minutes, toutes les 30 min environ) partant de la Piazza Garibaldi.

Depuis/vers Tivoli

➡ **Bus** Tivoli, à 30 km à l'est de Rome, est accessible en bus Cotral (1,30 €, 50 min, au moins 2/heure) depuis la station de métro Ponte Mammolo.

➡ **Train** Au départ de la Stazione Tiburtina (2,60-3 €, 45 min-1 heure 15, au moins 1/heure).

➡ **Voiture** La Via Tiburtina ou l'autoroute (A24) Rome-L'Aquila, plus rapide.

Renseignements

➡ **Indicatif téléphonique** 0774

➡ **Situation** 30 km à l'est de Rome

➡ **Point d'information touristique** (0774 31 35 36 ; Piazzale delle Nazione Unite ; 10h-17h30)

À VOIR

VILLA ADRIANA SITE ARCHÉOLOGIQUE

(0774 38 27 33 ; levillae.com/fr ; Largo Marguerite Yourcenar 1 ; tarif plein/réduit 10/2 € ; 8h30h-19h sept-oct, 8h30-18h30 oct, 8h30-17h oct-fév ; dernière entrée 1h30 avant fermeture). Les vestiges de la vaste maison de campagne de l'empereur Hadrien, à 5 km du centre de Tivoli, sont absolument magnifiques. Bâtie entre 118 et 138, la villa fut l'une des plus grandes du monde antique, s'étendant sur plus de 120 ha, dont environ 40 sont aujourd'hui ouverts au public. Comptez 3 heures pour en faire le tour complet. Il y a un parking (3 €) sur place.

De l'entrée, une route monte sur 400 m environ jusqu'à un pavillon où l'on peut voir une maquette de la villa d'origine, en grande partie dessinée par l'empereur en personne. Grand voyageur et passionné d'architecture, Hadrien a trouvé son inspiration dans les multiples édifices qu'il avait observés en voyage. Le **Pecile**, vaste bâtiment avec jardin et bassin situé au nord, rappelle la *stoa poikilé* de l'agora athénienne. De même, le **Canopo** – un étroit bassin de 120 m de long flanqué de statues et de colonnades et peuplé de tortues – doit son nom à la ville égyptienne de Canope reliée autrefois à Alexandrie par un canal. Au bout, le **Serapeum**, nymphée semi-circulaire longtemps considéré comme un temple à la mémoire d'Antinoüs, favori d'Hadrien, devait en fait servir pour des banquets. Au bord de l'eau, l'**Antiquarium** accueille désormais des expositions temporaires (tarif plein/réduit 5/2,50 €).

Au nord-est du *Pecile*, le **Teatro Marittimo** constitue l'un des édifices emblématiques du site. Installée au milieu d'un bassin artificiel et accessible uniquement par des ponts tournants à l'époque, cette petite villa circulaire était le refuge personnel d'Hadrien.

Au sud-est, la **Piazza d'Oro** est photogénique au printemps, quand l'herbe se couvre de fleurs jaunes.

Le site compte également plusieurs thermes, temples et casernes.

VILLA D'ESTE ÉDIFICE HISTORIQUE

(☎0774 33 29 20 ; villadestetivoli.info ; Piazza Trento 5 ; tarif plein/réduit 12/2 € ; ⏲8h30-18h45 mar-dim, 14h-18h45 lun, fermeture des jardins 1 h avant le coucher du soleil). Dans le centre de Tivoli, le domaine en terrasses de la Villa d'Este constitue un magnifique exemple de jardins Renaissance, avec ses fontaines monumentales, ses superbes avenues bordées d'arbres et d'arbustes et ses grottes paysagères. Uniquement mue par la gravité, l'eau est partout présente, crachée par des gargouilles ou d'extravagantes fontaines, circulant dans des rigoles puis devenant calme miroir dans des bassins. Admirez la **Fontana dell'Organo** (fontaine de l'Orgue), conçue par le Bernin, où la pression de l'eau est mise à profit pour actionner un orgue caché, et l'avenue des **Cento Fontane** (Cent Fontaines), longue de 130 m.

À l'origine couvent bénédictin, le lieu fut transformé en retraite de luxe par le fils de Lucrèce Borgia, le cardinal Hippolyte d'Este, à la fin du XVIe siècle. Elle servit plus tard de source d'inspiration au compositeur Franz Liszt, qui composa *Les Jeux d'eaux à la Villa d'Este*. Avant d'explorer les jardins, prenez le temps d'admirer les fresques maniéristes qui couvrent les murs du **palazzo**.

OÙ SE RESTAURER

VAPOFORNO PLEBISCITO BOULANGERIE €

(☎0774 31 13 23 ; Piazza del Plebiscito 6 ; repas complet à partir de 10 € ; ⏲7h-20h lun-jeu, 7h-23h ven-sam). Sur la place du vieux marché de Tivoli, il est agréable de venir s'acheter par exemple une belle part de pizza au comptoir de cette boulangerie sympathique comme de s'installer à l'une des tables du fond pour déguster une salade fraîche ou une copieuse assiette de ragoût.

OÙ SE LOGER

♥ **RESIDENZE GREGORIANE** BOUTIQUE-HÔTEL €€€

(☎347 713 6854 ; residenzegregoriane.it ; Via Domenico Giuliani 92 ; ste 230-250 € ;). Passez une nuit inoubliable dans un hôtel imprégné d'histoire. Les trois suites, chacune décorée dans un style historique différent, occupent le Palazzo Mancini-Torlonia, bel édifice Renaissance ornées de fresques dont beaucoup furent réalisées par les artistes qui œuvrèrent à la Villa d'Este. La splendide cour intérieure est tapissée de céramiques et de mosaïques en coquillage, comme l'étaient les palais d'alors.

Castelli Romani

Au sud-est de Rome, les monts Albains (Colli Albani) et leurs 13 bourgs, collectivement appelés Castelli Romani, forment une ravissante poche de collines verdoyantes et de lacs volcaniques. Lieu de villégiature privilégié des Romains depuis longtemps, la région en voit encore affluer un grand nombre les chauds week-ends d'été. Frascati, célèbre pour son vin, Castel Gandolfo, résidence d'été des papes, et le pittoresque Lago Albano comptent parmi les sites les plus remarquables.

Le meilleur

➡ **Site** Lago Albano

➡ **Restaurant** Cacciani

➡ **Bars et cafés** Frascati

Notre conseil

À Frascati, trouvez une *cantina* (cave-trattoria) et offrez-vous une collation composée de *porchetta* et de vin local frais.

Depuis/vers les Castelli Romani

➡ **Train** En semaine, des trains partent toutes les heures de la Stazione Termini, à Rome, pour Frascati (2,10 €, 30 minutes) et Castel Gandolfo (2,10 €, 45 minutes) ; le dimanche, les départs se font toutes les 2 heures. Pour rallier Castel Gandolfo, prenez le train vers Albano Laziale.

➡ **Voiture** Quittez Rome par la Via Tuscolana (SS215) en direction de Frascati ou par la Via Appia Nuova (SS7) à destination de Castel Gandolfo et de Lago Albano.

Comment circuler

Pour circuler d'un Castello à l'autre, vous devrez prendre le bus. Les services routiers Cotral (p. 308) rallient Grottaferrata (1,10 €, 10 min) et Castel Gandolfo (1,10 €, 30 min) au départ de la Piazza Marconi de Frascati.

Si vous êtes en auto, la direction de Grottaferrata est indiquée depuis Frascati d'où l'on doit parcourir 4 km par la SR218. Castel Gandolfo n'est qu'à 5 km de Grottaferrata.

Renseignements

➡ **Situation** 20 km au sud-est de Rome

À VOIR

Frascati

CATTEDRALE DI SAN PIETRO — ÉGLISE

(06 942 02 38 ; Piazza San Pietro ; 7h-13h et 15h-19h). Frascati est bien loin de l'Écosse, mais c'est pourtant ici, dans la cathédrale construite au tournant des XVIe et XVIIe siècles, que fut inhumé le cœur de Charles Édouard Stuart, dit Bonnie Prince Charlie (le reste de sa dépouille repose dans la basilique Saint-Pierre de Rome). Principal intérêt de l'église : sa monumentale façade baroque due à l'architecte Girolamo Fontana (fin du XVIIe siècle).

SCUDERIE ALDOBRANDINI — MUSÉE

(Écuries Aldobrandini ; 06 941 84 407 ; facebook.com/ScuderieAldobrandini ; Piazza Marconi 6 ; tarif plein/réduit 3/1,50 €, avec expo 5,50/3 € ; 10h-18h lun-ven, 10h-19h sam-dim). Les anciennes écuries de la Villa Aldobrandini, restaurées par l'architecte Massimiliano Fuksas, abritent le **Museo Tuscolano**, dédié à l'histoire locale. Sa collection comprend des objets de la Rome antique et des maquettes des Ville Tuscolane, un ensemble de villas patriciennes bâties aux XVIe et XVIIe siècles.

VILLA ALDOBRANDINI — JARDINS

(06 68 33 785 ; Via Cardinal Massai 18 ; 8h30-17h30 lun-ven). GRATUIT Dominant la place principale de Frascati, cette villa est une demeure altière du XVIe siècle conçue par Giacomo Della Porta et construite par Carlo Maderno pour le neveu du pape Clément VII. Elle est fermée au public, mais ses jardins baroques, dotés d'un fameux théâtre d'eau et d'une terrasse panoramique, se visitent.

Castel Gandolfo

GIARDINI DI VILLA BARBERINI — JARDINS

(06 6988 3145 ; museivaticani.va ; Via Rosselli ; tarif plein/réduit 20/15 €, billet combiné avec le Palazzo Apostolico tarif plein/réduit 27/20 €, promenade à pied encadrée sam 12/5 € ; 8h30-14h lun-ven, 8h30-17h30 ou 18h30 sam-dim). Demeurés clos pendant des siècles, les jardins pontificaux de Castel Gandolfo sont désormais ouverts à la visite le samedi, avec un guide et en groupe. Les circuits d'une heure (sans possibilité de descendre) font en petit train électrique le tour (commenté par audioguide multilingue) des vastes jardins, entre ruines romaines, parterres fleuris, bois, vergers et potagers, et même l'héliport du pape.

Des visites à pied sont également programmées le samedi matin, offrant l'occasion de flâner librement en compagnie d'employés du Vatican. Consultez le site Internet pour choisir entre une multiplicité d'offres. Réduction appliquée sur présentation d'une entrée à un autre site des musées du Vatican.

PALAZZO APOSTOLICO — PALAIS

(06 6988 3145 ; museivaticani.va ; Piazza della Libertà ; tarif plein/réduit 11/5 € ; 8h30-14h

lun-ven, 8h30-17h30 ou 18h30 sam-dim). Dominant l'horizon de Castel Gandolfo, le Palais apostolique construit au XVIIe siècle a été la résidence d'été des papes. Son ouverture au public depuis 2016 permet de découvrir en visite libre (audioguide) les appartements pontificaux et tous les salons tapissés de marbre du palais. Les portraits d'une cinquantaine de papes sont ici réunis tout comme leurs vêtements et tenues liturgiques parmi une multitude d'objets liés au Vatican, y compris la BMW où était conduit Jean-Paul II lors de ses séjours ici. Réduction appliquée sur présentation d'une entrée à un autre site des musées du Vatican.

Lago Albano

LAGO ALBANO LAC

Plus grand et plus aménagé que le Lago di Nemi, l'autre lac volcanique des Castelli, le Lago Albano est niché dans un cratère boisé aux pentes abruptes. Très fréquenté au printemps et en été, le lac est bordé de nombreux restaurants agréables.

On peut y accéder depuis Castel Gandolfo, ou par une route qui bifurque de la Via Appia Nuova (SS7).

OÙ SE RESTAURER

Frascati

CANTINA SIMONETTI OSTERIA €

(347 6300269 ; antinasimonetti.it ; Piazza San Rocco 4 ; repas complet 25 € ; 19h-minuit mar-ven, 13h-15h et 19h-minuit sam, 13h-15h dim). Offrant une expérience *vino e cucina* authentique, cette *cantina* sert un repas simple comprenant de la *porchetta*, de la charcuterie, des pâtes et du fromage, accompagnés d'un vin blanc local au pichet. Dans la droite lignée de la cuisine, le cadre est rustique, avec des tresses d'ail pendant au plafond et des tables en bois toutes simples.

OSTERIA SAN ROCCO PIACENTE OSTERIA €€

(348 871 5139 ; Via Cadorna 1 ; plats 15-25 € ; 12h30-15h et 19h30-23h tlj). Si vous souhaitez tester une *osteria* typique, rendez-vous dans cet établissement. Assurez-vous d'avoir faim car, après les copieuses entrées de *porchetta* et de beignets de fleurs de courgette, vous attendent les indémodables classiques que sont les raviolis maison et les boulettes de viande richement aromatisées.

CACCIANI RESTAURANT €€€

(06 942 03 78 ; cacciani.it ; Via Armando Diaz 13 ; repas complet à partir de 50 €, menus dégustation 55 € ; 12h-14h30 et 19h30-22h mar-sam, 12h-14h dim). Dotée d'une somptueuse terrasse face à Rome au loin, cette table vedette de Frascati sert une cuisine raffinée. Aux classiques régionaux très appréciés, tel le *tonnarello a cacio e pepe* (spaghettis aux œufs avec pecorino et poivre noir), s'ajoutent des compositions plus modernes à base d'ingrédients de saison issus de petites productions. Les œnophiles éclairés apprécieront l'imposante carte des vins.

Castel Gandolfo

ANTICO RISTORANTE PAGNANELLI RESTAURANT €€€

(06 936 00 04 ; pagnanelli.it ; Via Gramsci 4, Castel Gandolfo ; repas complet à partir de 65 € ; 10h-minuit). Icône centenaire du lieu, cette belle maison rose tapissée de verdure offre une vue sublime sur le Lago Albano. L'endroit est romantique à souhait, en particulier par une chaude soirée d'été. La cuisine italienne, à base de produits de saison, est à la hauteur, surtout quand elle s'accompagne d'un cru de la fabuleuse carte des vins conservés dans l'étonnante cave creusée dans le tuf.

Cerveteri

À 35 km au nord-ouest de Rome, cette paisible ville provinciale possède l'un des plus grands trésors étrusques d'Italie : la magnifique Necropoli di Banditaccia. Ce complexe funéraire antique, classé par l'Unesco, est tout ce qui subsiste de la vaste ville portuaire étrusque qui se trouvait là autrefois.

Fondée au IXe siècle av. J.-C., la cité, que les Étrusques appelaient Chisra et les Romains Caere, appartenait à la Dodécapole (alliance des douze cités-États étrusques). Entre le VIIe et le Ve siècle, elle fut l'un des pôles commerciaux les plus importants de la Méditerranée. Elle finit par entrer en conflit avec Rome et, en 358 av. J.-C., fut annexée à la République romaine.

VAUT LE DÉTOUR

TARQUINIA

À 90 km au nord-ouest de Rome, Tarquinia est avant tout connue pour ses vestiges étrusques. De l'ancienne cité de la Dodécapole (alliance de douze cités-États étrusques), il reste en effet une impressionnante nécropole classée au patrimoine mondial de l'humanité, renfermant près de 200 tombes peintes. Mais Tarquinia possède également un superbe Musée étrusque (le plus intéressant en dehors de Rome) et un charmant centre médiéval qui valent la visite.

D'après la légende, Tarquinia aurait été fondée vers la fin de l'âge du bronze, au XIIe siècle av. J.-C. Patrie des Tarquins, dynastie étrusque qui régna sur Rome au VIe siècle av. J.-C., la cité-État atteignit son apogée au IVe siècle av. J.-C., se battit un siècle contre la Rome républicaine avant d'être définitivement soumise en 204 av. J.-C.

Dans le **Museo Archeologico Nazionale Tarquiniense** (☎0766 85 60 36 ; polomusealelazio.beniculturali.it/index.php?it/556/museo-archeologico-nazionale-di-tarquinia ; Piazza Cavour 1 ; tarif plein/réduit 6/2 €, avec nécropole 10/4 € ; ⌚9h-19h30 mar-dim), joliment aménagé dans le Palazzo Vitelleschi (XVe siècle), sont présentés des objets étrusques mis au jour dans la région.

Mais pour visiter l'un des deux plus importants sites étrusques d'Italie, rendez-vous à la **Necropoli di Tarquinia** (Necropoli dei Monterozzi ; ☎338 861 8856 ; necropoliditarquinia.it ; tarif plein/réduit 6/2 €, avec musée 10/4 € ; ⌚9h-19h30 mar-dim), une importante nécropole utilisée du VIIe au IIIe siècle av. J.-C. A priori, l'étendue herbeuse parsemée de pierres qui s'offre au regard n'a rien d'exceptionnel, mais il suffit de descendre dans l'une des cavités qui s'y cachent pour en saisir l'intérêt. Quelque 6 000 tombes creusées dans la roche ont été mises au jour dans cette zone depuis le début des fouilles en 1894, dont 200 sont ornées de scènes ou de fragments peints ; 22 sont ouvertes au public. Pour admirer les plus belles fresques, guettez la **Tomba della Leonessa**, la **Tomba della Caccia e della Pesca** – avec ses touchantes scènes de chasse et de pêche –, mais aussi la **Tomba dei Leopardi** et la **Tomba della Fustigazione**.

Pour gagner la nécropole, située à environ 1,5 km du centre, prenez le bus D (1 €) près de l'office du tourisme. Autrement, comptez 20 minutes à pied : remontez le Corso Vittorio Emanuele, tournez à droite dans la Via Porta Tarquinia et continuez sur la Via Ripagretta.

De Rome, le plus simple est de prendre le train à la Stazione Termini (5,60 €, 1 heure 15, 1/heure). En sortant de la gare de Tarquinia, prenez le bus BC, qui dessert toutes les heures le centre historique (1 €). En voiture, prenez l'*autostrada* A12 direction Civitavecchia, puis la Via Aurelia (SS1).

Le meilleur

➜ **Site** Necropoli di Banditaccia

Notre conseil

Ne manquez pas le Musée étrusque de Cerveteri, qui donne des détails sur la nécropole et redonne vie à la cité.

Depuis/vers Cerveteri

➜ **Bus** De Rome, Cerveteri est facilement accessible par un service routier Cotral (p. 308). Le bus (2,80 €, 1 heure-1 heure 15, 2/heure lun-sam, 1/heure dim) part de la station de métro Cornelia (ligne A).

➜ **Voiture** Prenez la Via Aurelia (SS1) ou l'*autostrada* vers Civitavecchia (A12) et sortez à Cerveteri-Ladispoli.

Renseignements

➜ **Indicatif téléphonique** 06

➜ **Situation** 35 km au nord-ouest de Rome

➜ **Point d'information touristique** (☎06 9955 2637 ; Piazza Aldo Moro ; ⌚9h30-12h30 et 17h30-19h30 mar-sam, 10h-13h dim été, 9h30-12h30 mar-sam, 10h-13h dim hiver)

À VOIR

NECROPOLI DI BANDITACCIA SITE ARCHÉOLOGIQUE

(06 994 00 01 ; comune.cerveteri.rm.it/turismo-e-cultura ; Via della Necropoli 43/45 ; tarif plein/réduit 6/2 €, avec musée 10/4 € ; 9h-17h mer-dim). Véritable cité des morts, cette nécropole étrusque de 45 ha, dont 12 ha peuvent être visités, compte plusieurs milliers de tombes disposées selon un plan quasi urbain, avec des quartiers, des rues et des petites places. Datées du IXe siècle av. J.-C. au Ier siècle av. J.-C., les tombes sont de plusieurs types : à hypogée (tombes taillées dans la roche), complètement enterrées et recouvertes d'un tumulus circulaire, les tombes *a dado*, c'est-à-dire en "cubes", construites en alignement le long des chemins. Des tombeaux comme la **Tomba dei Rilievi** (VIe siècle av. J.-C.) conservent les traces de reliefs peints, dont un grand nombre représentent de simples objets du quotidien, ainsi que des personnages du monde souterrain.

Autre site intéressant, le **Tumulo Mengarelli** (VIIe siècle av. J.-C.) illustre, avec son intérieur assez brut, la façon dont les tombes ont été bâties.

MUSEO NAZIONALE CERITE MUSÉE

(06 994 13 54 ; polomusealelazio.beniculturali.it ; Piazza Santa Maria 1 ; tarif plein/réduit 6/2 €, avec nécropole 10/4 € ; 9h-19h30 mer-dim). Aménagé dans une forteresse médiévale recouvrant l'acropole antique de Caere, cet intéressant petit musée expose les objets mis au jour par les fouilles de la nécropole voisine de Banditaccia.

Entre autres vases en terre cuite, vaisselle en *bucchero* (une céramique noire lustrée typique de la civilisation étrusque) et bijoux, on remarquera un vase du Ier siècle av. J.-C., l'*Euphronios Krater*. Après une longue période d'exil à New York et à Rome, cette pièce maîtresse est revenue à Cerveteri en 2015.

OÙ SE RESTAURER

DA BIBBO OSTERIA €€

(388 6598858 ; Via Roma 22 ; repas complet à partir de 38 € ; 12h-16h30 et 18h-23h). Option populaire dans le centre historique de Cerveteri, cette *osteria* décontractée coche toutes les cases avec ses arches basses en brique, ses murs en pierre apparente et ses caisses de vin décoratives. Côté cuisine, la carte inventive mêle avec doigté saveurs marines et du terroir, reposant toutes sur des ingrédients italiens de première qualité.

Orvieto

Du haut de son promontoire en tuf, cette cité ombrienne à mi-chemin entre Rome et Florence coiffe du regard toute une litanie de champs striés de vignes, d'oliveraies et de cyprès. Son austère centre médiéval est un classique du genre, tout en ruelles enchevêtrées, maisons de pierre brune et places pavées. Toutefois, ce qui la différencie de ses voisines médiévales est son admirable cathédrale. Cette pure merveille gothique stupéfie le visiteur autant par sa somptueuse façade gothique scandée de bas-reliefs, de mosaïques étincelantes et de dentelle de pierre que par la richesse des œuvres qu'elle abrite – autant de beautés qui ont dû influencer nombre de grands artistes de l'époque.

Le meilleur

- **Site** Duomo di Orvieto
- **Restaurant** I Sette Consoli
- **Bar à vins** Bottega Vera

Notre conseil

Passez la nuit sur place pour goûter pleinement l'ambiance médiévale, après le départ des excursionnistes.

Depuis/vers Orvieto

- **Bus** Les bus partent de la gare routière près de la Piazza Cahen, faisant souvent halte à la gare ferroviaire. Parmi les destinations figurent Todi (6,30 €, 2 heures, 1/jour lun-sam en période scolaire) et Terni (6,90 €, 2 heures 15, 1/jour lun-sam).
- **Voiture** Orvieto se trouve sur l'autoroute A1 Rome-Florence, tandis que la SS71 file au nord vers le Lago Trasimeno. Pour stationner, nous vous conseillons le **Parcheggio Campo della Fiera** (heure/jour 1,50/12 €), duquel un ascenseur gratuit grimpe jusqu'au centre historique.

➡ **Train** La **gare ferroviaire** (trenitalia.com ; Via Antonio Gramsci, Orvieto Scalo) d'Orvieto est située à 4 km au pied de la ville ancienne, à Orvieto Scalo. Des trains directs circulent depuis/vers Rome (8,60-17,50 €, 1 heure-1 heure 30, 1/heure) et Florence (16,90-25,30 €, 2 heures-2 heures 30, 8/jour). Les liaisons pour Pérouse (8,60-20,10 €, 1 heure 30-2 heures, 1/heure) nécessitent un changement à Orte ou à Terontola-Cortona.

Comment circuler

➡ **Funiculaire** Un funiculaire (1,30 € ; ⌚ttes les 10 min 7h15-20h30 lun-sam, ttes les 15 min 8h-20h30 dim) centenaire grimpe de la gare ferroviaire (à l'ouest du centre-ville) à la Piazza Cahen d'où l'on rejoint la Piazza Duomo par bus (compris dans le billet). En dehors des horaires d'ouverture, le bus n° 1 monte dans la vieille ville depuis la gare ferroviaire (1,30 €).

➡ **Bus** Le bus A (1,30 €) relie la Piazza Cahen à la Piazza Duomo.

Renseignements

➡ **Indicatif téléphonique** 0763

➡ **Situation** 120 km au nord-ouest de Rome

➡ **Office du tourisme** (☎0763 34 17 72 ; Piazza Duomo 24 ; ⌚8h10-13h50 et 16h-19h lun-ven, 10h-13h et 15h-18h sam-dim)

À VOIR

♥DUOMO — CATHÉDRALE

(☎0763 34 24 77 ; opsm.it ; Piazza Duomo 26 ; billet unique avec le Museo dell'Opera del Duomo 5 € ; ⌚9h30-17h nov-fév, 9h30-18h mars et oct, 9h30-19h avr-sept). La construction de la magnifique cathédrale d'Orvieto a commencé en 1290. Outre ses murs alternant marbre noir et blanc, l'extérieur se caractérise par sa majestueuse façade, richement décorée de mosaïques éblouissantes, de bas-reliefs, ainsi que de délicats entrelacs de fleurs et de vignes.

Il fallut 30 ans pour la concevoir, et sa construction fut dirigée au départ par Fra Bevignate. Toutefois, au XIVe siècle, une révision du projet initial fut effectuée par le maître siennois Lorenzo Maitani. Plusieurs artistes de renom prirent part au chantier, dont Andrea Pisano et son fils Nino, Andrea Orcagna et Michele Sanmicheli.

À l'intérieur, dans la **Cappella di San Brizio**, se déploie l'une des œuvres les plus célèbres de la cathédrale : le splendide *Jugement dernier* de Luca Signorelli. L'artiste commença à travailler sur cette vaste fresque en 1499 ; quatre ans plus tard, sa représentation expressive du Jugement dernier couvrait toute la chapelle. Michel-Ange s'en serait inspiré pour la chapelle Sixtine.

De l'autre côté du transept, la **Cappella del Corporale** abrite un linge d'autel (le corporal) taché du sang qui aurait coulé du pain de communion après qu'un prêtre de la fin du XIIIe siècle eut douté de la conversion du pain et du vin en corps et sang du Christ (transsubstantiation) lors de l'Eucharistie.

MUSEO DELL'OPERA DEL DUOMO DI ORVIETO — MUSÉE

(☎0763 34 24 77 ; opsm.it ; Piazza Duomo 26 ; 5 € ; ⌚9h30-17h nov-fév, 9h30-18h mars et oct, 9h30-19h avr-sept). Trois Palazzi Papali construits par les souverains pontifes successifs ont été réunis pour présenter au public la belle collection d'art sacré du Duomo et de tableaux de peintres comme Arnolfo di Cambio ou les trois Pisano, Andrea, Nino et Giovanni. Une exposition séparée au sein du Palazzo Soliano est consacrée au sculpteur et médailleur Emilio Greco (1913-1995).

MUSEO CLAUDIO FAINA E CIVICO — MUSÉE

(☎0763 34 15 11 ; museofaina.it ; Piazza Duomo 29 ; tarif plein/réduit 6/4 € ; ⌚9h30-18h été, 10h-17h hiver). Organisez votre propre expédition archéologique dans ce fabuleux musée qui fait face au Duomo. Sa collection étrusque compte parmi les plus riches d'Italie, notamment par la quantité de sarcophages en pierre et d'objets en terre cuite, ainsi que quelques bronzes incroyables. À noter aussi la série d'amphores grecques décoratives.

ORVIETO UNDERGROUND — SITE HISTORIQUE

(☎0763 340688 ; orvietounderground.it ; Piazza Duomo 23 ; tarif plein/réduit 7/5 € ; ⌚visites guidées 11h, 12h15, 16h et 17h15). Cet ensemble de 440 grottes (au sein d'un système qui en compte 1 200) a été utilisé de multiples façons au cours des siècles. Les grottes ont servi de chambres froides, de caves à vin,

ESCAPADE EN BORD DE MER

Si vous ne supportez plus la chaleur de Rome, il est temps d'aller à la plage. Celle d'Ostia Lido est la plus proche mais vous en trouverez de meilleures un peu plus loin :

Fregene Station balnéaire prisée, adossée à une vaste pinède. Vie nocturne et plage animées. Des bus Cotral réguliers (2,20 €, 55 min) la desservent depuis la station de métro Cornelia.

Lago di Bracciano Beau lac volcanique bordé d'une plage à Anguillara Sabazia. Des trains pour Anguillara partent régulièrement des gares Tiburtina, Tuscolana, Ostiense ou Trastevere (2,60 €, 1 heure/1 heure 15).

Santa Severa Jolie bande de sable dominée par un château ténébreux. La plage voisine de **Santa Marinella** est également agréable. Des trains pour Santa Severa partent toutes les heures de Termini (4,10 €, env. 1 heure).

Anzio Ville du sud de Rome aux excellents restaurants de fruits de mer. Trains au départ de Termini (3,60 €, 1 heure 10).

Sabaudia Plus difficile d'accès mais vaut le déplacement, avec ses eaux limpides et sa fabuleuse bande de sable adossée aux dunes. Bus Cotral au départ de la station de métro Laurentina (5 €, 2 heures).

Sperlonga Un croissant de sable blanc et une ville médiévale aux rues abruptes. De Termini, prenez le train pour Fondi (7 €, 1 heure 15, 1/heure), puis le bus.

de puits, de pigeonniers lors des sièges imposés par les Romains ou les Barbares, ou encore d'abris antiaériens au cours de la Seconde Guerre mondiale.

OÙ SE RESTAURER ET PRENDRE UN VERRE

AL POZZO ETRUSCO CUISINE D'OMBRIE €€

(☎0763 34 10 50 ; alpozzoetruscodagiovanni.it ; Via di Piazza del Popolo 9 ; repas complet à partir de 40 € ; ⏲12h30-14h30 et 19h30-21h30 mer-lun ; wi-fi). Grande favorite des habitants d'Orvieto, cette table a tiré son nom de son puits étrusque au sous-sol. Giovanni vous guidera dans son menu saisonnier de délices de l'Ombrie, à savourer en extérieur sur la charmante terrasse. Les pâtes relevées de viandes aux herbes et de légumes savoureux ouvrent la voie à des plats principaux originaux, telle la joue de bœuf à la bière rousse.

♥**I SETTE CONSOLI** ITALIEN €€€

(☎0763 34 39 11 ; isetteconsoli.it ; Piazza Sant'Angelo 1a ; repas complet à partir de 55 €, menu dégustation 50 € ; ⏲12h30-15h et 19h30-22h, fermé mer et dim soir). Cette table de haute volée concocte des plats inventifs présentés avec art, des hors-d'œuvre aussi réjouissants que la simple *panzanella* (salade à base de pain, typique du centre de l'Italie) aux légumes et aux anchois, ou encore des pâtes d'une légèreté incroyable. Par beau temps, une table au jardin rend l'expérience plus délicieuse encore. Réservation précoce et tenue habillée pour le dîner.

BOTTEGA VERA BAR À VINS

(☎349 2955121 ; bottegaveraorvieto.it ; Via del Duomo 36 ; ⏲10h-21h lun-jeu, 10h-22h ven et dim, 10h-23h sam ; wi-fi). Caviste et épicerie fine à la fois, la Bottega Vera a été ouverte en 1938 par la grand-mère de l'actuel gérant, Cesare. Cet expert en nectars vous conseillera parfaitement sur les vins au verre du jour (à partir de 3 €).

OÙ SE LOGER

♥**B&B RIPA MEDICI** B&B €

(☎328 7469620 ; ripamedici.com ; Vicolo Ripa Medici 14 ; s 50 €, d 65-100 € ; P ❄ wi-fi). Discrètement installé en lisière de la vieille ville, ce délicieux B&B ouvrant à l'infini sur la campagne vallonnée donne à la "chambre avec vue" une dimension inattendue.

Meubles à l'ancienne, linge romantique, poutres apparentes et déco façon campagne anglaise confèrent aux chambres (assemblables par deux en appartement) un charme inoubliable.

MISIA RESORT BOUTIQUE-HÔTEL **€€**

(☎0763 612374 ; misiaresort.it ; Località Rocca Ripesena 51 ; s/d/ste 80/130/160 € ; P❄📶👪). Vous ne regretterez pas le détour jusqu'à Rocca Ripesena, accroché à la hauteur à 6 km à l'ouest d'Orvieto. La vue plongeante sur la campagne alentour et les bâtiments en pierre ne sont pas les moindres atouts de ces chambres et suites réparties entre l'édifice principal et le reste du hameau. Lumineuses et spacieuses, elles affichent de doux tons ocre, avec d'élégantes touches vintage – canapé Chesterfield, poutres authentiques...

Où se loger

Les hébergements à Rome sont chers et généralement pris d'assaut. Réservez donc le plus tôt possible pour obtenir les meilleurs tarifs. Couvrant tout un éventail de styles et de prix, la gamme va du cinq-étoiles à l'auberge de jeunesse, en passant par les B&B, les pensioni *et les chambres privées. Il existe aussi un nombre croissant d'appart'hôtels de charme.*

Pensions et hôtels

La majorité des hébergements sont des *pensioni* (pensions) et des *alberghi* (hôtels).

Les *pensioni* sont de petits hôtels tenus en famille et souvent aménagés dans des appartements. Les chambres, plutôt simples, ont en général une salle de bains privative.

Les hôtels du centre historique ont au moins trois étoiles. Cela implique, en principe, des chambres dotées d'un sèche-cheveux, d'un minibar (ou d'un réfrigérateur), d'un coffre-fort, de la climatisation et du Wi-Fi. Les chambres romaines sont plutôt petites, surtout dans le *centro storico* et le Trastevere, où nombre d'hôtels occupent d'anciens *palazzi*.

B&B et maisons d'hôtes

Outre des B&B traditionnels, Rome compte des maisons d'hôtes où sont louées des chambres chics, à des prix variant de catégorie moyenne à supérieure. Le petit-déjeuner en B&B se compose en général de petits pains, de croissant, de yaourt, de jambon et de fromage. Certains établissements proposent un petit-déjeuner (en général, un café et une pâtisserie) dans un café voisin.

Auberges de jeunesse

Les auberges de jeunesse romaines accueillent tout le monde, du jeune baroudeur à la famille soucieuse de son budget. Nombre d'entre elles proposent des chambres privées. De nouvelles auberges ont vu le jour récemment : conçues par des designers, avec des bars-restaurants tendance, et proposant une large gamme de circuits et d'activités.

Location d'appartement

Pour les familles et les groupes d'amis, la location d'un appartement peut revenir considérablement moins cher que l'hôtel. Beaucoup de prestataires imposent une durée minimum. Il faut souvent payer des frais de ménage en partant.

Saisons et tarifs

Rome ne connaît pas de basse saison, mais la majorité des hôtels réduisent leurs prix de novembre à mars (sauf durant les fêtes de fin d'année) et de mi-juillet à fin août. Vous paierez le prix fort au printemps (avr-juin), en automne (sept-oct) et lors des grandes fêtes (Noël, Nouvel An et Pâques).

La plupart des hôtels de catégories moyenne et supérieure acceptent les cartes bancaires.

Sites Internet

➡ **Lonely Planet** (lonelyplanet.fr/destinations/europe/italie/rome/hebergement). Une sélection proposée par nos auteurs.

➡ **Bed & Breakfast Italia** (☎06 8837 3407 ; bbitalia.it/fr/). Réseau de B&B italien proposant de nombreuses options à Rome.

➡ **Cross Pollinate** (☎06 9936 9799 ; cross-pollinate.com). Locations sélectionnées par l'équipe de l'auberge de jeunesse Beehive (p. 253).

➡ **Rome Accommodation.net** (rome-accommodation.net). Location d'appartements et de maisons de vacances.

La sélection Lonely Planet

Argentina Residenza Style Hotel (p. 250). Boutique-hôtel au style contemporain en plein centre.

RomeHello (p. 253). Formidable auberge de jeunesse à vocation sociale.

Residenza Maritti (p. 249). Petit bijou avec une vue superbe sur les Forums.

Arco del Lauro (p. 254). B&B exemplaire dans un coin tranquille du Trastevere.

Les meilleures adresses par prix

€

RomeHello (p. 253). Formidable auberge de jeunesse à vocation sociale, décorée de street art.

Generator Hostel (p. 253). Auberge de jeunesse de l'Esquilino au décor chic et urbain.

Althea Inn Roof Terrace (p. 255). Le confort d'un établissement de designer à prix doux.

Beehive (p. 253). Auberge de jeunesse élégante, sympathique et écolo, près de Termini.

€€

Residenza Maritti (p. 249). Petit bijou avec une vue superbe sur les Forums.

Palm Gallery Hotel (p. 256). Hôtel de charme dans un quartier résidentiel huppé.

Arco del Lauro (p. 254). B&B caché aux hôtes très accueillants.

€€€

Villa Spalletti Trivelli (p. 254). Une demeure patricienne du centre-ville.

Eitch Borromini (p. 250). Chambres stylées et deux terrasses dominant la Piazza Navona.

Argentina Residenza Style Hotel (p. 250). Charmant boutique-hôtel dans un ancien monastère.

Les meilleurs boutique-hôtels

Villa Laetitia (p. 253). Une villa au décor signé Fendi.

Inn at the Roman Forum (p. 249). Refuge élégant où se côtoient modernité et ruines antiques.

Villa Spalletti Trivelli (p. 254). Demeure patricienne au mobilier ancien, avec jardin et toit-terrasse équipé de Jacuzzis.

Le top des toits en terrasse

Villa Della Fonte (p. 255). Hôtel particulier du XVIIIe siècle au joli rooftop végétalisé.

Lungarno Collection: Portrait Roma (p. 251). Un hôtel sélect et design offrant une vue imprenable.

The First Roma Arte (p. 251). Restaurant et bar à cocktails sur le toit parmi les plus exceptionnels de Rome.

9 Hotel Cesàri (p. 249). Bar au dernier étage avec vue sur le centre historique.

Les meilleurs B&B

Arco del Lauro (p. 254). Chambres modernes dans un coin tranquille du Trastevere.

Villa Della Fonte (p. 255). Hôtel particulier du XVIIIe siècle au joli rooftop végétalisé.

Althea Inn Roof Terrace (p. 255). B&B du Testaccio à la situation privilégiée.

BON À SAVOIR

Indicateurs de prix

Ils valent pour une double avec sdb en haute saison. Sauf mention contraire, le petit-déjeuner est inclus.

€	moins de 110 €
€€	110-200 €
€€€	200 € et plus

Taxe hôtelière

Toute personne séjournant à Rome doit s'acquitter d'une taxe de séjour, qui s'applique pour un maximum de 10 nuits consécutives :

- 3 € par personne et par nuit dans les hôtels 1 et 2 étoiles ;
- 3,50 € dans les B&B et les locations ;
- 4/6/7 € dans les hôtels 3/4/5 étoiles.

Les prix indiqués dans ce chapitre ne l'incluent pas.

Réservations

- Faites-les bien à l'avance, surtout pour un séjour en haute saison (de Pâques à septembre, période de Noël-Nouvel An) ou lors d'une grande fête.
- Demandez une *camera matrimoniale* pour une chambre avec lit double, une *camera doppia* pour des lits jumeaux.

Arrivée et départ

- Il vous sera demandé une pièce d'identité.
- En général, la chambre doit être libérée entre 10h et 12h dans les hôtels, vers 9h dans les auberges de jeunesse.
- Maisons d'hôtes et B&B demandent souvent l'heure d'arrivée.

Dans quel quartier loger ?

QUARTIER	AVANTAGES	INCONVÉNIENTS
La Rome antique	Proche de sites majeurs comme le Colisée, le Forum romain et les musées du Capitole ; calme le soir.	Cher et pauvre en hébergements bon marché ; restaurants touristiques.
Centre historique	Quartier attrayant, à proximité de tout : Panthéon, Piazza Navona, restaurants, bars et commerces.	Le plus onéreux ; peu d'adresses petit budget ; parfois bruyant.
Tridente, Trevi et Quirinal	Près de l'escalier de la Trinité-des-Monts, de la fontaine de Trevi et des boutiques de créateurs ; excellents hôtels de catégories moyenne et supérieure ; bon réseau de transports.	Huppé, avec des prix élevés ; calme le soir.
Cité du Vatican, Borgo et Prati	Proche de Saint-Pierre et des musées du Vatican ; choix correct d'hébergements ; quelques excellents restaurants et magasins ; desservi par le métro.	Cher, près de Saint-Pierre ; peu d'animation nocturne ; vite pris d'assaut lors des fêtes religieuses.
Monti, Esquilino et San Lorenzo	Hôtels bon marché autour de la Stazione Termini ; restaurants haut de gamme à Monti et vie nocturne animée à San Lorenzo ; bien desservi.	Quelques rues louches dans le quartier de la StazioneTermini, sans grand attrait.
Trastevere et Janicule	Quartier splendide à l'ambiance festive avec des centaines de bars, cafés et restaurants ; quelques sites intéressants.	Peut être bruyant, surtout les soirs d'été : essayez le "côté calme", à l'est de la Via di Trastevere.
De San Giovanni au Testaccio	Quartier authentique avec de bons bars et restaurants ; ambiance paisible et romantique sur l'Aventin, vie nocturne animée et excellentes tables dans le Testaccio.	Peu d'hébergements et de sites majeurs.
Villa Borghèse et nord de Rome	Quartier résidentiel, intéressant pour l'Auditorium et plusieurs grands musées ; habituellement calme le soir.	Excentré ; peu d'hébergements petit budget.

La Rome antique

RESIDENZA MARITTI MAISON D'HÔTES €€

Plan p. 340 (06 678 82 33 ; residenzamaritti.com ; Via Tor de' Conti 17 ; s 100 €, d 130-180 €, tr 150-200 €, q 170-210 € ; Cavour). Fort d'une vue imprenable sur les Forums et le Vittoriano, ce petit bijou caché loue 13 chambres sur plusieurs étages. Certaines sont lumineuses et modernes, d'autres, un brin plus chaleureuses, sont décorées de meubles anciens et de carrelage d'origine. Cuisine entièrement équipée et buffet du petit-déjeuner servi dans le bistrot à côté.

INN AT THE ROMAN FORUM BOUTIQUE-HÔTEL €€€

Plan p. 340 (06 6919 0970 ; theinnattheromanforum.com ; Via degli Ibernesi 30 ; d 228-422 € ; Cavour). Caché dans une petite rue tranquille près des Forums impériaux, cet hôtel chic offre un service de premier ordre. Les chambres, richement décorées dans le style néo-baroque, ont chacune leur style. La terrasse à la vue imprenable invite à de longs apéritifs. On peut visiter à l'intérieur de l'établissement les vestiges d'un cryptoportique du Ier siècle av. J.-C.

NERVA BOUTIQUE HOTEL BOUTIQUE-HÔTEL €€€

Plan p. 340 (06 678 18 35 ; hotelnerva.com ; Via Tor de' Conti 3/4 ; d 175-300 € ; Cavour). Cet hôtel convivial derrière les Forums impériaux propose des chambres petites mais douillettes, au décor moderne dans les tons crème, gris et noir, avec parquet, têtes de lit capitonnées, et quelques beaux livres à disposition des hôtes.

Centre historique

NAVONA ESSENCE BOUTIQUE-HÔTEL €€

Plan p. 344 (06 8760 5186 ; navonaessencehotel.it ; Via dei Cappellari 24 ; d 70-200 € ; Corso Vittorio Emanuele II). Logez au cœur de l'action dans ce boutique-hôtel cosy, le long d'une ruelle proche du Campo de' Fiori. On s'y sent certes un peu à l'étroit, mais tout est à proximité. Jolies chambres épurées aux salles de bains design.

9 HOTEL CESÀRI HÔTEL HISTORIQUE €€

Plan p. 344 (06 674 97 01 ; 9-hotel-cesari-rome.it ; Via di Pietra 89/A ; s 130-170 €, d 145-280 € ; Via del Corso). Ouvert depuis 1787, ce trois-étoiles, très bien situé et convivial, a jadis compté parmi ses hôtes Stendhal et Garibaldi. Chambres traditionnelles et magnifique toit-terrasse. Le bar panoramique, accessible aux non-résidents, fonctionne tous les jours de 18h à minuit en été, mais ferme les dimanche et lundi en hiver.

HOTEL NAVONA HÔTEL €€

Plan p. 344 (06 6821 1392 ; hotelnavona.com ; 1er ét, Via dei Sediari 8 ; s 110-170 €, d 125-260 €, qua 195-400 € ; Corso del Rinascimento). Un palais du XVe siècle à deux pas de la Piazza Navona renferme ce petit hôtel fraîchement rénové. Les chambres aux murs blancs, nettes et raffinées, ont du parquet en bois blond, de grandes têtes de lit capitonnées et, pour certaines, des plafonds peints du plus bel effet. Il existe aussi des chambres familiales, dont une aussi vaste qu'un appartement. Petit-déjeuner en sus (10 €).

HOTEL BARRETT PENSION €€

Plan p. 344 (06 686 84 81 ; pensionebarrett.com ; Largo di Torre Argentina 47 ; s 115-135 €, d 135-150 €, tr 165-175 € ; Largo di Torre Argentina). Cette pension unique en son genre bénéficie d'un emplacement idéal. Une débauche de statues, d'éléments sculptés, de stucs et de plantes en pot y compose un décor exubérant. Les chambres, de taille modeste, possèdent des petits plus appréciables tels que machine à café, réfrigérateur bien garni et foot spas.

HOTEL MIMOSA PENSION €€

Plan p. 344 (06 6880 1753 ; hotelmimosa.net ; 1er ét, Via di Santa Chiara 61 ; s 95-135 €, d 125-145 €, tr 135-175 €, q 145-185 € ; @ ; Largo di Torre Argentina). Cette *pensione* établie de longue date est d'un excellent rapport qualité/prix. Très bien située près du Panthéon, elle offre un accueil chaleureux et propose des chambres spacieuses et confortables, décorées de papiers peints originaux, avec sol en parquet mélaminé et couleurs rafraîchissantes.

DIMORA DEGLI DEI PENSION €€

Plan p. 344 (06 6819 3267 ; pantheondimoradeglidei.com ; Via del Seminario 87 ; ch 140-300 € ; Largo di Torre Argentina). Installée au 1er étage d'un bâtiment séculaire, cette pension a pour atouts sa proximité avec le Panthéon et son élégance discrète. Elle comprend six chambres de bon goût, dotées de hauts plafonds, parfois avec poutres apparentes, et de parquet en bois clair.

Petit-déjeuner en room service (inclus) ou sous forme de buffet (10 €) dans un café voisin.

♥ARGENTINA RESIDENZA STYLE HOTEL BOUTIQUE-HÔTEL €€€

Plan p. 344 (☎06 6880 9533 ; argentinastylehotel.com ; Via di Torre Argentina 47, 1er ét ; ch 180-280 € ; ; Largo di Torre Argentina). Cette adresse chic, aménagée dans un ancien monastère, se distingue par son emplacement central privilégié, son style design épuré et son service remarquable. Ses 12 chambres blanches intègrent harmonieusement des éléments d'origine : plafonds à poutres apparentes, fresques et encadrements de porte en pierre. L'apéritif servi quotidiennement sous les poutres de la salle du petit-déjeuner a du succès.

♥HOTEL CAMPO DE' FIORI BOUTIQUE-HÔTEL €€€

Plan p. 344 (☎06 6874 886 ; hotelcampodefiori.com ; Via del Biscione 6 ; ch 280-430 €, app 230-350 € ; ; Corso Vittorio Emanuele II). Situé près de Campo de' Fiori, cet élégant quatre-étoiles a tout pour plaire, entre décor de boudoir, situation privilégiée, service professionnel et superbe toit-terrasse panoramique. Son intérieur associe des murs aux couleurs vives, de bas plafonds en bois, des miroirs dorés et damas pourpre. Loue aussi 13 appartements de 2 à 5 personnes.

♥EITCH BORROMINI HÔTEL €€€

Plan p. 344 (☎06 686 14 25 ; eitchborromini.com ; Via di Santa Maria dell'Anima 30 ; ch 300-600 € ; ; Corso del Rinascimento). Difficile de trouver plus chargé d'histoire que ce palais du XVIIe siècle, conçu par Borromini, qui donne sur la Piazza Navona. D'une élégance sans ostentation, les chambres lumineuses ont des poutres au plafond, du mobilier ancien et, pour certaines, de belles fresques. Les deux terrasses panoramiques dévoilent des vues de rêve.

ARGENTINA RESIDENZA PENSION €€€

Plan p. 344 (☎06 6819 3267 ; argentinaresidenza.com ; Via di Torre Argentina 47, 3e ét. ; d 140-320 € ; ; Largo di Torre Argentina). Cette élégante pension est un beau refuge en plein centre historique. Ses six chambres récemment rénovées font dans le confort design avec des tons blanc, beige et marron réchauffés par un parquet miel. Les salles de bains sont étincelantes. Excellent service et buffet copieux au petit-déjeuner pour bien débuter la journée.

Tridente, Trevi et Quirinal

LA CONTRORA AUBERGE DE JEUNESSE €

Plan p. 348 (☎06 9893 7366 ; lacontrora.com ; Via Umbria 7 ; d/tr 110/120 € ; @; M Barberini, Repubblica). Si les bonnes adresses pour petit budget ne se bousculent pas dans le secteur cossu au nord de la Piazza Repubblica, cette sympathique auberge de jeunesse à l'ambiance décontractée et au personnel serviable fait exception à la règle. Elle comporte essentiellement des chambres privées avec sdb, mais renseignez-vous par e-mail sur la possibilité d'un lit en dortoir (40 €). Deux nuits minimum.

♥CASA FABBRINI: CAMPO MARZIO B&B €€

Plan p. 348 (☎06 324 37 06 ; campomarzio.casafabbrini.it ; Vicolo delle Orsoline 13 ; ch à partir de 155 € ; ; M Spagna). L'aménagement de cette demeure du XVIe siècle nichée dans une ruelle piétonnière proche de l'escalier de la Trinité-des-Monts semble tout droit sortie d'un magazine de décoration – et pour cause : Simone Fabbrini, son propriétaire, est architecte d'intérieur. Boiseries anciennes recyclées en têtes de lit, éclairage romantique, riches tissus aux couleurs éclatantes : l'ensemble dégage un charme fou ! Le B&B intimiste ne compte que quatre chambres, plus un salon en mezzanine et une cuisine où les hôtes prennent le petit-déjeuner.

HOTEL MODIGLIANI HÔTEL €€

Plan p. 348 (☎06 4281 5226 ; hotelmodigliani.com ; Via della Purificazione 42 ; s/d 175/200 € ; ; M Barberini). Marco l'écrivain et Giulia la musicienne, qui tiennent ce trois-étoiles, ont le sens du détail. Les 23 chambres modernes et spacieuses, parées de tons taupe et blanc reposants, possèdent toutes une salle de bains bien équipée et certaines un balcon. Pratiques pour les familles, les appartements côté jardin peuvent loger jusqu'à 6 personnes. Ravissant patio végétalisé.

HOTEL FORTE HÔTEL HISTORIQUE €€

Plan p. 348 (☎06 320 76 25 ; hotelforte.com ; Via Margutta 61 ; s et d 200 €, tr 210 € ; ;

Ⓜ Spagna). Dans le majestueux Palazzo Alberto du XVIIIe siècle, le long d'une charmante rue couverte de lierre, ce trois-étoiles en activité depuis 1923 constitue un excellent choix moyen de gamme pour qui souhaite allier situation pratique et cadre historique. Il loue 20 chambres confortables et bien entretenues avec TV satellite. Bon buffet au petit-déjeuner.

HOTEL MOZART HÔTEL €€

Plan p. 348 (☎06 3600 1915 ; hotelmozart.com ; Via dei Greci 23b ; s 150 €, d 170-200 €, tr 200-230 € ; P ❄ @ ᯤ ; Ⓜ Spagna). En plus de sa situation centrale, cet établissement a vraiment tout pour plaire : 56 chambres classiques bien équipées (TV satellite, bouilloire et parfois balcon), copieux buffet au petit-déjeuner et installations au-dessus de la moyenne, dont un salon doté d'une cheminée et un jardin ensoleillé sur le toit. Il gère aussi les Vivaldi Luxury Suites et plusieurs appartements dans le secteur. Consultez les offres promotionnelles en ligne.

BDB LUXURY ROOMS PENSION €€

Plan p. 348 (☎06 6821 0020 ; bdbluxuryrooms.com ; Via Margutta 38 ; ch à partir de 75 € ; ❄ ᯤ ; Ⓜ Flaminio). Ces sept chambres design bien équipées occupent les étages supérieurs (pas d'ascenseur) d'un palais du XVIIe siècle, dans une ravissante et paisible rue piétonne. Les parties communes font office de galerie d'art exposant des œuvres contemporaines. Le petit-déjeuner coûte 10 €.

♥ PALAZZO SCANDERBEG BOUTIQUE-HÔTEL €€€

Plan p. 348 (☎06 8952 9001 ; palazzoscanderbeg.com ; Piazza Scanderbeg 117 ; ch/ste à partir de 360/1 000 € ; ❄ ᯤ ; Ⓜ Barberini). Parmi les nombreux boutique-hôtels du centre de Rome, peu ont autant d'attrait que celui-ci, aménagé dans un palais du XVe siècle aux abords de la fontaine de Trevi. Il renferme des chambres spacieuses élégamment meublées et des suites avec cuisine. Petit-déjeuner dans une salle stylée ou en room service.

FENDI PRIVATE SUITES HÔTEL DESIGN €€€

Plan p. 348 (☎06 9779 8080 ; fendiprivatesuites.com ; Via della Fontanella di Borghese 48, Palazzo Fendi ; suite 950 € ; P ❄ @ ᯤ ; 🚌 Via del Corso). Dans l'antre du luxe – le Palazzo Fendi –, juste au-dessus du magasin phare de la célèbre marque italienne, a pris place un somptueux boutique-hôtel où se rencontrent tradition aristocratique et modernité. Œuvres d'art originales, photos de la ville prises par Karl Lagerfeld – ancien directeur artistique de Fendi –, mobilier Fendi Casa et tissus haut de gamme habillent les sept admirables suites. Royal !

LUNGARNO COLLECTION: PORTRAIT ROMA BOUTIQUE-HÔTEL €€€

Plan p. 348 (☎06 6938 0742 ; lungarnocollection.com/portrait-roma ; Via Bocca di Leone 23 ; ste 670-2 800 € ; P ❄ ᯤ ; Ⓜ Flaminio). Un hôtel particulier près de l'escalier de la Trinité-des-Monts accueille cette résidence hôtelière des plus sélectes appartenant à la maison de couture Salvatore Ferragamo. Les suites tout confort, pourvues d'une cuisine et d'un tas de gadgets, présentent une déco raffinée aux accents des années 1950. L'une d'elles dispose même de son propre sauna et d'une mini-salle de sport. Vue panoramique sur la ville depuis le toit-terrasse.

ROMA HASSLER HÔTEL €€€

Plan p. 348 (☎06 69 93 40 ; hotelhasslerroma.com ; Piazza della Trinità dei Monti 6 ; ch 600-900 €, ste à partir de 2 000 € ; ❄ @ ᯤ ; Ⓜ Spagna). En haut de l'escalier de la Trinité-des-Monts, cet établissement est synonyme de luxe à l'ancienne. De nombreuses célébrités y sont descendues, profitant de la vue extraordinaire et d'un accueil somptueux. De son restaurant, Imàgo (p. 118), étoilé au Michelin, le panorama sur Rome est superbe. **Il Palazzetto** (plan p. 348 ☎06 6993 4560 ; ilpalazzettoroma.com ; Vicolo del Bottino 8 ; d 330-360 € ; ❄ @ ᯤ ; Ⓜ Spagna), à proximité, est tenu par la même équipe.

THE FIRST ROMA ARTE HÔTEL DESIGN €€€

Plan p. 348 (☎06 4561 7070 ; pavilionshotels.com ; Via del Vantaggio 14 ; ch/ste à partir de 470/650 € ; ❄ @ ᯤ ; Ⓜ Flaminio). Ce cinq-étoiles de charme dans un immeuble patricien du XIXe siècle incarne l'art et le luxe. Ornées de tableaux et d'étagères de livres, les chambres sont pourvues de machines à café et d'articles de toilette Acqua di Parma. Le toit-terrasse (avec restaurant et bar à cocktails) est l'un des plus enchanteurs de Rome.

HOTEL LOCARNO HÔTEL €€€

Plan p. 348 (☎06 361 08 41 ; hotellocarno.com ; Via della Penna 22 ; d 320-440 €, ste 470-830 € ; P ❄ ᯤ ; Ⓜ Flaminio). Portes ornées de vitraux, ascenseur bringuebalant, chambres au mobilier d'époque et salles de bains en marbre, cet hôtel de 1925 offre un somptueux cadre Belle Époque. Le toit végétalisé, la cour drapée de glycine, le restaurant et le bar à cocktails en bois (p. 121), doté d'une cheminée, constituent autant d'atouts.

GIUTURNA BOUTIQUE HOTEL BOUTIQUE-HÔTEL €€€
Plan p. 348 (06 6228 9629 ; giuturnaboutiquehotel.com ; Largo del Tritone 153 ; d/tr 240/260 € ; ; Barberini). À deux pas de la fontaine de Trevi, cet hôtel offre un havre de paix à l'écart de l'agitation urbaine. Les chambres parquetées marient poutres du XVIIIe siècle et style contemporain sans fioritures. La réception fait également office de salon. Café gratuit mais petit-déjeuner continental en sus (8 €).

HOTEL DE RUSSIE HÔTEL €€€
Plan p. 348 (06 32 88 81 ; roccofortehotels.com/it ; Via del Babuino 9 ; d à partir de 600 € ; P ; Flaminio). Cet hôtel historique, quasiment sur la Piazza del Popolo, possède un superbe jardin en terrasse. La décoration est raffinée dans un camaïeu de gris, et les chambres sont équipées d'excellents appareils multimédias, de grandes salles de bains carrelées et de tout le luxe souhaité. Bar (p. 120) charmant aménagé dans la cour et superbe spa (p. 122).

MARGUTTA 54 HÔTEL €€€
Plan p. 348 (06 9779 7979 ; romeluxurysuites.com/margutta-19 ; Via Margutta 54 ; d 340-380 € ; ; Spagna). Ces suites spacieuses avec coin salon et salle de bains luxueuse occupent un bâtiment composé d'anciens ateliers d'artistes autour d'une cour en retrait de la pittoresque Via Margutta. On vous remettra la clé de la porte sur rue pour que vous vous sentiez chez vous.

Cité du Vatican, Borgo et Prati

COLORS HOTEL HÔTEL €
Plan p. 356 (06 687 40 30 ; colorshotel.com ; Via Boezio 31 ; s 70-95 €, d 80-130 €, q 120-160 € ; @ ; Via Cola di Rienzo). Cet hôtel accueillant, dans un élégant bâtiment de quatre étages, séduit par son style moderne et créatif. Les chambres colorées, de tailles variées, ont pour les moins chères une sdb privative (douche et lavabo) mais des toilettes communes. Certains tarifs en ligne incluent le buffet du petit-déjeuner. Mini-terrasse sur le toit.

CASA DI ACCOGLIENZA PAOLO VI COUVENT €
Plan p. 356 (06 390 91 41 ; casapaolosesto.it ; Viale Vaticano 92 ; s/d/tr/q 40/70/90/100 € ; ; Viale Vaticano). Descendez dans ce couvent paisible, à l'ombre des palmiers, pour être idéalement placé dans la file d'attente pour les musées du Vatican. Les religieuses qui y résident maintiennent tout en parfait état, et les 30 petites chambres, ensoleillées, sont impeccables, quoiqu'un peu spartiates. Pas de petit-déjeuner mais un réfrigérateur et un four à micro-ondes sont à disposition des clients. Petite terrasse sur le toit.

HOTEL SAN PIETRINO PENSION €
Plan p. 356 (06 370 01 32 ; hotelsanpietrino.it ; Via Bettolo 43 ; s 40-70 €, d 55-80 €, tr 75-100 €, q 95-130 € ; ; Ottaviano-San Pietro). À une courte marche de la basilique Saint-Pierre, dans un appartement au 3e étage desservi par un ascenseur, cette pension familiale bon marché constitue un excellent choix. Avec leur sol carrelé de terre cuite et quelques statues çà et là, ses 11 chambres sans place perdue ne manquent pas de cachet. Cafés à proximité.

♥ LE STANZE DI ORAZIO BOUTIQUE-HÔTEL €€
Plan p. 356 (06 3265 2474 ; lestanzediorazio.com ; Via Orazio 3 ; ch 80-200 € ; ; Via Cola di Rienzo, Lepanto). Un agréable point de chute pour se sentir chez soi au cœur du quartier chic de Prati, à une station de métro seulement du Vatican. Les cinq chambres affichent un décor moderne et raffiné aux tons sobres et disposent de salles de bains bien équipées. Bel espace dédié au petit-déjeuner.

QUOD LIBET B&B €€
Plan p. 356 (347 1222642 ; quodlibetroma.com ; 4e ét, Via Barletta 29 ; ch 140-240 € ; ; Ottaviano-San Pietro). Cette pension familiale et sympathique, bien placée près du métro Ottaviano-San Pietro, propose des chambres spacieuses, ornées de joyeux tableaux aux couleurs vives. Carrelage au sol et joli mobilier. Cuisine à disposition

des clients, ascenseur et petit-déjeuner sur une vaste terrasse agrémentée de plantes en pot. Gianluca et Connie réservent à leurs hôtes un accueil chaleureux.

VATICAN STYLE BOUTIQUE-HÔTEL €€

Plan p. 356 (☎06 687 63 36 ; vaticanstyle.com ; 6e ét, Via del Mascherino 46 ; d 130-194 € ; ❄📶 ; 🚌Piazza del Risorgimento). À une courte distance de la basilique Saint-Pierre, ce refuge sophistiqué de 12 chambres se déploie sur deux étages d'un grand bâtiment résidentiel. Ses chambres au décor moderne, blanches et lumineuses, dégagent une atmosphère feutrée. Certaines ont vue sur les toits. Tarifs plus bas sans petit-déjeuner.

FABIO MASSIMO DESIGN HOTEL HÔTEL DESIGN €€

Plan p. 356 (☎392 4912 178; fabiomassimoroma.it ; Via Fabio Massimo 88 ; ch 115-230 € ; ❄📶 ; Ⓜ Ottaviano-San Pietro). Accessible à pied de la station de métro Ottaviano-San Pietro, cet hôtel est à la fois pratique et raffiné. Depuis l'espace réception et petit-déjeuner du 4e étage, les couloirs desservent neuf chambres, toutes décorées dans des tons feutrés rehaussés de touches de rouge et ornées de belles suspensions. Ascenseur et petit bar.

♥ **VILLA LAETITIA** BOUTIQUE-HÔTEL €€€

Plan p. 364 (☎06 322 67 76 ; villalaetitia.com/roma ; Lungotevere delle Armi 22/23 ; ch 140-400 € ; ❄📶 ; 🚌Lungotevere delle Armi). Cette demeure grandiose de 1911 s'élève à deux pas du Tibre. Ses 20 chambres et petits appartements, personnalisés, répartis entre un bâtiment principal et une Garden House, ont tous été décorés par Anna Venturini Fendi, de la célèbre maison de mode éponyme. Touches modernes côtoient mobilier ancien et menus objets d'époque, tel un foulard de Picasso dans la chambre Garden. L'hôtel abrite aussi l'Enoteca La Torre (voir p. 149), étoilée au Michelin.

Monti, Esquilino et San Lorenzo

♥ **ROMEHELLO** AUBERGE DE JEUNESSE €

Plan p. 360 (☎06 9686 0070 ; theromehello.com ; Via Torino 45 ; dort/ch à partir de 20/81 € ; ❄@📶 ; Ⓜ Repubblica). 🍃 La meilleure auberge de jeunesse de Rome, ouverte en 2018, investit tous ses bénéfices dans des projets sociaux. Égayée d'œuvres d'art urbain, elle compte 200 lits répartis dans des dortoirs pour 4 à 10 personnes (dont un réservé aux femmes) et des chambres pour 2 à 4 personnes, avec matelas de qualité, casiers, lampes de chevet et prises de courant/USB. Une cuisine commune, une cour, un salon et une buanderie complètent les installations.

♥ **BEEHIVE** AUBERGE DE JEUNESSE €

Plan p. 360 (☎06 4470 4553 ; the-beehive.com ; Via Marghera 8 ; dort à partir de 25 €, s 70 €, sans sdb 50 €, d 100 €, sans sdb 80 € ; ⌚réception 7h-23h ; ❄@📶 ; Ⓜ Termini). 🍃 Plus hôtel de charme que repaire de routards, cette petite auberge de jeunesse chic à l'atmosphère conviviale est assortie d'un espace extérieur très agréable aux beaux jours. Linda et Steve, ses dynamiques propriétaires américains, organisent des séances de yoga, des soirées contes et, trois fois par semaine, des repas bio et végétariens (10 €) autour d'une table commune. Dortoirs mixes ou réservés aux femmes et chambres avec ou sans salle de bains privative.

GENERATOR HOSTEL AUBERGE DE JEUNESSE €

Plan p. 360 (☎06 49 23 30 ; generatorhostels.com ; Via Principe Amedeo 251 ; dort/d à partir de 15/40 € ; ❄@📶 ; Ⓜ Vittorio Emanuele). Un hôtel design ? Non, l'une des meilleures représentantes des nouvelles auberges de jeunesse romaines. Petites chambres claires, dotées de salles de bains modernes, dortoirs confortables de 3 à 6 lits, bar et café (petit-déjeuner 5 €). Seule ombre au tableau : le secteur peu attrayant, bien que central.

MEININGER ROMA HOSTEL AUBERGE DE JEUNESSE €

Plan p. 360 (☎06 9480 1352 ; meininger-hotels.com ; Via San Martino della Battaglia 16 ; dort/s/d/tr/f à partir de 14,50/42/45/51/57 € ; ❄📶 ; Ⓜ Castro Pretorio). Très différente de ses concurrentes plutôt destinées aux jeunes fêtards, cette nouvelle adresse tenue par des Allemands convient particulièrement aux familles. Les dortoirs, la plupart pour 4 personnes, sont garnis d'un mélange de lits simples et superposés, les chambres uniquement de lits simples. Tous possèdent une bonne salle de bains. Il y a aussi une cuisine commune, un bar et une salle à manger pour le copieux buffet du petit-déjeuner (7,90 €).

YELLOW HOSTEL AUBERGE DE JEUNESSE **€**

Plan p. 360 (06 446 35 54 ; the-yellow.com ; Via Palestro 51 ; dort/d 45/130 € ; ; Castro Pretorio). Cette autre auberge de jeunesse festive d'un nouveau genre compte 374 lits dans des dortoirs mixtes ou réservés aux femmes, avec lampe de chevet, prises de courant, compartiments à bagages (prévoyez un cadenas) et, parfois, sdb attenante, ainsi que des chambres privées avec salle de bains. Deux salons et une cuisine bien équipée constituent les parties communes. L'établissement colonise peu à peu la rue, désormais surnommée le "Yellow Square", où il a ouvert un restaurant, un bar, un glacier et un magasin de vélos.

66 IMPERIAL INN B&B **€€**

Plan p. 360 (06 4890 7682 ; 66imperialinn.com ; Via del Viminale 66, 4e ét ; d 150 €, tr et q 210 € ; ; Via Nazionale). Ce ravissant B&B situé au 4e étage d'un bel immeuble proche de l'Opéra loue cinq chambres dont le nom évoque la couleur de leur décor (telle la Zebra, à rayures blanches et noires). Toutes possèdent une salle de bains en marbre de taille respectable, la TV câblée et une bouilloire. Vous apprécierez aussi l'eau et la bouteille de vin offertes. Réservez à l'avance.

RESIDENZA CELLINI B&B **€€**

Plan p. 360 (06 4782 5204 ; residenzacellini.it ; Via Modena 5 ; ch à partir de 190 € ; ; Repubblica). Les six jolies chambres confortables de cet élégant B&B vous attendent dans une petite rue calme proche de la passante Via Nazionale, au 3e étage d'un immeuble. Outre des salles de bains reluisantes, toutes comportent des fenêtres à double vitrage, la TV câblée et de quoi préparer thé ou café. Baisse notable des tarifs hors saison.

HOTEL DUCA D'ALBA HÔTEL **€€**

Plan p. 360 (06 48 44 71 ; hotelducadalba.com ; Via Leonina 14 ; ch 164-200 € ; ; Cavour). Ce séduisant quatre-étoiles au cœur de Monti loue 27 chambres charmantes, quoique petites, certaines classiques, d'autres relookées. Celles côté rue bénéficient de fenêtres à double vitrage, les plus belles ont un balcon donnant sur les toits du quartier. La catégorie économique n'inclut pas le petit-déjeuner.

TOP FLOOR COLOSSEO PENSION **€€**

Plan p. 355 (06 7707 1062 ; topfloorcolosseo.it ; Via Labicana 72, 5e ét ; ch 95-130 € ; ; Colosseo). Emplacement pratique, accueil chaleureux et chambres lumineuses, assez basiques mais propres et confortables, d'où l'on aperçoit parfois un bout du Colisée par la fenêtre. Petit-déjeuner en room service. Parking sur place (8 €/jour).

VILLA SPALLETTI TRIVELLI BOUTIQUE-HÔTEL **€€€**

Plan p. 360 (06 4890 7934 ; villaspalletti.it/fr/ ; Via Piacenza 4 ; d/ste à partir de 470/690 € ; ; Repubblica). Cet hôtel splendide n'est autre que la demeure des héritiers de la comtesse Gabriella Rasponi, nièce de Caroline Bonaparte, la sœur de Napoléon, qui la fit construire il y a plus d'un siècle. Tapisseries du XVIe siècle, œuvres d'art, livres et meubles anciens témoignent de l'histoire familiale. Les 14 chambres et suites allient cadre romantique et équipements de premier ordre. Les hôtes jouissent d'un service personnalisé, d'un somptueux buffet au petit-déjeuner et d'un *aperitivo* quotidien offert gracieusement.

THE LIBERTY BOUTIQUE-HÔTEL **€€€**

Plan p. 360 (351 953 8298 ; hoteltheliberty.com ; Via Palestro 64 ; ch/f 250/380 € ; ; Castro Pretorio). Une belle villa de style Liberty (l'Art nouveau en Italie) accueille ce nouveau venu aux cadre, installations et service haut de gamme, situé dans le quartier des auberges de jeunesse. Les tarifs s'avèrent en deçà de ceux de la plupart des boutique-hôtels et chutent en basse saison. Le jardin constitue également un plus, de même que le parking sur place et l'accès à Netflix.

Trastevere et Janicule

ARCO DEL LAURO PENSION **€€**

Plan p. 356 (346 244 3212 ; arcodellauro.it ; Via Arco de' Tolomei 29/27 ; ch 120-175 € ; ; Viale di Trastevere, Viale di Trastevere). Idéalement située dans une paisible ruelle pavée de la partie "calme" du Trastevere, cette pension au rez-de-chaussée d'un palais du XVIIIe siècle propose six chambres lumineuses au décor sobre et raffiné, dont le blanc des murs contraste avec le brun du parquet et des dessus-de-lit. Salles de bains bien équipées. Les hôtes disposent d'un réfrigérateur commun et peuvent se servir gratuitement en fruits et pâtisseries. Un café voisin assure le petit-déjeuner (5 €). Les gérants, Daniele et Lorenzo, font preuve de gentillesse et de serviabilité.

♥RELAIS LE CLARISSE HÔTEL €€

Plan p. 356 (☎06 5833 4437 ; leclarissetrastevere.com ; Via Cardinale Merry del Val 20 ; ch 120-200 € ; ❄📶 ; 🚌Viale di Trastevere, 🚋Trastevere/Mastai). Véritable oasis au cœur de l'agitation du Trastevere, cet hôtel s'organise autour d'une jolie cour intérieure avec des tables en fonte sous des orangers et un olivier presque centenaire. Dans les chambres, les plafonds à poutres apparentes et les têtes de lit en fer forgé composent un décor rustique. Les suites ouvrent sur le jardin.

♥VILLA DELLA FONTE B&B €€

Plan p. 356 (☎06 580 3797 ; villafonte.com ; Via della Fonte d'Olio 8 ; s 150-170 €, d 160-200 € ; ❄📶 ; 🚌Via della Scala). Caché derrière la façade ocre tapissée de lierre d'un palais du XVIIIe siècle, cet hôtel est l'illustration même de la *dolce vita* romaine. Il comporte cinq chambres cosy sans falbalas, dont certaines ont conservé leurs plafonds en brique rouge et poutres d'origine. Son atout principal reste toutefois son toit-terrasse, avec chaises longues, où est servi le petit-déjeuner aux beaux jours, au milieu d'agrumes odorants et de grenadiers en pot.

B&B SUITES TRASTEVERE B&B €€

Plan p. 366 (☎347 0744086 ; bbsuites.com/trastevere ; Viale di Trastevere 248 ; ch 70-140 € ; ❄📶 ; 🚌Viale di Trastevere, 🚋Trastevere/Pascarella). Ce B&B vous attend au 3e étage d'un immeuble ocre jaune. Marco, son charmant propriétaire, a à cœur de faire découvrir sa ville, ce qui est flagrant quand on découvre l'étonnant décor des cinq chambres : chacune est peinte d'extraordinaires trompe-l'œil mettant en scène les sites emblématiques de Rome. Petit-déjeuner servi dans la cuisine, accessible aux hôtes toute la journée.

GUEST HOUSE ARCO DEI TOLOMEI PENSION €€

Plan p. 356 (☎06 5832 0819 ; bbarcodeitolomei.com ; Via Arco de' Tolomei 27 ; s/d à partir de 165/190 € ; ❄@📶 ; 🚌Viale di Trastevere, 🚋Viale di Trastevere). L'élégance à l'ancienne règne dans cette pension située au 1er étage d'un édifice d'une petite rue du Trastevere remontant au Moyen Âge. Ses six chambres, qui portent des noms de voies romaines, présentent des murs aux papiers peints fleuris et du mobilier ancien. Petit-déjeuner autour d'une longue table en bois, sous des poutres apparentes et des lustres à pampilles.

♥DONNA CAMILLA SAVELLI HOTEL HÔTEL €€€

Plan p. 356 (☎06 58 88 61 ; hoteldonnacamillasavelli.com ; Via Garibaldi 27 ; ch 200-300 € ; ❄@📶 ; 🚌Via Garibaldi). Ce quatre-étoiles vous donnera l'occasion unique de séjourner dans un couvent du XVIIe siècle conçu par le grand architecte baroque, Borromini. Dans les chambres, certaines avec vieux plafonds de bois, le mobilier rustique, les voilages aux fenêtres et les baldaquins donnent l'impression d'être hors du temps. Les plus agréables ont vue sur la verdure de l'ancien cloître, les autres sur la ville. Excellent service.

BUONANOTTE GARIBALDI B&B €€€

Plan p. 356 (☎06 5833 0733 ; buonanottegaribaldi.com ; Via Garibaldi 83 ; ch 210-280 € ; 🕘réception 9h-19h ; ❄@📶 ; 🚌Via Garibaldi). Au pied du Janicule, ce B&B haut de gamme accueille trois chambres dont le décor somptueux reflète le talent de l'artiste-propriétaire, Luisa Longo, spécialisée dans la peinture sur tissu. À l'étage, la chambre Roma possède une terrasse privée, tandis que les deux autres, Cioccolato et Tinto, donnent sur la luxuriante végétation de la cour du rez-de-chaussée. L'endroit déborde d'œuvres d'art, de livres et de sculptures.

HOTEL SANTA MARIA HÔTEL €€€

Plan p. 356 (☎06 589 46 26 ; hotelsantamariatrastevere.it ; Vicolo del Piede 2 ; s/d à partir de 200/220 €, q à partir de 250 € ; ❄@📶 ; 🚌Viale della Scala). Cet ancien couvent caché au cœur du Trastevere est aujourd'hui un trois-étoiles comptant une vingtaine de chambres fonctionnelles, avec sol carrelé et mobilier simple, autour d'une cour plantée d'orangers. Certaines peuvent loger 4 personnes dans des lits superposés. Vélos gratuits à disposition des hôtes.

De San Giovanni au Testaccio

♥ALTHEA INN ROOF TERRACE B&B €

Plan p. 354 (☎06 9893 2666 ; altheainnroofterrace.com ; Via dei Conciatori 9 ; d 100-120 € ; ❄📶 ; Ⓜ Piramide). Occupant un immeuble ordinaire à proximité du mur d'Aurélien, ce B&B a pour atouts un excellent rapport qualité/prix et une situation privilégiée, à proximité des bars, clubs et restaurants du Testaccio. Les chambres claires et spacieuses, aux murs blancs et au mobilier moderne de bon goût, ont un petit côté tendance. Certaines se doublent d'une terrasse privative.

HOTEL LANCELOT HÔTEL €€

Plan p. 355 (06 7045 0615 ; lancelothotel.com ; Via Capo d'Africa 47 ; s 80-128 €, d 100-196 €, fam 230-278 € ; P ; Via di San Giovanni in Laterano). Ajoutant à son excellente situation près du Colisée une vue impressionnante et un personnel très serviable, cet hôtel, tenu par une famille, est riche d'atouts. Le hall et les parties communes sont ornés de marbre et de cristal étincelants, tandis que les chambres, spacieuses, sont d'un style plus classique. Les meilleures, au 5e étage, ont leur propre terrasse. Place de parking à la demande (10 €/jour).

HOTEL VALERI HÔTEL €€

Plan p. 355 (06 7759 1793 ; 1-via-dei-valeri.worhot.com ; Largo dell'Ambra Aradam 3 ; d 90-135 €, tr 150-160 € ; ; Via dell'Ambra Aradam). Sis entre San Giovanni et le Celio, ce discret trois-étoiles paraît hors des sentiers battus alors qu'il se trouve en réalité à 15 minutes de marche du Colisée. Il renferme 10 chambres douillettes au look actuel sans ostentation. Le directeur, Francesco, est une mine d'informations touristiques, qui suggère volontiers des itinéraires et s'occupe des réservations de billets.

♥ HOTEL SANT'ANSELMO BOUTIQUE-HÔTEL €€€

Plan p. 354 (06 57 00 57 ; aventinohotels.com/fr ; Piazza di San Anselmo 2 ; s 129-254 €, d 179-334 € ; ; Via Marmorata). Un refuge romantique sur la colline de l'Aventin. Dans une villa à l'élégance tout aristocratique, les chambres, si elles ne sont pas toujours très grandes, se distinguent par leur style : lits à baldaquin, dorures, tentures, ou encore salle de bains aux murs plaqués de marbre.

Villa Borghèse et nord de Rome

♥ PALM GALLERY HOTEL HÔTEL €€

Plan p. 364 (06 6478 1859 ; palmgalleryhotel.com ; Via delle Alpi 15d ; s/d/f à partir de 140/180/250 € ; ; Via Nomentana, Viale Regina Margherita). Occupant une villa de 1905, ce magnifique hôtel affiche un style éclectique, qui mêle avec bonheur art africain et proche-oriental, mobilier Art déco, briques apparentes et carrelage peint à la main. Chaque chambre a son ambiance. Les plus plaisantes ont vue sur les glycines et la verdure des rues voisines. Dans un bâtiment attenant, une petite piscine rafraîchit la clientèle en été.

MY GUEST ROMA B&B B&B €€

(06 8632 4590 ; myguestroma.it ; Viale XXI Aprile 12 ; s/d/tr/q 75/120/135/170 € ; ; Viale XXI Aprile, M Bologna). Un peu excentré à trois stations de métro de Termini, le B&B tenu par le très sympathique Stefano couvre deux étages d'un grand immeuble des années 1930. Il offre des chambres colorées de style Ikea où l'on se sent comme chez soi, dont une quadruple garnie de lits superposés. Petits-déjeuners casher et sans gluten possibles.

Sud de Rome

HOTEL ABITART HÔTEL €€

Plan p. 366 (06 454 31 91 ; abitarthotel.com/fr ; Via Pellegrino Matteucci 10-20 ; ch 120-170 € ; Via Ostiense, M Piramide). Cette adresse chic de 66 chambres, dans le quartier en voie de gentrification d'Ostiense, expose des œuvres contemporaines d'artistes romains qui changent régulièrement. Les chambres standards resplendissent de couleurs, tandis que les suites évoquent différents domaines (poésie, photo) et périodes artistiques (cubisme, années 1970, pop art). Les clients peuvent profiter du bar-restaurant Estrobar (p. 231) et de sa belle terrasse estivale. Parking (20 €/nuit) juste à côté.

Catacombe di San Callisto (p221)

Comprendre Rome

Histoire

L'histoire de Rome couvre trois millénaires, depuis les mythes fondateurs jusqu'aux fanfaronnades fascistes du XXᵉ siècle, en passant par les flamboiements du Quattrocento et les complots pontificaux. Le passé affleure à tous les coins de rue de cette cité remarquable. Entre vestiges antiques, palais Renaissance et riches églises baroques, chaque monument recèle son lot d'histoires, qu'il s'agisse de querelles de famille, de soulèvements, de rivalités artistiques ou d'intrigues.

La Rome antique, mythe et réalité

L'image de la Rome antique, aussi bien dans ses aspects mythiques qu'avérés, a été soigneusement nourrie et sublimée au fil des siècles. Intellectuels, artistes et architectes ont puisé leur inspiration dans cette cité légendaire, tandis que les chefs politiques ou religieux l'ont invoquée pour légitimer leur autorité et servir leurs ambitions.

L'Antiquité romaine (Larousse, 2002), dictionnaire encyclopédique publié sous la direction de Catherine Salles, s'intéresse à l'histoire politique et sociale, mais aussi à la vie quotidienne, à la culture… Du même auteur, en collaboration avec Guy de La Bédoyère, vous pourrez aussi vous procurer *La Rome antique pour les nuls* (First, 2010).

L'art de la propagande

On doit aux premiers empereurs un pan entier des mythes fondateurs de la ville. Soucieux de renforcer le statut de *caput mundi* (capitale du monde) de la cité, ils incitèrent des écrivains tels que Virgile (70-19 av. J.-C.), Tite-Live (59 av. J.-C. - 17 ap. J.-C.) et Ovide (43 av. J.-C. - 17 ou 18 ap. J.-C.) à créer une histoire romaine officielle. Ainsi qu'il en allait souvent à l'époque, ces auteurs présentèrent nombre de ces légendes comme autant de réalités. Dans l'*Énéide*, Virgile s'appuya de la sorte sur des récits épiques et des mythes grecs pour raconter l'histoire d'Énée : prince troyen, fils de la déesse Vénus et du mortel Anchise, Énée fuit Troie en flammes et arrive en Italie où il fonde la dynastie qui donnera naissance à Romulus et Remus. De même, Tite-Live, connu pour sa monumentale *Histoire romaine*, en appela-t-il à la mythologie pour combler les trous de son récit historique.

Maîtres dans l'art de la propagande, les empereurs encouragèrent l'art, l'architecture et les cérémonies publiques afin de perpétuer l'image d'une Rome invincible, à la puissance approuvée par les dieux. Des monuments tels que l'Ara Pacis, la colonne Trajane ou l'arc de

CHRONOLOGIE

XIIᵉ siècle av. J.-C.

Première colonisation du Latium (entre l'Apennin, le Tibre et la mer) par des populations de langues indo-européennes. La colline du Palatin est le premier site peuplé de la future Rome.

753 av. J.-C.

Selon la légende, Romulus fonde Rome après avoir tué son frère. Des découvertes archéologiques prouvent l'existence d'une bourgade sur le Palatin au VIIIᵉ siècle avant notre ère.

616-509 av. J.-C.

Trois rois étrusques, Tarquin l'Ancien, Servius Tullius et Tarquin le Superbe, se succèdent. Sous leur règne, Rome devient l'une des plus grandes capitales du bassin méditerranéen.

Constantin célébraient la gloire impériale, tandis que les combats de gladiateurs témoignaient du culte romain de la force. Le Forum, le Colisée ou le Panthéon ne tenaient pas seulement de prouesses architecturales, mais constituaient autant de témoignages d'une pérenne et irrésistible puissance.

La glorification du passé

Pendant la Renaissance, période durant laquelle la Rome antique fut portée aux nues, les réalisations du passé influencèrent une entière génération d'artistes et d'architectes. Bramante (1444-1514), Michel-Ange (1475-1564) et Raphaël (1483-1520) s'inspirèrent ainsi d'œuvres classiques lorsqu'ils contribuèrent à rebâtir Rome, en une époque où celle-ci réaffirmait son rôle de capitale de l'Église catholique.

Mais plus que tout autre, Benito Mussolini (1883-1945) invoqua la gloire de la Rome antique. Le dictateur n'épargna aucun effort pour identifier son régime fasciste à la Rome impériale – le terme fascisme

La Rome antique à l'écran

Spartacus *(Stanley Kubrick, 1960)*

Quo Vadis *(Mervyn LeRoy, 1951)*

Gladiator *(Ridley Scott, 2000)*

Rome *(HBO, 2005-2007)*

ROMULUS ET REMUS : LES JUMEAUX LÉGENDAIRES

La plus célèbre des légendes romaines est celle de Romulus et Remus, et de la fondation de la ville le 21 avril de l'an 753 av. J.-C.

Fils de la vestale Rhea Silvia, prêtresse vouée à la chasteté, et du dieu Mars venu la voir en rêve, Romulus et Remus sont condamnés à la mort dès leur naissance par leur grand-oncle Amulius qui a éliminé du trône d'Albe la Longue (Alba Longa) son frère Numitor. Déposés dans un panier sur le Tibre par un serviteur, les jumeaux échappent miraculeusement à leur sort funeste, allaités par une louve sur les pentes du Palatin avant d'être recueillis par le berger Faustulus et son épouse.

Des années plus tard, les jumeaux décident de fonder une ville à l'endroit où ils ont été sauvés. Pour savoir lequel des deux régnera sur la ville, ils font appel aux traditionnels auspices. Remus, posté sur l'Aventin, aperçoit le premier six vautours ; mais son frère, sur le Palatin, en dénombre 12. Romulus est gagnant par le nombre, victoire que Remus conteste. Romulus trace le sillon délimitant le contour de la cité, réputé sacré et inviolable. Par affront, Remus franchit le sillon. De la dispute qui s'ensuit naît le fratricide, Romulus tuant Remus.

Romulus mène le chantier à terme et la ville est bientôt achevée. Il crée des refuges sur le Capitole, l'Aventin, le Caelius et le Quirinal pour accueillir les nouveaux habitants mais, parmi ceux-ci, les femmes manquent. Romulus invite alors tous les peuples voisins, dont les Sabins, à célébrer la fête de Consualia (21 août). Pendant que les hommes assistent aux jeux, Romulus et ses hommes kidnappent les épouses. Un événement resté dans l'histoire sous le nom d'Enlèvement des Sabines.

509 av. J.-C.

À la mort du roi Tarquin le Superbe, la République romaine est fondée, ouvrant la voie à la suprématie de Rome sur l'Europe.

451-449 av. J.-C.

Première fixation par écrit du droit romain ; la loi des Douze Tables servira de fondement à l'organisation politique de la République.

146 av. J.-C.

Carthage est rasée à la fin de la troisième guerre punique, et la Grèce continentale est conquise par les légionnaires. Rome devient la maîtresse incontestée de la Méditerranée.

73-71 av. J.-C.

La révolte des esclaves, conduite par Spartacus, est durement réprimée. Le meneur et 6 000 esclaves sont crucifiés le long de la Via Appia Antica.

WHO'S WHO DES EMPEREURS ROMAINS

Sur les quelque 250 empereurs romains, un petit nombre d'entre eux ont laissé une trace majeure. En voici 10 parmi les meilleurs, les pires et les plus fous.

- **Auguste (27 av. J.-C.-14 ap. J.-C.)** Neveu puis fils adoptif de César, Octave devient le premier empereur de Rome sous le nom d'Auguste. Il inaugure une période de paix et de sécurité, marquée par la floraison des arts et la construction de nombreux monuments, dont l'Ara Pacis et le (premier) Panthéon.
- **Caligula (37-41)** Troisième empereur, après Auguste et Tibère. Très populaire au début de son règne, il est frappé d'une maladie qui entraîne un brutal changement de caractère et un comportement dépravé. Il meurt assassiné par ses gardes du corps, sur le Palatin.
- **Claude (41-54)** Il étend l'Empire romain et conquiert la Bretagne (actuelle Grande-Bretagne). Agrippine, son épouse et mère de Néron, l'empoisonne pour assurer l'accession de son fils au pouvoir.
- **Néron (54-68)** Après avoir régné un temps en bon monarque, il gouverne en tyran : il fait assassiner sa mère puis, après le grand incendie de Rome (64), ordonne de persécuter des chrétiens pris comme boucs émissaires. Il fait reconstruire Rome selon des plans remarquables mais s'accapare le tiers de la ville pour ériger un fabuleux palais. Démis par le Sénat, il est contraint au suicide. Avec lui s'éteint la dynastie julio-claudienne.
- **Vespasien (69-79)** Premier de la dynastie des Flaviens, il impose la paix et assainit les finances impériales. Il fait construire le Colisée.
- **Trajan (98-117)** Il mène une politique de conquête vers l'est et règne sur un Empire à son apogée territoriale. De retour de ses campagnes, il rénove le centre de Rome en ajoutant un forum, des marchés, dont subsistent d'importants vestiges, et une colonne à sa gloire, toujours en place.
- **Hadrien (117-138)** Il met fin à l'expansion impériale et construit des murailles pour marquer les frontières de l'Empire. Il reconstruit le Panthéon et se fait bâtir l'une des plus grandioses villas de l'Antiquité à Tivoli.
- **Aurélien (270-275)** Il fait beaucoup pour mater les rébellions qui progressent dans l'Empire à la fin du IIIe siècle. Il entame la construction d'un nouveau mur d'enceinte de la ville qui porte son nom.
- **Dioclétien (284-305)** En 285, il partage l'Empire entre Orient et Occident. Alors qu'il combat pour contrôler les frontières orientales de l'Empire, il lance de terribles persécutions contre les chrétiens.
- **Constantin Ier (306-337)** Il légalise le christianisme et encourage la floraison d'églises à Rome. Il fonde une nouvelle capitale à Byzance, rebaptisée Constantinople en son honneur.

49 av. J.-C.

"Alea jacta est" ("Le sort en est jeté") : Jules César franchit le Rubicon avec son armée et marche sur Rome. La guerre civile qui s'ensuit consacre la victoire de César sur Pompée.

44 av. J.-C.

Peu après s'être proclamé dictateur à vie, Jules César est poignardé dans le Teatro di Pompeo (sur l'actuel Largo di Torre Argentina) aux ides de mars.

14 ap. J.-C.

Mort d'Auguste, premier empereur de Rome, au terme de 41 ans de règne stable et éclairé. Ses successeurs, Tibère et Caligula, s'illustrent par leur cruauté.

64

Un gigantesque incendie ravage Rome pendant cinq jours et demi. Certains accusent Néron, qui se trouvait à Antium (aujourd'hui Anzio) quand le feu se déclara.

L'Empire romain

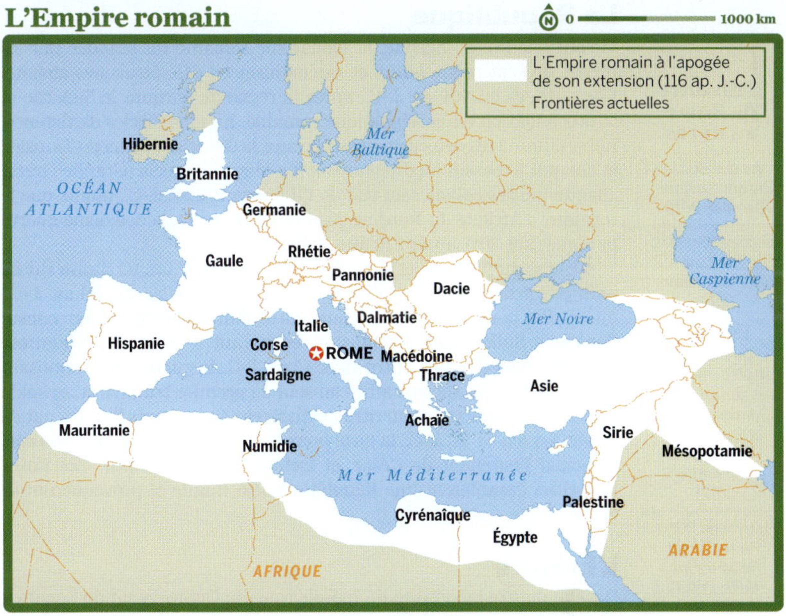

provient du latin *fascis*, désignant les faisceaux (ensemble de verges d'orme ou de bouleau d'où émergeait le fer d'une hache) que portaient les licteurs et qui étaient l'emblème de l'autorité des premiers magistrats de la République romaine. Le Duce fit du 21 avril, date traditionnelle de la fondation de Rome, une fête fasciste officielle ; il imprima des timbres à l'image des anciens empereurs romains et commanda des fouilles pour mettre au jour des preuves de la puissance romaine. Son idéalisation de l'Empire sous-tendit également, pour une large part, sa politique colonialiste.

De nos jours, le mythe de Rome sert moins la politique que la publicité, non sans succès. Aussi blasé que l'on soit, on ne saurait nier l'émotion ressentie en découvrant le Colisée pour la première fois ou en flânant sur le Palatin, la colline sur laquelle Romulus aurait fondé la cité en 753 av. J.-C.

67

Saint Pierre et saint Paul deviennent martyrs, tandis que Néron massacre les chrétiens de Rome. On tient ces persécutions pour un stratagème du souverain, consécutif au grand incendie de 64.

80

Inauguration de l'amphithéâtre Flavien de 50 000 places (le Colisée), par l'empereur Titus. 5 000 animaux sont massacrés lors des cent jours des jeux d'ouverture.

Ier-IIe siècle

Âge d'or de l'Empire romain : apogée de la domination territoriale de Rome sur le bassin méditerranéen. L'Empire impose son autorité et sa protection aux peuples soumis (*Pax romana*).

285

Scission de l'Empire romain par Dioclétien dans une tentative de maîtriser l'anarchie. L'Orient est plus tard incorporé à l'Empire byzantin, l'Occident tombe aux mains des Barbares.

L'histoire de Rome en livres

Vie des douze Césars, *Suétone (Bartillat, 2010)*

Histoire romaine, *Tite-Live (GF Flammarion, 1999)*

L'Histoire du monde en BD : Rome et son empire, *Dominique Joly et Emmanuel Olivier (Casterman, 2017)*

Histoire de Rome, *Pierre Grimal (Mille et Une Nuits, 2003)*

Histoire de la Rome antique, *Lucien Jerphagnon (Tallandier, 2011)*

Voyage chez les empereurs romains, *Jean-Claude Golvin et Catherine Salles (Errance, 2006)*

Histoire de la papauté, *sous la direction d'Yves-Marie Hilaire (Points, 2003)*

La République

Mêlant histoire et légende, la monarchie romaine fut scandée par les règnes de sept rois – latins et sabins jusqu'en 616, étrusques ensuite. Elle s'acheva en 509 av. J.-C., après le règne de Tarquin le Superbe et la proclamation de la République romaine. En cinq siècles d'existence, Rome élimina ses deux principaux rivaux, la Grèce et Carthage (Tunisie), et conquit le bassin méditerranéen. La Magna Graecia (Grande Grèce) abandonna ses colonies au sud de l'Italie en 272 av. J.-C., tandis que le royaume d'Afrique du Nord ne céda qu'au terme de la deuxième guerre punique (218-201), après 120 ans de lutte.

À l'aube du Ier siècle av. J.-C., Rome dut protéger son territoire sur de multiples fronts tout en subissant des guerres civiles. En 88 av. J.-C., un conflit pour le pouvoir éclata entre Caius Marius et son consul Cornelius Sulla, Sylla l'emportant et forçant le Sénat à le nommer dictateur pour dix ans. Entre 49 et 45 av. J.-C., la guerre civile opposant César et Pompée, anciens alliés au sein du premier triumvirat, se solda par l'accession de César au titre de dictateur à vie. Après l'assassinat de ce dernier, en 44 av. J.-C., la lutte pour le pouvoir opposa Marc Antoine, principal lieutenant de César, et Octave, son fils adoptif. Ces luttes intestines ébranlèrent une République déjà fragile et provoquèrent sa chute.

L'Empire

Devenu maître incontesté du monde romain, Octave reçut du Sénat en 27 av. J.-C. le titre sacré d'"Auguste", devenant ainsi le premier empereur de Rome. La période de stabilité qui suivit favorisa l'épanouissement des arts. Encourageant la création artistique, Auguste restaura les édifices existants et en fit ériger de nouveaux, dont l'Ara Pacis (autel de la Paix) pour commémorer ses exploits.

Son successeur, Tibère (14-37), gouverna avec une cruauté telle que sa mort – sans doute un assassinat – fut accueillie à Rome dans la liesse générale. Le pire restait cependant à venir en la personne de Caligula (37-41), dont le bref règne fut caractérisé par une démence croissante, ponctuée de dépravations. Après l'assassinat de ce dernier à l'âge de 29 ans, Claude, son oncle plus débonnaire, accéda au pouvoir (41-54), offrant à Rome un interlude de relative paix. Il fit agrandir le port d'Ostie et construire un nouvel aqueduc, l'Acqua Claudia, afin d'alimenter en eau une population croissante. Il ordonna également la conquête de la Bretagne (actuelle Angleterre), naguère effleurée par César, mais finit probablement empoisonné par son ambitieuse épouse Agrippine en 54.

313

Un an après sa victoire à la bataille du Ponte Milvio, l'empereur Constantin promulgue l'édit de Milan, qui établit officiellement la liberté de culte et la fin des persécutions contre les chrétiens.

410

Le sac de Rome par les Goths, conduits par Alaric Ier, amorce le déclin de la cité. Rome est vidée de ses richesses par une série de pillages, dont celui des Vandales en 455.

476

La chute de Romulus Augustule marque la fin de l'Empire romain d'Occident. Rome devient une simple cité placée sous la protection des papes et soumise à Constantinople.

754

Un accord entre le pape Étienne II et le roi franc Pépin le Bref aboutit à la création des États pontificaux. Rome sera gouvernée par la papauté jusqu'à l'unité de l'Italie.

À Claude succéda son beau-fils Néron (54-68). Âgé de 17 ans à sa prise de fonction, ce dernier s'illustra par ses prétentions artistiques et son sadisme notoire. L'incendie de Rome en 64 acheva d'entacher sa réputation déjà ternie. Démis par le Sénat quatre ans plus tard, il se suicida.

Pas moins de quatre empereurs lui succédèrent en une seule année. La stabilité fut restaurée lorsque Vespasien (69-79) prit les rênes du pouvoir. Homme pragmatique et intelligent, il fit édifier le Colisée sur le site de la Domus Aurea de Néron et contribua à redorer l'image de la fonction impériale.

L'Empire connut son apogée au IIe siècle, sous les règnes de Trajan (98-117) puis d'Hadrien (117-138), à qui l'on doit l'aménagement du Panthéon et la construction d'une immense villa à Tivoli. Cependant, le déclin économique entraîna au siècle suivant une période d'anarchie et de guerre civile. Dioclétien (284-305) scinda l'Empire en deux : conservant l'Orient, opulent, il attribua l'Occident, moins prospère, à Maximien, qui s'installa à Milan.

En 305, Maximien et Dioclétien abdiquèrent simultanément, cédant l'Empire romain d'Occident à Constance, et l'Empire romain d'Orient à Galère. La lutte acharnée pour le pouvoir vit la victoire, en 312, de Constantin (le fils de Constance) sur Maxence (le fils de Maximien), son dernier rival, à Saxa Rubra, dans la périphérie de Rome. Premier empereur chrétien et grand bâtisseur, Constantin fit construire nombre d'églises, dont les basiliques Saint-Pierre et Saint-Laurent-hors-les-Murs. En 330, il transféra la capitale de l'Empire romain à Byzance, qu'il rebaptisa Constantinople, signifiant un basculement d'influence vers l'est.

Le sac de Rome par les Goths en 410 marqua le début de la fin pour la cité antique. En 452, seule l'intervention du pape Léon Ier persuada Attila, roi des Huns, d'épargner Rome. Trois ans plus tard, elle fut pillée par les Vandales.

Alors encore enfant, le dernier empereur d'Occident, Romulus Augustule, fut déposé en 476. La vacance du pouvoir laissa la place à l'Église romaine, seul rempart contre les invasions des Barbares et des Byzantins.

Les lettres SPQR que vous verrez partout à Rome sont l'abréviation de *Senatus Populusque Romanus* (le Sénat et le peuple romain), l'emblème de la République romaine.

La division de l'Europe

L'un des legs les plus immédiats de l'Empire fut la division de l'Europe entre l'Orient et l'Occident, l'Empire romain d'Occident étant centré autour de Rome et l'Empire romain d'Orient autour de Byzance (rebaptisée ensuite Constantinople en l'honneur de l'empereur Constantin). La chute de l'Empire romain d'Occident, en 476, ouvrit la

800

Charlemagne (fils de Pépin le Bref) est sacré empereur d'Occident par le pape Léon III en la basilique Saint-Pierre. Un disque rouge y indique l'endroit du couronnement.

1084

Le pape Grégoire VII, assiégé par les forces d'Henri IV, empereur du Saint Empire romain germanique, demande l'aide des Normands de Robert Guiscard, qui mettront la ville à sac.

1188

Sous la pression d'une nouvelle guilde d'artisans, le pape Clément III reconnaît Rome en tant que commune et lui confère le droit de nommer des sénateurs et un préfet.

1300

Le pape Boniface VIII proclame le premier jubilé, offrant le pardon à quiconque effectue le pèlerinage à Rome. Le jubilé aurait attiré jusqu'à 200 000 pèlerins.

voie à l'émergence du Saint Empire romain et des États pontificaux, tandis qu'à l'est, l'Empire romain d'Orient (ultérieurement Empire byzantin) se perpétua jusqu'en 1453, date à laquelle il fut conquis par les armées ottomanes.

La voie Appienne doit son nom à Appius Claudius Caecus, le censeur romain qui lança sa construction en 312 av. J.-C. Il fit aussi édifier le premier aqueduc de Rome, l'Aqua Appia, qui acheminait l'eau depuis les monts Sabins.

La démocratie et l'État de droit

Sur un plan culturel, les apports des Romains en matière de langue, de législation, de gouvernement, d'art, d'architecture, de génic civil et d'administration publique sont toujours d'actualité.

L'un de leurs apports les plus importants pour la société moderne fut la notion de gouvernement démocratique, apparue à Athènes au Ve siècle av. J.-C. et portée par les Romains à un niveau supérieur. Inscrite sur nombre de monuments antiques, la devise SPQR (*Senatus Populusque Romanus*) était l'emblème de la République romaine. Elle rappelle que le pouvoir politique était détenu par le Sénat d'une part et par le peuple de l'autre. Toutefois, par "peuple", il faut entendre l'ensemble des citoyens romains (les patriciens et les plébéiens), soit une minorité de la population dont étaient exclus les esclaves, les affranchis et les femmes. Les assemblées du Peuple – comices centuriates, comices tributes et comices curiates – disposaient du pouvoir législatif ; elles élisaient les magistrats pour un an, dont les deux consuls qui agissaient collégialement en qualité de chefs militaires et politiques. Le Sénat assumait une fonction consultative, gérait les finances et, en cas de grave péril, pouvait nommer un dictateur pour une période de six mois.

Les combats de gladiateurs faisaient partie des jeux (*ludi*) que l'État romain donnait au Colisée. Les gladiateurs étaient des prisonniers de guerre, des criminels condamnés ou encore des volontaires qui s'affrontaient lors de combats de 10 à 15 minutes. En réalité, ceux-ci se terminaient rarement par la mort.

Ce système fonctionna très bien sous la République, mais s'il fut conservé en théorie sous l'Empire, ce ne fut que pour préserver une façade de gouvernement républicain. Dans la pratique, le Sénat assumait le pouvoir législatif des assemblées. L'empereur disposait du droit de veto contre le Sénat, ce qui lui conférait un pouvoir quasi absolu.

Le respect des lois était un élément important dans la société romaine. Dès le Ve siècle av. J.-C., la République publia la loi des Douze Tables, sorte de déclaration des droits qui resta la pierre fondatrice du système légal romain jusqu'à ce que l'empereur Justinien (vers 527-565) produise le monumental *Corpus Iuris Civilis* (Code de droit civil) en 529. Celui-ci codifiait toutes les lois existantes et comportait aussi un traité systématique de philosophie du droit. Il introduisait en particulier une distinction entre le *ius civilis* (droit civil : lois propres à un État), le *ius gentium* (droit des nations : lois établies et partagées par les États) et le *ius naturale* (droit naturel : lois concernant les relations hommes-femmes et le mariage).

1309

La lutte entre les partisans de la papauté, soutenus par les Français, et la noblesse romaine se solde par le transfert du pape Clément V en Avignon.

1377

Le pape Grégoire XI rentre à Rome, qui redevient le siège de la papauté.

1378-1417

Les dissensions au sein de l'Église catholique conduisent au Grand Schisme. Un pape règne à Rome et un autre en Avignon.

1471

Ouverture des musées du Capitole. Une série de bronzes légués par le pape Sixte IV constitue la première exposition. En 1538, Michel-Ange aménage la Piazza del Campidoglio.

Le latin

Plus encore que les lois elles-mêmes, le plus grand legs de Rome à la profession juridique fut la langue latine. Le latin, lingua franca de l'Empire romain, fut ensuite adopté par l'Église catholique, une raison majeure de sa survie. Il reste l'une des langues officielles du Vatican et fut, jusqu'au concile de Vatican II (1962-1965), la seule langue autorisée pour dire la messe.

Le pouvoir de l'Église et du pape

Durant une grande partie de son histoire, Rome fut gouvernée par les papes et, aujourd'hui encore, le Vatican y exerce une forte influence.

Avant l'apparition du christianisme, les Romains étaient remarquablement tolérants à l'égard des religions étrangères. Ils vénéraient eux-mêmes un panthéon cosmopolite, des pénates (divinités gardiennes du foyer) et des anciens empereurs aux divinités de l'Olympe grec (rebaptisées Jupiter, Junon, Neptune, Minerve, etc.). Les cultes orientaux, tels ceux des dieux égyptiens Isis et Sérapis, faisaient l'objet d'une grande dévotion populaire. Réservé aux hommes, le culte de Mithra, dieu sauveur d'origine perse, avait les faveurs de l'administration et de l'armée.

Les saints patrons de Rome, les apôtres Pierre et Paul, furent tous deux tués au cours des persécutions de Néron contre les chrétiens, entre 64 et 68. Paul, citoyen romain, fut décapité, tandis que Pierre, Galiléen, fut crucifié la tête en bas sur la colline du Vatican.

L'apparition du christianisme

Arrivé de la province romaine de Judée, le christianisme commença à s'implanter à Rome au Ier siècle et devint rapidement populaire

LA DONATION DE CONSTANTIN

Plus célèbre faux de l'histoire médiévale, la *Donation de Constantin* est un document apocryphe par lequel l'empereur Constantin accordait à Sylvestre Ier (pape de 314 à 335) et à ses successeurs le pouvoir sur Rome et l'Empire romain d'Occident, ainsi que la primauté sur les saints sièges d'Antioche, d'Alexandrie, de Constantinople, de Jérusalem et sur toutes les églises du monde.

Personne ne sait précisément quand ce document fut écrit, mais il est généralement admis qu'il date du milieu ou de la fin du VIIIe siècle. Cela concorde avec la théorie répandue selon laquelle l'auteur, un ecclésiastique romain, l'a probablement rédigé sous la direction d'Étienne II (pape de 752 à 757).

Des siècles durant, la *Donation* fut considérée comme authentique et les papes s'y référèrent pour justifier leurs revendications territoriales. En 1440, le philosophe italien Lorenzo Valla prouva qu'il s'agissait d'un faux. En étudiant le latin du document, il prouva qu'il ne correspondait pas à celui en usage au IVe siècle.

1506

Fondation par le pape Jules II de la Garde suisse (à l'origine, 150 mercenaires). Aujourd'hui, les Gardes suisses, catholiques pratiquants, sont en charge de la protection du pape.

1508

Michel-Ange commence à peindre la chapelle Sixtine. Raphaël décore les appartements privés du pape Jules II, plus connus sous le nom de chambres de Raphaël.

1527

Le pape Clément VII se réfugie au château Saint-Ange alors que Rome est envahie par les troupes de Charles Quint, roi d'Espagne et empereur du Saint Empire.

1540

Le pape Paul III reconnaît officiellement la Compagnie de Jésus (les Jésuites) fondée par Ignace de Loyola, qui passera ses derniers jours dans la Chiesa del Gesù.

Pontificats les plus longs

Saint Pierre (30-67)

Pie XI (1846-1878)

Pie VI (1775-1799)

Léon XIII (1878-1903)

Jean-Paul II (1978-2005)

grâce à son message de salut. Les massacres de chrétiens ordonnés par Néron (r. 54-68), dont ceux des apôtres Pierre et Paul, furent sans doute davantage liés à la nécessité de trouver des boucs émissaires après le grand incendie qui ravagea Rome en 64 qu'à leurs convictions religieuses. Après une période de coexistence pacifique, le refus des chrétiens de respecter le culte impérial officiel leur valut d'être persécutés par certains empereurs au IIIe siècle et au début du IVe siècle. Le pouvoir romain prit conscience du caractère politiquement subversif de cette religion qui refusait toute autre croyance. Finalement, le monde antique bascula avec la conversion de l'empereur Constantin (r. 306-337), qui garantit aux chrétiens la liberté de culte par l'édit de Milan (313), puis sous le règne de l'empereur Théodose (379-395), qui fit du christianisme la religion d'État en 380. Dès le IVe siècle, l'Église présentait une structure complexe organisée autour de cinq grands patriarcats : Rome, Constantinople, Alexandrie, Antioche et Jérusalem. Au départ, chaque patriarcat avait le même poids puis, au fil des ans, Rome s'imposa comme la Mère de toutes les Églises. Les raisons étaient en partie politiques – Rome était la riche capitale de l'Empire romain – et en partie religieuses – l'Évangile selon Matthieu affirmait que saint Pierre, le fondateur de l'Église romaine, avait été choisi par le Christ pour diriger l'Église universelle.

Le pouvoir du pape

Les États pontificaux, sous l'autorité temporelle du pape, furent fondés au VIIIe siècle, après que le roi franc Pépin le Bref eut chassé les Lombards du nord de l'Italie et fait don de vastes territoires au pape Étienne II. À leur apogée, ces États englobaient Rome et une grande partie de l'Italie centrale.

Si Rome contrôlait la chrétienté, l'Église devait encore conquérir Rome, ce qu'elle fit pendant la période sombre qui suivit la chute de l'Empire romain d'Occident. Grégoire Ier, pape de 590 à 604, s'employa plus que d'autres à poser les bases du pouvoir de l'Église. Doté d'une grande clairvoyance, il devint populaire en distribuant gratuitement du pain à la population affamée et en restaurant des aqueducs détruits par les Barbares. Il résista également aux Lombards, un peuple germanique qui établissait des duchés un peu partout en Italie.

Lorsque les Lombards tentèrent de s'emparer de Rome au VIIIe siècle, la papauté fit appel au roi franc Pépin le Bref. L'alliance se solda par la création de deux des puissances de l'Europe médiévale : les États pontificaux et le Saint Empire romain germanique. À Rome, les conflits entre le pape et l'empereur se traduisirent par des rivalités sans fin entre les grandes familles (les guelfes, partisans de la papauté, d'un côté, et les gibelins, partisans de l'empereur, de l'autre) et de fréquentes tentatives des Français de revendiquer le trône papal. Ces conflits pour le pouvoir, appuyés ou non par les armes, culminèrent avec le transfert de la papauté en Avignon, entre 1309 et 1377, et le Grand Schisme (1378-1417), période durant laquelle le monde catholique d'Occident

1555

Le climat de peur qui règne à Rome lors de la Contre-Réforme pousse le pape Paul IV à confiner les juifs dans le quartier du Ghetto. L'intolérance du pouvoir se poursuivra jusqu'au XXe siècle.

1626

Après plus de 150 ans de travaux, la basilique Saint-Pierre est consacrée. L'immense édifice est resté jusqu'au XXe siècle la plus grande église jamais construite.

1798

Napoléon s'empare de Rome, obligeant le pape Pie VI à fuir. Une République est proclamée, mais elle est de courte durée. En 1801, Pie VII, le successeur de Pie VI, revient à Rome.

1848

La République romaine est proclamée par une assemblée populaire, dont Giuseppe Mazzini et Giuseppe Garibaldi sont les chefs de file. L'armée française, dépêchée par le pape Pie IX, y met fin.

fut partagé entre deux papes, l'un à Rome et l'autre en Avignon. En tant que chefs religieux et temporels, les papes de Rome exerçaient une influence sans rapport avec leur force militaire. Pendant une grande partie de la période médiévale, l'Église détenait le quasi-monopole des livres (essentiellement des manuscrits religieux rédigés en latin) et avait autorité sur presque tous les aspects de la connaissance. Toutes les innovations en matière de sciences, de philosophie et de littérature devaient affronter les fourches caudines de l'Église.

L'influence actuelle de l'Église

Quelque 1 000 ans plus tard, l'Église exerce toujours une influence majeure dans l'Italie contemporaine. Sa position rigide sur des problèmes éthiques et sociaux tels que la contraception, l'avortement, le mariage homosexuel et l'euthanasie nourrissent les débats d'opinion, et aboutissent souvent à de profondes divisions.

Cette relation entre l'Église et le monde politique italien contemporain remonte à la fondation de la République italienne en 1946. Durant la majeure partie de la Première République (1946-1994), le Vatican est resté étroitement lié à la Démocratie chrétienne (Democrazia Cristiana, DC), le plus puissant parti italien, farouchement opposé au communisme. À cette époque, l'Église, soucieuse de chasser le communisme du paysage politique, menaçait d'excommunication quiconque votait pour le Parti communiste italien (Partito Comunista Italiano, PCI).

Aujourd'hui, aucun parti politique n'a le monopole des faveurs de l'Église et, selon leur bord, les hommes politiques ménagent plus ou moins les sensibilités catholiques. Cette révérence ne se limite pas à la sphère politique ; elle se retrouve aussi dans la presse et même dans l'application des lois. En septembre 2008, le procureur de Rome a menacé de poursuivre un comédien pour ses commentaires contre le pape, invoquant les accords du Latran de 1929 selon lesquels "offenser l'honneur" du pape ou du président italien est un délit. L'accusation, qui a suscité des débats houleux sur la liberté d'expression et la censure, a été abandonnée par le ministre de la Justice.

L'histoire de Rome en BD

L'autre Rome : Une histoire des Romains à l'époque des communes (XIIe-XIVe siècle), *Jean-Claude Maire-Vigueur (Tallandier, 2010)*

Les Voyages d'Alix : Rome, *Jacques Martin et Gilles Chaillet (Casterman, 2012)*

Murena, *Jean Dufaux (Dargaux, 2001)*

Renouveaux, contestations et persécutions

Marquant la transition entre le Moyen Âge et les temps modernes, la Renaissance (*Rinascimento*) fut un mouvement de profonde rénovation intellectuelle, artistique et culturelle. Elle émergea à Florence au XIVe siècle, puis gagna rapidement Rome, où elle suscita l'un des plus

1861

Unité de l'Italie. Les territoires sous contrôle pontifical resteront sous la protection des troupes de Napoléon III jusqu'à la chute de l'Empire.

1870

Les troupes italiennes ouvrent une brèche dans les remparts de la Porta Pia. Pie IX est contraint de céder la ville aux forces italiennes. Rome devient la capitale du royaume d'Italie.

1885

Pour fêter l'unité italienne et honorer le premier roi du pays, Victor-Emmanuel II, on entame la construction du Vittoriano, le gigantesque monument qui domine la Piazza Venezia.

1922

Marche sur Rome de quelque 40 000 fascistes. Pour éviter la guerre civile, Victor-Emmanuel III invite Mussolini à former un gouvernement.

grands remaniements que la ville ait jamais connus. Mais elle ne plut pas à tout le monde, et le début du XVIe siècle vit naître la Réforme protestante. À son tour, celle-ci provoqua une réponse énergique de l'Église catholique : la Contre-Réforme.

L'humanisme et la reconstruction de Rome

Les Borgia, dont le patriarche Rodrigo fut pape sous le nom d'Alexandre VI (1492-1503), fut l'une des plus tristement célèbres familles de la Rome de la Renaissance. César, fils de Rodrigo, aurait servi de modèle au *Prince* de Machiavel, et sa fille Lucrèce avait une réputation de femme fatale, encline à empoisonner ses ennemis. Deux séries télévisées sorties en 2011 retracent, avec plus ou moins de vraisemblance, l'histoire de cette famille : *Borgia*, une coproduction européenne, et *The Borgias*, coproduction américaine avec Jeremy Irons.

La Renaissance dut son impulsion intellectuelle à l'humanisme, une philosophie centrée sur l'homme et les valeurs humaines, à la différence du monde médiéval, centré sur Dieu. Cette philosophie ne combattait pas la religion, et nombre d'humanistes étaient également des hommes d'Église ; la plupart des grandes œuvres Renaissance de Rome furent commandées par des papes ou des cardinaux. De fait, c'est l'un des humanistes les plus réputés du XVe siècle, Nicolas V, pape de 1447 à 1455, qui est considéré comme l'initiateur de la Renaissance à Rome. Au début de son pontificat, Rome était semi-désertée et ruinée par des siècles de conflits. La population vivait dans la crainte constante de la peste, de la famine et des fréquentes inondations du Tibre. Quant à la papauté, elle se remettait tout juste du traumatisme du Grand Schisme et tentait de résister aux avances musulmanes vers l'est. Nicolas V décida de reconstruire Rome et d'en faire une ville prestigieuse, à l'image de la puissance de l'Église. Pour financer ses projets, il décréta 1450 année jubilaire, moyen éprouvé pour lever des fonds en attirant des centaines de milliers de pèlerins vers la ville (le fidèle qui vient à Rome l'année du jubilé et se confesse bénéficie de l'indulgence plénière accordée par le pape).

Au cours des quelque quatre-vingts années qui suivirent, Rome fut complètement transformée. Sixte IV, pape de 1471 à 1484, fit construire la chapelle Sixtine et fit don au peuple de Rome d'une série de bronzes qui constituèrent les premières collections des musées du Capitole. Jules II, pape de 1503 à 1513, fit percer la Via del Corso et la Via Giulia, et confia à Bramante la reconstruction de la basilique Saint-Pierre. Michel-Ange fut chargé de peindre la voûte de la chapelle Sixtine et conçut le dôme de Saint-Pierre, tandis que Raphaël inspira toute une génération de peintres par sa maîtrise de la perspective.

Le sac de Rome et la Réforme protestante

La reconstruction de Rome à la Renaissance ne fut pas aisée. Au début du XVIe siècle, la vieille querelle entre le Saint Empire romain, avec l'Espagnol Charles Quint à sa tête, et les cités-États italiennes demeurait une grande source de troubles. Le conflit atteignit un paroxysme en 1527 quand les troupes de l'empereur envahirent Rome et la pillèrent, obligeant Clément VII, pape de 1523 à 1534, à se réfugier au château

1929
Pour apaiser l'Église, Mussolini signe les accords du Latran, qui confèrent à la cité du Vatican le statut d'État. La Via della Conciliazione est tracée à travers le Borgo médiéval.

1940
L'Italie fasciste entre dans la Seconde Guerre mondiale aux côtés de l'Allemagne nazie.

1944
Massacre de 335 Romains par les nazis le 24 mars dans les fosses Ardéatines, en représailles d'une attaque de la Résistance. Libération de Rome par l'armée américaine le 4 juin.

1946
Proclamation de la République après un vote des Italiens pour l'abolition de la monarchie. La Constitution italienne entre en vigueur deux ans plus tard, le 1er janvier 1948.

Saint-Ange. Le sac de Rome, considéré par la plupart des historiens comme le glas de la Renaissance romaine, fut un terrible traumatisme. Il laissa la papauté chancelante et favorisa l'idée que l'Église était affaiblie en raison de ses défaillances morales. De fait, la corruption de pans entiers de l'Église n'était plus à démontrer, et Martin Luther obtint une très forte adhésion populaire quand il afficha ses fameuses 95 thèses sur la porte d'une église à Wittemberg en 1517, lançant ainsi la Réforme protestante.

L'Inquisition romaine fut instaurée au XVIe siècle pour lutter contre la menace du protestantisme. Elle poursuivait les personnes accusées d'hérésie, de blasphème, d'immoralité et de sorcellerie. Si les procès aboutissaient parfois à des exécutions, les peines infligées étaient souvent plus légères, telles que des amendes ou des récitations de prières.

La Contre-Réforme

Convoqué par Paul III à la demande de Charles Quint, le concile de Trente (mené en quatre sessions entre 1545 et 1563) fut le moteur de la Contre-Réforme catholique, marquée par une nouvelle vague d'activité artistique et architecturale. L'Église voulant à nouveau affirmer haut et fort son prestige dans la pierre, l'art fut mis à contribution, et Rome joua un grand rôle dans l'essor d'un style alors sur le point d'émerger : le baroque.

Contrairement à la Renaissance, la Contre-Réforme fut une période d'intolérance officielle et de persécutions. Ignace de Loyola fonda en 1540 la Compagnie de Jésus, ordre des Jésuites, avec la bénédiction du pape Paul III qui, deux ans plus tard, créa le Saint-Office, tribunal suprême chargé de juger les procès en hérésie menés par l'Inquisition. En 1559, l'Église publia son premier *Index Librorum Prohibitorum*, lequel dressait la liste des ouvrages interdits, et commença de persécuter les intellectuels et les libres-penseurs. Ainsi Galilée (1564-1642) fut contraint de désavouer le système héliocentrique de Copernic selon lequel la Terre tourne autour du Soleil. Condamné par le tribunal de l'Inquisition en 1632, il fut exilé à Florence pour le restant de sa vie. Le sort de Giordano Bruno (1548-1600), un moine dominicain libre-penseur, fut plus funeste. Arrêté à Venise en 1592, il fut brûlé vif sur le Campo de' Fiori au terme d'un procès qui dura huit ans. Malgré, ou peut-être à cause de la fermeté de l'Église, la Contre-Réforme réussit largement à restaurer le prestige papal et, en un sens, à achever la renaissance de la ville lancée par Nicolas V en 1450. Bourg d'environ 20 000 habitants au milieu du XVe siècle, Rome était devenue l'une des plus belles cités d'Europe au XVIIe siècle.

Les premiers touristes

Si les pèlerins affluent à Rome depuis plusieurs siècles, ce sont les voyageurs des XVIIIe et XIXe siècles qui forgèrent sa réputation de grande destination moderne de vacances.

1957

Signature du traité de Rome dans les musées du Capitole, instaurant la Communauté économique européenne, par l'Italie, la France, l'Allemagne de l'Ouest et les trois pays du Benelux.

1960

Rome accueille les Jeux olympiques, tandis que Federico Fellini tourne *La Dolce Vita* dans les studios de Cinecittà..

1968

Des étudiants manifestent dans tout le pays. À Rome, ils affrontent la police à la faculté d'architecture de La Sapienza, un événement connu sous le nom de "bataille de Valle Giulia".

1978

Durant les *anni di piombo* (années de plomb), l'ancien président du conseil Aldo Moro est enlevé et assassiné par les Brigades rouges, un mouvement d'extrême gauche.

Pèlerinages religieux

En tant que siège de l'Église catholique, Rome était déjà l'une des principales destinations de pèlerinage du Moyen Âge lorsque, en 1300, le pape Boniface VIII proclama la première année sainte (jubilé), promettant le plus large pardon à quiconque se rendrait en pèlerinage à Saint-Pierre et à Saint-Jean-de-Latran. Plusieurs centaines de milliers de fidèles répondirent à l'appel, un succès retentissant qui assura à l'Église sa gloire populaire. Sept siècles plus tard, la tradition est toujours aussi vivante. Près de 24 millions de visiteurs sont venus à Rome pour le jubilé du pape Jean-Paul II, et on estime à 21 millions le nombre de pèlerins passés par la porte Sainte de la basilique Saint-Pierre en 2016, durant l'année sainte décrétée par le pape François.

Dans *Le Pèlerinage de Childe Harold* (1818), le poète anglais lord Byron cite la prophétie du moine Bède au VIIIe siècle : "Tant que durera le Colisée, Rome durera ; quand le Colisée tombera, Rome tombera, et avec Rome, le monde."

Le Grand Tour

Lieu de pèlerinage pluriséculaire, Rome possède également une longue histoire de destination touristique moderne, que l'on peut faire remonter à la fin du XVIIIe siècle et à la mode du Grand Tour. L'équivalent au XVIIIe siècle d'une année sabbatique, le Grand Tour, était considéré comme un rite de passage éducatif pour les jeunes gens fortunés d'Europe du Nord, notamment de Grande-Bretagne.

Le périple passait par la France et l'Italie, en suivant les chemins de pèlerinage du Moyen Âge. On entrait dans la péninsule par le col du Saint-Bernard, puis on longeait la côte ouest avant de rejoindre Florence, puis Rome. On s'aventurait ensuite jusqu'à Naples, où les vestiges de Pompéi et d'Herculanum, récemment découverts, constituaient une formidable attraction, avant de remonter vers Venise.

Rome, qui connaissait alors l'une de ses rares périodes de paix, était un cadre idéal pour ces jeunes Britanniques. Ses nombreuses constructions baroques du XVIIe siècle répondaient à l'engouement européen pour le classicisme. Par ailleurs, la papauté cherchait à renflouer les caisses de la ville après les avoir vidées par ses excès, jetant une grande partie de la population dans la misère.

Le nombre de Britanniques séjournant aux alentours de la Piazza di Spagna était tel que les Romains rebaptisèrent le quartier "*il ghetto de l'inglesi*" (le ghetto anglais). Le rococo était alors à la mode. Construit entre 1723 et 1726, l'escalier de la Trinité-des-Monts ravissait les touristes, de même que l'exubérante fontaine de Trevi.

Rome, capitale de l'Italie unifiée

Avec la chute de l'Empire romain, la péninsule italienne s'était constituée en un agrégat de cités-États (*comuni*) plus ou moins puissantes et

1992-1993

Une opération anticorruption à l'échelle nationale, appelée *Mani puliti* (mains propres), secoue le monde des affaires et de la politique. Nombre de hautes personnalités sont arrêtées.

2000

Des pèlerins affluent du monde entier pour célébrer l'année jubilaire de l'Église catholique. Deux millions de fidèles assistent à une messe à l'université de Tor Vergata.

2001

Silvio Berlusconi accède au poste de président du Conseil pour la deuxième fois. Son précédent mandat, en 1994, n'avait duré qu'un an.

2005

Décès du pape Jean Paul II après 27 années de pontificat. Il est remplacé par Josef Ratzinger, qui prend le nom de Benoît XVI.

souvent rivales. Au XVIIIe siècle, le territoire était encore fragmenté en plusieurs États monarchiques soutenus par l'hégémonie autrichienne. Lorsque les armées de la Révolution française firent irruption en Italie en 1796, le jeune général Bonaparte, aidé par les libéraux italiens, abolit l'Ancien Régime dans l'ensemble de la péninsule. La République romaine fut proclamée en février 1798, et Rome en devint la capitale.

À la République romaine succéda dès 1802 la République italienne, avec Bonaparte pour président, puis le royaume d'Italie. Sacré empereur en 1804, Napoléon Ier fit de Rome la "seconde capitale de l'Empire". Cette Italie napoléonienne, dont seules étaient exclues la Sicile et la Sardaigne, fut entraînée dans l'effondrement de l'Empire en 1814. Malgré ses exactions, la domination napoléonienne contribua à une prise de conscience de l'existence d'une culture italienne spécifique. La centralisation administrative, l'unification des lois et de la langue apprirent aux Italiens à vivre ensemble et préparèrent le réveil national.

En 1848, la révolte qui grondait un peu partout en Europe n'épargna pas l'Italie. L'écrivain nationaliste Cesare Balbo et le comte Camillo Benso de Cavour réclamèrent une Constitution. Cavour devint le "cerveau" diplomatique du mouvement unitaire italien et obtint, pour un temps court mais précieux, l'aide militaire de Napoléon III. Revenu d'Amérique du Sud, le patriote républicain Giuseppe Garibaldi, aidé par ses Chemises rouges, permit d'achever l'unité du royaume. Restait à conquérir la ville du pape, ce qui fut fait en 1870. Le Parlement s'installa à Rome.

Le poète romantique John Keats vécut les derniers mois de sa courte vie dans une maison donnant sur la Piazza di Spagna. Décédé en février 1821, à l'âge de 25 ans, il fut enterré au Cimitero Acattolico per gli Stranieri de Rome, rejoint peu après par son ami poète Percy Bysshe Shelley.

Les fantômes du fascisme

L'histoire fasciste de Rome reste un sujet extrêmement sensible. Ces dernières années, des historiens situés de part et d'autre du spectre politique se sont accusés réciproquement de déformer l'histoire pour l'adapter à leur vision : ceux de gauche ont accusé leurs homologues de droite d'enjoliver les aspects les plus déplaisants du régime de Mussolini, tandis que ceux de droite reprochaient aux premiers d'étouffer certains faits pour perpétuer un mythe simplificateur de l'antifascisme. En 2018, la maire Virginia Raggi a annoncé que la municipalité allait rebaptiser les rues portant toujours le nom de fascistes.

L'obsession fasciste pour le sport et l'idéal masculin ne se voit nulle part mieux qu'au Foro Italico, le complexe des sports. Son entrée est marquée par un obélisque portant l'inscription "Mussolini Dux". À l'intérieur, 59 nus géants en marbre montrent leurs muscles au Stadio dei Marmi (stade des Marbres).

Mussolini

Né en 1883 à Forli, une petite ville d'Émilie-Romagne dans le nord de l'Italie, Benito Mussolini fut dans sa jeunesse un membre actif du Parti socialiste italien, puis son engagement dans la Première Guerre mondiale et la débâcle de l'Italie entamèrent ses convictions socialistes. En 1919, il créa le Parti fasciste italien. Préconisant des droits pour

2008

Gianni Alemanno, ancien membre du parti néofasciste MSI, est élu maire de Rome. La nouvelle fait les grands titres de la presse internationale.

2012

Le 31 octobre, le pape célèbre les premières vêpres de la Toussaint dans la chapelle Sixtine, et le 500e anniversaire des célèbres fresques de Michel-Ange qui ornent son plafond.

2013

Le mouvement populiste 5 Stelle (5 étoiles), emmené par le blogueur-agitateur et ancien comique Beppe Grillo, récolte un quart des suffrages aux élections générales italiennes.

2013

Benoît XVI, premier pape à démissionner depuis Grégoire XII en 1415, est remplacé par le cardinal argentin Jorge Mario Bergoglio, élu pape François.

les anciens combattants, la loi et l'ordre, et une nation forte, le parti séduisit des soldats démobilisés, des chômeurs, de jeunes bourgeois, dont beaucoup rejoignirent les milices des Chemises noires dont Mussolini se servait pour intimider ses ennemis politiques.

Élu en 1921 à la Chambre des députés, Mussolini ne bénéficiait que d'un soutien limité des parlementaires. Le 28 octobre 1922, il organisa la marche sur Rome avec 40 000 Chemises noires. De crainte de voir une guerre civile opposer fascistes et socialistes, le roi Victor-Emmanuel III l'invita alors à former un gouvernement. Son premier gouvernement fut une coalition de fascistes, de nationalistes et de libéraux, mais la victoire aux élections de 1924 lui permit de consolider son pouvoir et, à la fin 1925, de contrôler toute l'Italie. Afin de museler l'Église, Mussolini signa les accords du Latran en 1929, faisant du catholicisme la religion d'État et reconnaissant la souveraineté de l'État du Vatican.

À Rome, Mussolini lança un énorme programme de construction : la Via dei Fori Imperiali et la Via della Conciliazione furent tracées ; des parcs furent ouverts sur l'Oppius (Oppio) et la Villa Celimontana ; des fouilles furent entreprises sur les forums impériaux et dans les temples du Largo di Torre Argentina ; le monumental complexe sportif du Foro Italico et l'EUR furent édifiés.

À l'étranger, l'Italie fasciste envahit l'Abyssinie (actuelle Éthiopie) en 1935 et s'allia à Hitler l'année suivante. En 1940, du balcon du Palazzo Venezia, le Duce annonça l'entrée en guerre de l'Italie à une foule en délire. L'euphorie ne dura pas ; Rome souffrit d'abord du régime fasciste, puis, après la chute de Mussolini en 1943, la ville fut occupée par les Allemands avant d'être libérée par les Alliés le 4 juin 1944.

Histoire et politique italiennes

Mussolini, *Pierre Milza (Fayard, 1999)*

Histoire de l'Italie des origines à nos jours, *Pierre Milza (Pluriel, 2013)*

S.P.Q.R., histoire de l'ancienne Rome, *Mary Beard (Perrin, 2016)*

L'Italie contemporaine de 1945 à nos jours, *sous la direction de Marc Lazar (Fayard, 2009)*

Romanzo criminale, *Giancarlo De Cataldo (Points, 2015)*

L'après-guerre

La défaite lors de la Seconde Guerre mondiale ne détruisit pas totalement le fascisme italien et, en 1946, des partisans de Mussolini fondèrent le Movimento Sociale Italiano (MSI, Mouvement social italien). Pendant près d'un demi-siècle, ce parti ouvertement fasciste resta exclu des coalitions gouvernementales. Le MSI fut finalement dissous en 1995, date à laquelle Gianfranco Fini lui donna une forme plus modérée sous le nom d'Alleanza Nazionale (AN, Alliance nationale). L'aile la plus dure forma le Movimento Sociale-Fiamma Tricolore (MSFT, Mouvement social-Flamme tricolore), qui continue de se situer clairement à l'extrême droite. L'AN resta un important acteur de la vie politique jusqu'à son intégration dans le grand parti unitaire de droite Popolo della Libertà (PDL, Peuple de la liberté) fondé par Silvio Berlusconi en 2009.

2015

Le Palazzo del Quirinale, palais présidentiel, accueille un nouveau locataire : Sergio Mattarella remplace Giorgio Napolitano, 89 ans, en tant que président de la République italienne.

2016

Virginia Raggi, juriste de 37 ans du mouvement populiste 5 Stelle, devient la première femme et la plus jeune maire de Rome. Elle promet de s'attaquer à la corruption qui règne à la mairie.

2016

Deux ans après être devenu Premier ministre, Matteo Renzi démissionne après son échec au référendum sur les réformes constitutionnelles. Le ministre des Affaires étrangères, Paolo Gentiloni, lui succède.

2017

L'onde de choc du Brexit continue de secouer l'Europe. Les 27 leaders de l'UE se rassemblent au Capitole pour fêter le 60e anniversaire de l'Union, créée par le traité de Rome en 1957.

Le fascisme (comme l'extrême gauche) agit en sous-main dans le terrorisme intérieur qui frappa l'Italie durant les *anni di piombo* (années de plomb), entre la fin des années 1960 et le début des années 1980. Des groupes terroristes émergèrent des deux côtés du spectre idéologique, donnant naissance à une vague de violence d'inspiration politique. L'enlèvement et l'assassinat en 1978 de l'ancien Premier ministre Aldo Moro par les *Brigate rosse* (Brigades rouges, extrême gauche terroriste) constituent l'un des épisodes marquants de cette période ; son corps criblé de balles fut retrouvé dans le coffre d'une voiture sur la Via Michelangelo Caetani, près du Ghetto juif.

2017

Le procès *Mafia Capitale* s'achève avec la condamnation de 41 personnes à la prison, après trois ans d'enquête sur les liens opaques entre crime organisé et fonctionnaires municipaux.

2018

Giuseppe Conte est nommé président du Conseil (Premier ministre) italien, à la tête d'une coalition composée du Mouvement 5 étoiles et de la Ligue, parti d'extrême droite.

Jan 2019

L'ancien activiste d'extrême gauche Cesare Battisti, condamné à perpétuité par contumace en 1988 pour deux assassinats et deux tentatives d'assassinats, est extradé vers l'Italie après 38 années de fuite.

Fév 2021

Suite à la démission de Giuseppe Conte, qui avait formé un nouveau gouvernement de coalition en septembre 2019, Mario Draghi est président du Conseil des ministres d'Italie le 13 février..

Les arts

L'histoire mouvementée et le fabuleux paysage urbain de Rome ont toujours inspiré les peintres, les sculpteurs, les écrivains, les musiciens et les cinéastes. Les œuvres classiques de l'Antiquité ont nourri l'imagination des artistes de la Renaissance. Les rigueurs de la Contre-Réforme ont conduit à l'émergence de l'art baroque et de la populaire satire de rue. Le traumatisme provoqué par Mussolini et la Seconde Guerre mondiale s'est exprimé dans le cinéma néoréaliste. Depuis quelques années, l'art urbain s'épanouit un peu partout, et les cinéastes ont réinvesti les rues de Rome.

Peinture et sculpture

Rome possède des œuvres d'art parmi les plus illustres du monde occidental. Ses églises, à elles seules, recèlent d'innombrables trésors, et ses musées regorgent de chefs-d'œuvre des plus grands artistes.

Racines étrusques

Les plus belles fresques étrusques se trouvent à Tarquinia, où près de 6 000 tombes ont été découvertes. Les peintures de la Tomba delle Leonesse (tombe des Lionnes) sont particulièrement remarquables.

Établissant les bases d'un art romain bien plus tardif, les Étrusques accordaient beaucoup d'importance aux rites funéraires, et ils firent du décor mortuaire une forme d'art extrêmement sophistiquée. Les sarcophages sculptés représentaient souvent un personnage ou un couple allongé. Le *Sarcofago degli Sposi* (sarcophage des Époux, Museo Nazionale Etrusco di Villa Giulia) en est un fabuleux exemple. Ces sarcophages de terre cuite enfouis sous terre prenaient place dans des chambres aux fresques pleines de vie où se croisent petits oiseaux, danseurs… dans une symphonie de couleurs.

Les Étrusques excellaient aussi dans le travail du bronze et dans la joaillerie. La fabrication du bronze était généralisée, cet alliage servant à réaliser toutes sortes de pièces, des chars aux candélabres et des bols aux miroirs polis. Inégalés dans le bassin méditerranéen, les orfèvres produisaient des bijoux enviés et de réalisation complexe grâce à leur maîtrise des techniques de filigrane et de granulation.

Le Museo Nazionale Etrusco di Villa Giulia (p. 212) possède la plus belle collection d'art étrusque d'Italie. Pour admirer des trésors étrusques *in situ*, vous devrez sortir de la capitale et rejoindre Cerveteri (p. 240) et Tarquinia (encadré p. 241).

Pietro Cavallini (vers 1240-1330) fut l'un des grands artistes romains du Moyen Âge. On sait peu de chose de sa vie, mais son œuvre la plus célèbre est la fresque du *Jugement dernier* visible dans le couvent adjacent à la Chiesa di Santa Cecilia in Trastevere.

Réalisations romaines

En art comme en architecture, les Romains empruntèrent beaucoup aux Étrusques et aux Grecs. En matière de décoration, ils s'inspirèrent de l'art funéraire étrusque pour les sols en mosaïque et les peintures murales. Dès le Ier siècle av. J.-C., les pavements en mosaïque ornaient fréquemment les demeures. Paysages, natures mortes, motifs géométriques et divinités constituaient les thèmes habituels. Plus tard, à mesure que s'amélioraient la production et les techniques artistiques, les mosaïques gagnèrent les murs et les édifices publics. Le Museo Nazionale Romano – Palazzo Massimo alle Terme (p. 155) conserve de spectaculaires mosaïques murales provenant de la villa de Néron à Anzio et de superbes fresques du Ier siècle av. J.-C. mises au jour dans la Villa Livia, l'une des maisons de Livia Drusilla, épouse d'Auguste.

Sculpture

La sculpture tenait une place importante dans l'art romain et fut largement influencée par les styles grecs. En fait, les premières sculptures romaines furent souvent réalisées par des artistes grecs. Privilégiant les physiques virils, elles représentaient généralement la beauté masculine dans un cadre mythologique – l'*Apollon du Belvédère* et le *Laocoon*, conservés au Museo Pio Clementino du Vatican, en sont des exemples classiques.

Au fil du temps, la sculpture romaine s'émancipa de son obsession pour la forme corporelle et s'orienta vers la représentation fidèle, principalement sous forme de portraits. Dans les collections des musées du Capitole (p. 67) et du Museo Nazionale Romano – Palazzo Massimo alle Terme, vous serez saisi par le réalisme des visages en marbre. L'art romain servait principalement à la propagande. À partir du règne d'Auguste (27 av. J.-C.-14 ap. J.-C.), l'art fut de plus en plus mis au service de l'État, et les artistes étaient quasiment considérés comme des fonctionnaires. Cette nouvelle forme d'art narratif s'exprimait souvent par des reliefs illustrant de grandes victoires militaires. La colonne Trajane (Colonna di Traiano, p. 70) et l'autel de la Paix d'Auguste (Ara Pacis, p. 111) sont de fabuleux témoignages du genre.

Les débuts de l'art chrétien

Les plus anciens témoignages d'art chrétien à Rome sont les traces de fresques bibliques dans les catacombes de Priscilla (p. 213) et de Saint-Sébastien (p. 221). Parmi les images les plus classiques figurent Lazare ressuscité, Jésus en berger et les premiers saints chrétiens, ainsi qu'une multitude de symboles : la colombe représentant la paix et le bonheur, l'ancre ou le trident figurant la croix, et le poisson évoquant le Christ.

Spectaculairement installé dans un pavillon dessiné par Richard Meier, l'Ara Pacis est un joyau de la sculpture romaine antique. Le grand autel en marbre est couvert de reliefs détaillés, dont l'un représente Auguste en tête d'une procession et suivi de la famille impériale au complet.

Mosaïques

Avec la légalisation du christianisme au IVe siècle, les représentations religieuses commencèrent à apparaître dans les espaces publics. Principale forme d'expression artistique de la Rome chrétienne primitive, les mosaïques ornent nombre d'édifices religieux de cette période, parmi lesquels le Mausoleo di Santa Costanza (p. 213) et la Basilica di Santa Maria Maggiore (p. 156). Les influences orientales s'affirmèrent entre le VIIe et le IXe siècle, lorsque les styles byzantins arrivèrent de l'est, produisant des œuvres plus lumineuses et dorées. À Rome, les meilleurs exemples se trouvent dans la Basilica di Santa Maria in Trastevere (p. 179) et dans la Basilica di Santa Prassede (p. 157), une petite église du IXe siècle.

La Renaissance

Née à Florence à la fin du XIVe siècle, la Renaissance avait déjà gagné la Toscane et Venise avant d'arriver à Rome dans la seconde moitié du XVe siècle. Au cours des décennies suivantes, elle eut un profond impact sur la cité, et les grands artistes de l'époque furent appelés pour ornementer les nombreux bâtiments nouveaux qui surgissaient dans la ville.

LES ÉGLISES LES PLUS RICHES EN ŒUVRES D'ART

Basilique Saint-Pierre (p. 132). La poignante *Pietà* de Michel-Ange n'est qu'un des nombreux chefs-d'œuvre exposés dans la basilique vaticane.

Basilica di San Pietro in Vincoli (p. 157). Le *Moïse* tout en muscles de Michel-Ange est la figure principale du tombeau inachevé du pape Jules II.

Église Saint-Louis-des-Français (p. 85). Les fresques du Dominiquin sont pratiquement éclipsées par les trois tableaux du Caravage dépeignant la vie et la mort de saint Matthieu.

Basilica Santa Maria del Popolo (p. 108). Un musée en soi, avec des fresques du Pinturicchio, une chapelle conçue par Raphaël et achevée par le Bernin, ou encore deux tableaux du Caravage.

Chiesa di Santa Maria della Vittoria (p. 115). L'extérieur modeste de cette église ne laisse en rien présager qu'elle abrite un trésor : l'extraordinaire *Extase de sainte Thérèse*, du Bernin.

Basilica di Santa Prassede (p. 157). La chapelle Saint-Zénon est ornée de mosaïques byzantines comptant parmi les plus belles de Rome.

Œuvres majeures de la Renaissance

La Pietà de Michel-Ange (basilique Saint-Pierre)

L'École d'Athènes *par Raphaël (musées du Vatican)*

La Déposition de Croix *par Raphaël (Galleria e Museo Borghese)*

La Remise des clés à saint Pierre *par Michel-Ange (chapelle Sixtine)*

Michel-Ange et la chapelle Sixtine

À Rome, les œuvres les plus connues de la Renaissance sont les peintures exécutées par Michel-Ange dans la chapelle Sixtine (p. 140) : les fresques de la voûte, réalisées entre 1508 et 1512, et le *Jugement dernier*, peint sur le mur derrière l'autel de 1536 à 1541.

Né près d'Arezzo en Toscane, Michel-Ange (Michelangelo Buonarroti, 1475-1564) incarne l'esprit même de la Renaissance. Peintre, sculpteur, architecte et poète, il a, plus que tout autre artiste de l'époque, laissé sa marque sur la Ville éternelle. La chapelle Sixtine, sa *Pietà* dans la basilique Saint-Pierre, des sculptures dans diverses églises : ses chefs-d'œuvre sont légion et restent des trésors de la ville.

Raphaël, maître de la perspective

Le corps humain était au cœur de l'art de la Renaissance, inspiré de la philosophie humaniste, qui plaçait l'homme au centre de l'univers créé par Dieu et considérait la beauté comme symbole de la vertu. Cet intérêt pour le corps humain amena les artistes à développer leurs recherches sur la perspective. Si des peintres établirent des règles de perspective au début de la Renaissance, Raffaello Sanzio (Raphaël, 1483-1520), avec son grand chef-d'œuvre *L'École d'Athènes* (1510-1511), exposé aux musées du Vatican, fut parmi les premiers à représenter les personnages de manière harmonieuse. Né à Urbino, Raphaël arriva à Rome en 1508 et devint le peintre le plus influent de sa génération. Il peignit de nombreuses versions de la Vierge à l'Enfant, qui toutes incarnent le modèle occidental de la "beauté idéale", toujours prisé aujourd'hui. On en trouve de beaux exemples au Museo e Galleria Borghese (p. 208).

La Contre-Réforme et le baroque

Engagée dans la bataille de la Contre-Réforme, l'Église catholique adopta le baroque, courant artistique apparu au début du XVIIe siècle mêlant théâtralité et jeu sur la symétrie dans le but de provoquer une intense émotion, comme instrument de propagande et d'éradication de l'hérésie. La papauté et les cardinaux se firent les mécènes d'artistes comme le Caravage, le Dominiquin, l'Algarde, le Bernin et Pierre de

Cortone. Il n'est ainsi pas surprenant de voir l'art baroque souvent s'exprimer à travers des thèmes religieux tels que les martyrs, les extases et les miracles.

Le Caravage

Né à Caravaggio près de Milan, le Caravage (Michelangelo Merisi, 1573-1610) fut l'enfant terrible du monde artistique à la fin du XVIe siècle. Personnage controversé et mauvais garçon, il arriva à Rome vers 1590 et s'employa immédiatement à redéfinir les règles artistiques. Tandis que ses confrères et mécènes catholiques cherchaient à glorifier et à sublimer, il peignait la nature telle qu'il la voyait. Faisant fi de la "beauté idéale", il provoqua des tumultes avec ses portraits réalistes de sujets sacro-saints. Sa *Madone des pèlerins* (Chiesa di Sant'Agostino) est typique de son audace. Cependant, même ses détracteurs les plus virulents ne pouvaient nier ni sa virtuosité technique, ni sa maîtrise parfaite du clair-obscur.

Le Bernin

Si le Caravage choquait ses mécènes, Gian Lorenzo Bernini (1598-1680) les ravissait avec ses sculptures. Le Bernin avait, plus que tout autre, l'art de saisir l'instant, de rendre l'émotion et de restituer l'intensité de l'action. Son *Extase de sainte Thérèse* (Chiesa di Santa Maria della Vittoria, p. 115), qui mêle de façon théâtrale réalisme, érotisme et spiritualité, est considérée comme l'un des plus grands chefs-d'œuvre du baroque. D'autres sculptures mythiques qui témoignent du génie de l'artiste sont à découvrir au Museo e Galleria Borghese (p. 208).

Fresques

La peinture de fresques continua à fournir du travail aux artistes au cours du XVIIe siècle. Parmi les principaux, citons Annibal Carrache (1560-1609), dont les fresques du palais Farnèse (p. 86) égalent, pour certains, celles de la chapelle Sixtine ; le Dominiquin (1581-1641), l'auteur de grandes fresques à Saint-Louis-des-Français (p. 85) et à la Chiesa di Sant'Andrea della Valle (p. 88) ; et Pierre de Cortone (1596-1669), auteur de l'extraordinaire *Triomphe de la Divine Providence* dans le Palazzo Barberini (p. 110).

Le futurisme

Souvent associé au fascisme, l'ambitieux mouvement futuriste ne se limitait pas aux arts plastiques, mais englobait aussi l'architecture, la musique, le théâtre et la mode. Né de la rencontre de fervents partisans du modernisme dans un studio de la Via Margutta en 1906,

Les grands noms du baroque

Annibal Carrache, 1560-1609

Le Caravage, 1573-1610

Le Dominiquin, 1581-1641

Pierre de Cortone, 1596-1669

Le Bernin, 1598-1680

Le top des musées et galeries

Musées du Vatican (Vatican, Borgo et Prati)

Museo e Galleria Borghese (Villa Borghèse et nord de Rome)

Musées du Capitole (Rome antique)

LE NÉOCLASSICISME

Émergeant à la fin du XVIIIe siècle et au début du XIXe siècle, le néoclassicisme marque une rupture avec l'abandon émotionnel du baroque et un retour aux lignes sobres et épurées de l'art classique. À la profusion des ornementations et la richesse du rococo, il oppose un style simple et solennel, marqué par un regain d'intérêt pour l'Antiquité lié aux découvertes archéologiques d'Herculanum et de Pompéi.

Dans le domaine de la sculpture, le néoclassicisme trouva en Italie son apogée avec Antonio Canova (1757-1822). Si l'une de ses œuvres les plus délicates, *Psyché ranimée par le baiser de l'Amour* (1793), est conservée au Louvre, la Galleria Borghese conserve le célèbre marbre de Pauline Bonaparte, la sœur préférée de Napoléon Bonaparte, immortalisée sous les traits d'une *Vénus victorieuse* (1804).

il accordait une place centrale au dynamisme, à la vitesse, aux machines et à la technologie.

L'un des pères fondateurs du mouvement, Giacomo Balla (1871-1958), a cristallisé les idéaux futuristes dans des œuvres comme *Espansione dinamica + Velocità* (*Expansion dynamique + Vitesse*), et *Forme qui crie "Vive l'Italie"*. Ces deux peintures sont exposées à La Galleria Nazionale (p. 211).

La scène contemporaine

À Rome, la scène de l'art contemporain est dominée par deux *gallerie* emblématiques : le Museo Nazionale delle Arti del XXI Secolo (MAXXI ; p. 211) et le Museo d'Arte Contemporanea di Roma (MACRO ; p. 213). En outre, de dynamiques galeries privées ouvrent régulièrement dans toute la ville.

Mais il est de moins en moins nécessaire de se rendre dans une galerie pour voir des peintures qui stimulent l'esprit. En effet, l'art de rue se fait de plus en plus présent dans la ville. Offrant un élan supplémentaire à cette tendance, l'Outdoor Festival, une manifestation d'art urbain, en est à sa 9e édition.

Littérature

Les périodes d'autoritarisme ont donné naissance à une riche tradition littéraire, des satires de l'Antiquité à la poésie en dialecte et à la prose antifasciste. Rome a également inspiré nombre d'auteurs aussi différents que Shakespeare, Goethe, Stendhal, Marguerite Yourcenar ou Dan Brown.

> Virgile nous a laissé quelques expressions bien connues : "La fortune sourit aux audacieux", "Un travail opiniâtre vient à bout de tout" et "Le temps fuit sans retour". C'est à Juvénal que l'on doit l'avertissement classique : *Quis custodiet ipsos custodes ?* ou "Qui gardera ces gardiens ?"

Cicéron, Virgile et autres auteurs antiques

Cicéron (106-43 av. J.-C.), réputé pour ses talents oratoires, fut le plus grand auteur de la République romaine. Il devint consul en 63 av. J.-C. et laissa de nombreux discours et écrits philosophiques, ainsi qu'une œuvre épistolaire considérable. Fort de son influence et de son prestige d'homme politique, Cicéron prit le jeune Octave (futur Auguste) sous sa protection et attaqua violemment Marc Antoine après l'assassinat de César dans une série de 14 discours, les *Philippiques*. Ces diatribes se révélèrent fatales : Octave finit par s'allier à Marc Antoine, qui fit assassiner Cicéron.

Poésie et satire

Contemporain de Cicéron, Catulle (84-54 av. J.-C.), hédoniste et auteur virtuose, s'illustra par ses épigrammes et ses poèmes érotiques, pour la plupart inspirés de ses amours dissolues avec Lesbie. L'âge d'or latin se situe sous le règne d'Auguste (27 av. J.-C.-14 ap. J.-C.) avec l'*Énéide*, de Virgile (70-19 av. J.-C.). Glorieux mélange de légende, d'histoire et d'instruction morale, cette épopée raconte comment Énée s'enfuit de Troie et, après des années de péripéties, débarqua en Italie où ses descendants, Romulus et Remus, fondèrent Rome.

Si la vie de Decimus Iunius Iuvenalis, plus connu sous le nom de Juvénal, reste mystérieuse, ses 16 *Satires* sont des classiques du genre. Écrites au Ier siècle, elles associent une grande sagacité à une plume acerbe, accusant le peuple de ne s'intéresser qu'aux "*panem et circenses*" (au pain et aux jeux du cirque), des mots devenus célèbres.

Historiens de l'Antiquité

Deux des plus grands historiens de cette époque furent Tite-Live (59 av. J.-C.-17 ap. J.-C.) et Tacite (vers 56-116). Si tous deux écrivirent au début de l'Empire, leurs styles sont très différents. Tite-Live, dont l'*Histoire romaine* servit probablement d'ouvrage scolaire, mêle gaillardement mythe et réalité dans un ouvrage populaire et amusant. Dans ses *Annales* et ses *Histoires*, qui couvrent les premières années de l'Empire romain, Tacite adopte une approche plus distante de l'histoire, empreinte de pessimisme.

La contribution la plus influente de Rome à la littérature fut la Vulgate, au IVe siècle. Cette traduction de la Bible en latin fut commandée par le pape Damase (366-384) à son secrétaire Eusebius Hieronymus, ou saint Jérôme. Elle constitue la base de la Bible actuellement utilisée par l'Église catholique.

Littérature de rue et poésie populaire

À Rome, la littérature de rue fit son apparition au XVIIe siècle, lors de la Contre-Réforme. En réaction à la censure systématique de la critique par l'Église, les Romains se mirent à afficher des messages anonymes, les pasquinades (du nom de leur premier auteur, Pasquino), sur des statues de la ville, qualifiées de "parlantes". Ces messages, souvent malicieusement critiques envers les autorités, étaient placardés la nuit avant de faire allègrement le tour de la ville le lendemain. La plus célèbre de ces statues se dresse sur la Piazza Pasquino, près de la Piazza Navona.

Littérature de rue et poésie populaire

Gioacchino Belli (1791-1863), dont le thème favori consistait à se moquer férocement de la haute société, est l'un des trois poètes romains devenus célèbres grâce à des poèmes en dialecte romain. Né pauvre, Belli écrivit d'abord des vers conventionnels sans grande originalité, puis réalisa que le dialecte romain, cru et haut en couleur, convenait mieux à ses attaques des classes intellectuelles.

Carlo Alberto Salustri (1871-1950), dit Trilussa, est le plus connu du trio. Auteur de satires sociales et politiques, il écrivit aussi des poèmes qui sont de mélancoliques réflexions sur la vie, l'amour et la solitude. L'un des plus célèbres, le poème antifasciste *All'Ombra (À l'ombre)*, est

PASOLINI, MAÎTRE DE LA CONTROVERSE

Poète, romancier, cinéaste, Pier Paolo Pasolini (1922-1975) fut l'un des intellectuels les plus importants et les plus controversés de l'Italie du XXe siècle. Son œuvre complexe, forte et provocatrice, fournit un portrait percutant des transformations sociales de l'après-guerre en Italie.

Sur le plan politique, il était communiste, mais ne fut jamais un pilier de la gauche italienne. En 1949, il fut expulsé du Partito Comunista Italiano (PCI, Parti communiste italien) à la suite d'un scandale lié à son homosexualité et resta ensuite très critique à l'égard du parti. En 1968, alors qu'une vague d'agitation estudiantine soulevait l'Italie, il prit une position incendiaire en publiant son poème *Il PCI ai giovani*, dans lequel il dénonçait les étudiants de gauche comme bourgeois et exprimait sa sympathie envers les policiers, qu'il décrivait comme *figli di poveri* (fils de pauvres).

Pasolini était habitué à la controverse. Son premier roman, *Ragazzi di Vita* (*Les Ragazzi*), qui se déroule dans la misère des faubourgs oubliés de Rome, lui avait valu la notoriété mais aussi une mise en accusation pour obscénité. De même ses premiers films – *Accatone* (1961) et *Mamma Roma* (1962) – avaient provoqué le scandale par leur description sans pitié du monde de la prostitution et du proxénétisme. Au-delà des polémiques, Pasolini fut un artiste majeur du XXe siècle, dont l'œuvre fut plusieurs fois récompensée. *L'Évangile selon saint Matthieu* (1964) fut primé à la Mostra de Venise, les *Contes de Canterbury* (1972) reçurent l'Ours d'or à la Berlinale. Quant à *Théorème* (1968), splendide et sulfureux, il reçut – non sans surprise – le prix de l'Office catholique international du cinéma. Pasolini fut retrouvé assassiné sur une plage d'Ostie en 1975. Un jeune prostitué, Pino Pelosi, fut reconnu coupable du meurtre, mais des révélations récentes font douter qu'il ait agi seul, et des interrogations subsistent dans l'affaire.

gravé sur une plaque de la Piazza Trilussa, une place du Trastevere qui porte son nom.

Les poèmes de Cesare Pescarella (1858-1940) offrent un portrait vivant de la ville au début du XXe siècle. Crus et réalistes, ils décrivent sans fioritures la vie quotidienne des pauvres, oubliés.

Rome, source d'inspiration

Avec son paysage urbain unique et son atmosphère chargée d'histoire, Rome a inspiré d'innombrables auteurs étrangers.

En 1559, le pape Paul IV publia l'*Index Librorum Prohibitorum* (Index des livres interdits). Révisée vingt fois en quatre cents ans, cette liste de livres interdits par l'Église catholique fut éditée pour la dernière fois en 1948, puis officiellement supprimée en 1966.

Visions romantiques

Au XVIIIe siècle, Rome fut un foyer d'activité littéraire avec l'arrivée d'historiens et de touristes fortunés venus d'Europe du Nord. Secrétaire de la légation à Rome en 1803, puis ambassadeur en 1828, Chateaubriand participa à l'engouement romantique pour l'Italie. À la même période, dans son célèbre récit *Voyage en Italie* (1817), Goethe retranscrivit l'enthousiasme qu'il éprouva en découvrant la Rome antique et les couleurs de la ville moderne. Quelques années plus tard, Stendhal fit paraître ses *Promenades dans Rome* (1829), texte entre flânerie intime et guide touristique, rédigé à l'occasion de son sixième voyage dans la ville.

Rome attira également les poètes romantiques anglais. John Keats, lord Byron, Percy Bysshe Shelley, Mary Shelley et bien d'autres y séjournèrent. Au XIXe siècle, l'écrivain américain Nathaniel Hawthorne s'inspira d'une sculpture des musées du Capitole pour écrire son classique *Le Faune de marbre* (1860).

Au XXe siècle, Rome inspira des pages somptueuses à deux des plus grands écrivains français de l'après-guerre. Après vingt-cinq années de recherche, Marguerite Yourcenar publia en 1951 les *Mémoires d'Hadrien*, confession fictive, entre narration et méditation, que l'empereur Hadrien adresse à Marc Aurèle, son petit-fils adoptif. Si la future académicienne sut puiser son inspiration dans l'histoire romaine, cette dernière fut ressentie par Julien Gracq comme un poids qui étouffait la ville. Il découvrit Rome à 66 ans et tira de ses notes de voyage, en 1988, *Autour des sept collines*, un texte où la réalité cohabite avec un voyage intérieur, littéraire et esthétique.

Rome en 3 livres

- Nouvelles romaines *(Alberto Moravia)*
- L'Affreux Pastis de la rue des Merles *(Carlo Emilio Gadda)*
- Les Secrets de Rome. Histoires, lieux et personnages d'une capitale *(Corrado Augias)*

Rome en toile de fond

Nombre de romanciers contemporains trouvent dans les paysages et l'histoire romaine leur inspiration. Le thriller *Anges et Démons* (2001), de Dan Brown, se déroule dans la Ville éternelle, tout comme le polar de la romancière française Fred Vargas qui, dans *Ceux qui vont mourir te saluent* (1994), suit l'inspecteur Valence au Vatican sur les traces d'un dessin inconnu de Michel-Ange, ou le roman historique de Jeanne Kalogridis, *La Captive des Borgia* (2006). Parmi les nombreuses œuvres dont l'intrigue se situe dans la Rome antique, on compte notamment *Imperium* (2006) et *Conspirata* (2009), biographies romancées de Cicéron signées Robert Harris, ou encore *L'Incendie de Rome* (2006) de Jean-François Nahmias, qui nous plonge sous le règne de Néron lors du grand incendie qui ravagea la cité en 64 av. J.-C.

Littérature et fascisme

Gabriele D'Annunzio (1863-1938) fut l'un des écrivains les plus flamboyants du début du XXe siècle. Aviateur pendant la Première Guerre mondiale, il s'installa à Rome en 1881. Fervent nationaliste, il fut un moment séduit par le fascisme. Son œuvre poétique, romanesque et dramatique reflète sa vie.

Les écrivains antifascistes

Alberto Moravia (1907-1990) grandit dans le quartier résidentiel qui s'étend à l'est de la Villa Borghèse. Ses romans décrivent Rome et ses habitants. On y perçoit, notamment dans *La Romana* (*La Belle Romaine*, 1947), un sens très précis du détail et de la déchéance sociale. L'aliénation de l'individu et le vide de la société fasciste et bourgeoise sont des thèmes récurrents de son œuvre, qui l'obligera, avec son épouse Elsa Morante, à la clandestinité sous Mussolini. Les *Racconti Romani (Nouvelles romaines)*, publiés en 1954, et les *Nuovi Racconti Romani (Autres Nouvelles romaines)*, parus quatre ans plus tard, présentent d'amusants portraits de la vie de personnages romains, dont des plombiers, des domestiques ou des truands.

Les romans d'Elsa Morante (1912-1985), caractérisés par une subtile psychologie, expriment la compassion de l'auteur pour les souffrances de l'individu et de la société. Son roman publié en 1974, *La Storia*, raconte l'histoire d'une femme d'origine juive dans la Rome occupée.

Dans le même esprit antifasciste, Carlo Emilio Gadda (1893-1973) mêle assassinats et humour noir dans son roman policier désormais devenu un classique, *Quer pasticciaccio brutto de Via Merulana* (*L'Affreux Pastis de la rue des Merles*, 1957).

Pier Paolo Pasolini (1922-1975 ; encadré p. 279) emménagea à Rome en 1950 à la suite d'un scandale sexuel dans son Frioul natal. Rome lui donna l'opportunité d'explorer à la fois son homosexualité et différents styles d'écriture. Son premier roman, *Ragazzi di Vita* (*Les Ragazzi*, 1955), dévoile, dans une langue âpre et nue, le monde violent, sordide et audacieux de la banlieue désœuvrée de Rome.

Che la festa cominci (*La Fête du siècle*, 2009), œuvre de Niccolò Ammaniti mêlant débauche, rires et sectes sataniques, s'attaque allègrement aux étranges excès de la société moderne.

Les auteurs romains actuels

Né à Rome, Niccolò Ammaniti est le chef de file des écrivains romains contemporains. En 2007, il a remporté le plus prestigieux prix littéraire d'Italie, le Premio Strega, pour son roman *Come Dio comanda* (*Comme Dieu le veut*, Grasset, 2008), mais il est sans doute encore plus connu à l'étranger pour *Io non ho paura* (*Je n'ai pas peur*, Grasset, 2002), dans lequel il ausculte les réactions d'un jeune garçon qui découvre que son père est impliqué dans un enlèvement d'enfant.

Autre lauréate du prix Strega, Melania Mazzucco, dont le roman *Vita* (Flammarion, 2004) raconte l'histoire de deux garçons de Campanie émigrant aux États-Unis au début du XXe siècle.

Citons également Andrea Bajani, l'auteur primé de *Ogni promessa* (*Toutes les familles*, Gallimard, 2010). Enfin, *Non ti muovere* (*Écoute-moi*, Robert Laffont, 2004) de Margaret Mazzantini et *Eva dorme* (*Eva dort*, Gallimard, 2012), de Francesca Melandri, ont aussi été de grands succès de librairie.

Cinéma

Rome possède une longue tradition cinématographique, dans laquelle s'inscrivent les œuvres néoréalistes d'après guerre et des réalisateurs aussi divers que Federico Fellini, Sergio Leone et Paolo Sorrentino, oscarisé pour *La Grande Bellezza*. Beaucoup de cinéastes venant de toute la Botte italienne vivent ou travaillent à Rome.

Depuis sa création en 2006, la Festa del Cinema di Roma (www.romacinemafest.it) s'est imposée dans le paysage cinématographique européen.

L'âge d'or (1960-1980)

L'âge d'or du cinéma romain a débuté dans les premières années d'après guerre, quand Roberto Rossellini (1906-1977) réalisa trois chefs-d'œuvre néoréalistes. Le premier et le plus célèbre, *Roma città*

ROME À L'ÉCRAN

Les monuments, les places et les rues pittoresques de Rome ont servi de décor à de nombreux films, classiques et moins classiques.

Rome, ville ouverte (1945). Chef-d'œuvre néoréaliste tourné dans les rues de Prenestina.

Vacances romaines (1953). Comédie mettant en scène Gregory Peck et Audrey Hepburn qui visitent les grands monuments de Rome à Vespa.

La Dolce Vita (1960). Grand chef-d'œuvre romain de Fellini mettant à l'honneur la fontaine de Trevi.

Le Talentueux M. Ripley (1999). Thriller psychologique haletant dont l'intrigue se déroule à Rome.

To Rome with Love (2012). Comédie de Woody Allen qui rend hommage à Rome à grands renforts de clichés touristiques.

La Grande Bellezza (2013). Film oscarisé de Sorrentino qui montre le cynisme et la décadence morale de Rome sous le voile de sa splendeur.

aperta (*Rome, ville ouverte*, 1945), fut tourné dans le quartier de Prenestina, à l'est du centre-ville.

Federico Fellini (1920-1994) prit la relève des maîtres du néoréalisme. Son style cinématographique exigeant laisse de côté les plans réalistes au profit des symboles, de l'humour et du double sens. Son plus grand succès international fut *La Dolce Vita* (1960), avec Marcello Mastroianni et Anita Ekberg. *Fellini Roma* (1972) est une mosaïque d'épisodes où Rome est le "personnage principal".

Les films de Pier Paolo Pasolini (1922-1975), qui se présentait lui-même comme homosexuel, catholique et marxiste, sont souvent dérangeants, à l'image d'*Accattone* (1961). Ils reflètent ses tendances politiques et sexuelles, mais offrent également une description unique des déserts urbains de Rome.

Inaugurés en 1937, les studios Cinecittà de Rome ont marqué l'histoire du cinéma. *Ben-Hur*, *Cléopâtre*, *La Dolce Vita* et *Gangs of New York*, œuvre épique de 2002 signée Martin Scorsese, figurent parmi les classiques tournés dans ces studios couvrant 40 ha.

Contribuant à la renommée des studios de la Cinecittà (p. 233), Sergio Leone (1929-1989) révolutionne en 1964 le genre du western avec *Per un pugno di dollari* (*Pour une poignée de dollars*, 1964), inaugurant une collaboration fructueuse avec le compositeur Ennio Morricone.

Les années 1970 voient émerger un cinéma d'auteur dont témoignent les films d'Ettora Scola, tels C*'eravamo tanto amati (Nous nous sommes tant aimés*, 1974), fresque de la société italienne après la Seconde Guerre mondiale, et *Brutti, sporchi e cattivi (Affreux, sales et méchants,* 1976), qui dépeint avec férocité la misère italienne des années 1970.

Réalisateurs contemporains

Né à Naples mais Romain d'adoption, Paolo Sorrentino (né en 1970) est un grand nom du cinéma italien. Depuis son Oscar en 2013 pour le grand succès que fut *La Grande Bellezza*, il a dirigé Michael Caine et Harvey Keitel dans *Youth* (2015), ou Jude Law dans la série *The Young Pope* (2016) et sa suite, *The New Pope*.

À l'inverse de Sorrentino, Napolitain connu pour avoir filmé Rome, Matteo Garrone (né en 1968) est un Romain connu pour avoir filmé Naples. *Gomorra* (2008), fondé sur la dénonciation sans fard de la *camorra* (mafia) napolitaine par Roberto Salviano, a reçu des louanges dans le monde entier. Son dernier film, *Dogman* (2018), a été tourné à Rome, ainsi que dans le Latium et la Campanie.

Emanuele Crialese (né en 1965) a impressionné avec *Terraferma* (2011), sur le thème de l'immigration, et Lamberto Sanfelice a été applaudi au Sundance Film Festival de 2015 pour *Cloro,* drame mettant en scène une adolescente qui tente de préserver ses rêves malgré une tragédie familiale.

Gabriele Muccino (né en 1967) a réalisé en 2001 *L'Ultimo Bacio* (*Juste un baiser*), dont le succès lui a permis de s'établir à Hollywood, où il a travaillé avec Russell Crowe et Will Smith, star de son film *The Pursuit of Happyness* (*À la recherche du bonheur*).

De la génération précédente, Carlo Verdone (né en 1950) et Nanni Moretti (né en 1953) font aujourd'hui figure de vétérans. Verdone, comique dans la tradition romaine, fait surtout des satires de ses concitoyens dans des comédies douces-amères comme *Viaggi di nozze* (1995). Nanni Moretti, auteur, réalisateur politiquement engagé, tourne des films souvent fantaisistes et intimistes. L'un des meilleurs, *Caro Diario* (*Journal intime*), lui a valu le prix de la mise en scène à Cannes en 1994, et *La Stanza del figlio* (*La Chambre du fils*), la Palme d'or en 2001.

La production cinématographique des années 1960 et 1970 a fait une large place au film d'horreur. Le maître romain du genre était, et demeure, Dario Argento (né en 1940), le réalisateur du cultissime *Profondo rosso* (*Les Frissons de l'angoisse*, 1975) et de *Suspiria* (1977) entre plus de 120 longs-métrages.

Rome, décor de cinéma privilégié

Rome apparaît dans plusieurs productions récentes. La Villa Borghese et les thermes de Caracalla ont servi de décor à *Zoolander 2* (2016) de Ben Stiller, tandis que les bords du Tibre et la Via della Conciliazione apparaissent dans le dernier James Bond, *Spectre* (2015). Un remake de *Ben-Hur* a été tourné dans les studios de Cinecittà, dans la partie sud de la ville, à l'endroit même où fut réalisé le péplum original en 1959. Parmi les séries télévisées s'offrant la capitale italienne pour décor, citons *The Young Pope* (2016) créée par Paolo Sorrentino, avec Jude Law et Diane Keaton, et *Baby* (2018), tourné dans les quartiers nord de Rome.

S'attachant aux pas d'un journaliste à succès mondain et blasé, Paolo Sorrentino, dans *La Grande Bellezza* (2013), fait de la capitale italienne le portrait d'une ville complexe, étouffante, dont la somptueuse beauté masque un cœur totalement amoral.

Musique

Malgré des années de coupes budgétaires dues à la politique d'austérité, la scène musicale romaine se porte plutôt bien. Des orchestres internationaux se produisent à guichets fermés, des musiciens de jazz jouent dans des clubs bondés, et les rappeurs se déchaînent dans des lieux alternatifs.

Chœur pontifical et musique sacrée

Dans une ville remplie d'églises, rien d'étonnant à ce que la musique chorale soit une longue tradition. Aux XVIe et XVIIe siècles, les meilleurs musiciens furent sollicités pour diriger le chœur pontifical. Deux des plus célèbres furent Giovanni Pierluigi da Palestrina (vers 1525-1594), l'un des plus importants compositeurs italiens de la Renaissance, et le Napolitain Domenico Scarlatti (1685-1757). À l'origine, les femmes étant exclues du chœur pontifical, les parties hautes étaient chantées par des *castrati* (castrats). Cette pratique perdura jusqu'au début du XXe siècle : en 1913, Alessandro Moreschi (1858-1922), le dernier castrat connu, prit sa retraite du chœur de la chapelle Sixtine. Destinée à soutenir les musiciens du pape, l'Accademia di Santa Cecilia fut fondée en 1585 par Sixte V. Elle publiait alors la musique sacrée, puis elle développa l'enseignement et, en 1839, devint une véritable académie en élargissant ses objectifs culturels. Il s'agit à présent d'un conservatoire respecté, avec son propre orchestre.

MORRICONE, LE CHEF D'ORCHESTRE DU CINÉMA

Les westerns-spaghettis de Sergio Leone doivent en grande partie leur succès à la bande-son d'Ennio Morricone, le célèbre compositeur romain. Sergio Leone s'était dans un premier temps montré réticent à faire appel à son ancien camarade de classe pour *Pour une poignée de dollars* avant de se raviser, ce qui donnera lieu à l'un des tandems les plus fructueux de l'histoire du cinéma. Avec *Le Bon, la Brute et le Truand* (1966), Morricone nous a laissé une mélodie inoubliable. Cette orchestration unique mêlant trompettes, sifflets, tirs d'armes à feu, carillons d'église, harmonicas et guitares électriques n'a pas perdu une once de sa puissance évocatrice.

Né à Rome le 10 novembre 1928, Ennio Morricone étudia la trompette, la composition, la musique chorale et la direction de chœurs au conservatoire Santa Cecilia dont il est sorti diplômé. Il devint ensuite arrangeur à succès pour la Radio Corporation of America (RCA). Il travailla avec Chet Baker et les Beatles avant d'entamer une collaboration avec Sergio Leone en 1964. Depuis, il a composé la musique de quelque 500 films et séries télévisées. Ses musiques ont servi nombre de réalisateurs de renom, dont John Carpenter, Brian De Palma et, plus récemment, Quentin Tarantino et Robert Rodriguez pour *Grindhouse* (2007).

Malgré six nominations, entre autres pour *Mission* en 1986 et *Les Incorruptibles* un an plus tard, Ennio Morricone (né en 1928) n'a remporté son premier Oscar qu'en 2016, grâce à la musique des *Huit Salopards* (Quentin Tarantino). Il a été néanmoins récompensé en 2007 par un Oscar d'honneur pour l'ensemble de sa carrière.

Opéra

Les passionnés d'opéra snobent souvent Rome, préférant écouter Puccini à Milan, Venise ou Naples. Pour ne rien arranger, l'opéra de la ville, le Teatro dell'Opera di Roma (p. 41 et p. 173), est la proie de problèmes financiers et de conflits sociaux depuis quelques années. Mais le vent a tourné en mai 2016, avec le succès remporté par *La Traviata* mise en scène par la réalisatrice Sofia Coppola.

Les Romains ont toujours aimé l'opéra. Au XIXe siècle, de nombreuses premières d'opéra ont eu lieu à Rome, dont *Il Barbiere di Siviglia* (*Le Barbier de Séville*, 1816), de Rossini, *Il Trovatore* (*Le Trouvère*, 1853), de Verdi, et *Tosca* (1900), de Puccini (1858-1924).

L'action de *Tosca* est également située à Rome, sous l'occupation napoléonienne. Le premier acte a pour cadre l'église Sant'Andrea della Valle, le deuxième, le palais Farnèse et le troisième, le château Saint-Ange.

Jazz, rap et hip-hop

Le jazz a longtemps été un pilier de la scène musicale romaine. Introduit par les troupes américaines durant la Seconde Guerre mondiale, il a connu une popularité croissante dans l'après-guerre et s'est imposé dans les années 1960. Depuis, il n'a cessé de se renforcer, et la ville compte aujourd'hui d'excellents clubs de jazz, tels l'Alexanderplatz, le Big Mama et la Casa del Jazz. Parmi les grands noms à suivre figurent le pianiste et compositeur romain Enrico Pieranunzi, le batteur Roberto Gatto, la chanteuse Maria Pia De Vito, le populaire trio de Doctor 3, ou encore le groupe Lingomania.

La musique underground est également bien vivante. Arrivés à Rome à la fin des années 1980, le rap et le hip-hop se sont répandus grâce au réseau des *centri sociali* (squats organisés), à l'origine fortement politisés et proches de la gauche alternative. Depuis, la couverture médiatique croissante en a atténué le caractère politique, sans pour autant le dissoudre totalement. Colle der Fomento, Cor Veleno, Jesto Assalti Fromntali, Achille Lauro, Carl Brave X Franco 126, Gemitaiz et le groupe de ragamuffin Villa Ada Posse comptent parmi les formations les plus importantes.

Théâtre et danse

Étonnamment, Rome ne possède pas une grande tradition théâtrale. Cela dit, des salles comme le Teatro India (p. 234) proposent un large éventail de spectacles, de la danse d'avant-garde au théâtre de rue novateur. Installée à Rome, Dacia Maraini (née en 1936) y a produit ses meilleurs spectacles. Considérée comme l'une des femmes de lettres féministes les plus importantes d'Italie, elle a plus de 30 pièces à son actif, dont beaucoup traduites et jouées dans le monde entier.

La danse constitue le principal événement du festival d'automne, Romaeuropa (p. 23).

Les grands spectacles de danse classique ont lieu au Teatro dell'Opera di Roma (p. 173), foyer de la principale compagnie de ballet romaine, le Balletto del Teatro dell'Opera.

Architecture

Ruines antiques, basiliques de la Renaissance, églises baroques et massifs palais de l'ère fasciste : le patrimoine architectural de Rome reste unique. Michel-Ange, Bramante, Borromini et le Bernin comptent parmi les architectes ayant marqué de leur génie cette ville qui recèle quelques-uns des édifices les plus célèbres d'Occident. Plus récemment, de grands projets ont attiré les meilleurs architectes à Rome, et leurs créations futuristes suscitent le débat mais ne laissent personne indifférent.

Les temps anciens

Ceux qui édifièrent la Rome antique surent éviter nombre d'écueils en matière d'infrastructures, d'aménagement urbain et de communications. Architectes et ingénieurs durent concevoir des maisons, des routes, des aqueducs et des centres marchands, outre des temples, des tombes et des palais impériaux. Pour ce faire, ils reprirent les méthodes mises au point par les Étrusques et les Grecs, en développant des techniques et des matériaux qui leur permirent de construire à une échelle inédite.

Origines étrusques

Au VIIe siècle av. J.-C., la confédération étrusque dominait le Latium, avec des centres importants à Tarquinia, à Caere (Cerveteri) et à Véies (Veio). Ces cités-États étaient entourées de murs défensifs et, bien qu'il n'en reste pas grand-chose – les Étrusques faisaient large emploi de bois et de brique, des matériaux commodes, mais guère pérennes –, les archéologues ont mis au jour des vestiges d'aqueducs, de ponts, d'égouts et de temples. À Rome, on peut encore voir les fondations d'un temple étrusque sur le Capitole.

Cependant, ce que nous savons des Étrusques provient en grande partie des fouilles de leurs tombes décorées de fresques. Comme nombre d'anciens peuples, les Étrusques accordaient beaucoup d'importance à leurs morts et construisirent d'impressionnantes nécropoles à l'extérieur des cités. Elles abritaient des sépultures en pierre richement peintes, couvertes de monticules de terre. Les plus beaux exemples de tombes étrusques se trouvent à Cerveteri, au nord de Rome.

LES OBÉLISQUES

Plus spontanément associés à l'Égypte ancienne qu'à Rome, les obélisques sont pourtant des éléments caractéristiques du paysage urbain de la capitale. Beaucoup furent rapportés d'Égypte après sa conquête par Auguste en 31 et servirent à décorer la *spina* (mur central) des cirques de la cité – les arènes des courses de chars. Plus tard, les Romains assortirent les mausolées les plus somptueux de leurs propres obélisques.

Le plus haut, et l'un des plus anciens – il date du XVe siècle av. J.-C. –, culmine à 46 m (32 m sans la base) sur la Piazza San Giovanni in Laterano. Le plus insolite surmonte l'Elefantino, la fameuse statue du Bernin devant la Chiesa di Santa Maria Sopra Minerva.

Réalisations romaines

Lors de la fondation de Rome vers le VIIIe siècle av. J.-C., les Étrusques étaient à l'apogée de leur pouvoir et des colons grecs contrôlaient le sud de l'Italie. Au cours des siècles suivants, une lutte de pouvoir opposa ces trois puissances et les Romains en sortirent victorieux. Dans ce contexte, les architectes romains s'inspirèrent fortement des traditions grecques et étrusques.

L'architecture de la Rome antique se distinguait par son aspect monumental, voué à frapper les esprits. D'énormes amphithéâtres, aqueducs et temples s'élevaient aux côtés de gigantesques basiliques, arcs et thermes, célébrant la clairvoyance des premiers souverains de la ville et le talent des architectes anonymes à leur service.

Temples

Les premiers temples de la République reprenaient des plans étrusques avant que les Romains ne s'inspirent des Grecs. Toutefois, alors que les temples grecs possèdent marches et colonnes sur tous les côtés, le temple romain classique ne comprend qu'un haut podium avec des marches menant à un portique profond. Le temple de Portunus, près de la Piazza della Bocca della Verità, et les temples du Largo di Torre Argentina (p. 82), moins bien conservés, en constituent de bons exemples. Ces temples illustrent aussi un autre aspect important de la pensée architecturale romaine. Alors que les temples grecs étaient conçus pour être isolés et vus de tous côtés, les temples romains, construits dans des endroits centraux et animés, au cœur du tissu urbain, étaient dessinés pour une approche par la façade.

L'utilisation des colonnes a également une origine grecque. Les Romains préféraient les colonnes ioniques et corinthiennes, plus élancées, aux massives colonnes doriques. Pour repérer les différences, observez l'extérieur du Colisée, qui comprend les trois styles.

Aqueducs et égouts

L'une des grandes réussites des Romains fut le développement de l'infrastructure d'alimentation en eau, basée sur un réseau d'aqueducs et d'égouts souterrains. Dans les premiers temps, Rome tirait son eau du Tibre et de sources naturelles, mais l'accroissement de la population augmenta la demande. Pour la satisfaire, les Romains construisirent un complexe réseau d'aqueducs, qui apportait l'eau des collines du centre de l'Italie et la distribuait dans la ville.

PRINCIPALES PÉRIODES ARCHITECTURALES

VIIIe-IIIe siècle av. J.-C.

Les Étrusques, dans le centre de l'Italie, et les Grecs de Grande Grèce – les colonies fondées par les Hellènes dans le sud de l'Italie – jettent les bases des réalisations romaines ultérieures. Le temple grec marquera fortement toute l'histoire de l'architecture.

IVe siècle av. J.-C.-Ve siècle ap. J.-C.

Les Romains font d'immenses progrès techniques et construisent des édifices publics monumentaux, des ponts, des aqueducs, des immeubles d'habitation et un réseau d'égouts souterrain.

IVe-XIIe siècle

Au Moyen Âge, les premiers papes cherchant à affirmer leur autorité sur la ville, l'activité architecturale se concentre sur les constructions religieuses.

XVe-XVIe siècle

Fondée sur l'humanisme et un renouveau des préceptes classiques, la Renaissance atteint son apogée au cours des deux premières décennies du XVIe siècle. Cette période est connue sous le nom de Haute Renaissance.

XVIIe siècle

À la faveur de la Contre-Réforme, le baroque s'épanouit à Rome grâce au financement de l'Église et au génie de deux rivaux, le Bernin et Borromini.

XVIIIe siècle

Dans la suite du baroque, le style rococo, théâtral et fleuri, donne en quelques années à Rome certains de ses sites les plus populaires aujourd'hui.

Fin XVIIIe-XIXe siècle

La Piazza del Popolo prend sa forme actuelle et Giuseppe Valadier, grand architecte néoclassique de Rome, redonne un coup de neuf à la Villa Torlonia.

Les Romains employaient des matériaux de construction variés. Le bois et le tuf, une roche volcanique tendre, furent utilisés dans un premier temps, mais le travertin, une roche calcaire extraite à Tivoli, fut par la suite privilégié. Le marbre, importé des quatre coins de l'Empire, était principalement dédié aux revêtements décoratifs, apposés sur des murs en brique ou en béton.

Si les ruines de la Rome antique en disent long sur cette période, elles restent muettes pour ce qui est de la couleur. En effet, la Rome antique était un lieu où dominaient les couleurs vives, avec des bâtiments revêtus de marbre coloré, des temples tape-à-l'œil et des statues multicolores.

Le premier aqueduc à desservir Rome fut l'Aqua Appia, long de 16,5 km, qui devint pleinement opérationnel en 312 av. J.-C. Au cours des 700 ans suivants, jusqu'à 800 km d'aqueducs furent construits, qui fournissaient à la cité 1 million de mètres cubes d'eau par jour.

Ce système fonctionnait entièrement grâce à la gravité. Tous les aqueducs, souterrains ou en surface, étaient construits avec une légère déclivité pour permettre l'écoulement de l'eau. Celle-ci était essentielle pour maintenir un flux continu et suffisant, en l'absence de pompe.

À l'autre bout du cycle, les eaux usées étaient drainées par un système d'égouts souterrains – la Cloaca Maxima (Grand Égout) –, qui se déversait dans le Tibre. Construite sous la royauté de Tarquin le Superbe (règne 535-509 av. J.-C.) dans le cadre d'un projet visant à drainer la vallée où se tient le Forum romain, la Cloaca Maxima était à l'origine un fossé ouvert, qui fut progressivement couvert de constructions à partir du début du IIe siècle.

Bâtiments résidentiels

Tandis que les plus fortunés vivaient dans de luxueux palais sur le Palatin, la plèbe s'entassait dans de hauts bâtiments résidentiels appelés *insulae*. Mal construits, sombres et insalubres, ceux-ci pouvaient compter six à sept étages et abritaient des centaines de personnes. Il n'en reste guère de traces ; près de l'escalier qui grimpe à la Chiesa di Santa Maria in Aracoeli, vous pourrez voir une partie d'une ancienne *insula* typique du centre-ville.

Architecture monumentale et béton

La plupart des ruines qui parsèment la ville moderne sont des vestiges des grands monuments de la cité antique – le Colisée, le Panthéon, les thermes de Caracalla et les Forums. Ces édifices grandioses ne sont pas seulement d'impressionnants témoins de la Rome antique, mais aussi des monuments à la vision et à l'audace des architectes de l'époque.

L'un des éléments clés qui permit aux Romains de bâtir à une échelle toujours plus grande fut l'invention du béton au Ier siècle av. J.-C. Fabriqué en mélangeant des cendres volcaniques avec du calcaire et un agrégat, souvent du tuf ou de la poudre de brique, ce matériau était rapide à faire, facile à utiliser et bon marché. En outre, il permettait aux architectes d'échapper aux contraintes de la maçonnerie : jusqu'alors, la construction exigeait des pierres spécialement taillées pour s'ajuster. Le béton permit aux Romains d'édifier des toits en voûte, tels ceux qui couvrent le Panthéon et les thermes de Caracalla.

TOUS LES CHEMINS MÈNENT À ROME

Les Romains furent les grands bâtisseurs de routes du monde antique. Quelque 80 000 km de grandes voies pavées sillonnaient l'Empire romain, constituant des axes vitaux pour l'armée et les communications. Nombre d'artères de la Rome moderne conservent le nom des voies antiques et suivent pratiquement le même tracé.

Via Appia (voie Appienne, p. 220). La "reine des routes" rejoignait Brindisi, sur la côte sud de l'Adriatique.

Via Aurelia Elle reliait Rome et la France en passant par Pise et Gênes.

Via Cassia Elle courait vers le nord jusqu'à Viterbe, Sienne et la Toscane.

Via Flaminia Elle traversait les Apennins jusqu'à Rimini, sur la côte est.

Via Salaria L'ancienne route du sel desservait le port de Castrum Truentinum, sur l'Adriatique, au sud de l'actuelle Ancône.

Le béton manquant de grâce, on l'utilisait pour des édifices lourds en l'agrémentant de marbre coloré et de travertin, importés de Grèce et d'Afrique du Nord. La brique était également un matériau important, employé pour la construction et en placage.

Le début du christianisme

Introduit au Ier siècle et d'abord cible de persécutions, le christianisme fut légalisé par l'empereur Constantin en 313 et devint religion d'État à Rome en 380. Les vestiges les plus remarquables des premières activités chrétiennes sont les catacombes, une série de nécropoles construites sous les routes de la Rome antique. Croyant en la résurrection de la chair, les chrétiens n'incinéraient pas leurs morts comme il était de coutume à l'époque romaine, et l'interdiction de sépulture dans la cité les obligeait à inhumer leurs défunts hors les murs.

Les premières églises

Les chrétiens commencèrent à délaisser les catacombes au IVe siècle, préférant les inhumations dans les églises que Constantin faisait bâtir dans la ville. Si l'empereur vivait à Byzance, renommée Constantinople en son honneur, il finançait néanmoins un ambitieux programme de construction à Rome. Parmi les nombreuses églises qu'il commanda, la plus remarquable est la basilique Saint-Jean-de-Latran (p. 193). Édifiée entre 315 et 324 et reconstruite au Ve siècle sous sa forme actuelle, elle servit de modèle à de nombreuses basiliques. La Basilica di Santa Maria in Trastevere (p. 179) et la basilique Sainte-Marie-Majeure (p. 156) font partie des autres chefs-d'œuvre de cette époque.

Une seconde vague de construction eut lieu à Rome entre le VIIIe et le XIIe siècle. Alors que le premier pontificat luttait pour sa survie contre les Lombards, de nombreuses églises furent édifiées afin de laisser une trace historique, telles la Basilica di Santa Sabina (p. 197), la Basilica di Santa Prassede (p. 157) et la Chiesa di Santa Maria in Cosmedin (VIIIe siècle), qui abrite la Bocca della Verità (Bouche de la Vérité, p. 75).

Les XIIIe et XIVe siècles furent une période sombre pour Rome, des luttes fratricides opposant les grandes familles romaines. Alors que l'architecture gothique, avec ses arcs et ses voûtes en ogive, fleurissait dans le nord de l'Europe et dans certaines régions d'Italie, elle n'eut guère de succès à Rome. La Basilica di Santa Maria Sopra Minerva (p. 82) est le seul sanctuaire gothique de la ville.

Le style basilical

Les premières églises chrétiennes furent construites sur les grandes basiliques antiques, en s'inspirant de leur conception. Dans l'Antiquité, une basilique était une salle rectangulaire qui servait aux fonctions publiques. Avec l'essor du christianisme, elles furent progressivement récupérées par les bâtisseurs d'églises. Elles étaient en effet parfaitement adaptées au nouveau style de cérémonies religieuses introduit par les chrétiens, des rites qui requéraient de l'espace pour les fidèles et un emplacement central pour l'autel. Les temples païens, au contraire, étaient conçus en tant que centres de culte symboliques et la plupart des rituels se déroulaient à l'extérieur, face au temple.

Fin XIXe siècle

Rome connaît de profondes transformations après l'unification : aménagement de routes, de places, ainsi que de quartiers résidentiels destinés à accueillir les fonctionnaires du gouvernement.

Début XXe siècle

Le rationalisme italien, imposant et moderne, répond à l'ambition de Mussolini de faire de Rome la *caput mundi* (capitale du monde) du XXe siècle.

Depuis les années 1990

Rome offre un cadre historique pour les réalisations de quelques grands architectes contemporains, lesquelles suscitent autant de critiques que d'éloges.

Au fil du temps, le plan des basiliques devint de plus en plus standardisé. L'entrée principale ouvrait sur un atrium, une cour entourée de portiques à colonnes, qui menait au porche. L'intérieur était rectangulaire, divisé par des rangées de colonnes entre la nef centrale et les bas-côtés. Tout au bout, le maître-autel et la chaire de l'évêque (*cathedra*) se tenaient dans une abside semi-circulaire. Dans certaines églises, un transept coupait la nef centrale pour former une croix latine.

Premières basiliques religieuses

Basilique Saint-Jean-de-Latran (San Giovanni et Testaccio)

Basilique Sainte-Sabine (San Giovanni et Testaccio)

Basilique Sainte-Marie-Majeure (Monti, Esquilino et San Lorenzo)

La Renaissance

Florence, plutôt que Rome, est généralement considérée comme la grande cité Renaissance d'Italie. Cependant, si nombre des premiers architectes de ce mouvement venaient de Toscane, ils se tournaient vers Rome pour trouver l'inspiration. Bien qu'en piètre état à la fin du XVe siècle, la Ville éternelle était révérée par les jeunes architectes ; un voyage d'études pour observer le Colisée et le Panthéon était considéré comme fondamental dans leur formation.

L'un des aspects clés qu'ils étudiaient était l'harmonie, élément majeur de l'architecture Renaissance. Elle s'atteignait grâce à la symétrie, à l'ordre et aux proportions. À cette fin, nombre d'édifices Renaissance comprenaient des structures copiées sur les Anciens : colonnes, pilastres, arcades et coupoles. La coupole du Panthéon, en particulier, eut une influence considérable et servit de modèle à de nombreux dômes ultérieurs.

Les premières années

Il est impossible de dater précisément l'apparition de la Renaissance à Rome. Beaucoup affirment que l'élection du pape Nicolas V en 1447 déclencha l'élan artistique et architectural qui s'empara de la ville au siècle suivant. Ce pape pensait que Rome, centre de la chrétienté, devait impressionner, une théorie qui fut reprise par ses successeurs : les dynasties papales – les Barberini, les Farnèse et les Pamphilj – firent venir à Rome les plus grands artistes de leur temps.

Le pape vénitien Paul II (1464-1471) fit construire maints édifices, dont le premier grand palais Renaissance à Rome, le Palazzo Venezia (p. 75), bâti en 1455 alors qu'il n'était encore que cardinal, mais agrandi en 1464 lors de son accession au trône de Saint-Pierre. Sixte IV (1471-1484) fit édifier la chapelle Sixtine et agrandir la Chiesa di Santa Maria del Popolo.

Haute Renaissance italienne

La Renaissance romaine atteignit son apogée sous le pontificat de Jules II (1503-1513), principalement grâce à l'architecte milanais Donato Bramante (1444-1514). Considéré comme le grand maître de l'architecture Renaissance, Bramante arriva à Rome en 1499. Inspiré par les ruines antiques, il développa un style classique raffiné. Son Tempietto (p. 182) de 1502 illustre à la perfection sa compréhension innée des proportions. Réalisé en 1504, le cloître de la Chiesa di Santa Maria della Pace (p. 84), près de la Piazza Navona, est tout aussi harmonieux.

En 1506, Jules II demanda à Bramante d'entamer ce qui serait son dernier chantier : la reconstruction de la basilique Saint-Pierre, projet entamé par Nicolas V mais interrompu à sa mort. Bramante ne vit jamais son édifice, conçu en forme de croix grecque, car il mourut en 1514.

La basilique Saint-Pierre (p. 132) mit à contribution la plupart des architectes de renom de la Renaissance, dont Giuliano da Sangallo (1443-1516), Baldassare Peruzzi (1481-1537) et Antonio da Sangallo le Jeune (1484-1546). Michel-Ange (1475-1564) intervint en 1547, modifia le plan et réalisa la magnifique coupole. Inspirée de celle du Duomo (cathédrale) de Florence, dessinée par Brunelleschi, elle est considérée comme la plus belle réalisation architecturale de Michel-Ange.

BRAMANTE, L'ARCHITECTE DES ARCHITECTES

Donato Bramante (1444-1514) fut le maître de l'architecture Renaissance et l'un des architectes les plus influents de l'époque. Ses pairs, Michel-Ange, Raphaël et Léonard de Vinci, le considéraient comme le seul architecte de leur temps comparable aux Anciens.

Né près d'Urbino, il se consacra d'abord à la peinture avant de s'intéresser vers 35 ans à l'architecture. Il débuta à Milan, mais c'est à Rome qu'il connut ses plus grands succès. Travaillant pour le pape Jules II, il développa un style monumental d'inspiration classique, mais pure Renaissance de par l'harmonie et la perspective. Le plus parfait exemple en est le Tempietto, un petit temple sur le Janicule, souvent copié. Ses dessins originaux pour la basilique Saint-Pierre révèlent aussi une symétrie inspirée du classique avec une coupole semblable à celle du Panthéon, coiffant une structure en croix grecque.

Riche et influent, Bramante fut aussi un habile politique qui dénigrait facilement ses concurrents. Il aurait ainsi conseillé au pape Jules II de confier à Michel-Ange le contrat de la chapelle Sixtine dans l'espoir de prouver l'incompétence de son jeune rival toscan.

Maniérisme

Tandis que les architectes s'efforçaient de bâtir une nouvelle Jérusalem, l'agitation et les tensions politiques se développaient aux portes de la ville. Elles atteignirent leur paroxysme en 1527 quand Rome fut envahie et mise à sac par les troupes impériales de Charles Quint. Cet événement traumatisant contraignit à la fuite nombre des artistes qui travaillaient à Rome et donna naissance à une nouvelle forme d'expression artistique et architecturale : le maniérisme. Malgré une durée de vie relativement courte, la décoration complexe et emphatique qui caractérise ce style, contrastant avec les lignes claires et nettes de la Renaissance, annonçait l'exubérance du style baroque au XVIIe siècle.

L'un des principaux représentants du maniérisme fut Baldassare Peruzzi, dont le Palazzo Massimo alle Colonne, sur le Corso Vittorio Emanuele II, comporte des éléments typiques de ce style : une façade travaillée, des moulures décoratives aux fenêtres et des effets d'imitation de la pierre.

Le baroque

Principal moteur de la Renaissance à Rome, l'Église catholique vit sa puissance se renforcer au XVIe siècle. Avec le pouvoir vinrent la corruption et des appels à la réforme. Ceux-ci aboutirent aux 95 thèses de Martin Luther et à la Réforme protestante. Fortement ébranlée, l'Église lança la Contre-Réforme (1560-1648), une campagne virulente et soutenue afin de ramener les fidèles dans le giron du catholicisme. Au cœur de cette offensive, l'art et l'architecture baroques se révélèrent d'efficaces outils de propagande. Dans son expression architecturale, le baroque se distingue par son sens du dynamisme, un effet obtenu en combinant la complexité de l'espace et l'ingéniosité de l'éclairage, et par une utilisation flamboyante de la peinture et de la sculpture.

L'une des premières parmi les grandes églises de la Contre-Réforme fut la Chiesa del Gesù (p. 87), dessinée pour les Jésuites par Giacomo Della Porta (1533-1602), le principal architecte de cette période. S'éloignant du style des églises du début de la Renaissance, la façade présente des éléments architecturaux qui accentuent le contraste entre les surfaces et créent un jeu d'ombres et de lumières.

À la fin du XVIe siècle, particulièrement sous le pontificat de Sixte V (1585-1590), furent initiés de grands projets d'urbanisme. Domenico Fontana (1543-1607) et d'autres architectes firent percer des artères pour relier les quartiers de la ville et édifièrent des obélisques à divers points de convergence. Fontana dessina également la façade principale

Quelques livres

Villas et palais de Rome, *Carlo Cresti et Claudio Rendina (Place des Victoires, 2015)*

Rome, *Catherine Brice, Claudia Moatti, Mario Sanfilippo et Matteo Sanfilippo (Citadelles & Mazenod, 1999)*

L'Architecture de la Renaissance italienne, *Marco Bussagli (Place des Victoires, 2012)*

Rome, *Brigitte Hintzen-Bohlen (Ullmann, 2012)*

Guide archéologique de Rome, *Filippo Coarelli (Hachette, 1998)*

du Palazzo del Quirinale, l'immense palais qui servit de résidence d'été aux papes pendant près de trois siècles. Son neveu, Carlo Maderno (1556-1629), travailla lui aussi à la construction du *palazzo*, et modifia les plans de Bramante pour la basilique Saint-Pierre.

Le Bernin et Borromini

Deux grands artistes du baroque modelèrent plus que tout autre le paysage architectural romain à cette époque : le Napolitain Gian Lorenzo Bernini, dit le Bernin (1598-1680), et le Lombard Francesco Borromini (1599-1667).

Le Bernin est peut-être plus connu pour son œuvre au Vatican. Il conçut la place Saint-Pierre (p. 145), imaginant les colonnades comme les "bras maternels de l'Église", et fut l'architecte en chef de la basilique Saint-Pierre (p. 132) à partir de 1629. Il y créa le baldaquin au-dessus de l'autel principal en utilisant du bronze récupéré au Panthéon.

Sous le patronage du pape Urbain VIII, un Barberini, le Bernin eut le champ libre pour transformer la ville ; ses églises, palais, places et fontaines demeurent emblématiques aujourd'hui. Cependant, sa chance tourna à la mort du pape en 1644. Le successeur d'Urbain, Innocent X, désireux de couper les liens avec les favoris de son prédécesseur honni, se tourna vers Borromini, Alessandro Algardi, dit l'Algarde (1595-1654), Girolamo et Carlo Rainaldi (1570-1655 et 1611-1691). Le Bernin revint en grâce en 1651 avec sa Fontana dei Quattro Fiumi (fontaine des Quatre-Fleuves) au centre de la Piazza Navona, en face de la Chiesa di Sant'Agnese in Agone de Borromini (p. 81).

Fils d'architecte et particulièrement doué pour la maçonnerie en pierre et les techniques de construction, Borromini conçut des édifices aux formes complexes et à la géométrie savante. Son style se caractérise aussi par une habile utilisation de la lumière, souvent obtenue par le placement judicieux de fenêtres ovales. Ses œuvres les plus notables sont la Chiesa di San Carlo alle Quattro Fontane (dite "San Carlino" localement vu sa toute petite taille, p. 114), avec son intérieur ovale, et la Chiesa di Sant'Ivo alla Sapienza (p. 84), qui combine un arrangement complexe de surfaces convexes et concaves et un clocher novateur en spirale.

Tout au long de leur carrière, ces deux génies furent à couteaux tirés. Borromini était envieux des premiers succès du Bernin, tandis que ce dernier dénigrait le style géométrique complexe de Borromini.

Œuvres clés du Bernin

Place Saint-Pierre (Cité du Vatican, Borgo et Prati)

Chiesa di Sant'Andrea al Quirinale (Tridente, Trevi et le Quirinale)

Fontana dei Quattro Fiumi (Centre historique)

Œuvres clés de Borromini

Chiesa di San Carlo alle Quattro Fontane (Tridente, Trevi et le Quirinale)

Chiesa di Sant'Agnese in Agone (Centre historique)

Chiesa di Sant'Ivo alla Sapienza (Centre historique)

Du baroque tardif au néoclassicisme

À l'aube du XVIIIe siècle, le baroque tardif, ou rococo, se caractérise par une composition plus libre, la richesse et la profusion des ornementations. Trompe-l'œil, escaliers, nymphées et sculptures allégoriques se multiplient jusqu'à la surcharge, témoignant du goût pour la pure virtuosité et la prouesse des artistes.

S'il connut un développement important à Naples et à Turin, le rococo resta marginal à Rome. Parmi les principales réalisations romaines figure l'escalier de la Trinité-des-Monts, construit entre 1723 et 1726 par Francesco De Sanctis. À quelques pas au sud-ouest, la Piazza di Sant'Ignazio, aux façades concaves, fut réalisée par Filippo Raguzzini en 1728, pour offrir à la Chiesa di Sant'Ignazio di Loyola, deuxième église jésuite de Rome, le décor théâtral qui lui manquait.

Mais l'édifice le plus spectaculaire de cette période demeure la fontaine de Trevi, l'un des monuments les plus exubérants et les plus emblématiques de la ville. Commencée en 1732 par Nicola Salvi (1697-1751), elle fut achevée trente ans plus tard.

À la démesure de l'art rococo, le néoclassicisme, qui se développa à la fin du XVIIIe siècle, opposa un style simple, solennel et presque moral.

LES MONUMENTS ROMAINS EMBLÉMATIQUES

Rome tient d'un fascinant mélange de ruines, de monuments, de palais, de *piazze* et d'églises. Voici quelques-uns des édifices majeurs de la ville.

Colisée (p. 56). L'arène emblématique de Rome présente les caractéristiques architecturales de la Rome antique : des arcades, l'utilisation de matériaux divers et une envergure sans précédent.

Panthéon (p. 79). Le dôme, l'une des principales innovations architecturales des Romains, trouve sa forme parfaite au sommet de cette structure révolutionnaire.

Basilique Sainte-Marie-Majeure (p. 156). Malgré ses nombreuses transformations au fil des siècles, cette gigantesque cathédrale est un parfait exemple des basiliques chrétiennes bâties au début du Moyen Âge.

Château Saint-Ange (p. 146). L'emblématique château de Rome fut d'abord un monumental mausolée et prit sa forme actuelle après des remaniements au Moyen Âge et à la Renaissance.

Tempietto di Bramante (p. 182). Dessiné par Bramante en 1502, ce chef-d'œuvre d'harmonie architecturale incarne à la perfection les idéaux de la Haute Renaissance.

Basilique Saint-Pierre (p. 132). La coupole de Michel-Ange et la façade de Carlo Maderno sont les caractéristiques architecturales majeures de la plus grande église Renaissance de Rome.

Chiesa del Gesù (p. 87). Cette église, parmi les plus belles de la Contre-Réforme, se distingue par son intérieur baroque fleuri et sa façade dessinée par Giacomo Della Porta.

Chiesa di San Carlo alle Quattro Fontane (p. 114). Ce précieux exemple d'architecture baroque signé Francesco Borromini présente une façade aux courbes convexes et concaves, des fenêtres cachées et un plan elliptique complexe.

Palazzo della Civiltà Italiana (p. 230). Surnommé le "Colisée carré", ce monument emblématique de l'EUR est un chef-d'œuvre du rationalisme italien des années 1930.

Auditorium Parco della Musica (p. 217). L'audacieux complexe artistique de Renzo Piano est tenu pour l'édifice contemporain le plus marquant de Rome.

MAXXI (p. 211). L'édifice de Zaha Hadid, primé en 2010, constitue le cadre idéal du principal musée d'art contemporain de Rome.

Son apparition est étroitement liée au développement de l'archéologie, notamment avec les fouilles d'Herculanum entreprises en 1748 par Charles III de Bourbon, roi de Naples. On assista alors au renouveau de l'esthétique antique avec, en architecture, le retour des portiques, des dômes et des arcs de triomphe.

L'un des gros chantiers romains où s'exprima l'esthétique néoclassique fut la reconstruction de la basilique Saint-Paul-hors-les-Murs après sa destruction par un incendie en 1823. Pascal Belli (1752-1833) et Luigi Poletti (1792-1869) dirigèrent successivement les travaux jusqu'en 1869. Architecte au service des États pontificaux, Giuseppe Valadier (1762-1839) fut le principal représentant de l'architecture néoclassique à Rome, où il fit également œuvre d'urbaniste – la ville lui doit les aménagements réalisés entre 1816 et 1822 sur la Piazza del Popolo, et il fut l'architecte de la Villa Torlonia, dont Mussolini fit sa résidence de 1925 à 1943.

Vers le XXe siècle

L'établissement de Rome, en 1870, comme capitale d'Italie, lança une vague de développement urbain que poursuivirent Mussolini et son régime fasciste. Après la guerre, les préoccupations furent plus prosaïques : il s'agissait de loger une population urbaine croissante.

Rénovation de la capitale

Lorsqu'elle entra dans le XXe siècle, Rome, devenue capitale trente ans plus tôt, se portait bien et avait connu son lot de profonds changements. De nouvelles places y avaient été aménagées : la Piazza Vittorio Emanuele II, au centre d'un nouveau quartier résidentiel huppé, et la Piazza della Repubblica, néoclassique, au-dessus des thermes de Dioclétien. Des axes avaient également été tracés : la Via Nazionale et la Via Cavour pour relier le centre-ville et la nouvelle gare ferroviaire, la Stazione Termini, ainsi que le Corso Vittorio Emanuele II, entre la Piazza Venezia et le Vatican.

Le terme Scuola Romana (École romaine) désigne un groupe d'architectes des années 1920 et 1930, principalement engagé sur des projets de logements à grande échelle. Ils aspiraient à allier le fonctionnalisme moderne au respect de la tradition et à une vision utopique du développement urbain.

Rationalisme et reconstruction

Influencé par le mouvement allemand du Bauhaus, le rationalisme architectural déferla sur l'Europe dans les années 1920. Dans sa version internationale, il privilégiait les formes linéaires précises ; en Italie, il prit un aspect légèrement différent sous l'influence du Gruppo Sette, son principal promoteur, et de Benito Mussolini, le dictateur fasciste au pouvoir dès 1922. Le Gruppo Sette reconnaissait l'héritage de l'architecture classique et incorporait des éléments de cette tradition dans ses conceptions modernes. Esthétiquement et politiquement, l'ensemble épousait à merveille la vision de Mussolini, qui se voulait l'héritier des menées impériales de la Rome antique.

Habile manipulateur, le Duce lança des projets grandioses dans les années 1920 et 1930, tels le centre sportif du Foro Italico, la Via dei Foro Imperiali et le quartier résidentiel de Garbatella (1928-1931). Quartier pittoresque du sud de Rome, Garbatella avait été conçu à l'origine comme une cité-jardin ouvrière à l'anglaise, mais dans les années 1920, ce projet fut court-circuité par le régime fasciste, qui nourrissait ses propres ambitions. C'est ainsi que s'élevèrent des immeubles d'habitation, appelés *alberghi suburbani* (hôtels de banlieue), où étaient relogés les habitants déplacés du centre-ville. Le plus connu de ces hôtels, l'Albergo Rosso, fut conçu par Innocenzo Sabbatini (1891-1983), le chef de file de la Scuola Romana.

Esposizione Universale Roma ou EUR

Le plus fameux legs architectural de Mussolini est le quartier de l'EUR (p. 230), à l'extrémité sud de la ville. Construit en 1942 pour l'Esposizione Universale di Roma, ce quartier orwellien aux larges boulevards et aux immenses immeubles rectilignes doit son aspect à la vision des *razionalisti* (rationalistes). En fait, seul l'un d'entre eux, Adalberto Libera, travailla sur le projet car, à cette époque, presque tous les membres du Gruppo Sette avaient coupé toute relation avec la junte fasciste au pouvoir. Le Palazzo dei Congressi, de Libera, est un chef-d'œuvre de l'architecture rationaliste, mais l'édifice le plus emblématique de l'EUR est le Palazzo della Civiltà del Italiana (p. 230) connu comme le “Colisée carré” et conçu par Giovanni Guerrini, Ernesto Bruno La Padula et Mario Romano.

La Via dei Fori Imperiali, la route qui sépare le Forum romain des Forums impériaux, fut l'un des projets les plus controversés de Mussolini. Inaugurée en 1932, elle était conçue pour relier le Colisée (le pouvoir antique) à la Piazza Venezia (le pouvoir fasciste), mais une grande partie des forums antiques fut recouverte de béton pour y parvenir.

Après-guerre

Après la guerre, les architectes de Rome durent longtemps se contenter de construire des habitations bon marché pour une population toujours croissante. Des immeubles d'appartements furent édifiés le long des artères principales, tandis que des terres agricoles le cédaient à de lugubres banlieues.

À l'occasion des jeux Olympiques de 1960, furent bâties des installations sportives : le Stadio Flaminio et le Stadio Olimpico datent de cette période. Pier Luigi Nervi, le maître italien du béton, ajouta sa contribution avec le Palazzo dello Sport (p. 230).

BLUE PLANET STUDIO / SHUTTERSTOCK ©

En haut : Chiesa di Sant'Ignazio di Loyola (p. 90)

En bas : pont Saint-Ange menant au château Saint-Ange (p. 146)

La Rome contemporaine

À l'orée du XXIe siècle, Rome a assisté à un regain d'activité architecturale. Plusieurs architectes connus ont travaillé sur des projets dans la capitale, dont Renzo Piano, l'architecte italien le plus réputé, l'Américain Richard Meier, l'Irako-Britannique Zaha Hadid et la Française Odile Decq.

Icônes modernes

Palazzo della Civiltà Italiana (sud de Rome)

Auditorium Parco della Musica (Villa Borghèse et nord de Rome)

MAXXI (Villa Borghèse et nord de Rome)

Éloges et controverses

Ce boom des projets immobiliers date du début des années 1990, quand le maire de l'époque, Francesco Rutelli, lança un grand programme de nettoyage du centre historique. Il commanda à Richard Meier un nouveau pavillon pour abriter l'Ara Pacis (p. 111), du Ier siècle. En verre et métal, le Museo dell'Ara Pacis, inauguré en 2006, suscita la controverse. Vittorio Sgarbi, critique d'art et célébrité de la TV au franc-parler, affirma que l'édifice de l'architecte américain était la première étape de la mondialisation du patrimoine classique de Rome. Si les Romains appréciaient l'idée d'introduire l'architecture contemporaine dans le centre-ville, peu furent séduits par le projet de Meier.

Meier s'attira plus d'éloges pour sa deuxième réalisation, la Chiesa di Dio Padre Misericordioso, construite pour le jubilé de l'an 2000 à Tor Tre Teste, un morne faubourg à l'est du centre-ville. Parmi les autres églises commandées par le Vicariat de Rome en vue de ce jubilé, citons également la Chiesa di Santa Maria della Presentazione. Celle-ci, dont les plans furent dessinés par le cabinet Nemesi, basé à Rome, suscita la curiosité lors de son inauguration dans le quartier périphérique du Quartaccio en 2002.

Né à Rome en 1944, Massimiliano Fuksas est connu pour sa sensibilité futuriste. Bien qu'il ne possède pas vraiment de bâtiment emblématique à son actif, les 55 000 m² de sa fameuse *Nuvola*, le Roma Convention Centre (p. 230), incarnent bien son style. Ce rectangle de verre haut de 40 m renferme un "nuage" d'acier et de Teflon soutenu par des nervures en acier et surplombant une vaste salle de conférences. Il comporte également des références au passé : l'échelle et la forme s'inspirent de l'architecture rationaliste des années 1930 qui l'entoure dans le quartier de l'EUR. Un projet de 239 millions d'euros mené sur une quasi-décennie (2007-2016).

Parmi les autres édifices fameux de cette période, citons l'Auditorium Parco della Musica (2002, p. 217) de Renzo Piano, le MAXXI (2010, p. 211) de Zaha Hadid, le MACRO d'Odile Decq (2010, p. 213) et, dans le quartier de l'EUR, les vertigineuses Eurosky Tower (2012), de Franco Purini, et Europarco Tower (2012), du Studio Transit.

Modèle de renouvellement urbain, le complexe Eataly de Rome a été inauguré en 2012, donnant une seconde vie à une gare jusque-là laissée à l'abandon – l'Air Terminal Ostiense – à l'origine conçue pour accueillir les trains en provenance de l'aéroport pour la Coupe du monde de football de 1990.

Rhinoceros et les projets en cours

Dans le secteur du forum Boarium, le célèbre architecte français Jean Nouvel a achevé en 2018 un complexe alliant galerie d'art contemporain, hôtel et restaurant au sein du Palazzo Rhinoceros, pour le compte de la Fondazione Alda Fendi–Esperimenti.

Enfin, dans les quartiers sud de la ville, la construction d'un nouveau stade de 55 000 spectateurs, le Stadio della Roma, a été suspendue en raison de la crise sanitaire liée à la Covid-19. À terme, l'arène sera la pièce maîtresse d'un vaste projet d'aménagement du quartier de Tor di Valle, qui devrait comprendre un business park, un centre d'entraînement et un parc public.

Glossaire architectural

Abside	Extrémité semi-circulaire (ou polygonale) du chœur, se situant en arrière du maître-autel par rapport aux fidèles. Appelée aussi chevet.
Architrave	Poutre principale reposant sur les colonnes.
Baldaquin	Dais en pierre, en bois ou en métal surmontant un autel ou un tombeau, souvent soutenu par des colonnes.
Baroque	Style artistique, architectural et musical, apparu en Europe aux XVIIe et XVIIIe siècles.
Basilique	Long édifice de plan rectangulaire avec une abside à l'extrémité de la nef, utilisé pour les assemblées publiques dans la Rome antique, puis ayant servi de modèle aux églises médiévales.
Cloître	Cour fermée rattachée à une église ou un monastère ; il s'agit d'un≈déambulatoire couvert entourant un espace à ciel ouvert.
Colonnade	Série de colonnes supportant un toit ou une autre structure.
Coupole	Dôme arrondi intégré au plafond ou au toit.
Crypte	Salle souterraine sous une église, utilisée pour les offices ou les sépultures.
Forum	Dans la Rome antique, espace public dédié aux affaires juridiques et commerciales.
Frise	Bande horizontale, sculptée, voire peinte, entre l'architrave et la corniche.
Futurisme	Mouvement artistique italien du début du XXe siècle exaltant les technologies modernes.
Loggia	Galerie ou pièce ouverte d'un côté, donnant souvent sur un jardin.
Nef	Espace central d'une église, souvent séparé des bas-côtés par desxcolonnes.
Néoclassicisme	Style d'art et d'architecture dominant à la fin du XVIIIe siècle et au début du XIXe siècle ; retour aux styles de la Rome antique.
Oculus	Ouverture circulaire en haut d'une coupole.
Portique	Galerie avec un toit supporté par des colonnes.
Rationalisme	Style architectural des années 1920 ; souvent associé au fascisme en Italie, il mêle des styles linéaires et des références classiques.
Renaissance	Renouveau européen dans l'art et l'architecture entre les XIVe et XVIe siècles, basé sur des précédents classiques.
Rococo	Style architectural du XVIIIe siècle, riche en ornementations.
Stuc	Moulure décorative en plâtre.
Transept	Dans une église en forme de croix, les deux parties qui coupent la nef à angles droits.
Trompe-l'œil	Peinture visant à créer, par des artifices de perspective, l'illusion d'objets en trois dimensions.

La vie à Rome

Les ruines, les chefs-d'œuvre omniprésents et la sensation de vivre dans un musée à ciel ouvert peuvent parfois le faire oublier, mais Rome n'en est pas moins une ville moderne, dynamique, où vivent quelque 2,9 millions d'habitants. Derrière cette façade éblouissante qu'elle offre aux visiteurs, il n'est pas évident pour eux d'en percevoir la réalité. Comment les Romains appréhendent-ils leur ville ? Où travaillent-ils ? Où habitent-ils ? Quel est leur quotidien ?

Journée ordinaire d'un Romain

La routine matinale d'un Romain ressemble à celle des citadins du monde entier : on avale vite fait un petit-déjeuner – le plus souvent un simple expresso noir et sucré – avant de prendre le bus jusqu'à la station de métro la plus proche. En chemin, on achète à une *edicola* (kiosque) le journal local (*Il Messaggero*) en plaisantant deux minutes avec le kiosquier. C'est alors l'heure du second café, un expresso bien serré ou un cappuccino pris au comptoir qu'on accompagne d'une pâtisserie tout en lisant le journal. La revue des titres laisse souvent peu de surprises : manigances ordinaires à la mairie, dernières déclarations du pape, résultats des matchs de la Roma et de la Lazio.

La pause déjeuner, en général vers 13h30, consiste souvent en une part de pizza *al taglio* ou encore un en-cas acheté au coin de la rue. Avant de retourner au bureau pour la deuxième partie de la journée, on prend le temps d'avaler un café au bar habituel.

Dans la plupart des ministères, la journée de travail se termine vers 17h. Autour de 19h, tout le monde est en pleine action. De retour à la maison, le travailleur romain regarde souvent le telegiornale de 20h avant de dîner d'un plat de pâtes vers 20h30. Les Romains dînent volontiers au restaurant en semaine, mais à l'inverse, ils s'y font plus rares le week-end car nombre d'entre eux quittent dès le vendredi soir la ville pour la mer ou la campagne. Ceux qui restent ne dérogent alors pas à la traditionnelle passeggiata, la promenade du soir.

Selon une enquête menée par des analystes de la circulation d'Inrix, Rome pâtit du trafic le moins fluide d'Italie, ses conducteurs ayant passé, en 2016, une moyenne de 35 heures bloqués dans la circulation. Elle reste toutefois, en la matière, loin derrière Moscou (91 heures), Londres (73 heures) et Paris (45 heures).

L'emploi

À Rome, comme dans tout centre politique et administratif, une bonne partie des postes sont pourvus par l'administration publique, répartis dans les vastes bâtiments ministériels. Le tourisme, la finance, les médias et la culture sont d'autres importants pourvoyeurs d'emplois. La RAI, chaîne publique nationale, ainsi qu'une grande partie de l'industrie cinématographique du pays sont basées à Rome, et on compte des centaines de musées et galeries à travers la ville.

Mais alors que l'économie italienne continue de stagner, les jeunes peinent à décrocher un poste. Pour trouver du travail, connaître la bonne personne peut se révéler utile. Malgré l'absence de chiffres officiels, il est communément admis que les relations personnelles ou politiques constituent le meilleur moyen de décrocher un emploi. Largement répandu, ce système de *raccomandazioni* (recommandations), bien qu'implicitement accepté, est régulièrement source de scandales.

D'après les chiffres fournis fin 2016, le salaire moyen s'élève à 30 685 € à Rome, 34 414 € à Milan et 27 302 € à Naples. La moyenne nationale italienne atteint 29 176 €.

LA RELIGION DANS LA VIE ROMAINE

Rome est une ville d'églises, des grandes basiliques du centre historique aux centaines d'églises paroissiales essaimées dans les banlieues. Avec le Vatican au cœur de la cité, l'Église constitue une présence constante dans la vie romaine.

Toutefois, le rôle de la religion dans la société romaine moderne est ambigu. Bien que la plupart des Italiens se disent catholiques, la fréquentation des églises est en chute libre, en particulier celle des jeunes, et l'athéisme est en progression.

Si les Romains ne se rendent pas très souvent à l'église, celle-ci reste une référence pour beaucoup. Ses prises de position en matière éthique et sociétale sont parfois loin de faire l'unanimité, mais la presse nationale lui reste largement favorable. L'arrivée du pape François sur le trône pontifical amorce cependant un léger changement. Avec son discours de tolérance envers des communautés autrefois condamnées par le Vatican et son aura sympathique, sa popularité auprès des jeunes, notamment, se fait de plus en plus prégnante. De fait, plus de la moitié des mariages ont lieu à l'église, et la première communion demeure un événement social important, qui s'accompagne de cadeaux et de grandes réceptions.

Si le catholicisme conserve une forte influence sur la psyché des Romains, l'accroissement de la population immigrée a entraîné une présence perceptible des musulmans. Le processus d'intégration se déroule généralement sans heurts, mais des frictions se manifestent à l'occasion, comme ce fut le cas à l'été 2015, lorsque des manifestants anti-immigration d'extrême droite ont affronté la police dans le quartier Casale di San Nicola, au nord de Rome.

Ces dernières années, des affaires de népotisme, notamment à l'université romaine La Sapienza, dans la compagnie municipale de transports publics et, dans le cas le plus récent, dans une entreprise romaine d'élimination des déchets, ont défrayé la chronique.

À Rome, comme partout ailleurs en Italie, le monde du travail reste essentiellement masculin. Le chômage des femmes demeure un problème récurrent et les Italiennes sont toujours moins bien rémunérées (-16%) que leurs homologues masculins. On observe toutefois des signes encourageants ces derniers temps. En 2014, la moitié du gouvernement du Premier ministre Matteo Renzi était constituée de femmes et, en juin 2016, Rome a élu sa première femme maire. Virginia Raggi, devenant ainsi la première Romaine à se faire appeler *sindaca* (féminin de *sindaco*, qui signifie maire). En 2021, Elisabetta Belloni est la première femme nommée à la tête des services secrets italien. En 2022, seules 8 femmes font partie du gouvernement de Mario Draghi.

La vie quotidienne et la famille

Les Romains, comme la plupart des Italiens, vivent dans des appartements, souvent petits et chers. Le prix de l'immobilier à Rome est parmi les plus élevés du pays. Ceux qui achètent un premier appartement sont fréquemment obligés de sortir de la ville ou de s'installer dans les faubourgs au-delà du *Grande raccordo anulare* (GRA), le boulevard périphérique qui marque les limites de la ville.

Presque tous les appartements sont gérés en *condomini* (copropriétés). Le parc locatif est restreint et s'adresse principalement à l'énorme population estudiantine.

L'institution la plus solide d'Italie – et la seule en laquelle les Romains continuent de croire – est la famille. Les jeunes Romains restent habituellement chez leurs parents jusqu'à leur mariage, en général vers 30 ans. Selon les chiffres officiels, les deux tiers des 18-34 ans vivent dans le foyer familial. Si cela peut sembler étrange pour des observateurs étrangers, diverses raisons l'expliquent : près de la moitié de ces

En 2021, le prix moyen du mètre carré pour les biens immobiliers résidentiels était de 6 600 € environ. Dans le centre historique, il dépassait les 9 000 €, tandis qu'en banlieue, il variait entre 2 800 et 4 500 €.

Rome. Escapades littéraires (Robert Laffont, coll. Pavillons poche, 2017) offre une approche de la ville à travers les récits de grands écrivains voyageurs. Chateaubriand, Stendhal, Zola y livrent les sentiments et la vision que leur inspira la cité lors de leur séjour.

Les années 2000 et 2001 ont offert à Rome les plus belles heures du football. En 2000, la ville s'est parée de bleu ciel alors que les supporters de la Lazio célébraient le *scudetto* (victoire au championnat) de leur équipe. Un an plus tard, ce fut au tour des fans jaune et rouge de l'AS Roma, quand leur équipe a fini championne. En dépit de la rivalité très forte entre les deux équipes romaines – et leurs supporters (les romanisti et les laziali) –, elles s'entraînent toutes deux au Stadio Olimpico.

"Tanguy" sont sans emploi et l'immobilier est hors de prix. De plus, les jeunes Romains regimbent à se déclasser et à habiter dans un quartier moins plaisant.

Tandis que la foi en la famille perdure, cette dernière rétrécit. Les Italiennes deviennent mères plus tard qu'autrefois et ont moins d'enfants. En 2017, le nombre moyen d'enfant par femme était de 1,32, un chiffre exceptionnellement bas. Les *nonni* (grands-parents) romains réprimandent leurs enfants à ce sujet, tout comme le pape François, qui tient pour égoïstes les couples mariés ne voulant pas d'enfant.

De leur côté, les politiciens s'inquiètent de la baisse de la natalité qui menace les recettes fiscales indispensables au financement d'un système de retraites déjà largement surendetté.

Les loisirs

En dépit de la morosité économique, des crises politiques et des tribulations de la vie à Rome – transports publics capricieux, services aléatoires et prix exorbitants –, peu de Romains quitteraient leur ville pour vivre ailleurs. Rome est l'une des plus belles villes du monde et les Romains l'aiment. Jetez un coup d'œil dans les pizzérias, trattorias ou restaurants et vous constaterez que le repas est un moment convivial, qui réunit amis et parents. Bien que cela ressemble à un cliché, la nourriture est au centre des distractions sociales.

En revanche, boire n'est pas dans la tradition romaine. Si la mode des cocktails et des bières artisanales s'est développée récemment, les boissons n'ont souvent rang que d'accessoire, le principal étant de se retrouver et de se montrer. Les Romains sont experts à ce jeu (il suffit de voir les multiples photos des clients dans les cafés), et une soirée à Rome consiste autant à flirter et jouer d'ostentation qu'à partager des verres en bonne compagnie.

Le shopping est un autre passe-temps populaire, au même titre que le cinéma et le football. L'intérêt pour les deux équipes romaines de série A, l'AS Roma et la Lazio, reste fort. Se rendre au Stadio Olimpico pour assister à un match le dimanche reste une activité prisée.

Beaucoup de gens jouent aussi au foot, mais le sport ne se limite pas au *calcio* (football). Les salles d'entraînement et les piscines romaines sont très fréquentées, les joggeurs courent dans les parcs et les groupes de cyclistes en tenue s'élancent dans la campagne alentour.

Les Romains adorent la voiture. Lors des chauds week-ends d'été, ils partent souvent sur la côte ou dans la campagne. Les amateurs de plage se rendent à Ostie ou à Fregene, plus huppée. Ceux qui apprécient la verdure rejoignent les Castelli Romani, des collines au sud de la ville, réputées pour le Frascati (un vin blanc) et ses petits restaurants populaires.

Stazione Termini (p. 305)

Rome pratique

Transports

ARRIVER À ROME

La plupart des visiteurs arrivent en avion dans l'un des deux aéroports de la ville : Leonardo da Vinci ou Ciampino, plaque tournante des compagnies européennes à bas prix. Concernant les liaisons assurées par ces dernières, consultez le site www.lowcost.fr. Enfin, des vols intérieurs relient la capitale au reste de l'Italie.

Des trains relient un certain nombre de villes d'Europe, comme Paris, et de toute l'Italie à la Stazione Termini, principale gare de Rome.

Des bus longue distance nationaux et internationaux arrivent à l'Autostazione Tibus, près de la gare ferroviaire de Tiburtina.

Des ferries desservent Civitavecchia, à 80 km au nord-ouest de Rome, depuis plusieurs ports de la Méditerranée (mais pas depuis la France).

Voie aérienne

Aéroport Fiumicino/ Leonardo da Vinci

Le grand aéroport international de Rome, **Fiumicino** (☎06 6 59 51 ; www.adr.it/fiumicino), aussi appelé Fiumicino, se situe sur la côte à 32 km à l'ouest de la ville. Il compte actuellement deux terminaux opérationnels, le T1 et le T3, proches à pied l'un de l'autre. Le moyen le plus simple pour quitter l'aéroport ou s'y rendre reste le train, mais il existe aussi des bus et des navettes privées.

Depuis/vers l'aéroport

TRAINS

Leonardo Express (leonardo-express.com/fr ; aller simple 17 €). Départ des quais 23 et 24 de la Stazione Termini (plan p. 360) toutes les 30 minutes entre 5h35 et 22h35 (toutes les 15 minutes aux heures de pointe), de l'aéroport entre 6h23 et 23h23. Le trajet dure environ 30 minutes.

Trenitalia (www.trenitalia.com ; aller simple 8 €). Ce train relie l'aéroport aux gares de Trastevere, Ostiense et Tiburtina, mais ne passe pas par Termini. Départ de l'aéroport toutes les 15 minutes (toutes les 30 minutes le dimanche et les jours fériés) entre 5h57 et 22h42 ; de Tiburtina, départ toutes les 15 à 30 minutes entre 5h01 et 22h01.

BUS

SIT (☎06 591 68 26 ; www.sitbusshuttle.com ; aller simple/aller-retour 6/11 €). Départs réguliers pour la Stazione Termini (Via Marsala 5) entre 7h15 et 0h40 et depuis Termini de 4h45 à 20h30 ; tous s'arrêtent en chemin à proximité du Vatican (Via Crescenzio 2). Billets en vente à bord. Temps de trajet : environ 1 heure.

Cotral (☎800 174 471, depuis un mobile 06 7205 7205 ; www.cotralspa.it ; aller simple 5 €, dans le bus 7 €). Circule entre Fiumicino et la Stazione Tiburtina via Termini. De quatre à six liaisons quotidiennes dont des services de nuit au départ de l'aéroport à 1h45, 3h45 et 5h45, et au départ de Tiburtina à 0h30, 2h30

AVERTISSEMENT

Les informations contenues dans ce chapitre sont particulièrement susceptibles de changements. Vérifiez directement auprès de la compagnie aérienne ou de l'agence de voyages les modalités d'utilisation de votre billet d'avion. N'hésitez pas à comparer les prestations. Les détails fournis ici doivent être considérés à titre indicatif et ne remplacent en rien une recherche personnelle attentive.

VOYAGES ET CHANGEMENTS CLIMATIQUES

Tous les moyens de transport fonctionnant à l'énergie fossile génèrent du CO_2 – la principale cause du changement climatique induit par l'homme. L'industrie du voyage est aujourd'hui dépendante des avions. Si ceux-ci ne consomment pas nécessairement plus de carburant par kilomètre et par personne que la plupart des voitures, ils parcourent en revanche des distances bien plus grandes et relâchent quantité de particules et de gaz à effet de serre dans les couches supérieures de l'atmosphère. De nombreux sites Internet utilisent des "compteurs de carbone" permettant aux voyageurs de compenser le niveau des gaz à effet de serre dont ils sont responsables par une contribution financière à des projets respectueux de l'environnement. Lonely Planet "compense" les émissions de tout son personnel et de ses auteurs.

et 4h30. Temps de trajet : 1 heure.

Schiaffini Rome Airport Bus (☎06 713 05 31 ; www.romeairportbus.com ; Via Giolitti ; aller/aller-retour 6,90/9,90 €). Services réguliers entre l'aéroport et la Stazione Termini (Via Giolitti) de 6h05 à minuit, et entre 5h10 et 23h au départ de Termini. Comptez 1 heure de trajet environ.

T.A.M. (plan p. 360 ; ☎06 6504 7426 ; www.tambus.it). Départ de l'aéroport pour la Via Giolitti, à l'extérieur de la Stazione Termini, 24h/24 au moins une fois par heure entre 5h15 et 2h15 (un départ toutes les deux heures entre 2h15 et 5h15) ; liaisons vers l'aéroport 24h/24 au moins une fois par heure. Comptez de 40 minutes à 1 heure de trajet. En journée, les bus marquent l'arrêt à la gare d'Ostiense (voir horaires sur le site Web).

NAVETTES PRIVÉES

Airport Connection Services (☎338 9876465 ; www.airportconnection.it). Transferts depuis/vers le centre-ville à partir de 22 €/pers (28 € pour 2).

Airport Shuttle (☎06 4201 3469 ; www.airportshuttle.it). Transferts depuis/vers votre hôtel moyennant 25 € pour un passager, plus 6 € par personne supplémentaire jusqu'à huit.

TAXI

Les taxis "Commune di Roma" pratiquent un tarif fixe aéroport-centre-ville de 48 € pour 4 passagers maximum, bagages compris. Ces taxis sont blancs, dotés d'un panneau "taxi" sur leur toit et "Roma Capitale" est inscrit sur leur portière avec leur numéro de licence. Les taxis enregistrés à Fiumicino facturent plus cher. Comptez 45 à 60 minutes de trajet, selon la circulation.

VOITURE

Sortez de l'aéroport en suivant les panneaux indiquant Roma pour gagner l'*autostrada*. Sortez de l'autoroute à l'EUR, en suivant les panneaux indiquant le *centro*, pour rejoindre la Via Cristoforo Colombo, qui vous mène directement dans le centre.

Aéroport de Ciampino

Ciampino (Aeroporto Internazionale Giovan Battista Pastine ; ☎06 6 59 51 ; www.adr.it/ciampino), à 15 km au sud-est du centre-ville, accueille la plupart des vols **Ryanair** (www.ryanair.com) pour ses vols desservant l'Europe et l'Italie. Relativement petit, cet aéroport connaît toutefois un trafic aérien constant, marqué par d'intenses périodes de pointe.

La meilleure option consiste à emprunter l'un des services de bus réguliers qui conduisent au centre-ville. On peut aussi prendre un bus pour la gare de Ciampino, puis un train pour Termini, ou bien rejoindre la station de métro Anagnina (ligne A) en bus.

Depuis/vers l'aéroport

BUS

Schiaffini Rome Airport Bus (☎06 713 05 31 ; www.romeairportbus.com ; Via Giolitti ; aller/aller-retour 6,90/9,90 €). Départs réguliers depuis/vers la Via Giolitti, près de la Stazione Termini. De l'aéroport, bus de 4h à 23h45 ; de la Via Giolitti, départs entre 4h20 et minuit. Prenez vos billets à bord, en ligne, à l'aéroport ou à l'arrêt de bus. Environ 40 minutes de trajet.

SIT Bus (☎06 591 68 26 ; www.sitbusshuttle.com ; depuis/vers l'aéroport 6/5 €, aller-retour 9 €). Départs réguliers de l'aéroport vers la **Via Marsala** (plan p. 360 ; Via Marsala 5) près de la Stazione Termini, de 7h45 à 0h15, depuis Termini entre 4h30 et 21h30. Le billet s'achète à bord du bus, au comptoir de Ciampino ou en ligne. Comptez 45 minutes de trajet.

Terravision (plan p. 360 ; www.terravision.eu). Circule entre l'aéroport et la Stazione Termini de 8h15 à 0h15 ; départ de Termini entre 4h30

AGENCES EN LIGNE

Vous pouvez réserver votre vol via une agence en ligne ou vous renseigner auprès d'un comparateur de vols :

- www.bourse-des-vols.com
- www.ebookers.fr
- www.expedia.fr
- www.govoyages.com
- www.kayak.fr
- www.kelkoo.fr
- www.liligo.fr
- www.opodo.fr
- www.partirou.com
- www.skyscanner.fr

Pour les trains consultez :

- www.sncf-connect.com
- www.thetrainline.com/fr

et 21h20. Comptez 45 minutes de trajet.

Atral (www.atral-lazio.com). Bus entre l'aéroport et la station de métro Anagnina (1,20 €) ou la gare de Ciampino (1,20 €, 10 minutes), d'où l'on peut prendre un train pour Termini (1,50 €).

NAVETTES PRIVÉES

Airport Connection Services (✆338 9876465 ; www.airportconnection.it). Transferts depuis/vers le centre-ville à partir de 22 € par personne (28 € pour 2 pers).

Airport Shuttle (✆06 4201 3469 ; www.airportshuttle.it). Transferts depuis/vers votre hôtel, 25 € par personne, puis 6 € par passager supplémentaire, huit passagers au maximum.

TAXI

Le tarif fixe depuis/vers l'aéroport s'élève à 30 €. Trajet : environ 30 minutes.

VOITURE

La Via Appia Nuova vous mène tout droit au centre-ville.

Depuis la France

Les compagnies aériennes **Air France** (✆ 09 69 39 36 54 ; www.airfrance.fr) et **Alitalia** (✆0892 655 655, 0,35 €/min ; www.alitalia.com) sont en partenariat pour les vols à destination de Rome. Pour un vol direct régulier Paris-Rome (2 heures 10), comptez à partir de 110 € l'aller-retour. Des vols directs sont également proposés depuis d'autres villes.

Plusieurs compagnies low cost proposent des liaisons entre Rome et divers aéroports français. Comptez en moyenne 80 € aller-retour – mais selon la saison et les horaires, les tarifs peuvent être étonnamment plus bas. **Ryanair** (✆0 892 562 150, 0,36 €/min ; www.ryanair.com/fr/fr) effectue des vols directs pour Rome-Ciampino au départ de Paris-Beauvais, Bordeaux, Marseille, etc., **EasyJet** (www.easyjet.com/fr) rallie Rome-Fiumicino depuis Paris-Orly, Nice, Toulon, Toulouse, Bâle-Mulhouse et Lyon. **Vueling** (www.vueling.com/fr) propose également des liaisons depuis Paris-Orly, Nantes, Lyon et Marseille notamment vers Rome-Fiumicino.

Voici quelques adresses d'agences et de transporteurs :

Connaisseurs du Voyage (Paris ✆01 53 95 27 00 ; Marseille ✆04 91 92 08 91 ; www.connaisseursvoyage.fr)

Tui (✆0 825 000 825, 0,20 €/min ; www.tui.fr)

Voyageurs du Monde (✆01 42 86 16 00 ; www.voyageursdumonde.fr)

Depuis la Belgique

Brussels Airlines (✆0902 51 600 ; www.brusselsairlines.com/fr-be) et **Alitalia** (✆ 02 551 11 50 ; www.alitalia.com) assurent des vols Bruxelles-Rome directs à partir de 120 € aller-retour (2 heures 10), voire moins chers avec bagage à main de 12 kg max. Sur **Ryanair** (www.ryanair.com ; ✆ 0902 33 660), les tarifs les plus intéressants pour un Bruxelles Zaventem-Rome Fiumicino démarrent autour de 80 € aller-retour ; de Bruxelles Charleroi vers Rome Ciampino, comptez à partir de 60 €.

Quelques adresses utiles :

Connections (✆02 550 01 00 ; www.connections.be). Spécialiste belge du voyage pour les jeunes et les étudiants.

Gigatours/Éole (✆02 672 35 03 ; www.voyageseole.be)

Depuis la Suisse

Swiss (✆0 848 700 700 ; www.swiss.com) propose des directs Zurich-Rome à partir de 160 FS aller-retour (1 heure 30) pour un vol avec bagage en soute. **Alitalia** (✆ 0900 486 486 ; www.alitalia.com) assure un vol direct par jour entre Genève et Rome à partir de 173 FS et entre Zurich et Rome à partir de 196 FS. La compagnie **easyJet** (www.easyjet.com/ch-fr) assure des directs Genève-Rome Fiumicino et Bâle-Rome Fiumicino (1 heure 30) à partir de 130 FS aller-retour.

Vous pouvez aussi vous renseigner auprès de l'agence de voyages **STA Travel** (✆058 450 49 49 ; fr.statravel.ch).

Depuis le Canada

Alitalia (☎1 800 3618336 ; www.alitalia.com) propose des directs Toronto-Rome (8 heures 35) à partir de 850 $C. Les tarifs sont sensiblement les mêmes pour un Montréal-Rome via Paris (10 heures au minimum). **Air Canada** (☎1 888 247 2262 ; www.aircanada.com) relie Rome par des vols directs depuis Toronto ou Montréal. Comptez autour de 1 000 $C aller-retour (8 heures 30 de vol environ).

Vous pourrez contacter notamment :

Expedia (www.expedia.ca)

Travel CUTS – Voyage Campus (☎1 800 667 2887 ; www.travelcuts.com)

Travelocity (☎1 855 222 6739 ; www.travelocity.ca)

Bus

Les bus nationaux et internationaux longue distance arrivent à l'**Autostazione Tibus** (Autostazione Tiburtina ; ☎06 44 25 95 ; www.tibusroma.it ; Largo Guido Mazzoni ; Ⓜ Tiburtina). De cette gare routière, passez sous l'autopont pour gagner la gare ferroviaire de Tiburtina et prendre la ligne B du métro jusqu'à Termini, d'où vous pourrez poursuivre votre route en bus, en train ou sur la ligne A du métro.

Train

La **Stazione Termini** (www.romatermini.com ; Piazza dei Cinquecento ; Ⓜ Termini) est la gare principale de Rome et la plaque tournante des transports urbains. Le réseau dessert les pays européens et les principales villes italiennes.

Les informations sur les trains sont disponibles au service clientèle du hall principal, à gauche des guichets. Sinon, rendez-vous sur www.trenitalia.com ou composez le ☎89 20 21.

Les correspondances en métro ou en bus se prennent devant la gare, sur la Piazza dei Cinquecento, située devant la gare. Des taxis stationnent près de la sortie principale.

Une **consigne** (Stazione Termini ; 5 premières heures 6 €, 6e-12e heures 0,90 €, 13e heure et au-delà 0,40 € ; ⏲6h-23h ; Ⓜ Termini) est disponible quai 24, côté Via Giolitti de la gare. À quelques stations de Termini sur la ligne B, la deuxième plus grande gare de la ville, **Stazione Tiburtina**, au nord-est, accueille la ligne à grande vitesse (LGV) de Trenitalia Turin-Milan-Rome-Naples-Salerne.

Depuis la France

La **SNCF** (www.sncf-connect.com) assure au moins une liaison quotidienne en TGV entre Paris Gare de Lyon et Turin, où un train de **Trenitalia** (www.trenitalia.com) vous conduira jusqu'à Roma Termini. Comptez environ 230 € l'aller-retour et 11 heures de trajet.

Depuis la Belgique

Il n'existe pas de train direct entre la Belgique et Rome. Le plus simple est de prendre le Thalys jusqu'à Paris, puis de rejoindre Rome en suivant l'itinéraire ci-dessus.

SNCB Europe (☎070 79 79 79 ; www.b-europe.com/FR)

Depuis la Suisse

De Genève, Zurich ou Bâle, un train direct vous conduit à Milan, où vous prendrez une correspondance pour Rome. De Genève, comptez 7 heures 50 pour un billet à partir de 312 FS ; de Zurich, 6 heures 50 et à partir de 289 FS ; de Bâle, 7 heures 30 et à partir de 300 FS.

CFF (☎Rail Service 0900 300 300 ; www.sbb.ch/fr/)

Voie maritime

Le port le plus proche de Rome se trouve à Civitavecchia, à 80 km au nord-ouest. Il accueille des ferries en provenance du pourtour méditerranéen, notamment de Barcelone, Tunis, la Sicile et la Sardaigne, mais pas de France. Renseignements, tarifs et réservations sur www.traghettiweb.it.

On peut effectuer une réservation à la Stazione Termini chez **Agenzie 365** (☎06 4782 5179 ; www.agenzie365.it ; Stazione Termini, Via Giolitti 34 ; ⏲8h-21h ; Ⓜ Termini), dans des agences de voyages ou directement au port.

Des trains circulent toutes les 30 minutes entre la gare de Civitavecchia, à 700 m de l'entrée du port, et la Stazione Termini (4,60-16 €, 45 min-1 heure 30).

COMMENT CIRCULER

Le réseau de transports publics romain est composé de bus, de tramways, du métro et de trains de banlieue, qui convergent tous à la Stazione Termini (p. 360). Les différents types de billets sont valables pour l'ensemble des transports. Les enfants de moins de 10 ans circulent gratuitement. Dans le centre historique, relativement compact, les distances sont courtes : la marche est souvent le meilleur moyen de se déplacer.

Bus

➡ Le réseau de bus publics de Rome est géré par **ATAC** (☎06 46951 ; www.atac.roma.it).

➡ La **gare routière principale** (plan p. 360 ; Piazza dei Cinquecento) se situe devant la Stazione Termini, sur la Piazza dei Cinquecento.

QUELQUES LIGNES DE BUS UTILES

N° DE LIGNE	ITINÉRAIRE	HEURES DE SERVICE	FRÉQUENCE/ HEURE
Bus H	Termini, Via Nazionale, Piazza Venezia, Viale Trastevere	5h30-minuit	Jusqu'à 5
Tram 3	Trastevere, Testaccio, Viale Aventino, Circo Massimo, Colisée, San Giovanni, Porta Maggiore, San Lorenzo, Villa Borghèse	5h30-0h30	Jusqu'à 6
Tram 8	Piazza Venezia, Via Arenula, Trastevere	5h10-minuit	Jusqu'à 12
Bus 23	Piazzale Clodio, Piazza del Risorgimento, Lungotevere, Testaccio, Ostiense, Basilica di San Paolo	5h15-minuit	Jusqu'à 5
Bus 40	Termini, Via Nazionale, Piazza Venezia, Largo di Torre Argentina, Borgo Sant'Angelo	6h-23h50	Jusqu'à 12
Bus 64	Même itinéraire que le n°40 mais plus lent et avec plus d'arrêts	5h30-0h30	Jusqu'à 12
Bus 170	Termini, Via Nazionale, Piazza Venezia, Via del Teatro Marcello, Piazza Bocca della Verità, Testaccio, EUR	5h30-minuit	Jusqu'à 7
Bus 492	Stazione Tiburtina, San Lorenzo, Piazza Barberini, Largo di Torre Argentina, Corso del Rinascimento, Piazza del Risorgimento, Cipro-musées du Vatican	5h15-minuit	Jusqu'à 5
Bus 660	De Largo Colli Albani à Via Appia Antica	7h-20h45	2
Bus 714	Termini, Piazza Santa Maria Maggiore, Piazza San Giovanni in Laterano, Viale delle Terme di Caracalla, EUR	5h30-minuit	Jusqu'à 6
Bus 910	Termini, Piazza della Repubblica, Villa Borghèse, Auditorium Parco della Musica, Piazza Mancini	5h30-minuit	Jusqu'à 6

Vous y trouverez un **kiosque d'information** (plan p. 360 ; Piazza dei Cinquecento ; ⏲8h-20h ; Ⓜ Termini).

➡ Autres grands points de convergence pour les bus : Largo di Torre Argentina et Piazza Venezia.

➡ Les bus circulent généralement entre 5h30 et minuit avec, ensuite, un service nocturne limité.

➡ Il existe à Rome plus de 25 lignes de bus de nuit qui passent presque toutes par la gare Termini et/ou la Piazza Venezia. Ces bus circulent généralement toutes les 15 à 30 minutes (parfois beaucoup moins souvent). Ils sont reconnaissables à la lettre "N" précédant le numéro et leurs arrêts sont signalés par un symbole figurant une chouette bleue.

➡ L'application pour téléphone Roma Bus permet d'accéder aux itinéraires et aux informations en temps réel

Lignes nocturnes les plus utiles :

➡ **n1** Suit l'itinéraire de la ligne A du métro.

➡ **n2** Suit l'itinéraire de la ligne B du métro.

➡ **n7** Piazzale Clodio, Piazza Cavour, Via Zanardelli, Corso del Rinascimento, Corso Vittorio Emanuele II, Largo di Torre Argentina, Piazza Venezia, Via Nazionale et Stazione Termini.

L'application pour Smartphone Roma Bus

BUS AU DÉPART DE TERMINI

Des bus rallient les quatre coins de la ville depuis la Piazza dei Cinquecento, devant la Stazione Termini.

DESTINATION	N° DE LIGNE
Campo de' Fiori	40/64
Colisée	75
Panthéon	40/64
Piazza Navona	40/64
Piazza Venezia	40/64
Place Saint-Pierre	40/64
Terme di Caracalla	714
Trastevere	H
Villa Borghèse	910

est très pratique pour planifier son itinéraire et accéder aux infos en temps réel.

Métro

➡ Rome possède deux grandes lignes de métro – A (orange) et B (bleue) – qui se croisent à Termini. La ligne secondaire B1 dessert les faubourgs nord, tandis que la ligne C, toujours en travaux, traverse actuellement les faubourgs sud-est à partir de la station San Giovanni.

➡ Les rames circulent toutes les 5 à 10 minutes de 5h30 à 23h30 (jusqu'à 1h30 ven-sam).

➡ Toutes les stations de la ligne B sont accessibles en fauteuil roulant et possèdent des ascenseurs, excepté Circo Massimo, Colosseo et Cavour. Sur la ligne A, ascenseurs disponibles à Cipro et Termini.

➡ La ligne A dessert la fontaine de Trevi (Ⓜ Barberini), l'escalier de la Trinité-des-Monts (Ⓜ Spagna) et la basilique Saint-Pierre (Ⓜ Ottaviano-San Pietro).

➡ La ligne B donne accès au Colisée (Ⓜ Colosseo).

Taxi

➡ Les véhicules officiels, de couleur blanche, affichent un symbole TAXI sur le toit, ainsi que l'inscription Roma Capitale et le numéro d'identification sur la portière avant.

➡ N'acceptez que le tarif au compteur, jamais un prix convenu (les tarifs fixes depuis/vers les aéroports font exception à la règle).

➡ En ville (à l'intérieur du périphérique), la prise en charge est de 3 € entre 6h et 22h en semaine, de 4,50 € le dimanche et les jours fériés, de 6,50 € entre 22h et 6h. S'y ajoute 1,10 €/km. Tarifs officiels à l'intérieur des taxis et sur www.romamobilita.it/it/muoversiaroma/muoversi-taxi.

➡ Mieux vaut attendre à une station ou téléphoner que héler un taxi. Stations principales : aéroports, Stazione Termini, Piazza della Repubblica, Piazza Barberini, Piazza di Spagna, Piazza Venezia, **Panthéon** (plan p. 344), **Colisée** (plan p. 340 ; Piazza del Colosseo, angle Via Capo d'Africa), **Largo di Torre Argentina** (plan p. 344 ; Largo di Torre Argentina), Piazza Belli, **Piazza Pio XII** (plan p. 352) et **Piazza del Risorgimento** (plan p. 352).

➡ Pour réserver, appelez le central automatique **taxi line** (☎ en italien 06 06 09), qui envoie le taxi libre le plus proche, ou directement une compagnie de taxis ; sinon, utilisez l'appli Chiama Taxi.

➡ Autre application de qualité, MyTaxi permet de réserver un taxi sans affronter les potentiels problèmes de langue.

➡ Sachez que si vous appelez un taxi par téléphone, le compteur s'enclenche immédiatement.

Pronto Taxi (☎ 06 66 45 ; www.6645.it)

Radiotaxi 3570 (☎ 06 35 70 ; www.3570.it)

Samarcanda (☎ 06 55 51 ; 065551.it)

Taxi Tevere (☎ 06 49 94, 06 41 57 ; www.taxitevere.it)

Train

En dehors des trains depuis/vers l'aéroport de Fiumicino, vous n'emprunterez sans doute le réseau ferré que pour des excursions hors la ville.

➡ Les informations sur les trains sont disponibles dans le secteur Service clientèle du hall principal de la **Stazione Termini** (www.romatermini.com ; Piazza dei Cinquecento ; Ⓜ Termini). Sinon, rendez-vous sur www.trenitalia.com ou composez le ☎ 89 20 21.

➡ Les billets s'achètent aux guichets du hall principal, aux billetteries automatiques et dans les agences de voyages portant en devanture l'indication FS ou *Biglietti treni*.

➡ La deuxième gare de Rome, la **Stazione Tiburtina**, se situe à quatre stations de métro de Termini sur la ligne B. La ville compte huit autres gares, les plus importantes étant la **Stazione Roma-Ostiense** et la **Stazione Trastevere**.

Tramway

Rome dispose d'un réseau de tramway limité. Pour accéder aux itinéraires, consultez www.atac.roma.it.

Lignes les plus utiles :

➡ **2** Piazzale Flaminio depuis/vers la Piazza Mancini.

➡ **3** Museo Nazionale Etrusco di Villa Giulia depuis/vers San Lorenzo, San Giovanni, Testaccio et Trastevere.

➡ **8** Piazza Venezia depuis/vers le Trastevere.

➡ **19** Piazza del Risorgimento depuis/vers la Villa Borghese, San Lorenzo et la Via Prenestina.

Vélo

➡ Collines escarpées, rues pavées et circulation automobile infernale : le centre de Rome ne se prête pas aux déplacements à vélo.

➡ Les vélos peuvent être transportés sur certains itinéraires de bus et de tramway spécifiques, ainsi que dans le métro le week-end et en semaine de 5h30 à 7h, de 10h à 12h et de 20h à la fin du service. À noter toutefois que les stations suivantes de la ligne A sont interdites aux vélos : Spagna, Barberini,

BILLETS ET PASS

Les billets des transports en commun sont valables dans tous les bus, trams et lignes de métro, sauf à destination de l'aéroport de Fiumicino. Vous avez le choix entre plusieurs types de billet :

- **BIT** (billet valable durant 1 heure 40, utilisable dans tous les transports – mais une seule fois dans le métro – pendant ce laps de temps), 1,50 €.
- **Roma 24h** (24 heures) 7 €
- **Roma 48h** (48 heures) 12,50 €
- **Roma 72h** (72 heures) 18 €
- **CIS** (carte hebdomadaire) 24 €
- **Abbonamento mensile** (abonnement mensuel) nominatif 35 € ; non nominatif 53 €
- Les enfants âgés de moins de 10 ans voyagent gratuitement.

Les billets s'achètent chez les buralistes (*tabacchi*), dans les kiosques à journaux ainsi qu'aux distributeurs automatiques du métro et des gares routières et ferroviaires. Compostez votre billet dans les machines à bord des bus, à l'entrée du métro ou dans les gares ferroviaires. À défaut, vous encourez une amende minimale de 50 €.

Sachez que le Roma Pass (48/72 heures 28/38,50 €) est vendu avec un forfait dans les limites de la ville.

Circuler dans la région

Des bus **Cotral** (☎800 174 471, d'un portable 06 7205 7205 ; www.cotralspa.it) au départ de différents points de la ville couvrent des destinations du Latium. La compagnie étant liée au système de transports publics de Rome, on peut ainsi acheter un billet valable à la fois sur le réseau urbain et les bus et trains régionaux.

Il existe toute une gamme de forfaits, dont le BIRG (*biglietto integrato regionale giornaliero*), qui offre un accès illimité à tous les transports de la ville et de la région pendant toute une journée, jusqu'à minuit. Son prix dépend du nombre de zones et s'échelonne de 3,30 (zone 1) à 14 € (zone 7).

Les billets sont en vente dans les *tabacchi* et chez les vendeurs agréés ATAC.

Repubblica, Termini, Vittorio Emanuele et San Giovanni.

- On peut aussi embarquer son vélo à bord du train pour le Lido di Ostia le samedi et le dimanche, ainsi qu'en semaine à partir du premier train jusqu'à 12h30, puis de 20h jusqu'à la fin du service. Il faut acheter un billet distinct pour le vélo.
- Les trains marqués d'un pictogramme explicite sur les horaires ferroviaires transportent les vélos moyennant 3,50 € de supplément.

Voiture et moto

- La conduite n'est pas recommandée. Circuler à scooter ou à moto pose certes moins de problème pour se garer, mais mieux vaut ne pas être novice. Louer une voiture pour une excursion en dehors de la ville présente en revanche un intérêt réel.
- La majeure partie du centre historique est fermée au trafic normal de 6h30 à 18h en semaine, de 14h à 18h le samedi et de 23h à 3h le vendredi et le samedi. Des restrictions s'appliquent aussi dans le Tridente, le Trastevere et Monti ; le soir, des zones de trafic limité (ZTL) sont en vigueur à San Lorenzo et dans le Testaccio, en général de 21h30 ou 23h à 3h le vendredi et le samedi (plus le mercredi et le jeudi en été).
- Les rues d'accès à la ZTL sont équipées de portiers électroniques. Si vous logez dans ce secteur et souhaitez éviter une contravention, contactez la direction de votre hôtel ou la personne qui vous loue un logement. Pour de plus amples informations, consultez le site romamobilita.it.

Permis de conduire et code de la route

Les permis de conduire émis par les pays de l'UE sont valides en Italie ; les autres doivent se doubler d'un permis de conduire international. Adressez-vous à votre association automobile nationale.

Si vous conduisez, il vous faudra vous munir de la carte grise du véhicule, d'un permis de conduire valable et d'un justificatif d'assurance de responsabilité civile.

Un permis est nécessaire pour circuler à scooter. Un permis voiture autorise la conduite d'un deux-roues de 125 cm³ au maximum ; au-delà un permis moto est exigé.

Autres règles :

- Conduire à droite, doubler à gauche.
- Attacher sa ceinture de sécurité, allumer ses phares en dehors des zones habitées et prévoir un triangle de signalisation ou un gilet fluorescent en cas de panne.
- Le port du casque est obligatoire sur les deux-roues.
- Le taux d'alcoolémie maximal autorisé sur la route est de 0,5 g/l ; de 0 g pour les conducteurs de moins de 21 ans et de moins de trois ans d'expérience.

L'**Automobile Club d'Italia** (ACI ; assistance routière depuis un portable italien 803 116, depuis un portable étranger 800 116800 ; www.aci.it), association nationale d'automobilistes, est une bonne source de renseignements.

Location

On trouve des agences dans les deux aéroports et à la Stazione Termini. Comptez environ à partir de 20 € par jour pour une petite voiture ;

Avis (agence Termini 06 481 43 73 ; www.avisautonoleggio.it)

Europcar (agence Termini 06 488 28 54 ; www.europcar.it)

Hertz (agence Termini 06 488 39 67 ; www.hertz.it).

Maggiore (agence Termini 06 488 00 49 ; www.maggiore.it)

Pour louer un scooter, comptez de 30 à 120 €, selon la cylindrée. Quelques opérateurs fiables :

Eco Move Rent (06 4470 4518 ; www.ecomoverent.com ; Via Varese 48-50 ; vélo/scooter/Vespa location par jour à partir de 11/40/45 € ; 8h30-19h30 ; M Termini)

Treno e Scooter (342 7693291 ; rent.trenoescooter.com ; Piazza dei Cinquecento ; scooter location 28-79 €/jour ; 9h-19h lun-sam, 9h-14h et 16h-19h dim ; M Termini)

Romeing (www.romeing.it ; vélos à partir de 0,07 €/min et 1 € pour débloquer, scooters 0,29-0,40 €/min). Scooters, e-scooters et vélos en libre-service.

Parking

- Les emplacements délimités par une ligne bleue sont payants. On achète son ticket au parcmètre (à pièces uniquement) et dans les *tabacchi*.
- Comptez jusqu'à 1,20 €/heure de 8h à 20h (23h dans certains endroits) dans le centre.
- Si votre voiture est fixée à un sabot, voire carrément mise en fourrière, contactez la **police municipale** (06 6 76 91).
- Le site www.060608.it fournit une liste exhaustive des parkings.
- Parkings utiles :

Piazzale dei Partigiani (0,77 €/heure ; 6h-23h ; M Piramide)

Stazione Termini (Piazza dei Cinquecento ; par heure/jour 2,20/18 € ; 6h-minuit ; Piazza dei Cinquecento)

Villa Borghese (06 322 59 34 ; www.sabait.it ; Viale del Galoppatoio 33 ; par heure/jour 2,30/22 € ; 24h/24 ; Via Pinciana)

CIRCUITS ORGANISÉS LOCAUX

Balades à pied

Visiterome (377 49 28 708 ; www.visiterome.com). Cette association regroupe des guides officiels francophones passionnés et passionnants. À pied, à vélo ou à scooter, de jour ou de nuit, Valérie, Elena et Ivano vous concoctent des itinéraires à la découverte des palais privés, de la Rome souterraine (certains sites fermés au public) ou des nouveaux quartiers branchés de Rome, aussi bien que des parcours captivants pour les enfants ou des excursions à la villa d'Hadrien ou à la nécropole étrusque de Cerveteri. Visite en groupe (4-8 pers, 20-30 €/pers/3 heures) ou visite privée à la carte (145-180 €/jusqu'à 6 pers/3 heures, 5 € par personne supplémentaire).

Guide Rome (347 95 41 221 de 18h à 20h ; www.guiderome.com). Un grand choix de circuits thématiques (env. 3 heures) sous la conduite de guides officiels francophones. Tarif selon la taille du groupe : de 40 €/pers pour 3 à 20 €/pers pour 7. Visite privée à la carte : environ 140 € pour 3 heures pour 5 personnes. Exemple : *Rome illuminée :* 40 €/pers pour 2 heures. Réservez au moins une semaine à l'avance. L'agence organise aussi des excursions dans les environs.

Inventer Rome (www.inventerrome.com). Ils sont français ou italiens, historiens, historiens de l'art ou encore archéologues, spécialistes ou passionnés. En vous inscrivant quelques jours à l'avance sur le site, vous découvrirez à leurs côtés, en petit groupe, les lieux connus et méconnus de Rome ou encore les collections de musées (adhésion 5 €, 10 € par visite). Des parcours sur mesure peuvent être composés à la demande, pour les scolaires ou pour tout groupe désirant explorer un aspect particulier de la ville. C'est l'organisme qui gère les visites du palais Farnèse (Palazzo Farnese ; p. 86).

Vélo et scooter

The Red Bicycle (plan p. 355 ; ☎327 5387148 ; www.theredbicycle.org ; Via Ostilia 4b ; 🚌Via Labicana). Ce prestataire propose des locations de vélos (10/15 € la demi-journée/journée) et divers circuits incluant les principaux quartiers de la ville et des environs. Comptez au moins 40 € pour une balade de 3 heures au crépuscule, et jusqu'à 99 € pour un circuit d'une journée à destination d'Ostia Antica ou des collines autour de Rome.

Bici & Baci (plan p. 360 ; ☎06 482 84 43 ; www.bicibaci.com ; Via del Viminale 5 ; circuits à vélo à partir de 30 €, à Vespa à partir de 145 € ; ⏲8h-19h ; Ⓜ Repubblica). Cette agence organise divers circuits quotidiens à pied, à vélo et en Segway au fil des principaux sites historiques et de la voie Appienne (anglais/néerlandais). Bici & Baci propose aussi des circuits à Vespa, en Fiat 500 vintage et à bord d'une Ape Calessino à trois roues. Sinon, location de vélos classiques/électriques (par jour 12,50/25 €) et de scooters (à partir de 32 €/jour). Autres agences près des métros Colosseo et Spagna.

Rome for You (plan p. 356 ; ☎06 4543 3789 ou 06 4828 443 ; www.romeforyou.net ; Via dell'Arco di San Calisto 9 ; location vélo/scooter 13/40 €/jour, circuits à partir de 45 € ; ⏲10h-18h hiver, 10h-20h été). Un grand choix de vélos, de VTT, de vélos électriques et de scooters. Sinon, sélectionnez l'un des circuits, de 20 km et 4 heures en moyenne, qui couvre divers sites romains.

TopBike Rental and Tours (☎06 488 28 93 ; www.topbikerental.com ; Via Labicana 49 ; ⏲8h30-20h l'été, 8h30-19h l'hiver ; 🚌Via Labicana). Divers circuits à vélo à travers la ville, dont un itinéraire de découverte du centre-ville de 14 km sur 4 heures (45 €) et une excursion d'une journée de 27 km le long et autour de la voie Appienne (79 €). Excursions extra-muros à Castel Gandolfo, Civita di Bagnoregio et Orvieto également proposées. Location de vélo à partir de 15 €/jour.

Bus

Open Bus Omnia Vatican & Rome (www.omniavaticanrome.org ; tarif plein/réduit 12/8 € 1 heure 30, fréquence 45 min, billet 24h tarif plein/réduit 25/14 €). Ce service de bus touristiques à impériale démarre de la gare Termini et de Lungotevere Tor di Nona (San Pietro in Vaticano). Arrêts à proximité des principaux sites d'intérêt de la ville. Une carte du parcours peut être téléchargée sur le site Internet. Les passagers peuvent monter et descendre à volonté (hop on hop off) le long de l'itinéraire. Audioguides multilingues.

VOYAGES ORGANISÉS

Même s'il est aisé (et souvent moins cher, hors offres exceptionnelles) d'organiser seul son séjour à Rome, le recours à un voyagiste pourra vous faciliter la vie. Certains prestataires offrent l'occasion de séjourner dans des hôtels d'exception, d'autres privilégient et incluent les visites. Comparez pour trouver la formule adaptée à votre budget et à vos envies !

Quelques suggestions :

Clio (☎01 53 68 82 82 ; www.clio.fr ; 34 rue du Hameau, 75015 Paris). Ce spécialiste des voyages culturels propose un grand circuit de 8 jours à Rome, et autour de Rome (4 jours).

Comptoir des Voyages (☎01 85 08 22 97 ; www.comptoir.fr ; 14 agences en France). Propose 3 voyages à Rome "Rome à en perdre son latin" (3 jours), "Veni, Vidi et Vidi" (5 jours) et "La trinité des arts" (8 jours, Rome, Florence et Venise).

Intermèdes (☎01 45 61 90 90 ; www.intermedes.com ; 10 rue de Mézières, 75006 Paris). Spécialiste du voyage culturel, cette agence propose 4 séjours thématiques à Rome, dont un en famille, de 5 à 6 jours.

Voyageurs du Monde (Paris ☎01 42 86 16 00 ; www.voyageursdumonde.fr ; 13 agences en France, 1 en Belgique, 2 en Suisse et 2 au Québec ; coordonnées sur le site Internet). Quatre séjour de 4 jours à Rome, dont en famille.

Carnet pratique

Ambassades et consulats

Ambassade et consulats italiens à l'étranger

France Ambassade (☎01 49 54 03 00 ; www.ambparigi.esteri.it ; 51 rue de Varenne, 75007 Paris). Services consulaires à Bastia, Chambéry, Lyon, Metz, Marseille, Mulhouse, Nice, Paris et Toulouse ; coordonnées sur le site Internet.

Belgique Ambassade (☎02 643 38 50 ; www.ambbruxelles.esteri.it ; 28 rue Joseph II n°24, 1000 Bruxelles). Services consulaires à Anvers, Bruxelles, Charleroi, Gand, Louvain, Mons et Ostende ; coordonnées sur le site Internet.

Suisse Ambassade (☎031 350 07 77 ; www.ambberna.esteri.it ; Elfenstrasse 14, 3006 Berne). Services consulaires à Bâle, Berne, Genève, Lugano, Neuchâtel, Saint-Gall, Sion, Wettingen et Zurich ; coordonnées sur le site Internet.

Canada Ambassade (☎613 232 2401 ; www.ambottawa.esteri.it ; 275 rue Slater, 21e ét, Ottawa, Ontario K1P 5H9). Services consulaires à Montréal, Toronto, Vancouver et Edmonton.

Ambassades étrangères à Rome

France (☎06 68 60 11 ; www.ambafrance-it.org ; Palazzo Farnese, Piazza Farnese 67, 00186 Rome)

Belgique (☎06 360 95 11 ; italy.diplomatie.belgium.be/fr ; Via Giuseppe de Notaris 6, 00197 Rome)

Suisse (☎06 80 95 71 ; www.eda.admin.ch/roma ; Via Barnarba Oriani 61, 00197 Rome)

Canada (☎06 854 443 937 ; www.canada.it ; Via Zara 30, 00198 Rome)

Argent

Comme la plupart des autres pays membres de l'Union européenne, l'Italie a adopté l'euro. La monnaie est divisée en 100 cents. Il existe des pièces de 1, 2, 5, 10, 20 et 50 cents, ainsi que des billets de 5, 10, 20, 50, 100 et 200 €

Cartes bancaires

- La grande majorité des hôtels des catégories moyenne et supérieure acceptent les règlements par carte, de même que la plupart des restaurants et des magasins. Les pensions bon marché, trattorias et pizzerias n'acceptent pas toutes les règlements par carte. Il en va de même dans les musées et les galeries.
- Les principales cartes bancaires, Visa, MasterCard, Eurocard, Cirrus et Eurocheque (de même que American

CONSEILS AUX VOYAGEURS

La plupart des gouvernements possèdent des sites Internet qui recensent les dangers possibles et les régions à éviter. Consultez notamment les sites suivants :

Ministère des Affaires étrangères français (www.diplomatie.gouv.fr)

Ministère des Affaires étrangères de Belgique (diplomatie.belgium.be)

Département fédéral des Affaires étrangères suisse (www.eda.admin.ch/eda/fr/dfae.html)

Ministère des Affaires étrangères du Canada (www.voyage.gc.ca)

UN FIL D'ARIANE EN VOYAGE

Le **portail Ariane** (pastel.diplomatie.gouv.fr/fildariane), mis en place par le Centre de crise du ministère des Affaires étrangères, est un service gratuit permettant au voyageur français à l'étranger d'être contacté par le service consulaire, sur son téléphone portable ou par e-mail, au cas où des événements graves (crise politique, catastrophe naturelle, attentat…) se produiraient dans le pays durant son séjour, ou de contacter rapidement sa famille ou ses proches en France en cas de besoin.

La procédure d'inscription se réalise en ligne, où vous donnez des informations sur votre voyage (date de départ, de retour, numéro de téléphone portable, coordonnées d'éventuels contacts sur place, adresses de séjour et itinéraire prévu, etc.).

Grâce à ce service, vous recevrez en outre, avant votre départ, des recommandations de sécurité par e-mail si la situation dans le pays le justifie.

Il existe une application pour les Smartphones et les tablettes, intitulée *Conseils aux voyageurs*.

Express, moins utilisée), sont acceptées en Italie.

➡ Si vous perdez votre carte, si on vous la vole ou si elle est avalée par un DAB, faites immédiatement opposition.

Change

➡ Il est possible de changer de l'argent dans les banques, à la poste ou dans un *cambio* (bureau de change) du centre-ville. Vous trouverez des guichets de change à la Stazione Termini et dans les aéroports de Fiumicino et de Ciampino.

➡ Munissez-vous d'une pièce d'identité lorsque vous changez de l'argent.

Distributeurs automatiques de billets (DAB)

➡ Il est facile de trouver à Rome des distributeurs automatiques de billets (*bancomat* en italien). Les principales cartes bancaires permettent d'y retirer de l'argent. Par précaution, vérifiez toujours que le logo de votre carte figure bien sur le distributeur. La majorité des DAB autorisent un retrait de 250 € au maximum par jour.

➡ Renseignez-vous auprès de votre banque pour connaître le montant des commissions de change et de transaction avant votre départ.

➡ Si un DAB refuse votre carte, essayez-en un autre avant d'en conclure que votre carte a un problème.

Pourboires

Les Romains ne pratiquent guère le pourboire. Quelques précisions néanmoins :

CARTES DE RÉDUCTION

CARTE DE RÉDUCTION	PLEIN TARIF/ TARIF RÉDUIT	VALIDITÉ	AVANTAGES
Omnia Card (www.romeandvaticanpass.fr)	113/80 €	72 heures	Entrée coupe-file aux musées du Vatican et accès libre à la basilique Saint-Pierre, la basilique Saint-Jean-de-Latran et la prison Mamertine. Accès gratuit à l'Open Bus Vatican & Rome et transports publics illimités à l'intérieur de Rome. Entrée de 2 sites, puis 50% de réduction dans les autres. Une version 24 heures (55 €) existe aussi.
Roma Pass (www.romapass.it)	38,50 €	72 heures	Entrée gratuite dans deux sites ou musées. Réduction sur les tarifs des autres sites, transports en commun illimités à l'intérieur de la ville, tarifs réduits pour d'autres expositions et manifestations. Le Roma Pass de 48 heures (28 €) est une version plus limitée.

Sachez aussi que, sur présentation d'une pièce d'identité, **les ressortissants de l'UE âgés de 18 à 25 ans** bénéficient en général de réductions dans les musées et sur tous les sites, tandis que les moins de 18 ans peuvent, la plupart du temps, y accéder gratuitement.

➡ **Taxis** Facultatif ; la plupart des usagers arrondissent à l'euro supérieur.

➡ **Restaurants** Le service (*servizio*) est généralement compris ; sinon, laissez 1 ou 2 € dans les pizzerias et 10% dans les restaurants.

➡ **Bars** Pas indispensable, même si les clients laissent volontiers quelques pièces quand ils consomment au comptoir.

➡ **Guide** Si vous sollicitez les services d'un guide touristique, un pourboire de un à quelques euros est bienvenu.

Désagréments et dangers

Rome n'est pas une ville dangereuse, mais les menus larcins y sont assez répandus. Faites preuve de bon sens et gardez un œil sur vos biens.

➡ Des pickpockets et autres voleurs sévissent dans les endroits touristiques comme le Colisée, la Piazza di Spagna, la Piazza Venezia et la place Saint-Pierre.

➡ Soyez vigilant autour de la Stazione Termini et dans les transports bondés – notamment dans le bus n°64 pour le Vatican.

➡ En cas de perte ou de vol, signalez l'incident à la police dans les 24 heures et demandez à déposer une plainte par écrit.

➡ Ne posez jamais votre sac sur une chaise vide à la terrasse d'un café ou hors de votre champ de vision. De même, ne laissez rien de valeur dans vos poches si vous utilisez le porte-manteau d'un restaurant ou autre lieu public.

➡ Faites attention lors des averses, car les voleurs ciblent particulièrement les personnes occupées avec leur parapluie.

➡ Méfiez-vous des groupes d'enfants : leur stratégie s'appuie sur la diversion. Si vous remarquez que vous êtes pris pour cible, tentez de les éviter ou criez "*Va via!*" ("Va-t'en !").

➡ Vérifiez toujours que l'on vous a bien rendu votre compte en monnaie.

Poste de police principal (Questura ; ☎06 4 68 61 ; questure.poliziadistato.it ; Via San Vitale 15 ; ⏰8h30-13h30 lun-sam et 15h30-19h lun-ven ; 🚌Via Nazionale). La Questura de Rome est en retrait de la Via Nazionale.

Douane

➡ Les voyageurs arrivant d'un pays de l'UE peuvent importer, sans taxe : 10 l de spiritueux, 90 l de vin et 800 cigarettes.

➡ Les voyageurs en provenance de pays hors UE ont une limite de 1 l d'alcool (ou 2 l de vin fortifié), ou 4 l de vin, 60 ml de parfum, 200 cigarettes, 16 l de bière ainsi que d'autres marchandises d'une valeur totale de 300/430 € au maximum selon que vous arrivez par voie terrestre/ voie maritime. Au-delà de ces quantités et de cette somme, une déclaration en douane doit être effectuée et les droits correspondants acquittés.

➡ À leur départ, les touristes non ressortissants de l'UE peuvent demander le remboursement de la TVA sur leurs achats de plus de 155 € (voir p. 318). Ce remboursement ne s'applique qu'aux articles vendus dans les commerces de détail agréés affichant la mention "Tax Free". Dans le commerce en question, faites remplir un formulaire de remboursement avec la date et le montant de l'achat. En quittant l'UE, faites-le tamponner par la douane et présentez-le au plus proche comptoir de remboursement qui vous remboursera sur-le-champ le montant de la taxe, soit en espèces, soit en créditant votre carte bancaire.

Électricité

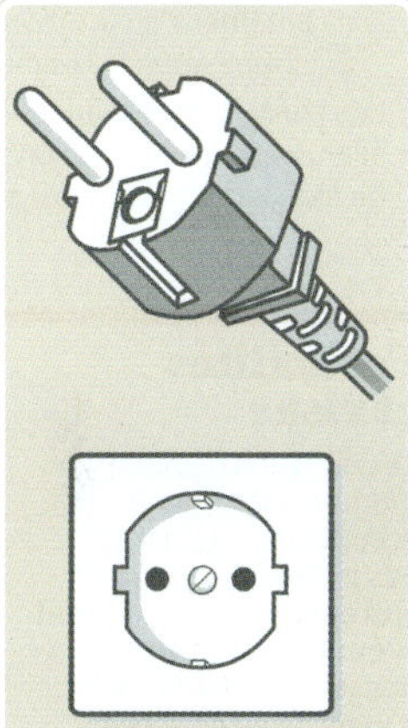

230 v/50 hz

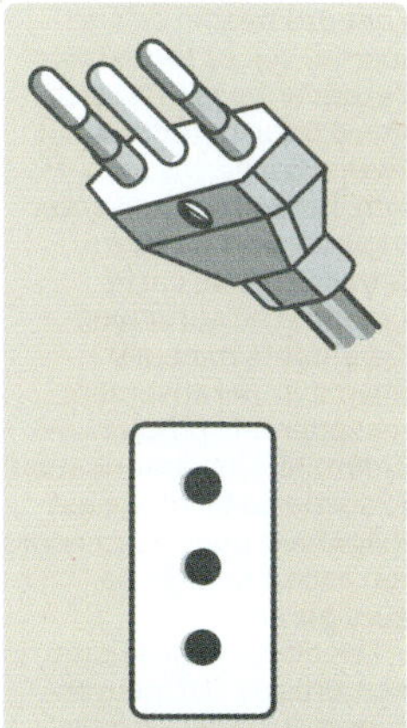

230 v/50 hz

TOURISTES À L'AMENDE !

En 2019, la municipalité de Rome a mis en place une série de réglementations officielles pour sévir contre les comportements incivils. Il est désormais interdit de :

- s'asseoir sur l'escalier de la Trinité-des-Monts
- patauger dans les fontaines
- manger près des monuments historiques
- circuler torse nu
- faire rouler poussettes et valises sur les marches des vieux escaliers monumentaux
- boire l'eau des fontaines publiques, ou *nasoni*, directement au jet (placez plutôt vos mains en coupe sous le robinet)

Les contrevenants encourent une amende pouvant aller jusqu'à 400 € ou une interdiction temporaire de fréquenter le secteur où l'infraction a été commise.

Formalités et visas

Les citoyens des États membres de l'Union européenne (UE) n'ont pas besoin de visa pour entrer en Italie. Ils doivent cependant être en possession d'une carte d'identité en cours de validité ou d'un passeport. Le permis de conduire n'est pas une pièce d'identité valable. Les Canadiens et les Suisses n'ont pas besoin de visa pour un séjour touristique n'excédant pas 90 jours ; plus d'informations sur www.schengenvisainfo.com. Ils devront présenter un passeport en cours de validité (une carte d'identité ne suffit pas). Les enfants mineurs doivent impérativement posséder une pièce d'identité. Une autorisation de sortie du territoire est obligatoire pour les mineurs non accompagnés de leurs parents.

Les citoyens des États membres de l'UE peuvent vivre et travailler en Italie sans autorisation. Ils doivent toutefois se déclarer auprès d'un poste de police (*questura*) et demander un permis de séjour (*permesso di soggiorno*). Un numéro fiscal (*codice fiscale*) est obligatoire pour recevoir un salaire dans la plupart des emplois.

Pour travailler ou étudier en Italie, les ressortissants d'États non membres de l'UE doivent obtenir un visa spécifique dans leur pays d'origine auprès d'un consulat italien. Lors de votre entrée sur le territoire italien, veillez à ce que votre passeport soit tamponné pour pouvoir obtenir ensuite un permis de séjour (*permesso di soggiorno*) ou un permis de travail (*permesso di lavoro*).

Pour plus d'informations sur les formalités à accomplir, consultez le site du **ministère italien des Affaires étrangères** (www.esteri.it), un consulat italien dans votre pays (voir p. 279), ou adressez-vous sur place à la **Divisione stanieri** (☎06 4686 3911 ; questure.poliziadistato.it/fr ; Via Teofilo Patini ; ⏲8h30-12h lun-ven et 15h-17h mar et jeu) dans les quartiers est de Rome.

Nous vous conseillons de scanner ou de photocopier tous vos documents importants (pages d'introduction de votre passeport, carte bancaire, police d'assurance, billets de train/d'avion/de bus, permis de conduire, etc.). Conservez ces copies à part des originaux. Vous remplacerez ainsi plus aisément ces documents en cas de perte ou de vol.

Système électronique ETIAS

La mise en place d'un système d'autorisation électronique (ETIAS) pour les voyageurs des pays n'appartenant pas à l'UE à destination de l'espace Schengen est en cours de validation. Ces ressortissants devront remplir un formulaire en ligne et payer environ 7 €.

Ce système ressemble aux autorisations de voyage électronique existant pour les États-Unis (ESTA) ou le Canada (AVE).

Handicapés

Rome n'est pas des plus accueillantes pour les personnes à mobilité réduite : rues pavées, trottoirs encombrés et ascenseurs minuscules rendent les déplacements en fauteuil roulant difficiles. En outre, la circulation automobile chaotique peut désorienter les voyageurs souffrant de problèmes de vue ou d'audition.

Nombre de musées accordent la gratuité aux personnes handicapées et leur accompagnateur en cas de handicap visible et/ou sur présentation d'une pièce d'identité justificative.

Arriver à Rome

Si vous voyagez en avion, prévenez à l'avance les compagnies aériennes pour qu'elles puissent vous aider à votre arrivée à l'aéroport. Sinon, contactez ADR Assistance (www.adrassistance.it) pour obtenir de l'aide aux aéroports de Fiumicino et de Ciampino.

Si vous voyagez en train, contactez le centre d'appel national pour l'aide aux personnes à mobilité réduite ☎800 90 60 60. Dans la Stazione Termini, la **Sala Blu Assistenza Disabili** (plan p. 360 ; ☎800 90 60 60 ; SalaBlu.ROMA@rfi.it ; Stazione Termini ; ⏱6h45-21h30 ; Ⓜ Termini), près du quai 1, pourra vous renseigner sur les trains accessibles aux fauteuils roulants et vous aider à circuler dans la gare (si possible, prévenez 24 heures à l'avance). Il existe un service similaire à la **Stazione Tiburtina** et à la **Stazione Ostiense**.

Le train **Leonardo Express** (www.trenitalia.com ; aller simple 14 €), accessible en fauteuil roulant, relie Fiumicino à la Stazione Termini. Autrement, des prestataires privés comme **Fausta Trasporti** (☎06 540 33 62 ; accessibletransportationrome.com) assurent le transfert depuis/vers l'aéroport à bord de véhicules équipés.

La page d'information de la Rete Ferroviaria Italiana (www.rfi.it, rubriques Gares et Accessibilité) vous fournira plus de détails.

Comment circuler

La situation dans les transports publics reste difficile. Toutes les stations de la ligne B du métro disposent d'accès pour fauteuil roulant et d'ascenseurs, sauf Circo Massimo, Colosseo et Cavour. Sur la ligne A, Cipro et Termini sont équipées d'ascenseurs. Notez, cependant, que ces derniers ne fonctionnent pas toujours.

Le bus n°590 suit l'itinéraire de la ligne A du métro et compte parmi les 22 lignes de bus et tramways dotées d'un accès pour fauteuil roulant. Les itinéraires accessibles aux fauteuils roulants sont indiqués aux arrêts de bus.

Certains taxis sont équipés pour transporter des personnes en fauteuil roulant ; demandez un taxi pour une *sedia a rotelle*. **Fausta Trasporti** (☎06 540 33 62 ; accessibletransportationrome.com) possède des véhicules adaptés pouvant contenir jusqu'à sept passagers, dont trois en fauteuil roulant.

Si vous conduisez, les permis de stationnement pour personne handicapée des pays de l'UE sont reconnus à Rome et vous donnent les mêmes droits que les Italiens.

Sites Internet

L'**APF France handicap** (☎01 40 78 69 00 ; www.apf-francehandicap.org ; 17 bd Auguste-Blanqui, 75013 Paris) peut fournir des informations utiles sur les voyages accessibles. **Yanous** (www.yanous.com), **Hizy** (hizy.org), **Handicap.fr** (www.handicap.fr) et **Association Tourisme et handicaps** (www.tourisme-handicaps.org) constituent également de bonnes sources d'information. Vous pouvez aussi consulter le site de **Lonely Planet** (www.lonelyplanet.fr/destinations/europe/italie/handicapes).

Agences de voyages

En France, l'agence de voyages **Yoola** (www.yoola.fr) et l'association **Ailleurs & Autrement** (www.ailleursetautrement.fr) organisent des voyages adaptés aux personnes à mobilité réduite.

Rome & Italy (☎06 4425 8441 ; www.romeanditaly.com/tourism-for-disabled ; Via Giuseppe Veronese 50 ; ⏱9h-20h). Cette agence de voyages grand public basée à Rome possède une branche de tourisme accessible proposant des circuits sur mesure, des hébergements adaptés et des locations de véhicules et d'équipements. Son service Wheely Trekky, qui utilise des sortes de "chaises à porteurs", permet aux personnes en fauteuil roulant de visiter de nombreux sites archéologiques difficilement praticables autrement, dont le Colisée, le château Saint-Ange et les thermes de Caracalla.

Accessible Italy (www.accessibleitaly.com). Une société à but non lucratif de Saint-Marin, spécialisée dans les formules de vacances pour handicapés, qui fournit des assistants et loue des véhicules et équipement.

Heure locale

L'Italie est, comme la France, à l'heure GMT + 1 heure en hiver et GMT + 2 heures en été (on change d'heure le dernier dimanche d'octobre et le dernier dimanche de mars). Lorsqu'il est midi à Rome, il est 6h à Montréal.

Heures d'ouverture

Banques 8h30-13h30 et 14h45-16h30 lun-ven.

Bars et cafés 7h30-20h, parfois jusqu'à 1h ou 2h.

Commerces 10h-19h30 ou 20h lun-sam, parfois 11h-19h dim ; petits commerces 10h-13h30 et 15h30-19h30 lun-sam, certains magasins sont fermés le lundi matin.

Discothèques 22h-4h ou 5h.

Restaurants 12h-15h et 19h30-23h (plus tard en été).

EN BREF

- **Journaux** Les principaux quotidiens nationaux sont le journal de centre gauche *La Repubblica* (www.repubblica.it) et son concurrent de droite le *Corriere della Sera* (www.corriere.it). Pour connaître la vision du Vatican, *L'Osservatore Romano* (www.osservatoreromano.va) est le journal officiel du Saint-Siège.
- **Radio** Outre les principales stations de la Rai (Radiouno, Radiodue, Radiotre), il existe des centaines de radios commerciales réparties dans le pays. Parmi les stations populaires de Rome figurent Radio Capital (www.capital.it) et Radio Città Futura (www.radiocittafutura.it). La radio du Vatican (www.radiovaticana.va) propose des programmes dans plusieurs langues, dont le français.
- **Télévision** Les principales chaînes hertziennes sont RAI 1, 2 et 3, sous l'égide de la Rai (www.rai.it), la société de diffusion nationale appartenant à l'État, et Canale 5, Italia 1 et Rete 4, gérées par Mediaset (www.mediaset.it), une société de médias fondée et toujours en partie détenue par Silvio Berlusconi.
- **Tabac** Il est interdit de fumer dans les espaces publics fermés, notamment les restaurants, bars, commerces et transports publics. La règle s'applique également dans la Villa Borghèse ainsi que d'autres parcs publics en été, de juin à septembre.
- **Poids et mesures** L'Italie utilise le système métrique.

Homosexualité

L'homosexualité est légale (au-delà de 16 ans) et même largement acceptée, mais Rome est plutôt conservatrice, et la discrétion reste de mise.

La scène gay de la capitale est petite mais florissante. Relativement peu d'établissements sont réservés aux homosexuels, mais l'extrémité de la Via di San Giovanni in Laterano, côté Colisée, est un lieu apprécié, et maints clubs y organisent régulièrement des soirées gays et lesbiennes. Il existe aussi deux plages gays à proximité de Rome : Settimo Cielo et l'Oasi Naturista Capocotta, accessibles par le bus n°61 depuis Ostia Lido.

Gay Village (Lungotevere Testaccio ; ⌚19h30-3h30 jeu-sam juin-début sept ; Ⓜ Piramide). Le grand événement annuel se tient habituellement entre juin et septembre au Testaccio.

Quelques ressources :

Arcigay (☎06 6450 1102 ; www.arcigayroma.it ; Via Nicola Zabaglia 14 ; ⌚16h-20h lun-sam ; Ⓜ Piramide). Agence romaine d'Arcigay, organisation pour la communauté LGBTQ+.

Circolo di Cultura Omosessuale (plan p. 366 ; ☎06 541 39 85, Rainbow Help Line 800 110611 ; www.mariomieli.net ; Via Efeso 2a ; ⌚9h-18h lun-ven ; Ⓜ Basilica San Paolo). Organise débats, événements culturels et sociaux ; voir sur le site Internet.

Coordinamento Lesbiche Romane (CLR ; www.clrbp.it, en italien ; Via San Francesco di Sales 1b ; 🚌Lungotevere della Farnesina). L'organisation nationale lesbienne met en place des conférences et des soirées littéraires à la Casa Internazionale delle Donne, dans le Trastevere.

Internet (accès)

- Le Wi-Fi gratuit est largement répandu dans les auberges de jeunesse, B&B et hôtels, mais la qualité du signal y est variable. Certains établissements mettent à disposition des ordinateurs fixes ou portables.
- De nombreux bars et cafés garantissent le Wi-Fi à leur clientèle.

Il y a également abondance de spots Wi-Fi publics, gérés par **WiFimetropolitano** (www.cittametropolitanaroma.it). Pour y avoir accès, il faudra vous inscrire en ligne en utilisant une carte bancaire ou un numéro de téléphone portable italien.

- Une appli gratuite pour Smartphone, wifi.italia.it, permet de se connecter aux réseaux participants avec un seul login. Les avis sur le service sont pourtant mitigés.

Jours fériés

La majorité des Romains prennent leurs vacances en août. Par conséquent, de nombreuses entreprises et boutiques ferment une partie du mois, notamment pendant la semaine de *Ferragosto* (semaine de l'Assomption), celle du 15 août.

Voici les jours fériés en Italie :

Nouvel An (Capodanno) 1er janvier

Épiphanie (Epifania) 6 janvier

Lundi de Pâques (Pasquetta) mars ou avril

Jour de la Libération (Giorno della Liberazione) 25 avril

Fête du Travail (Festa del Lavoro) 1er mai

Fête nationale (Festa della Repubblica) 2 juin

Fête de saint Pierre et saint Paul (Festa dei Santi Pietro e Paolo) 29 juin (à Rome uniquement)

Assomption (Ferragosto) 15 août

Toussaint (Festa di Ognisanti) 1er novembre

Immaculée Conception (Festa dell'Immacolata Concezione) 8 décembre

Noël (Natale) 25 décembre

Fête de saint Étienne (Festa di Santo Stefano) 26 décembre

Offices du tourisme

Des offices du tourisme sont ouverts aux aéroports de **Fiumicino** (aéroport de Fiumicino ; arrivées internationales, Terminal 3 ; ⌚8h-20h45) et de **Ciampino** (hall des arrivées ; ⌚8h30-18h), et dans la ville. Ils distribuent des plans de la ville et vendent le Roma Pass.

Points d'information :

Castel Sant' Angelo (plan p. 352 ; www.turismoroma.it ; Piazza Pia ; ⌚9h30-19h l'été, 8h30-18h l'hiver ; 🚌Piazza Pia)

Forums impériaux (plan p. 340 ; Via dei Fori Imperiali ; ⌚9h30-19h, 9h30-20h juil-août ; 🚌Via dei Fori Imperiali)

Piazza delle Cinque Lune (plan p. 344 ; Piazza delle Cinque Lune ; ⌚9h30-19h ; 🚌Corso del Rinascimento). Près de Piazza Navona.

Stazione Termini (plan p. 360 ; ☎06 06 08 ; www.turismoroma.it ; Via Giovanni Giolitti 34 ; ⌚8h-18h45 ; Ⓜ Termini). Dans le hall adjacent au quai n°24.

Trastevere (plan p. 356 ; www.turismoroma.it ; Piazza Sonnino ; ⌚10h30-20h ; 🚌Viale di Trastevere, 🚋Belli)

Via Marco Minghetti (plan p. 338 ; ☎06 06 08 ; www.turismoroma.it ; Via Marco Minghetti ; ⌚9h30-19h ; 🚌Via del Corso). Entre la Via del Corso et la fontaine de Trevi.

Pour des renseignements relatifs au Vatican/Saint-Siège, contactez l'**Ufficio Pellegrini e Turisti** (plan p. 352 ; ☎06 6988 1662 ; www.vatican.va ; place Saint-Pierre ; ⌚8h30-18h30 lun-sam ; 🚌Piazza del Risorgimento, Ⓜ Ottaviano-San Pietro). Le **Centre d'accueil des touristes et pèlerins – Rome (Saint-Louis-des-Français)** (plan p. 344 ; ☎06 6819 2464 ; www.centreaccueilrome.com ; Via Santa Giovanni d'Arco 10 ; ⌚10h-12h30 et 14h30-17h lun-jeu, 10h-12h30 ven sep-juin, 10h-12h30 et 16h-18h30 lun-ven juil-août ; 🚌Barberini) fournit, sur son site Internet comme sur place, des informations précieuses (en français). Pour plus de renseignements, consultez le site Web du Vatican (www.vatican.va/various/prefettura/index_en.html).

Le portail officiel **Turismo Roma** (www.turismoroma.it) dispense des infos complètes sur les sites, l'hébergement et les transports, ainsi que les itinéraires touristiques et l'agenda culturel.

Le **Comune di Roma** (☎06 06 08 ; www.060608.it ; ⌚9h-19h) gère une ligne multilingue gratuite d'information touristique qui renseigne sur la culture, les spectacles, les hôtels, les transports, etc. Son site Internet est également une excellente source d'information, notamment pour vérifier les horaires d'ouverture (qui varient parfois de façon imprévisible).

Pour des renseignements plus pratiques, par exemple, l'hôpital ou le parking le plus proche, contactez le centre d'appels **ChiamaRoma** (☎06 06 06 ; ⌚24h/24).

Poste

Le système postal italien, (www.poste.it) est assez fiable.

Les timbres (*francobolli*) s'achètent dans les postes et certains bureaux de tabac (les *tabaccherie* officielles, signalées par un grand "T", généralement blanc sur fond noir).

Les bureaux de poste ouvrent en principe de 8h20 à 19h du lundi au vendredi et jusqu'à 12h35 le samedi. Tous ferment deux heures plus tôt le dernier jour ouvré de chaque mois.

Poste principale (plan p. 338 ; ☎06 6973 7205 ; www.poste.it ; Piazza di San Silvestro 19 ; ⌚8h20-19h lun-ven, 8h20-12h35 sam ; Ⓜ Spagna)

Poste du Vatican (plan p. 352 ; ☎06 6989 0400 ; place Saint-Pierre ; ⌚8h30-18h30 lun-sam). Pour poster vos lettres depuis les boîtes aux lettres jaunes du Vatican, il faut impérativement les affranchir avec des timbres du Vatican !

Tarifs postaux

Les lettres ne dépassant pas 20 g sont affranchies à 1,10 € pour l'Italie, 1,15 € pour la zone 1 (Europe et bassin méditerranéen), à 2,40 € pour la zone 2 (autres pays d'Afrique, Asie et continent américain) et à 3,10 € pour la zone 3 (Australie et Nouvelle-Zélande). Si vous envoyez des documents importants, optez pour la *raccomandata* (lettre recommandée), qui revient à 5,40 € en Italie, 7,10 € en zone 1, 8,40 € en zone 2 et 9,05 € en zone 3.

Problèmes juridiques

Le touriste ordinaire n'aura probablement affaire à la police que s'il a la malchance de devoir porter plainte pour vol. Pour se faire rembourser par son assurance en pareil cas, il faut déclarer le vol dans un commissariat – les compagnies d'assurances n'acceptant d'effectuer le remboursement que sur présentation d'un document officiel.

La police italienne se compose de trois grands corps : la *polizia*, en uniforme bleu marine, les *carabinieri*, en uniforme noir à bande rouge, et la *guardia di finanza*, en uniforme gris, chargée de lutter contre la fraude fiscale et le trafic de drogue. En cas de problème, vous aurez certainement affaire à la *polizia* ou aux *carabinieri*.

Si vous êtes arrêté en possession d'une quantité de stupéfiants (drogues douces ou dures) considérée par la police comme se prêtant à la revente, vous risquez une lourde amende ou de 2 à 20 ans de prison. Le délit de possession pour consommation personnelle est passible de sanctions administratives.

Santé et services médicaux

L'eau du robinet est potable à Rome.

La carte européenne d'assurance maladie (www.ameli.fr), nominative et individuelle, assure l'aide médicale d'urgence (mais non le rapatriement sanitaire) aux citoyens de l'Union européenne. Vous devez en faire la demande auprès de votre caisse d'assurance maladie (comptez un délai d'environ 2 semaines). Vos frais médicaux sont pris en charge dans les mêmes conditions que pour les assurés du pays qui vous accueille. Les ressortissants des pays hors UE doivent, quant à eux, souscrire une assurance spécifique.

En Italie, les services médicaux sont tenus par la loi de porter assistance à tous en cas d'urgence. Le cas échéant, vous pouvez vous rendre directement au service des urgences (*pronto soccorso*) d'un hôpital public (*ospedale*). Pour les problèmes plus bénins, faites appel à la **Guardia Medica** (☎06 7730 6650 ; Via Emilio Morosini 30 ; ⏲24h/24 ; 🚌Viale di Trastevere, 🚋Viale di Trastevere).

La clinique privée **Doctors in Italy** (☎370 1359521, 06 679 06 95 ; www.doctorsinitaly.com ; 3e ét, Via Frattina 48 ; ⏲10h-20h lun-ven ; MSpagna) dispose de médecins anglophones ou francophones pour des visites à domicile ou sur rendez-vous.

Pour appeler une ambulance, composez le ☎118.

Hôpitaux

Ospedale Fatebenefratelli (☎06 6 83 71 ; www.fatebenefratelli-isolatiberina.it ; Piazza Fatebenefratelli). Sur l'Isola Tiberina.

Ospedale Santo Spirito (☎06 6 83 51 ; Lungotevere in Sassia 1 ; ⏲24h/24 ; 🚌Lungotevere in Sassia). À proximité du Vatican.

Policlinico Umberto I (☎06 4 99 71 ; www.policlinicoumberto1.it ; Viale del Policlinico 155 ; MPoliclinico, Castro Pretorio). Le plus grand hôpital de Rome, près de la Stazione Termini.

Pharmacies

Les *farmacie* restent généralement ouvertes de 8h30 à 19h30 du lundi au vendredi, et le samedi matin ; elles assurent des tours de garde la nuit et le dimanche.

Les pharmaciens délivrent les médicaments sur présentation d'une ordonnance et fournissent des conseils médicaux de base. Si vous devez renouveler un traitement durant votre séjour à Rome, faites-vous indiquer dans votre pays le nom du générique. Les médicaments courants délivrés sans ordonnance, tels qu'antihistaminiques ou paracétamol, ont tendance à être assez chers en Italie, d'où l'intérêt d'en apporter avec vous si besoin.

Farmacie Italiane (☎06 474 54 21 ; www.gruppofarmacieitaliane.it ; Via Marsala 29 ; ⏲7h-22h ; MTermini). Dans la Stazione Termini, à côté du quai n°1.

Farmacia San Gallicano (☎06 589 57 64 ; Via di San Gallicano ; ⏲24h/24 ; 🚌Viale di Trastevere, 🚋Trastevere/Mastai). Dans le Trastevere.

Taxes et remboursement

Une TVA (IVA en italien, *Imposta sul Valore Aggiunto*) s'applique à la plupart des produits et services. Son taux est de 25,2 % depuis le 1er janvier 2020. La détaxe est envisageable dans certaines boutiques.

Toute personne séjournant à Rome doit s'acquitter d'une taxe hôtelière (p. 245) – son montant dépend du nombre de nuitées et du type d'hébergement.

Téléphone

Téléphones portables

- Le forfait des Européens fonctionne à Rome comme dans leur pays d'origine, sans surcoût. Les autres voyageurs doivent se renseigner sur les frais d'itinérance.
- Les cartes SIM locales sont compatibles avec les téléphones européens (système GSM 900/1800) mais pas avec tous les téléphones nord-américains.
- Pour utiliser votre mobile à moindres frais, achetez une carte SIM italienne prépayée (*prepagato*). **TIM** (Telecom Italia Mobile ; www.tim.it), **Windtre** (www.windtre.it) et **Vodafone** (www.vodafone.it) proposent tous des cartes SIM et ont des enseignes dans toute la ville. Munissez-vous d'une pièce d'identité, obligatoire pour l'enregistrement de votre carte SIM.

Appels nationaux

- L'indicatif régional de Rome est le 06 et vous devez le composer d'où que vous appeliez.
- Les numéros de téléphone portable commencent par un préfixe à trois chiffres débutant par un 3.
- Les *numeri verdi* (numéros verts) commencent généralement par ☎800.
- Il existe aussi des numéros à 6 chiffres aux tarifs nationaux (comme ceux d'Alitalia ou de Trenitalia).

Appels internationaux

- Pour appeler Rome depuis l'étranger, composez le code d'accès international de votre pays, puis l'indicatif de l'Italie (☎39) suivi de ☎06 et du numéro.
- Pour téléphoner à l'étranger depuis l'Italie, composez le ☎00, puis le code du pays et de la région/ville que vous cherchez à joindre et, enfin, le numéro de votre correspondant.
- Évitez de passer des appels internationaux depuis un hôtel car les tarifs sont élevés.
- Le moyen le moins cher de téléphoner est d'utiliser une application comme Skype ou Whatsapp, via la connexion Wi-Fi de votre hébergement.

Toilettes

Les toilettes publiques sont plutôt rares, mais vous en trouverez place Saint-Pierre (gratuites) et à la Stazione Termini (1 €). Si vous êtes pressé, le mieux est d'utiliser celles d'un bar ou d'un café.

Urgences

Ambulance	☎118
Pompiers	☎115
Police	☎112, 113

Voyager en solo

Femmes seules

Le harcèlement sexuel peut être un problème à Rome. En cas d'attouchement, criez "*Che schifo*"*!* ("c'est dégoûtant !") pour attirer l'attention sur l'incident. Plus généralement, il est conseillé aux femmes d'observer les précautions d'usage dans toute grande ville, et, comme presque partout ailleurs, d'éviter de se promener seules le soir, en particulier dans la zone autour de Termini.

Langue

Les Romains apprécient que l'on fasse l'effort de parler quelques mots de leur langue, même de façon très imparfaite.

L'italien oral ne pose pas de grosses difficultés car, à l'exception du r roulé et du l mouillé (gl), tous ses sons existent en français et toutes les lettres écrites se prononcent, y compris les doubles consonnes. Le seul problème que peuvent rencontrer les francophones concerne l'accent tonique, dont la position varie. Dans ce chapitre, nous indiquons en italique la syllabe accentuée. Le ch italien est généralement prononcé k, comme dans *chiesa* (ki·*é*·za).

VOCABULAIRE DE BASE

L'italien utilise le tutoiement, plus fréquent qu'en français, et le vouvoiement (indiqués fam/pol). On dit généralement *tu* (tou) à une personne plus jeune ou que l'on connaît, *lei* (leï) dans un contexte plus formel.

Il existe des noms masculins et des noms féminins (m/f), avec lesquels les articles définis/indéfinis et les adjectifs s'accordent en genre et en nombre.

Bonjour.	*Buongiorno.*	bwon·*djor*·no
Au revoir.	*Arrivederci.*	ar·ri·vé·*der*·tchi
Oui.	*Sì.*	si
Non.	*No.*	no

EN SAVOIR PLUS

Indispensable pour mieux communiquer sur place : le *Guide de conversation Italien* de Lonely Planet. Pour réserver une chambre, lire un menu ou simplement faire connaissance, ce manuel permet d'acquérir des rudiments d'italien. Inclus : un minidictionnaire bilingue. Le guide *Petite Conversation en italien* convient, quant à lui, pour une première approche ou un court séjour en Italie.

Excusez-moi.	*Mi scusi.* (pol) *Scusami.* (fam)	mi *skou*·zi *skou*·za·mi
Désolé.	*Mi dispiace.*	mi dis·*pia*·tché
S'il vous plaît.	*Per favore.*	per fa·*vo*·ré
Merci.	*Grazie.*	*gra*·tsié
Je vous en prie.	*Prego.*	*pre*·go

Comment allez-vous/vas-tu ?
Come sta/stai? (pol/fam) ko·*mé* sta/staï

Bien. Et vous/toi ?
Bene. E lei/tu? (pol/fam) *be*·né é leï/tou

Comment vous appelez-vous/t'appelles-tu ?
Come si chiama? pol — ko·mé si *kia*·ma
Come ti chiami? fam — ko·mé ti *kia*·mi

Je m'appelle ... *Mi chiamo ...* mi *kia*·mo ...

Parlez-vous/parles-tu français/anglais ?
Parla/Parli francese/ inglese? (pol/fam) — *par*·la/*par*·li fran·*tché*·zé/ in·*glé*·zé

Je ne comprends pas.
Non capisco. — none ka·*pi*·sko

ACHATS

Je voudrais acheter ...
Vorrei comprare ... — vor·*reï* kom·*pra*·ré ...

Je regarde juste.
Sto solo guardando. — sto *so*·lo gwar·*dan*·do

Puis-je voir ?
Posso dare un'occhiata? — *pos*·so *da*·ré oun·ok·*kia*·ta

Combien ça coûte ?
Quanto costa? — *kwan*·to *kos*·ta

C'est trop cher.
È troppo caro/a. (m/f) — è *trop*·po *ka*·ro/a

Pouvez-vous réduire le prix ?
Può farmi lo sconto? — pwo *far*·mi lo *skon*·to

Il y a une erreur dans l'addition.
C'è un errore nel conto. — tchè oun ér·*ro*·ré nel *kon*·to

DAB	*Bancomat*	*ban*·ko·mat
bureau de poste	*ufficio postale*	ou·*fi*·tcho pos·*ta*·lé
office du tourisme	*ufficio del turismo*	ou·*fi*·tcho del tou·*riz*·mo

AU RESTAURANT

Que me conseillez-vous ?
Cosa mi consiglia? — ko·za mi kon·si·lia

Quels ingrédients y a-t-il dans ce plat ?
Quali ingredienti ci sono in questo piatto? — kwa·li in·gré·dièn·ti tchi so·no in kwè·sto piat·to

Quelle est la spécialité locale ?
Qual'è la specialità locale ? — kwa·lé la spé·tcha·li·ta lo·ca·lé

C'était délicieux !
Era squisito! — e·ra skwi·zi·to

Santé !
Salute! — sa·lou·té

L'addition, s'il vous plaît.
Il conto, per favore? — Il kon·to per fa·vo·ré

Je voudrais réserver une table pour ...	*Vorrei prenotare un tavolo per ...*	vor·reï pré·no·ta·ré oun ta·vo·lo per ...
(deux) personnes	*(due) persone*	(dou·é) per·so·né
(huit) heures	*le (otto)*	lé (ot·to)
Je ne mange pas ...	*Non mangio ...*	non man·djo ...
œufs	*uova*	wo·va
poissons	*pesce*	pè·shé
fruits à coque	*noci*	no·tchi
viande (rouge)	*carne (rossa)*	car·né (ros·sa)

PHRASES CLÉS

Associées aux mots de votre choix, les phrases qui suivent vous aideront à vous faire comprendre en italien :

À quelle heure est (le prochain vol) ?
A che ora è (il prossimo volo)? — a ké o·ra è (il pros·si·mo vo·lo)

Où est (la gare) ?
Dov'è (la stazione)? — do·vé (la sta·tsyo·né)

Je cherche (un hôtel).
Sto cercando (un albergo). — sto tcher·kan·do (oun al·ber·go)

Avez-vous (un plan) ?
Ha (una pianta)? — a (ou·na pian·ta)

Y a-t-il (des toilettes) ?
C'è (un gabinetto)? — tché (oun ga·bi·net·to)

Je voudrais (un café).
Vorrei (un caffè). — vor·reï (oun ka·fè)

Je voudrais (louer une voiture).
Vorrei (noleggiare una macchina). — vor·reï (no·le·dja·ré ou·na ma·ki·na)

Puis-je (entrer) ?
Posso (entrare)? — pos·so (èn·tra·ré)

Pouvez-vous (m'aider) s'il vous plaît ?
Può (aiutarmi), per favore? — pwo (a·you·tar·mi) per fa·vo·ré

Dois-je (réserver une place) ?
Devo (prenotare un posto)? — de·vo (pré·no·ta·ré oun po·sto)

Mots utiles

bar	*locale*	lo·ka·lé
bouteille	*bottiglia*	bot·ti·lia
petit-déjeuner	*prima colazione*	pri·ma ko·la·tsio·né
café	*caffè*	caf·fè
froid	*freddo*	fred·do
dîner	*cena*	tché·na
carte des boissons	*lista delle bevande*	li·sta dél·lé bé·van·dé
fourchette	*forchetta*	for·két·ta
verre	*bicchiere*	bik·kié·ré
épicerie	*alimentari*	a·li·mèn·ta·ri
chaud	*caldo*	kal·do
couteau	*coltello*	kol·tél·lo
déjeuner	*pranzo*	pran·dzo
marché	*mercato*	mer·ka·to
menu	*menù*	me·nou
assiette	*piatto*	piat·to
restaurant	*ristorante*	ri·sto·ran·té
épicé	*piccante*	pi·kan·té
cuillère	*cucchiaio*	kou·kia·yo
végétarien	*vegetariano*	vé·djé·ta·ria·no
avec	*con*	kon
sans	*senza*	sen·tsa

Viandes et poissons

bœuf	*manzo*	man·dzo
poulet	*pollo*	pol·lo
palourdes	*vongole*	von·go·lé
canard	*anatra*	a·na·tra
poisson	*pesce*	pè·shé
hareng	*aringa*	a·rine·ga
agneau	*agnello*	a·niél·lo
langouste	*aragosta*	a·ra·gos·ta
viande	*carne*	kar·né
moules	*cozze*	kot·tsé
huîtres	*ostriche*	o·stri·ké
porc	*maiale*	ma·ya·lé
crevettes	*gamberi*	gam·bé·ri

Signalisation

Entrata/Ingresso	Entrée
Uscita	Sortie
Aperto	Ouvert
Chiuso	Fermé
Informazioni	Informations
Proibito/Vietato	Interdit
Gabinetti/Servizi	Toilettes
Uomini	Hommes
Donne	Femmes

saumon	*salmone*	sal·*mo*·né
saint-jacques	*capesante*	ka·pé·*san*·té
fruits de mer	*frutti di mare*	*frout*·ti di ma·ré
calamars	*calamari*	ka·la·*ma*·ri
truite	*trota*	*tro*·ta
thon	*tonno*	*ton*·no
dinde	*tacchino*	tak·*ki*·no
veau	*vitello*	vi·*tél*·lo

Fruits et légumes

pomme	*mela*	*mé*·la
haricots	*fagioli*	fa·*djo*·li
chou	*cavolo*	*ka*·vo·lo
poivron	*peperone*	pé·pé·*ro*·né
carotte	*carota*	ka·*ro*·ta
chou-fleur	*cavolfiore*	ka·vol·*fio*·ré
concombre	*cetriolo*	tché·tri·*o*·lo
fruits	*frutta*	*frout*·ta
raisin	*uva*	*ou*·va
citron	*limone*	li·*mo*·né
lentilles	*lenticchie*	len·*tik*·kié
champignons	*funghi*	*foun*·gui
noix	*noci*	*no*·tchi
oignons	*cipolle*	tchi·*pol*·lé
orange	*arancia*	a·*ran*·tcha
pêche	*pesca*	*pe*·ska
petits pois	*piselli*	pi·*zél*·li
ananas	*ananas*	*a*·na·nas
prune	*prugna*	*prou*·nia
pommes de terre	*patate*	pa·*ta*·té
épinards	*spinaci*	spi·*na*·tchi
tomates	*pomodori*	po·mo·*do*·ri
légumes	*verdura*	ver·*dou*·ra

Divers

pain	*pane*	*pa*·né
beurre	*burro*	*bou*·ro
fromage	*formaggio*	for·*ma*·djo
œufs	*uova*	*wo*·va
miel	*miele*	*mié*·lé
glace (glaçons)	*ghiaccio*	*guia*·tcho
confiture	*marmellata*	mar·mél·*la*·ta
pâtes	*pasta*	*pas*·ta
huile	*olio*	*o*·lio
poivre	*pepe*	*pé*·pé
riz	*riso*	*ri*·zo
sel	*sale*	*sa*·lé
soupe	*minestra*	mi·*nes*·tra
sauce soja	*salsa di soia*	*sal*·sa di *so*·ya
sucre	*zucchero*	*tsouk*·ké·ro
vinaigre	*aceto*	a·*tché*·to

Boissons

bière	*birra*	*bir*·ra
café	*caffè*	kaf·*fè*
jus (d'orange)	*succo (d'arancia)*	*souk*·ko (da·*ran*·tcha)
lait	*latte*	*lat*·té
vin rouge	*vino rosso*	*vi*·no *ros*·so
boisson	*bibita*	*bi*·bi·ta
thé	*tè*	tè
eau (minérale)	*acqua (minerale)*	*ak*·kwa (mi·né·*ra*·lé)
vin blanc	*vino bianco*	*vi*·no *bian*·ko

HÉBERGEMENT

Avez-vous une ... chambre ... ?	*Avete una camera ...?*	a·*vé*·té *ou*·na ... *ka*·mé·ra
double avec un grand lit	*doppia con letto matrimoniale*	*dop*·pia kon *let*·to ma·tri·mo·*nia*·lé
simple	*singola*	*sin*·go·la

Questions

Comment ?	*Come?*	*ko*·mé
Quoi ?	*Che cosa?*	ké *ko*·za
Quand ?	*Quando?*	*kwan*·do
Où ?	*Dove?*	*do*·vé
Qui ?	*Chi?*	Ki
Pourquoi ?	*Perché?*	per·*ké*

Combien ça coûte pour/par ...?	*Quanto costa per ...?*	kwan·to kos·ta Per ...
une nuit	*una notte*	ou·na not·té
personne	*persona*	per·so·na

Le petit-déjeuner est-il compris ?
La colazione è compresa? — la ko·la·tsio·né è kom·pré·sa

clim	*aria condizionata*	a·ria kon·di·tsio·na·ta
sdb	*bagno*	ba·nio
camping	*campeggio*	kam·pé·djo
pension	*pensione*	pèn·sio·né
hôtel	*albergo*	al·ber·go
auberge de jeunesse	*ostello della gioventù*	os·tel·lo del·la djo·ven·tou
fenêtre	*finestra*	fi·nes·tra

HEURE ET DATES

Quelle heure est-il ?	*Che ora è?*	ké o·ra è
Il est 1h.	*È l'una.*	è lou·na
Il est (2h) (1h) et demie.	*Sono le (due). (L'una) e mezza.*	so·no lé (dou·é) (lou·na) è me·dza
du matin	*di mattina*	di mat·ti·na
de l'après-midi	*di pomeriggio*	di po·mé·ri·djo
du soir	*di sera*	di sé·ra
hier	*ieri*	yé·ri
aujourd'hui	*oggi*	o·dji
demain	*domani*	do·ma·ni
lundi	*lunedì*	lou·né·di
mardi	*martedì*	mar·té·di
mercredi	*mercoledì*	mer·ko·lé·di
jeudi	*giovedì*	djo·vé·di
vendredi	*venerdì*	vé·ner·di
samedi	*sabato*	sa·ba·to
dimanche	*domenica*	do·mé·ni·ka
janvier	*gennaio*	djén·na·yo
février	*febbraio*	féb·bra·yo
mars	*marzo*	mar·tso
avril	*aprile*	a·pri·lé
mai	*maggio*	mad·djo
juin	*giugno*	djou·nio
juillet	*luglio*	lou·lio
août	*agosto*	a·gos·to
septembre	*settembre*	sét·tèm·bré
octobre	*ottobre*	ot·to·bré
novembre	*novembre*	no·vem·bré
décembre	*dicembre*	di·tchem·bré

NOMBRES

1	*uno*	ou·no
2	*due*	dou·é
3	*tre*	tré
4	*quattro*	kwa·tro
5	*cinque*	tchin·kwé
6	*sei*	seï
7	*sette*	sét·té
8	*otto*	ot·to
9	*nove*	no·vé
10	*dieci*	dié·tchi
20	*venti*	ven·ti
30	*trenta*	tren·ta
40	*quaranta*	kwa·ran·ta
50	*cinquanta*	tchin·kwan·ta
60	*sessanta*	sés·san·ta
70	*settanta*	sét·tan·ta
80	*ottanta*	ot·tan·ta
90	*novanta*	no·van·ta
100	*cento*	tchèn·to
1 000	*mille*	mil·lé

ORIENTATION

Où est ...?	*Dov'è ...?*	do·vè ...

Quelle est l'adresse ?
Qual'è l'indirizzo? — kwa·lé lin·di·rit·tso

Pouvez-vous me l'écrire, s'il vous plaît ?
Può scriverlo, per favore? — pwo ski·ver·lo per fa·vo·ré

Pouvez-vous me montrer (sur le plan) ?
Può mostrarmi (sulla pianta)? — pwo mos·trar·mi (sou·la pian·ta)

au coin	*all'angolo*	a·lan·go·lo
au feu rouge	*al semaforo*	al sé·ma·fo·ro
derrière	*dietro*	dié·tro
loin	*lontano*	lon·ta·no
devant	*davanti a*	da·van·ti a
près	*vicino*	vi·tchi·no
à côté de	*accanto a*	a·kan·to a
en face de	*di fronte a*	di fron·té a
à droite	*a destra*	a de·stra
à gauche	*a sinistra*	a si·ni·stra
tout droit	*sempre diritto*	sèm·pré di·rit·to

TRANSPORTS

À quelle heure part/ arrive le ... ?	*A che ora parte/ arriva ...?*	a ké o·ra par·té/ ar·ri·va ...

le bateau	*la nave*	la *na*·vé
le bus	*l'autobus*	*laou*·to·bous
le ferry	*il traghetto*	il tra·*guét*·to
le métro	*la metro-politana*	la mé·tro·po·li·*ta*·na
l'avion	*l'aereo*	la·é·ré·o
le train	*il treno*	il *tré*·no

... un billet ...	*un biglietto…*	oun bi·*liét*·to
aller simple	*di sola andata*	di *so*·la an·*da*·ta
aller-retour	*di andata e ritorno*	di an·*da*·ta é ri·*tor*·no
arrêt de bus	*fermata dell'autobus*	fer·*ma*·ta dell *aou*·to·bous
quai	*binario*	bi·*na*·rio
guichet	*biglietteria*	bi·liét·té·*ri*·ya
horaire	*orario*	o·*ra*·rio
gare ferroviaire	*stazione ferroviaria*	sta·*tsio*·né fé·ro·*viar*·ya
S'arrête-t-il à ... ?	*Si ferma a …?*	si *fer*·ma a ...

Dites-moi s'il vous plaît quand nous arrivons à ...
Mi dica per favore quando arriviamo a … — mi *di*·ka per fa·*vo*·ré *kwan*·do ar ri·*via*·mo a ...

Je veux descendre ici.
Voglio scendere qui. — *vo*·lio *chèn*·dé·ré kwi

Je voudrais louer un vélo.
Vorrei noleggiare una bicicletta. — vor·*reï* no·lé·*dja*·ré *ou*·na bi·tchi·*klét*·ta

J'ai un pneu crevé.
Ho una gomma bucata. — o *ou*·na *gom*·ma bou·*ka*·ta

Je voudrais faire réparer mon vélo.
Vorrei fare riparare la mia bicicletta. — vor·*reï fa*·re ri·pa·*ra*·ré la *mi*·ya bi·tchi·*klét*·ta

URGENCES

Au secours !
Aiuto! — a·*you*·to

Laissez-moi tranquille !
Lasciami in pace! — *la*·cha·mi in *pa*·tché

Je suis perdu(e).
Mi sono perso/a. (m/f) — mi *so*·no *per*·so/a

Il y a eu un accident.
C'è stato un incidente. — tché *sta*·to oun in·tchi·*dèn*·té

Appelez la police !
Chiami la polizia! — *kia*·mi la po·li·*tsi*·ya

Appelez un médecin !
Chiami un medico! — *kia*·mi oun *mè*·di·ko

Où sont les toilettes ?
Dov'è il bagno? — *do*·vè il *ba*·gno

Je suis malade.
Mi sento male. — mi *sen*·to *ma*·lé

J'ai mal ici.
Mi fa male qui. — mi fa *ma*·lé kwi

Je suis allergique à ...
Sono allergico/a a … (m/f) — *so*·no a·*ler*·dji·ko/a a ...

Glossaire

abbazia – abbaye
(pizza) al taglio – (pizza) à la part
albergo – hôtel
alimentari – épicerie ; traiteur
anfiteatro – amphithéâtre
aperitivo – boissons et en-cas souvent proposés en buffet, servis dans les bars en début de soirée ; apéritif
arco – arc/arche
autostrada – autoroute
biblioteca – bibliothèque
biglietto – billet
borgo – bourg
camera – chambre
campo – champ
cappella – chapelle
carabinieri – gendarmes, police militaire et civile
casa – maison
castello – château
catacomba – catacombe
centro sociale – centre social ; souvent d'anciens squats accueillant concerts, soirées discothèques et manifestations culturelles
chiesa – église
chiostro – cloître ; cour carrée ou rectangulaire entourée de murs et de portiques couverts
città – ville
colonna – colonne
comune – municipalité ; mairie ; fait référence historiquement aux cités-États (ville au gouvernement indépendant) de l'Italie des XIIe-XIIIe siècles
corso – boulevard
duomo – cathédrale
enoteca – bar à vins
espresso – café noir serré
EUR (Esposizione Universale di Roma) – quartier périphérique du sud de Rome connu pour son architecture rationaliste
ferrovia – voie ferrée
festa – fête, jour férié
fiume – fleuve
fontana – fontaine
foro – forum
giardino – jardin
grattachecca – granité aux fruits avec du sirop
grotta – grotte
isola – île
lago – lac
largo – place carrée ou rectangulaire
locanda – auberge ; petit hôtel
mar, mare – mer
mausoleo – mausolée
mercato – marché
museo – musée
necropoli – nécropole
nord – nord
osteria – taverne ou bistrot
palio – concours
Papa – pape
parco – parc
passeggiata – promenade traditionnelle de fin d'après-midi
pasticceria – pâtisserie
pensione – pension
piazza – place
piazzale – grande place ouverte
pietà – littéralement "pitié" ou "compassion" ; sculpture, dessin ou peinture représentant le Christ mort soutenu par la Vierge
pinacoteca – pinacothèque ; galerie d'art
PIT (Punto Informativo Turistico) – point d'information touristique
ponte – pont
porta – porte
porto – port
prenotare – réserver
reale – royal
rocca – forteresse
sala – salle ; pièce
salumeria – charcuterie
scalinata – escalier
scavi – fouilles archéologiques
spiaggia – plage
stazione – gare
stazione marittima – gare maritime
sud – sud
superstrada – voie express ; autoroute à voies séparées
tartufo – truffe
tavola calda – littéralement "table chaude" ; choix de plats de viande, de pâtes et de légumes, souvent en self-service
teatro – théâtre
tempietto – petit temple
tempio – temple
terme – thermes
tesoro – trésor
Tevere – Tibre
torre – tour
trattoria – petit restaurant
vico – allée ; ruelle

En coulisses

VOS RÉACTIONS ?

Vos commentaires nous sont très précieux et nous permettent d'améliorer constamment nos guides. Notre équipe lit toutes vos lettres avec la plus grande attention. Nous ne pouvons pas répondre individuellement à tous ceux qui nous écrivent, mais vos commentaires sont transmis aux auteurs concernés. Tous les lecteurs qui prennent la peine de nous communiquer des informations sont remerciés dans l'édition suivante, et ceux qui nous fournissent les renseignements les plus utiles se voient offrir un guide.

Pour nous faire part de vos réactions, prendre connaissance de notre catalogue et vous abonner à notre newsletter, consultez notre site Internet : **www.lonelyplanet.fr**

Nous reprenons parfois des extraits de notre courrier pour les publier dans nos produits, guides ou sites Web. Si vous ne souhaitez pas que vos commentaires soient repris ou que votre nom apparaisse, merci de nous le préciser. Notre politique en matière de confidentialité est disponible sur notre site Internet.

UN MOT DES AUTEURS

Duncan Garwood

Un grand merci à mes coauteurs Virginia Maxwell et Alexis Averbuck pour leurs suggestions et leur excellent travail, ainsi qu'à Anna Tyler de Lonely Planet pour son soutien indéfectible. À Rome, *grazie* à Alexandra Bruzzese pour ses bons plans gastronomiques et à Richard McKenna pour sa sympathique présence à déjeuner. Enfin, comme toujours, j'embrasse tendrement Lidia et les garçons, Ben et Nick.

Alexis Averbuck

Ce fut une joie de retourner à Rome, l'une des premières destinations sur lesquelles j'ai écrit et des plus magiques – ce plaisir doit beaucoup à la formidable compagnie de mon cher camarade Ryan Ver Berkmoes et aux charmantes retrouvailles avec nos amis d'Hydra, Sergei et Mina. Mille mercis également à Anna Tyler, qui a dirigé le projet de main de maître en étant particulièrement attentive aux détails.

Virginia Maxwell

J'ai eu à Rome d'excellents compagnons de voyage, qui ont marché, mangé et bu avec moi à travers la ville : merci à Peter Handsaker, Catherine Hannebery et Pat Yale. Je remercie également Anna Tyler pour ses instructions expertes et sa gestion du projet, de même que Duncan Garwood et Alexandra Bruzzese pour leurs tuyaux d'habitants.

CRÉDITS

Photo de couverture : Arco di Settimio Severo et Forum romain, Matteo Colombo/Getty Images ©

Illustration des p. 64-65 par Javier Zarracina.

À PROPOS DE CET OUVRAGE

Cette 12e édition française du guide *Rome* est une traduction-adaptation de la 12e édition du guide *Rome* (en anglais). Elle a été rédigée par Duncan Garwood, Alexis Averbuck et Virginia Maxwell.

Traduction
Frédérique Hélion-Guérini, Pierre-Yves Raoult et Jeanne Robert

Direction éditoriale
Didier Férat

Responsable éditorial
Dominique Bovet

Responsable prépresse
Jean-Noël Doan

Coordination éditoriale
Carole Haché

Maquette
Caroline Donadieu

Cartographie
Cartes adaptées par Nicolas Chauveau pour la version française.

Couverture Adaptée par Laurent Briard et Laure Wilmot pour la version française.

Remerciements à
Alexandra Guyot et Agnès Mauxion-Pujol pour leur précieuse contribution au texte. Un grand merci à Sylvie Rabuel et Christiane Mouttet pour leur relecture attentive et à Olympe Richez pour son travail de référencement. Merci également à Dominique Spaety du bureau de Paris. Enfin, merci à Luan Angel et Nigel Longuet à Londres, et à Jean-Pierre Masclef à Melbourne.

Voir aussi les index :

OÙ SE RESTAURER P. 330

OÙ PRENDRE UN VERRE ET FAIRE LA FÊTE P. 332

OÙ SORTIR P. 332

SHOPPING P. 332

OÙ SE LOGER P. 332

Index

D

E

F

G

H

OÙ SE RESTAURER

OÙ PRENDRE UN VERRE ET FAIRE LA FÊTE

OÙ SORTIR

SHOPPING

OÙ SE LOGER

Plans de Rome

À voir
- Plage
- Réserve ornithologique
- Temple bouddhiste
- Château/palais
- Église/cathédrale
- Temple confucéen
- Temple hindou
- Mosquée
- Temple jaïn
- Synagogue
- Monument
- Musée/galerie/édifice historique
- Ruines
- Sentō (bain public)
- Temple shintoïste
- Temple sikh
- Temple taoïste
- Cave/vignoble
- Zoo
- Autre site

Activités, cours et circuits organisés
- Bodysurfing
- Plongée/snorkeling
- Canoë/kayak
- Cours/circuits organisés
- Ski
- Snorkeling
- Surf
- Piscine/baignade
- Randonnée
- Planche à voile
- Autres activités

Où se loger
- Hébergement
- Camping

Où se restaurer
- Restauration

Où prendre un verre
- Bar
- Café

Où sortir
- Salle de spectacle

Shopping
- Magasin

Renseignements
- Banque
- Ambassade/consulat
- Hôpital/centre médical
- Accès Internet
- Police
- Bureau de poste
- Centre téléphonique
- Toilettes
- Office du tourisme
- Autre adresse pratique

Géographie
- Plage
- Refuge/gîte
- Phare
- Point de vue
- Montagne/volcan
- Oasis
- Parc
- Col
- Aire de pique-nique
- Cascade

Agglomérations
- Capitale (pays)
- Capitale (région/État/province)
- Grande ville
- Petite ville/village

Transports
- Aéroport
- Poste frontière
- Bus
- Téléphérique/funiculaire
- Piste cyclable
- Ferry
- Métro/Tube Station (anglais)
- Monorail
- Parking
- Station-service
- Station de métro
- Taxi
- T-Bane/Station T-Bane (norvégien)
- Gare/chemin de fer
- Tramway
- U-Bahn (allemand)
- Autre moyen de transport

Les symboles recensés ci-dessus ne sont pas tous utilisés dans ce guide

Routes
- Autoroute à péage
- Voie rapide
- Nationale
- Route secondaire
- Petite route
- Chemin
- Route non goudronnée
- Route en construction
- Place/rue piétonne
- Escalier
- Tunnel
- Passerelle
- Promenade à pied
- Promenade à pied (variante)
- Sentier

Limites et frontières
- Pays
- État/province
- Frontière contestée
- Région/banlieue
- Parc maritime
- Falaise
- Rempart

Hydrographie
- Fleuve/rivière
- Rivière intermittente
- Canal
- Étendue d'eau
- Lac asséché/salé/intermittent
- Récif

Topographie
- Aéroport/aérodrome
- Plage/désert
- Cimetière (chrétien)
- Cimetière (autre)
- Glacier
- Marais
- Parc/forêt
- Site (édifice)
- Terrain de sport
- Mangrove

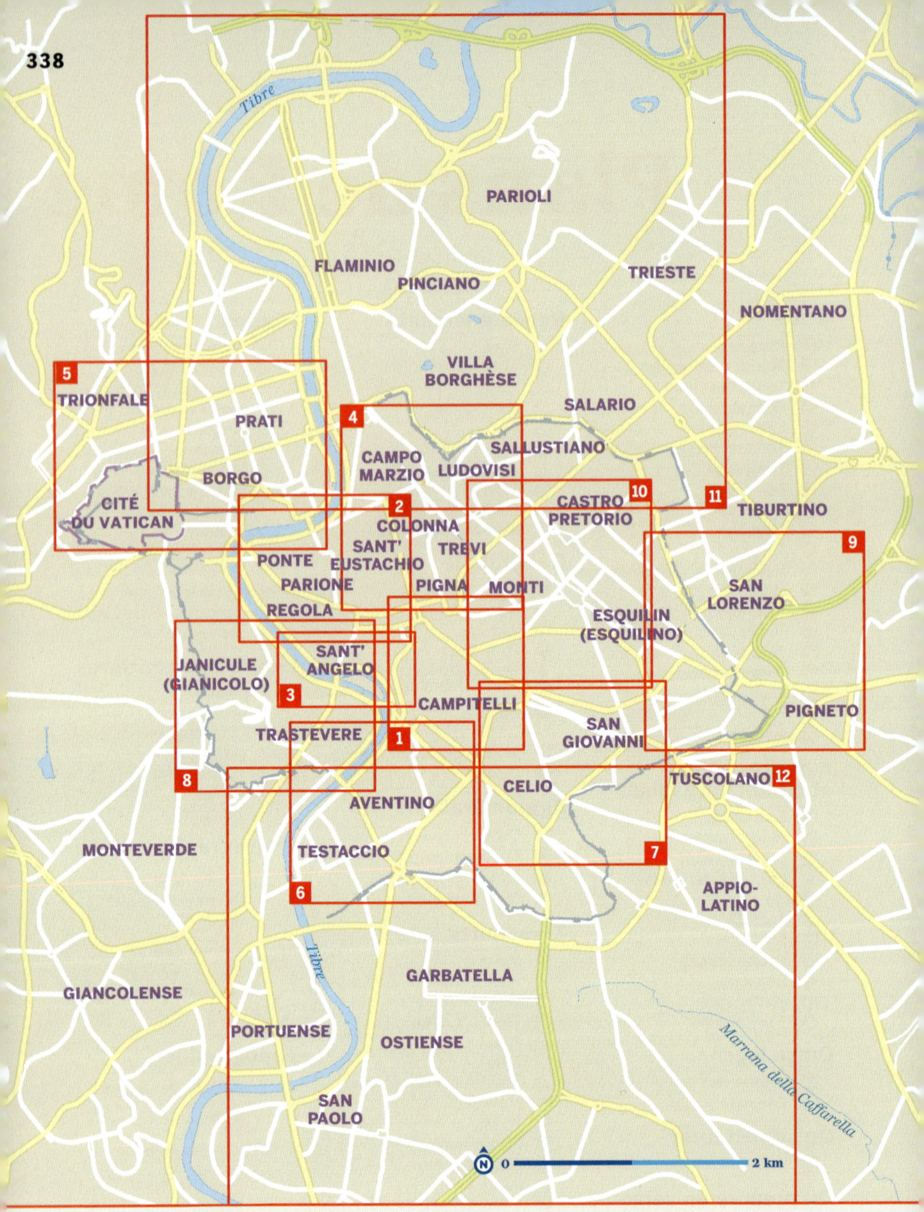

INDEX DES PLANS

LA ROME ANTIQUE *Plan p. 340*

ROME ANTIQUE

Légende p. 339

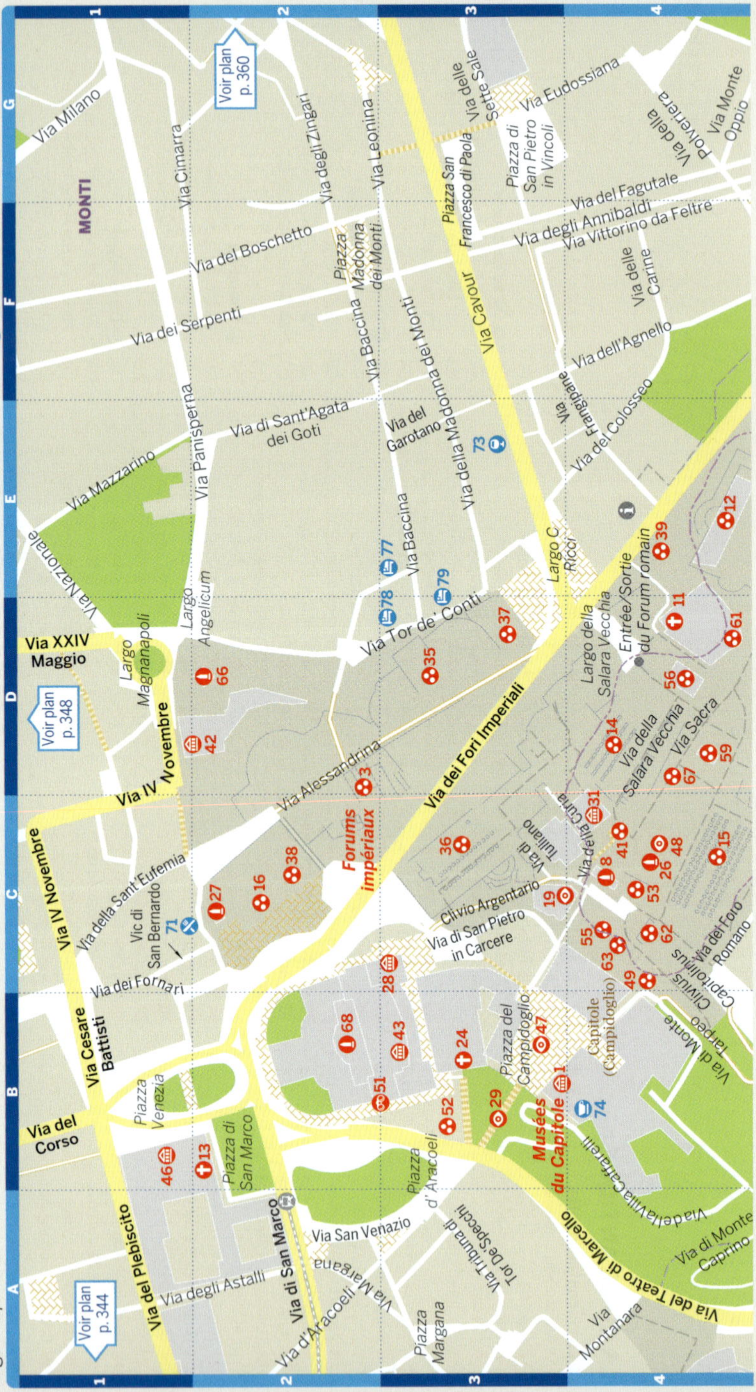

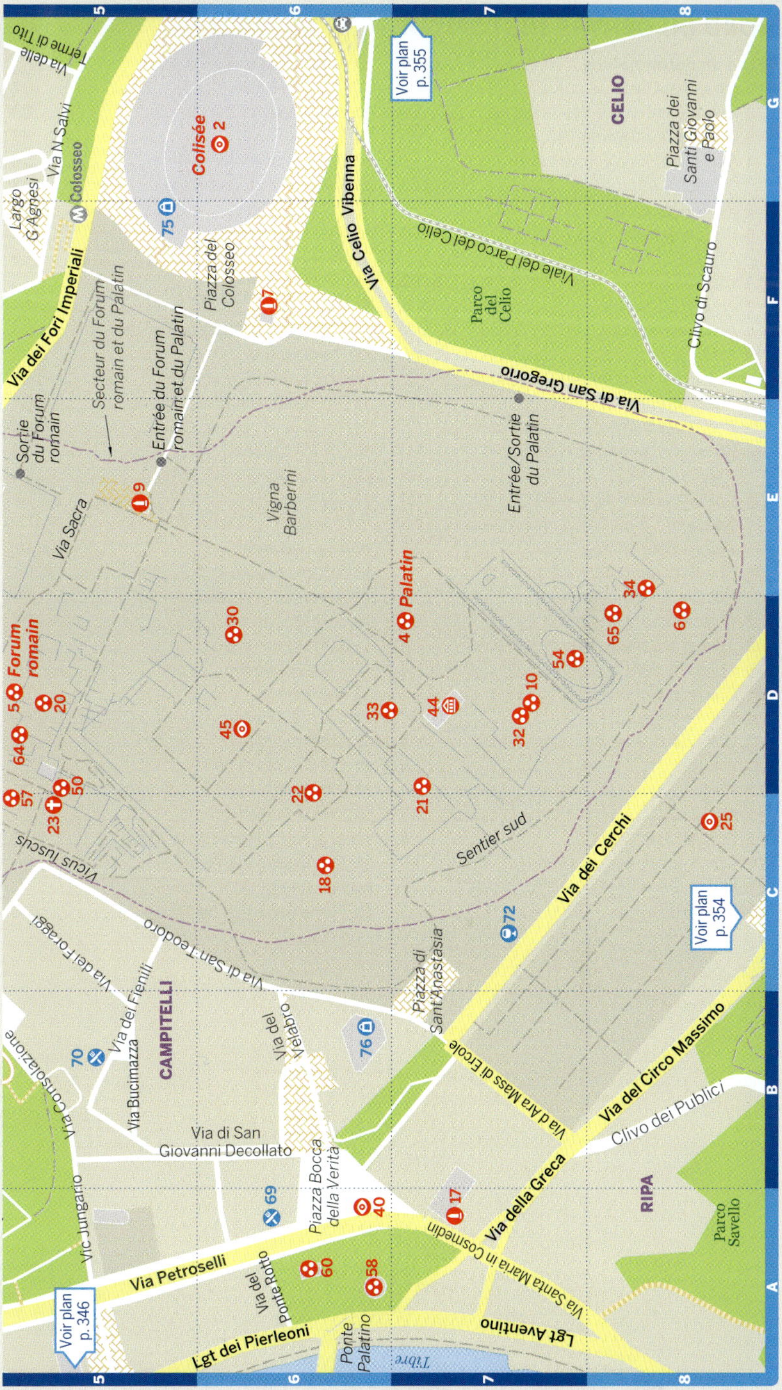

Colisée
2
75
Piazza del Colosseo
7
Via delle Terme di Tito
Via N Salvi
Largo G Agnesi
Colosseo
Via dei Fori Imperiali
Secteur du Forum romain et du Palatin
Entrée du Forum romain et du Palatin
Sortie du Forum romain
9
Via Sacra
Voir plan p. 355
Via Celio Vibenna
Viale del Parco del Celio
Parco del Celio
CELIO
Piazza dei Santi Giovanni e Paolo
Clivo di Scauro
Via di San Gregorio
Entrée/Sortie du Palatin
Vigna Barberini
Forum romain
5
20
64
57
50
23
30
45
22
18
Palatin
4
33
44
21
32
10
54
65
34
6
Sentier sud
25
Voir plan p. 354
Via dei Cerchi
72
Vicus Iuscus
Via di San Teodoro
Via dei Foraggi
Via dei Fienili
CAMPITELLI
Piazza di Sant'Anastasia
Via del Velabro
76
70
Via della Consolazione
Via Bucimazza
Via di San Giovanni Decollato
Via d Ara Mass di Ercole
Via del Circo Massimo
Clivo dei Publici
RIPA
Parco Savello
Via della Greca
Piazza Bocca della Verità
69
40
17
Vic Jungario
Via Petroselli
Via del Ponte Rotto
60
58
Via Santa Maria in Cosmedin
Lgt Aventino
Lgt dei Pierleoni
Ponte Palatino
Tibre
Voir plan p. 346
A
B
C
D
E
F
G
5
6
7
8

NORD DU CENTRE HISTORIQUE *Plan p. 344*

Légende p. 342

NORD DU CENTRE HISTORIQUE

0
200 m
E
F
G
H
1
2
3
4
5
6
7
Voir plan p. 364
Voir plan p. 348
Voir plan p. 340
Voir plan p. 346
Largo San Rocco
Via dell' Arancio
Piazza Monte d'Oro
Via Tomacelli
Via Borgognona
Via Belsiana
Via Frattina
Via della Vite
Via del Gambero
COLONNA
Via della F Borghese
Largo della Fontanella di Borghese
69
Via del Leone
Via del Leoncino
Piazza di San Lorenzo in Lucina
Via del Corso
Lgt Marzio
Via di Ripetta
Piazza Nicosia
Via del Clementino
Via della Lupa
Via di Monte Brianzo
Vic della Campana
66
Vic del Leonetto
Via di Pallacorda
85
Via dei Prefetti
57
54
108
Via in Lucina
Piazza del Parlamento
Piazza di San Silvestro
Via d'Ascanio
Piazza di Firenze
Vic Rosini
Via di Campo Marzio
Piazza di San Claudio
Via dell'Orso
Via dei Portoghesi
Via della Scrofa
74
Via dei Gigli d'Oro
Via della Stelletta
93
Largo Chigi
32
34
4 Museo Nazionale Romano – Palazzo Altemps
Piazza delle Coppelle
82
Via degli Uffici del Vicario
38
Piazza Sant' Apollinare
13
Via di Sant' Agostino
Piazza di Sant'Agostino
52
Via della Maddalena
Piazza di Montecitorio
Piazza Colonna
22
Via Canova
31
Antonina
Via Sabini
Via delle Coppelle
Piazza delle Cinque Lune
Piazza della Maddalena
Via delle Colonnelle
90
72
Via dei Bergamaschi
26
Église Saint-Louis-des-Français
Largo G Toniolo
Via del Pozzo delle Cornacchie
71
Piazza Capranica
Piazza di Pietra
39
Via di Pietra
114
43
Via della Rosetta
2
77
88
Via dei Pastini
94
Via de' Burro
Corso del Rinascimento
Via Giustiniani
Piazza della Rotonda
Via degli Orfani
Piazza di Sant'Ignazio
40
Via del Caravita
Via della Dogana Vecchia
24
Salita dei Crescenzi
49
Via del Seminario
19
116
Via del Collegio Romano
SANT' EUSTACHIO
Piazza dei Caprettari
Via della Minerva
Via di Sant'Ignazio
6
Piazza Navona
110
Piazza Sant'Eustachio
Via della Palombella
5
Panthéon
Piazza di San Marcello
Piazza della Minerva
Via del Piè di Marmo
Via Lata
3
Galleria Doria Pamphilj
25
20
81
63
Via dei Sediari
Via di Santa Chiara
Via della Rotonda
109
23
12
104
98
Via dei Canestrari
120
99
Via Santa Caterina da Siena
Via Melone
Via del Teatro Valle
51
119
Piazza Santa Chiara
Via de' Nari
Via Monterone
Via dei Cestari
41
Via della Gatta
Piazza Sant'Andrea della Valle
Via Arco della Ciambella
Via della Pigna
Via del Gesù
Via Santo del Cacco
Piazza Grazioli
67
PIGNA
100
Corso Vittorio Emanuele II
Largo dei Chiavari
18
Largo della Stimmate
Via del Plebiscito
Piazza del Paradiso
Via del Sudario
27
1 Chiesa del Gesù
Piazza del Gesù
91
92
Via di Torre Argentina
Via de' Ginnasi
Via dell'Arco de' Ginnasi
Via degli Astalli
Largo del Pallaro
Via dei Chiavari
Via del Monte della Farina
115
73
9
Via Celsa
Via dei Barbieri
15
Via delle Botteghe Oscure
Via di San Marco
Via d'Aracoeli
Largo dei Librari
102
56
59
61
Via di Sant'Anna
Largo Arenula
Via Florida
30
Via dei Giubbonari
Via Arenula
Via M Caetani
Via Margana
Via Arco del Monte
Piazza B Cairoli
Via dei Falegnami
Piazza d'Aracoeli

SUD DU CENTRE HISTORIQUE

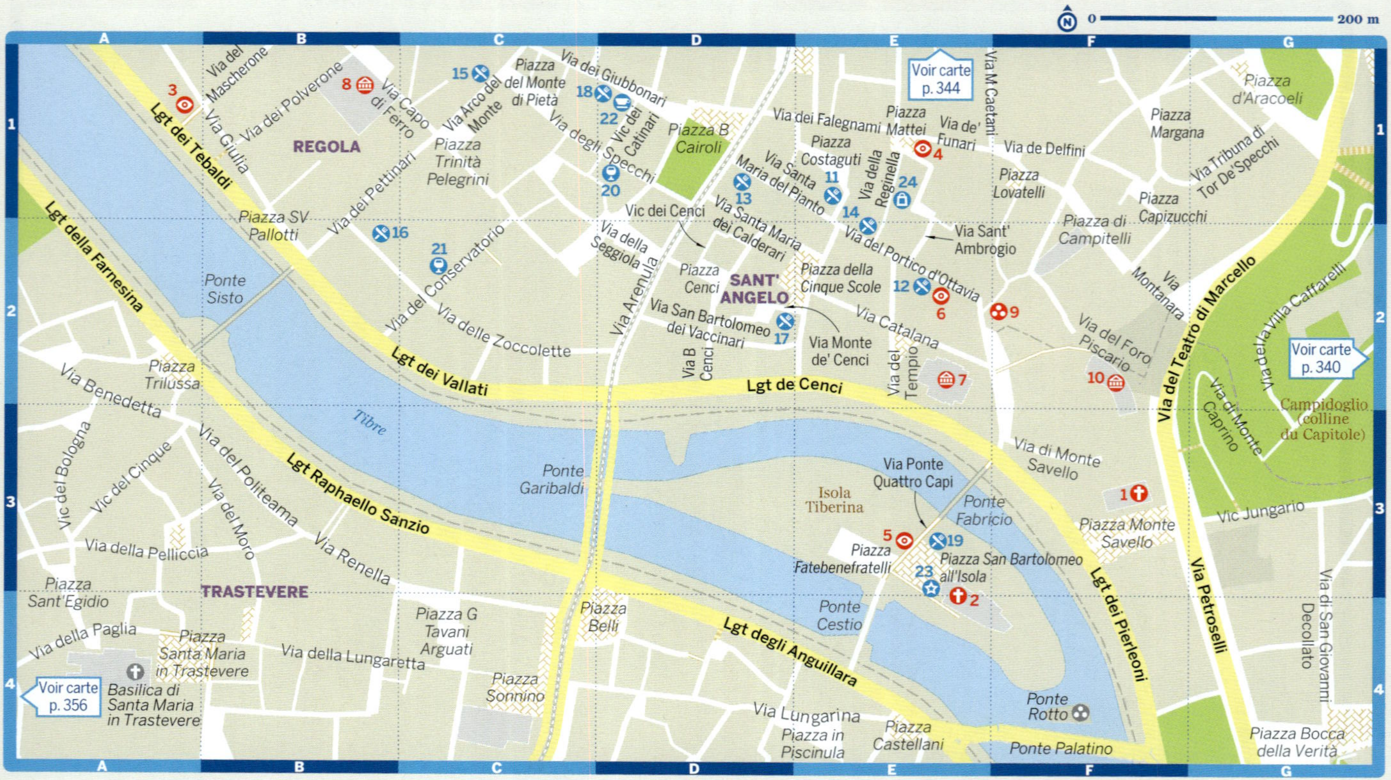

SUD DU CENTRE HISTORIQUE

À voir **p. 82**

1 Basilica di San Nicola in Carcere ... F3
2 Chiesa di San Bartolomeo ... E4
3 Fontana del Mascherone ... A1
4 Fontana delle Tartarughe ... E1
5 Isola Tiberina ... E3
6 Ghetto juif ... E2
7 Museo Ebraico di Roma ... E2
8 Palazzo Spada ... B1
9 Portico d'Ottavia ... F2
10 Teatro di Marcello ... F2

Où se restaurer **p. 91**

11 Antico Forno Urbani ... E1
12 Ba'Ghetto ... E2
13 Beppe e i suoi Formaggi ... D1
14 Cremeria Romana ... E2
15 I Dolci di Nonna Vincenza ... C1
16 Pianostrada ... B2
17 Piperno ... D2
18 Salumeria Roscioli ... D1
19 Sora Lella ... E3

Où prendre un verre et faire la fête **p. 99**

20 Open Baladin ... D1
21 Rimessa Roscioli ... C2
22 Roscioli Caffè ... D1

Où sortir **p. 101**

23 Isola del Cinema ... E3

Shopping **p. 101**

24 Il Museo del Louvre ... E1
Salumeria Roscioli ... (voir 18)

TRIDENTE, TREVI ET QUIRINAL

Légende p. 350

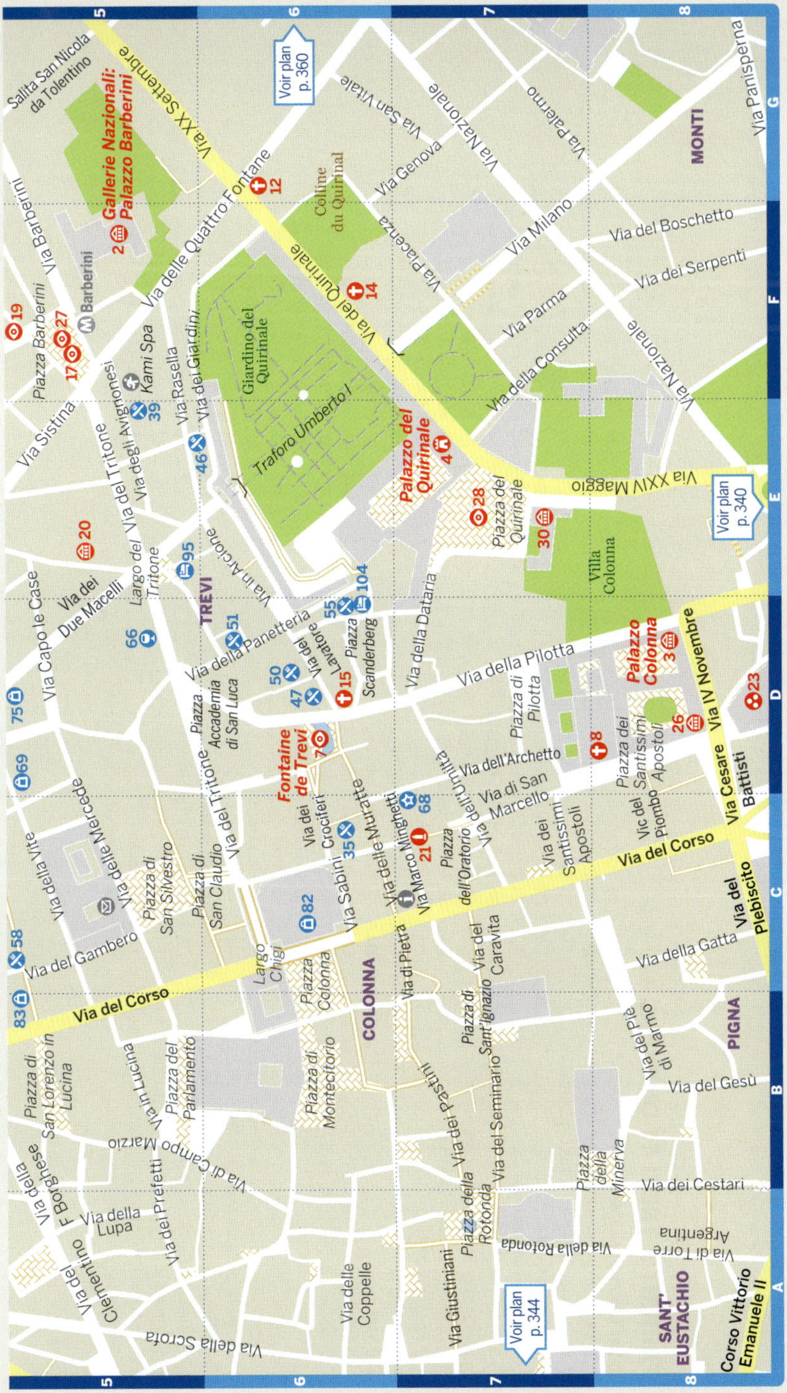

TRIDENTE, TREVI ET QUIRINAL

TRIDENTE, TREVI ET QUIRINAL *Plan p. 348*

Les incontournables **p. 107**

1 Basilica di Santa Maria del Popolo ... A1
2 Gallerie Nazionali – Palazzo Barberini ... F5
3 Palazzo Colonna ... D8
4 Palazzo del Quirinale ... E7
5 Piazza del Popolo ... A1
6 Piazza di Spagna et escalier de la Trinité-des-Monts ... D4
7 Fontaine de Trevi ... D6

À voir **p. 111**

8 Basilica dei Santi Apostoli ... D8
9 Basilica di Santa Maria in Montesanto ... B1
10 Casa di Goethe ... B2
11 Église de la Trinité-des-Monts ... D3
12 Chiesa di San Carlo alle Quattro Fontane ... G6
13 Chiesa di Santa Maria dei Miracoli ... A2
14 Chiesa di Sant'Andrea al Quirinale ... F6
15 Chiesa di Santi Vincenzo e Anastasio ... D6
16 Convento dei Cappuccini ... F4
17 Fontana del Tritone ... F5
18 Fontana della Barcaccia ... C4
19 Fontana delle Api ... F5
20 Gagosian Gallery ... E5
21 Galleria Sciarra ... C7
22 Keats-Shelley House ... D4
23 Domus Romane di Palazzo Valentini ... D8
24 Mausoleo di Augusto ... A4
25 Museo dell'Ara Pacis ... A4
26 Museo delle Cere ... D8
Obélisque ... (voir 5)
27 Piazza Barberini ... F5
28 Piazza del Quirinale ... E7
29 Porta del Popolo ... A1
30 Scuderie al Quirinale ... E7
31 Via dei Condotti ... C4
32 Via Margutta ... C2
33 Villa Medici ... D2

Où se restaurer **p. 115**

34 Al Gran Sasso ... A2
35 Al Moro ... C6
36 Babette ... B2
37 Babington's Tea Rooms ... D4
39 Colline Emiliane ... E5
40 Crispy ... E4
41 Dal Bolognese ... A1
42 Edy Ristorante ... B2
43 Fatamorgana Corso ... B2
44 Fiaschetteria Beltramme ... B4
45 Gelateria Dei Gracchi ... A2
46 Hostaria Romana ... E5
47 Il Chianti ... D6
48 Il Margutta ... B2
Imàgo ... (voir 105)
49 La Buca di Ripetta ... A3
50 Le Tamerici ... D6
51 Nanà Vini e Cucina ... D6
52 Nino ... C4
53 Osteria Margutta ... C2
54 Pastificio Guerra ... C3
55 Piccolo Arancio ... D6
56 Pompi ... C3
57 Venchi ... C3
58 VyTA Enoteca Regionale del Lazio ... C5

Où prendre un verre et faire la fête **p. 120**

59 Antico Caffè Greco ... C4
60 Bar Frattina ... C4
61 Caffè Ciampini ... D3
62 Caffè Ripetta ... A3
63 Canova Tadolini ... B3
64 Il Palazzetto ... D3
Locarno Bar ... (voir 98)
65 Rosati ... A1
Stravinskij Bar ... (voir 96)
66 Up Sunset Bar ... D5
Zuma Bar ... (voir 93)

Où sortir **p. 122**

67 Gregory's Jazz Club ... D4
68 Teatro Quirino ... C7

Shopping **p. 122**

69 Anglo American Bookshop ... D5
70 Artisanal Cornucopia ... A2
71 Balenciaga ... C4
72 Bomba ... A2
73 Borsalino ... B1
74 c.u.c.i.n.a. ... C3
75 Catello d'Auria ... D5
76 Chiara Baschieri ... C2
77 Fabriano ... B2
78 Fausto Santini ... C4
79 Federico Buccellati ... C4
80 Fendi ... B4
82 Galleria Alberto Sordi ... C6
83 Gente ... B5
84 Gente ... C3
85 La Bottega del Marmoraro ... C2
86 Laura Biagiotti ... C4
87 Mandarina Duck ... D4
88 Patrizia Fabri ... A2
89 Tod's ... B4
90 Valentino ... D4

Où se loger **p. 250**

91 BDB Luxury Rooms ... B2
92 Casa Fabbrini: Campo Marzio ... B3
93 Fendi Private Suites ... B4
94 First Roma ... A2
95 Giuturna Boutique Hotel ... E5
96 Hotel de Russie ... B1
97 Hotel Forte ... C3
98 Hotel Locarno ... A2
99 Hotel Modigliani ... E4
100 Hotel Mozart ... B3
Il Palazzetto ... (voir 64)
101 La Controra ... G4
102 Lungarno Collection: Portrait Roma ... C4
103 Margutta 54 ... C3
104 Palazzo Scanderbeg ... D6
105 Roma Hassler ... D4

CITÉ DU VATICAN, BORGO ET PRATI

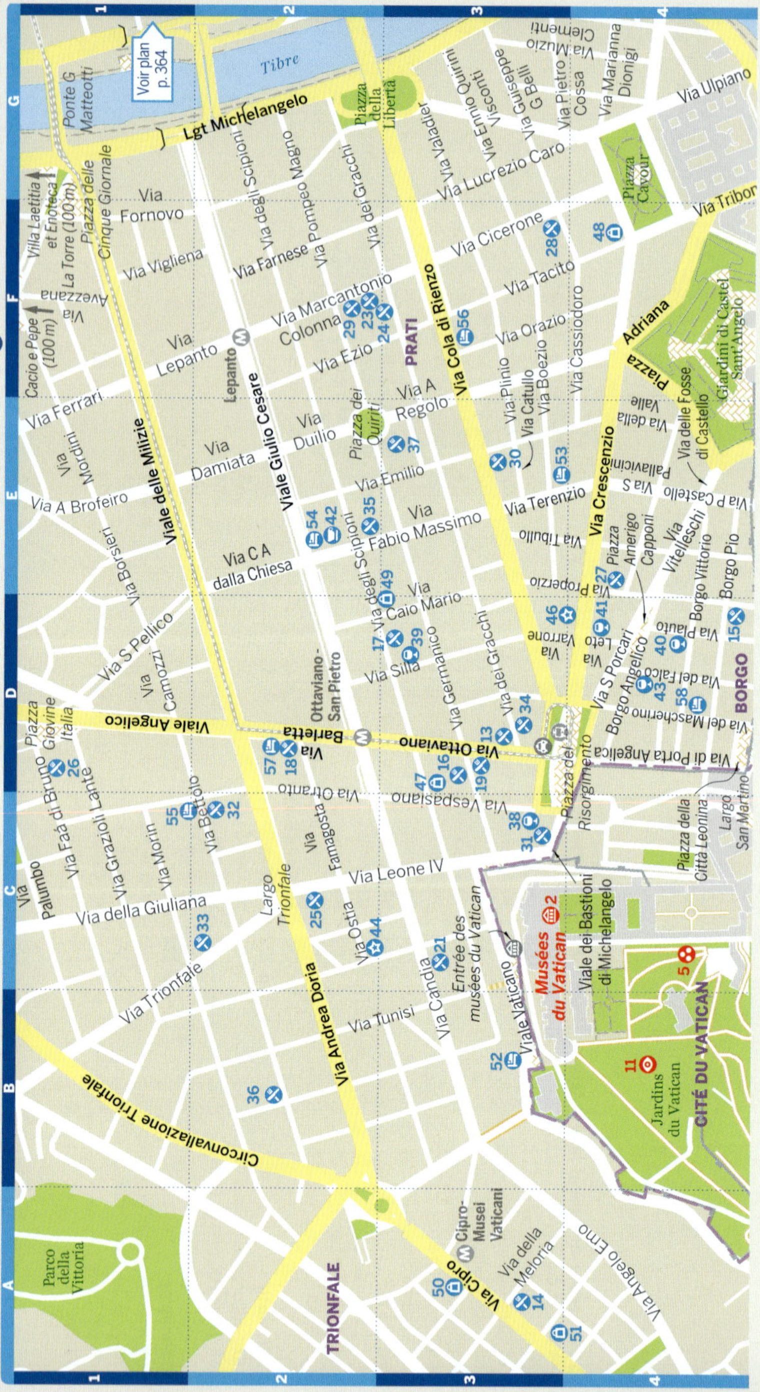

Les incontournables p. 132
1 Basilique Saint-Pierre C5
2 Musées du Vatican C3

À voir p. 145
3 Château Saint-Ange
4 Museo Storico Artistico C5
5 Necropoli Via Triumphalis C4
6 Pont Saint-Ange F5
7 Chapelle Sixtine C5
8 Dôme de la basilique Saint-Pierre C5
9 Place Saint-Pierre D5
10 Tombeau de Saint-Pierre B5
11 Jardins du Vatican B4
12 Grottes du Vatican C5

Où se restaurer p. 147
13 Amalfi D3
14 Bonci Pizzarium A3
15 Cotto Crudo D4
16 Dal Toscano D3
17 Del Frate D3
18 Dolce Maniera D2
19 Re-Bio D3
20 Fatamorgana C2
21 Forno Feliziani C3
22 Franchi E3
23 Gelarmony F2
24 Gelateria dei Gracchi F3
25 Hostaria Dino e Toni C2
26 Hostaria-Pizzeria Giacomelli D1
27 Il Sorpasso E4
28 L'Arcangelo F3
29 Mondo Arancina F2
30 Mo's Cioccolateria E3
31 Old Bridge C3
32 Osteria dell'Angelo C2
33 Panificio Bonci C2
34 Panino Divino D3
35 Sinatra E2
36 Tordomatto B2
37 Velavevodetto Ai Quiriti E3

Où prendre un verre et faire la fête p. 151
38 Be.Re C3
39 L'Osteria di Birra del Borgo Roma D3
40 Makasar Bistrot D4
41 Passaguai D4
42 Sciascia Caffè E2
43 Angelico Box Bistro D4

Où sortir p. 151
44 Alexanderplatz C2
45 Auditorium Conciliazione E5
46 Fonclea D4

Shopping p. 152
47 Antica Manifattura Cappelli D3
48 Enoteca Costantini F4
49 Il Sellaio D3
50 La Tradizione A3
51 Paciotti Salumeria A3

Où se loger p. 252
52 Casa di Accoglienza Paolo VI B3
53 Colors Hotel E3
54 Fabio Massimo Design Hotel E2
55 Hotel San Pietrino C1
56 Le Stanze di Orazio F3
57 Quod Libet D2
58 Vatican Style D4

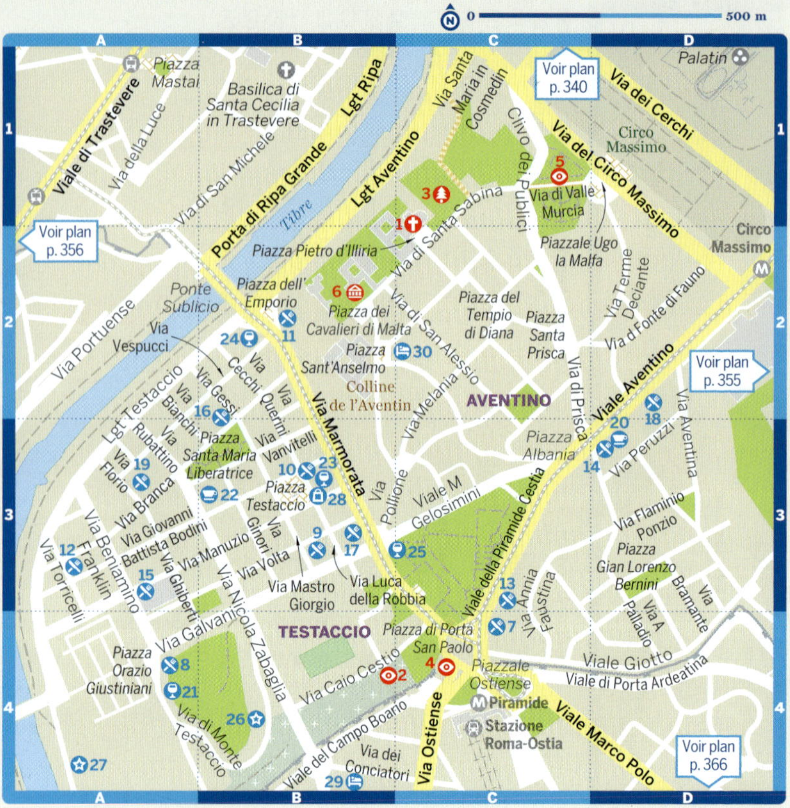

À voir p. 195

- 1 Basilique Sainte-Sabine C2
- 2 Cimitero Acattolico per gli Stranieri B4
- 3 Parco Savello C1
- 4 Piramide di Caio Cestio C4
- 5 Roseto Comunale C1
- 6 Villa del Priorato di Malta B2

Où se restaurer p. 198

- 7 100% Bio C4
- 8 Checchino dal 1887 .... A4
- 9 Da Felice B3
- 10 Foodie Fresh Market B3
- 11 Romeo Chef & Baker B2
- 12 La Torricella A3
- 13 La Villetta C3
- 14 Marco Martini Restaurant D3
- 15 Mordi e Vai A3
- 16 Pizzeria Da Remo B2
- 17 Taverna Volpetti B3
- 18 Torcè D2
- 19 Trapizzino A3

Où prendre un verre et faire la fête p. 202

- 20 Casa Manfredi D3
- 21 L'Alibi A4
- 22 Linari B3
- 23 L'Oasi della Birra B3
- 24 Rec 23 .... B2
- 25 Tram Depot C3

Où sortir p. 204

- 26 ConteStaccio B4
- 27 Villaggio Globale A4

Shopping p. 204

- 28 Etel B3
- Volpetti .... (voir 17)

Où se loger p. 255

- 29 Althea Inn Roof Terrace B4
- Corner Townhouse .... (voir 14)
- 30 Hotel Sant'Anselmo C2

Les incontournables — p. 193

1 Basilique Saint-Jean-de-Latran D2
2 Thermes de Caracalla A4

À voir — p. 195

3 Basilica dei Santi Giovanni e Paolo al Celio A2
4 Basilica dei Santi Quattro Coronati B1
5 Basilica di San Clemente B1
6 Case Romane A2
7 Chiesa di San Gregorio al Celio A2
8 Chiesa di Santo Stefano Rotondo B2
9 Obélisque D2
10 Palazzo Laterano D2
11 Palazzo Merulana C1
12 Santuario della Scala Santa et Sancta Sanctorum D2
13 Triclinium Leoninum D2
14 Villa Celimontana B3

Où se restaurer — p. 198

15 Aroma B1
16 Cafè Cafè B1
17 Divin Ostilia B1
18 Il Bocconcino B1
19 Li Rioni B1

Où prendre un verre et faire la fête — p. 202

20 Coming Out B1
21 My Bar B1
22 Race Club Speakeasy C1
23 Wine Concept B1

Où sortir — p. 204

Terme di Caracalla .... (voir 2)

Shopping — p. 204

24 Pifebo C3
25 Soul Food C2

Où se loger — p. 255

26 Hotel Lancelot B1
27 Hotel Valeri B3
28 Top Floor Colosseo C1

Légende p. 358

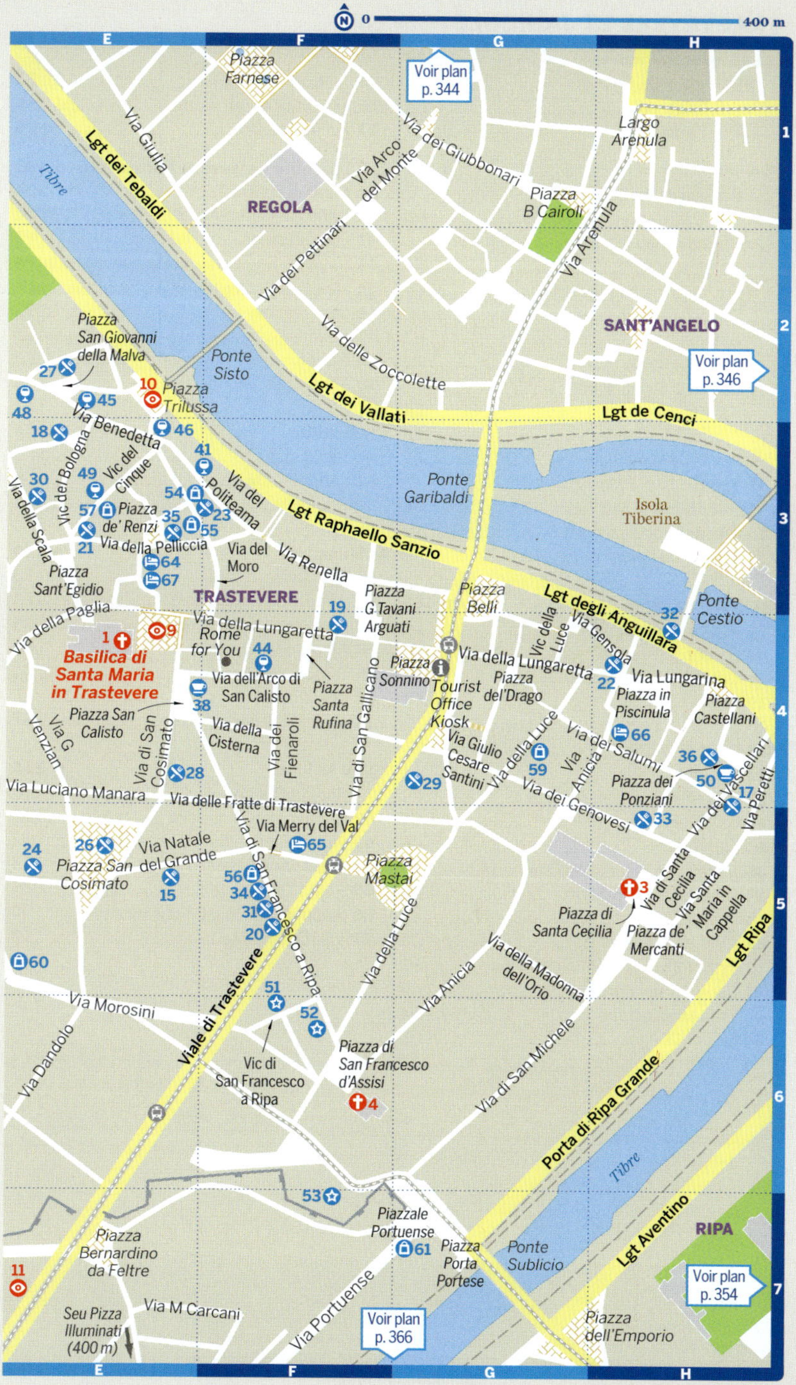
0
400 m
Voir plan p. 344
Voir plan p. 346
Voir plan p. 354
Voir plan p. 366
Piazza Farnese
Via Giulia
Lgt dei Tebaldi
Tibre
REGOLA
Via Arco del Monte
Via dei Giubbonari
Largo Arenula
Piazza B Cairoli
Via Arenula
Via dei Pettinari
Via delle Zoccolette
SANT'ANGELO
Piazza San Giovanni della Malva
Ponte Sisto
Piazza Trilussa
Lgt dei Vallati
Lgt de Cenci
Via Benedetta
Vic del Cinque
Vic del Bologna
Via della Scala
Via del Politeama
Ponte Garibaldi
Isola Tiberina
Piazza de' Renzi
Lgt Raphaello Sanzio
Via della Pelliccia
Via del Moro
Via Renella
Piazza Sant'Egidio
TRASTEVERE
Piazza G Tavani Arguati
Piazza Belli
Lgt degli Anguillara
Ponte Cestio
Via della Paglia
Via della Lungaretta
Rome for You
Basilica di Santa Maria in Trastevere
Via dell'Arco di San Calisto
Piazza Santa Rufina
Via di San Gallicano
Piazza Sonnino
Tourist Office Kiosk
Via della Lungaretta
Vic della Luce
Via Gensola
Piazza dell'Drago
Via Lungarina
Piazza in Piscinula
Piazza Castellani
Piazza San Calisto
Via G Venzian
Via di San Cosimato
Via della Cisterna
Via dei Fienaroli
Via Giulio Cesare Santini
Via della Luce
Via Anicia
Via dei Salumi
Via dei Genovesi
Piazza dei Ponziani
Via dei Vascellari
Via Peretti
Via Luciano Manara
Via delle Fratte di Trastevere
Via Merry del Val
Via Natale del Grande
Piazza San Cosimato
Via di San Francesco a Ripa
Piazza Mastai
Via di Santa Cecilia
Via Santa Maria in Cappella
Piazza di Santa Cecilia
Piazza de' Mercanti
Lgt Ripa
Via della Madonna dell'Orto
Via Anicia
Via della Luce
Viale di Trastevere
Via Morosini
Via Dandolo
Vic di San Francesco a Ripa
Piazza di San Francesco d'Assisi
Via di San Michele
Porta di Ripa Grande
Tibre
Piazzale Portuense
Piazza Porta Portese
Ponte Sublicio
Lgt Aventino
RIPA
Piazza Bernardino da Feltre
Via M Carcani
Seu Pizza Illuminati (400 m)
Via Portuense
Piazza dell'Emporio

TRASTEVERE ET JANICULE *Plan p. 356*

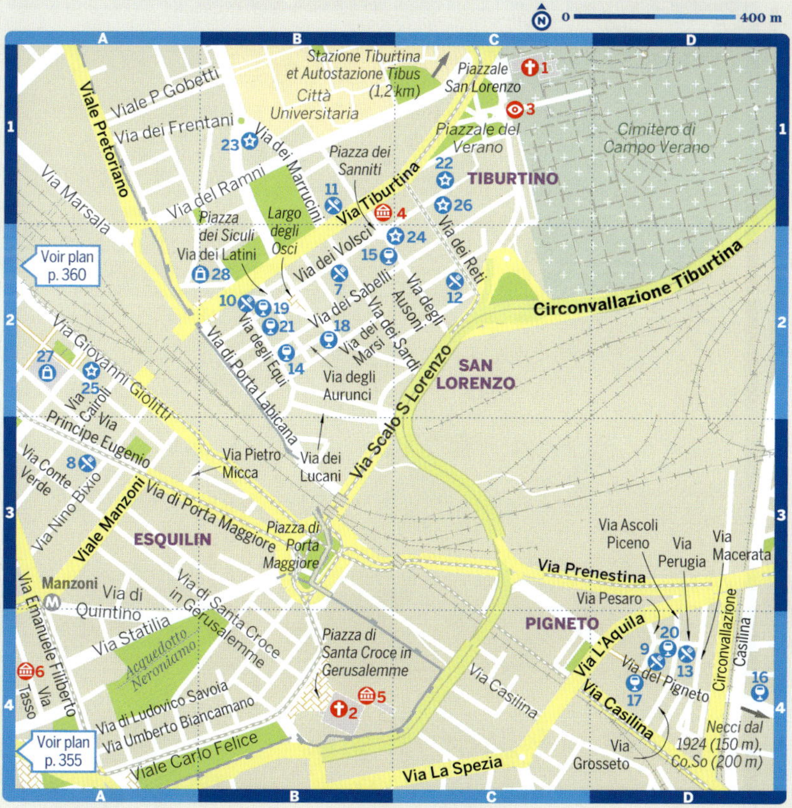

À voir — p. 157

- 1 Basilica di San Lorenzo fuori le Mura C1
- 2 Chiesa di Santa Croce in Gerusalemme B4
- 3 Cimitero di Campo Verano C1
- 4 Fondazione Pastificio Cerere B1
- 5 Museo Nazionale degli Strumenti B4
- 6 Museo Storico della Liberazione A4

Où se restaurer — p. 163

- Ex Pastificio .... (voir 4)
- 7 Mozzico B2
- 8 Palazzo del Freddo di Giovanni Fassi A3
- 9 Pigneto Quarantuno D4
- 10 Pizzeria Formula 1 .... B2
- 11 Said B1
- 12 Tram Tram C2
- 13 Vitaminas 24 .... D4

Où prendre un verre et faire la fête — p. 169

- 14 Artisan B2
- 15 Bar Celestino B2
- 16 Birra Più D4
- 17 Cargo D4
- 18 Gente di San Lorenzo B2
- 19 Il Sorì B2
- 20 Il Tiaso D4
- 21 Officina Beat B2

Où sortir — p. 173

- 22 Esc Atelier C1
- 23 Istituzione Universitaria dei Concerti B1
- 24 Nuovo Cinema Palazzo C2
- 25 Teatro Ambra Jovinelli A2
- 26 Wishlist C1

Shopping — p. 174

- 27 Nuovo Mercato Esquilino A2
- 28 Transmission B2

MONTI ET ESQUILINO

Légende p. 362

MONTI ET ESQUILINO

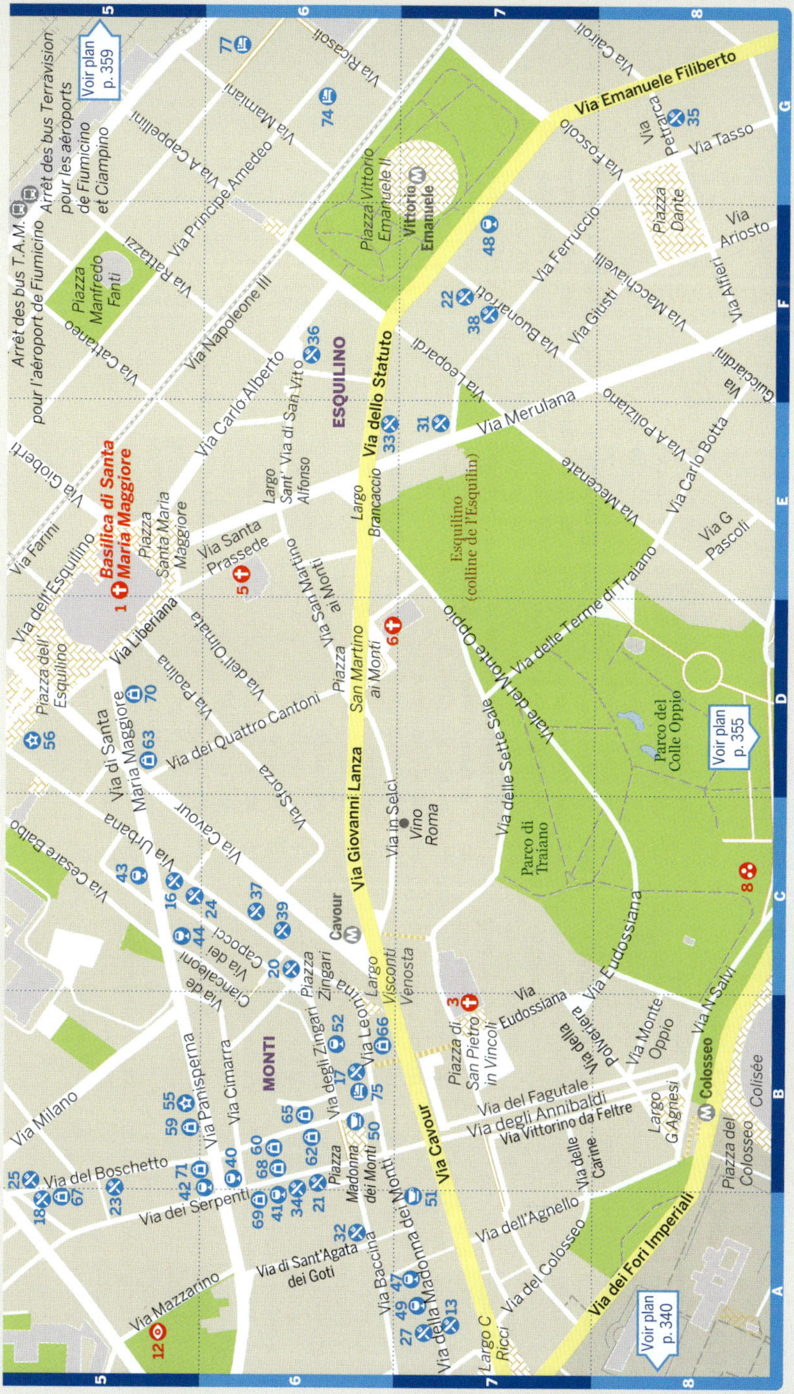

MONTI ET ESQUILINO *Plan p. 360*

Les incontournables p. 155
1 Basilique Sainte-Marie-Majeure ... E5
2 Museo Nazionale Romano – Palazzo Massimo alle Terme ... E3

À voir p. 157
3 Basilica di San Pietro in Vincoli ... B7
4 Basilica di Santa Maria degli Angeli e dei Martiri ... D2
5 Basilica di Santa Prassede ... E6
6 Chiesa di San Martino ai Monti ... D6
7 Chiesa di Santa Maria della Vittoria ... C1
8 Domus Aurea ... C8
Fontana delle Naiadi ... (voir 11)
9 Museo Nazionale Romano – Terme di Diocleziano ... E2
10 Palazzo delle Esposizioni ... B4
11 Piazza della Repubblica ... D2
12 Villa Aldobrandini ... A5

Où se restaurer p. 163
13 Alle Carrette ... A7
14 Amodei Banco e Bottega ... D4
15 Antonello Colonna Open Bistrò ... A4
16 Aromaticus ... C5
17 Ciuri Ciuri ... B6
18 Da Valentino ... A5
20 Fatamorgana Monti ... C6
21 Forno da Milvio ... B6
22 Forno Roscioli Pietro ... F7
23 Green & Go ... B5
24 Grezzo ... C5
25 La Barrique ... B5
26 La Gallina Bianca ... D4
27 La Taverna dei Fori Imperiali ... A7
30 Mercato Centrale ... F4
31 Panella ... E7
32 Pasta Chef ... A6
33 Pasticceria Regoli ... E6
34 Temakinho ... B6
35 Trattoria Da Danilo ... G8
36 Trattoria Monti ... F6
37 Urbana 47 ... C6
38 Vecchia Roma ... F7
39 Zia Rosetta ... C6

Où prendre un verre et faire la fête p. 169
40 Ai Tre Scalini ... B6
41 Al Vino al Vino ... A6
42 Barzilai Bistro ... B6
43 Blackmarket 101 ... C5
44 Blackmarket Hall ... C5
45 Caffè e Pasticceria U. Giuliani ... F2
46 Dagnino ... C2
47 Fafiuché ... A7
48 Gatsby Café ... F7
49 Ice Club ... A7
50 La Bottega del Caffè ... B6
51 La Casetta a Monti ... A7
52 Libreria Caffè Bohemien ... B6
53 Trimani ... E1
54 Yellow Bar ... G1
Zest Bar ... (voir 77)

Où sortir p. 173
55 Charity Café ... B5
56 Orbis Servizi ... D5
57 Space Cinema Moderno ... D3
58 Teatro dell'Opera di Roma ... D3

Shopping p. 174
59 Le Gallinelle Abito ... B5
60 Centoventisette ... B6
61 Feltrinelli International ... C2
62 Flamingo Vintage ... B6
63 Giacomo Santini ... D5
65 Le Nou ... B6
66 Mercato Monti Urban Market ... B6
67 Perlei ... A5
68 Pifebo ... B6
69 Podere Vecciano ... A6
70 Roma Liuteria di Mathias Menanteau ... D5
71 Tina Sondergaard ... B5

Où se loger p. 253
72 66 Imperial Inn ... C4
73 Beehive ... G2
74 Generator Hostel ... G6
75 Hotel Duca d'Alba ... B6
76 Meininger Roma Hostel ... G1
77 Radisson Blu es. ... G6
78 Residenza Cellini ... C3
79 RomeHello ... C2
80 The Liberty ... G2
81 Villa Spalletti Trivelli ... A4
82 Yellow Hostel ... G2

VILLA BORGHÈSE ET NORD DE ROME *Plan p. 364*

Légende p. 363

VILLA BORGHÈSE ET NORD DE ROME

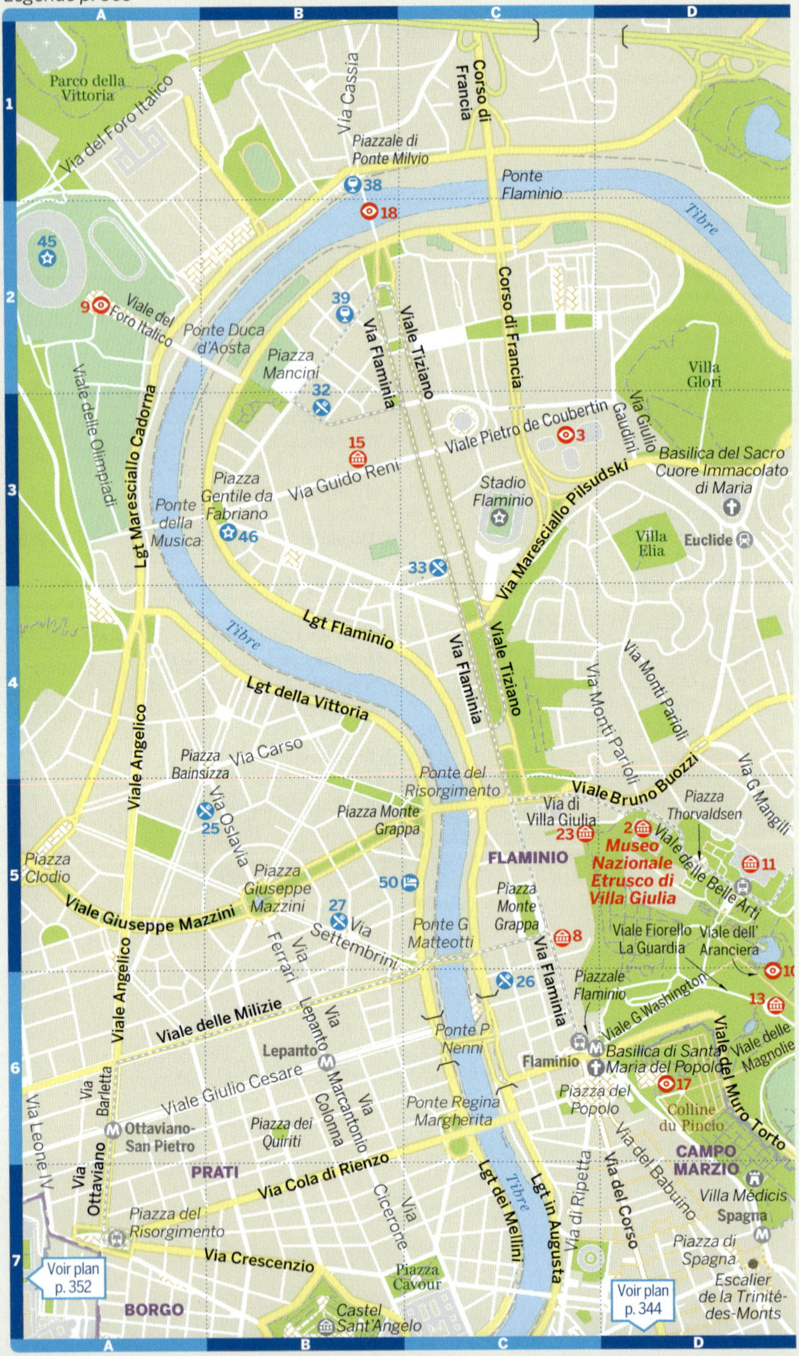

0
1 km
E
F
G
H
1
2
3
4
5
6
7
Via del Foro Italico
Monte Antenna
Ponte Salario
Viale della Moschea
Via Ponte Salario
Campi Sportivi
Acqua Acetosa
Via Salaria
Carousel
7
Entrée du parc
Villa Ada
21
31
PARIOLI
Viale dei Parioli
48
Viale Romania
Via Panama
Via Nemorense
Parco Virgiliano
Via Antonio Bertolini
Via Giovanni Antonelli
Via A Stoppani
Piazza Ungheria
Villa Grazioli
Via Sebino
TRIESTE
Viale Bruno Buozzi
PINCIANO
Viale G Rossini
Via G d'Arezzo
Viale Liegi
Via Agri
Via Chiana
Via Gariglian o
Via Tagliamento
Via Aterno
Mausoleo di Santa Costanza (700 m), Basilica di Sant'Agnese Fuori le Mura (800 m), Momart (800 m), My Guest Roma B&B (800 m) et Lanificio 159 (2,7 km)
Piazza G Verdi
Via G Paisiello
Viale del Giardino Zoologico
41
20
Via Dora
4
Via Metauro
Via Po
Via Basento
34
Piazza Trento
Viale di Valle Giulia
Viale dell' Uccelliera
Museo e Galleria Borghese
Via Tanaro
Viale Regina Margherita
Via Arno
Corso Trieste
49
Entrée du parc
Villa Borghèse
1
Via Salaria
Via Novara
44
Viale Pietro Canonica
Viale dei Cavalli Marini
16
29
12
5
6 Villa Torlonia
Piazzale delle Canestre
22
Via Pinciana
SALARIO
Via Savoia
Via Nizza
14
Via Cagliari
Via Reggio Emilia
Via Nomentana
Via Spallanzani
Via Lazzaro
24
28
47
43
Via Goethe
Piazza Fiume
36
Corso d'Italia
42
Viale San Paolo del Brasile
Via Campania
Galoppatoio
40
35
Via Alessandria
Parking de la Villa Borghèse
Via Piave
Porta Pia
19
Viale del Policlinico
Policlinico
Via di Porta Pinciana
Via Vittorio Veneto
Via Boncompagni
SALLUSTIANO
Via Ludovisi
LUDOVISI
Via XX Settembre
Via Palestro
Via Cernaia
Via Gaeta
Castro Pretorio
Viale del Policlinico
Viale Regina Elena
Voir plan p. 348
Voir plan p. 360
CASTRO PRETORIO

SUD DE ROME

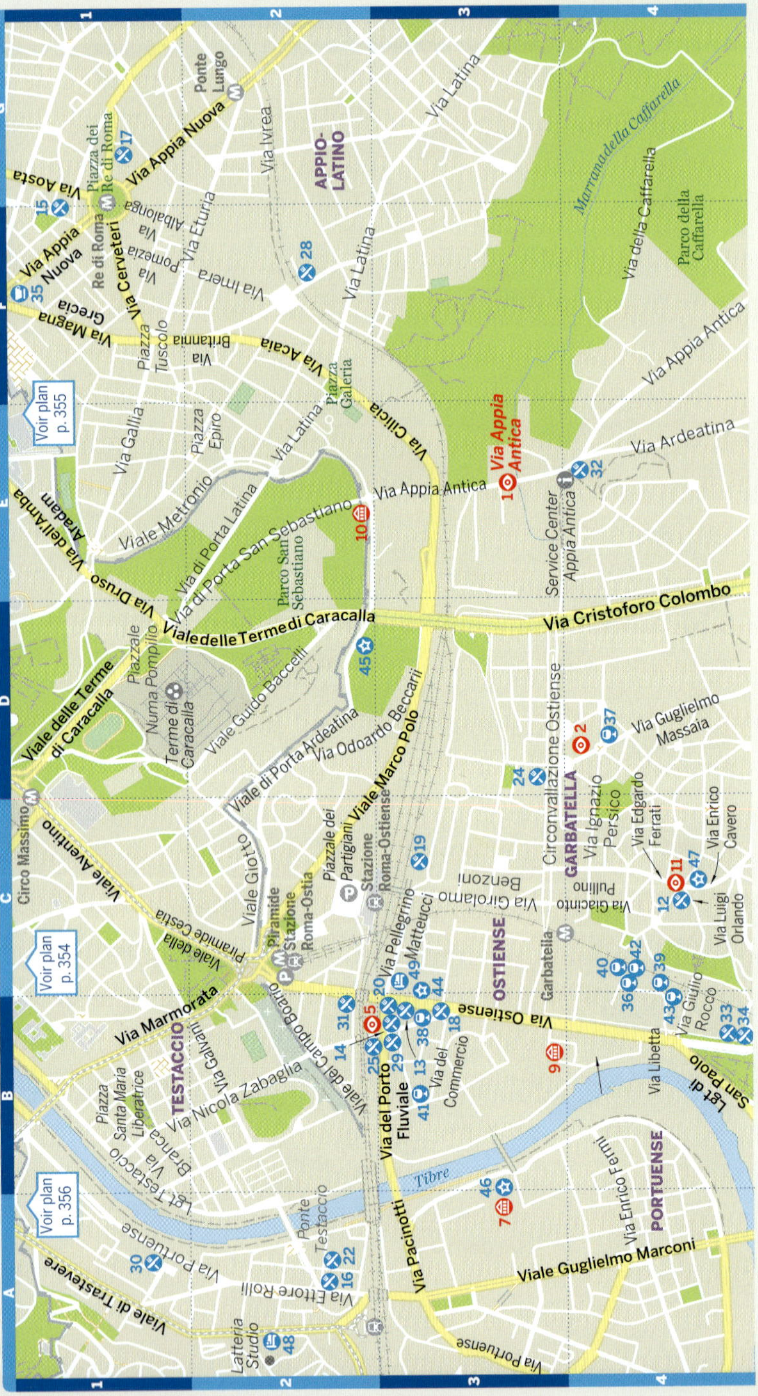

0
1 km
Voir plan p. 355
Voir plan p. 354
Voir plan p. 356
Via Aosta
Piazza dei Re di Roma
Via Appia Nuova
Ponte Lungo
Via Albalonga
Re di Roma
Via Cerveteri
Via Pomezia
Via Etruria
Via Imera
Via Magna Grecia
Piazza Tuscolo
Via Britannia
Via Acaia
Via Ivrea
APPIO-LATINO
Via Latina
Piazza Galeria
Via Cilicia
Via Gallia
Piazza Epiro
Viale Metronio
Via dell'Amba Aradam
Via Druso
Via di Porta Latina
Via di Porta San Sebastiano
Parco San Sebastiano
Via Appia Antica
Viale delle Terme di Caracalla
Via Cristoforo Colombo
Service Center Appia Antica
Via Ardeatina
Marrana della Caffarella
Via della Caffarella
Parco della Caffarella
Piazzale Numa Pompilio
Terme di Caracalla
Viale Guido Baccelli
Viale di Porta Ardeatina
Via Odoardo Beccari
Viale Marco Polo
Circo Massimo
Viale Aventino
Viale Giotto
Piazzale dei Partigiani
Stazione Roma-Ostiense
Piramide
Stazione Roma-Ostia
Viale della Piramide Cestia
Via Marmorata
TESTACCIO
Via Galvani
Via del Campo Boario
Piazza Santa Maria Liberatrice
Via Nicola Zabaglia
Via Branca
Lgt Testaccio
Via Portuense
Viale di Trastevere
Via Ettore Rolli
Ponte Testaccio
Latteria Studio
Tibre
Via del Porto Fluviale
Via Pacinotti
Via Pellegrino Matteucci
Via del Commercio
OSTIENSE
Via Ostiense
Via Girolamo Benzoni
Circonvallazione Ostiense
GARBATELLA
Garbatella
Via Ignazio Persico
Via Guglielmo Massaia
Via Edgardo Ferrati
Via Enrico Cavero
Via Giacinto Pullino
Via Luigi Orlando
Via Giulio Rocco
Via Libetta
Lgt di San Paolo
Via Enrico Fermi
PORTUENSE
Viale Guglielmo Marconi
Via Portuense

SUD DE ROME

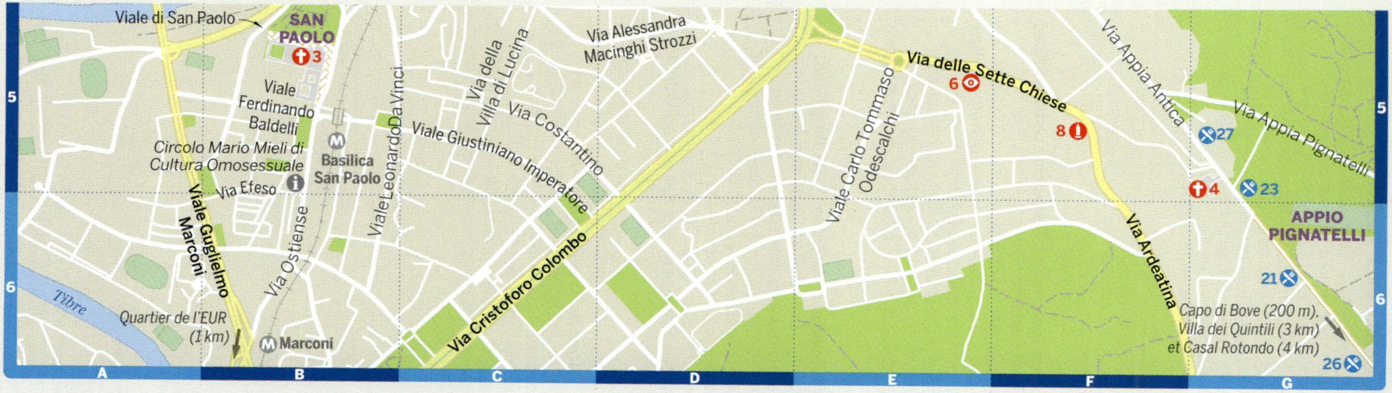

Les incontournables p. 220
1 Voie Appienne E3

À voir p. 225
2 Albergo Rosso D4
3 Basilique Saint-Paul-hors-les-Murs B5
4 Basilique Saint-Sébastien G5
5 Caserma dell'Aeronautica B2
6 Catacombe di Santa Domitilla E5
7 Ex Mira Lanza Museum ... A3
8 Mausoleo delle Fosse Ardeatine F5
9 Museo Capitoline Centrale Montemartini B3
10 Porta San Sebastiano et Museo delle Mura E2
11 Quartiere Garbatella C4

Où se restaurer p. 228
12 Al Ristoro degli Angeli..... C4
13 Andreotti B3
14 Angelina B3
15 Barred F1
16 C'è pasta... E pasta! A2
17 Charlotte Pasticceria G1
18 Doppiozeroo B3
19 Eataly C3
Estrobar .... (voir 49)
20 Gelateria Romana B3
21 Il Giardino di Giulia e Fratelli G6
22 La Tavernaccia A2
23 L'Archeologia Ristorante G5
24 Nero Vaniglia D3
Pizzeria Ostiense .... (voir 13)
25 Porto Fluviale B2
26 Qui Nun Se More Mai G6
27 Ristorante Cecilia Metella G5
28 Sbanco F2
29 Seacook B3
30 Seu Pizza Illuminati A1
31 Trattoria Pennestri B2
32 Trattoria Priscilla E4
33 Trattoria Zampagna B4
34 Verde Pistacchio B4

Où prendre un verre et faire la fête p. 232
35 Anticafé Roma F1
36 Azienda Cucineria & Circolo Degli Illuminati C4
37 Enoteca Il Melograno D4
38 Il 38 .... B3
39 Goa C4
40 Neo Club C4
41 Planet Roma B3
42 Rashōmon Bar & Club C4
43 Vinile B4

Où sortir p. 233
44 Caffè Letterario C3
45 La Casa del Jazz D2
46 Teatro India B3
47 Teatro Palladium C4

Où se loger p. 256
48 B&B Suites Trastevere A2
49 Hotel Abitart C3

Les guides Lonely Planet

Une vieille voiture déglinguée, quelques dollars en poche et le goût de l'aventure, c'est tout ce dont Tony et Maureen Wheeler eurent besoin pour réaliser, en 1972, le voyage d'une vie : rallier l'Australie par voie terrestre via l'Europe et l'Asie. De retour après un périple harassant de plusieurs mois, et forts de cette expérience formatrice, ils rédigèrent sur un coin de table leur premier guide, *Across Asia on the Cheap*, qui se vendit à 1 500 exemplaires en l'espace d'une semaine. Ainsi naquit Lonely Planet, dont les guides sont aujourd'hui traduits en 13 langues.

Nos auteurs

Duncan Garwood

Rome antique ; Centre historique ; San Giovanni et Testaccio ; Ostia Antica ; Tivoli Disputer des matchs de cricket à la Barbade ou esquiver des cochons affamés à Goa : les voyages de Duncan ont donné lieu à bien des expériences uniques. Ces temps-ci, il se consacre surtout à la Méditerranée et à l'Italie, le pays d'adoption où il vit depuis 1997. Il a travaillé sur quelque 50 titres Lonely Planet, notamment les guides sur l'Italie, l'Espagne et le Portugal, tout en contribuant à des ouvrages relatifs à la gastronomie et aux périples en voiture. Duncan a également écrit sur l'Italie pour des journaux, des sites Internet et des magazines.

Alexis Averbuck

Cité du Vatican, Borgo et Prati ; Trastevere et Janicule ; Villa Borghèse et nord de Rome ; Sud de Rome Native d'Oakland, en Californie, Alexis est diplômée de l'université de Harvard. Pour le compte de Lonely Planet, elle a travaillé ces derniers temps sur l'Islande, l'Italie, la France (notamment la Provence, la Dordogne, la Bretagne et la vallée de la Loire), la Grèce et l'Antarctique. Elle écrit également pour la BBC, pour des magazines et des journaux internationaux, ainsi que pour des plateformes en ligne. Outre l'exposition de ses peintures à l'huile et de ses aquarelles, elle s'est récemment signalée par une apparition lors d'un programme télévisé sur Catalunya.

Virginia Maxwell

Monti, Esquilino et San Lorenzo ; Tridente, Trevi et Quirinal Basée en Australie, Virginia passe néanmoins la moitié de l'année à courir la planète. La Méditerranée est son principal domaine de spécialité – elle a couvert l'Espagne, l'Italie, la Turquie, la Syrie, le Liban, Israël, l'Égypte, le Maroc et la Tunisie pour Lonely Planet –, mais elle travaille aussi sur la Finlande, Bali, l'Arménie, les Pays-Bas, les États-Unis et l'Australie. Suivez-la sur Instagram et Twitter @maxwellvirginia.

Rome
12e édition
Traduit et adapté de l'ouvrage *Rome City, 12th edition*, April 2022

92 avenue de France - 75013 Paris

Dépôt légal Mai 2022
ISBN 978-2-81619-550-7
Imprimé par ESTIMPRIM, Autechaux, France
Réimpression 02, mai 2023

En Voyage Éditions | un département édi8